杭州税收优秀论文集

（2023年度）

国家税务总局杭州市税务局
杭州市税务学会　　　　　　　编
杭州市国际税收研究会

中国财经出版传媒集团
经济科学出版社
Economic Science Press
·北京·

图书在版编目（CIP）数据

杭州税收优秀论文集. 2023 年度 / 国家税务总局杭州市税务局，杭州市税务学会，杭州市国际税收研究会编. 北京：经济科学出版社，2024. 10. -- ISBN 978 - 7 - 5218 - 5833 - 4

Ⅰ. F812. 423 - 53

中国国家版本馆 CIP 数据核字第 20242QH041 号

责任编辑：白留杰　凌　敏
责任校对：杨　海　齐　杰
责任印制：张佳裕

杭州税收优秀论文集（2023 年度）
HANGZHOU SHUISHOU YOUXIU LUNWENJI（2023 NIANDU）

国家税务总局杭州市税务局
杭　州　市　税　务　学　会　编
杭 州 市 国 际 税 收 研 究 会

经济科学出版社出版、发行　新华书店经销
社址：北京市海淀区阜成路甲 28 号　邮编：100142
教材分社电话：010 - 88191309　发行部电话：010 - 88191522
网址：www. esp. com. cn
电子邮箱：bailiujie518@ 126. com
天猫网店：经济科学出版社旗舰店
网址：http：//jjkxcbs. tmall. com
北京季蜂印刷有限公司印装
787 × 1092　16 开　41. 75 印张　860000 字
2024 年 10 月第 1 版　2024 年 10 月第 1 次印刷
ISBN 978 - 7 - 5218 - 5833 - 4　定价：98. 00 元

编委会名单

前 言

2023年是全面贯彻党的二十大精神开局之年，也是新征程税收现代化服务中国式现代化的全面推进之年。杭州市税务系统在习近平新时代中国特色社会主义思想科学指引下，认真贯彻落实党中央、国务院决策部署和总局、省局、市委市政府工作要求，以头雁标准打造税收现代化城市范例，纳税人缴费人满意度连续3年位列省会城市第一，税收收入稳居全省第一、省会城市第二，服务杭州亚运工作获高度评价。全市税务部门组织收入8430.1亿元，其中税收收入4559.1亿元，充分发挥税收在国家治理中的基础性、支柱性、保障性作用，为杭州经济高质量发展提供了坚实的财力保障。

一年来，杭州市税务局、杭州市税务学会和杭州市国际税收研究会（以下简称市税务两会）根据国家税务总局、省局以及上级税务两会的部署，结合杭州市局税收工作安排，以强化一流税收智库建设为目标，以问题为导向，围绕税收工作中心任务，关注经济发展新动态，着眼税费管理新情况，扎实开展调查研究，探索新思路，谋划新举措，提出高水平的意见建议，形成较高质量的研究成果。全市系统各单位各部门、各税务学会高度重视税收调查研究工作，及时成立课题组，单位领导担任课题组负责人，全程指导和支持研究工作。各课题组在调研过程中，运用科学合理的研究方法，注重理论与实践相结合、宏观与微观相结合、国际与国内相结合，保证了课题研究具有较强的理论性、专业性、实务性。市税务两会贯彻落实杭州市局党委各项部署，依照上级税务两会的工作安排，在市民政局和市社科联的指导帮助下，聚焦税收中心工作，党建引领，服务大局，正确定位，依法办会，坚持开展群众性税收学术调研工作，广泛地发挥会员的积极性和创造性，认真做好课题申报，精心组织课题研究，确保24个上级税务两会重点课题全部按时高质量完成。

2023年杭州税务系统共组织课题216个，包括：市局立项的专项课题47个、青年课题 27 个，市局各部门、各区、县（市）税务局选送市税务两会的税收课题 142 个。其中，向省税务局推荐专项课题 2 个和青年课题 5 个，向省税务学会推荐获奖课题 10 个，向省国际税收研究会推荐获奖课题 11 个。课题研究成果更丰富，课题数量同上年比增加 20 个，大部分课题基于实践调研结果，课题研究更具针对性。课题成果转化有新突破，比如《税收视角下促进“专精特新”中小企业高质量发展问题研究》被《税务研究》杂志录用，《促进共同富裕视角下地方税体系构建研究》被总局内刊《税务研究资料》录用。课题参与层级不断提高，参与中国税务学会课题 1 个，参加中国国际税收研究会课题 2 个以及“全球反税基侵蚀规则及其征管指南”项目的研讨。

为了推动全市系统税收研究工作，不断打造科研精品，调动科研骨干积极性，促进研究成果转化，市税务局和市税务两会联合举办税收重点课题研讨交流会、联合开展优秀成果评选。专门制定优秀成果评审工作方案，成立由高校资深教授、税务系统和税务两会专家组成的论文评审委员会。评审做到三个把关：一是论文初核，把论文“查重”作为前置条件，剔除 8 个高重复率课题；二是分类分组初评，实行分组匿名初评；三是综合复评，严格把好论文质量关。共评出优秀成果 126 个，其中：一等奖 35 个、二等奖 41 个、三等奖 50 个。对获奖的成果和作者，杭州市税务局和市税务两会已联合发文进行通报表彰。

为使各级领导、广大干部和社会各界关心热爱税收工作的人士了解杭州市税收学术研究领域的丰硕成果，我们将获得一、二等奖的部分优秀成果汇编成《杭州税收优秀论文集（2023 年度）》出版发行。希望通过论文集的出版，留存优秀税收研究资料，促进科研成果及科研人才的学习交流。

参加 2023 年优秀税收调研成果评选和论文集编审工作的领导和骨干有：张惠卿、张瑾、夏伟、郑林华、张国伟、楼方宏、冯志刚、徐小波、沈燕、张轸、栾国庆、方敏、丁慧芳、王文超、杨晓虹、郑月华、李海燕、何晓岚、邱杨、李兆兰、虞继龙、何荣根、李越洁、沈小凤、燕洪国、王锐、刘初旺、张帆、李晓艳、傅静琴、舒博、万倩云等同志，在此表示衷心的感谢！

因篇幅所限，本书对一些文章作了删节，同时又因我们水平有限，书中难免存在疏漏之处，敬请作者和读者谅解。

国家税务总局杭州市税务局

杭州市税务学会

杭州市国际税收研究会

2024 年 8 月

目 录

▶ 以税资政 ◀

一等奖

二等奖

▶ 税费政策 ◀

一等奖

二等奖

▶ 税费征管 ◀

一等奖

二等奖

▶ 执法与服务 ◀

一等奖

二等奖

▶ 行政综合 ◀

一等奖

二等奖

▶▶▶ 以税资政

一等奖

中国式现代化背景下市域税收现代化研究
——以杭州税务实践为例

国家税务总局杭州市税务局课题组

摘　要：党的二十大擘画了“全面建设社会主义现代化国家、以中国式现代化全面推进中华民族伟大复兴”的宏伟蓝图，对税收工作作出新部署、提出新要求。国家税务总局提出以“税收现代化服务中国式现代化”，聚焦“抓好党务、干好税务、带好队伍”总目标，拓展完善了“六大体系”“六大能力”的框架与内涵，为新征程税收现代化指明了前行路径。市域税收现代化作为税收现代化的重要一环，事关顶层设计贯彻落实、事关市域治理整体效能、事关人民群众满意度获得感，对税收现代化深入推进具有重要意义。本文旨在通过以杭州税收现代化探索实践为例，研究中国式现代化背景下市域税收现代化面临的新情况新问题，提出高质量推进市域税收现代化的对策建议。

关键词：中国式现代化　市域税收现代化　杭州税务实践

一、深刻认识把握市域税收现代化的内涵与意义

税收现代化，是建设社会主义现代化国家的重要内容，是国家治理体系和治理能力现代化在税收领域的具体体现，总体上是对标世界先进国家、紧随技术革新潮流，结合自身实际情况，不断推动税收从理论理念到治理实践，从执法、服务、监管到技术、业务、组织等达到世界先进水平，更加契合当前及未来国家经济社会发展需要。本文主要研究的是市域税收现代化，是当前税务系统五层级［总局、省局、市局、县

局、分局（所）］中，市局主管的市域范围内的税收现代化建设。

（一）推进市域税收现代化是全面贯彻党的二十大精神、服务中国式现代化市域实践的重大举措。党的二十大对税收提出了“优化税制结构”“加大税收、社会保障、转移支付等的调节力度，完善个人所得税制度”“完善支持绿色发展的财税、金融、投资、价格政策和标准体系”“健全社会保障体系”四项直接任务和十余项相关要求，从更高层次、更宽领域赋予了税收新的使命任务。从市域层面来看，税收职能的发挥也从经济治理维度逐步拓展到政治治理、社会治理、文化治理、生态治理、安全治理等维度，更加深刻地影响着中国式现代化市域实践的方方面面。

（二）推进市域税收现代化是顺应我国城市化进程、不断放大市域治理辐射的必然要求。伴随我国区域一体化、大都市圈建设步伐加快，城市尤其是城市群、都市圈，成为各类生产要素的集聚中心和区域发展的重要引擎，市域治理在国家治理格局中的地位更加凸显。同时，市域作为各类要素的集聚中心，是新经济新业态主要萌发地、治理创新实践主战场。税收作为国家治理的重要手段，必须在市域这个重要层级发挥作用，在中国式现代化创新实践市域主场深扎根，助推市域治理更好发挥辐射带动作用。

（三）推进市域税收现代化是贯通税务系统五个层级、推动税收现代化向基层压实的关键环节。税收现代化是由总局到省、市、县、分局（所）五级税务部门贯通推进的一项系统性工程，面临着点多、线长、面广的实际推进难题。市级税务部门作为中间环节，又是税收征管、服务、稽查等全职能履职的最基本单元，战略地位突出。以市域税收现代化为主阵地，可以充分发挥市级税务部门“征管查”全方位资源手段优势，更好统筹推动精确执法、精细服务、精准监管、精诚共治在基层税务落地扎根。

（四）推进市域税收现代化是满足纳税人缴费人需求、提升市域税收治理能力的必由之路。随着税收职能不断拓展，征管服务对象数量与规模激增，纳税人缴费人的需求也呈现个性化、多元化特点，现有税收征管服务模式较难满足现实需求。同时，随着经济社会发展，各种新经济新业态层出不穷，税收征管服务有所滞后，风险较为突出；少数纳税人采用新型隐蔽手段偷逃税款、虚开骗税的情况仍然存在，税务监管仍有盲区。这些都主要集中在城市区域，要求我们必须大力推进市域税收现代化，不断提高税收征管服务效能。

二、市域税收现代化的目标与遵循

市域税收现代化是在总局“六大体系”“六大能力”框架体系引领下的税收现代化，但市级税务部门在税制改革、政策制定、国际税收等方面职能不足，更侧重在贯彻执行。故此，本文认为市域税收现代化目标应突出六大效能，即“党建引领、数智治理、税费服务、良法善治、人才强基、发展安全”。

（一）党建引领效能。贯彻落实习近平总书记重要指示批示精神和党中央、国务院决策部署的工作机制进一步完善，政治机关建设不断深化，理论武装不断加强，政治判断力、政治领悟力、政治执行力不断提升，党对税收工作的全面领导显著增强。

（二）数智治理效能。人工智能、云计算、大数据等技术深度融入税务日常工作，征管服务、带队治税数据质量更加夯实，智慧税务不断健全完善，各类数字化应用场景迭代升级，数据安全底线扎实筑牢，以数治税、以数治队能力持续提升。

（三）税费服务效能。“线下服务无死角、线上服务不打烊、定制服务广覆盖”的税费服务新体系基本建成并不断完善，办税缴费更加智能便捷多元，权益性服务更加完善，税收营商环境持续优化，纳税人缴费人满意度、获得感持续提升。

（四）良法善治效能。“无风险不打扰、有违法要追究、全过程强智控”的税务执法新体系基本建成并不断完善，党政领导、税务主责、部门合作、社会协同、公众参与的税费共治新格局不断深化，税法遵从明显增强，税收法治环境更加优化。

（五）人才强基效能。党管干部原则筑牢抓实，领导班子结构更加优化，权力监督制约体系进一步健全，干部队伍活力进一步激发，税务文化引领进一步凸显，基层基础建设进一步夯实，税务铁军风采进一步展现。

（六）发展安全效能。高质量推进组织收入工作，高水平落实减税降费政策，高标准深化税收经济分析，高能级服务经济社会发展，高站位融入政治治理、经济治理、社会治理、文化治理、生态治理、安全治理等各个维度，更好服务保障发展与安全。

三、市域税收现代化建设的杭州实践

近年来，杭州市税务局紧紧围绕税收现代化总目标，按照税务总局、浙江省税务局部署要求，深入贯彻落实中共中央办公厅、国务院办公厅于2021年3月印发的《关于进一步深化税收征管改革的意见》和浙江省委办公厅、省政府办公厅于2021年7月印发的《关于进一步深化税收征管改革的实施方案》，特别是党的二十大以来，深入学习贯彻党的二十大精神，立足“税收现代化服务中国式现代化”，紧紧围绕税务总局“六大体系”“六大能力”和浙江省税务局“六大工程”，抓实“六大效能”，深入推进杭州税收现代化建设。

（一）聚力推动党建引领效能先行。充分发挥“三地一窗口”省会城市税务部门政治优势，以政治机关建设为中心，以主题教育为抓手，完善推进“六个体系”强化党建引领，即完善坚定拥护“两个确立”、坚决做到“两个维护”的制度保障体系，提高政治“三力”；完善党建统领、统筹协调的责任落实体系，提高管党治党的纵向贯通力；完善系统集成、协同高效的综合监督体系，提高政治生态的自我净化力；完善党建业务融合、多跨联动的组织变革体系，提高本固基强的全域战斗力；完善民呼我为、税惠优享的服务群众体系，提高纾困解难的为民服务力；完善奔竞不息、勇立潮头的以美育人体系，提高争先进位的文化内驱力。全面从严治党不断深化，党建引领作用持续增强，引领打赢了落实减税降费、数电发票推广、社保费“统模式”改革、服务保障“经济翻身仗”“亚运攻坚仗”等系列硬仗。

（二）聚力推动数智治理效能先行。立足杭州高水平重塑数字经济第一城的建设目标，把数字管税延伸到执法、监管、服务各个领域。一是创新两级集中处理机制。以“集约、高效、便捷”理念，打破属地受理规则，对“条件明确、同质高频、风险可控”的事项进行集中办理，实现线上业务“集中受理、分级办理”、咨询需求“集中响应、快速应对”、系统运维“扁平运作、实时优化”。二是深化税收数字化升级和智能化改造。以发票电子化改革为抓手，从推行增值税电子普通发票，到增值税专用发票电子化试点，再到全面数字化电子发票推广，数字化转型逐步深化，截至2023年底，全面数字化电子发票扩围率达97.43%。三是推动风险数字化管控。依托金税三期系统，贯通系统内外数据，强化联动扫描分析，创新数字赋能税源联动管理、大数据风险管理e站、数字综合监督管家等应用场景，以数治税能力持续加强。

（三）聚力推动税费服务效能先行。坚持以纳税人缴费人为中心，持续优化税收营商环境，全国纳税人满意度调查连续两年荣获省会第一名。一是深化营商环境创新试点。抓住杭州建设国家首批营商环境创新试点机遇，对标世行标准，不断深化税收领域“放管服”改革，完成16项国家涉税改革任务，其中8个项目被全国推广。二是优化办税缴费服务体验。大力推进“网上办”“掌上办”，233项业务纳入“非接触式”办税缴费清单，全市涉税事项网上综合办税率达97%以上；构建“智能咨询首应+人工坐席兜底+屏对屏解难”的多级智能咨询辅导体系，智能语音咨询解决率达70%；依托大数据分析预判企业“需办未办”事项，税务端主动发起服务预约，反向预约“未呼先应”。三是强化便民春风助企纾困。坚持抓重点、打连发、促发展，深入开展“便民办税春风行动”，积极推进“春雨润苗”专项行动、领导干部“走流程”活动、税政企座谈交流活动等，三年来推出了373项便民服务举措，让办税缴费更省时、省力、省钱、省心。

（四）聚力推进良法善治效能先行。充分发挥法治固根本、稳预期、利长远的保障作用，深入践行依法行政、依法治税。一是持续优化执法方式。全面推进六项非强制性执法方式，大力推进“说理式执法”，不断深化非强制性执法试点，持续优化破产案件便利化措施；加强涉税纠纷化解，22家单位被评为浙江省税务系统新时代“枫桥式”税务分局（所）。二是不断加强执法监督。严格落实执法责任制，深入推进税收执法人员尽职免责试点工作，试点以来至2023年底对符合条件的107名同志作出不予和免予责任追究，正反激励强化履职尽责。三是严厉打击涉税违法犯罪。认真落实“双随机、一公开”制度，健全六部门联合打击虚开骗税工作机制，完善“智税联防”团伙虚开风险数据管理机制，严厉打击虚开骗税。2023年成功捣毁7个虚开骗税犯罪团伙，形成有力震慑。

（五）聚力推进人才强基效能先行。坚持党管人才原则，树牢选贤任能导向，持续强化杭州税收现代化建设人才支撑。一是锻造“青蓝相继”领导干部队伍。认真践行新时代党的组织路线，选优配强领导干部。建立健全优秀年轻干部选育管用机制，大胆使用年轻干部。截至2023年底，全市税务系统处级领导干部中“70后”“80后”干部占比75%；科级领导干部中“80后”“90后”干部占比近60%。二是抓牢“后继有人”青年干部队伍。大规模培训青年干部，2022年以来举办青年干部培训班7期，每期100人，每期1个月，计划连办3年，实现对全市税务系统1000余名青年干部的全覆盖，不断提升青年干部与税收现代化发展相适应的素质和能力。三是铸强“人才兴税”业务骨干队伍。认真落实推进素质提升“2271”工程，建立健全青年人才选、育、管、用统筹结合、一体推进的培养机制，探索打造由100名左右全国领军人才和省局青年才俊、200名左右市局复合型人才、600名左右市局专业人才、1000名左右青年骨干构成的“1261”杭州税务人才新格局。

（六）聚力推进发展安全效能先行。坚持统筹发展与安全，推动高站位改革、高质量发展和高水平安全良性互动。一是全力以赴助力杭州打赢“经济翻身仗”。一手抓组织收入，坚决做到应收妥收、应收尽收，坚决不收“过头税费”；一手抓减税降费，坚持和拓展“五措并举”工作策略，以“政策找人”“流程优化”“优惠快享”“风险防范”四个精准直达，确保延续、优化、完善的系列税费优惠政策全面落地。二是倾心尽力服务杭州打赢“亚运攻坚仗”。深化离境退税试点，开通“亚运绿色通道”，创新线上“税惠亚运”服务场景，“一馆一策”服务亚运场馆，并集结575名税务干部参与亚运会保障工作，圆满保障杭州亚运会顺利召开。三是坚守安全底线，努力构建除险保安“双重责任链条”制，以市税务局党委书记—各单位、各处室主要负责人—基层单位科长、所长组成除险保安“第一责任链条”，以市税务局办公室、党建工作处、督察内审处、纪检组、机关服务中心等职能部门组成除险保安“专职责任链条”，双链条同向发力，为税收改革发展营造安全稳定的内外环境。

四、市域税收现代化建设存在的问题

近年来，基层税务部门围绕顶层设计、立足地方实际、创新治理举措，在推动基层税收现代化、提升基层税收治理效能上取得了一定成绩，但在实际推进税收现代化建设工作中仍存在一些不足，主要体现在以下几个方面。

（一）总体推进方面。税收现代化服务中国式现代化市域实践的融合度还不够，具体抓手还不够多、效果还不够明显，一定程度上也表明税务干部服务中国式现代化的大局观尚有差距，靠前作为、主动而为的意识还需加强。全域推进税收现代化还不够平衡、充分，既有条线上的不平衡，又有块状上的不平衡，市域层面的统筹推进还需加力。

（二）党建引领方面。党建业务融合互促还需要深化，具体表现在理论学习转化还没有“走深走实”，学用脱节等问题仍然存在。落实全面从严治党责任“上热中温下冷”现象尚未得到根本性解决，个别党员干部纪法意识淡薄，顶风违纪现象仍有发生，党支部教育管理监督党员的功能还要加强，全面从严治党责任还需加力“压紧压实”。

（三）数智治理方面。全面数字化电子发票“赋额制”“去介质”“开业即开票”等新型用票方式为纳税人带来便利，同时新型虚开风险还缺乏有效防控手段。基层税务部门获取数据的权限和风险数据处理能力相对有限，对于跨区域的风险很难分析，基于税收大数据的精准服务也有一定制约。新技术、大数据在税收领域应用仍然停留在比较浅的程度，特别是对元宇宙、区块链、人工智能等技术研究应用还不够多。

（四）税费服务方面。客观上仍有部分业务无法线上办理，各类系统功能稳定性和便利性有待提升，网办、掌办的“黏合度”还不够，纳税人缴费人网办的习惯还需要进一步引导养成。纳税人、缴费人咨询响应及时性等问题还没有彻底解决，个人所得税和社会保险费“统模式”等改革对原有征管服务方式产生较大影响，人力资源配置难题现实存在，而与之相适应的智慧税务建设存在一定滞后性。

（五）法治税务方面。干部的依法治税意识和能力还有欠缺，政策落实不到位、税收执法不规范的风险依然存在。部门间数据信息共享渠道有待进一步打通，税收共治的理念需要进一步深入。“税费皆重”的征管格局还有一定差距，税和费的管理标准、系统操作并不统一，对社会保险费和非税收入履行缴费检查、欠费追缴等职责时还缺乏法律支撑。

（六）人才强基方面。从市域税收现代化未来发展来看，干部年龄结构优化、人才形成合理梯次还需不断完善，干部队伍整体能力素质尚需提升，干部梯队建设还需加强。个别干部干事创业精气神不足，抵御歪风邪气的斗争精神还不够，“躺平”“躺赢”的思想还一定程度上存在，需要加强正面引导。

（七）发展安全方面。在优惠落实上，精准性还不够，政策宣传辅导“大水漫灌式”居多、“精准滴灌式”较少，优惠政策精准直达还需加力；在以税资政上，整体站位还不够高、数据联动分析还不够深，税务话语权还需提升；在除险保安上，干部安全意识还需加强，特别是在舆情领域，由不当言行等引发的网络舆情仍然时有发生。

五、高质量推进市域税收现代化实施路径

基于上述市域税收现代化建设中存在的实践问题，市级税务机关要深刻认识税收现代化服务中国式现代化的重大意义，精准把握市域税收现代化的历史方位、发展定位，抓强政治机关、用好智慧税务、契合基层实际，接续推进市域税收现代化全域升级、全面过硬，更好服务发展大局、服务纳税人缴费人。

（一）坚持政治性，突出党建引领，加强党对市域税收现代化的全面领导。一是把牢政治方向。深入学习贯彻习近平新时代中国特色社会主义思想和习近平总书记关于税收工作的重要论述精神，把市域税收现代化摆到坚定捍卫“两个确立”、坚决做到“两个维护”的高度去思考谋划，确保始终沿着正确方向前进。二是加强党的领导。加强党委对市域税收现代化领导机制建设，发挥“纵合横通强党建”机制制度体系优势，抓紧全面从严治党“两个责任”，抓实县级税务局政治机关建设，持续深化一体化综合监督体系建设，筑牢“六位一体”市域税务党建工作格局。三是深化党业融合。坚持不断增强党组织的政治功能和组织功能，通过从严管理与关心关爱、正向引领与反向警示等，强化组织功能“内核”、建强作战指挥“堡垒”、激活党员先锋“细胞”，切实将党建优势转化为税收事业克难攻坚、改革奋进的前进胜势。

（二）坚持创新性，突出数智治理，强化数字赋能的引领驱动作用。一方面，要夯实数据基础。对内，常态化开展税收征管信息数据的清理、比对、核查工作，提高数据的标准性和关联性；对外，加强与海关、工商、国土、房产、环保等部门信息共享，提升涉税涉费数据互联网采集能力；同时，积极向上级税务部门申请数据获取权限，补全当前市域层面涉税涉费数据链条。另一方面，要创新场景应用。要以信息技术为支撑，在技术、业务、流程、数据等方面融合集成，实现跨领域、跨部门、跨业务的协同管理服务，致力打造“全天候、全方位、全覆盖、全流程、全联通”的税费征管新格局；要重点聚焦新经济新业态以及税收征管、风险防范等重点领域，通过税收大数据和第三方数据的结合应用，探索对重点领域、新兴领域“以数治税”新成效。

（三）坚持人民性，突出税费服务，不断提升纳税人缴费人获得感。税费服务作为税收现代化的重要组成部分，应统筹考虑和把握服务与税务执法体系、税务监管体系的内在联系，着力提升纳税人自主办税能力和依法履行纳税义务的责任意识，促进纳税遵从。要在税务总局金税四期大框架下，一是推进纳税服务业务体系变革，从纳税人视角对办税事项和业务场景进行整合重构；二是推进纳税服务组织体系变革，组织架构从层级式服务架构向扁平化架构转变，服务职能从条线化职能向跨部门服务职

能拓展，人力资源配置从前台点对点兜底式服务向后台批量式精准化服务转变；三是积极推进智慧服务建设，打造融电子税务局、12366 热线和征纳沟通平台“送、问、办、询、评”于一体的集约服务处理模式，实现纳税服务集约化、精准化、智能化转型。

（四）坚持法治性，突出法治税务，厚植公平正义的税收法治氛围。一是税收执法方面，全面落实行政执法公示、执法全过程记录、重大执法决定法制审核制度，探索深化说服教育、警示约谈等非强制性执法方式，做到宽严相济、法理相融。二是税收司法方面，落实“双随机、一公开”制度，强化六部门常态化打击虚开骗税机制，充分发挥税收大数据作用，精准有效打击“假企业”“假出口”“假申报”等违法犯罪行为；加强税务司法协作，持续拓展协同共治范围，营造互联互动、共治共赢的税收法治“新生态”。三是税收守法方面，汇聚税收普法宣传合力，积极整合资源，建立法律顾问、公职律师在税收普法工作中优势互补、相互促进的工作机制，开展多形式、多渠道税法宣传活动，营造浓厚法治氛围；落实好纳税信用等级评价制度，深化纳税信用等级评价结果的运用，提高纳税人自主遵从意识。

（五）坚持能动性，突出人才强基，锻造高素质专业化的税务铁军。一是完善组织运行保障机制。坚持党管干部原则，坚持事业为上，选优配强各级领导班子；健全优秀青年干部发现储备、培养锻炼、统筹配备等常态化工作机制，抓好“后继有人”。二是激发干部队伍干事热情。认真落实数字人事“1 +9”制度体系，推进数字人事结果在干部选任、培养使用等方面应用；围绕税收重大攻坚、重点任务、重要工作，广泛开展评先评优、先进典型选树等活动，进一步建立健全推动干部履职担当的激励机制。三是打造税务人才创新高地的战略支点。深化实施人才强税战略，聚焦国际视野、战略思维、精通业务、善于管理标准，推动战略人才、领军人才、专业骨干、业务能手梯次化人才队伍建设，持续深化人才管理、评价、激励机制，健全重大任务、重大攻坚青年干部“揭榜挂帅”机制，打造高水平人才雁阵。

（六）坚持全局性，突出发展安全，主动服务中国式现代化市域实践。一是要强化财力支撑作用。坚守组织收入原则，依法依规组织税费收入，坚决不收“过头税费”；综合考虑经济税源、减税降费等多种因素的影响，切实增强财力支撑的匹配性、均衡性和可持续性。二是要融入市域发展大局。充分发挥税收大数据优势，深入开展税收经济联动分析、产业发展分析等，为地方党委政府建言献策；主动融入市域发展战略大局，充分发挥税收在支持创新、减轻负担、绿色发展、宏观调节等各方面作用，助力市域现代化行稳致远。三是要守牢税收风险底线。聚焦征税收费风险、税收监管风险、国际税收风险、社保非税风险、信息数据涉税风险、税收宣传风险、信访保密风险、日常安全管理风险、廉政风险等各方面风险，强化风险排查与防范化解，筑牢市域税收现代化安全屏障。

参考文献

［1］许光烈．中国式现代化背景下税收现代化的若干问题［J］．税务研究，2023（02）：31－36.

［2］浙江省嘉兴市税务学会课题组．市域税收治理现代化问题研究：以嘉兴税务实践为例［J］．税务研究，2022（06）：111－116.

［3］李东．关于税收现代化服务中国式现代化的思考［J］．税务管理，2023（05）：128－132.

［4］国家税务总局新疆维吾尔自治区税务局调研组．基层税收现代化建设的实践现状及发展路径［J］．税务研究，2023（08）：29－34.

［5］岳树民，王庆．加快税收现代化建设　助力实现中国式现代化［J］．税务研究，2023（04）：15－22.

课题组组长：张惠卿

课题组副组长：郑林华

成员：徐晓明、万文文（执笔人）、楼汇怡

基于“主责、协同与共治”三维推进税费服务与征管协作的治理对策研究

——以杭州市为例

国家税务总局杭州市税务局课题组

摘　要：推进税费服务与征管协作、构建税费治理共同体是贯彻习近平法治思想的重要举措、推进数字经济创新提质的必然选项和优化营商环境的重要一步。2023年3月1日浙江省正式施行《浙江省税费服务和征管保障办法》，向税费共治的目标进一步迈进。然而课题组通过多方研究，发现在落地过程中仍存在制度保障、数据治理等多方面的问题亟待解决，并通过本文提出了基于“主责、协同与共治”三维推进路径，以期在实践中实现参考价值。

关键词：税费服务与征管协作　主责　协同　共治

为提高税费服务质量和强化征管协同，更好地保护纳税人与缴费人的合法权益，浙江省出台《浙江省税费服务和征管保障办法》（以下简称《办法》），自2023年3月1日起施行。该《办法》的出台与施行是浙江省委、省政府落实中共中央办公厅、国务院办公厅印发的《关于进一步深化税收征管改革的意见》的重要举措，为浙江省大力开展税费共治新格局建设提供坚实的法律保障。

作为“数字管税”排头兵，杭州为浙江省推进税费服务和征管协作共治提供了良好的实践素材，相继推出不动产事项办理、企业开办注销、税院协作等数个“一件事”协作，通过一体化智能化公共数据平台归集查询接口50余项，为政府部门提供税费数据服务年累计达2000余次。例如，上城区税务局选取民间借贷利息协作征缴等四个协作频率高、共治需求迫切的场景先一步完成试点突破，2021年6月~2023年9月，协助法院进行不动产变价税费调查44次；进行债权申报67次，申报税费、滞纳金共计2217.07万元；申请参与执行款分配4.98亿元，通过分配入库1.59亿元。又

如，临平区税务局在全省率先将税务模块嵌入省政法委牵头搭建的“基层治理 App”，成功打通税务共治事项的下沉直达通道。

然而，在税费服务与征管具体实践中，我们发现在税费优惠、不动产交易、市场主体注销、司法执行等税费事项办理上仍然存在服务主责不清、部门协作失配、社会共治不足等诸多堵点和痛点，已经成为杭州市依法推进税费服务与征管协同道路上亟须解决的重大现实问题之一。课题组通过数据整理、基层调研座谈等形式开展调查研究，找准税费服务和征管工作成效提升的关键点与突破口，并依据《办法》所赋予的各方权责，基于“主责、协同与共治”三维提出对策与建议，为省域范围全面推进税费服务与征管协同新格局建设提供实践借鉴与参考。

一、税务机关推进税费服务与征管协作中存在的问题

课题组通过走访、座谈、征求意见等方式调研 14 个区、县（市）税务局及部分基层干部，听取 27 个政府部门及 40 户纳税缴费人建议。通过调研，发现并梳理了杭州市在落实《办法》、建设共治新格局中的若干问题。

（一）机制与制度保障不健全。

1.《办法》配套细则亟待出台。目前，市级实施意见已出台，但十四个区县文件制发率不足 50%。建德市局提出，缺乏政府主导出台税费共治实施方案，“党政领导、税务主责、部门合作、社会协同、公众参与”共治格局难以推进，工作局面难以打开。

2. 协作规范性不足导致“一事一议”。以现阶段常见的税收司法协作为例，主要针对的是破产案件、民事执行等税费征缴事项，协作范围有限，遇到其他类型的案件往往需要个案处理，协作过程中手续烦琐，效率低下，阻力也较大，造成时间、人力及物力资源的浪费。

3. 权责不清侵犯纳税人救济权利。以环保税为例，在实际协作征管中，由于相关法律未明确税务机关和生态环境主管部门在协作征管中的职权分配，使得相关部门对环保税计税依据核定职权的归属，以及就核定发生纳税争议时的责任主体无法确定。

（二）数据规范治理存在缺陷。

1. 从质量来看，涉税信息规范性有待健全。上城区局反映，由于没有形成政府部门间统一规范的税费信息标准，涉税信息内容繁杂、格式各异，目前获取税费信息的处理主要依靠人工，需要进行大量的数据比对、整理和分析工作，有时候还会存在信息错误或缺失、口径不明、信息关联性差等问题，一定程度上影响了税费信息共享质效。

2. 从获取渠道来看，涉税数据交互平台有待完善。目前，税务部门获取涉税信息

主要依靠浙江省一体化智能化公共数据平台（即 IRS 系统）。然而，根据 2023 年初梳理的税费共治资源目录获取统计情况，现行税费服务和征管工作中涉及 49 个单位或部门的 180 项数据需求，其中 88 项数据已搭建获取路径；另有 92 项数据未取得需搭建获取途径。例如，退役士兵税费优惠政策的落实工作中，需税务、人社、退役军人事务局等多个部门之间协作配合，然而当前因为没有系统协作方案，各部门的信息交互渠道不完善，在信息核实方面仍然存在较多阻碍。

3. 从数据处理来看，数据管理能力有待加强。主要表现在数据收集、保存、处理和交换等环节，缺乏行之有效的处理技术和存储工具。例如，在落实重点群体税费优惠政策的过程中，滨江区局反映，部分应享受人员可能存在跨区域享受问题，而企业所在地区无法获取该群体的身份信息，难以匹配相关优惠政策，因此难以做到“政策找人”的精准推送，同时也导致了涉税风险排查较为被动，限制了数据的比对、分析和处理，数据应用效率低下。

（三）社会协同参与严重不足。

1. 共治主体较为单一，市场主体参与意愿不足。目前的税费共治主体以政府部门为主要构成，社会组织、市场等各主体的参与有限。例如杭州市法律援助中心反映，在落实法律援助免税优惠政策过程中存在发放部门多、受益个体多、协调难度高等问题，在全市范围内统筹开展涉税申报与服务迫切需要税务机关专业指导。

2. 缺乏成效评价体系，促进共治的监督与激励不足。以《办法》为例，在激励方面，仅在第三十四条【共治激励】中规定“对在税费共治保障工作中做出显著成绩的单位和个人，予以褒扬激励”，并未细化对共治主体积极配合的奖励措施，也未明确经费来源保障；在惩戒方面，在第五章【法律责任】中，仅笼统地规定对违反本办法、未积极履行协作职责的单位责令改正，对个人给予处分，并不具备可操作性。

二、税务机关推进税费服务与征管协作问题的成因剖析

（一）税费共治的思想认识不到位。在税费共治中，各主体治理共同体意识缺乏，协同治理实践不足。政府部门方面，由于缺乏协作的激励奖励和经费保障，数据传递过程中还存在着数据泄露的风险，在部门合作时以被动应付、被动参与为主。税务部门方面，投入大部分人力、物力、财力在催报催缴、纳税服务等低层次的管理上，限制了其他共治主体参与税费共治的能动性。社会组织方面，从业人员素质有限、了解不足，因此缺乏参与意愿；社会公众对税费共治的参与度、认知度较低，参与能力受限。

（二）协作流转程序不完善与救济保障缺位并存。目前，在税费服务和征管协同

的大框架下，各部门专业性与职能性较强，由于职责分工不明确、协作流程不完善，往往导致部门间的流转或对接不够顺畅，有时候只能通过协商、联席会等形式点对点单独开展涉税协作事项，协同效果有限。而在协同职责不清晰的情况下，往往容易导致纳税人权利救济保障的缺位。

（三）保密规定与行政效率的矛盾博弈。一方面，根据《税收征收管理法》规定，税务征收机关应当依法为纳税人、扣缴义务人的情况保密，税务部门将税费信息共享给其他政府部门可能存在违法风险。另一方面，一旦数据发生泄露，会产生相应的责任，共享数据的提供部门和使用部门都存在疑虑，限制了税费服务和征管协同工作的开展。

（四）涉税专业服务机构发展不够充分。涉税专业服务机构在税费治理中发挥着不可替代的重要作用，但仍存在着从业人员业务水平不均衡、第三方机构规模较小、管理机制不够健全等问题。随着经济社会的发展，对涉税专业服务的需求逐渐从简单的代理记账、纳税申报，向税收筹划、降低涉税风险、合规经营方向转变。显然，目前较低发展层次的涉税专业服务机构尚无法达到市场的期望。

三、税费服务与征管协作国内经验借鉴与启示

结合发现的问题，课题组进一步收集案例进行研究，总结归纳了部分省份关于税费共治的优秀经验，以供下一步提出意见建议作参考。

（一）出台地方性法规或部门规章，夯实制度保障。2003～2022 年底，全国已有 24 个省份在税费征管保障方面出台了 5 个地方性法规和 19 个地方政府规章，四川、云南、江苏等省份均致力于省、市、县多层级构建税费共治制度体系，推进税费治理能力和体系现代化，通过规范性文件明确税费管理协助事项，保障涉税信息共享，以依法治税推进依法行政，助力法治政府建设。

（二）以明确的监督考核确保协作效率。辽宁、江苏、海南、重庆和云南进一步细化完善税费保障工作考核机制，明确税费保障具体考核措施。增加各单位报送数据时间、报送质量的考核指标，同时将涉税信息交换与共享工作纳入日常检查、专项检查、综合评价等督察督办范围，并将督查结果作为年度绩效考核的重要依据。

（三）通过数据共建共享提供资源支持。北京、内蒙古、安徽、陕西和新疆税务采取列举方式建立了《税费信息共享目录》并动态更新。目录清单由省人民政府制定和发布，同时区分使用频率进行分类管理，针对高频信息共同商定共享范围、格式、频率、方式等具体规则。对目录范围外的、临时性或偶发性的信息，则通过“点对点”的协商确定个性化方式，不断提高信息交换的真实性和精准度。山西、福建、山

东、河南和大连税务推动建立统一的政务数据共享交换平台，开设“税费数据共享”专区进行数据交互，对接设区市、县的信息平台，重点整合各部门资源，实现海量数据全面聚合。完善涉税学习分析应用机制和分析指标体系，开展大数据统计分析、建模应用，打造全面、实时、动态的税源监控网络，为税费保障提供有力数据支持。

（四）扩大协作部门范围，确保多方协同治理。甘肃、湖北、青海和宁夏税务扩大协助保障单位对象，不仅涵盖政府各部门，还将司法机关、中央驻派单位、银行业金融机构等增列为税费保障协助部门，将产生涉税信息的有关公用事业单位或企业增列为税费信息提供对象。同时建立健全社会监督机制，引导新闻媒体、社会组织和个人参与共治工作的评议和监督，凝聚社会监督工作合力。

借鉴以上各地经验，我们可以得出以下几点启示：注重加强党政领导是税费共治的前提，形成上下畅通、左右联动的合作机制等需由政府部门牵头，保障人力、物力和财力及时到位；完善税费共治的制度规范是基础，配套出台相应的法律规章和工作机制，夯实税费协作法治化、系统化、规范化的制度基础；部门协同离不开有效的工作载体，建立税费共治的信息平台并建强数据的加工处理、存储使用等各项功能，充分利用技术手段实现共享数据的增值；有效的激励约束发挥着重要作用，奖惩措施应该明确、细化、公正、可行，激发共治主体协作配合的积极性。

四、基于“主责、协同与共治”三维推进税费服务与征管协作的对策与建议

（一）总体设想。根据各省份的优秀经验，课题组提出了基于“主责、协同与共治”三维体系的设想。在党的领导下，税务主责是支撑力量；部门协同是纽带和桥梁；公众参与是重要基础。本文设想打造以“主责、协同与共治”为主体架构，延伸出三条负责具体落实应用链的实践路径，实现强化税费服务、增强征管协同，保护纳税人、缴费人的合法权益，实现税费共治的最终目的。

1. 构建1个主体架构。以税务机关为主责力量。担负税费治理的主要职责和主体责任，并负责积极落实税费共治中的日常事务，制定具体工作清单，做好税费共治协调等工作，保障税费共治的顺利推进。以各部门为协同力量。担负税费治理的配合工作，确保按照有关法律、法规、规章和办法的规定，协同税务机关做好税费服务和征收管理有关工作的共治保障。以公众参与为共治力量。担负税费治理的参与工作，构建权利与义务统一、风险与责任关联、激励与惩戒并重，以及人人有责、人人尽责、人人享有的治理共同体。

2. 构建3条应用链。构建从主责力量、协同力量、共治力量三维出发的三条可落

地的应用链。主责应用链健全控管，发挥税务部门主体作用。通过完善协同共治机制、加强信息采集共享、健全规范化管理等方式构建跨地区、跨层级、跨部门统筹联动、内生协同的共治机制。协作应用链确保配合，构建去中心化的共治格局。在以税务机关为主导和以企业为主体的基础上，我们采用增强政府部门参与的方法来实现减轻税务单一管理模式所带来的阻碍和负担。共治应用链推进融入，重点强调多元主体参与的公共治理。鼓励社会大众积极地加入税费共治的体系中，让多元主体都能够享受到高质量的税费服务环境；充分发挥社会各界的力量，对涉税服务进行规范化管理，借助社会团体、组织为纳税人提供基本的税收服务，从而提升税费管理的效率。

（二）具体对策与建议。

1. 以“法治 + 数治 + 制治”打造主责应用链。

（1）夯实法治基础。一是呼吁完善基本法和实体法顶层设计。首先需要全面且科学地修改《税收征管法》，添加关于税费共同治理的相关规定，明晰各方参与者的责任与权益，并进一步完善税费实体法的法规建设，针对税费征缴流程及其特性对跨部门协作机制进行细化和规范。二是完善其他法律、地方性法规和地方政府规章。在未对相关法律法规做出修改或者发布之前，可以参考青岛市“地方法律条例 + 政策通告”的方式来构建税费共治制度模式，并赋予财政、税务等相关部门职权，依据当地征收管理的实际情况进一步完善具体细节部分，在合作方、内容、流程以及保护措施等方面率先尝试实施。三是强化税收司法保障。完善公安部门驻税务联络机制，推动公安、税务双方在合作办案上进一步规范化、信息化以及常态化运行。与检察机关建立联席会议定期联络机制和双向信息交换共享机制，加强税务行政执法监督、涉税案件法律监督、涉税公益诉讼联动等涉税领域司法协作配合。与法院建立联动协作工作机制，就涉税信息传递、协助审判执行、税费征缴协同等方面开展协作，强化涉税信息传递，提升审判执行质效。深化法律顾问和公职律师制度，在做税费共治的相关讨论、处罚、决定重大事项之前，提交法制审核，确保合法性、合规性。

（2）融入数治大局。一是持续丰富“一件事”应用场景。自《办法》实施以来，杭州市局已与同级外部门建立完善 28 个税费协助机制。下一步，仍需主动对接市政府各部门，积极融入政务服务“一件事一次办”，谋求税务事项“增值”。例如，滨江区局持续完善跨境贸易出口退税便利化协作机制，对接商务、招商部门，通过出口海关数据交互比对信息，提前介入未办理出口退税企业做好税务辅导。临平区局会同临平区法院签订执行“一件事”综合集成改革推进税费征缴协作机制会议纪要，改变此前纸质函件交换方式，通过“执行一件事”平台在全省范围内线上开展民事执行与税费征缴协作。二是健全数据平台。借助政府数据基础设施建设项目，构建基于“数据 + 业务 + 算法”的税费数据综合智能处理中心，利用 AI 来代替人工对大量数据进行分析和处理，并采用数据仓库、SQL 等多种数据技术手段，形成自动化、有规律性的处理策略，全程记录和追踪共享数据使用情况，确保数据安全。

（3）明确制治保障。一是完善常态化合作机制保障。设立税费服务和征管保障工作专班等协商决策机构，全面承担起本地及下级税费共治的管理、组织、指导、调度以及评价责任。可以参考青岛市的做法，把联合治理办公室放在财政部门，促进税费共治从过去的税务单向协调转向领导小组办公室牵头协调。二是推广和深化税收共治联席会议制度。基于现有政府部门为主体的基础上，进一步将银行、中介和社会组织吸纳参与，推进议事范围从协税护税扩展到社会性公共服务、社会化征管。三是进一步明确职责分工。明确各部门的职责和分工，共同探讨并制定税费共治的具体实施条件、流程步骤以及协助费用和争议解决等问题。上城区局对此进行了有益探索，以协议形式夯实部门间长效共治基础，积极与法院、规划资源局、住房保障和房产管理局城乡建设委员会、生态环境局、科技局等部门进行磋商交流，打造“税务＋X”联合监管模式；与园区管委会、金融办等深化共治协作，升级打造“山南智税管家”定制服务点。

2. 以“规范＋共享＋考核”打造协作应用链。

（1）明确各项规范。一是健全数据共享使用规范。强化对数据的标准处理和规范解读，明确信息定期报送、交互的责任，规范平台收集内容要求、格式、部门职责以及报送时间，定期检查报送数据的质量、数量和时效性，提升税费基础数据质量。例如，可在持续完善数据扎口管理的过程中，探索梳理税费数据共享《备忘录》，并在全市范围内建设数据传递统一标准。二是制定工作规范。参考纳税服务、税收征收和电子税务局等相关领域的具体实践，探索制定“税费共治工作指南”，从而构建出一套包括“法规条款＋执行细则＋操作指南＋技术支持＋绩效评估”的多元支撑体系，确保税费共治的责任明晰、路线清楚、信息详细且策略有效。三是制定补充性实施意见。地方政府应结合上级税费共治的管理条例，制定具有共性价值的税费共治主体方案，并围绕地方推行中的关键点、挑战及不足之处，进一步明确细节任务和个性化补充条例，为税费共治工作提供有针对性且实际可行的指引。

（2）着力推动共享。一是加强第三方涉税数据采集。加强对涉税机构、行业团体及社会组织的涉税数据搜集工作，在安全边界内，提高对于第三方涉税数据的收集、处理、分析与分享能力，提升其共享使用效率。二是进一步强化税务部门合法、主动获得税收数据的权利。积极运用法律规定的税务征管权力，要求其他税费共治参与方严格遵守其法定的责任与协助义务，例如《税收征收管理法》中的第 56 条和第 57 条都详细说明了税务机构的税务调查权利。三是健全税收数据对外提供机制。根据法律法规的规定，将税费数据的共享领域扩展到政府相关部门，增强社会管理和服务水平。通过电子税务局等数字化平台，为公众开放政务公开、信息交流及反馈建议的基本功能，进一步加强对纳税人个人信息的保护，明晰数据收集、传递、储存、使用、共享各个阶段的安全防护手段、责任人及其具体的实施规范。

（3）优化完善考核体系。根据《方法》尽快构建税费共治的考核体系，建立税费共治的经费保障，将其列入同级财政年终预算，以此来保证对联合治理工作的推动；开展专项工作督察，定期检查各部门和机构履行责任是否尽责。由政府牵头制定具体考核制度，详细明确评分准则，包括考核的内容、权重、指标和方法等细节的规定，通过目标导向的考核驱动责任实现。建立税费共治工作档案，推动任务清单化管理，实时跟踪各机构履行状况，施行常规性的监察督导，高效展示成绩、揭示问题。充分发挥纪委和外部监督部门的功能，将税费共治的考核结果纳入全年工作的考核中进行评价，落地奖惩措施。

3. 以“服务＋权益＋激励”打造共治应用链。

（1）进一步优化服务。一是推进普法宣传社会化，积极寻求与社区及传媒机构的协作，通过税务志愿者的参与和税宣入校园等方式扩大宣传教育的影响范围，提高整个社会对于税收遵从度的认识。二是推进纳税服务便民网络社会化，借鉴税银合作、社区便民点等多元化的便民服务设施，将税务的基础服务与社区网格化管理结合起来，打造十五分钟的办税服务圈，让纳税人更加方便快捷地获取涉税服务。三是推进税费征缴社会化，以委托代征和代扣代缴为切入点，借助社会力量将税费征管工作更好地融入社会管理的整体框架内，使各类资源和服务更有效地向基层延伸，最大限度地发挥社会化征收手段的倍增效果。

（2）进一步强化权益。一是保障纳税缴费人知情权。推动实施行政执法“三项制度”，增强纳税人对税收治理的主动性和责任感，深化各方的信任，建立积极的协作遵循模式。二是保障纳税缴费人参与度。及时开展政策实施情况和实施效应评估，借助“便民春风行动”和“万名党员下万企”等行动，为下一步政策落实、决策优化提供参考和依据。三是保障纳税缴费人监督权。诚挚邀请行风政风监督员参与第三方监督，开展满意度测评、行风测评，进一步拓展税务违法行为的举报途径。

（3）进一步完善激励。一是强化涉税中介的激励。可以参考美国的“申报代理人”体系来优化我国税收咨询机构的管理流程，包括对准入门槛确认、工作能力要求、有效期管理、责任划分、投诉与上诉机制以及奖励与处罚手段等方面做出明确的规定，以引导更多的企业加入税收的社会治理中来。二是增强市场主体的激励。对那些持续保持良好信用的纳税人，可以在如税收减免、监管支持等方面提供优先待遇；而对表现较差或有不良记录的纳税人则应加大信息的收集力度并强化监督管理；同时，根据企业的需要构建税企高层对话平台，例如签署合作协定或者备忘录来扩大税收治理的广度和深度。三是增强个人激励。联合构建个人纳税信用体系，可参考澳洲的纳税人税收记录代码管理方法及美国的征税信誉奖励与处罚体系，完善对疑点核查、申诉、奖励和评价的管理过程，将纳税信用的运用融入求职、购房、投资等日常生活的各方面中。

参考文献

[1] 谭珩．国家治理视角下建设新时代税收现代化的思考［J］．中国税务，2020（01）：32－34.

[2] 伍红，朱俊，汪柱旺．应用区块链技术构建税收共治新格局的思考［J］．税务研究，2020（09）：56－62.

[3] 焦瑞进．基于智能税务的税收治理现代化路径研究［J］．商业会计，2020（02）：4－7.

[4] 徐敏娜，周春君．新时代税收现代化的实现路径：基于国家治理的视角［J］．阿坝师范学院学报，2018（04）：75－78.

[5] 王献玲．构建新形势下税收共治新格局［J］．中国税务，2019（12）：36－37.

[6] 王葛杨．关于运用大数据推进税收治理现代化的思考［J］．税务研究，2020（11）：140－143.

[7] 邓永勤．税收共治的历史逻辑与实现路径［J］．税务研究，2016（12）：90－94.

课题组组长：张惠卿

课题组副组长：唐丽敏、沈小凤

成员：黄珊、赖小华（执笔人）、朱之旋（执笔人）、钱昀

杭州聚焦实体经济建设现代化产业体系的实践观察

国家税务总局杭州市税务局课题组

摘　要：现代化产业体系是我国建设现代化经济体系的重要内容，建成创新引领、协同发展、竞争力强的现代化产业体系成为实现高质量发展的关键所在。本文通过税收视角分析杭州以实体经济为着力点夯实产业高质量发展基础，以数字经济驱动产业向高端化、智能化、绿色化跃升，以五大产业生态圈支撑先进制造业集群发展，同时发现杭州在构建现代化产业体系中存在产业体系完备与传统优势产业外移、产业体系结构现代化和产业链控制力较弱之间、数字经济快速发展与数字产业传统产业融合不充分之间、新领域新赛道多点布局与未形成规模效应等诸多矛盾，提出发挥好税收职能作用，加快打造先进产业集群，推动传统产业转型升级，增强对战略产业链控制力，深入推进数实融合等针对性建议。

关键词：现代化产业体系　实体经济　数字经济　五大产业生态圈　杭州

现代化产业体系是我国建设现代化经济体系的重要内容。立足经济社会发展全局，建成创新引领、协同发展、竞争力强的现代化产业体系成为实现高质量发展的关键所在。本文阐述杭州近年来在实体经济、数字经济、五大产业生态圈等方面构建现代化产业体系的实践，结合构建过程中存在的困难和问题，借鉴先进省市构建现代化产业体系经验，提出针对性建议。

一、杭州构建现代化产业体系的实践

我国构建现代化产业体系的核心思想是坚持把发展经济的着力点放在实体经济上。

从税收数据看，杭州实体经济[①]规模和税收贡献在产业体系中均占绝对优势。2022 年和 2023 年上半年，全市实体经济分别实现销售收入 10.1 万亿元、4.9 万亿元，占全市销售收入比重分别为 93.1%、92.9%。实现入库税收分别为 2777.8 亿元、1803.7 亿元，占比分别为 78.2%、75.5%。

（一）以制造业高质量发展引领现代化产业体系向“实”而行。

1. 制造业规模稳定增长，税费支持政策助力作用不断显现。近年来杭州大力实施“新制造业计划”，积极推进制造业高质量发展。2022 年全市制造业销售收入 2.2 万亿元，2023 年上半年为 1 万亿元，占实体经济比重保持在 22% 左右。其中，销售规模占比前三的制造行业分别是电气机械和器材制造业、计算机通信设备制造业、通用设备制造业。2022 年和 2023 年上半年实现入库税收分别为 1021.1 亿元、754.6 亿元，占比分别为 36.7% 和 41.8%。不折不扣落实组合式税费支持政策，2022 年和 2023 年上半年分别享受减免类税收优惠 306.5 亿元、356.8 亿元，同比增长分别为 29.9%、22.3%；享受留抵退税优惠分别为 81.9 亿元、11.1 亿元，分别占当期入库增值税额的 17.5%、4.1%。在 2022 年大规模留抵退税基础上，2023 年延续执行留抵退税政策，制造业是受益最明显的行业。

2. 新兴产业提速、高耗能产业淘汰，一增一减推动产业层次调整递进。杭州积极培育科技含量高，代表未来产业发展方向的新兴产业，淘汰一批高耗能高污染产业。以 2023 年上半年为例，全市高端装备制造业实现开票销售收入 2618.7 亿元，同比较制造业总体、传统制造业分别高出 1.8 个、2.1 个百分点。其中，汽车零部件及配件制造（占比 10.5%、增速 15.9%）、物料搬运设备制造（占比 7.6%、增速 7.1%）、通用仪器仪表制造（占比 4%、增速 29.3%）等新兴制造业发展势头较好。同时，八大高耗能行业[②]开票销售占工业总销售的比重由 2020 年的 24.9% 下降到 23.2%。全市制造业企业享受节能环保类优惠金额 5.6 亿元，其中，分别享受环境保护、资源综合利用类优惠 4.3 亿元和 1.3 亿元。全市单位工业用电开票销售收入[③]提高 5.3 元，生产效率逐渐提高，产业结构向高端化、智能化、绿色化方向优化调整。

3. 研发积蓄先进发展动能，制造业核心竞争力持续提升。全市坚定不移走创新发展之路，持续加大研发投入，研发资金持续投入到先进产业。2022 年全市制造业研发费用支出 599.4 亿元，同比增长 15.4%，高出全市增速（8.4%）7 个百分点。享受研发费用加计扣除额 539.8 亿元，户均达 617.8 万元。高新技术制造企业产品（服务）

---

① 实体经济，是指物质产品和精神产品的生产、流通、销售及提供相关服务所形成的经济活动与形态，不包含第三产业中的房地产业和金融业。

② 八大高耗能行业包括纺织业、造纸和纸制品业、石油煤炭及其他燃料加工业、化学原料及化学制品制造业、化学纤维制造业、非金属矿物制品业、黑色金属冶炼及压延加工业、电力热力的生产和供应业。

③ 单位工业用电开票销售收入指工业开票销售收入与工业用电量的比值。

收入同比增长11%，占当年总收入的81.4%。自主创新投入[①]同比增长14.3%，占比（95.6%）高于全市企业9.2个百分点，产业体系中关键技术领域自主可控力逐步提升。2022年和2023年上半年，全市制造业享受高新技术企业税收优惠分别为178.3亿元、215.6亿元，助力创新全链条和各个环节更好发展。

（二）以数字产业化和产业数字化为重要途径促进数字经济和实体经济深度融合。

1. 往“高”攀升，数字产业化提能升级。杭州是数字经济先行城市，正处于数字经济二次攀登的关键战略机遇期。2022年和2023年上半年，全市数字经济核心产业实现销售收入分别为2.1万亿元、1万亿元，同比增长分别为1.9%、7.2%。数字技术应用、数字产品制造、数字要素驱动、数字产品服务等四大板块开票销售比例为55∶18∶22∶5，其中2023年上半年数字要素驱动业开票销售同比增长15.7%，高出产业平均8.7个百分点。数字要素潜能加快激活，互联网数据服务开票销售同比增长117.3%。全市数字产业内部结构持续优化，主导产业持续发力，数字安防和网络通信两大产业链销售收入连续三年保持高增速正增长，平均增长率分别为10.2%、12.3%。

杭州平台经济发展生态全面优化，交易规模壮大。2022年和2023年上半年，全市平台企业分别实现开票销售5163.6亿元、2589.7亿元，分别占数字经济总体销售规模的25.1%、25.6%。

2. 以“融”提效，产业数字化加速转型。

（1）依托工业互联网要素融合，全市制造业转型加速，减熵增效成果显著。全市已培育106家工业互联网平台，平台服务的工业企业行业覆盖率达74.1%。全市建成未来工厂19家，通过对2018~2022年未来工厂[②]的数据构建双重差分DID[③]模型来检验数字化改造效果：通过数据驱动企业的生产方式、组织形态和商业模式变革，对降低成本和提高盈利能力两方面均有显著正向影响（见表1）。

表1　双重差分模型分析结果

因变量	未来工厂（是/否）影响系数	未来工厂建设前后影响系数
利润总额	0.020**	0.006**
单位能耗	-0.002***	-0.005***

注：**、***分别表示5%、1%的显著性水平。p值越小越显著。

（2）服务业数字化转型持续深化。一方面生产性服务业向绿色化和高端化延伸。

① 自主创新投入指企业所得税年报数据中的自主研发、合作研发、集中研发费用数。

② 在已认定建成未来工厂涉及的行业中筛选出两组企业，其中：实验组为2020年建成的未来工厂；对照组为2018~2022年未进行未来工厂建设的企业。

③ 提高自动分拣能力的产品和服务包括装卸机械、其他连续搬运设备、工业机器人、工业自动控制系统、信息技术服务、相关电路技术支持服务、电路测试服务。

2023 年上半年全市生产性服务业实现开票销售 2.8 万亿元，同比增长 4.4%，高于整体增速（3.7%）0.7 个百分点。其中：生态环保和环境治理业（33.7%）、科学研究和技术服务业（21.8%）、信息传输软件和信息技术服务业（9.6%）增速较快。另一方面生活性服务业向高品质和多样化升级。其中，互联网零售、批发的开票销售增速（38.1%、15.3%）远远快于超级市场零售（-15.1%）和传统批发业（-1.7%）。受此带动，快递企业购进提高自动分拣能力的产品和服务①同比增长 56.4%；全员劳动生产率②同比提高 5.4 万元/人。

（3）农业数字化赋能初见成效。全市农业科学研究业 2022 年和 2023 年上半年，分别实现销售收入 19.8 亿元、11.6 亿元，同比增长高达 57.5%、47.5%。数字要素加速“互联网+农业”发展，全市数字经济核心产业销售农林牧渔业产品 42 亿元，同比增长 43%。同时，农林牧渔业购进数字化产品同比增长 17%。数字化转型有效提高农业生产效率和产品质量、降低生产成本。

（三）以五大产业生态圈建设为切入口打造新的增长引擎。

1. 新动能支撑作用增强，细分领域集聚效应凸显。杭州基于城市特性打造智能物联、生物医药、高端装备、新材料、绿色能源五大产业生态圈，统筹推进产业链整体提升。以 2023 年上半年为例，五大产业生态圈样本企业③实现销售收入 7894 亿元，出口销售收入 733.9 亿元，分别占全市销售和出口的 15% 和 34.5%。2022 年实现利润总额 1447.7 亿元，占全市的 20.2%，盈利面达到 76%，重点先进制造业有效稳住经济大盘。

智能物联产业生态圈在海康威视引领下，数字安防产业市场占有率位居全球第一名，滨江、余杭、西湖等地在人工智能、区块链、芯片等新兴领域建立产业园区，形成新的集聚效应，涌现出士兰微、矽力杰、长传科技等优质企业。高端装备产业生态圈中七成企业专注于新能源、工业机器人领域的关键基础装备生产。生物医药产业生态圈在医药制造、化学原料制品制造、医疗仪器制造三大行业的经济体量最大。新材料产业生态圈在化纤、光学膜，高性能树脂等先进基础材料及关键战略材料领域具备核心竞争力，培育出恒逸、荣盛等全球领先的龙头企业，以及过滤材料领域的国家单项冠军科百特。绿色能源产业生态圈的南都电源、福斯特、禾迈电子在储能电池、光伏封装材料和组建等领域具备自主知识产权，壮大了杭州“碳达峰、碳中和”的战略力量。

2. 链主企业在技术创新引领、价值链拔升和产业生态聚合等方面发挥主导力。全

---

① 提高自动分拣能力的产品和服务包括装卸机械、其他连续搬运设备、工业机器人、工业自动控制系统、信息技术服务、相关电路技术支持服务、电路测试服务。

② 劳动生产率=营业收入/从业人数。

③ 五大产业生态圈样本企业名单来自市统计局，共计 4222 户。

市对“链主”企业培育愈发重视，这些产业链上的“超级节点”，在构建现代化产业体系中的重要性日益突出。2023 年上半年，样本企业中纳税亿元以上企业 99 户，销售收入 3506.4 亿元，占五大产业生态圈整体销售的四成以上。2022 年投入研发费用 275.7 亿元，研发强度高于整体 1.4 个百分点；拥有科技人员 4.7 万人，占整体的 1/4。在技术创新、绿色发展、产业升级方面的高投入促使产品附加值逐渐走高。

链主企业的发展有效促进本地生产力布局优化。链主企业多处于产业链下游，如智能物联的海康威视、绿色能源的运达风电，均是具有产业链尾部优势的链主企业。本地根据链主企业需求布局上游产业促使供应链愈发本地化，以此提升产业生态聚合度，形成成本优势，2023 年上半年，链主企业省内购进金额占购进总额比重为 45.4%，物流成本下降 9.1%。

3. 企业跨界发展，产业功能互补趋势显现。先进制造业加快发展使高技术要素不断积累，高研发投入带来前沿科技不断涌现，科技的跨领域交叉融合，又促使企业不断催生新技术新业态新模式跨界发展，带动产业门类之间形成内在联系、功能互补的生态体系。有 25% 的样本企业（1061 户）同属两个以上产业生态圈。其中智能物联产业和高端装备产业融合程度最高，有 599 户企业同属上述两个产业。这些企业 2022 年销售收入 5798.6 亿元，税收收入 188.4 亿元，利润总额 642.8 亿元，占样本企业总体比重分别为 34.1%、32.6%、44.4%。

（四）以产业链为基础推动国内国际两个市场协调发展。

1. 贸易内循环畅通稳定，稳固支撑产业链韧性。贸易稳是产业建链固链的基础，全市省内循环畅通有序，省外循环高效对接。2023 年上半年，全市省内、省际、出口销售结构比为 51.8∶44.2∶4。省际贸易半径较长，产品主要销往上海（占比 6.3%）、江苏（5.4%）、广东（4.5%），销往吉林（增长 36%）、黑龙江（增长 28.8%）、海南（增长 22%）增速较快。从贸易类型看，“地瓜经济”藤广根深，2022 年全市企业关联交易规模占总交易额五成，其中 94.4% 为境内关联交易，全年关联交易和境内关联交易金额分别增长 17.9% 和 18.9%。

2. 推动外贸稳规模优结构，促进产业国际化发展。2022 年和 2023 年上半年，全市实现出口业务销售收入分别为 4779 亿元、2128.9 亿元，享受出口退税金额分别为 392.6 亿元、169.7 亿元。全市出口产品结构不断优化，2023 年上半年，高技术制造业、高技术服务业、高端装备制造业出口开票金额为 762.7 亿元，占比为 35.8%。海外市场维度不断拓广，全市产品和服务共出口至 223 个国家和地区，充分开拓关系国家安全的“一带一路”沿线市场，其出口额规模占比达 27.9%。内外产业深度融合，增强内外贸一体化发展能力。全市 9500 多户出口企业中，有 55.9% 既有出口又有内销，充分利用好国内国际“两个市场”和“两种资源”，成为企业谋求长远发展的主动选择和实现可持续经营的必经之路。

3. 更大力度吸引和利用外资，优化升级产业结构。截至2023年上半年，全市共有涉外企业1.4万户，较2022年底净增加1061户。实现销售收入和入库税收分别为6894亿元、465.8亿元，占比分别为14.1%、25.8%，成为杭州现代化产业体系的重要组成部分。杭州高技术领域引资力度明显加大，占比从2020年的25.3%提升至2022年的27%，其中高技术制造业占制造业引资比重从12.6%提升到18.5%，高技术服务业占服务业引资比重从30.8%提升至31.2%，对推动产业升级发挥重要作用。

二、杭州深化建设现代化产业体系的挑战

（一）产业体系完备与传统优势产业外移之间的矛盾。杭州产业体系是一个完整有机体，涵盖农业、工业、服务业中属于实体经济的全部17个门类、91个大类。但近年来纺织、家具等传统行业虽然持续增加研发投入，但仅依靠研发提高产品附加值仍不足抵消土地、人工等生产要素全面上涨带来的影响。这些传统产业逐渐失去低价格国际竞争优势，对外出口额明显下降，2023年上半年，纺织业出口开票下降16.4%；家具业出口开票下降39%。反观越南的人均月工资远低于杭州，目前已超过我国成为最大的对美家具出口国，劳动密集型的传统制造业外迁成为趋势。

（二）产业体系结构现代化和产业链控制力较弱之间的矛盾。2023年上半年，数字经济三大核心产品计算机、集成电路（芯片）、信息系统的省内采购率分别只有29%、25.5%和34.1%（不含进口）。高端产品芯片领域领军企业士兰微的制造工艺还未能突破40纳米，与中芯国际7纳米的先进工艺差距较大，部分关键技术和产品有待突破，先进制程的光刻机以及光刻胶、CMP等关键原材料高度依赖进口，产业安全发展的稳定性存在一定风险。同时，中低端芯片产能过剩问题开始显现，国产集成电路设计销售额2023年上半年下降14.1%，集成电路制造开票销售增速（3.7%）较2021年同期高点（82.5%）大幅回落，后续发展态势需加强关注。

（三）数字经济快速发展与数字产业传统产业融合不充分之间的矛盾。利用与产业数字化高度相关的研发费用投入、软件产品投入、自动化及电子工业设备投入、计算机通信设备投入以及数字化服务投入等税收数据，构建产业数字化投入指数①。测算显示，在数字化转型过程中，制造业内部分化问题较为突出。先进制造业数字化投入指数明显高于传统产业，如仪器仪表制造业行业2020~2022年数字化投入指数分别

① 根据与数字化转型高度关联的企业研发费用投入、软件产品投入、自动化及电子工业设备投入、计算机通信设备投入、数字化服务投入5类投入资金占销售收入比重进行测算，数值越大，代表数字化投入强度越大。$SCORE = \sum_{j=1}^{n}(w_j \times X_{ij}^*)$。

为62.7、63.6和65.0，呈逐年提高态势。而传统产业数字化投入指数普遍较低，数字化转型进展缓慢。如有色、化纤、纺织行业2022年指数分别为2.3、3.6和9.9，与2020年相比未见明显提高，数字化转型较慢（见表2）。

表2　2020~2022年制造业部分行业数字化投入指数情况

序号	分行业	2020年	2021年	2022年
1	仪器仪表制造业	62.7	63.6	65.0
2	医药制造业	52.3	52.6	53.0
3	计算机、通信和其他电子设备制造业	50.9	50.0	55.6
4	铁路、船舶、航空航天和其他运输设备制造业	43.2	39.4	44.7
5	专用设备制造业	39.2	42.7	50.2
6	纺织业	8.7	8.3	9.9
7	皮革、毛皮、羽毛及其制品和制鞋业	5.8	5.8	6.8
8	化学纤维制造业	4.0	3.6	3.6
9	有色金属冶炼和压延加工业	2.5	2.3	2.3
10	黑色金属冶炼和压延加工业	2.3	2.1	1.2

（四）新领域新赛道多点布局与未形成规模效应之间的矛盾。杭州奋力抢占数字经济新赛道，努力在智能机器人、区块链、基础研究等重点新兴领域培育一批数字新企业，出台相关政策鼓励掌握关键技术的龙头企业加强数字前沿技术研究，拓展数字新产业。但这些数字经济新领域2023年上半年开票销售16.7亿元，销售规模仅占数字经济核心产业的1.6%，新兴潜力型领域目前尚未形成规模效应。

三、先进省市建设现代化产业体系的经验借鉴

（一）建设先进制造业集群形成规模效应。建设世界级产业集群是我国的重大发展战略，对产业的科技创新、产业升级、区域经济等具有重要影响力，是建设现代化产业体系的重要突破口。工信部发布的45个国家级先进制造业集群中，深圳占4个集群；上海、广州、成都、苏州、佛山、东莞、无锡各有3个集群。如深圳新一代信息通信集群是深圳工业拳头产业，电子信息制造业作为其中的重要组成部分，2022年产值达2.5万亿元，占全国的1/6。广佛深莞智能装备产业集群涵盖智能机器人、精密仪器设备、激光与增材制造等领域，集群集聚了一万多家智能装备产业链上下游企业，产业规模约占广东省七成，占全国的11%。

（二）产学研深度融合提升创新体系效能。精准推动产业链优化升级都与科技创新密不可分，产学研深度融合是科技创新的重要实现形式。如安徽省与中科院、合肥

市、中科大、共建了中国科技大学先进技术研究院，打破了基础研究与产品、市场之间存在的转移、转化障碍，让产学研无缝对接，成为高科技企业的创业基地，英特尔、微软、中国移动研究院等多家知名企业在此建立联合实验室。科大讯飞与中科大通过横向课题的方式开展联合研发项目百余项，攻克高自然度语音合成技术、个性化学习分析技术等一系列科研难题，推动核心技术长期处于国际领先水平。2022 年市值 760.3 亿元，成为亚太地区知名智能语音和人工智能上市公司。

（三）设立产业引导基金强化金融支撑。通过设立产业引导基金，以政府信用吸引社会资金，可以改善和调整社会资金配置，引导资金流向战略性新兴产业领域。如上海探索基金招商新模式，聚力招引“三大先导产业”，支持社会资本、园区平台、国有资本等参与设立总规模 1000 亿元的系列产业投资基金，重点用于服务招引项目落地。深圳推动设立战略性新兴产业集群专业化投资基金，出台支持风投创投机构发展的重磅政策。成都产业基金打破注册和投资地域限制，通过跨区域合作共享资源，投资外地企业，吸引高科技企业回本地落地，更好服务招商引资需求。

四、税收助力杭州加快建设现代化产业体系的建议

（一）税收赋能先进制造，打造高能级产业集群。把发展先进制造业集群摆到更加突出位置，在专业化、差异化、特色化上下功夫。一是着力打造国家级先进制造业集群。在现有的第一个国家级产业集群安防产业基础上，以五大产业生态圈为抓手，着眼物联网设备、医疗器材等领域新建一批主题园区，落实科技企业孵化器和众创空间免征增值税、房产税政策，形成产业发展合力，力争打造多个国家级先进制造业集群。二是促使产业链利益向先进制造业转移。落实好先进制造业增值税加计抵减 5% 的新政策，增强先进制造业自主研发创新能力，不断完善先进制造业的产业分工和供应链布局。三是加大创业投资资金对中小高新技术企业和种子期、初创期科技型企业支持力度。落实创业投资基金、天使投资人投资额抵扣应纳税所得额等税收优惠政策，引导资金投入产业集群中的初创期高新技术企业，进一步优化产业发展生态。

（二）税收帮扶小微企业，推动传统产业转型升级。传统产业是制造业主体，是建设现代化产业体系的基底，同时也是吸纳就业的重要载体。一是引导和支持量大面广的传统行业企业采用先进技术改造升级。传统制造业企业自身研发能力相对较弱，落实好委托外部机构进行研发活动的研发费用加计扣除政策，形成新的发展动能。运用购置环境保护专用设备投资额抵扣所得税、节能环保产品免征消费税等政策，推动传统企业向低碳环保模式转变。二是支持传统行业小微企业健康稳步发展。全市传统

产业中有91.2%为小微企业，落实好小规模纳税人免征增值税、小型微利企业所得税优惠等税收优惠政策，有效减轻中小企业负担。三是精准释放制造业稳就业潜能。全面落实社保费缓缴、稳岗返还、社会保险补贴等政策措施，完善调整阶段性减负稳岗扩就业政策，更好发挥制造业在拓宽就业渠道、稳定就业岗位等方面的重要作用。

（三）税收助力技术攻坚，增强战略产业链控制力。实现产业体系自主可控，是构建现代化产业体系的重要前提。一是加强关键核心技术攻坚突破。落实好集成电路企业和工业母机企业研发费用加计扣除提高到120%的最新政策。培育一批拥有自主知识产权的链主企业，从而构建自主可控、安全高效的产业链供应链。二是鼓励新型研发机构探索颠覆性技术研发创新。落实好内资研发机构和外资研发中心采购国产设备全额退还增值税等优惠政策，助推研发机构在半导体、集成电路等核心技术方面取得突破，解决“卡脖子”问题。三是完善对科研人才奖励机制。对技术成果入股实行递延纳税，对高端人才和紧缺人才的财政补贴免征个人所得税，对股权激励适用优惠税率，留住人才夯实产业发展之基。

（四）税收激励数实融合，加快数字赋能现代产业。加快发展数字经济，促进数字经济与实体经济深度融合。一是促进数字经济创新能力快速提升。落实销售软件产品增值税超税负部分即征即退政策等优惠政策。培育更多数字经济头部企业，通过数字技术赋能传统产业，提高生产效率和产品质量。二是鼓励企业进行数字化改造升级。通过实施企业外购软件缩短折旧和摊销年限等政策，增强企业采购数字化产品和服务意愿，重组要素资源、塑造竞争新优势。三是加快5G、工业互联网等新型信息基础设施建设，夯实数实融合基础。落实好企业所得税年度亏损准予向以后年度结转等政策，支持基建企业稳健投资、发展，加速构造云网融合、安全可控的智能化数字信息基础设施体系。

参考文献

［1］孙智君，安睿哲，常懿心．中国特色现代化产业体系构成要素研究——中共二十大报告精神学习阐释［J］．金融经济学研究，2023，38（01）：3－17.

［2］王云鹏．现代化产业体系的理论构筑与实践策略［J］．江苏社会科学，2023（04）：122－131.

［3］张于喆，郑腾飞，盛如旭．论现代化产业体系的核心要义［J/OL］．开放导报，2023（08）：1－10.

［4］王桂军，张辉．新时代建设现代化产业体系：成就、问题与路径选择［J］．教学与研究，2023（06）：12－30.

［5］申珅，祁苑玲．习近平关于现代化产业体系重要论述的内在逻辑及重要价值［J］．理论视

野，2023（05）：34－40.

［6］杜传忠．我国现代化产业体系的特征及建设路径［J］．人民论坛，2022（24）：22－25.

［7］王一钦．我国现代产业体系构建的驱动要素及经济效应研究［D］．长春：吉林大学，2022.

［8］任保平，张倩．新时代我国现代化产业体系构建的工业化逻辑及其实现路径［J］．江苏行政学院学报，2020（01）：42－48.

［9］林木西，王聪．现代化产业体系建设水平测度与区域差异研究［J］．经济学动态，2022（12）：23－36.

课题组组长：张惠卿

课题组副组长：郑林华

成员：李洁、陆静、赖苇、杨林芳（执笔人）、詹妮（执笔人）

税收促进民营企业创新：运行效应、改进空间与优化建议

——基于杭州民营企业的调查

国家税务总局杭州市税务局课题组

摘　要：科技创新是民营企业发展壮大的核心竞争力，也是国家高质量发展的第一生产力。党中央、国务院通过出台一系列税收优惠政策，持续拓展支持科技创新的广度和深度，鼓励民营企业发挥主力军作用，坚持走自主创新、高质量发展之路。当前我国处于调结构、稳增长的关键节点，如何更好地通过税收促进民营企业创新，塑造发展新动能新优势，成为亟待解决的重大理论与现实问题之一。本文通过税收数据分析、调查问卷，梳理发现杭州民营经济创新中尚存在研发人才占比较低、科技前沿领域研发参与度不高、初期小型民营企业研发能力偏弱等不足，尚需覆盖面更广、精准度更高、协同性更强的政策支持体系。在剖析论证的基础上，分别从政策优化、征管服务、政策协同三个层面提出调整优惠方式、统一执行口径、重视人才激励，以及完善优惠政策运行机制、优化政策直达快享机制、建立政策效应跟踪机制、强化政策协同的对策与建议。

关键词：科技创新　民营企业　税收优惠政策

一、税收视角下民营经济创新与发展的现状分析

（一）民营企业在推进创新发展中的地位和问题。党的二十大报告明确提出要发展壮大民营经济，以创新、协调、绿色、开放、共享的新发展理念引领民营企业健康、高质量发展。其中，发展壮大的核心竞争力就是科技创新。民营企业通过自主创新驱动可以实现内涵型增长，促进创新链产业链资金链人才链的有机结合，提升其科技创

新的重要主体地位，进一步夯实创新在我国现代化建设全局中的核心地位。

在“2023 中国民营企业 500 强”榜单中，杭州市有 42[①] 家企业上榜，上榜企业数占全国的 8.40%，占浙江省的 38.89%，连续 21 年蝉联全国城市第一，再次擦亮民营经济——杭州发展的“金名片”。税收数据也彰显出其主力军作用。比如 2022 年杭州市民营经济实现税收 2628.2 亿元[②]，占全市总体税收比重为 61.6%；实现销售收入 86941 亿元，同比增长 5.9%。当前我国经济尚处于调结构、稳增长的关键节点，民营经济的运营环境不断更新变革，在创新发展中普遍存在融资成本较高、研发人才短缺、核心技术“卡脖子”等困难，亟须更有力更全面的政策支持体系。

（二）税收支持民营企业创新的政策梳理。作为国家调控经济和调节收入分配的重要政策工具，税收优惠政策是助力民营企业发展较为直接有效的手段。通过完善优化创新激励税收政策，提供良好的创新发展环境，引导更多民营企业走自主创新、高质量发展之路。

为了更直观地展示现有支持民营企业创新发展的税收优惠政策，本文进行了政策梳理和归类。从税种看，主要包括有间接税、直接税两大体系，集中在增值税、所得税两大税种，而消费税、土地增值税等暂未实现突破。其中，增值税税收优惠方式主要有免征、税额抵扣、即征即退、超税负退税、留抵退税等；所得税税收优惠方式主要有免税、减税、加计扣除、加速折旧、减计收入、税额抵免等。从政策支持方向看，覆盖有促进创新投资、鼓励创新投入和成果转化、支持重点行业发展、激励科技人才等内容。从政策出台密度和延续范围看，重点在支持研发投入、培育重点（高精尖）产业、支持创新创业、加大人才引育等方面。

（三）税收视角下民营经济创新与发展的现状——以杭州为例。

1. 税收贡献持续攀升。从市场主体数量看，杭州民营经济主体数量快速增长。纳税登记户数从 2020 年的 56.5 万家增加至 2022 年的 77.6 万家，年均增长 17.2%，占全市总户数比重已达 96.0%。从税收总量看，民营经济税收贡献持续攀升。税收总量从 2020 年的 1059.2 亿元增加至 2022 年的 1484.8 亿元，年均增幅 18.4%；占全市总税收比重从 2020 年的 60.4% 增加至 2022 年的 67.8%，民营企业成为全市税收主体来源。从发展质量看，民营企业整体质量稳步提升。民营企业缴纳企业所得税从 2020 年的 324.5 亿元增加至 2022 年的 512.1 亿元，年均增幅 25.6%，盈利能力持续提升；户均税收从 2020 年的 18.7 万元增加至 2022 年的 19.1 万元，反映出民营企业平均规模不断扩大。

2. 制造业集群效应突出。杭州民营经济已覆盖了制造业近七成小类行业[③]，形成

---

① 杭州市人民政府网站。

② 本文涉税数据通过金税三期核心征管系统（下同）。

③ 根据《国民经济行业分类（GB/T 4754—2017）》国民经济行业分类按照层次可分为门类、大类、中类、小类，制造业小类包括农副食品加工业、纺织业等 31 个。

较为完整的产业配套能力，拥有数字安防、高端软件、生物医药等支撑长远发展的优势产业。金税三期核心征管系统显示，民营制造业税收占全市制造业税收的50.3%，且民营制造业呈现集群式发展，前十大行业2022年税收总额占比达63.9%。2023年以来，仪器仪表制造业，酒、饮料和精制茶制造业，汽车制造业等制造业的增值税开票销售收入增速均超过15%，分别为27.1%、23.2%、17.4%，上半年销售额分别达179.3亿元、217.2亿元、236.6亿元。

3. 创新驱动不断增强。面对各项风险挑战，杭州民营企业注重苦练内功、蓄势待发。从2022年企业所得税汇算清缴情况看，申报高新技术产品收入的民营企业有1.38万家，占申报高新技术产品收入全部企业户数的95.5%；较2020年增加6269家，增长80%。受研发费用加计扣除比例提高的激励，民营企业研发费用投入持续提高，2022年投入达1746.7亿元，较2020年增加702.5亿元，年均增长近三成。其中，专精特新企业持续涌现，全市获评国家级专精特新“小巨人”企业累计达155家，上榜数量位居全国地级市第5名、全省第1名，主要集中在生物医药、视觉智能、新材料等领域，反映了杭州在医药制造业、计算机、通信和其他电子设备制造业等制造业上的优势。

4. 共担责任助力共富。杭州民营企业肩负社会责任，心怀“国之大者”，在促进就业、保护环境、推进全社会共同富裕等方面作出了突出贡献。特别是在社会就业方面，民营企业发挥了社会“稳定器”作用。2022年社会保险费申报数据显示，杭州民营企业参保职工人数447.8万人，占全市企业总参保职工人数的84.5%。同时，个体经济对解决就业起到很大作用，2022年底全市税务登记个人工商户有53.1万户，以每户解决就业2人推算，能解决106.2万人的就业。

5. 税收支持护航发展。杭州市税务部门坚持“三个跑快一步”全面服务民营经济稳中有进、稳进提质。在纾困解难方面跑快一步，保障政策红利直达快享，对抗“需求收缩、供给冲击、预期转弱”三重压力，帮助民营企业“活下去”；在优化服务方面跑快一步，主动问需及问策找准服务堵点，不断优化涉税营商环境，帮扶民营经济发展“复原气”；在培育动能方面跑快一步，高效落实研发费用100%加计扣除等税费支持政策，有效发挥税收大数据“补链强链固链”功能，为民营经济发展壮大“添活力”。2022年，民营经济享受各类税费优惠576.3亿元，同比增长37.7%，其中鼓励高新技术类优惠金额占比45.9%；办理出口退税361.4亿元，同比增长9.4%。

二、税收促进民营经济创新政策实践的调研分析

为了更好地了解杭州市民营企业在自主创新与发展中碰到的现实困难以及支持民

营经济创新税收优惠政策实践情况等，课题组设计了《关于税收政策促进民营企业创新发展的调查问卷》，对杭州市 14 个区、县（市）838 户不同规模的民营企业展开大范围深入调查。本次调研综合运用了问卷调查法、实地走访法、案例分析法等方法。

课题组召集税务业务专家、高校专家，对企业创新评价指标、税收助力企业创新的作用机理、判断标准进行大量文献研究，根据杭州民营企业发展实际，总结整理符合杭州民营企业创新能力的调研指标。通过对典型企业进行访谈和预调研的形式，修改并确定调查问卷。问卷由调研目的、企业创新能力情况、企业税收优惠政策了解及享受情况三部分组成。课题组于 5 月 10～12 日，通过“问卷星”向杭州市 14 个区、县（市）838 户民营企业发放问卷，有效收回率100%。同时选取先临三维科技股份有限公司、浙江地芯引力科技有限公司两家创新型典型企业进行实地走访座谈。深入了解杭州创新型民营企业的创新能力现状、已享受的税收优惠、发展中存在的问题与困难，探讨需要进一步税收支持创新的方向。

（一）税收优惠政策支撑民营企业创新的企业反馈。从调查结果看，了解相关优惠政策，并享受过的企业占比为41.6%，说明创新税收优惠总体享受覆盖面超过 1/3。但不是很了解、完全不了解的合计占比高达36.25%，政策知晓面仅为66.75%，说明一些不适用相关政策的企业不会收到点对点的政策精准推送，政策宣传方式还不够丰富、涉及面还不够宽。

为进一步了解各类创新税收优惠的享受情况，问卷列举了常见优惠，从调查结果看（见图 1），排在前两位均为企业所得税相关优惠，享受过研发费加计扣除优惠的占比达到39.45%，这与研发费享受力度、范围的进一步扩大有关；高新技术企业占比达到30.04%，说明自主知识产权发挥核心支持作用。享受了增值税软件即征即退优惠的占16.21%，位列第三名，说明杭州民营企业产品有软件技术支撑，科技含量高。

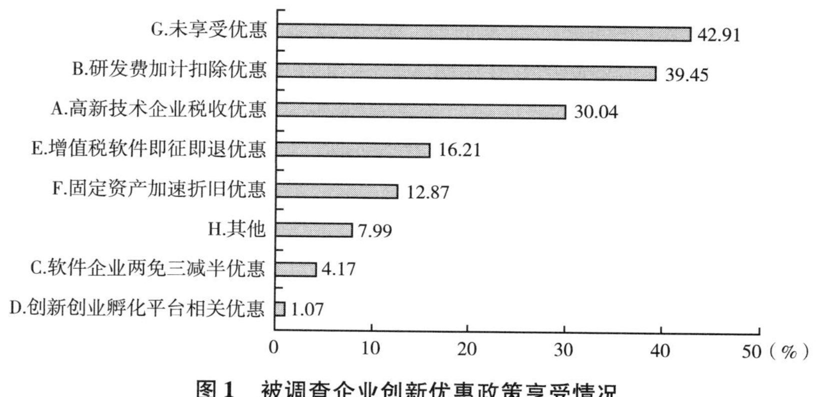

图 1　被调查企业创新优惠政策享受情况

（二）税收政策宣传与落地情况调查结果。评价税收优惠政策，除了对政策本身的评价外，同时要关注政策的宣传落地情况，做到优惠政策的应享尽享，才能更好地释放政策效应。

在创新税收优惠政策落地享受上，调查结果显示，接近一半（46.36%）的被调查者认为，“现有政策过于零散，难以充分和知晓或充分享受”；选择“政策过于复杂，难以全面掌握”的占比34.45%；选择“政策门槛高、申请难度大”的占比26.82%。这说明目前政策过于专业，政策解读或案例示范不够及时、全面。仅有12.4%的被调查者认为目前政策申请流程复杂、效率不高，这说明近些年税务部门推广的非接触式办税、智慧税务在政策直达快享上卓有成效。

（三）民营企业创新发展现状的调查结果。企业目前的创新能力调查显示，选择有创新基础的有39.09%，创新基础包括有研发人员、研发机构等；有创新投入的有36.23%，创新投入指有研发经费投入、有产学研合作等；有创新产出的有34.09%，创新产出包括专利（版权）、科技成果奖励等；有创新管理的有25.74%，创新管理包含创新战略、创新激励机制、创新文化等。而选择无创新能力的企业有44.1%，表示一小半的民营企业创新能力缺乏。

民营企业在创新上碰到的困难调查显示（见图2），高端科研人才稀缺、资金不足和核心技术能力不够这三项是目前限制民营企业创新的主要原因；而17.18%的被调查者选择了“政府政策支持力度不足”这一选项，具体原因可能是政策适用性不够、政策落实精准性不够、政策享受便利性不够、政策合力发挥不足等。

选项	小计	比例（%）
A.资金不足	288	34.37
B.高端科研人才稀缺	333	39.74
C.核心技术能力不够	286	34.13
D.核心材料或设备保障不足（比如须从国外进口）	43	5.13
E.政府政策支持力度不足	144	17.18
F.研发产出周期长、产业化水平不高	136	16.23
G.其他	165	19.69
本题有效填写人次	838	

图2　被调查企业创新难的原因分布

三、支持民营企业自主创新税收政策存在的问题剖析

（一）政策层面存在的问题。

1. 优惠政策在企业不同发展周期适用性分布不均衡。本次调查问卷依据企业成立

时长、是否达到规模化量产阶段或者稳定市场占有率的情况，划分为初创期、发展期、成熟期。调查结果显示，分别有 42.76%、57.21%、61.24% 的初创期、发展期、成熟期企业已享受相关创新税收优惠。税收优惠政策的覆盖面，初创期位居前三名的是：研发费加计扣除优惠、增值税软件即征即退优惠、高新技术企业税收优惠；发展期和成熟期位居前三名的是：研发费加计扣除、高新技术企业税收优惠、增值税软件即征即退优惠。但固定资产加速折旧优惠、创新创业孵化平台相关优惠、软件企业两免三减半优惠享受程度均不高，且较集中在成熟期、发展期。

2. 同一涉税事项的执行口径在不同优惠政策之间存在巨大差异。从实地调研发现，创新型企业普遍反映，研发费加计扣除口径小于高新认定口径。创新型企业每年投入大量研发费用，且费用结构以人员人工费为主，金税三期核心征管系统显示，2022 年民营企业研发费用中人员人工费用占比达到 61.2%，但当前高新企业认定对人工费用的要求是研发人员，包括研发辅助人员等，而研发费加计扣除口径要求直接参与研发人员。先临三维科技股份公司和浙江地芯引力科技公司均反映两者口径的差异导致研发费加计扣除人工费用部分需纳税调增 10% 以上，对需要大量研发辅助人员的企业来说，该口径差异不利于企业扩大研发。

3. 优惠政策组合方式可能导致逆向调节。目前研发费优惠形式是税基式优惠，对于不同税负的企业，相同的研发投入享受到的研发费加计扣除实际优惠不一致。如高新技术企业，其适用 15% 的优惠税率，假设其可享受企业所得税税前加计扣除的研发费用是 100 万元，则最终其享受到的减税优惠是 15 万元（100 × 15%）。而如果非高新技术企业，其适用税率为 25%，相同的研发费用下，其享受到的减税优惠是 25 万元（100 × 25）。从以上例子，我们发现现有税基式优惠，高新技术企业享受的实际优惠反而少，而大部分的创新型企业是高新技术企业，税收大数据显示，2022 年 48.8% 的创新型企业都是高新技术企业。这一优惠形式有悖于支持企业创新发展的初衷。

4. 高端研发人员的税收支持政策亟待丰富与改进。从实地调研情况看，企业反映最突出的问题在研发人员的个税政策上，被调查企业反映高端研发人员往往工薪收入高，其收入达到一定阈值后，个人所得税适用税率会达到 30%，甚至高达 45%。高端人才往往有议价权，企业为了留住人才需要付出更多的成本，各地政府为了“抢”人才，出台各类财政补贴、财政奖励政策，但税收（特别是个人所得税）对高端人才未出台针对性的优惠政策，不利于企业进一步的人才创新投入。

（二）征管服务层面存在的问题。

1. 政策享受面不均、宣传力不足。50.6% 的受访企业已享受创新相关税收优惠政策，政策享受主体主要集中在制造业、软件和信息技术服务业，分别占已享受受访企业的 43.39%、27.59%；政策享受内容主要集中在研发费加计扣除、高新技术企业所得税减免、增值税软件即征即退和固定资产加速折旧，覆盖面分别达已享受受访企业的78.07%、59.43%、32.08%和25.47%，但进口科研技术装备用品税收优惠、科研创新人才税收优惠等涉及较少。

同时在本次调查问卷中，33.26%的受访企业表示不是很了解或是完全不了解创新相关税收优惠政策，除去研发费加计扣除负面清单行业，制造业、软件和信息技术服务业仍占这部分总量的33.69%，创新税收政策的宣传力度亟待加强。未充分知晓或充分享受的原因调查表明，46.42%的受访企业认为现有政策过于零散；34.49%的受访企业认为现有政策过于复杂；27.8%的受访企业认为了解的渠道太少；26.85%的受访企业表示现有政策门槛高、申请难度大；12.41%的受访企业认为现有政策申请流程复杂、效率不高。

2. 政策落实实效性、精准性不够。政策落实实效方面，56.68%的受访企业认为享受政策的对象范围需要进一步扩大，28.76%的受访企业认为政策长期性、确定性不够；24.11%的受访企业认为优惠力度还不够大、13.72%的受访企业认为政策的针对性不强。政策精准性方面的诉求，包括：（1）对于精尖等高层次人才的个人所得税税收优惠不够多；（2）政策的跨度性比较大，要么是针对初创企业，要么针对已经达到一定产量的企业，对于发展中间状态的企业，适用的政策并不是特别多；（3）创新企业一般均为高人工成本、高融资成本，但人工和利息均无法参与增值税抵扣；（4）随着新经济新业态的发展，企业跨行业多面发展，主行业的概念逐渐模糊，部分批发和零售行业也从事创新研发，但无法享受相关税收优惠政策。

（三）税收政策与其他相关政策的配套亟待完善。本次调研问卷基于税收视角，调查民营企业在创新发展中享受的优惠政策和遇到的困难。调查反映，虽然57.09%的受访企业享受税收优惠政策、39.14%的受访企业获得财政资金支持、22.43%的受访企业获得所在园区土地、房屋等资源优惠政策，8.23%的受访企业获得科创企业、“专精特新”企业无抵押贷款等融资优惠服务、4.89%的受访企业享用科创企业基金项目或产品，但是企业仍困难重重，初创期最大的困难是资金不足，成熟期同时还面临高端科研人才稀缺和核心技术能力不够的困境，而在成熟期，高端科研人才稀缺和核心技术能力不够的困难已大于资金不足的困难，还存在研发产出周期长、产业化水平不高的情况，同时17.18%的受访企业认为政府政策支持力度不足。可见企业期盼聚焦在关键技术领域、初创期、成果转化等重点环节，希望通过政府牵头、部门协作，共同创新推出政府投资基金、完善融资担保业务模式、加大对企业投入基础研究的税惠政策等。

四、进一步完善促进民营企业创新税收政策的对策与建议

要加大对民营经济政策支持力度。精准制定实施各类支持政策，完善政策执行方

式，加强政策协调性，及时回应关切和利益诉求，切实解决实际困难。支持提升科技创新能力。发挥税收政策的指引功能，实现“四两拨千斤”的杠杆效应和乘数效应，进一步完善税收优惠政策的制定、宣传与落实，鼓励民营企业根据国家战略需要和行业发展趋势，加强基础性前沿性研究和成果转化，持续加大研发投入，着力培育一批关键行业民营科技领军企业、专精特新中小企业和创新能力强的中小企业特色产业集群。

（一）政策层面建议。

1. 调整部分税收政策的优惠方式。将研发费加计扣除优惠政策减免方式由目前的税基式改为税额式。目前研发费计价扣除按可扣除金额 100% 加计扣除，针对不同适用税率的企业，实际减免幅度不一致。享受方式改为税额式，即根据企业可税前扣除的研发费用，统一按 25% 的税率计算减免税额，保证企业在研发费用相同的情况下，享受到的税收减免金额也相同，保证政策的公平性，进一步促进高新企业、小微企业的研发投入。

2. 统一相关税收政策的执行口径。统一高新技术企业认定与研发费加计扣除两个政策对研发费的认定。目前高新技术企业认定的研发费口径大于研发费加计扣除政策，研发人员认定、固定资产折旧、其他费用等相关规定都有差异，导致企业在政策适用性上容易出错，复杂的税会差异增加企业的纳税成本。两者口径一致后，有利于降低企业政策适用风险，进一步提高税收遵从度。

3. 优化科技型企业及创新人才税收激励政策。科技创新是推进企业创新的内生动力，通过税收政策可有效激励创新创业。一是鼓励社会资本投资创业创新。加大对创投企业、天使投资人的税收优惠力度，鼓励更多社会资本投资创业创新。放宽科技企业孵化器、大学科技园和众创空间税收政策适用范围，完善“众创空间 - 孵化器 - 加速器 - 产业园”全链条孵化体系，促进初创型成长型企业发展。二是激励先进制造业发展。扩大先进制造业增值税留抵退税适用范围，允许符合先进制造业增值税留抵退税政策的 M 级企业、数字经济核心产业享受政策。三是激发人才创业创新积极性。进一步降低劳动所得税负，鼓励科技人才、专业技术人员勤劳创新致富。探索高端人才和紧急紧缺人才个人所得税优惠政策，扩大高端人才和紧缺人才实际税负超过 15% 的部分免征个人所得税政策的适用区域。对县级以上地方各级人民政府给予高端人才和紧缺人才的补贴，免征个人所得税。

（二）征管服务层面建议。

1. 完善优惠政策运行机制，提高政策执行效率。各类税收优惠政策在激活市场主体活力、激励创新方面发挥着重要作用，完善税收优惠政策运行机制有利于更大程度释放政策红利。一是推进税收优惠政策制度化。将适应未来经济发展趋势的阶段性政策向制度性安排转变，进一步稳定税收优惠政策预期，如针对中低收入群体就业创业、中小微企业创新等相关税收优惠政策，在证明实施成效后及时将其制度化，形成相对固定的长期性税收制度，进一步增强中低收入群体发展信心。二是推进税收优惠政策规范化。如优化调整增值税一般纳税人现有征收方式，统一按一般计税方法征收，将可能导致增值税链条受阻或中断的简易计税、加计抵减、差额征收等减免税优惠政策调整为即征即退、先征后退等方式。三是固化阶段性税收减免政策。及时将中小微企业减免“六税两费”、小规模纳税人免征增值税、小型微利企业所得税优惠、研发费加计扣除等减税降费政策制度化，稳定企业预期。

2. 优化政策直达快享机制，确保调节手段运用精准。对标精细服务要求，进一步完善优质便捷的税费服务体系，如全面实行“自行判别、申报享受、资料备查”，实现全部税收优惠“零备案”；有序推广“咨询 + 办税”税费服务模式，实现“问办查评宣”一体化；动态加强纳税人和税费政策双标签管理，实现“千人千面”的智能化、个性化税费宣传辅导，不断降低税收政策实施落地的时间成本和费用成本。

3. 建立政策效应跟踪机制，确保调节效果导向精准。探索构建创新型企业分析指标体系。不断强化税收大数据在经济运行研判和社会综合治理等方面的深层次应用，通过对比分析掌握政策落实与经济运行的匹配性、均衡性，以及政策实施对收入分配影响的有效性、精准性，从而提升政策反馈的及时性和政策研究的前瞻性。

（三）政策协同层面建议。基于创新型企业前期研发投入大、未形成量产等特点，建议推出科技型中小企业、高新技术企业配套的融资产品，减轻企业融资成本，拓宽企业融资渠道。基于高端研发人才稀缺、个税负担较重等现状，建议与地方财政局、经信局等形成长效合作机制，在目前个人所得税未出台优惠政策前，财政能对高新技术企业、研发经费、高端科研人才出台相应的财政奖励政策，在政策落实过程中，以税务、经信数据为准，确保政策享受的精准性。基于促进企业创新发展亟待建立科技、产业、金融紧密结合、良性循环的格局，建议财政、税务、金融、科技等部门要更加注重出台扶持政策同向互补发挥合力，强化协同共治提效增能。

参考文献

[1] 李平．税收支持高质量发展的作用空间及实现路径［J］．税收经济研究，2022（06）：21－26.

[2] 胡怡建，邵凌云．持续深化税制改革 服务中国式现代化［J］．税收经济研究，2022（06）：8－14.

[3] 国家税务总局陕西省税务局调研组．税收服务企业科技创新发展的长效、问题及建议［J］．国际税收，2023（06）：30－35.

[4] 张华，醴静，和亚利．财税政策对企业创新的激励机制及政策效应：一个综述［J］．财会通讯，2023（04）：24－30.

［5］赵婉楠．新型举国体制视角下促进企业技术创新的税收政策研究［J］．宏观经济研究，2022（12）：83－97.

［6］韩伟晨，田发．税收优惠对长三角地区高新技术企业创新投入的实证研究［J］．技术与创新管理，2023，44（01）：29－34.

［7］彭永翠，李新剑．创新驱动下高新技术企业税收政策支持效用研究［J］．山西能源学院学报，2022，35（05）：67－69.

课题组组长：郑林华

课题组副组长：邱杨、沈小凤

成员：沈月妹、申雯、沈阳、詹妮

二等奖

税收视角下持续放大杭州亚运综合效应研究

国家税务总局杭州市税务局税收科学研究所课题组

摘　要：大型国际体育赛事的举办，往往能为主办城市带来经济、文化、生态等多方面的综合收益。本文从税收角度出发，以杭州亚运会为研究对象，根据杭州亚运会相关企业的营收、利润、享受税收减免等数据，详细分析杭州亚运会对主办城市、企业的综合效应，并针对税收优惠政策影响力不足、亚运税收效应分析存在不足、服务精准度仍有进一步提升空间、赛事税收政策缺乏长期规划等问题，提出税收优惠政策突出广覆盖和差异性、完善亚运综合效应分析体系、提升服务精准度、增强赛事税收政策长期性和可持续性等针对性举措，旨在助力放大亚运综合效应，鼓励更多地方、企业和个人投入到体育事业发展中，为以后我国举办重要体育赛事的税收政策制定提供参考。

关键词：税收视角　亚运　综合效应

大型国际体育赛事的举办，对促进主办城市经济增长、产业调整、城市发展产生重要影响，其能为主办城市带来经济、文化、生态等多方面的综合收益，为主办城市所在国家（地区）加快城市建设、提升国际（区域）影响力发挥巨大作用。国内学者关于大型体育赛事综合效应的研究，主要集中在赛事相关经济、文化领域的影响评价和体育产业的社会经济效益研究上，虽有了《体育赛事经济影响评价的实证研究》（作者：黄海燕）等研究文章的量化分析，但是很少从税收视角研究体育赛事对举办地产生的综合效应。因此，本文选取税收角度，采用翔实的赛事赞助企业及赛事影响企业的营收、利润、享受税收减免等数据信息，较为客观反映出赛事对主办城市、企业的综合效应，研究大型国际体育赛事税收政策、涉税服务在为比赛成功举办提供经济基础、税收保障的同时，如何取之于民、用之于民，使得整个赛事大循环圆满，并鼓励更多地方、企业和个人投入体育事业发展中，为以后我国举办重要体育赛事的税收政策制定提供参考。

一、杭州亚运综合效应分析

综合效应是指在系统内部的各个组成部分相互作用下所产生的整体效应。亚运会不是简单的赛事收入和支出，场馆建设、城市公共基础设施建设、赛事品牌效应等亦会带来经济、文化等直接收益以外的间接收益，统称综合收益。本文所研究的亚运综合效应便是指杭州亚运会在赛事周期对主办城市在经济、生态环境、文化等多方面产生的综合效益。

（一）杭州亚运综合效应及基本情况。杭州亚运基本情况及赛事特征。2015 年杭州申办第十九届亚运会，是中国第三次举办亚洲运动会，也是中国继 2008 年北京奥运会、2010 年广州亚运会、2022 年北京冬奥会之后承办的又一项国际体育盛事。

1. 从亚运史来看，赛事规模最大。纵观整个亚运史，从第一届 1951 年新德里亚运会开始，亚运会参赛运动员和赛事项目整体呈快速增长趋势。从表 1 来看，第十九届杭州亚运会覆盖亚洲 45 个国家和地区，参赛运动员（12417 名）和比赛项目（小项 481 项）均为历届亚运会最多，分别比第十八届印度尼西亚雅加达和巨港亚运会增长 9.88% 和 3.44%，可以说是规模最大的亚运会。

表 1　历届亚运会赛事情况

届次	主办地	日期	参赛国家及地区（个）	参赛运动员人数（人）	比赛项目（小项）（项）
第十三届	泰国曼谷	1998 年 12 月 6 ~ 20 日	42	6554	376
第十四届	韩国釜山	2002 年 9 月 29 日 ~ 10 月 14 日	44	6572	419
第十五届	卡塔尔多哈	2006 年 12 月 1 ~ 15 日	45	9520	424
第十六届	中国广州	2010 年 11 月 12 ~ 27 日	45	9704	476
第十七届	韩国仁川	2014 年 9 月 19 日 ~ 10 月 4 日	45	9501	437
第十八届	印度尼西亚雅加达和巨港	2018 年 8 月 18 日 ~ 9 月 2 日	45	11300	465
第十九届	中国杭州	2023 年 9 月 23 日 ~ 10 月 8 日	45	12417	481

2. 横向纵向对比，招商效益较好。杭州亚运会受到外界广泛关注，杭州亚组委深

度挖掘亚运品牌价值，从赞助金额、赞助企业数量和质量等多维度实现赞助招商效益，创造亚运会历史最佳。据有关数据统计，杭州亚运会共有176家赞助企业，市场开发协议总收入累计达46.44亿元；累计接收各类捐赠240余笔，其中现金捐赠总收入达1.14亿元，物资服务捐赠则涵盖了火炬传递、礼宾接待、文化宣传、信息技术、碳中和、博物馆建设等多个业务领域；特许经营规模历史最佳，其特许经营共上线了17大品类、1100余款特许商品，开设天猫官方旗舰店、电视频道购物平台及全线下零售店近1500家。纵观历届亚运会，据韩国调查机构2014年发布的“仁川亚运会受关注程度”调查显示，仁川亚运会是当时国际体育大赛中首个关注度低于被调查群体半数的国际体育大赛，观众热情低，导致品牌积极性也不高，中国本土品牌361°甚至成为仁川亚运会唯一的运动品牌赞助商；第十八届亚运会仅有22家赞助商。与国内大型体育赛事相比，杭州亚运会招商企业数量最多。2008年北京奥运会，赞助企业为63家；2010年广州亚运会，共签约52家赞助商；2022年北京冬奥会，各类赞助企业共有45家。

（二）放大杭州亚运会综合效应的现实困境。无论是从历届亚运会看还是从国内举办的各类大型体育赛事看，赛事直接经济效益较低，城市公共基础建设等间接投入巨大，光从直接的数据来看，其短期难以回本。

为了满足大型体育赛事要求，需要在当地花巨资新建或翻新原有的体育场馆、公共设施等场所，同时涉及公路、铁路类基础设施建设等各种间接性投资较多，成本投入巨大。例如，广州亚运会共投入1090亿元，用于地铁、城市道路、桥梁建设及工业污水治理等城市重点基础设施建设；而杭州市2016~2020年累计完成城市轨道交通、杭州西站、萧山国际机场三期等基础设施投资超过2000亿元。刨去城市基础设施投资和赛事场馆建设，以赛事直接成本与赛事直接收入情况，直观地分析和评估赛事经济效益，也会发现赛事直接经济效益较低。根据《北京奥运会财务收支和奥运场馆建设项目跟踪审计结果》，北京奥运会收支结余超过10亿元，成为少数盈利的奥运会之一；2022年北京冬奥会仅盈利3.5亿元。而亚运会因受关注程度较奥运会低，在国际上影响力也较小等原因，市场开发收入、门票收入等均小于奥运，盈利可能性更小。如广州亚运会市场开发、捐赠、门票等收入仅为28.02亿元，而各类直接支出（不含场馆建设）达到93.4亿元，支出中大部分为财政补贴；第十七届韩国仁川亚运会门票收入约1.56亿元，只完成了组委会初期目标的77%，赛事运营费用约为27.88亿元，远低于广州亚运会，但依旧亏本，场馆建造费用72亿元为仁川市政府通过发行地方债券筹得；前16届亚运会，唯一盈利的是1998年的曼谷亚运会。对于杭州亚运会，赛事规模远超历届，运行经费大概率会更高，盈利难度较大（见表2）。

表 2　　国内历届大型体育赛事收支、投入情况　　单位：亿元

赛事名称	收入	支出	收支结余	场馆建设	赛事间接投资
2008 年北京奥运会	205	193. 43	11. 57	194. 9	3000
2010 年广州亚运会	28. 02	93. 4		72. 48	1090
2022 年北京冬奥会	153. 9	150. 4	3. 5	104. 26	1800
2022 年杭州亚运会				101. 9	2000

（三）放大杭州亚运会综合效应的必要性。大型体育赛事筹办过程引发的乘数效应能对当地经济产生不可忽视的影响。例如，2022 年北京冬奥会带动中国 3 亿多人参与冰雪运动，从而促进冰雪产业发展，2025 年中国冰雪运动产值将达到 1 万亿元，占整个中国体育总产值的 1/5；据浙江省统计局推算，2016 ~ 2020 年杭州亚运赛前筹办阶段的投资，对杭州市 GDP 的拉动量约为 4141 亿元，占同期 GDP 的 7. 6%。同时，大型体育赛事的举办对文化发展、城市品牌提升等也都起到了不可忽略的影响。如广州城市主政者表示，通过筹办亚运会，加大投资，广州的城市建设加快了 5 ~ 10 年，广州地铁开通里程、珠江新城 CBD、广州地标小蛮腰等都受到亚运会间接的影响，发展提速很多；鸟巢和水立方作为展现中国文化自信、体育强国的场地，也成为极为著名的旅游景点。

从官方公布的现有数据，不难看出杭州亚运会规模空前，招商也取得了历届亚运会效益最佳，但从国内历届大型体育赛事以及历届亚运会情况来看，杭州亚运会赛事直接经济效益盈利难度较大，其对于一座城的提升主要体现在综合效应。北京奥运会、北京冬奥会、广州亚运会都产生了诸如带动产业发展、带动城市基建、带动旅游热潮等有益影响，目前，一些宏观数据说明了杭州亚运会的综合效应，从具体的层面，税收也在其中起到了不可忽视的作用。

二、杭州亚运税收综合效应分析及存在的问题

（一）税收综合效应分析。为了支持杭州亚运会的召开，财政部及国家税务总局等部门先后发布了《财政部　税务总局　海关总署关于杭州 2022 年亚运会和亚残运会税收政策的公告》《财政部　税务总局关于杭州 2022 年亚运会和亚残运会企业赞助有关增值税政策的公告》等多个文件，明确了赞助免税、转让资产免税等多项税收优惠政策，为亚运会举办提供了有力帮助。

从表面来看，税收的特性决定了其对亚运赛事的直接影响更多的是表现在节约赛事支出方面。实际上，税收对亚运赛事的影响是更深层次和更广泛的，更多的是确保参与方更好地享受亚运红利，包括特许零售企业、赞助企业、官方接待饭店等。如杭

州亚运会就有亚运特许零售企业140户，亚残特许零售企业126户，亚运赞助企业179户，亚残赞助企业154户。其中税务登记在杭州的有142户企业。本文以这些企业为例，详细分析税收在杭州亚运会中的实际效应，具体体现在经济效应、生态环境建设、文化效应等三个方面。

1. 经济效应。赛事税收经济效应是指赛事相关税收政策能够带来的各类经济影响，包括直接经济效益和间接经济效益等。直接经济效益是指税收政策能够节约赛事举办相关成本费用，通过减免税政策直接支持赛事举办，确保杭州亚运简约但不简单。主要包括捐赠赞助支出税前全额扣除、赞助服务免征增值税等。截至2022年底，在杭的142户涉亚企业中，共有浙江吉利控股集团有限公司等9户累计捐赠2.58亿元，享受税前全额扣除优惠企业所得税税额约6446.63万元。共有3户企业向组委会免费提供的与杭州亚运会有关的服务合计21.23亿元，免征增值税税额合计1273.69万元。两项优惠累计减免税额7720.32万元，大大提高了企业的捐赠意愿，有力拓宽了杭州亚运会的资金支持来源。

间接经济效益是指通过赛事相关的税收政策鼓励支持涉亚企业产业升级、创新发展等。杭州亚运会一大特色就是“聪明”，“智能亚运一站通”是杭州亚组委上线的亚运史上首个一站式数字观赛服务平台，其在国际综合性运动会亦属首创，围绕“食、住、行、游、购、娱”+票务等方面的需求，打通各类亚运场景，集成各类城市服务，为观众提供从购票、出行、观赛到住宿、用餐和旅游等一站式服务。而研发费用加计扣除和高新技术企业优惠税率两项优惠政策也为其注入活力。如包括为“智能亚运一站通”提供算力服务的阿里云计算有限公司在内的142户涉亚企业中，2022年共有43户享受研发费用加计扣除税收优惠，研发费用加计扣除总额合计121.84亿元，户均2.83亿元，较2019年增长100.71%。享受高新优惠的企业从2019年的28户增加至2022年的32户，合计减征企业所得税额从54.91亿元增加到63.86亿元。可以看出，随着亚运会的临近，研发费用加计扣除比例从75%提高到100%，研发相关的税收优惠也支持着涉亚企业不断加大研发投入。

2. 生态环境建设。“绿色”是杭州亚运会办赛理念之一，也是“主色调”。同时也是节约资源、保护环境的“低碳绿”，而税收在其中也发挥着重要作用。税收鼓励节约能源，致力于打造首届碳中和亚运会。核心就是对于符合条件的既有建筑节能与可再生能源利用项目可享受企业所得税减免税收优惠，可享受三免三减半。如杭州亚运会的主会场杭州奥体中心体育馆和游泳馆上方设置导光管，通过电光源与夜间自然光之间的智能恒光控制保障的24小时的照明光线需求，每年照明节能30%以上。“三免三减半”的税收优惠为场馆建设企业节约了大量资金，同时也有效地减少了亚运会场馆建设成本，但由于缺乏税收效应分析体系，无法对税收政策的具体效果进行分析。

税收同时能促进环境保护，充分落实《“无废亚运”行动方案》。在场馆建设方面，企业购置符合条件的环境保护等专用设备，可以按专用设备投资额的 10% 抵免当年企业所得税应纳税额。如杭州电竞中心场馆内部坚持绿色运营，通过购置复合型空调、低碳隔音材料等，最大限度减少污染排放。10% 的税收抵免为亚运赛事场馆的后续运营提供了有力支持，一定程度上降低了环境保护专用设备的购置成本。

3. 文化效应。杭州既是亚运之城也是非遗文化之城。在这次亚运会中，首次出现了亚运与非遗文化结合的元素，如联合开展“相约亚运　乐享非遗”的主题活动、颁奖花束采用国家级非遗东阳木雕等。这不仅有助于传承和弘扬非遗项目，全方位展现杭州非遗的魅力与风采，还能在国际舞台上展示中国丰富的文化底蕴，而税收在其中也默默地发挥着自己的作用。

创新发展类税收优惠，鼓励非遗文化成果落地并进一步创新发扬光大。研发费用加计扣除政策鼓励非遗传承企业不断推出新工艺、新技术、新产品，使得优秀传统文化在当下市场上的竞争力越来越强。2022 年杭州共有 106 家非遗传承企业，其中有 14 户企业享受研发费用加计扣除税收优惠，其中全年允许加计扣除的研发费用总额在 100 万元以上的有 11 户，如杭州华味亨生物科技有限公司共有 8 个研发项目，当年度研发费用加计扣除总额为 1896. 75 万元，为企业节约税款 474. 19 万元。

投资促进类税收优惠，鼓励非遗传承人利用公司等形式进一步传承扩大。非遗传承的难点就是缺少愿意学习手艺的人，集团企业运营则是较好的传承方式，学徒出师后独立运营成员企业，既不脱离体系又能有效获益，已被很多非遗传承人所接受，而符合条件的居民企业之间的股息红利所得免征企业所得税的税收优惠则为其保驾护航。2022 年享受股息红利免税优惠的非遗传承企业有 7 户，其中免税股息红利收入额在 2000 万元以上的企业则由 2019 年的 2 户增加至有 3 户，涌现出胡庆余堂集团、喜得宝集团、金星铜等一系列优秀集团企业，把非物质文化遗产更好地传承下去。

（二）存在的问题。

1. 税收优惠政策影响力不足。从上述效应分析中可以看出，现行的亚运直接相关的税收优惠政策受众比较狭窄，主要是面向组委会，对于企业、社会团体仅仅是对赞助捐赠有所税收优惠政策。这限制了税收政策的社会影响力。

目前的亚运税收政策对不同类型的亚运参与者和赛事场馆往往没有明确的差异化政策。例如，大型企业、中小企业、社会团体、学校体育场馆等可能面临不同的税收问题和挑战，但税收政策并未根据这些差异制定相应的措施。这导致了一些参与亚运的实体难以充分享受到税收政策的优惠。

2. 亚运税收效应分析存在不足。亚运税收分析未成体系。目前的杭州亚运涉税分析仅仅是单一指标化的分析，反映的情况较为片面，无法看出整体情况。如在上述效应分析中，无法有效排除涉亚企业非亚运业务产生的影响，这可能导致对税收政策实际影响的误判。同时缺乏足够的数据和研究机构支持，使得亚运税收政策的评估缺乏科学性和权威性。进一步导致亚运税收政策缺乏有效的评估机制，无法及时了解政策的实施效果和问题。这可能导致政策的调整不及时，影响政策的有效性和适应性。

3. 服务精准度仍有进一步提升空间。在亚运税收优惠政策落地实施过程中，服务的精准度仍然面临挑战。一些符合政策要求的实体错失了应享受的税收优惠。如相当一部分亚运赛事场馆财务并不清楚赛事场馆相关的房产税和城镇土地使用税减免优惠。

4. 赛事税收政策缺乏长期规划。在亚运会整体规划中，税收政策通常没有得到足够的重视和融入。税收政策的制定和执行通常是作为一个独立的领域来处理，而未与亚运会的整体规划充分协调。目前的亚运税收政策往往是临时性的、与具体赛事相关的政策，缺乏长期性和稳定性。这种情况导致了企业和赛事场馆在筹备和举办亚运会时难以做出长期性的投资和经营规划，因为它们无法确定未来税收政策是否会发生变化。这也限制了亚运税收政策的持续效应和可持续性。

三、放大杭州亚运税收综合效应的建议

（一）税收优惠政策突出广覆盖和差异性。亚运参与实体数量多、类型广，在进行税收政策设计时，首先需要明确应该享有税收优惠的范围，将这些实体尽可能涵盖进来，同时兼顾差异性，最大限度释放税收政策效应。

一是扩大税收优惠范围。对于那些公益性强但市场发育度弱的产业企业如体育业，税收政策应重点支持。对于体育用品业和体育服务业等商业属性为主的行业，基于效率原则不考虑或较少考虑给予其税收优惠，但是出于鼓励全民体育消费和体育经济发展的目的，税收政策可以适当倾斜。二是针对这些亚运实体的属性和特点，分类设计税收优惠政策，确保政策设计有侧重、高效率。除了面向组委会的税收政策，以及针对企业、社会团体的赞助捐赠外的税收优惠政策外，其他主体如企业、社会团体的其他收入也应被纳入税收优惠的考虑范围。应利用好研发费用加计扣除等税收优惠政策，合理调整研发费用占比，让拥有核心技术的小微企业享受到税收优惠，支持其发展壮大，带来综合效应。

（二）完善亚运综合效应分析体系。亚运效应分析有利于税收政策制定、评估、调整，基于政策特点和我国实际，建议建立定性分析和定量分析、以定量分析为主的分析体系，全面评估亚运综合效应。一是建立综合性亚运指标体系，将亚运所带来的各方面效应尽可能地涵盖进来，深化税收大数据运用，持续推动金税四期系统应用，尽可能排除非亚运因素影响。二是加强与科研结构、调查机构的合作，依托课题立项的形式进行外部评价，使体育服务产业政策的评价与政策制定和制定主体分离，确保政策评价的客观性。

（三）提升服务精准度。织密“立体式、全覆盖、针对性”税费优惠政策宣传网，组建“专业化、全流程”优惠政策落实服务队，实现从“人找政策”到“政策找人”的转变，以精准服务打通政策落实的“最后一公里”，确保税费红利应享快享。

一是充分发挥税收大数据优势，对企业进行“精准画像”，锁定符合条件的纳税人缴费人，借助微信公众号、电子税务局等多种渠道，“点对点”推送政策内容，确保税费优惠政策应知尽知。二是组建专业化服务团队深入企业调研走访，开展“一对一”跟踪服务靶向辅导，全面推进精准辅导，全力解决急难愁盼，打通政策落实堵点，以更快速度、更高效率、更优服务为企业纾困、减负赋能。

（四）增强赛事税收政策长期性和可持续性。大型体育赛事往往会对一个城市的体育产业发展产生“爆破点”的效果。相较于赛事税收优惠与具体赛事项目挂钩，确立长效化机制，税收政策便能在赛事闭幕后较长时期仍能发挥作用，持续带动经济发展。

一是增强税收工作的专业性。充分总结和吸收北京奥运会税收经验，成立相关体育赛事的税务办公室，制定相关工作标准和规范，最大限度地满赛事组织者和参与者涉税服务的各项需求，为有效实施体育赛事税收政策提供更加专业、具体的服务，进一步提高赛事税收政策实施效率和社会影响力。二是提高税收优惠的立法层次，不局限于临时性税收优惠，强化赛后对体育文化产业的税收优惠，促进体育产业高速发展。借鉴发达国家经验，重点对体育文化业、旅游业等产业给予足够大的税收优惠，使杭州能够趁着亚运会的东风，向国际赛事之城迈进。

参考文献

［1］研发费用税前加计扣除政策即问即答［J］. 税收征纳，2023（04）：42－43.

［2］刘旺. 亚运会搭建营销舞台　多样化营销创新高［N］. 中国经营报，2023－10－02（D02）.

［3］田恩庆，倪腊贵. 我国制定大型国际体育赛事税收政策的特征依据与问题［C］//中国体育科学学会体育产业分会（Chinese Association of Sport Industry）. 第五届全国体育产业学术会议文集.［出版者不详］，2010：1.

［4］蒋向利. 科技助力亚运　创新引领未来——杭州亚运会彰显满满的“科技范儿”［J］. 中国科技产业，2023（10）：24－27.

［5］黎涛. 风电产业涉税风险及管控建议［J］. 注册税务师，2022（10）：52－54.

［6］陈坤. 我国 PPP 污水处理项目有关税收的全阶段分析［J］. 财富生活，2023（02）：166－168.

［7］张小洁，姜峰，张国会. 数描北京体育节拍［J］. 数据，2010（03）：28－29.

课题组组长：王苏怡

成员：梅保银、徐宇婷、徐捷、舒博、万倩云

“信用评级＋银税互动”对中小企业融资影响的研究

国家税务总局杭州市西湖区税务局课题组

摘　要：在经济增速放缓、经营压力增大的当下，中小企业能否通过诚信纳税提升融资水平？本文梳理了我国中小企业的融资现状，全面整理了辖区内“信用评级＋银税互动”的开展情况，并基于实施纳税信用评级制度的准自然实验，聚焦2014～2022年浙江省内的中小板上市企业，使用双重差分模型实证考察“信用评级＋银税互动”对中小企业融资的影响。最后，本文分析了“信用评级＋银税互动”在实际开展中的成效和不足，并提出了下一步发展促进中小企业融资的建议。

关键词：信用评级　银税互动　中小企业　融资

充满活力的中小企业在提升产业链竞争力、供应链稳定性等方面发挥着不可替代的作用，是经济增长的重要基础、保障就业的主力支撑。在后疫情时代，由于中小企业本身资金匮乏、生产经营规模小、抗风险能力差，受到市场需求不足的影响较大，一定时期内面临生产经营压力。

在经济增速放缓、经营压力增大的当下，中小企业能否通过诚信纳税获得更多的融资？2014年开始，税务机关启动纳税信用评价工作。之后，又会同其他多部门推出“银税互动”等守信联合激励措施。信用评级较高的企业在同等条件下，更易通过“银税互动”等税银合作渠道获得银行贷款，把纳税信用转化为更多的融资信用。

与以往文献相比，本文研究的主要意义和创新之处在于：一是将研究范围定位为浙江这一民营经济大省，聚焦中小板企业作为研究对象。二是利用实施纳税信用管理的准自然实验，使用双重差分模型实证考察“信用评级＋银税互动”对中小企业融资的影响。三是作为税收征管现代化的具体表现，纳税信用评级是一种柔性的税收征管，本文对于政府机关在企业和金融机构之间扮演好信息沟通者和协调者的角色，给出了具备可行性的建议。

一、我国中小企业融资现状

（一）现实表现：融资难、融资贵。截至 2022 年底，我国中小微企业比重达全部企业法人单位的 90% 以上，数量超过 5200 万户。在就业市场上，中小企业提供的岗位吸纳了 79.4% 的企业就业人群。

然而，与之形成鲜明对比的是：中小企业融资长期以来居于弱势地位。央行数据显示，截至 2023 年上半年，金融机构人民币各项贷款余额为 230.58 万亿元，而普惠小微企业贷款余额 27.69 万亿元，占比仅仅为 12%。为了尽可能地降低贷款不良率，银行发放给中小企业的贷款利率大多高于基准利率，以限制信息披露度差、资信度低的企业进入。即使是少部分有能力承担较高利率、取得银行贷款的中小企业，也往往会遇到银行收取中间费用的现象。

（二）原因：内部管理不健全与外部信息不对称。

1. 内部原因：管理模式滞后、财会制度不健全、抗风险能力差。我国中小企业大多为个人式、家族式的管理。家族成员基本占据了全部管理岗位，民主决策机制缺乏，企业管理主观色彩较浓。在家族式管理下，当企业寻求扩大生产时，产权的高度合一限制了外部资本流入，发展动力逐渐枯竭。

同时，银行不愿意贷款的一个重要原因在于难以验证其对外披露的经营财务信息真实性。中小企业的财会人员大多由亲属、朋友兼任，很少采用一套现代的、标准的、系统的财务管理制度，财会监督上也不具备有效的内部控制条件，存在一定风险隐患。

此外，中小企业相对于大型企业的明显劣势在于，行业分布更狭窄，利润来源更单一。一旦遭遇经济环境大变动，更容易陷入经营危机。我国中小企业的平均寿命在 2.5 年左右，能存活 5 年以上的不足 7%，存活 10 年以上的甚至不足 2%。而处于同一时期的美国、日本中小企业的平均寿命达到我国的 4 倍之长，为 8～12 年左右。

2. 外部原因：信息不对称。对于中小企业，如果在进行贷款前，银行不能对其真实情况进行事前精准评估、事中严格监管，事后也不存在对弄虚作假行为的有力约束，那么对外披露经过一定“修饰”的、虚假的信息反而提高了获得银行贷款的额度和可能性。中小企业的“理性选择”是使用虚假的经营、财务信息获取贷款。

对于银行，贷款给财务信息不明确、经营管理不完善的中小企业，面临着更高的贷款不良率风险。且中小企业的贷款金额不大但频次较多，银行发放贷款的程序缺一不可，加上调查企业信息的费用，交易成本显著上升。银行的“理性选择”是通过高利率等手段限制对中小企业的贷款服务。

那么，如果中小企业和银行都采取了“理性选择”，就导致诚信经营的中小企业无法获得银行贷款，银行也失去了量大面广的中小企业客户，双方陷入“囚徒困境”。

（三）政策：扶持力度不断增强。

1. 货币政策不断加力。逐渐放松信贷政策，引导金融机构释放的更多资金投向中小企业，如央行增加支小再贷款、定向降准、创设定向中期借贷便利等措施，发展“数字人民币 + 供应链金融”的模式，提供更加有力的流动性保障。

2. 差异化监管政策不断细化。全方位改善中小企业的融资环境，在宏观调控、普惠金融、金融监管等多个维度共同发力。金融监督管理部门通过合理提高不良贷款监管容忍度等措施，扩大中小微企业融资规模，降低融资成本。

3. 财税政策不断丰富。财税部门陆续颁布了包括财政补贴、优先采购、税率优惠、减免税款等在内的惠企政策。近年来，税务部门积极拓展纳税信用应用场景，联合推出“银税互动”等守信激励措施，拓宽中小企业的融资渠道。

二、“信用评级 + 银税互动”基本情况介绍

（一）信用评级。

1. 纳税信用评级的发展过程。纳税信用评级指的是税务机关根据纳税人履行义务的现实情况，包括但不限于纳税申报、税费缴纳、退抵税申请等，对纳税人在一个纳税年度内的信用评定级别。

国家税务总局于 2003 年首次发布《纳税信用等级评定管理试行办法》，明确了评定内容、评价标准以及分级分类管理措施等。这意味着诚信纳税立法缺位问题受到重视，在管理企业时将是否诚信纳税也纳入考核范围。

随着税收征管改革推进，与信用评级配套的规章制度更加健全。国家税务总局于 2014 年 7 月发布《纳税信用管理办法（试行）》。该文件联合多个部门综合分析纳税人履行纳税义务情况，评分更为客观公正、结果更具有可参考性。同年 8 月，国家税务总局发布《纳税信用评价指标和评价方式（试行）》，将细化的各个指标得分与对应等级匹配，正式进入量化评级阶段。自这两个重要文件发布以来，通过积分与等级波动变化，纳税人可以更加直观地感受到自身行为对纳税信用的影响。当纳税人诚信守法时，信用等级升高，反之则下降，违法违规行为严重时触发“直接判 D”指标，对其进行失信惩戒，包括但不限于对普通发票严格限量供应、加强出口退税审核等。

此后国家税务总局不断推出关于纳税信用管理的新政策，完善纳税信用补评、复评、修复的范围及具体标准，通过多部门信用信息共享共治，打造多方参与、联动管理的发展局面。

2. 杭州市西湖区纳税信用评级开展情况。近六年来，西湖区纳入信用评价的企业纳税人总体数量不断攀升。与 2021 年度相比，2022 年度企业纳税人总数增加的同时，A 级纳税人占比提高。如图 1 所示，可以看出，经过一年努力，西湖区企业纳税人的税法遵从度提升，高信用企业不断增多。

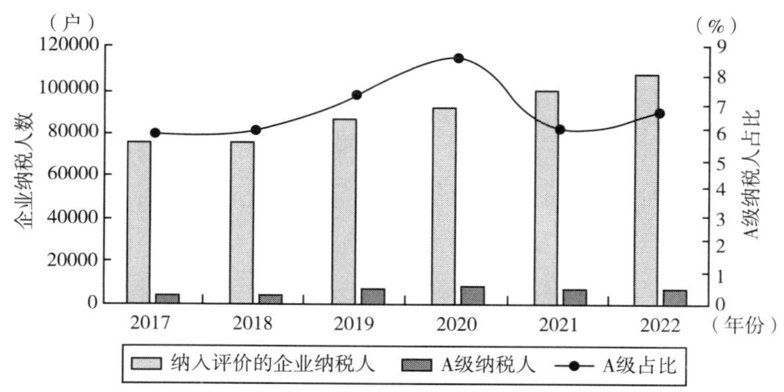

图 1　西湖区近年纳税信用评价结果总体情况

（二）“银税互动”。

1. “银税互动”的概念及原理。“银税互动”是税务、金融监督管理部门和银行业金融机构合作，面向小微企业推出的一项融资支持活动。税务部门在依法合规和企业授权的情况下，将企业部分纳税信息提交给银行，银行则为纳税信用等级为 A、B、M 级的小微企业提供无抵押、低利息、手续简单的信用贷款。

“银税互动”将纳税与贷款两个行为相关联，一定程度上解决了企业和银行之间的信息差问题，有利于帮助企业以较少的成本得到更多的信贷融资。而通过评级结果的增值化运用，反向强化企业依法诚信纳税的意识，使“以信养信，以税融资”形成良性循环，促成企业、银行、税务的三方共赢。

2. 杭州市西湖区“银税互动”开展情况。自 2020 年 1 月起至今，国家税务总局杭州市西湖区税务局通过“银税互动”平台共授权 7 万余次，累计为 2 万余户次守信中小企业提供信用贷款近 140 亿元。积极畅通与辖区内银行的数据直联，目前合作对象已经覆盖了网商银行、农业银行等 46 家银行业金融机构。近三年来，西湖区发放信贷规模逐年加速增长，有力助推中小企业高效复工复产。

三、“信用评级 + 银税互动”对中小企业融资影响的实证分析

企业通过诚信纳税提高了纳税信用等级，在政府背书下可凭借较高信用，获得金融机构更多的授信贷款。因此提出以下研究假设：

H_1：在纳税信用评级实施后，“银税互动”等联合激励政策对诚信纳税的中小企业融资起到了积极的正向作用。

（一）样本数据来源。本文的研究样本为2014～2022年我国资本市场的中小板企业，为增强研究的针对性，将研究对象进一步缩小至浙江省。不同于A股主板上市公司，中小板为促进中小企业成长提供了发展平台，具有主业突出、成长性强和科技含量高等特征，因此可以最大限度地代表中小企业经营发展情况。由于深圳证券交易所进行了市场改革，深市主板与中小板正式实施两板合并。尽管中小板不再独立存在，但合并后企业发行上市的前置条件、交易机制、投资者门槛等均与之前保持一致。因此，所采用的2021年、2022年度的中小板数据均取自主板。

在研究开始前，为了提高样本数据的准确度，进行以下预处理：剔除部分不合理样本，包括但不限于金融业、ST类型企业和资产总计小于固定资产，负债合计小于长期负债等财务指标异常的样本。完成异常样本剔除后，为了进一步消除极端值的影响，采取Winsorize方法对连续变量进行了上下1%分位的缩尾处理。预处理结束后，样本内有符合条件的浙江省内上市中小板共131家企业。本文研究所需要的中小板上市公司纳税信用等级数据，取自国家税务总局浙江省税务局官网。涉及的指标变量所需数据，则取自国泰安CSMAR数据库中中小企业的上市年报及财务报表。在样本数据处理上，主要借助了SPSS和Excel软件。

（二）模型设定。要鉴别诚信纳税是否影响企业债务融资能力，关键在于变量内生性问题。为解决这一问题，结合信用评级实施的阶段性，本文采取双重差分法来考察，构建以下模型：

$$LOAN_{i,t} = \alpha_0 + \alpha_1 GRADE\_A_i + \alpha_2 POST_t + \alpha_3 GRADE\_A_i \times POST_t + \varphi X_{i,t} + \varepsilon_{i,t}$$

式中，i表示个体，t表示时间，被解释变量$LOAN_{i,t}$表示企业i第t年的债务融资能力，并以短期借款、长期借款之和与总债务比例来表示企业的债务融资能力。核心解释变量$GRADE_A_i$表示企业i纳税信用评价结果，若为A级则赋值为1；若为A级以下则赋值为0。$POST_t$表示时间t时联合激励措施是否发布，若已发布则赋值为1；若未发布则赋值为0。$GRADE_i \times POST_t$为双重差分模型中的交互项，α_3体现纳税信用评价联合激励措施发布对企业债务融资能力的影响。而$\varphi X_{i,t}$代表其他的控制变量，包括销售增长率（GROW）、资产负债率（LEV）、盈利能力（ROE）、流动比率（CR）、经营净现金流（CFO）等。$\varepsilon_{i,t}$是随机误差项。

（三）实证分析。

1. 描述性统计。首先，对上面建立的关于企业债务融资的双重差分模型的主要变量做了描述性统计，结果如表1所示。可以看到，企业债务融资$LOAN_{i,t}$的平均值为0.269，这说明企业总体债务融资规模较小，也证实了中小企业现实融资情况不容乐观。而$GRADE_A_i$均值为 0.615，说明所取样本有 61.5% 的中小板企业纳税信用等级为 A 级。销售增长率（GROW）的最大值 82.792 与最小值 -0.962 差异巨大，而平均值仅为 0.328，盈利能力（ROE）亦是如此。而资产负债率（LEV）、流动比率（CR）、经营现金净流量（CFO）的均值也都相对较小。以上结果佐证了本文选择的样本数据符合中小企业规模小、财力物力有限、抗风险能力弱等特点，具有代表性与合理性。

表 1　　描述性统计结果

变量	样本量	最小值	最大值	平均值	标准差	中位数
$LOAN_{i,t}$	1131	0.000	0.847	0.269	0.214	0.243
$GRADE\_A_i$	1131	0.000	1.000	0.615	0.487	1.000
$POST_t$	1131	0.000	1.000	0.691	0.462	1.000
$GROW$	1131	-0.962	82.792	0.328	2.772	0.114
LEV	1131	0.031	4.543	0.402	0.232	0.380
ROE	1131	-176.380	41.330	-0.084	5.453	0.073
CR	1131	0.369	20.359	2.242	1.856	1.743
CFO	1131	-0.592	0.431	0.062	0.077	0.060

2. 稳健性检验。在进行实证检验前，我们对前期已经经过预处理的样本数据又进行了稳健性检验，结果如表 2 所示。可以看出，实验组和控制组 p 值为 0.778，大于 0.05 的水平，没有呈现出显著性差异。这说明在实验前，实验组和控制组的$LOAN_{i,t}$并没有表现出明显的差异，即样本满足平行趋势假设。

表 2　　t 检验（Before）

项	Control（控制组） n = 253	Treated（实验组） n = 96	Diff	t	p
$LOAN_{i,t}$	0.286	0.219	-0.067	-2.462	0.778
控制变量 1	0.195	0.197	0.003	0.034	0.503
控制变量 2	0.362	0.336	-0.026	-1.282	0.201
控制变量 3	0.070	0.070	-0.000	-0.004	0.697
控制变量 4	2.464	2.534	0.071	0.299	0.765
控制变量 5	0.067	0.072	0.005	0.576	0.565

3. 模型结果。在模型设定中，$LOAN_{i,t}$为被解释变量，$GRADE_A_i$为核心解释变量，检验得到 DID 模型分析结果和 OLS 回归分析结果，分别如表 3 和表 4 所示。分析表 3 可以看到，在针对实验前，*Diff* 的效应值为 -0.061，小于 0，且在 1% 水平上呈现出显著性，表明在检验前，实验组效应值明显低于控制组效应值。而双重差分效应值 $GRADE_A_i \times POST_t$为 0.077，大于 0，且在 1% 水平上呈现出显著性，则意味着诚信纳

税对中小企业自身的融资能力起着正向作用，证实了信用等级为 A 对中小企业债务融资有明显正向激励作用。

表 3　　　DID 模型结果

$POST_t$	项	效应值	标准误	t	p
Before	Control（控制组）	0.429			
	Treated（实验组）	0.368			
	Diff（T-C）	-0.061	0.023	-2.640	0.008 **
AFTER	Control（控制组）	0.381			
	Treated（实验组）	0.397			
	Diff（T-C）	0.016	0.016	0.971	0.332
Diff-in-Diff		0.077	0.028	2.718	0.007 **

注：表中 *、**、*** 分别表示 10%、5%、1% 的显著性水平。

OLS 回归分析结果如表 4 所示。

表 4　　　OLS 回归分析结果（n = 1131）

	回归系数	标准误	t	p	95% CI	R^2	调整R^2	F
常数	0.429	0.022	19.359	0.000	0.385 ~ 0.472	0.199	0.194	F(81122) = 34.892 p = 0.000
GROW	-0.001	0.002	-0.244	0.807	-0.005 ~ 0.004			
LEV	0.004	0.030	0.138	0.890	-0.005 ~ 0.004			
ROE	0.002	0.001	2.178	0.030	0.000 ~ 0.004			
CR	-0.045	0.003	-13.132	0.000	-0.052 ~ -0.039			
CFO	-0.487	0.079	-6.139	0.000	-0.642 ~ -0.331			
$GRADE\_A_i$	-0.061	0.023	-2.640	0.008	-0.106 ~ -0.016			
$POST_t$	-0.047	0.019	-2.509	0.012	-0.084 ~ -0.010			
$GRADE\_A_i \times POST_t$	0.077	0.028	2.718	0.007	0.021 ~ 0.132			

（四）实证结果。基于 2014 ~ 2022 年浙江省中小板上市公司样本，以纳税信用等级制度的实施为准自然试验，通过双重差分法证实“信用评级 + 银税互动”对企业融资的积极影响。

研究发现，在纳税信用评级实施后，中小企业为获得更高的纳税信用等级，会更加积极地披露相关信息，从而增进银行对企业经营、资信状况的了解程度，更容易作出是否可以贷款给企业、贷款额度为多少的准确判断。在联合激励措施的影响下，政府为高信用等级的企业背书，诚信纳税、经营良好的中小企业也可以通过“银税互动”等渠道获得更多的信贷融资。

四、“信用评级 + 银税互动”促进中小企业融资的成效和不足

（一）成效。

1. 中小企业的融资困境得以缓解。对于中小企业，尤其是初创期的企业来说，资金流出多流入少，资金回笼慢，现金流紧张，往往又因抵押物不足难以获得信贷融资。“银税互动”实施以来，中小企业良好的纳税信用成功转变成融资信用，以“银税互动”注入“源头活水”，企业焕发勃勃生机。

2. 中小企业获得贷款效率显著提升。将纳税信用评级与“银税互动”相结合，纳税人通过电子税务局即可线上申请办理贷款。银行在收到贷款申请的同时，可以获得其纳税信用信息，对贷款风险评估能够做到快、准、狠，有效缩短了银行原先对中小企业贷款审批时间，解决中小企业的燃眉之急。

3. 深化银企合作，赋能经济发展。银行通过分析涉税信息增强了对中小企业的信任，为中小企业发展提供金融要素保障。以“银税互动”为抓手，有助于银行不断提升服务品质，联合研发更适合中小企业的信用贷款产品，解“资金之渴”，有力提振市场主体信心，持续释放潜力活力。

4. 推动社会信用体系高质量构建。中小企业“以信换贷”的良好示范，让市场主体越来越重视纳税信用资产，不仅能够享受到“真金白银”的资金支持，而且能享受到守信激励措施带来的各项便利，真正完成企业“无形信用”向“有形资产”的转变。“银税互动”厚植依法诚信纳税意识，优化了税收征管方式，助推经济高质量发展。

（二）存在的问题及原因分析。

1. 顶层设计仍然不完善。“银税互动”在实际操作过程中，容易出现各部门间职责划分不明确、工作分配不明晰、纳税人遇到困难不知找谁解答的问题。基层税务机关和银行分支机构间的交流沟通远远不够，两部门对外口径有时出现不一致，使“银税互动”运行质效大打折扣。

2. 数据共享机制有待规范。一方面，各地税务机关共享给其合作银行的企业涉税信息范围存在地区差异，而银行大部分是全国性金融机构，总行在设计信贷产品评估模型时可能使用到的数据不属于当地共享范围内。另一方面，信息交换主要在银行与税务部门之间进行，而其他如海关、工商等部门参与不足，部门间“信息孤岛”的现象较为突出，影响整体运行效能。

3. 金融机构重视程度不足。多数银行在“银税互动”信贷产品研发过程中缺乏革新意识，致使产品同质化，目前市场上特色鲜明的信贷产品较为少见，且没有完全发

挥出纳税信用信息共享的增值效果。在实际工作中，一些银行“银税互动”的贷款规模相对较小。

4. 宣传推广程度有待深化。部分银行对“银税互动”产品的申请门槛、办理流程、前期需准备的资料等宣传推广不精准。税务部门大多关注于自身分享给银行的纳税信用信息与“银税互动”开展的整体效应，对于信贷产品的了解不够，在宣传中无法准确解答贷款流程、贷款额度等相关问题。

五、进一步发展“信用评级＋银税互动”的建议

基于以上研究，对于税务部门如何进一步发展“信用评级＋银税互动”模式，在企业和金融机构之间扮演好信息沟通者和协调者的角色，提出以下建议：

（一）顶层设计：不断完善纳税信用评级制度。

1. 信用评级程序立体化。打破地区、行业壁垒，在评级中联动工商、海关等部门，建立起有效的信息互通机制，对企业作出更科学立体的信用评估。同时，引导税务师事务所等中介机构加入评级程序中，合理利用涉税中介机构掌握的企业信息和专业技能。

2. 信用指标体系科学化。不断更新、完善评级指标体系，将银行信贷、工商登记、证券发行等指标也纳入评价体系内，使得评价体系能够适应不断出现的新情况。扩大现有的补评、复评、修复范围，给企业更多的容错空间。

3. 纳税信用数据公开化。发挥舆论监督的强大作用，依法定期向社会公众公布企业的信用状况，实现对失信主体的多维度监控、惩戒和约束。除了现有政策公布的A级纳税人名单外，B级、M级等纳税人名单也可以向社会公布。

（二）拓展创新：发挥“信用评级＋银税互动”的更大效用。

1. 优化扶持政策。由原来直接向中小企业发放贷款转变为设立税银专项合作基金的模式。通过地方金融引导，为“银税互动”合作银行购买保险、寻求第三方担保，加大贷款风险补偿。综合运用法律、经济、征信等手段，加大对失信企业的惩戒力度。

2. 拓展创新思路。一方面，创新贷前分析，深挖涉税数据和金融数据，提供更加契合的企业信用信息。另一方面，创新贷中和贷后分级分类监管模式，搭建与企业生产经营全流程相关的部门反馈平台，依托现代信息技术及时发现中小企业的经营难题。

（三）全面协同：联合构建信用社会体系。

1. 深度融合“数字＋税务”。将大数据、人工智能等先进技术与税收征管融合，更精准搜集、更智慧整合、更高效处理中小企业的涉税信息，依托“精准画像”为中小企业提供长期化、动态化、定制化的纳税服务。

2. 拓宽宣传辅导渠道。以人民群众喜闻乐见的方式，将守信激励、失信惩戒政策更加精准地传递到纳税人身边。协同开发企业纳税信用信息查询平台，通过动态更新、实时查询企业的纳税信用情况，为信用良好的企业背书，拓展纳税信用的外部应用范围。

3. 加快建立信用信息共享平台。运用“区块链”等技术，加大信用信息的共享力度，协同各级地方政府，建立跨部门、跨地域、跨领域信息联享、信用联评、守信联奖、失信联惩的共享机制。依托信用信息共享平台，构建以信用为核心的新型监管和治理模式，推动社会信用体系建设。

参考文献

[1] 黄玉英，余克艰，娄淑珍．整合视角下中小企业融资效率影响因素研究［J］．科技进步与对策，2015（15）：103－109.

[2] 寇伟．政府、银行、民间：协同解决中小企业融资问题［J］．企业活力，2008，286（12）：88－89.

[3] 刘京焕，朱泓锟，谢立成．纳税信用评级与中小企业债务融资［J］．中南财经政法大学学报，2022：44－45.

[4] 卢亚娟，褚保金．农村中小企业融资影响因素分析［J］．经济学动态，2009（08）：42－45.

[5] 吴彬洪，吴江．中小企业融资问题与对策［J］．企业经济，2006（01）：54－57.

[6] 祝孔海．温州中小企业融资问题探讨［J］．企业经济，2004（12）：142－144.

[7] Macmillan. Report of the Committe on Finance and Industry Crnnd［R］. London：Macmillan Report，1931.

[8] Marquez R. Competition，Adverse Selection. Information Dispersion in the Banking Industry［J］. The Review of Financial Studies Summer，2002（01）.

课题组组长：傅颖

成员：钟璨羽、虞锜琦（执笔人）、邵湘琳（执笔人）、项琳

完善税收助力后亚运时代赛事场馆运营的研究分析

国家税务总局杭州市萧山区税务局课题组

摘　要： 杭州亚运会以“大莲花”为首的主要场馆均在杭州，已经成为地标性建筑，投入了大量的资源来建设，也必将在亚运会期间为国际呈现精彩的亮相。同时我们也应该看到大型体育场馆在赛后通常会面临赛后场馆的闲置和利用率低、赛事项目的可持续消费难度大、维护费用高等问题。如何破解这些即将面临的问题，是本课题的重要研究方向。本课题将利用文献资料法和实地调研法等方法，通过系统性梳理亚运赛事场馆定位，借鉴国内其他场馆面临的经营难题及运营建议，探讨研究如何优化完善赛事场馆相关税收政策，以充分发挥税收作用，助力赛事场馆在后亚运时代实现长久高效发展。

关键词： 亚运场馆　税收优惠政策　运营模式

第19届亚运会于2023年9月23日~10月8日在杭州召开，是2023年我国举办的最为盛大的赛事，以杭州奥体中心为主会场，设有40个竞赛大项、481个小项，包括电子竞技、霹雳舞两个新增设的竞赛项目。赛事场馆是杭州亚运会的物质载体，是亚运遗产的显著标志，而这些场馆的可持续利用也是后亚运时代首先要考虑的重要课题。正如习近平总书记在考察冬奥场馆时所指出的，赛事场馆赛后利用是世界性难题，一定要把赛事场馆建设好、利用好，展现反复利用、综合利用、持久利用的中国经验①。本课题则将聚焦如何充分发挥税收作用，助力赛事场馆在后亚运时代实现长久高效发展。

一、亚运场馆基本情况及运营建议

（一）杭州亚运会场馆基本情况。杭州亚运会按照“能改不建”的节俭理念和

① 新华网．习近平：比赛场馆反复利用、综合利用、持久利用，这是“中国经验”2017－02－24。

“赛时为亚运，赛后为城市”的建设准则，共有 56 个赛事场馆，分布在杭州、温州、绍兴等 6 个城市，其中新建场馆 12 个、改造场馆 26 个、续建场馆 9 个、临建场馆 9 个。本文根据场馆性质、设计功能、规模大小、可承担赛事项目及数量等，将 56 个赛事场馆可分为大型综合赛事场馆、专业型赛事场馆、区域性综合赛事场馆、学校赛事场馆等四类。这四类场馆在赛后规划方面也存在明显差异。

大型综合赛事场馆是指具备多种体育和文化活动举办能力的大型场馆。共有 11 个亚运赛事场馆属于此类，通常这些场馆可容纳大量观众，并且具备举办各类体育比赛、音乐会、文化展览等大型活动的设施和资源。这些场馆通常配备先进的设施和技术，以满足不同类型活动的需求。

专业型赛事场馆是专门用于举办特定类型体育比赛或训练的场馆。共有 17 个亚运赛事场馆属于此类，这些场馆通常针对一种或多种特定体育项目进行设计和建设，以提供专业水平的竞技条件。

区域性综合赛事场馆是为满足地区范围内体育和娱乐需求而建设的场馆。共有 17 个亚运赛事场馆属于此类，这些场馆通常较大，能够容纳一定数量的观众，并提供各类体育、文化、娱乐活动的场地。它们在地方社区中扮演着重要的角色，为居民提供了多元化的活动场所。

校园赛事场馆是位于学校或教育机构内的体育设施。共有 11 个亚运赛事场馆属于此类，主要用于学生体育教育、校内体育比赛和训练等。这些场馆旨在支持学生的体育发展和健康生活方式。

（二）国内赛事场馆运营基本模式。赛事场馆运营模式指的是赛事场馆的管理和经营方式，涵盖场馆的运营结构、管理机制、资金筹措、活动策划等方面的安排和组织。不同的场馆类型和地区可能会选择不同的运营模式，以最大限度地实现其经济和社会目标。赛事场馆运营模式的选择是否合适影响着赛后规划目标实现的程度。综合姚小林（2016）、韩立平和陈鹏（2019）、杨毅然（2017）等学者相关研究，我国赛事场馆的运营模式大致可分为自主经营、委外经营、合作经营等三种模式，具体情况如表 1 所示。

表 1　三种常见的赛事场馆运营模式

模式	具体类别	定义	特点
自主经营	事业单位自主运营	由政府设立或资助的事业单位独立承担场馆的运营和管理，具有一定的自主权和独立经济责任	（1）运营由政府完全或部分资助，具有一定的财政支持。（2）决策相对独立，但需遵守政府管理规定。（3）通常用于承担政府体育赛事和社会体育活动的场馆
	国资企业自主运营	由国有资产控股的企业或公司独立承担场馆的运营和管理，以盈利为主要目标	（1）运营独立，追求经济效益和盈利。（2）具有更大的商业化自主权，可以开展多种商业活动。（3）政府通常作为监管机构，负责监督和管理

续表

模式	具体类别	定义	特点
委外经营	委托经营	政府将场馆的运营和管理权委托给第三方运营机构，通常是合作企业或专业管理公司	（1）运营机构承担具体的管理和经营职责，政府保留监管权。（2）常用于需要引入专业管理或提高效益的场馆
	租赁经营	政府出租场馆给独立的租赁方，由租赁方自主承担场馆的日常运营和管理	（1）租赁方独立运营，享有一定的自主决策权。（2）政府通常负责场馆的基础设施和维护
合作经营	合资经营	政府与私人企业或其他机构合资合作经营场馆，共同承担管理和运营职责	（1）合资伙伴共同投资场馆建设和运营，共享风险和收益。（2）可以融合政府和商业的优势，提高效益。（3）需要明确合资协议和权责分配

大型综合赛事场馆由于建设资金需求大、后续运行投资收益风险较低等原因，通常采用合作经营、自主经营模式①。专业型赛事场馆通常会作为相关赛事训练基地，通常采用委托经营、自主经营模式。区域性综合赛事场馆则由于其场馆规模不大、可承接赛事数量较少等原因，通常采用自主经营模式。校园赛事场馆则一般直接由学校负责运营。

二、我国赛事场馆运营中存在的问题及优化建议

（一）国内赛事场馆运营中存在的问题。综合陈军和陈晓宇（2018）、胡彩霞和柳仲民（2017）、刘昊（2023）等学者关于国内赛事场馆运营存在的问题相关研究，大致可以分为场馆闲置率高、设施维护困难、缺乏有效筹资手段等问题。主要表现为以下几点。

1. 收入来源有限。赛事场馆的收入来源有限是指赛事场馆在运营过程中，其主要收入渠道受到一系列限制和挑战，无法充分满足运营成本和盈利的需求。一是门票销售限制。赛事场馆通常从门票销售中获得一部分收入。然而，门票销售受到场馆容量、赛事吸引力、票价设定、市场竞争等多种因素的限制。二是赞助商和广告限制。赞助商和广告合作是赛事场馆获得额外收入的重要途径。然而，地理位置、品牌、赛事数量和规模等因素可能对赞助商和广告合作产生限制。三是政府支持不足。一些赛事场馆依赖政府提供的财政支持来填补运营成本和赤字。如果政府支持不足，赛事场馆可

① 陈元欣，王健．体育场馆不同运营模式的税收筹划研究［J］．天津体育学院学报，2013，28（03）：5.

能面临财务压力，收入无法满足日常运营和维护的需求。

2. 高成本建设与维护。高成本建设与维护是指赛事场馆在建设和日常运维过程中面临的经济负担和压力，这种情况可能会对场馆的长期可持续性和盈利能力产生负面影响。一是高建设成本，是指赛事场馆的建设往往需要大量资金，包括用于场馆设计、土地购置、建筑施工、设备采购等各个方面的成本。二是高维护成本，是指赛事场馆建成后需要进行定期的维护和保养，以确保设施的安全性和功能性，包括设备维修、清洁、绿化养护、场地维护等各个方面。特别是对于大型场馆，维护成本可能非常高昂。三是设备更新和升级，随着技术和安全标准的不断演进，赛事场馆通常需要定期进行设备更新和升级。这包括更换老化设施、引入新的技术和设备，以适应现代赛事和观众的需求。设备更新和升级需要大量的资金投入，增加了维护压力。

3. 消费者黏性有待提升。赛事场馆消费者黏性有待提升，指的是在赛事场馆中观众或用户的忠诚度和持续参与程度相对较低，他们可能倾向于寻找其他娱乐或体育活动的选择，而不是坚定地选择赛事场馆。具体表现为：一是低重复参与率。一些观众或用户可能只是偶尔参加赛事场馆举办的活动，而不是定期或频繁的参与者。二是易受竞争影响。在竞争激烈的娱乐和体育市场中，赛事场馆需要面对其他各种吸引人的娱乐选择，包括电影、购物、户外活动等。观众或用户很容易受到这些选择的吸引，而不再选择前往赛事场馆。三是缺乏个性化体验。一些赛事场馆可能没有提供个性化的体验，无法满足不同观众或用户的需求。缺乏个性化体验可能导致观众或用户失去兴趣。四是可替代性。一些体育活动可能具有高度可替代性，观众或用户可以选择观看比赛的电视转播或在线直播，而不必前往现场。

（二）优化后亚运时代亚运赛事场馆运营的建议。国家体育总局在 2015 年印发的《体育场馆运营管理办法》中明确赛事场馆应积极向社会公众开放，每周开放时间一般不少于 35 小时，全年开放时间一般不少于 330 天。如何在保障基础公共服务的前提下，做好场馆运营是目前的一大难题。

1. 做好赛事场馆运营长期规划。因地制宜制定赛事场馆长期运营规划。邀请体育赛事组织、体育产业研究、大型场馆运营、商业综合体运营等领域的专家，对四类亚运赛事场馆的赛后运营把脉问诊、出谋划策。从项目优势条件、区位交通特点、政策分析、国内外案例参考、城市空间关系、关键运营内容、现有存在不足等几个方面进行了深刻剖析，重点考虑场馆的长期利用。比如杭州奥体中心，赛后将规划建设杭州亚运会博物馆，杭州市非遗保护中心也将搬到奥体中心。

2. 降低运营支出。节省能耗和维护支出。采用节能设备和技术，监控用水、用电、用气和用热的消耗，降低能源支出，节约维护成本。如杭州奥体中心体育馆和游泳馆上方设置了导光管，通过顶部采光罩，可将室外的自然光漫射至室内，同时顶部的带有太阳能电池板，白天存储的电能晚上用于 LED 发光，智能恒光控制 24 小时的照明光线，每年照明可节能 30% 以上。

节省人员开支。优化现有场馆设备，进行智能化升级改造，如自动化安全系统、票务系统、数据分析工具等，从而在提高场馆的运营效率和安全性的同时，节省赛事活动人工支出成本。

3. 拓宽场馆改造筹资渠道。引入 BOT 和 PPP 等模式，确保公共赛事场馆发展后劲。积极与私营部门和投资者合作，通过 BOT（建设、运营、转让）或 PPP（公私合作伙伴关系）模式来融资场馆改造和维护工程，分担财政压力。将场馆资产转化为可交易的金融工具，吸引投资者参与，以筹集资金进行改造和维护。

4. 多元化开发核心资源。充分开发场馆基础设施。一是做好附属基础设施商业合作。积极寻找商业伙伴，引入商店、餐饮和零售业务，提供更多的服务和娱乐选择。二是多功能使用。将赛事场馆改造成能够容纳不同类型活动的多功能场所。包括体育比赛、音乐会、文化展览、商业会议等。通过多功能使用，可以增加场馆的出租率和收入。三是开展体育培训和课程。与学校和体育培训机构合作，提供体育培训、健身课程和体育夏令营，吸引当地居民和学生，增加场馆的教育价值。如富阳区射击射箭馆未来可作为浙江射击射箭队训练基地，培养体育人才，打造成集体育、文化、教育、休闲于一体的共享空间。

5. 开发场馆无形资源。把场馆无形资源作为品牌建设，打造成有吸引力的体育和娱乐品牌，吸引更多的赛事、活动和合作伙伴。一是开发广告资源，与赞助商合作，将广告牌、广告标志和数字广告板安装在场馆内外，以获取额外的收入。二是出售命名权和冠名权。考虑将场馆或特定区域出售给赞助商，以获得冠名权或命名权。这样的合作不仅能够为场馆带来额外的资金，还提高了赞助商的品牌知名度。三是加强社交媒体合作。在微信、小红书等开设场馆社交账号，推出签到盖章打卡活动；与社交媒体平台和网红合作，建立长期合作伙伴关系，共同推广场馆和相关活动，增加在线曝光度。与当地社区和企业合作，共同筹划和建设场馆，以确保场馆与社区的整合，提高使用率。

三、我国赛事场馆运营税收政策现状及存在的问题

（一）我国赛事场馆税收现状。

各环节税收政策概要。对我国赛事场馆运营方在筹资设立、场馆建设、日常运营等环节的税收政策进行概括总结，具体内容如表 2 所示。

表 2　　我国赛事场馆运营相关税收政策

环节	赛事场馆税收政策（主要税种）	是否有赛事场馆相关特殊税收优惠
筹资环节	（1）财政补贴：符合不征税收入条件，免征企业所得税； （2）长期借款：符合条件的利息支出税前扣除； （3）BOT、PPP、资产证券化：符合条件的利息支出税前扣除	无
场馆建造环节	增值税：符合条件的留抵税额可以退税； 企业所得税：建造成本及土地成本作为固定资产在税前按规定扣除折旧额（摊销额）	无
运营环节	核心资源开发、无形资源开发 增值税：（1）文化体育服务可选择按简易计税方式3%征收率缴纳增值税。一般纳税人按6%缴纳增值税，加计10%抵减应纳税额；（2）娱乐服务无增值税优惠，一般纳税人按6%缴纳增值税，加计10%抵减应纳税额，需缴纳文化事业建设费；（3）会议展览服务无增值税优惠，一般纳税人按6%缴纳增值税；（4）场馆租赁无增值税优惠，一般纳税人按9%缴纳增值税；（5）广告服务无增值税优惠，一般纳税人按6%缴纳增值税 企业所得税：属于应税收入； 房产税和城镇土地使用税：符合条件的赛事场馆免征或减半房产税和城镇土地使用税	符合条件的赛事场馆免征或减半房产税和城镇土地使用税
改造升级环节	增值税：符合条件的留抵税额可以退税； 企业所得税：设备成本作为固定资产在税前按规定扣除折旧额	无
差异化发展路径	标志性旅游休闲园区、特色产业小镇：无特殊优惠	无

（1）筹资环节。在筹资环节，赛事场馆运营没有特殊的税收优惠政策。在自主经营模式下，财政拨款及符合不征税条件的财政性资金可以作为不征税收入，但同时相应支出无法税前扣除。对于委外经营中的 BOT、PPP、资产证券化等，对于可行性缺口补助、政府付费收入等在税收政策上仍有一定争议。

（2）场馆建造环节。在建造环节，赛事场馆运营没有特殊的税收优惠政策。在自主经营模式下，赛事场馆所有权与经营权一致，运营方能直接享受增值税留抵退税政策及按规定折旧年限进行税前扣除。在委外经营模式下，所有权与经营权分离，运营方根据承包费用、租金支出等在税前扣除。合作经营模式则根据所有权与经营权的情况有不同的税务处理。

（3）运营环节。三种运营模式在运营环节的涉税政策差异主要体现在房产税和城镇土地使用税，持有场馆所有权的一方为两税的纳税人并享受相应减免。在主要业务活动中，场地租赁与会议展览服务等在一般计税方式下的增值税税率存在差异，文化体育服务可以选择按简易计税方式计征增值税。

（二）赛事场馆税收政策存在的问题。

1. 吸引社会投资的税收政策激励不足。税收政策未能提供足够的激励，以吸引私人和社会资本投资赛事场馆建设和管理。赛事场馆投资相比公园等项目投资周期长、未来收益难预测，较难吸引社会资本，且在目前的税收政策中对于社会资本投资体育场馆获得的投资收益并未有特殊税收优惠。当前政府鼓励赛事场馆采用 BOT（建设－运营－转让）和 PPP（政府与社会资本合作）等模式，以引入社会资本，降低政府财政压力。

2. 赛事场馆运营税收优惠力度不足。赛事场馆运营税收优惠主要集中在房产税和城镇土地使用税的减免，两税税率低、税额小，导致优惠政策的力度相对较小，难以真正降低场馆的运营成本。

核心资源及无形资源的开发没有特殊税收优惠。赛事场馆通常会积极开发核心资源，如广告和赞助。然而，这些资源的开发并未有相关税收优惠，降低了场馆的商业化潜力和市场竞争力。

3. 税收优惠政策未落实落细。场馆财务人员素养仍有待提高。在实地走访中发现，部分赛事场馆存在销售预售卡的相关业务，但财务人员并不清楚预售卡销售行为开具不征税发票等相关税收政策，从而导致提前缴纳税款，增加场馆运营负担。

不同业务类型难区分。在场馆多元化经营过程中，财务人员未能明确区分不同业务类型，例如场地租赁和会议展览服务。这可能导致不同税收政策的混淆和适用不当。

4. 缺乏直观的税收政策评估体系。对赛事场馆得后续运营是否需要税收政策支持、需要什么样的政策支持、支持的实际效果如何等缺乏有效评估手段。这使得难以制定更有针对性和有效性的税收政策来支持赛事场馆运营。

四、完善亚运赛事场馆税收政策建议

杭州市体育局在近期制定了《杭州市亚运场馆综合利用总体方案》，发布了“杭州市体育场馆惠民十条”，将市属 41 家亚运场馆全面常态化惠民开放，实现亚运红利普惠共享。亚运赛事场馆承担着基础公共服务功能，而税收对于助力赛事场馆在后亚运时代实现反复利用、综合利用、持久利用的目标也起着重要作用。

（一）加大赛事场馆税收优惠支持力度。加大核心资源及无形资源的税收支持力度。制定明确的税收政策，以鼓励赛事场馆开发核心资源，比照纪念馆、博物馆等在自己的场所内提供文化体育服务取得的第一道门票收入免征增值税的优惠，将赛事场馆门票收入也纳入免税范围。对于广告和赞助收入，可以考虑降低这些资源开发所需的税收负担，以促进商业化运营。政府可以鼓励赛事场馆多元化经营，通过提供税收激励，例如多元化收入来源的税收减免，来推动场馆发展多元化业务，增加可持续性。

智能化改造加速折旧或加计扣除。为赛事场馆的智能化改造提供税收支持。购置智能设备和技术的支出可以加速折旧或加计扣除，鼓励场馆实施智能化管理，提高效率，提供更好的场馆体验。

（二）利用税收优惠拓宽资金渠道。创新税收政策以吸引赞助商。通过优惠税收政策，鼓励企业和个人向赛事场馆提供赞助和捐款，可以包括税收抵免、减免或额外的税收优惠，以便更多的企业和个人参与到赛事场馆的建设和维护中。美国的《慈善捐赠税收法案》允许个人和企业向赛事场馆提供赞助和捐款，并享受相应的税收优惠，这可以在一定程度上鼓励资金流向赛事场馆①。

制定激励性的税收政策以吸引私人投资。鼓励赛事场馆采用 BOT 和 PPP 等模式进行扩建和改造，政府可以提供资本支持，以降低项目风险，吸引更多私人投资。推动资产证券化，允许场馆将未来的票务收入或租赁费用资产化，发行债券融资。可以提供对这些债券的税收优惠，例如免征债券利息的所得税。通过制定税收优惠政策，为私人投资者提供激励，鼓励他们参与赛事场馆的建设和维护。这包括但不限于降低所得税、减免或延迟征收税收、提供税收抵免等。

（三）建立税收政策评估体系。一是加强监管和评估。税务机关应建立更严格的税收政策监管和评估机制，确保税收政策的实施与预期目标一致，并防止滥用税收政策的情况发生。二是定期评估和改进。应该建立定期评估机制，以监测税收政策的实施效果。如果发现问题或需要改进的地方，应及时进行政策调整，以确保税收政策的适应性和有效性。根据评估结果，制定灵活的政策调整机制，确保政策的公平性、可行性和可持续性。税务机关还应积极收集场馆管理者的反馈意见，不断改进税收政策。

（四）做好优惠政策落实。

1. 建立税收优惠项目清单。建立一个详细的赛事场馆税收优惠项目清单，明确规定哪些方面可以享受税收减免，如设备更新、基础设施改善、文化体育活动等。这将为场馆运营者提供更多的透明性和指导，以便他们充分利用税收政策。制定一份详细的清单，明确规定哪些赛事场馆和相关体育活动有资格享受税收优惠。清单应详细说明每个优惠项目的适用条件，例如场馆必须为公共服务提供场地、举办青少年体育活动等。税务机关应定期更新和发布清单，以确保透明度和公平性。

2. 加强对税收政策的宣传。可以举办专题研讨会、座谈会，邀请税务专家和场馆管理者分享税收政策的相关知识和经验。这些活动有助于直接交流和解答疑问。利用政府官方网站、社交媒体平台等互联网渠道，发布税收政策的解读和案例分析。与体育行业协会建立合作关系，共同开展税收政策宣传活动，将信息传播到更广泛的受众中。

---

① https：//www. irs. gov/.

参考文献

[1] 陈元欣，王健. 体育场馆不同运营模式的税收筹划研究 [J]. 天津体育学院学报，2013，28 (03)：5.

[2] 陈欢欢. 运营模式视角下大型体育场馆运营差异比较研究——以上海市梅赛德斯奔驰文化中心与东方体育中心对比为例 [C]. 2017 年全国竞技体育科学论文报告会论文摘要汇编. 2017 全国竞技体育科学论文报告会 [C]. 2017 - 10 - 13.

[3] 刘乐. 大型体育场馆运营及盈利策略——以驻马店市体育中心场馆为例 [J]. 新体育 · 运动与科技，2021 (10)：20 - 23.

[4] 周龙. 事业型与企业型体育场馆运营管理的比较研究 [D]. 昆明：云南师范大学，2017.

[5] 陈元欣. 后奥运时期大型体育场馆市场化运营研究 [M]. 北京：北京体育大学出版社，2013.

[6] 屈萍，屈胜国，刘丹松. PPP 模式在中国公共体育场馆市场化改革中的应用 [C] //2014 4th International Conference on Applied Social Science (ICASS 2014) [C]，2014 - 03 - 20.

[7] 叶晓甦，陈娟，安妮. 大型体育场馆 PPP 项目商业模式研究 [J]. 项目管理技术，2019，17 (07)：14 - 20.

[8] 魏亮. 公共体育场馆经营管理与运营问题研究 [J]. 灌篮，2021，038 (04)：130.

[9] 陈元欣，何凤仙，王健. 我国公共体育场馆税费政策研究 [J]. 天津体育学院学报，2012，27 (06)：3.

[10] 许寒冰. 我国大型体育场馆税收政策研究 [D]. 北京：北京体育大学，2014.

课题组组长：杨永钟

成员：陈建芳、林一、梅保银（执笔人）、吕云、胡冠杰、钱艺

地方治理视域下的地方税体系构建研究
——基于杭州市的实际分析

国家税务总局杭州市临平区税务局课题组

摘　要：党的二十大报告指出，要以中国式现代化推动中华民族伟大复兴。税收现代化服务中国式现代化，要求充分发挥税收在国家治理中的基础性、支柱性、保障性作用，深入推进国家治理体系和治理能力现代化。地方税体系建设是税收现代化建设的重要组成部分。“营改增”以后，地方税主体税种缺失，地方财政收支矛盾凸显，地方税整体改革推进不够，地方税体系的建设问题日趋迫切。健全地方税体系，实现地方税收的稳定和增长，对于激发地方政府活力、提升地方治理能力和水平、推动社会进步具有重要意义。本文拟从地方整体治理的视角出发，对杭州市的地方税收入进行剖析，结合浙江杭州实际提出当前地方税体系中存在的问题，提出健全地方税体系的意见建议。

关键词：地方治理　地方税体系　杭州市

一、地方治理视域下构建地方税体系的理论基础

（一）地方治理和地方税体系的关系。

1. 地方治理的概念特征。浙江省“十四五”规划提出要建设“整体智治、唯实惟先”的现代政府，首次提出“整体智治”的概念。“整体智治”的地方政府强调两点：一是整体政府，即治理主体的有效协同。其核心要义是在公共政策与公共服务的过程中，采用交互的、协作的和一体化的管理方式与技术，促使各种公共管理主体在共同的管理活动中协调一致，达到功能整合，并有效利用稀缺资源，为公民提供无缝隙服务的思想和行动的总和。结合浙江省实际，“整体政府”强调形成省市县一体、部门

间协同的高效运转机制，提升跨层级、跨地域、跨部门、跨系统、跨业务的协同管理和服务水平。二是数字政府，即依托数字技术的公共治理。政府数字化转型旨在将云计算、人工智能、区块链等数字技术广泛应用于政府管理服务，推动政府治理流程再造和模式优化，不断提高决策科学性和服务效率。

2. 地方税体系的概念和分类。《中华人民共和国国民经济和社会发展第十四个五年规划和2035年远景目标纲要》中提出"健全地方税体系，逐步扩大地方税政管理权"。学术界主要有两种方式将现行18个税种进行划分。第一类标准是以立法权来划分。地方税是指地方政府拥有立法权、解释权和司法权的税种；否则为中央税。第二类标准是以税种收入的归属来划分，税收收入全部归属地方的为地方税；全部归属中央的为中央税；收入由中央和地方共享的为共享税（周子轩等，2022）①。在第二类分类标准下，狭义的地方税体系就是纯地方税；广义的则是纯地方税加上共享税中归属于地方的税收收入。

本文拟进行分析的地方税体系主要是纯地方税，主要包括房产税、车船税、土地增值税、城镇土地使用税、耕地占用税、契税、烟叶税、环境保护税8个纯地方税种，还包括城市维护建设税、资源税、印花税3个主要收入由地方支配使用的具有共享性质的税种。

（二）地方治理视域下构建地方税体系的必要性。从党的十八大报告提出"构建地方税体系"，到党的十九大报告明确指出"深化税收制度改革，健全地方税体系"，再到"十四五"规划和2035年远景目标纲要提出"健全地方税体系，逐步扩大地方税政管理权"，可见地方税体系的构建一直在国家治理框架范围内统筹考虑的。地方税体系与地方治理体系应是相互支撑、相互协作，相辅相成的关系。一方面，地方税体系要服务于地方的高质量发展。党的二十大报告提出"中国式现代化"，提出了新的发展理念，对税制体系优化完善提出了新要求。地方税体系的发展，不仅要为地方的发展提供财力支持，更要为地方产业给予鼓励和引导，发挥好调控地方经济和调节分配的职能。另一方面，地方治理体系的建设要反哺于地方税体系的优化。税收现代化要求广泛凝集多方共识，需要一个强有力的整体政府发挥主导作用。只有整体智治的政府才能对地方税体系的体制机制、组织架构、方式流程、手段工具进行全方位、系统性重塑整合，上升为政府治理的有机组成部分。

（三）地方治理视域下构建地方税体系的政策目标。从打造整体智治的地方政府的视域下，地方税体系的优化完善要实现以下三个政策目标：一是规模以上起到对地方财力的保障支撑作用。地方税既要组织足够丰富的税收收入，能满足地方财政支出

---

① 周子轩，曹永东，王志强．新时代背景下我国地方税体系的现状、问题与出路［J］．决策与信息，2022（10）：80－88.

的需要，还要富有弹性和活力，能稳定地方财政收入预期，更要可持续和可预测，以满足地方政府财政支出更广泛、更深层次和更多维度的需要。二是导向上起到对地方经济的调节作用。要引导市场资源朝着高效率方向配置，通过税收、财政等调控手段来提升逆周期调节能力，推动地方经济高质量发展。三是治理手段上融入地方整体智治政府。税务大数据来源广泛、规模数量大、结构复杂多样，具有巨大潜在价值的海量信息。提高对税务大数据的分析应用，不仅可以摆脱税收治理困境，提升税收治理能力，还可以拓展数据增值服务，在经济治理、社会治理、生态治理、执法监管等领域反哺地方政府。

二、杭州市地方税收入规模与结构分析

（一）杭州市地方税收入规模分析①。2022 年，杭州市税收收入规模为 4265.58 亿元，地方税收入为 661.60 亿元，同比下降 7.87%，主要是土地增值税收入大幅下降导致。从 2018 年国地税合并为起点进行分析，过去的五年间受到疫情期间大规模减税降费的影响，地方税收入占全部税收收入的平均比重仅为 16.57%，并且以 2020 年为拐点，地方税收入规模已经连续三年缩小。

（二）杭州市地方税收入对地方财政的支撑作用分析。从地方税收入对财政收入的支撑作用来看，地方税收入占全市财政总收入的比重先升后降，最高未超过 20%。从增长幅度来看，五年间全市财政总收入均正向增长，地方税收入 2021 年开始就出现负增长。

2022 年杭州市一般公共预算支出 2542 亿元，增长 6.2%，支出规模进一步加大。稳定增长的财政支出规模是杭州市奋力打造世界一流的社会主义现代化国际大都市，着眼于关键领域重大项目建设的首要保障。地方税收入占杭州市一般公共预算支出的比重稳定在 30% 左右，是杭州市可支配财力的重要保障，为杭州市政府完成事权责任提供坚实的财力基础。但是值得一提的是，2020 年开始杭州市地方税收入占一般公共预算支出的比例持续下降，2022 年度占比为 26.03%，为近五年的最低值。

（三）杭州市地方税收入税种结构分析。杭州市地方税收入占比最高的是契税和土地增值税，两者合计超过 50%；其次是城市维护建设税，占比 20% 左右；排名第四位的是房产税，占比 10% 左右。从收入结构分析，杭州市地方税收入来源主要为房产、土地的财产税税种。从 2016 ~ 2019 年杭州市的土地出让金价格逐年增高，2020 年杭州土地出让金有所回落，基本与 2019 年持平。2021 年由于土地市场推行集中地制

① 本文数据来源于杭州市统计年鉴及互联网公开数据。

度，杭州土地出让金骤降为1814亿元，也直接导致了2021年开始契税收入大幅下降。

（四）杭州市税收收入产业行业结构分析。从2022年杭州市税务局税收收入分产业、分行业情况表来看，杭州市产业结构主要是以第三产业为主，占比高达70%；第二产业占比30%；第一产业可以忽略不计。第二产业中，工业占比26.5%，主要是制造业占比达到26%；制造业中占比最高的是烟草制造业，占比7.4%。第三产业中，信息传输、软件和信息技术服务业占比最高，达到21.6%，其中最主要的是软件和信息技术服务业。第三产业中房地产行业占比16.6%，排名第二位。与上年同期数比较，建筑业、交通运输、仓储和邮政业、住宿和餐饮业、房地产业、居民服务、修理和其他服务业同比下降幅度较大。

三、基于杭州实际看地方税体系中存在的问题

（一）地方税规模偏小，地方财政来源不稳定。杭州市税收收入受增值税、企业所得税等共享税较快增长带动，以及土地增值税、契税等地方税下降较快影响，中央级税收增速持续快于地方级。扣除留抵退税因素后，2022年杭州市中央级税收增速达5.6%，高于地方级税收增速（5.2%）0.4个百分点；中央级税收入库数占比达50.8%，自2021年以来持续占比过半数。2022年，杭州税务组织的非税收入合计达3157.3亿元，其中国有土地使用权出让收入3021.3亿元，占非税收入的95.7%。当地方政府过度依赖非税收入，尤其是土地出让金来减轻财政压力时，难免会产生“土地财政”，引发地方政府债务风险等问题，地方财政存在巨大的脆弱性，也不利于地方政府治理能力的提升和经济的可持续发展。

2016年“营改增”后，地方税主体税种一直缺失，筹集财政收入、稳定经济运行能力进一步下降，地方税收入规模偏小。当前，经济增速减缓、大规模减税降费政策叠加的大背景下，地方财政收入增速放缓，但是财政支出具有刚性，地方政府事权责任不变，进一步加剧了地方政府的财政紧张。以杭州市为例，地方税体系占一般公共预算支出的比重稳定在30%，从2020年开始有下降趋势，占比不高且缺乏稳定性，表明地方税收入尚未形成对地方财政支出的稳定支撑。2018～2021年四年间，增值税、企业所得税、个人所得税三个主要的共享税占全市财政总收入的平均比例为31.58%；而地方税体系的平均占比仅为16.18%。共享税的收入在地方财政收入中的占比高，也在一定程度上限制了其他地方税种调节地方经济运行周期的职能，抑制了地方政府推动经济转型升级的意愿。

（二）行业依赖严重，地方税收结构不合理。行业分析来看，杭州市主要依赖于信息传输、软件和信息技术服务业和房地产业。在当前房地产行业不景气，市场表现

疲软，投资、交易都弱的现状下，契税、土地增值税、房产税等税收来源波动较大，且税收规模预期会进一步减少。2022 年，房地产市场整体下行，房地产主要税种土地增值税入库 155.4 亿元，较上年同期下降 31.4%；契税入库 197.4 亿元，较上年同期下降 7.4%。信息业是杭州的特色产业，其主要构成软件和信息技术服务业 2019～2021 年的应征增速保持在 20% 左右；但 2022 年以来主要支撑的阿里和蚂蚁系的相关企业因国家监管方式和力度的调整，导致应征增速放缓回落的趋势明显，对杭州市税收增长的潜在因素不明显且变数极大。整体来看，第三产业收入占比为 70%；而制造业占比仅为 26.5%。2022 年，杭州市提出了打造智能物联、生物医药、高端装备、新材料和绿色能源五大产业生态圈，目前的税收收入尚未体现出支柱产业的优势。

收入结构来看，杭州市地方税收入结构中主要为房产、土地相关的财产税税种。占比最高的契税和土地增值税受国家政策调控影响大，波动性大，对财政收入的冲击大。房产税和城镇土地使用税征收范围狭窄，对广大个人房产的征收管理仍处于空白阶段。房产税税率单一，在调节收入差距，发挥税收再分配职能助力共同富裕方面作用有限。环境保护税和资源税合计占比不超过 0.5%，“绿色税收”功能发挥有限。

（三）地方税权空间狭窄，财权事权不匹配。一是立法权配置不当。所有税种立法权均设置在中央政府，各地方税种的减征、免征及税率设定，均要在国家制定的各项法律、条例赋予的权限范围内进行。目前，地方人民政府仅对耕地占用税、资源税和环境保护税的适用税额具有一定范围内的选择权。税收是调控经济的重要手段，就现行地方政府的税权配置而言，不利于地方根据政府财力水平、税源状况和调控目标设计和调整地方税体系，在一定程度上限制了地方政府更好地发挥地方税种的税收政策调节和引导功能，无法因地制宜地调控地方产业布局，促进地方经济社会发展。以浙江为例，七山二水一平原，在资源税的征收上，不同地市间资源禀赋和经济发展程度不一样，但是只能采取“一刀切”的税收征管政策；在环境保护税的征收上，浙江作为“绿水青山”理论的发源地，也无法设定涉及区域的税收优惠政策；在土地增值税的征收上，杭州作为省会城市，城市基础投入大，土地增值高，但地方政府无法获得更多税收收入分配。

二是税收执法配置失衡。地方政府在税收征管上的执法权也有限，加上地方税制往往难以适应地方实际情况，加剧了地方政府财力和支出责任不匹配的问题，地方公共服务缺少地方税的利益激励。在稽查权限上移到省市局层面后，基层税务机关在处理税收违法案件时经常出现司法机关有权无力，而税务机关有力无权的尴尬局面。基层税务机关缺乏有力的执法手段保障税收的强制性。

（四）地方税征管质效不高，融入地方治理不充分。现行地方税体系大都构建于 20 世纪 80 年代，我国全面落实税收法定原则以来，地方税体系中环境保护税、烟叶税、耕地占用税、资源税、契税、城市维护建设税和印花税已经立法，但大都采用平移立法模式，税制方面并没有太多实质性改善。由于地方税改革进程长期滞后，不能适应经济体制的发展，不利于地方税治理效能的发挥，甚至导致了部分地方政府治理行为失范。比如一些地方政府通过税收返还、核定征收、财政奖励等政府干预行为人为制造“税收洼地”，实质上拥有了一定的“地方税政管理权”，导致了企业在不同地区税负差异明显。这不仅扭曲了税收分配的公平性原则，也干扰了市场秩序和竞争环境，不利于全国统一大市场的形成。

地方税体系虽然税种数量多，但是在征收管理上具有税源脆弱、分散、监控难度大等特点，收入弹性低、征收成本高而征收效率低。比如杭州市的房产税、城镇土地使用税税源底数一直是监管难题。个人出租住房也是需要房产税的，但在实际征管中，个人之间的租赁往往并不会开具增值税发票，税务部门也没有渠道掌握个人住宅使用情况，实务中存在大量漏征漏管。土地增值税的清算实务中，虽然省市局均出台了相应的工作规程，对于清算项目的信息化管理才刚刚起步，审核依赖的还是清算人员的经验，税收执法风险较大。

在整体智治的地方政府的视域下，税务部门在税收大数据共享、税源管理、经济分析和重大风险防范上与地方政府同频共振，撬动多方资源共同健全税费协同的征管体系能力有待提升。地方税种天然与地方政府部门关联密切，在与自然资源、住建、经信、法院、港航、海事、农林等部门的信息共享和征管协作机制上，一体化共治水平还有待提升。比如自然资源部门拥有海量的不动产登记信息，税务部门在优化比对房土两税税源信息上数据共享不足；在与生态环境部门的数据交互中，复核机制仍需优化；在土地增值税项目采集中，尚未利用发展改革、住建等部门项目信息开通预填服务。

四、基于地方治理视域构建地方税体系的意见建议

（一）合理划分共享税，提高地方分享比例。财税具有联动性，健全地方税体系离不开“事权与支出责任”问题。稳步推进中央和地方政府间事权与责任划分，大幅削减共同事权，使得事权与支出责任相匹配，是地方税构建的关键所在。地方税体系中主体税种缺失，税收收入规模小的现状短时间内难以改变，虽有学者提出培育房产税、消费税作为地方主体税种，但政策研判尚需时间。笔者认为，在地方主体税种缺失的当下，应以税制改革为契机，合理划分中央与地方政府之间共享税的分享比例，调动地方政府的积极性。目前我国对共享税收入划分的具体标准尚无科学明晰的规定，笔者认为比例划分应建立在中央和地方事权具体划分的基础上，事权财权规模相匹配，确保事权重的一方分得税收收入更高。当前，地方政府提供了更多的公共产品和服务，

财政收支矛盾加剧，应提高共享税地方分享比例，以满足地方性公共物品提供及经济建设的需要。

（二）税权适度下放，完善地方税权配置体系。由于地方政府对地方税种几乎没有任何的调整权限，全国各地的地方税无论在税制设计还是征收管理上都极为相似，难以因地制宜地挖掘不同税种的税收潜力。以浙江为例，已初步建立起包含环境保护税、资源税、消费税为主的绿色税收体系，在节能减排、环境保护等方面发挥了重要作用，但上述税种在征收范围、税率等方面仍存在不完备之处。比如资源税区域特征明显、不具有普遍性且对宏观经济影响小，在浙江并不是能发挥区域优势的税种，考虑到征管成本与税收效益，建议可由地方报批中央后，拥有比较完整的税收立法权。对于土地增值税、房产税、城镇土地使用税等税源具有普遍性，且对宏观经济影响较大的地方税种，其开停征权、税制基本要素设置权、税收优惠减免权等应集中在中央，但是具体实施细则的制定，税目、税率的选择，以及征收管理等一般权限可以在中央限定的统一范围内授予地方政府一定的自由度。在税收执法权上，给予各省一定的空间搭建具有省域特色的税收风险模型、信息监管系统，允许各省在省域范围内决定跨市经营纳税人的征管模式；给予基层税务机关更多的执法权力，健全地方税司法保障体系。

（三）服务地方发展，优化地方税种结构体系。地方税体系的构建应与地方治理目标相一致，能够调节经济发展，引导产业健康成长。2021 年 6 月 10 日，《中共中央国务院关于支持浙江高质量发展建设共同富裕示范区的意见》出台，对浙江建设共同富裕示范区提出了 6 方面 20 条重大举措，其中包括要完善再分配制度，持续改善城乡居民居住条件等，这就要求浙江地方税的构建要以共同富裕目标为方向，构建以财产税为主体的地方税体系。在现行财产税的基础上，从优化资源配置角度统筹部署，更要重视其在初次分配和再分配中的调节作用。现阶段，可考虑整合房地产保有环节税种，分步骤将现有的房产税、城镇土地使用税等相关税费合并成新的房地产税，与土地增值税一起作为地方主体税种，并稳步推进改革与立法，科学设计相关税制，发挥其对财富分配的调节作用。另外，作为“绿水青山”发源地，浙江地方税体系优化应将“绿色税收”作为重要内容贯穿始终。扩大环境保护税的征收范围，进一步加大对污染物排放的限制力度，减少污染物排放，助力生态文明建设；将森林、草场、地热、滩涂等资源逐步纳入资源税征收范围，通过扩大征收范围及调高税率的方式，促进合理、节约开发利用资源。

（四）融入地方治理，提升地方税征管质效。一是加快地方税种的信息化建设。以税收大数据为核心的智慧税务，要求必须提高税收信息采集水平，拓展捕获信息手段，确保信息安全。搭建地方税的信息应用支撑平台，立足金税四期工程建设，加快税收管理信息化建设步伐，加强硬件设施建设，整合完善各种业务软件，推进涉税信息仓库和数据中心建设，确保数据管理标准保持一致，确保规范流程保持统一，提高税收数据的管理力度与水平。试点上线税务地理信息应用系统，配合做好房产、土地信息以及资源税矿山、环境保护税排污口等税源数据上图工作，摸清相关税源底数，拓展系统应用面。

二是加快构建税收共治体系。税务部门要主动融入整体智治政府，可以从基础信息共享、涉税数据共享、征管服务协作、经济税源共育、信用体系共建等多维度参与地方经济治理。落实落细《浙江省税费服务和征管保障办法》。主动对接自然资源、生态环境、住建、经信、司法等多部门，加强沟通，提升征管协作水平。细化部门岗责分工，健全涉税数据信息交换机制。充分运用外部门数据，做好税源信息和申报数据的比对、预填。同时，税务部门要充分利用好整体智治政府的政务服务体系、执法监管体系、技术支撑体系等，提升税收现代化治理能力，推动税收共治体系的建设。

参考文献

[1] 丁春玲. 适应经济高质量发展的地方税体系构建研究——基于北京市的实际分析 [J]. 商业会计，2020 (23)：60 - 62.

[2] 丁春玲. 国际经验借鉴视角下我国地方税体系构建研究 [J]. 经贸观察，2020 (08)：51 - 53.

[3] 王曙光，章力丹. 新时代地方税体系的科学内涵与构建 [J]. 税务研究，2019 (01)：32 - 38.

[4] 李杰刚，李志勇，朱云飞. 地方政府视域下的地方税体系构建框架 [J]. 建言献策，2016 (17)：34 - 36.

[5] 田志刚，丁亚婷. 构建现代地方税体系的理念、路径与策略 [J]. 税务研究，2015 (02)：62 - 67.

[6] 李俊英. 补充性原则下地方税的治理逻辑与构建路径 [J]. 税务研究，2021 (10)：15 - 21.

[7] 郭健，王静茹. 经济高质量发展视角下健全地方税体系研究 [J]. 理论学刊，2021 (05)：68 - 76.

[8] 张斌. 新发展阶段与地方税体系建设 [J]. 税务研究，2021 (10)：10 - 14.

[9] 周子轩，曹永东，王志强. 新时代背景下我国地方税体系的现状、问题与出路 [J]. 决策与信息，2022 (10)：80 - 88.

课题组组长：周林强

成员：钱国强、宗磊、刘丹梅（执笔人）

税收助力高端制造业创新研究

——以杭州市临平区数据为例

国家税务总局杭州市临平区课题组

摘　要：为了实现中国制造由大变强，我国政府实施了一系列支持制造业创新的税收政策，以增加企业的创新投入、创新产出及创新收益，有效促进制造业提质增效，为经济高质量发展提供强劲支撑。面对百年未有之大变局，如何优化税收政策的支持力度，化解制造业创新发展道路中的挑战，具有现实意义。本文以临平区高端制造业为样板数据，以税收政策支持我国制造业创新效应为研究对象，分析制造业创新能力现状，税收助力高端制造业创新效率的现状、亟待解决的现实困境，最后提出针对性的对策建议。

关键词：税收优惠　高端制造业　创新

制造业是经济发展的根本支撑，是技术革新的主要领域，是供给侧结构性改革的主攻方向，习近平总书记多次强调鼓励实体经济的重要性与必要性，我国政府也出台了多项财税支持政策，并在实践中贯彻落实，以加快推进制造强国的建设。2022 年政府工作报告提出，进一步提高制造业行业加计扣除从 75% 提升至 100%。2023 年政府工作报告提出把制造业作为发展实体经济的重点，将制造业企业、科技型中小企业加计扣除比例从 50%、75% 均提高至 100%，并阶段性扩大到所有适用行业，对企业投入基础研究、购置设备给予政策支持，各类支持创新的税收优惠政策年度规模已超过万亿元。这些都为制造业企业的高质量发展提供重要的保障。

目前国内外经济形势变化多端，虽然各级政府都在大力支持制造业高质量发展，税务机关也不断出台支持制造业创新的税收优惠政策，但高端制造业在创新发展上依然面临许多问题与挑战。因此，我们在出台政策的同时，要分析政策对企业创新的作用机制，分析目前政策存在的不足，为后续政策更新、延续做好理论分析，提供相关借鉴，具有重要现实意义。

一、税收助力高端制造业创新的现状分析

发挥税收在国家治理中的基础和重要支柱作用，对于优化我国创新环境、提高创新实力具有重要意义，该部分将对我国制造业创新发展中的税收优惠政策进行梳理，总结当前支持制造业创新的税收政策基础。

（一）制造业创新税收优惠政策持续完善。

1. 进一步深化增值税改革。1994 年增值税税改以来，增值税税率从 1994 年的 17% 和 13% 两档税率，调整到 2016 年的四档税率，新增 11% 和 6% 两档税率；再到 2017 年的三档税率，取消 13% 税率，保留 17%、11%、6%；2018 年 11% 的税率降为 10%；最后到 2019 年，把 10% 税率进一步降到 9%，目前保留 13%、9%、6% 三档税率，并朝着三档并两档的方面改革。增值税减并税率的系列改革，能切实降低制造业等实体经济的税负，有助于为企业创造创新资金。在促进制造业创新发展上，近年来出台了众多有利于制造业转型创新的优惠政策。如，在促进创业创新平台作用发挥上，出台相关政策减免平台增值税；在促进科学研究和技术开发、重大技术装备投入上，研发机构采购设备的退税政策，支持科技创新进口增值税优惠政策等；在支持科技成果转化上，对技术转让实施减免增值税；在支持高新技术类企业和制造业等行业发展上，出台制造业全面留抵退税政策；在支持软件企业、集成电路企业发展上，出台软件产品超税负退税政策。

2. 不断优化企业所得税优惠。新的《企业所得税法》自 2008 年施行以来，把内资及外资企业税率统一为 25%，且进一步明确相关减免税优惠，2017 年修订了企业所得税法相关内容，近年来，在创新税收优惠政策上不断进行补充完善。在支持软件企业、集成电路企业发展上，出台软件企业、集成电路“两免三减半”政策，出台重点扶持的公告项目“三免三减半”政策；在鼓励创业投资上，出台创业投资企业和天使投资个人有关税收政策；在鼓励研发投入、研发设备更新，尤其是制造业、科技型中小企业上，不断完善、加大研发费加计扣除的享受主体范围、不断提高研发费加计扣除比例、进一步灵活优惠政策享受时点等；在鼓励技术转让上，出台特定区域技术转让企业所得税减免政策；在支持高新技术类企业和制造业等行业发展上，降低高新技术企业适用税率，延长高新技术企业和科技型中小企业亏损结转年限等。

3. 进一步完善其他税种优惠。增值税与企业所得税作为现行 18 个税种中的主体税种，不管是征收体量还是征收范围都具有绝对优势，与企业经济活动的各个环节都密切相关，但在税收优惠促进企业创新的过程中，我们也很好地发挥了其他税种的激

励及调节作用。如，在个人所得税上，科技人员取得职务科技成果转化现金奖励的个税优惠；股权激励和技术入股延期缴纳个人所得税政策等；在进口关税上，设置进口科学研究、科技开发和教学用品免税清单；适时调整《重大技术装备和产品进口关键零部件、原材料商品清单》。在其他税种上，分别对国家级孵化器、省级孵化器、大学科创园及符合条件众创空间自用土地、房产的行为免征房产税和城镇土地使用税；为支持汽车制造业发展，对新能源汽车实行车船税减免和车辆购置税减免等。综上所述，在支持制造业创新发展上，我国出台了众多直接税收优惠与间接税收优惠，全方位对制造业创新给予税收政策支持。

（二）高端制造业对创新支持政策享受情况。

1. 税收减免额度持续加大。该部分以临平区 500 户高端制造业为样板数据，分析近三年来企业在创新上的税收减免情况。

从近三年的税收优惠数据看，临平区头部的 500 户制造业其享受研发费加计扣除的户数呈现逐年上升趋势，从 2020 年的 245 户（占比 49%）上升到 2022 年的 269 户（占比 53.8%），且户均享受金额从 2020 年的 1194.29 万元上升到 2022 年的 2209.97 万元，上升幅度达到 85.04%，这与近年来税收对制造业研发的支持政策密切相关，2020 年制造业研发费加计扣除比例为 75%，2021 年四季度制造业研发加计扣除比例提升至 100%，导致企业研发享受金额大幅度提升。而近三年高新优惠的户数呈现逐年下降趋势，且 2021 年、2022 年与 2020 年相比，户均享受量也呈现明显下降趋势，由于高新优惠与企业应纳税所得额挂钩，当研发费加计扣除进一步提升后，企业应纳税所得额下降，所以导致 2021 年、2022 年不管是享受高新优惠的户数、还是户均享受高新优惠金额都呈现明显下降趋势。

2. 制造业宏观税负持续下降。该部分分别从总体税负、增值税税负、企业所得税税负三个维度分析了临平区头部 500 户高端制造业近三年的税收负担情况。从数据来看，近三年无论整体税负、增值税以及所得税税负，均呈现下降趋势，且 2021 年与 2020 年相比，总体税负下降超过 50%，具体来看，主要是增值税税负的显著下降所导致（从 2020 年的 5.02% 下降至 2021 年的 1.69%）。导致税负下降明显的原因可能有以下两方面：一方面是 2021 年以来不管是增值税加计抵扣、制造业大规模留抵退税，还是所得税研发费加计扣除的比例进一步提升，都直接导致了增值税与所得税税负的大幅下降，减税效应明显。另一方面是由于大部分缓缴税款在 2020 年集中入库。该部分数据采用净入库数据，所以 2020 年大额缓缴税款的入库导致 2020 年税负有一定程度的虚高。

（三）高端制造业创新效率持续上升。高端制造业的创新效率可以分为创新投入效率和创新产出效率。创新投入效率，主要指企业在创新研发产出阶段的要素投入所带来专利等中间创新成果产出的弹性；创新产出效率，主要指企业将中间创新成果产出转化为企业新产品收入等经济收益的弹性。

本文的创新投入效率主要以临平区前500的高端制造业近三年研发费投入占管理费用的比例来衡量。从近三年的数据可以看到，研发费用占管理费用的比重逐年上升，从2020年的46.45%上升到2022年的50.27%。这一方面表明近年来，高端制造业越来越注重产品的高质量发展，对研发投入需求越来越大。另一方面，近年来国家对制造业研发投入的税收优惠力度进一步加大，也促使企业更有进一步加大研发投入的底气。

本文的创新产出效率主要以临平区前500的高端制造业近三年高新产品收入占营业收入的比例来衡量。从近三年的数据看，虽然近三年高新产品收入合计数在逐年上升，从2020年的7447113.68万元上升到2022年的8188202.79万元，但其占营业收入的比例却呈逐年下降趋势，从2022年的58.30%下降到了2022年的49.22%。占比逐年下降主要原因是从2021年起，制造业研发费加计扣除力度进一步上升，很多企业在享受大额税基式优惠后无需再缴纳企业所得税，由此导致企业无法享受高新的税额式优惠。

（四）税收优惠政策对高端制造业创新的激励效应分析。前文分析了目前制造业在创新产出与创新收益上的现状，本部分想进一步分析税收优惠对企业在创新产出与创新收入上是否有促进作用。

1. 税收优惠政策对制造业创新产出有促进作用。税收优惠对制造业创新产出的分析上，本文想从近三年临平区前500① 的高端制造业数据分析企业享受的研发加计扣除、高新税收优惠等，这些税收优惠是否对企业的营业收入有促进作用。从高新优惠与营业收入变动情况看，2021年享受高新优惠比2020年增长的有38户企业，其中有34户营业收入也同比上升，两者同向变动比例达到89.47%；2022年享受高新优惠同比增长的有42户，其中有30户营业收入同比上升，两者同向变动比例达到71.43%。这说明高新优惠这一税率式优惠变动与营业收入基本呈现同向变动，但两者间没有绝对的同向变动关系。从研发加计扣除优惠与营业收入变动情况看，2021年享受研发加计扣除优惠比2020年增长的有204户，其中有168户营业收入同比上升，两者同向变动比例达到82.35%；2022年享受研发加计扣除优惠同比增长的有108户，其中有72户营业收入同比上升，两者同向变动比例达到66.67%，研发加计扣除这一税基式优惠与营收基本呈现同向关系。

2. 税收优惠对制造业创新收益有促进作用。税收优惠对制造业创新收益的分析上，本文想从近三年临平区前500的高端制造业数据分析企业享受的研发加计扣除、高新税收优惠等，这些税收优惠是否对企业的净利润有促进作用。从高新优惠与净利

① 该部分数据取自临平区前500制造业企业近三年财务报表、企业所得税年度报表。

润的变动关系看，2021 年享受高新优惠比 2020 年增长的有 38 户企业，其中有 34 户净利润也同比上升，两者同向变动比例达到 89. 47%；2022 年享受高新优惠同比增长的有 42 户，其中有 31 户净利润同比上升，两者同向变动比例达到 73. 81%。由于高新优惠是税率式优惠，企业有应纳税所得额才能享受该优惠，所以高新优惠与企业利润呈现高度同向变动。从研发加计扣除优惠与净利润变动情况看，2021 年享受研发加计扣除优惠比 2020 年增长的有 204 户，其中有 127 户净利润同比上升，两者同向变动比例 62. 25%；2022 年享受研发加计扣除优惠同比增长的有 108 户，其中有 63 户净利润同比上升，两者同向变动比例 58. 33%。由于研发加计优惠享受越多，会导致企业应纳税所得额下降越多，这就导致两者没有绝对的同向变动关系。

二、税收助力高端制造业创新存在的问题

（一）税收优惠对企业创新效率促进成效不明显。该部分相关分析指标与上文分析保持一致，以研发费投入来衡量创新投入，以营业收入来衡量创新产出，以净利润来衡量创新收益。以每投入一个单位的研发费用能产生的营业收入来衡量创新产出效率，以每投入一个单位的研发费用能产生的净利润来衡量创新收益效率。而研发费用投入与可享受的研发费加计扣除成正比，进而用创新产出效率和创新收益效率来衡量研发费加计扣除政策对创新的促进作用。从近三年数据我们可以看到，虽然研发费投入规模在逐年上升，即企业享受到的研发费加计扣除优惠也在上升，但企业的创新产出效率和创新收益效率却在逐年下降，创新产出效率从 2020 年的 30. 33 下降到了 2022 年的 26. 36；创新收益效率从 2020 年的 2. 67 下降到了 2022 年的 1. 95。该组数据从表面看，虽然近几年对创新的税收支持政策在不断加大，但是企业享受的相关优惠并没有很好地提升其创新产出和创新收益效率。这表明现有税收优惠对创新效率的提升效果不佳，还存在较大的政策提升空间。

（二）税负下降有利于创新投入与产出的增长，但对创新收益影响较小。本部分对近三年制造业宏观税负与创新指标进行了对比分析。从表中数据可以看到，企业制造业宏观税负下降的同时，企业创新投入、产出、收益都在呈现不同程度的上升，这表明一系列的减税降费举措，对企业创新发展具有政策促进作用。但从变化比率分析，2021 年宏观税负较 2020 年下降 55. 76%，增值税税负下降 66. 33%，企业所得税税负下降 25. 79%；而创新投入同比上升 33. 79%，创新产出同比上升 27. 70%，创新收益同比上升 7. 68%。从以上数据分析得出，制造业税负的降低有利于其创新投入与创新产出的增长，但对其创新收益效率的影响较小。

（三）税收对制造业细分行业创新作用差异大。本部分分析了近三年税收政策对

临平区不同类型制造业创新的促进作用。我国实行了众多支持制造业创新发展的税收政策，从创新产出效率来看，税收政策对不同类型制造业的创新产出效率差异较大，税收对一般制造业（如初级农产品加工制造等）在创新产出效率的支持上大于高端制造业（如高端机器设备、生物医药制造等）。从创新收益效率看，税收政策对各类制造业创新收益作用都不太明显，但高端制造业相比一般制造业，税收对其创新收益效率的反作用更明显。这表明现有税收优惠政策在支持高端制造业创新研发和创新收益方面均比一般制造业的创新效率低。

（四）高端制造业创新效率的提升主要依赖税收投入规模，一般制造业更注重技术研发的税收支持政策。我国现有税收政策普遍以支持制造业的创新投入为主，实现创新收益环节的支持力度较小。从各类制造业的创新产出效率指数来看，高端制造业创新产出技术效率的提高由其规模效率的提高决定；而一般制造业创新产出效率的提高由其纯技术效率的提高决定。从各类制造业的创新收益效率指数来看，纺织业和纺织服装、服饰业企业创新收益的技术效率呈下降趋势是由于纯技术效率的下降所致，这是因为这两类制造业的创新产出有限，因而实现创新收益的规模较小。这表明高端制造业创新效率的提升需注重税收对其创新规模的支持力度，一般制造业创新效率的提升则需注重税收对其技术研发的支持力度。

三、税收助力高端制造业创新的意见建议

（一）加大研发产出阶段的间接税优惠，注重创新收益阶段的直接税优惠。目前税收优惠政策对高端制造业的创新产出和创新收益都呈现一定程度的挤入效应。因此，为了更进一步提升制造业创新产出能力，可在研发创新的产出阶段加大间接税的优惠力度。例如，进一步下调制造业增值税税率；对进口高端机器设备免征进口环节关税及进口增值税；可鼓励制造业设立研发中心、科技孵化中心等，对其提供的相关服务免征增值税等。为了更好地提高制造业创新收益效率，可在创新成果市场化阶段加大直接税的优惠力度，进一步优化不同类型所得税的优惠政策。例如，对创新产品获得的收益减免企业所得税；对制造业科研人员实施个税超税负返还政策；进一步加大制造业研发费加计扣除比例等。

（二）重点加大高端制造业创新产出阶段的税收优惠强度，普遍提高制造业创新收益阶段税收优惠的有效性。税收优化力度突破一定阈值后，对制造业创新产出的正向激励作用会普遍呈现降低趋势，并且对高端制造业创新产出由消极转变为积极。由于高端制造业企业具有更强的创新研发能力，因此，加大税收优惠力度能更好地提升其创新产出效率。我国制造业的创新产品市场化能力普遍偏弱，税收优惠政策应更注

重对制造业创新收益的促进作用。具体税收政策优化上，一方面，可进一步落实软件企业、集成电路企业增值税的优惠政策，注重增值税的中性特质，将人员工作、贷款利息等新列入可抵扣范围，进一步打通增值税的抵扣链条；对投资高端制造业的机构或组织，可直接按投资额的一定比例抵减其应纳所得税额。另一方面，加强税收优惠政策对制造业创新收益的促进作用，可区分高端制造业和一般制造业，对高端制造业15%优惠税率的情况下，进一步降低其适用税率；完善制造业技术转让所得减免税政策，建议对符合条件的制造业技术转让所得免征企业所得税，无额度限制。

（三）落实减税降费政策，进一步降低制造业企业的实际宏观税负水平。降低制造业增值税税负，在一定范围内能可以激励企业生产效率提高。总税负及企业所得税税负却在某种程度上造成对企业创新收益效率提升的抑制。因此，为了更好地做大做强制造业等实体经济，进一步提升制造业的创新效率，应更好地落实各项减税降费政策，切实降低企业实际税负，从而优化营商环境。从具体税种政策看，在增值税上，可以进一步减并增值税税率，建议把目前的9%和6%两档税率简并为一档，并且降低至5%。在企业所得税上，为了更好地降低企业的创新投入成本，可进一步降低高端制造业企业所得税适用税率，避免无差别税率削弱高端制造业的创新投入。面临激烈的国际竞争，还需进一步完善出口退税的相关规定，有效保障企业从事国际创新活动的收益。

（四）依据不同行业制造业的创新需求调整减税降费措施，重点降低高端制造业的税负。实际宏观税负控制在一定阈值以下时，其对高端制造业创新产出效率的抑制作用可显著减弱，且对创新收益效率的抑制作用也有所缓解。因此，为激发高端制造业的创新潜力和带动能力，应给予企业更优惠的减税降费政策支持，以降低高端制造业的实际税收负担。一方面，对超过3%部分即征即退的政策进行扩围，如将芯片、半导体、生物医药、信息技术等高端制造行业纳入优惠范围，加大对高质量制造产品和创新行为的资金投入力度；强化所得税的优惠政策，适当扩大研发费用100%加计扣除的比例范围。另一方面，对医药、航天航空、计算机等高端制造业企业员工的教育经费支出据实扣除；对高端制造业企业实现创新成果转化的收益适当给予减计收入优惠，并结合高端产品的研发及上市流通完善相应的增值税优惠目录；进一步加强对高端制造业从业人员个税优惠政策，将符合产业发展导向的高端技术人才纳入个税税制要素改革。

参考文献

［1］李平．税收支持高质量发展的作用空间及实现路径［J］．税收经济研究，2022（06）：21－26.

［2］胡怡建，邵凌云．持续深化税制改革 服务中国式现代化［J］．税收经济研究，2022（06）：8－14.

[3] 国家税务总局陕西省税务局调研组. 税收服务企业科技创新发展的长效、问题及建议 [J]. 国际税收, 2023 (06): 30-35.

[4] 张华, 醴静, 和亚利. 财税政策对企业创新的激励机制及政策效应: 一个综述 [J]. 财会通讯, 2023 (04): 24-30.

[5] 赵婉楠. 新型举国体制视角下促进企业技术创新的税收政策研究 [J]. 宏观经济研究, 2022 (12): 83-97.

[6] 韩伟晨, 田发. 税收优惠对长三角地区高新技术企业创新投入的实证研究 [J]. 技术与创新管理, 2023, 44 (01): 29-34.

[7] 彭永翠, 李新剑. 创新驱动下高新技术企业税收政策支持效用研究 [J]. 山西能源学院学报, 2022, 35 (05): 67-69.

[8] 郑家兴. 财税政策支持我国制造业创新效应研究 [D]. 南昌: 江西财经大学, 2021.

[9] 周悦. 税收负担对制造业企业高质量发展的影响研究 [D]. 南昌: 江西财经大学, 2023.

课题组组长: 沈月妹 (执笔人)

成员: 李丽燕、宗磊

企业全生命周期视域下税收促进医药企业高质量发展研究

国家税务总局杭州市钱塘区税务局课题组

摘　要：生物医药产业是我国目前具有广阔发展潜力的产业，关乎我国国家安全和发展大局。近年来，我国医药产业发展步伐愈加坚定，发展质效显著提升。本文以医药企业全生命周期为视角，探讨税收对医药企业各个阶段高质量发展的推动作用。通过分析税收在助力医药企业发展中存在的问题，并提出相应的解决对策和建议，以期税收在政策、服务等方面能进一步激发医药企业的发展活力、竞争活力、创新活力，实现医药企业全生命周期更有效率、更加公平、更高质量、更为安全地发展。

关键词：税收　医药企业　企业全生命周期　高质量发展

一、企业全生命周期视域下医药企业分类

（一）企业全生命周期的基本概念。企业全生命周期理论最早由海尔瑞（Haire）于1959年提出，他认为企业就像一个细胞体，细胞体会经历产生、成长、壮大、衰老以至死亡的周期，而企业从产生到发展再到衰退的过程正与此相似。在海尔瑞之后，诸多学者也开始研究生命周期理论，并且沿循着海尔瑞的思路不断进行延伸和扩展。根据目前通说，企业全生命周期指的是企业发展与成长的动态轨迹，包括从企业成立的初期直至衰亡的各个阶段。

从税务角度来看，以企业全生命周期理论为基础进行管理和服务，有利于税务部门根据企业所处阶段特点，准确把握企业特定需求，实现精准施策和精细化管理服务，有助于企业更好地理解和履行税收义务，减少税务风险，提高税收遵从度，为企业实现高质量发展注入强劲“税动力”。

（二）企业全生命周期视角下的医药企业划分。党的二十大报告中明确提出，推动战略性新兴产业融合集群发展，构建包括生物技术在内的一批新的增长引擎。近年来，我国医药产业发展步伐愈加坚定，发展质效显著提升。目前，我国生物医药市场规模跃居全球第二位，医药创新跻身全球第二梯队前列，我国药物研究和产业发展正进入创新跨越新阶段。但与此同时，医药产业具有投入成本大、研发周期长、经营风险高等“与生俱来”的特征，这些特征对医药企业的发展形成了桎梏，处于不同生命周期下的医药企业对税收政策和涉税服务的需求不同，因此有必要对该类企业的生命周期进行准确划分。本文将医药企业生命周期分为四个阶段，即初创期、成长期、成熟期和衰退期。

二、企业全生命周期视域下税收促进医药企业高质量发展的政策梳理与适用性分析

（一）对初创期企业的税收支持政策。考虑到处于初创期企业的经营特点及其对增值税减免政策、外部融资优惠等方面的需求，税收在这一阶段对企业的支持政策主要集中在三个方面。

1. 对小规模纳税人及小微企业的税收优惠。对月销售额 10 万元以下（含本数）的增值税小规模纳税人，免征增值税。增值税小规模纳税人适用 3% 征收率的应税销售收入，减按 1% 征收率征收增值税；适用 3% 预征率的预缴增值税项目，减按 1% 预征率预缴增值税。对小型微利企业减按 25% 计算应纳税所得额，按 20% 的税率缴纳企业所得税；对增值税小规模纳税人、小型微利企业和个体工商户减半征收“六税两费”。由于处于初创期的医药企业大多规模不大，营业收入较少，符合小规模纳税人和小微企业的认定标准，且上述政策通过减免征收增值税等税种，降低了企业的经营成本，有助于企业在生产和研发活动中加大投入，更快地在市场中站稳脚跟。

2. 对合作研发创新平台和机构的税收优惠。向初创期企业提供孵化服务的创新创业平台和科技服务机构，在提供服务的过程中所使用的房产、土地，免征房产税和城镇土地使用税；对国家级、省级科技企业孵化器、大学科技园和国家备案众创空间，向在孵对象提供孵化服务取得的收入，免征增值税。初创企业往往基础薄弱，创新能力和风险承担能力有限，因而通常会选择与其他平台或机构进行合作研发。该项政策通过对企业技术创新合作对象给予多种税种优惠，间接降低了企业研发成本，有利于增加企业创新收入。同时，该政策也有利于激发相关科研平台与机构的创新动力，提高与初创企业合作的积极性，在一定程度上缓解了初创企业研发人员不足的困境。

3. 对金融机构等外部投资方的税收优惠。对金融机构向小型企业、微型企业及个

体工商户发放小额贷款取得的利息收入，免征增值税。纳税人为农户、小型企业、微型企业及个体工商户借款、发行债券提供融资担保取得的担保费收入，以及为上述融资担保提供再担保取得的再担保费收入，免征增值税。对金融机构与小微企业签订的借款合同免征印花税。上述一系列政策通过对初创企业的投资方给予实际税收优惠支持，有利于增强投资方的投资意愿，从而为解决初创企业融资困难、研发资金不足的问题提供了助力。

（二）对成长期企业的税收支持政策。随着企业逐渐发展壮大，成长期企业在研发费用“开源节流”、研发人员激励、设备更新迭代等方面盼望着税收政策能够发挥更大作用。相应地，在这个阶段，税收支持政策主要侧重于以下三个方面。

1. 研发费用加计扣除政策。企业开展研发活动中实际发生的研发费用，未形成无形资产计入当期损益的，在按规定据实扣除的基础上，自 2023 年 1 月 1 日起，再按照实际发生额的 100% 在税前加计扣除；形成无形资产的，自 2023 年 1 月 1 日起，按照无形资产成本的 200% 在税前摊销。加强研发费用加计扣除力度，可以持续增加企业的税后利润收益，从而强化企业的研发热情和创新活力。

2. 对创新人才的税收激励。由符合标准的国内单位和国外组织颁发的卫生方面的奖金，免征个人所得税。对发给两院资深院士的津贴免征个人所得税；以技术成果投资入股的企业或个人可以递延至转让股权时缴纳所得税；从职务科技成果转化收入中给予科研人员的现金奖励，可减按 50% 计入其当月“工资、薪金所得”。这一系列的创新人才激励政策，为科研人员获得合理回报提供了保障，进而有效促进医药企业的研发成效。

3. 固定资产的价款扣除和加速折旧政策。对包括生物药品制造业在内的 6 个行业的小微企业自 2014 年后新购入的、不超过 100 万元的研发和生产经营共用的仪器设备以及不超过 5000 元的固定资产，允许在计算当年应纳税所得额时一次性扣除；对于单价超过 100 万元的仪器设备，可以采取加速折旧法或缩短折旧年限至总年限的 60%。成长期企业发展驶入“快车道”，生产经营规模急剧膨胀，对生产研发设备的购置需求和标准也水涨船高，前述政策能够激励企业增加在购置研发设备上的投入，加速仪器的升级优化，推动企业建强基础设施以进行更优质高效的创新研发活动。

（三）对成熟期企业的税收支持政策。为帮助企业在成熟期巩固市场优势，实现可持续健康发展，目前对该阶段企业的税收支持政策主要表现在以下三个方面。

1. 企业所得税的税率优惠。根据政策，经国家认定的高新技术企业，可享受 15% 的企业所得税优惠税率。

2. 增值税优惠政策。在增值税方面，税务机关结合医药产业的实际情况和长远发展，制定了一系列优惠政策（见表 1）。

表 1　生物医药企业增值税优惠政策

税种	具体内容	文件名称
增值税	免征避孕药品和用具增值税	增值税暂行条例
	国产抗艾滋病病毒药品免征生产环节和流通环节增值税	财税〔2019〕73 号 财税〔2021〕年 6 号
	卫生健康委委托进口的抗艾滋病病毒药物，免征进口环节增值税	财关税〔2021〕13 号
	进口罕见病药品减按 3% 征收进口环节增值税	财税〔2018〕47 号 财税〔2019〕24 号
	生产销售和批发零售抗癌药品、罕见病药品，可适用简易办法 3% 的征收率	财税〔2018〕47 号 财税〔2019〕24 号
	销售自产的用微生物、微生物代谢产物等制成的生物制品可适用简易办法 6% 的征收率	财税〔2009〕9 号
	作为增值税一般纳税人的药品经营企业销售生物制品可适用简易办法 3% 的征收率	国家税务总局公告〔2012〕20 号
	销售自产创新药的销售额，为收取的全部价款和价外费用，提供给患者后续免费使用的相同创新药，不属于增值税视同销售范围	财税〔2015〕4 号

上述有关企业所得税和增值税的优惠政策，具有减轻企业税负的作用，在相当程度上减轻了企业压力，让企业增添了持续创新和发展的底气与信心，为企业做大做强做优提供了支撑。

3. 职工教育经费的税前扣除。企业发生的职工教育经费支出，不超过工资薪金总额 8% 的部分，准予在计算企业所得税应纳税所得额时扣除；超过部分，准予在以后纳税年度结转扣除。人才是企业发展的基石，企业若要实现高质量发展目标，离不开高素质人才队伍的支持。处于成熟期的企业，不仅要在硬件设备上下功夫，还要在人才支撑上为企业发展提供活力源泉。上述政策可以降低企业的人才培养成本，增强企业培养高素质员工的积极性，增强企业的“软实力”。

（四）对衰退期企业的税收支持政策。当企业开始衰退时，一般情况下会表现为经营状况开始恶化，企业规模收缩，利润水平下降，享受的所得税优惠程度大幅降低。流转税优惠为企业扩大了现金流，有助于企业实施战略转型，度过经营困境。另外，对于通过高新技术企业以及科技型中小企业认定的企业，在其资格认定之前 5 个年度发生的尚未弥补完的亏损，最长结转年限可至 10 年。该项政策在一定程度上有利于缓解亏损对企业带来的不利影响，帮助其重振旗鼓、扭亏为盈。

三、税收助力医药企业高质量发展存在的问题——基于企业生命周期的分析

（一）全周期共性问题。

1. 税收优惠政策对医药企业的针对性不强。由上文可知，医药企业发展的各个阶段都有不同税收优惠政策可以适配，有力地促进了医药企业全生命周期的高质量发展。但是，现有的大部分相关税收政策并非专门针对生物医药企业制定，而是具有很强的普适性，在政策辐射对象广泛的情况下，个别行业的特征便容易被忽略，换言之，统一的标准之下可能会削弱对某些行业的扶持力度。比如高新技术企业所得税优惠这一政策，对于其他行业的高新技术企业也同样适用。但是，相较其他企业，高新技术企业的认定对医药企业来说更具困难，因为医药产业研发周期长，药物研发经常需要“十年磨一剑”，短期内较难产出成果，因此很可能无法达到高新技术企业的申报门槛，难以适用该项政策。与此同时，由于医药产业研发成本高、周期长和风险大等特征，可能导致企业很难在短时间内创造利润并弥补亏损，进而导致即使按照亏损结转年限最新政策规定的最长年限（10 年）也难以弥补前期的巨额亏损。

2. 纳税服务工作水平有待提升。当前税务部门在对医药企业的纳税服务工作中还存在一定的问题，主要表现为以下几个方面：一是医药产业税收政策掌握不全面。医药产业相关税收政策涉及多个税种、多项政策，部分税务干部缺乏足够了解，导致在企业咨询时回复得不够准确、全面，办事效率不高。二是税收大数据缺乏有效利用。大数据在医药企业生命周期划分、税收政策精准推送等方面具有重要作用，但是在当前“以数治税”的背景下，数据收集不全面、收集数据碎片化等问题仍然突出。三是未发挥社会协同共治作用。生物医药产业越来越受到国家和社会的重视，医药市场经济活力日益增强，这对税务部门的服务也提出了更高的要求。由于税务服务资源有限，供给水平有时难以跟上需求增长的速度，就此产生了结构性矛盾。为了解决这一问题，就需要涉税机构发挥协同共治作用。但在实际工作中，税务部门未能与社会机构形成良好合作关系，发挥“1 +1 >2”的效果。

（二）各阶段个性问题。

1. 初创期：融资“顽疾”掣肘发展。医药企业由于经营稳定性和抗风险能力较弱，在经济下行压力增强的环境下，融资难、融资贵成为阻碍企业壮大的“顽疾”。其中，初创期企业由于成立时间短、资产规模小，融资问题更为凸显。一方面，企业在初创期时，主要将资金投入到研发和设备方面，缺乏充足的固定资产积累，而金融机构一般会在贷款投放过程中要求企业提供足额的抵押物，轻资产的现状直接导致初

创期企业无法提供相应的固定资产。另一方面，初创期企业为在激烈市场竞争中站稳脚跟，多将注意力放于企业经营效益而忽略了自身征信水平的同步提升，导致中小企业难以通过金融机构的信用评估而获得信贷融资。

2. 成长期：政策“解渴”需求强烈。医药企业在成长期面对不断扩张的市场需求与竞争，需将大量资金用于增加生产设备等固定资产投入，同时，企业此时仍处于产品的市场开拓期，为了继续维持和扩大市场份额，需投入大量营销费用，虽然经营活动可以带来一定的现金流入量，但远无法满足企业的投资需求。另外，成长期的医药企业为了扩大经营规模和市场竞争力，需持续在生产研发上投入大量资金，但由于医药企业投资回报周期较长，产品投入市场后需经历较长时间资金方能回笼，因而在此阶段企业将面临较大的资金压力，亟须政府提供政策扶持。

3. 成熟期：风险“隐忧”不容忽视。处于成熟期的医药企业经过长远发展，已经建立较完善的规章制度，创新能力大大提高，经营相对稳定，但也面临着资本结构选择、上市、股利发放等问题。例如，债权融资和股权融资作为企业募集资金的两种主要形式，在税收待遇上具有差别。如果成熟期企业未配备专业融资人才，税务部门在这方面也没有为企业提供指导和帮助，会导致部分企业在资本结构选择上作出不合理的决策，从而影响相应的税收待遇。另外，在成熟期，合规性成为企业经营的首要考验，因为企业规模的扩大以及影响力的上升导致法律风险造成的损失急剧扩大，且事关企业的“生死存亡”。

4. 衰退期：服务“滞后”亟待解决。处于衰退期的企业产品竞争力减弱，业务量急剧下滑，逐渐退出市场，相应地，与税务部门的接触也逐渐减少。从公司角度而言，衰退期企业很少主动联系税务部门要求了解政策或提供服务等；从税务部门角度而言，无论是服务还是政策上，对衰退期企业的关注度不足，忽视了衰退期企业的需求，缺乏服务的主动性和针对性。另外，衰退期企业制度僵化，组织结构松散，容易出现各种涉税风险。税务部门应该对衰退期企业进行提前监测，及时提醒其可能产生的各种涉税风险，并予以辅导。但在目前的服务工作中，税务部门没有对企业的生命周期进行划分，缺少对衰退期企业的提前监测，一般情况下都是在风险产生之后通过电话、短信等方式通知纳税人来办理业务，服务上存在滞后性。

四、企业全生命周期视域下税收促进医药企业高质量发展的对策与建议

（一）坚持高站位、宽视野促进政策完善。如前所述，尽管医药企业在全周期都有可以享受的税收优惠政策，但是目前大多数政策都具有普适性，在与医药产业特征

的结合上还存在一定“空隙”。因此，税务部门需要加强调研，深入分析医药产业的运作机理，结合其实际情况制定更加适用于医药企业的政策。例如，在企业所得税方面，高新技术企业的认定标准对医药企业来说过于严苛，许多医药企业因此难以适用该项政策享受政策红利。所以，高新技术企业的认定标准可以更具灵活性和针对性，能够根据不同行业的特点设置不同的“准入门槛”，使高新技术企业税收激励范围能够辐射到更多中小型医药企业。此外，可以提高符合一定条件（如研发投入超过一定强度）的医药企业研发费用加计扣除比例，激发其创新热情与活力。针对创新药研发等医药研发所需资金量大、研发周期长等特点，对符合一定标准的医药创新企业和初创企业，在现有 10 年亏损弥补期限的基础上，延长亏损弥补期限为 15 ~ 20 年，以匹配创新药研发周期。

（二）着眼全周期、小细节推动服务优化。

1. 呵护初创期：全覆盖“套餐式”服务护航。在此阶段，税务部门应着力实施风险提示提醒及推动医药企业信用变现。税务部门应完善风险提示服务机制，通过电话、短信、征纳沟通平台等多种渠道提供“套餐式”推送提醒服务，提醒医药企业及时关注纳税信用变化、待处理风险等问题，将潜在风险提醒前置，降低企业违法违章的比率，维护企业信用价值。此外，通过搭建“税企银”三方沟通对接桥梁，持续深入推进“银税互动”，在确保数据安全、保护纳税人缴费人合法权益的前提下，依托税收大数据，为医药企业评定纳税信用，并与银行业金融机构实现纳税信用共享，帮助医药企业将纳税信用转化为融资信用，着力构建“以税促信、以信换贷、以贷助企”的良好格局，为医药企业进一步发展护航。

2. 滋养成长期：全方位“管家式”服务赋能。为进一步推动税惠政策落实落地、涉税服务提质增效，税务部门应当主动对接医药企业，为新签约落地企业、“专精特新”企业、辖区重点医药企业提供定制化的“管家式”服务，为正处于快速成长阶段的企业注入发展动能。一方面，税务部门要坚持“送上门”。针对成长期医药企业的涉税诉求，线下组建业务骨干团队上门宣传辅导最新税费政策，解决企业的疑难问题；线上依托税收大数据，为医药企业精准画像，由“人找政策”转变为“政策找人”，将优惠政策与纳税人登记信息进行关联，使企业充分享受到优惠，从而增加现金流，为创新发展添足动力。另一方面，税务部门要坚持将纳税人“迎进门”。通过举办纳税人学堂等方式为医药企业讲解生物医药产业可以适用的优惠政策，倾听企业的涉税需求与建议，利用当面讲解、现场指导、互动提问等手段让纳税人充分理解政策，及时享受政策红利。

3. 守护成熟期：全链条“助推式”服务添彩。面对成熟期企业，税务部门可以引入联席专家团力量。联席专家团由税务机关政策部门骨干专家组成，同时引入其他政府部门、金融机构以及高校力量，建立联席合作机制，根据企业需求适时召开“圆桌论坛”，“一问一答、一题一解”现场直面解题企业在人才、资金、平台等发展困境上的诉求，为企业提供多视角的前瞻性和指导性意见及后续定制服务举措，从而专业、高效解决企业发展深层次、复杂性问题。

4. 关切衰退期：全流程“陪伴式”服务助力。市场主体如世间万物一般有生有灭、有兴有衰，企业“生命终结”后能够有序退出，也是优良营商环境的重要表现。税务部门应该加强企业注销与重组的快速办理，简化企业注销流程，完善企业简易注销制度，采取多种途径保障纳税人快速办结注销。首先，要转变注销理念，持续优化内部审批流程，全面提升办事效率；其次，在让企业自主填写表单的同时增加对注销表单的填写辅导；再次，加强税务人员关于注销知识和相关流程的培训，包括资产处理规定、会计处理原则等，使其能更加准确、高效地回答纳税人的提问；最后，还需要完善与注销相关的配套制度，加强税务注销的风险管控，避免因注销带来“无穷后患”。

参考文献

［1］周羽中，王黎明，王伦．科技财政助推中国技术进步的机制及创新路径研究——基于企业生命周期视角［J］．当代经济管理：2023（10）：1－17.

［2］孙洋，张继．促进我国医药产业创新发展的税收政策研究［J］．国际税收，2023（05）：71－76.

［3］寇明婷，潘孝全，王红霞，李秋景．企业创新激励政策加剧创新无效性吗？——来自企业生命周期视角下的经验证据［J］．科学学与科学技术管理，2023，44（04）：38－59.

［4］黄硕．生物医药产业税收优惠创新研究［J］．合作经济与科技，2023（04）：162－164.

［5］蒋长流，赵昕．税收政策赋能企业技术创新路径与完善对策——基于企业生命周期视角［J］．山东理工大学学报（社会科学版），2023，39（01）：29－38.

［6］王金平，王波．所得税税收优惠对企业创新成果的影响分析——自企业生命周期的角度［J］．经济研究导刊，2021（15）：40－44.

［7］罗斌元，刘玉．税收优惠、创新投入与企业高质量发展［J］．税收经济研究，2020，25（04）：13－21.

［8］晏韶红，胡恒卿．让数据“开口说话”精准匹配企业需求［J］．中国税务，2020（07）：67.

［9］段姝，杨彬．财政补贴与税收优惠的创新激励效应研究——来自民营科技型企业规模与生命周期的诠释［J］．科技进步与对策，2020，37（16）：120－127.

［10］王利刚，裘芳芳．税收优惠政策在水利企业全生命周期中的应用［J］．海河水利，2019（06）：65－67.

［11］王郁琛．促进长三角高质量一体化发展的税收分享政策研究［J］．税收经济研究，2019，24（03）：34－40.

［12］李启平，钱稳稳，阳小红．营改增促进现代服务业高质量发展的效应分析［J］．海南大学学报（人文社会科学版），2018，36（06）：25－33.

［13］朱立颖．企业生命周期与资本结构关系研究——基于中国生物医药行业上市公司的数据［J］．企业导报，2012（09）：5.

课题组组长：叶赟

成员：项振宇、徐鹏、何轩宇、徐宇婷、俞丹婷（执笔人）

基层税务机关推进税收多元共治体系的建设研究

——以建德市为例

国家税务总局建德市税务局课题组

摘　要：税务工作涉及面广，现阶段税务机关的“单兵作战”模式已跟不上社会治理要求，税务机关必须广泛凝聚多方共识，不断扩大多元共治的“朋友圈”。本课题以建德市为例，在中共中央办公厅、国务院办公厅《关于进一步深化税收征管改革的意见》提出的“精诚共治”要求下，结合政府部门“整体智理”和“数字化改革”的理念，全面分析基层税收治理现状和现阶段税收共治体系。探究如何通过社会协同、部门协作、数据共享等途径，拓展精诚共治的厚度与广度，构建税收协同共治的基本路径，总结出基层多元治理、协同治理、数智治理的税收现代化共治体系的更多可能性。

关键词：跨部门协作　数字化改革　基层治理　税收多元共治体系

一、基层税务机关税收多元共治体系构建的路径与机理分析

随着我国经济社会的快速发展、营商环境的不断提升，税收征管改革纵深推进，国家对于基层税收共治的广度深度达到了前所未有的高要求，但目前碎片化的行政管理体系阻碍了各方实施合作的可能。怎样合理协调各方资源，形成全社会整体治税的有效合力，构建基层税收多元化共治体制已成为新时期完善和创新税收征管的必然要求。

（一）逻辑内涵。“多元共治”可理解为多元主体对其共同事务进行管理和利益调和的持续过程，既包括有权迫使人们服从的正式制度和规则，也包括各种人们同意的

非正式安排，是对旧式“统治”风格的一种根本性重构。现代税收多元共治体系体现出以人民为中心的核心要义，是我国国家治理模式转变和税收征纳关系对立统一的具象化表达。

由于我国目前的税收法律并未对“税收多元共治”进行具体界定，学术界对于税收多元共治体系也缺乏权威的理解。笔者认为，“税收多元共治”是以营造良好的税收环境，减少税收征管成本，提高全社会税法遵从为目的，以社会协同、部门协作、数据共享为主要手段，是政府为保障税收、维护纳税公平而使用的加强税收征收管理而构建的一种现代化治理模式。

总体来看，新时代税收多元共治体系是早前税务部门开展“综合治税”工作的总结和提升，它更为强调全社会多元主体的协商与合作，要求各方能就某一税收征管问题达成较大共识并采取协同配合，是基于“单一式”税收治理格局上的合作模式，它主张用“服务行政”代替“管治行政”，以“跨部门协作”和“跨部门信息共享”为架构的机理，该框架中蕴含着基础共建、过程共治、目标共享三项内在维度。

（二）研究综述和内在机理。近三十年的新公共管理改革，使得各种协同协作理念逐渐流行，从研究综述来看，国内外很多学者将“跨部门协作”和“跨部门信息共享”视为共治体系建设的重要内容，并由此展开了针对税收多元共治体系的多方面理论探索。

1. 跨部门合作方面：外国专家学者巴达赫（Eugene Bardach）系统阐述了“跨部门合作理论”的理论背景、具体实现途径和方法详解，为近年来世界各国探索的合作与共治体制提供了理论支撑；克里斯托夫·波利特（Christopher Pullit）主张采用横向纵向协作来统一整体思想行动，进而达到预期目标的“协同政府理念”；莱昂纳德·怀特（Lenonard White）提出了整合不同部门增加整体协同性，从而减少职能交叉降低政府成本的“整体政府理论”。国内学者陈曦根据中国国情与现状，提出了文化、体制、组织、科技、能力五方面改善对策；王清对现有的政府部门四种博弈类型展开研究，指出税收行政执法合作种存在部门间的纵向横向双博弈。以上理论可以为本文“多元共治”提供理论支持。

2. 跨部门数据共享方面：外国经济学家乔治·阿克洛夫（G. Akerlof）、迈克尔·斯宾塞（M. Spence）和约瑟夫·斯蒂格利茨（J. E. Stigjiz）指出的“信息不对称理论”认为，数据的不对称会加剧税务征收中的道德风险，导致逆向决策，从而造成税款流失，健全的涉税信息共享法律体系可对涉税相关方进行全面管理，进而减少税收征管与整体共治中信息不对称的风险；利安德拉·莱德曼（Leandra Lederman）认为，跨部门涉税信息的收集、数据分析与共享将直接决定税务机关的税源管理效益，因此跨部门涉税信息资源共享制度的进一步完善，在信息管税、纳税评估、风险管理等方面，有着重要意义；亨里克·雅各布森（Henrik Jacobsen）、克莱·马丁·克努森（Klei

Martin Knudsen）和克鲁斯·特斯特鲁普 Kr（Clus Thestrup Kr）依据丹麦政府跨部门涉税信息共享不深入而导致税源流失的具体案件，提出跨部门信息资源共享的重要性，并给出信息资源共享思路。国内有学者认为，经济、体制、法律、标准化、安全是我国跨部门合作的五大障碍；蒋明敏和赵春雷认为，实现政务信息共享的先决条件是形成相应的保障制度；董鹏和周理平指出，跨部门共治模式的扁平化可以有效促进税收资源的整合共享；徐磊、马涛、李宣等提出了信息资源共享中信息类别、数据质量、数据库设计、数据模型构建与资源共享机制的重要性；马刚和刘红指出信息共享需处理好部门间利益纠纷的问题，从而打破部门间合作机制和利益的障碍。

以上理论可以为本文体系建设的三个内在维度（基础共建、过程共治、目标共享）指明具体推进方向。深入分析各类学者的理论研究，笔者认为在实际运用中，基层税收多元共治体系中共建、共治、共享，是有机统一互相推动的。“基础共建”以规则制度、机构平台为主，强调多元主体共同参与税收基础建设；“过程共治”以税收监管、宣传辅导为主，强调多元市场主体共同参与税收征管的实践管理；“结果共享”以税收信息、市场环境为主，强调税收成果由社会全体共享。三者间有着密切的逻辑关系，共建是共治共享的前提条件；共治是共享的基础，也是共建的具体实现途径；共享同时也是共建共治的重要结果，它也会反过来促进共治与共建的进一步发展。税收多元共治体系三维度的具体内容及关系如图 1 所示。

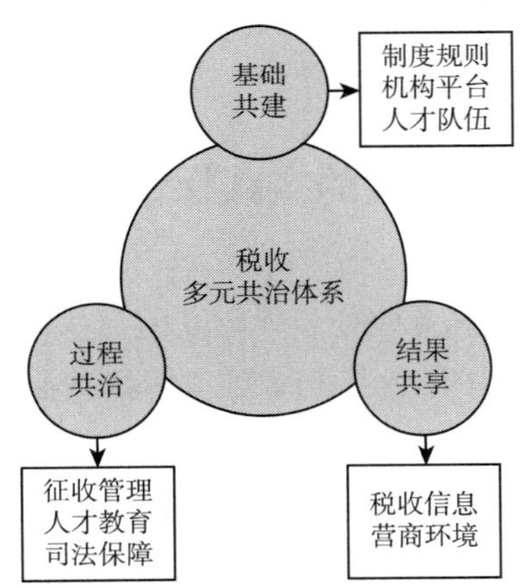

图 1　税收多元共治体系三维度的具体内容及关系

（三）运行框架概括。自党的十九大报告提出“深化税收制度改革”以来，各界都对税收治理体系现代化改革进行了积极探索。推动税收征管体制改革，优化营商环境，已成为我国推进基层税收多元共治体系建设的主要动因。笔者尝试根据协同政府理论、信息不对称理论的指导，从我国现有的税收多元共治实践中进行框架式概括，找出基层税收共治的普遍运行逻辑及后续推进方向。

一是共治体系建设方向，应在“整体智理一件事”的理念下由省市级政府和税务机关统一领导。二是地方各级税务机关作为具体税收征管的职能部门，应当承担税收多元共治的落实主责。三是运用社会主义法治思想，明确行政主导、税务主责、多方协作、社会参与等多方社会责任义务。四是在共治体系的运行中保持动态思维，从现实情况出发，运用各主体优势，协商制定各类政策，从而达到基层纳税管理法制化、智能化、社会化和信息化程度的进一步提升。税收多元共治体系运行框架如图 2 所示。

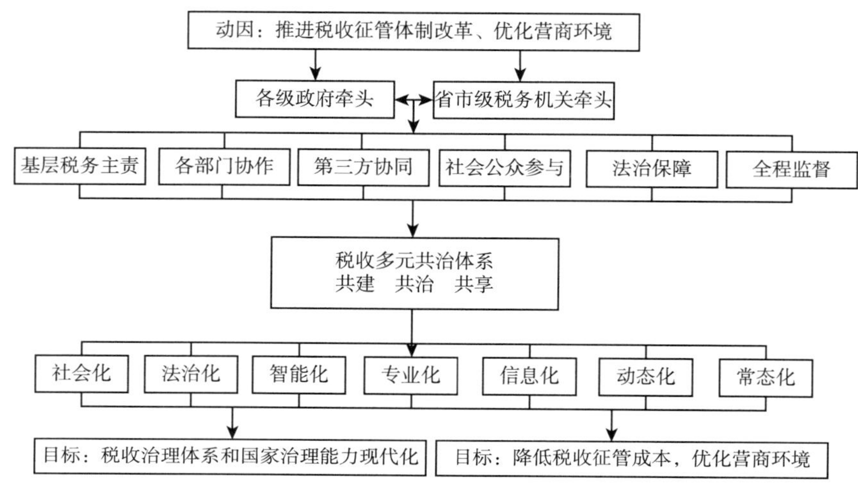

图 2　税收多元共治体系运行框架

二、税收多元共治体系建设的实践探索——以建德市税务局为例

2021 年中共中央办公厅、国务院办公厅印发的《关于进一步深化税收征管改革的意见》（以下简称《意见》）中确定了新时期“精诚共治”的改革方向，浙江省在此阶段以数字化为牵引，着重在标准化、应用化、共享化上凝聚共识，不断探索基层税收多元共治新模式。下文将以浙江省杭州市建德税务局积极落实《意见》清单任务后税收多元共治现状作为切入点，比照上文总结的“共建共治共享”三个维度框架，展开对建德市税务局具体案例的实验研究。

（一）基础共建方面。税收多元共治体系建设的制度制定和数据交互平台构建基本是由上级部门完成和细化部署的，基层税务机关多数情况下作为制度的落实者、平台的操作者和数据的使用者，并为推进工作配齐配好工作人员。在制度制定方面，浙江省于 2022 年出台《浙江省税费服务和征管保障办法》（以下简称《保障办法》），联合 23 个省直部门出台 28 条年度治税举措，《保障办法》出台是浙江省委、省政府《意见》的重要一环，也是推进税费共治制度建设的奠基之作，为进一步提升税费服务与征管现代化水平提供法治遵循。在数据交互平台构建方面，建德市税务局以“数智综合监督管家”“内控控制监督”为大数据平台基础，配合省市局完成智慧税务体系的建设；参与了建德市经信局的信息资源目录编制，完成“政务服务网”权力事项清单的数字化和信息共享；在智慧办税大厅建设中，上线“电子操作指南+大屏互动教学+专人贴心辅导”办税辅导功能，促进税收执法权和行政管理权的规范化运行。在人员配备方面，建德市税务局充分运用本局高等院校毕业干部队伍，成立数字专班，明确与地方政府在“数字化改革”信息共享方面的合作分工；组建宣传团队，扩大社会对税收多元共治的了解和遵从；积极建设“枫桥式”税务分局（所），成立矛盾调解小组，派员进驻社会矛盾纠纷调处化解中心。同时积极团结外部门力量和社会专业人才力量，建立由税务主导，纳税人、税收志愿者、涉税专业服务机构共同参与的社会共治小组。

（二）过程共治方面。现阶段税收多元共治体系通过数据交互、人员互动和项目合作等形式进行过程共治，主要体现在税收征管、社会宣传和相互支撑保障等方面。在征收管理方面，建德市税务局与市自然资源、住建、市场监管等部门完善不动产交易、股权转让、非税征收等方面的协作；与公积金中心、卫生健康委等部门实现专项附加扣除、减免税等数据交互；与人民法院在涉税财产处置、破产、申请受偿等领域的征缴协作；与人民银行、金融监督管理等部门深入开展“银税互动”；与街道办、农商行共同签订税收网格化服务合作协议，将基础税源管理和纳税缴费服务纳入网格化管理清单等。在社会宣传方面，建德市税务局连续5年与政协、税务学会、行业代表开展税企三方恳谈会；组织多支志愿服务团队，积极发挥涉税专业服务组织作用，支持按第三方按市场化原则为纳税人缴费人提供个性化服务；与公安、市场监管等部门联合开展税收宣传和法律援助；利用校园法治基地，扩大社会宣传，通过学生带动家庭，促进全社会税收遵从度的提高等。在相互支撑保障方面，建德市税务局建立健全税院联动机制、畅通涉税案件信息共享；完善警税联合办案机制，推动落实与公安派驻税务联络机制，推动税务公安“数据中岛”项目合作；对重特大涉税违法案件或需要紧急控制的涉税违法案件，主动沟通推动公安部门提前介入；推进税收法律顾问和公职律师制度的落地，成立纳税人权益保护中心和维权服务点。

（三）结果共享方面。在现阶段税收多元共治体系下，参与其中的各部门单位和社会公众普遍享有“共建共治”带来的成果。一方面，发挥共治作用，提升机关运转效能。通过加大与其他部门间数据开放共享程度，拓宽数据交互面，加快交互速度，弥补事项审核空缺，最大限度确保各项需多部门联审事项办理的公正性，推动各项政策落地，树立政府机关的公信力。如建德市税务局将纳税信用等级进行公开共享，并应用到市场准入、资质认定、行政审批、政策扶持、信贷融资等方面，帮助其他部门掌握企业税收遵从度。另一方面，构建良性环境，促进营商环境提升。在多元共治的前提下，企业和自然人办理各事项更为便捷，以数据传递代替原有的办理人线下审批。如建德市税务局优化企业开办、注销、社保费缴纳、破产清算等全生命周期“一件事”，深化“长三角”区域税收征管协作，推进区域间税务执法标准统一，实现执法信息互通、执法结果互认，简化企业跨省迁移税费事项程序，落实全国通办涉税涉费事项清单等，通过加强部门间协作提升纳税人缴费人办事体验感。

三、基层税务机关税收多元共治体系建设存在的问题及成因分析

近年来，税收多元共治体系建设已经有了质的发展。但客观环境下，信息社会，多主体共治边界的模糊，税收征管对象、范围和手段的不断变化，导致社会化功能亟待进一步拓展与深入；主观环境中，多元协同共治机制，形式重于效果，数据传递不顺畅、沟通低效、资料冗余等问题还需要进一步克服。同时，政府部门、机构、组织之间的权利博弈，一定程度上也造成了政府协同共治缺乏深度和广度，各类改革和举措浅尝辄止。上述原因制约着税收治理体系的有序开展，也削弱了共治结果的合理应用。结合上文对建德市税收多元共治体系的探索，笔者认为基层税收共治体系在“共建共治共享”上，普遍存在五大类问题：

（一）法律支撑尚未到位，缺乏刚性约束。现行《税收征收管理法》中对共治有“各有关部门和单位应当支持、协助税务机关依法执行职务”的要求，但并未确定各主体的权利义务、责任划分。由于地方政府和基层税务部门无立法权，在地方共治过程中仅能通过形成的政策制度，在法律效力上与《商业银行法》《证券法》等有差距，导致在协同共治工作开展过程中缺乏刚性约束。且现行的税收共治体系仍过分强调税务机关的主责，而将社会公众和纳税人的权利责任置于从属位置，造成除税务部门外其他主体协税护税意识薄弱，各部门配合度不一，税务机关“单打独斗”的情况难以破局。

（二）参与主体和方式单一，共治深度不足。现阶段纳入多元协同共治的部门单位数量差强人意，大量部门和机构尚未成为共治主体，非政府部门如邮局、电力、高校、专业机构等参与度低。随着社会保险费划拨税务部门全责征收、多项事业性收费划拨为非税收入由税务部门征收，税务部门与地方各部门的数据交互和共治需求越来越迫切，但在实际中，由于职权主从和税收业务专业性等原因，各部门配合难、沟通难的情况仍有发生，真正做到协同的仅有银行“银税互动”、公安“执法联动”等小部分较为简易单纯的事项，其余主体多以信息共享作为参与税收多元共治的方式。

（三）部门间存在利益考量，共治动力不足。公共管理理论相关研究显示，政府利益是跨部门协作的动因。各部门主体不同的信息共享会对社会、部门、个人三者产

生影响，一些部门会把信息资源的所有权部门化，各主体在实际工作中也会从信息共享成本、信息共享潜在风险、与需求部门关系、共享后获得利益等方面进行综合考虑，当共治能取得的利益低于共治成本时，会极大程度降低推进共治的积极性，降低社会协同共治的效能。

（四）平台建设尚不完备，信息化程度参差。目前政府统一开发和各部门各层级独立开发应用的软件程序繁多，每个平台的数据基本独立，缺乏共享渠道，全国政务信息系统建设未有统一标准，相同数据也会因没有统一的标准形成信息鸿沟。且国家治理层面的信息多具有复杂性，基层政府及税务机关对数据的分析应用缺乏一个平台去推进数据“可视化”，造成计划协调和统筹分析的缺位。现阶段各单位信息化程度不同，公安、质检已完成全国范围内的信息集中，医疗保险等部门还是省级层面，而行业协会、涉税专业机构等社会组织甚至仅有纸质资料，尚未转变为电子化管理。在税务部门，税费数据也存在覆盖不够全面、颗粒度不够精细等问题，在一定程度上制约了税收大数据价值的发挥。

（五）结果应用不够广泛，效能发挥不足。目前基层税收多元共治体系主要体现在过程共治这一方面，如在事项办理过程中的信息交互，以及项目活动开展过程中的人员活动，在共治结果共享这方面，共建共治所带来的数据信息则更多被应用于上级税务部门对税收征管、纳税服务的宏观分析上。例如，对纳税信用评价体系的结果运用覆盖范围有限，难以企及大部分企业或个体工商户的实际经营利益，正向激励措施和失信惩戒手段并未触及市场经济主体的核心利益，对违规交易行为影响力不足，对失信主体的震慑作用不强。对于税务内部而言，目前税收多元共治的结果多强调数字化运用，大部分共治措施是为强化征管、保障税收而采取的，因为共享数据实行扎口管理、基层税务执法权限制等原因，税务人员在工作环节能运用到的数据往往是不够全面、精准的，这在一定程度上造成共享资源浪费，容易出现基层服务、执法和监管的风险。

四、基层税务机关推进税收多元共治的对策与建议

（一）加强基础共建，建立法律法规。协同共治的相关政策是多主体应共同遵守的契约，这就要求政策的制定不能再是某主体的单方面行为，而应经过多主体的多边协商配合。省市级各部门应加强跨部门协作税收保障的制度建设，通过修订完善相关政策规定，加强跨部门协作的刚性约束。地方政府和基层税务机关应协同合作，探索完善地方税收保障条例，完善联席会议制度和常态化汇报制度，建立对参与税收多元共治主体的考核机制和正向激励机制，使税收多元共治有规可依。

（二）推进文化建设，拓宽参与主体。为加强多方合作共治，应在过程中尝试注入符合当地特色的文化理念，用于提高效能、满足共同需求。基层政府应主导加强各参与共治主体的组织文化、信任文化、合作文化建设，从而有效提升税收多元共治的稳定性和透明性。如建德市委市政府为加强社会治理工作，结合地方特色，重点打造“新安17治理”体系，有效推动改革成果转化为基层治理效能。基层税务部门应探索建立多元共治机制，加强与地方部门沟通，尝试让更多社会主体参与税收多元共治体系建设，整合第三方资源及管理力量，推动全社会共同参与税收治理活动，形成“1+1>2”的效应。

（三）增强激励举措，扩大正面效应。能否构建起合理有效的信息共享机制决定了多元协同共治效能的高低。基层政府要进一步实现金融、教育、旅游等各大民生领域的数据交换共享机制，完善税务跨部门涉税信息共享采集平台，架设统一的信息采集系统和数据识别标准，强化数据安全管理和保密管理，完善数据信息分析应用。基层政府要鼓励社会各界参与共享信息资源，持续优化营商环境，营造诚信公平的社会环境。税务部门则要紧跟时代发展，形成税收多元共治循环持续改进机制，实施更大规模的普惠性减税降费政策，创新为民便民举措，深化精细服务水平，打造优质便捷的税费服务体系，助力税收营商环境优化。

（四）借鉴“枫桥经验”，提升智能建设。共建共治共享是新时代“枫桥经验”的重大原则，要稳步推进税费征管信息系统建设进程，夯实税费基础数据，在“数字化改革”中不断推进智慧税务建设，建立跨部门数据联动机制，为加强数据共享、降低办事成本打好基础。基层各部门均要借鉴“枫桥经验”，加强各共治主体间的权威数据共享，降低部门办事成本，利用税收大数据和算法的智能升级，提升工作质效。基层税务部门要主动融入政府“整体智理”规划，积极与各部门建立战略合作机制，在更大范围、更深层次实现数字化协同。

（五）加快角色转变，集约高效执行。“放管服”改革以来，基层税务部门的角色从管理者逐步转变为服务者，日常工作中秉承以纳税人缴费人为中心的服务理念，坚持“政府主导，协同共治，社会参与”的基本架构。基层政府和税务机关要基于服务者的站位，确立价值导向，共同强化数据联合和增值链条打造，提升共治水平，通过整合式、联动式、驻派式、跨域式协同，集约现有的多元协同共治服务产品，如“区块链+不动产”的税收治理项目、企业设立“套餐式”一键办理等。

（六）调动多方力量，加强人才建设。进一步加强人才强税战略，充分发挥高等院校与基层部门“税务+共治”人才的联合培养，加大跨部门交流，全面提升相关共治人才素质。打造地方特色的税收志愿服务品牌，健全完善税收志愿服务制度体系，培养壮大由社会各方力量广泛参与、具备税收专业知识和技能的税收志愿服务队伍。如建德市税务局与当地涉税专业服务机构协同建立了办税服务厅志愿者服务队伍，在征期等办税服务厅繁忙时段，由专业涉税人员参与纳税人办税辅导工作，有效降低了税务人员工作压力。

参考文献

[1] 蔡昌．业财法税融合：理论框架与行动指南［J］．税务研究，2020（12）：122－128.

[2] 翟云，蒋敏娟，王伟玲．中国数字化转型的理论阐释与运行机制［J］．电子政务，2021（06）：67－84.

[3] 谢波峰．智慧税务建设的若干理论问题：兼谈对深化税收征管改革的认识［J］．税务研究，2021（09）：50－56.

[4] 陈贤明，黄润飞，黄燕玲．粤港澳大湾区市场主体身份信息共享机制研究［J］．中国标准化，2021（18）：25－29.

[5] 张景华，林伟明．治理视角下的税收营商环境优化研究［J］．税务研究，2020（09）：22－26.

[6] 陆兴凤．税收协同共治助推地方经济发展的对策研究［J］．经济论坛，2021（03）：147－152.

[7] 辛浩，王伟域．基于区块链的税收协同共治研究：以武汉市“区块链＋不动产”税收治理项目为例［J］．税收经济研究，2021（02）：9－15.

[8] 漆亮亮，赖勤学．共建共治共享的税收治理格局研究：以新时代的个人所得税改革与治理为例［J］．税务研究，2019（04）：19－23.

[9] 张蕴．协同论驱动下生态主体多元共治路径构建［J］．社会科学家，2020（02）：31－36.

课题组组长：唐鸣升

成员：王珊、张楸媛、唐市伟、徐淑敏（执笔人）

▶▶▶ 税费政策

一等奖

浅议我国个人所得税税制完善及国际借鉴研究

国家税务总局杭州市税务局课题组

摘　要： 党的二十大报告把实现全体人民共同富裕摆在更加重要的位置，个人所得税是调节收入分配的有效政策工具，对实现共同富裕具有重要的保障和促进作用。本文以浙江省为样本，比较分析近年来我国个人所得税收入变化情况及其税制运行概况，总结个人所得税改革后主要征管特征，同时从税率、专项附加扣除、税目设置等要素切入，从理论和实践多层面分析当前我国个人所得税税制政策效应和存在的问题，并借鉴有代表性国家的个人所得税税制设计特点和经验，提出下一步完善我国个人所得税税制改革的对策建议。

关键词： 个人所得税　税制改革　对策建议

自 2018 年起，我国对个人所得税实行改革，实现了由分类所得税制向综合与分类相结合税制的转变，并提高了基本减除费用标准，新增了专项附加扣除，优化调整了个人所得税税率结构。随着经济社会的发展，我国城乡居民收入增速较快，中等收入群体持续扩大，但居民收入分配差距依然较大，在此背景下，有必要进一步完善个人所得税税制，适当降低中低收入者税负，更好地发挥个人所得税进一步促进完善共同富裕的初次分配、再分配和三次分配的功能和作用。

一、从浙江样本看我国个税税制运行概况

现阶段我国个人所得税税制改革已运行 4 年有余，税制各方面运行较为平稳，为进一步开展个人所得税改革奠定了一定的实践基础。近年来，浙江省个人所得税年收

入总额稳居全国第四位，是个人所得税征管大省。因此，将其作为完善我国个人所得税税制的研究样本，具有较强参考意义。

（一）我国个人所得税征收管理现状。

1. 征税模式。自 2019 年 1 月 1 日起，我国个人所得税采用混合征收制，将个人所得划分为 9 类，同时将工资、薪金所得，劳务报酬所得，稿酬所得和特许权使用费所得作为综合所得，按纳税年度合并计算个人所得税，其余所得分别计算个人所得税。

2. 费用扣除。2018 年个人所得税改革的另一大亮点是进一步优化了费用扣除标准，每月的基本减除费用由原来的 3500 元上调为 5000 元，同时增加子女教育、赡养老人、住房贷款、住房租金、继续教育、大病医疗等 6 个与个人生活密切相关的专项附加扣除；2022 年起，又新增了 3 岁以下婴幼儿照护专项附加扣除项目；2023 年起，3 岁以下婴幼儿照护、子女教育、赡养老人专项附加扣除标准在原基础上进一步提高。

3. 税率结构。我国个人所得税的税率结构在 2011 年和 2018 年经历过两次重大变化，2011 年税率级次由 9 级降低至 7 级，同时取消了 15% 和 40% 两档税率，最低税率降为 3%。2018 年在此基础上，扩大了税率为 3%、10% 和 20% 三档低税率级距，缩小 25% 税率级距，其余高税率级距则保持不变。

（二）我国个人所得税收入概况。

1. 收入规模。2022 年，全国个税收入占税收总收入比重已逐年上升至 8.96%，而浙江省该比例为 11.17%，高于全国水平。从增速数值比较，不论是全国还是浙江省，个人所得税收入增速均比相应税收总收入增速快，但省与省之间增速差距较大。

2. 收入结构。全国个人所得税收入中，工资、薪金所得项目占总收入的 61.24%；财产转让所得，利息、股息红利所得分别占总收入的 14.30% 和 12.19%。与之相对应，2021 年度浙江省个人所得税收入中，工资、薪金所得项目占总收入的 49.25%，远低于全国水平；而财产转让所得，利息、股息红利所得分别占总收入的 20.41% 和 18.54%，均高于全国水平。

（三）我国个人所得税宏观税负水平。以表 1 中 2021 年相关统计数据为例，浙江省人均可支配水平高于全国平均水平，个人所得税的征收比例也高于全国水平。

表 1　2021 年个人所得税实际征收水平

项目	序号	全国	浙江省
居民人均可支配收入（元）	1	35128.1	57540.5
居民人口数量（万人）	2	141260	6540
居民可支配收入总额（亿元）	3 = 1 × 2	496219.54	37631.49
个人所得税入库税款（亿元）	4	14145	1346
个人所得税征收比例	5 = 4/3	2.85%	3.58%

资料来源：中国统计年鉴（2021）。

不论从收入规模、收入增速还是收入结构来看，浙江省个人所得税征收管理呈现不同于全国平均水平的特征，主要是由于浙江省经济发达，资本市场活跃，高收入者聚集，人均收入高，因此相应地，个人所得税收入也会随之提升。

二、我国个人所得税税制效应分析

（一）税率结构效应分析。目前我国综合所得和经营所得采用超额累进税率，其他分类所得采用比例税率。在税率水平方面，我国对居民个人综合所得适用3%～45%的七级超额累进税率，经营所得适用5%～35%的五级超额累进税率；财产租赁所得，财产转让所得，利息、股息、红利所得，偶然所得，适用20%的比例税率。

如表2和表3所示，随着收入的提升，平均税率逐步提高，体现了收入越高、税收负担越重的累进税率特征。综合所得与经营所得各级平均税率累进性均大于0，说明存在税收累进性。不论是综合所得还是经营所得，其平均税率累进性随着级数提升而逐步下降，说明在目前我国的税率水平下，低收入者对于收入变化更为敏感，收入弹性较大，累进性较强；相应地，高收入者收入弹性相对较小，累进性较弱。也就是说，个人所得税综合所得和经营所得在目前的税率水平之下，低收入者相较于高收入者，在调节收入效应方面更为显著。

表2　综合所得个人所得税边际税率与平均税率

级数	全年应纳税所得额	边际税率（%）	平均税率（以级距上限计算）（%）	平均税率累进性（以级距上限计算）	平均税率计算过程
1	不超过36000元的部分	3	3	—	36000×3%÷36000
2	超过36000～144000元的部分	10	8.25	0.000000486	（144000×10%－2520）÷144000
3	超过144000～300000元的部分	20	14.36	0.000000392	（300000×20%－16920）÷300000
4	超过300000～420000元的部分	25	17.4	0.000000253	（420000×25%－31920）÷420000
5	超过420000～660000元的部分	30	21.98	0.000000226	（660000×30%－52920）÷660000
6	超过660000～960000元的部分	35	26.05	0.000000136	（960000×35%－85920）÷960000
7	超过960000元的部分	45	—	—	—

注：平均税率是指全部应纳税额占全部应纳税所得额的比率，边际税率是指应纳税所得额的增加引起的应纳税额增量占应纳税所得额增量的比率，平均税率累进性是指每级平均税率之差与对应应纳税所得额之差的比值。表内平均税率分别以级距上限应纳税所得额计算，即分别以36000元、144000元、300000元、420000元、660000元、960000元计算对应的应纳税额，据此计算出平均税率，进而计算出对应的平均税率累进性。

表 3 经营所得个人所得税边际税率与平均税率①

级数	全年应纳税所得额	边际税率（%）	平均税率（以级距上限计算）（%）	平均税率累进性（以级距上限计算）
1	不超过 30000 元的部分	5	5	—
2	超过 30000 ~ 90000 元的部分	10	8.33	0.000000555
3	超过 90000 ~ 300000 元的部分	20	16.5	0.000000389
4	超过 300000 ~ 500000 元的部分	30	21.9	0.00000027
5	超过 500000 元的部分	35	—	—

（二）专项附加扣除效应分析。从调节收入分配、实现税收公平的角度分析，专项附加扣除费用对于不同收入层级的纳税人可能会出现不同的减税效果。举例来说，假设纳税人 A、B，综合所得年收入分别为 250000 元和 50000 元，已减除除专项附加扣除以外的其他费用，若不存在专项附加扣除项目，则按照对应税率计算应纳税额分别是 33080 元和 2480 元；若 A 和 B 专项附加扣除均是 10000 元，则应纳税额分别是 31080 元和 1480 元，相较于减除专项附加扣除之前分别减税 2000 元和 1000 元。从减税数额上看，专项附加扣除的减税数额随着收入的增加而增加；从减税幅度来看，纳税人 A 减税 6.05%，B 减税 40.32%，减税幅度相差巨大；从实际税率来看，专项附加扣除前 A、B 的实际税率分别是 13.23% 和 4.96%，扣除后其实际税率分别变为 12.95% 和 3.7%，实际税率均有所降低，且实际税率差距有所拉大，也呈现出一定的累进性，进一步促进了收入分配和税收公平。

（三）资本性所得政策效应。目前我国个人所得税税制中，财产转让所得，财产租赁所得，利息、股息、红利所得均属于资本性所得，在征收管理时适用统一的 20% 比例税率，税率不随着课税对象数额的变动而变动，因此计算简便，且课税对象数额越大，纳税人相对直接负担越轻，从而可以促进投资，在一定程度上推动经济发展。但是，资本性所得适用单一的比例税率，也存在着边际税率固定不变的问题，随之而来的是缺乏税收累进性，影响了个人所得税调节收入的能力。

三、当前我国个人所得税制存在的若干问题

（一）税目与税率结构不够合理，调节收入作用发挥不充分。从最高边际税率相比较，财产转让所得，财产租赁所得，利息、股息、红利所得边际税率为 20%，远低于综合所得最高边际税率 45% 和经营所得最高边际税率 35%。中低收入者的主要收入

① 表内平均税率、平均税率累进性计算逻辑同表 2。

构成为劳动所得或者生产经营所得，而资本性所得则构成了大部分高收入者的收入来源，影响了个人所得税对收入再分配调节作用的充分发挥，有悖于税收公平的实现。

目前我国个人所得税收入占总税收收入的比重还不到10%，直接税占比之低将严重影响税收累进性的发挥。从收入结构来看，工资、薪金所得项目占总收入的60%以上；财产转让所得，财产租赁所得和利息、股息红利所得合计占总收入的27%。也就是说，我国个人所得税的收入贡献主要来源于相对低收入者的贡献；而拥有资本性所得的高收入者对于个人所得税收入的贡献还不到一半。

（二）征税税目界定需进一步明确，征税范围覆盖应当更为全面。随着社会经济发展，新经济、新业态层出不穷，现实中高收入者收入来源广泛、形式多样，各类资本交易活动数据巨大且隐蔽性强，在判断其所得适用个人所得税税目时往往存在一定的争议，且高收入者往往具有较强的税收筹划能力，通过征税范围方面的税收筹划进行避税，可能会进一步造成税收流失、扩大收入差距。

以近年来文娱领域曝光的个人所得税税收案件为例，这一系列案件主体均是明星、网络主播等高收入群体，按照税收公平性原则，应当承当较高的税收责任。但是恰恰是这些高收入群体，利用个人所得税劳务报酬所得、经营所得适用税率不一的税制特点，对逃避缴纳税款存在侥幸心理，通过转换收入性质、利用合伙企业将原本应适用高税率的所得转换为低税率所得纳税从而偷逃巨额税款，造成了恶劣的社会影响。

（三）征收对象未引入家庭因素，对低收入者调节力度不足。目前我国个人所得税税制并未引入“家庭”这一主体概念，虽然在税制中引入了专项附加扣除，由于每个家庭个体收入与支出未必相匹配，在这种情形下，就容易造成实际税负不均的情况出现，影响收入分配。从家庭人均可支配收入的角度来看，人均可支配收入差距较大，最低的为8333.8元，最高的为85835.8元。在这种情形下，按照个人工资收入对个体进行税款征收，对于家庭支出负担较重的较低收入者而言，可能存在税负较重的问题。

（四）自然人税收管理体系尚未完善，征收管理工作有待加强。目前我国的自然人税收管理体系尚未完全建立，税收征管法的修改迟迟未完成，而现行税收征管法的立足点更多是针对单位纳税人，对于自然人主体的征管措施，例如税收保全、强制执行等，在实际开展时仍面临一定问题。

自然人税收管理体系不完善的另一方面体现在自然人流动性强，其主管税务部门可能随着自然人的流动而发生变化，具有较大的不稳定性，造成税务部门面对自然人纳税人主体时联系难、通知难、执行难，此外，我国部分自然人纳税意识淡薄、纳税遵从度还有待提升，每年综合所得年度汇算时拒不申报缴税或者虚假填报减少应纳税款等情况时有发生。

四、推进我国个人所得税改革的国际借鉴

（一）个人所得税税制设计国际借鉴。

1. 以“个人”或“家庭”为单位的个人所得税制度。个人课税制仅就自然人个人的所得纳税，不将其他家庭成员的收入、支出情况等考虑在内，代表国家有中国、芬兰、加拿大等。家庭课税制以每个家庭为纳税单位，其特点为汇总家庭各个成员的收入，减去法定减免，最后将纳税所得额对应法定的税率级次来计算应纳税额，代表国家为美国、法国、西班牙等。

2. 分类或综合的个人所得税征税模式。发展中国家采用分类所得课税模式的较少。主要有老挝、黎巴嫩等极少数国家，这些国家的共同特点都是经济较为落后，收入水平不高，且个人所得税占据税收比例较低。综合所得课税模式相较于分类征税模式，更能体现税收公平，但在税收效率方面逊色于分类征税模式。目前美国等发达国家大多采用此种税制模式。

分类与综合相结合的所得课税模式是从分类所得课税模式向综合所得课税模式过渡阶段的税制模式，其兼具二者的优点，可以减少税收征管的压力，同时也可以平衡税收效率与税收公平的关系，目前我国采用此种征税模式。

3. 精细复杂的税前扣除制度。

（1）美国基本扣除将纳税人划分为五种情况，采用不同的基本扣除标准。盲人和65 岁以上老人允许多扣 1000 美元；丧偶纳税人允许多扣除 1250 美元。

（2）法国采用成本扣除法，允许纳税人按照工资薪金的 10% 作为工作费用在税前扣除，其独具特色的是生计扣除采用家庭系数法，以家庭为单位征收个人所得税，家庭所有收入不区分来源，统一加总进行应纳税所得额计算。

（3）英国则根据纳税人的家庭负担和家庭成员的身体健康程度，采取不同的基础扣除金额，且每年都会按照政府公布的上一财政年度的零售物价指数调整费用扣除金额。

4. 高收入人群的附加费制度。印度的个人所得税采取分类综合税制，正常税率取决于自然人纳税人的年龄，60 岁以下的居民个人起征点为 25 万卢比，超过后按照 5% ~30% 三级累进。如果居民纳税人的总收入超过规定限额（500 万卢比），需要按照 10% ~37% 的附加费率，分 5 个级距，以个人所得税为基础征收附加费。且印度的个人所得税每年会根据情况做一定的调整。

（二）个人所得税税收征管的国际借鉴。

1. 根据国情设置精简而高效的税务机构。如美国税收管理机构根据征税对象不

同，将管理职能部门划分为四类，包括管理收入和投资的部门；专司个体户小型企业的部门；处理大中型企业事务的部门；专门负责减免税的部门。另根据经济区不同在全国设置了5个区域办事处，其中包括10个数据服务中心和63个地区类办事机构负责稽查事务。

2. 设立高收入高净值人群的专门管理机构。目前，全球有约1/3国家的税务机关设立了专司高收入高净值个人的管理部门。特别是高收入高净值个人数量较多的15个经济合作与发展组织（OECD）成员国中，有半数国家设立了专门的税务管理机构，如美国、日本、英国、澳大利亚、新西兰等。部分国家虽然没有设置专门管理高收入、高净值个人的税务机构，但是通过大企业管理部门对高收入高净值个人实施管理，如西班牙、阿根廷。

3. 建立高质量的涉税信息管理制度。瑞典的税务信息管理系统建设十分完善，税务部门内部可畅通联网，且与海关、银行等许多部门实现联网，税务部门可以随时跨部门获取纳税人金融、社保等相关信息，强化信息管理。韩国颁布了《课税资料提交法》，以立法的形式对社会第三方机构向税务部门提供资料的义务进行了强制性要求。同时，树立“电子税收”理念，利用电子信息系统与其他相关部门建立了信息共享机制。

五、完善我国个人所得税制改革的对策建议

（一）完善个人所得税税收法律体系。

1. 遵循税收法定原则，推动自然人税收征管体系建立。完善对自然人纳税人的征管手段。加快征管法修订进程，补充自然人纳税人的申报征收、税收共治、违法责任等方面的明确条款，完善纳税人自行申报的奖惩机制，增加自然人税收征管的制度保障，为税制结构从以间接税为主到以直接税为主的过渡打好基础。

2. 在完善个人所得税混合制的基础上，逐步向综合征收制转变。结合新个人所得税法实施后的税负情况以及回应纳税人的需求，对劳动所得和资本所得税率结构进行调整，除在国家鼓励扶持的行业领域予以税收优惠外，整体为劳动所得轻税负，资本所得重税负。

增加综合所得征税范围。目前综合所得与分类所得适用的税率不同、征税方式也不同。限于目前征管技术及历史发展进程，由分类与综合相结合的个人所得税制向综合所得税制迈进仍需要一段时间，在转变过程中可以不断扩大综合所得的范畴，将对税收公平影响较大、群众需求较多的、容易产生税法规避的税目先纳入考量，将经营所得、财产转让所得、财产租赁所得和利息、股息红利所得等纳入综合所得范围，防

止高收入者通过转变所得类型降低税负。

3. 优化个人所得税税率结构，增强税制的国际竞争力。首先，适当降低最高边际税率。目前，我国个人所得税综合所得的最高边际税率为45%，高于多数国家，参考国际经验及我国实际，可将最高边际税率下调。

其次，适当简并税率级次。在适当降低综合所得最高边际税率的基础上，可考虑将现行的7级税率级次简并为5级。比如，将目前综合所得的1～2级税率级次合并，将3～4级税率级次合并，保持其余三级税率级次不变。同时调整各级次所适用的税率，尽可能保持税负的平移，实现收入分配中"提低、扩中、调高"的政策意图。

4. 建立区域化动态化扣除制度，从个人申报逐步向家庭申报转变。建议根据不同城市、地区经济发展状况、居民收入水平、物价水平等数据，制定符合各地实际需求的扣除标准，更好地保护纳税人的基本权益。完善专项附加扣除制度，应当赋予纳税人更多选择的自由，切实保护中低收入群体的合法权益。以家庭为单位进行整体考量也符合我国传统文化，体现了家庭伦理观念，有利于家庭和睦和社会和谐发展。另外可增加对残障人士、鳏寡、失独或孤老人员等特殊群体的扣除项目。

（二）优化个人所得税税收征管模式。税收征管模式是税收征管机构、税收征管人员、税收征管形式和税收征管方法等相互联系、相互制约的有机整体。科学高效的征管方法是发挥税收积极作用的重要条件。

1. 夯实税收大数据基础，建立健全自然人税收数据库。充分发挥大数据在税收现代化过程中的核心驱动作用，依托信息技术，有机整合现有的征管系统，对碎片化的涉税数据信息进行收集、整合，准确掌握自然人涉税交易全过程的真实信息，对自然人涉税信息进行精准识别再加工，使纳税人"画像"更饱满，减少因信息不对称造成的监管缺失，进一步促进税收风险管理提高效率、提升质量。

2. 优化机构职能设置，建设与自然人税收征管相适应的人才队伍，设置自然人专业化管理团队和专业的数据管理机构，根据自然人收入和资产情况进行分级分类管理，对于高收入、高净值纳税人要进行建档网格式管理，细化完善自然人税收风险指标体系，形成归口统一管理、专业化分工协作的风险管理体系。在个人所得税征管队伍中，除了财税专业的人才，还要多吸收信息、外语、传媒等领域的人才，培养一支政治素养高、综合能力强、能适应税收现代化的征管团队。

3. 推动跨部门合作，提升数据交换质量，探索联合执法新模式。在政府主导下，推动税务部门和财政、人社、教育、公安、住建、银行等相关部门的信息交互，建立数据交互机制。同时，税务部门也要加强和公检法等相关部门的协作监管，探索面向自然人纳税人的联合执法和联合办案新模式，推动全面的社会信用体系建设，树立税法的权威性。

（三）突出纳税服务，提升纳税人获得感和遵从度。税务机关应当利用好"互联网+税务”，制定更加精细化、个性化的宣传方案，贴合自然人纳税人的生活场景需求，使其具有更高的可读性和可获得性，增加政策宣传的覆盖面。完善 ITS 系统和个人所得税 APP 的功能建设，构建更加便捷可靠的“点对点”沟通机制，实现以线上辅导为主，线下辅导为辅的纳税服务体系。严格执行“五步法”工作程序，对不遵从的纳税人，在充分沟通、做好风险评估的基础上，按照提示提醒、督促整改、约谈警示、立案稽查、公开曝光的办法，做好后续管理，分类稳妥应对，采取区别化的积极有效措施，切实提升纳税人获得感和遵从度。

参考文献

［1］马洪范，毛劼．共同富裕目标下完善个人所得税制度及征管配套措施探析［J］．经济纵横，2022（04）：30－37．

［2］袁雅琪．个人所得税税前扣除国际借鉴及启示［J］．市场周刊，2021（02）：98－100．

［3］李为人，王明世．完善我国个人所得税税款追缴制度路径探究［J］．中国社会科学院研究生院学报，2021（11）：85－92．

［4］朱青．论优化我国税制结构的方向［J］．税务研究，2021（10）：5－9．

［5］张守文．中国式现代化与个人所得税制度优化［J］．税务研究，2023（05）：5－12．

［6］钟艺．新税制模式下个人所得税制度改革研究［J］．会计师，2022（08）：35－37．

［7］颜宝铜．共同富裕视角下个人所得税“提低、扩中、调高”的作用路径研究［J］．国际税收，2022（11）：11－17．

［8］张权．个人所得税改革提高了效率抑或促进了公平？——基于我国 2019 年个税改革的分析［J］．税务与经济，2022（09）：35－44．

［9］李露．量能课税视域下个人所得税专项附加扣除制度完善研究［D］．北京：中国政法大学，2022．

［10］李旭红，郭紫薇．“十四五”时期的个人所得税改革展望［J］．税务研究，2021（03）：60－64．

［11］曲君宇．冲突化解视域下我国个人所得税专项附加扣除制度研究［J］．税收经济研究，2020（12）：7－15．

［12］陈少波．基于扩大中等收入群体的个人所得税优化研究［D］．北京：中国财政科学研究院，2021．

课题组组长：周勇

课题组副组长：邓友胜

成员：冯彦飞、姚芸、姚逸婷

增值税留抵退税政策效应和优化研究

国家税务总局杭州市税务局收入规划核算处课题组

摘　要：增值税最主要的特点是环环抵扣，充分体现了税收中性原则，能够避免重复征税，也正是这种抵扣制度，带来了部分行业企业留抵税额积累过多、存量过大的问题，为现行抵扣制度一个比较大的缺陷。我们通过不断推进增值税留抵退税制度的完善来填补当前抵扣制度的缺陷，努力促进我国产业发展和结构升级。本文通过梳理现行留抵退税政策的沿革及适用情况，通过杭州企业申报数据与退税数据的多维度比较，观察留抵退税对企业的促进作用，以及对社会经济发展的推动作用，发现现行留抵退税政策实施过程中存在的不足之处，提出相关改良建议。

关键词：沿革　执行效果　回补情况　问题　建议

增值税的计算方法很简单，销项税额减去进项税额，正数为当期应纳税额，负数形成留抵，往后各期持续抵减销项。倘若企业的销项税额持续低于进项税额，留抵税额就会持续积累。2009 年，我国从生产型增值税转型为消费型增值税，允许将购置固定资产时产生的增值税作为进项税额进行抵扣，这是增值税历史上的一个重要突破。随着固定资产的进项增加到抵扣范围中，留抵税额积累的速度加快，对部分企业的资金运转造成了阻碍。总的来看，留抵退税的增加受到企业生命周期、行业特性、税制结构、市场因素等多方面的影响。

针对留抵退税余额逐渐增长的情况，从释放纳税人流动资金、保持“税收中性”、接轨国际等角度出发，我国逐步推行留抵退税政策。

自 2011 年起，留抵退税政策陆续出台，经历了探索、试点、全面试行三个阶段，经过了十年的探索，目前我国的留抵退税政策体系基本成型（见图 1）。

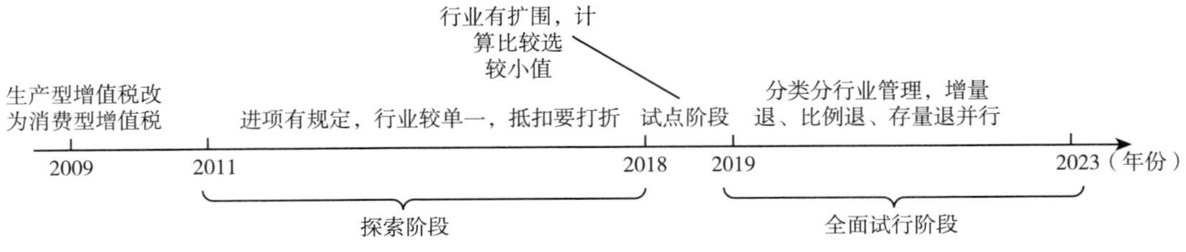

图1　2011 年以来增值税留抵退税政策沿革

一、现行留抵退税政策在杭州的执行效果

（一）留抵退税政策执行情况。从 2017 年试点期间的第一笔留抵退税开始，到 2023 年 7 月 31 日，全市累计实现留抵退税 1162.6 亿元（剔除留抵退税缴回），惠及 6.6 万户纳税人，户均退税 176.2 万元，累计享受金额最高的纳税人获得留抵退税 114 亿元。

1. 分行业看，批零行业退税户数较多，房地产业退税金额最大。从留抵退税的覆盖面来看，全市 89 个行业大类有退税发生，其中退税户数最多的是批发业和零售业，分别为 1.7 万户和 7300 户；累计退税最多的是房地产业，退税 358.6 亿元；户均退税最多的是航空运输业，户均退税 1.2 亿元。

2. 分规模看，小微企业为受益主体，受惠户数近九成。从留抵退税受惠企业的规模来看，微型和小型企业占比最高，合计有 5.9 万户，占到退税户总量的 89.1%。其中微型企业 3.8 万户，占到退税户总量的 57.6%；小型企业 2.1 万户，占到退税户总量的 31.5%。

3. 分地区看，区域较集中，风景名胜区户均退税更高。从留抵退税的金额来看，萧山区占全市退税的比重达到了 20.4%，显著高于其余区、县（市）；退税企业户数超过 1.2 万户，占全市退税企业数量的 18.4%。从户均退税金额来看，西湖风景名胜区户均退税 3697.7 万元，为全市最高。

4. 分经济类型看，精准落袋，重点聚焦民营企业。从留抵企业的登记注册类型来看，民营、涉外、国有及国有控股等类型均有分布，户数占比最高的是民营企业，一共有 6.4 万元，占到全市退税企业数量的 96.5%。民营企业合计退税 950.4 亿元，占全市退税总额的 81.8%。

（二）留抵退税对企业发展的促进作用。留抵退税政策是在关注到了大量的资金占用对企业资金流动和对税收中性原则的影响后提出的，政策执行的主要目的是两方面，一是解除对企业的资金占用；二是实现税收中性。从 2017～2023 年 7 月杭州的执行情况来看，全市的留抵退税余额在 2022 年大规模留抵退税后，从峰值的 708.9 亿元下降到 454.7 亿元。

留抵退税期望达到的政策效应如图 2 所示。

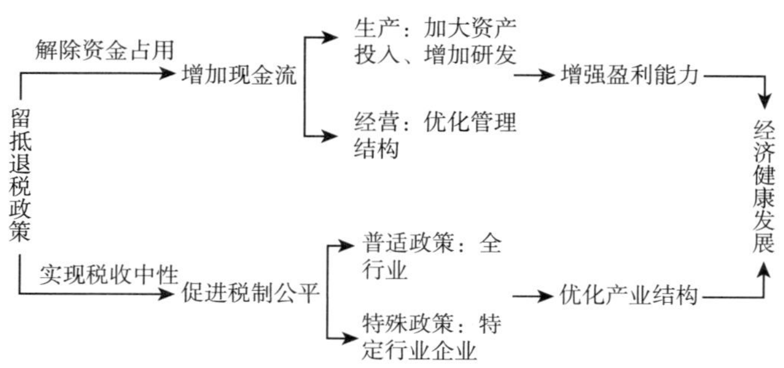

图 2　留抵退税期望达到的政策效应

从企业端的受惠情况来看，我们以近三年企业的各类申报数据为基础，来观察留抵退税解除资金占用，助力企业发展的情况。

1. “强”保障，助企营业收入增长。我们从享受留抵退税的企业中筛选了近三年均有填报销售收入的企业 6 万户，2020 年合计填报营业收入 2. 84 万亿元，2021 年 3. 56 万亿元，2022 年 3. 64 亿元，规模逐年扩大。这 6 万户企业中有 1. 5 万户保持了两年连续增长，占到了样本量的 25%；有 3 万户至少一年的营业收入高于上一年，占到了样本量的 50%；两项合计占比 75%。尤其是 2022 年大规模留抵退税政策实施，当年营业收入高于上一年的企业有 2. 5 万户，占到了样本量的 41. 3%，留抵退税政策助力企业扩大规模，增加收入。

2. “提”信心，企业获得感持续增强。前述企业 2020 年合计填报营业利润 1225. 5 亿元，2021 年 1248. 5 亿元，2022 年 1829. 2 亿元，利润总额持续增加，综合利润率从 2020 年的 4. 3% 提升到 2022 年的 5%。这 6 万户企业中有 1. 1 万户保持了两年连续增长，占到了样本量的 17. 7%；有 3. 6 万户至少一年的营业收入高于上一年，占到了样本量的 59. 7%；两项合计占比 77. 4%。尤其是 2022 年大规模留抵退税政策实施，当年营业利润高于上一年的企业有 2. 8 万户，占到了样本量的 46. 8%，留抵退税政策帮助企业增强盈利能力，留存发展实力。

3. “延”藤蔓，地瓜经济发展壮大。前述企业进一步剔除三年均无投资收益的企业后，5887 户企业 2022 年的投资收益达到了 1471. 3 亿元，较 2020 年增加 507. 1 亿元，增长 52. 6%。这些企业累计收到留抵退税 540 亿元，占全部退税的 46. 4%，近三年的营业收入从 1. 77 万亿元增加到 2. 24 万亿元，平均增速 12. 5%；营业利润从 1203. 9 亿元增加到 1588. 4 亿元，平均增速 14. 9%。有投资收益企业的营业利润占全部企业的比重在 90% 左右，远高于无投资企业。留抵退税帮助企业增加投资收益，提升利润水平。

4. “充”资金，助力企业加大投入。对享受到留抵退税优惠政策企业的税收调查数据进行分析，发现有 1080 户留抵退税额在 20 万元以上的企业参与到了年度的税收调查中。比对发现，有 17.9% 的企业流动资金连续两年增加；有 23.8% 的企业存货连续两年增加；有 21.9% 的企业连续两年购买商品、劳务的现金流支出增加；有 31.3% 的企业支付的职工工资总额连续两年增加；有 17.3% 的企业职工人数持续两年增加。上述数据说明，在纳入税收调查的企业中，留抵退税的金额助力了企业现金流的改善，给企业加大资产投入，优化管理，增强盈利能力，促进企业的健康发展。

（三）留抵退税对税制完善的推动作用。税收中性原则是一项很重要的税收原则，国家的征税行为不能够干扰市场的正常经济运行。理想的增值税制度是没有留抵税额，不占用企业因为资金被留抵占用而产生的货币资金的时间价值。但是由于增值税采用的是购进法，购买大于销售就可能产生留抵，实行留抵退税制度，就能够解决前述的资金占用问题，实现税收中性。

二、杭州市留抵退税政策落实回补情况

我们再三强调，留抵退税是为了解除对企业资金的占用，帮助企业充实现金流，促进企业投资发展。企业投资决策原理指出，当企业购入固定资产产生的超额留抵可以退还时，该项购入在一定程度上得到了优惠，对企业购入具有正向效应。根据时间价值理论，购入资产提前返还的超额进项税额具有更高的时间价值。前文我们观察了留抵退税对企业的直接推动作用，接下来，我们试图通过观察退税回补的情况，来确认留抵退税对企业的帮助作用。

（一）留抵退税回补情况。对 2017～2023 年 7 月 31 日，全市 65992 户享受了留抵退税政策优惠的纳税人的回补情况进行了基础数据整理。需要说明的是，在确定政策享受范围时，对于先享受了留抵退税优惠政策，后又进行了税款缴回的纳税人，有一部分纳税人的缴回金额等于前期退税金额，对这些纳税人，我们进行了剔除。

1. 回补面。全市一共有 51733 户纳税人有回补记录，回补面为 78.4%。

（1）分行业看，回补户数最多的是退税户数第一名的批发业，有 13754 户企业有回补，回补面为 81.8%，高于整体平均水平；回补面最广的是渔业（4/4 = 100%）、有色金属矿采选业（2/2 = 100%）、土地管理业（1/1 = 100%）、其他采矿业（1/1 = 100%）和化学纤维制造业（114/119 = 95.8%）。

（2）分规模看，回补户数最多的是退税户数第一名的微型企业，有 29167 户企业有回补，回补面为 76.8%，略低于全市平均；小型企业有 16890 户企业有回补，回补面为 81.2%，为各类型最高；小微企业合计回补面为 78.3%，与全市平均基本持平。

（3）分区域看，回补面广于全市平均的是桐庐（87.3%）、建德（86%）、富阳（83.8%）、萧山（83.5%）、临安（82.1%）和临平（79.8%）。

（4）分登记注册类型看，国有及国有控股企业回补面最广，达到 82.7%；其次是民营企业 5 万户企业回补，回补面达到 78.7%。

2. 回补率。有回补记录的纳税人合计回补金额为 331.08 亿元，回补率为 28.5%。回补金额最大的是某信息技术有限公司，目前已回补 6.8 亿元，回补率为 45.9%。累计留抵退税金额最高的某地铁集团公司，目前回补 1059 万元，回补率不足 1%。

从回补率的情况来看，同时满足累计退税金额大于 1 亿元且回补率高于 50% 的行业有 8 个，按累计退税金额排序分别是化学纤维制造业、化学原料和化学制品制造业、金属制品业、橡胶和塑料制品业、仪器仪表制造业、铁路船舶航空航天和其他运输设备制造业、酒饮料精制茶制造业、货币金融服务、造纸和纸制品业和燃气生产供应业，累计退税 42.8 亿元，回补 27 亿元，平均回补率为 63%，其中货币金融服务回补率最高，达到 87%。

3. 完全回补期。如表 1 所示，退税完全回补的企业，回补期 1 ~ 60 个月不等，其中一年完成回补的企业有 30013 户，回补金额占所有完全回补企业总额的 49.8%。

表 1　　完全回补留抵退税企业分回补期情况

回补期	户数（户）	占比（%）	退税及回补额（亿元）	占比（%）
A：1 ~ 12 个月	30013	92.4	71.39	49.8
B：13 ~ 24 个月	2139	6.6	43.19	30.1
C：25 ~ 36 个月	231	0.7	19.84	13.8
D：37 ~ 48 个月	80	0.2	6.39	4.5
E：49 ~ 60 个月	26	0.1	2.52	1.8
合计	32489	1	143.33	1

一年内完成回补企业的分型数据显示，小型和微型企业占了 26933 户，占 30013 户的 89.7%；回补金额 66.45 亿元，占 71.39 亿元的 93.1%。

4. 完全回补企业。截至统计日（2023 年 7 月 31 日），完全回补企业有 32489 户，回补税额 143.33 亿元。从完全回补企业的行业来看，批发业有 8706 户企业完成了回补，累计金额 47.7 亿元；其次是零售业，3372 户企业回补 17 亿元；再次是软件和信息技术服务业，2663 户企业回补 14.1 亿元。

5. 部分回补企业。截至统计日（2023 年 7 月 31 日），部分回补企业有 19244 户，回补税额 187.75 亿元，尚未回补税额 598.11 亿元。部分回补金额较大的企业，主要集中在大中型企业，行业在制造业和房地产业相对较多。

6. 未回补企业。截至统计日（2023 年 7 月 31 日），未回补企业有 14259 户，完全未回补税额 233.36 亿元。涉及税额较大的前三名均为基础设施建设类企业。

（二）从回补情况看执行留抵退税政策的必要性。

1. 回补率不高，基础设施建设企业尤其需要资金。从杭州的留抵退税情况来看，回补率不高，尤其是基础设施建设类的项目，累计留抵退税金额大，全市留抵退税排名前十位的企业中有八家是与民生相关的基础设施企业，这些企业前期投入巨大，累计已落实留抵退税 187.9 亿元，其中有 187.4 亿元切实给到企业现金流，支持企业发展。

2. 盘活短期资金，帮助小微企业更久地活下去。一年内完成回补的企业数量较大，其中数量占比最高的是规模和税收体量相对较小的小微企业，占到全部退税户的 40.8%。小微企业是国民经济的生力军，普遍存在规模小、创业期无盈利、发展前景不明确的特点，导致其融资难、融资贵，留抵退税政策帮助到了小微企业，尽管这部分完全回补企业户均退税仅 26.5 万元，远低于全市平均，但是这部分企业实现了完全回补，意味着企业拿到退税资金后，投入生产经营，并在未来的一年内实现了销项大于进项，申报缴纳增值税，资金充分流动起来。

3. 回补期较长，大中型制造业需利用留抵金额扩大生产。如前所述，小微企业数量多，但是金额小，较大金额的退税集中在大中型企业，财务数据显示近三年企业的存货、支付工资、研发支出持续增加。制造业的投入产出生命周期较长，意味着回补期要远远长于小微企业，留抵退税资金有效地助力了企业扩大再生产。

三、留抵退税政策落实推进中存在的问题

（一）全市留抵余额下降后，继续呈上升形态。如图 3 所示，从杭州市 2022 年 1 月以来的留抵退税分月数据来看，在 2022 年大规模留抵退税的时期，退税额较大，覆

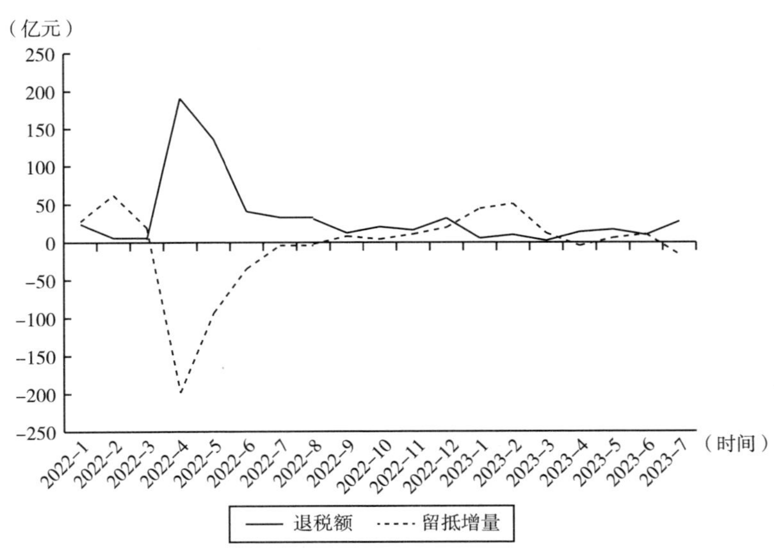

图 3　2022～2023 年 7 月留抵退税及增加分月情况

盖新增留抵金额之外，还消化了历史留抵，当期留抵增量较小甚至为负，符合当时的政策指向。但是随着时间推进，2022 年 9 月以来，留抵退税又呈现出增加快于抵减的态势。2023 年 1 ~7 月，全市留抵退税余额较 2022 年末增加 103.5 亿元。

（二）政策执行面临多方面的风险。

1. 退税前检查和减少资金占用的矛盾，有骗税风险。广泛退税前检查增大了税务机关的工作量，主管税务机关日常性事务已经较多的情况下，穿插进行退税前检查，可能导致退税不及时，占用纳税人资金。选择性检查可以提高税务机关的工作效率，纳税人及时获取退税，但也增加了骗税风险。典型案例提示，有如下几种可能：利用虚列进项来扩增留抵税额、利用少记收入来减少销项达到逆增留抵退税、利用关联企业来转嫁留抵税额、利用将进项转出额变小的方式虚增留抵税额、利用即征即退等优惠政策上下游叠加套取多重退税、利用收入比例计算来调整行业获取退税。骗取留抵退税呈现多样化、隐蔽化、团伙化、跨地域特征，在智慧税务的监督下，税务部门尽可能地进行了防守，仍不能杜绝一切骗税的发生。

2. 针对特定行业的加计抵减，有税收筹划风险。目前有一些行业享受进项加计抵减的政策，给企业的进项加大了抵扣的基础，当企业销项大于基础进项的时候，加计追加抵扣，应补退税额归零，提供了上下游筹划的可能。通过对企业进项来源的追溯，发现有大量的进项来源于关联方，关联方正常完税，但是到了这个软件企业就成了加计抵减的基础。省级税务部门也关注到了这个情况，但是对于合理的税收筹划，并没有合适的解决办法。

3. 交和退的不对等可能加重财政负担，有财政风险。增值税留抵退税是我国减税降费政策实施的重要举措之一，但增值税链条抵扣机制，在留抵退税的环节，企业申请退税的地区和取得进项的税收缴纳地可能不一致。尽管现行留抵退税的负担机制为中央和地方各承担 50%；地方的 50% 中 15% 由企业所在地承担，35% 由企业所在地先行垫付后按实际比例承担，地区间财政收入的不均衡，执行过程中就可能带来财政风险。事实上，在 2022 年大规模留抵退税时期，就有部分财政发生了当期收入不足以抵减退税的“穿底”情况。

4. 事后防守过失，有多缴税款风险。2017 年以来，有 1647 户纳税人发生了留抵退税缴回，累计金额达到 28.2 亿元，通过对缴回原因的分析，有不符合留抵退税政策、受到稽查、自查进项转出等原因，这是对留抵退税政策的事后防守，但也发生了留抵退税缴回未按规定流程执行，导致企业实际发生的留抵退总额大于留抵退税缴回的金额，对企业资金形成了人为的新占用。通过后续的其他交叉检查手段进行了纠正，但是占用的情况曾经存在。

（三）留抵退税效应分析对后续管理的推动不明显。我们在观察企业留抵退税回补的过程中发现，部分企业是长期零申报的一般纳税人，几乎无销售收入、无人员开支，仅个别月份有成本支出。申报的增值税销售收入、印花税计税收入和企业所得税主营业务收入稽核全部一致，没有疑点，属于“零申报”的空壳户。针对这一类能开发票的无业务纳税人，到底有没有税源，税源能否转化为税收并不清楚。

（四）留抵退税对企业的直接促进效果不明显。从企业的角度，我们发现留抵退税政策能够在一定程度上缓解企业现金流压力，但直接效果不明显。留抵退税政策针对享受留抵退税“专精特新”企业的问卷显示，有38.6%享受留抵退税的企业表示将加大不动产、机械设备等方面的实物投资，但事实上享受留抵退税的“专精特新”企业购进机械、设备类产品金额同比增长为21.7%，低于问卷水平。此外，留抵退税政策在对企业提振信心、增强预期等方面，与未享受留抵退税企业相比，享受留抵退税企业对发展预期表示“乐观”的比重与其他相比而言仅高1.5个百分点；表示“不乐观”的比重相较而言仅低2.2个百分点，也不显著。

四、留抵退税政策优化的建议

（一）长期规划优化增值税税制，彻底解决留抵占用资金问题。现行增值税留抵退税带来的地区间退税财力不匹配的财政风险，主要是增值税最终的负担者是消费端的消费者，税收收入的归属地和税负的归属地并不一致，生产地和消费地之间形成了错配引起的。在2016年全面完成营改增至今，我国建立了相对成熟的增值税体系，近年来又逐步建立了相对完善的发票管理体系，具备了对生产环节增加值层层征税，调整为在最终消费环节对消费价值一次性征税的条件，即由VAT转向VCT。增值税采用消费地原则能够解决财政财力不能支撑退税的问题，从本质上促进地方财政分担的公平性，长期来看有积极意义。

（二）短期调整现行留抵退税政策，逐步消化前期积累留抵余额。

1. 打破行业限制，逐步退完存量留抵。目前的留抵退税政策主要还是以行业为基础进行划分，在行业的界定上采用的是占比超50%的方法，部分行业在前期已经退还了存量留抵，部分行业退还的是增量留抵。从国际实践来看，有不少国家采取了即时退税制度，将申请留抵退税的自主权归还企业，纳税人具有退税与否的选择权，实现了“税收中性”。在充分考虑当前留抵退税余额的基础上，结合财政支出的测算，是否有可能实行即时退还留抵，且不区分行业的退税政策。这个过程也并不是一蹴而就的，需要根据留抵余额的情况与财政的负担相结合，分若干年设立专项资金，妥善进行安排，逐步消化存量留抵。

2. 降低适用门槛，加大税收优惠政策力度。大规模增值税留抵退税政策的实施，用真金白银为企业纾困解难，有效稳定了宏观经济大盘，但也存在一些适用的门槛，适当调整，将能惠及更多的纳税人。为了规避骗税风险，按照2022 年3 月《财政部税务总局关于进一步加大增值税期末留抵退税政策实施力度的公告》规定，办理留抵退税的小微企业、制造业等行业纳税人，需满足信用等级为 A 级或者 B 级的基本条件。这就导致对信用等级为 M 级新兴市场和新办纳税人激励力度不够。新办纳税人普遍存在设备投入多、资金周转压力大等困难，一旦经营出现困难，纳税人投入产生的留抵却无法及时退还，资金链断裂，企业无法持续经营的风险就提升了。建议针对此类情况，可适当放宽政策适用门槛，或配合出台其他优惠政策。

3. 调整加计抵减方式，政策指向研发创新。创新引领发展，对研发支出的支持能够有效刺激企业加大研发力度，促进产品升级，推动产业发展。目前执行的企业所得税加计抵减政策，针对研发进行加计，基本覆盖到了全部行业。留抵退税政策实施也有引导留抵退税资金投入研发创新，加大科技成果转化的供给方和吸纳方双向补助力度，激发创新第一动力的目的。将增值税留抵退税政策与企业所得税加计扣除政策叠加，充分利用增值税以票扣税的抵扣机制，对特定项目进行抵扣，将原本针对部分行业、先进制造业以及列举类型企业的加计抵减政策调整为针对研发的加计，打破行业的界限，促进创新。

4. 加强事前管理，降低事后防守成本。留抵退税是进项税额超过销项税额形成的，加强进项税额的监管，有利于提升留抵退税工作质效。进项的主要风险来自发票，全面推广数电票，给建立数据库进行事前防守提供了可能。充分发挥税收大数据征管模式的优势，通过实时分析企业的进销项数据，能够对交易的过程进行监控，打击虚开的行为，达到事前防守的目的。建立健全退税风险管理机制，充分利用金税三期大数据，将税收风险管理和留抵退税管理指标结合起来，尽可能地在退税前完成风险检查。

（三）持续优化管理手段，提升日常征管效能。税收征管工作是税务部门的日常工作，是税收工作的基础和核心，征管效能的提升是税务部门履职尽责的要求，征管质量和效率的高低与税收执法环境、纳税人满意度和营商环境的改善密切关联。纳税人的数量不断增多、企业的组织形式和经营方式更加多样、企业集团大量增加，税源管理的复杂性、艰巨性和风险性不断提升，必须转变思路，更新理念，从传统的管理模式转向现代化的管理模式。通过征管模式和经济发展的匹配，提升税收管理的效率，提高征管质量，功夫在平时，从根源上降低纳税人偷漏税的预期。

参考文献

［1］丁东生，许建国．增值税留抵退税的国际借鉴［J］．国际税收，2019（08）：71－74.

［2］李新，张诗彤，王毅，付思莹．中国增值税留抵退税制度完善研究［J］．宏观经济研究，2023（05）：33－38.

［3］刘怡，张宁川．消费地原则与增值税收入地区间横向分享［J］．税务研究，2016，12（383）：8－14.

［4］王卫军，朱长胜，王明世．增值税税制优化设计：从生产环节征税到消费环节征税［J］．税务研究，2019（12）：41－46.

［5］梁僮丹．完善我国增值税留抵退税政策的研究［D］．南昌：江西财经大学，2021.

［6］吴雪娜．构建我国增值税留抵退税制度的长效机制研究［D］．成都：西南财经政法大学，2021.

［7］马浩．增值税留抵退税制度存在的问题及对策研究——以蚌埠市为例［D］．合肥：安徽财经大学，2021.

课题组成员：

课题组组长：陈天兴

课题组副组长：邬文伟

成员：来彦鸣、余冰清（执笔人）、李虔

短视频平台企业所得税收入确认与计量问题研究

国家税务总局杭州市税务局企业所得税处课题组

摘　要：近年来，随着数字经济的兴起，短视频行业发展迅速，短视频平台迅速崛起成为用户休闲娱乐的重要方式。随着收入规模的持续扩大，作为短视频平台企业的主体税种之一，企业所得税的收入确认与计量，也面临了收入性质难以准确界定、税会差异扩大、“流量造假”“刷单炒信”行为未定性等问题。

本文结合快手科技相关数据，对短视频平台的发展现状、交易特点、盈利模式、涉及的企业所得税与会计相关政策进行分析，指出当前短视频平台以及平台上的市场主体在企业所得税收入确认与计量过程中面临的难题，为下一步优化相关政策提出针对性建议。

关键词：短视频平台　企业所得税　收入确认与计量

近年来，随着数字经济的兴起，短视频行业发展迅速，以抖音、快手、微信视频号及哔哩哔哩为代表的短视频平台迅速崛起，成为用户休闲娱乐的重要方式。在行业高速发展的背景下，相关配套政策也持续推出，我国《“十四五”数字经济发展规划》提出，加快培育新业态新模式，有序引导多样化社交、短视频、知识分享等新型就业创业平台发展。随着行业规模迅速扩大及生态链的日益完善，短视频平台收入来源多样化、交易数字化、商业模式新颖、销售行为隐匿等特点，也给税收征管带来了新的挑战。作为短视频平台企业的主体税种之一，企业所得税的收入确认与计量，也面临了收入性质难以准确界定、税会差异扩大、“流量造假”“刷单炒信”行为未定性等问题。如何优化企业所得税收入确认与计量，提升与平台商业模式的适用度，有序引导新经济新业态发展，这是当前税务部门亟须考虑的问题，也对推进短视频平台可持续发展具有重要意义。

一、短视频平台的发展现状与主要特征

短视频平台是指提供短视频制作、发布、共享以及观看等服务的网络平台。近年来，借助丰富的内容创作、精准的算法推荐以及多元的社交互动，短视频平台积极推进自身的流量与用户优势变现为营业收入，实现了市场规模的高速增长。

（一）发展现状。

1. 用户规模突破10亿人，用户黏性持续提升。根据第51次《中国互联网络发展状况统计报告》，2022年我国短视频用户规模已经达到10.12亿人，占网民整体的94.8%，用户增长率8.3%，成为大众触网的首要渠道。与数量同步增长的，是用户黏性的提升，2022年人均单日使用时长超过2.5小时。

2. 市场规模接近3000亿元，头部主播收入畸高。根据Mob研究院发布的《2023年短视频行业研究报告》，2022年我国短视频行业整体市场规模达2928.3亿元。短视频创作者、网络主播单条视频报价持续上升，以头部健身网红主播刘××为例，根据其直播间主页商务合作报价显示，单条20秒的短视频报价超60万元。

3. 发展格局"两超多强"，行业竞争日趋激烈。"两超"即抖音与快手，两家App用户数量均超过3亿人，已成为短视频头部平台；"多强"指的是微信视频号、小红书、微博等平台，通过自有用户规模及特点，各自形成差异化竞争优势。同时很多短视频平台上又有相应小平台，形成日趋激烈的生态。

（二）主要特征。

1. 内容创作丰富，算法推荐精准。短视频平台以短视频与直播为主要内容形式，涵盖新闻、歌舞、健身、厨艺及短剧等400余种业态。同时，平台以推荐算法为核心技术，通过分析用户的兴趣和行为，为其精准推送感兴趣的内容，进一步提高使用黏性。

2. 参与主体多样，用户群体广泛。除平台公司本身外，短视频平台中还有广告商、品牌方、MCN（网络媒体运营）机构、主播及用户等各类主体。不同年龄、文化背景和兴趣爱好的用户均可在平台中找到自己感兴趣的内容，并成为平台中重要的内容生产者和消费者。

3. 盈利模式丰富，标的形态虚拟。短视频平台的主要盈利模式包括广告营销、直播打赏及电子商务，近年来部分平台还创新打造了短剧、知识付费及会员增值服务等模式。平台上的交易主要在线上进行，除电子商务外，其标的主要为平台币、虚拟礼物、流量曝光及粉丝数等非实物产品，收入与材料、人工等成本无法直接匹配。

二、短视频平台主要盈利模式——以快手科技为例

作为国内最早的短视频平台，快手科技历经十余年发展，逐渐成为行业的佼佼者。2011 年 3 月，“GIF 快手”作为一款制作、分享 GIF 格式图片的手机应用正式面世。2012 年 11 月，“GIF 快手”从一个纯粹的工具应用转型为一个短视频社区，并在后续更名为“快手”。2015 年 3 月，北京快手科技有限公司正式成立，积极打造以用户、流量、算法为核心的商业模式。2021 年 2 月，快手科技在港交所正式上市。截至 2022 年 12 月，快手科技平均日活用户规模达 3.66 亿人，同比增长 13.3%；年度总收入 942 亿元，同比增长 16.2%。随着近年来平台的高速发展，快手科技形成了以线上营销、直播打赏及电子商务为主的盈利模式，并积极探索短剧、知识付费及会员增值服务等新兴盈利增长点，推进商业变现。

（一）线上营销。短视频平台的线上营销主要包括广告服务与视频推广。广告服务即通过向企业提供广告位，并从中抽取一定的费用来获取收入。广告可以是预先播放的广告、中途插播的广告或者短视频内容中融入的品牌植入广告，并根据观看量、点击量或转化率等指标进行收益计算，具有不受时空限制、互动较为灵活以及传播成本低的特点。通过广告的方式，短视频平台可以向用户提供更多的免费内容和服务，同时提高自身利润。短视频平台的视频推广主要指用户通过付费的方式，在指定时间内在平台上向目标观众推广其录制的短视频与直播表演，主要以涨粉及增加视频曝光为目的。

以快手科技为例，其提供的线上营销类型主要有基于效果的广告服务（主要目的为刺激购买欲望，促进销售，一般以注册、购买作为结果达成）、基于展示的广告服务（主要目的是展示品牌形象，以投放量、弹出量为计量单位）以及快手粉条（向目标观众推广短视频，实现点击量与粉丝增长的目的）。2022 年，快手科技全年线上营销服务收入 490 亿元，同比增长 14.9%，在总收入中占比 52.1%，为第一大收入来源，随着短视频平台电商的持续发展以及后疫情时代消费复苏的预期，广告收入将实现持续增长。

（二）直播打赏。短视频行业的直播打赏模式是指观众通过从平台或者代理商处充值“直播平台币”，购买虚拟礼物送给主播，表达对主播的支持。作为平台主播的主要收入来源，其通过收到观众赠送的虚拟礼物，从平台处获得相应的分成收益。

以快手科技为例，2022 年直播收入 353.9 亿元，同比增长 19.4%，在总收入中占比 37.6%。为吸引更多主播入驻短视频平台，快手设置了不同的签约模式，包括直播平台直接签约，平台与直播公会、MCN 机构代理签约，以及普通人与平台签订合作协

议，自主承接直播业务，短视频平台会定期与公会、MCN机构、主播对打赏收入进行分成，不同签约模式下，主播、公会、机构及平台的分成比例亦不相同。

（三）电子商务。短视频行业的电子商务模式不同于传统的淘宝、京东等电子商务模式，更强调视频内容与商品销售的有机结合，主要包括直播带货、“边看边买”及社交电商等。直播带货模式即通过直播的方式向消费者展示商品的特点、使用方法和价格，从而吸引观众购买。此外，主播可以通过与品牌合作，推出品牌定制的直播带货节目，吸引更多的观众和消费者；“边看边买”模式即在用户观看短视频时，添加购买链接或二维码，方便用户直接购买商品，如快手通过商户录制水果种植过程的短视频，嵌入水果销售的链接，让观众能更直观地了解产品的生产过程与质量；社交电商模式主要通过用户与KOL（关键意见领袖）及其他用户进行互动，了解产品特征，增强购买意愿，即当前年轻群体所称的“种草”。可以说，随着行业的持续发展，社交电商模式呈现日益多元化的趋势。

以快手科技为例，其电商收入主要通过提供平台对交易进行撮合，并收取佣金。电子商务发展可以说是其2022年财报的亮点，虽然其他服务（含电商）对年收入的贡献占比不高，但平台全年电商交易总额（GMV）同比增长32.5%，达到9012亿元，增速行业领先，得益于电商收入的强劲增长。2022年全年其他（含电商）服务收入板块同比增长31.4%，达到98亿元。可见，未来“短视频+电商”模式将成为平台新的增长极，不仅实现业务本身的快速增长，给其他业务及整个平台的发展带来乘数效应。

三、短视频平台企业所得税收入确认与计量难题

（一）线上营销收入确认与计量存在的难题。

1. 收入性质准确界定存在困难。相较传统广告营销，短视频平台上的广告营销更强调与技术、算法进行结合，实现对目标客群的精准推送投放。在实务中，部分广告商认为其在平台上提供的线上推广以促进销售、增加曝光为目的，与广告营销的履约义务较为接近。但有部分平台广告商认为，短视频平台为客户提供的线上推广服务中，技术与算法的含量更高，与技术服务、信息服务更为贴近。根据现行企业所得税政策，广告服务以公众面前出现作为收入确认时点；而信息技术服务在提供服务的期间分期确认。考虑到企业所得税对收入的确认以准确界定收入性质为前提。性质界定不准确，将对后续收入确认产生较大影响。

2. 新收入准则下广告营销企业所得税与会计处理差异持续扩大。税会差异是历来企业所得税管理的重难点事项，随着2017年《企业会计准则第14号——收入》（以

下简称新《收入准则》）发布，在收入确认与计量、特定交易等方面发生了重大变化，而企业所得税相关规定并未动态调整，这也造成了在短视频行业这一新业态新模式中，税会差异持续增大。现行企业所得税对宣传媒介收入时点确认相关条款主要来源于旧《收入准则应用指南》，即在相关的广告或商业行为出现于公众面前时确认收入，与传统广告营销以投放、曝光为主的形式较为契合。随着互联网经济的持续发展，在短视频平台上的广告营销，不再单一强调以曝光为目的，而是逐渐形成了以销售货物、吸引注册及粉丝上涨等多种目的的效果广告。基于企业盈利模式的不断变化，新《收入准则》引入履约义务的达成这一“百搭”条款作为收入确认时点，这也造成了在短视频平台投放效果广告收入确认时点上，企业所得税与会计处理差异较大。税法强调出现于公众面前时确认收入，而出现并不意味着实现了广告投放的效果，无法完全与销量、注册量、粉丝量的实现等同，税法的“不变”难以应付平台盈利模式的“万变”。

3. 广告返佣企业所得税处理尚未明确。为吸引客户在平台上投放广告，短视频平台往往采取返佣政策，即设置一定的返佣率，对广告客户支付的款项按一定比例进行返还。从快手科技公布的主要收入来源的会计政策看，其将返佣视为可变对价列账，收入根据向客户收取的价格扣除返佣后进行确认。针对可变对价，会计处理涉及大量主观估计，实务中按照期望值或最可能发生金额确定该可变对价的最佳估计数。在企业所得税处理方面，目前对于售后回购、以旧换新、销售折让与退回等特定情形处理较为明确；对于广告返佣，是在发生当期冲减广告服务收入，还是作为销售费用，目前仍有不同理解。

（二）直播打赏收入确认与计量存在的难题。

1. 主播不同签约模式下收入计量存在差异。在不同的签约模式下，平台在直播收入中扮演的角色亦不相同。在新《收入准则》中，其引入了主要责任人与代理人的概念，当主播全权签约短视频平台时，平台能够自主决定主播的服务价格，并就提供的直播服务承担主要风险时，平台为直播收入的主要责任人，按全额确认收入；当平台通过直播公会、MCN 机构与主播进行合作，或直接与主播本人或工作室进行合作，向客户提供直播服务时，平台对主播的服务没有自主定价权，且不承担相关风险，可视为仅提供代理服务，在收入确认时应扣除支付给 MCN 机构、公会与主播的收入分成后按净额确认收入。从企业所得税处理的角度看，总额法的使用，与现有的收入处理较为一致；净额法的使用，目前在企业所得税中没有规定，按照实质重于形式的原则，代理人模式与企业提供佣金与代理服务较为接近。如何准确识别短视频平台与主播之间的签约模式，并进行相应的收入确认，给企业财务与税务人员带来一定挑战。

2. “直播平台币”充值增值税与企业所得税处理差异较大。作为短视频平台的核心业务，对主播的打赏通常通过充值“直播平台币”，兑换虚拟礼物来实现。通过“直播平台币”，短视频平台可以降低在网络环境中的交易成本，同时，通过签到赠送等方式，进一步提升用户黏性。以快手科技为例，其主要使用“快币”作为直播平台交易的“虚拟货币”，目前1元可以兑换7快币。平台之外，快手科技还积极发展下游代理商。根据淘宝相关商家数据显示，其兑换比例高于平台官方，普遍在1∶10左右。同时，在直播平台上，其礼物标注的价格从1～30000快币不等。针对“直播平台币”的充值，增值税在充值时即确认应税收入，企业所得税在充值环节因用户未兑换虚拟物品，并未确认收入的实现，而是在兑换虚拟物品打赏主播时确认收入。

（三）电子商务收入确认与计量存在的难题。

1. 电商收入确认时点复杂。在电商业务中，快手科技主要为商家提供交易平台，并根据协定的佣金比率就通过其平台完成的商品出售收取佣金。根据现行企业所得税相关规定，服务费主要在提供服务的期间分期确认收入。但电商交易的多步流程使得收入确认存在一定宽泛性。如何界定平台提供服务对应的时点，是在用户下单，还是在企业发货，或是在用户签收，或是在商家收到款项时确认，目前尚未形成统一。同时，平台往往会附赠“七天无理由”“30天无忧退货”等权益，使得交易时间跨度进一步拉长。以快手科技为例，其对电商佣金收入在“七天无理由”退货权消失后进行结算确认。此外，对于平台上的商家而言，收入何时确认，销售货物的风险与报酬何时实现转移，是在发货环节或者客户签收环节，还是在收到平台打款环节，目前也未形成统一。

2. “七天无理由”退货处理存在税务会计处理差异。与传统线下“一手交钱，一手交货”不同，线上电商在销售货物时，往往附带“七天无理由”退货等特殊条款。现有企业所得税法规对货物销售收入时点的确认相关条款主要来源于旧《收入准则应用指南》，强调风险和报酬转移，如发生退货，则冲减相应销售收入。新《收入准则》对货物销售收入的确认更强调控制权的转移，针对退货，按照是否预估退货率进行收入的确认与计量，当能准确估计退货率，且客户取得控制权时，按照向客户转让商品而预期有权收取的对价金额确认收入；按照预期因销售退回的金额确认为负债。即交易价格不应包含预期将会被退回商品的对价金额。如果当天无法预估退货率，考虑到可变对价的限制要求，此时不确认收入；等退货期满，再确认收入。与会计处理相比，企业所得税对退货的处理，不含估计成分，更强调确定性，即到发生时再冲减相关收入。

3. “刷单”收入是否计入企业收入总额未形成统一处理意见。与传统线下货物销售行业不同，电商平台主要依据销量与好评度对店铺进行排名，销量及好评度较高的店铺，往往容易获得平台青睐，增加曝光度。由此，衍生了“刷单炒信”现象。“刷单”作为《反不正当竞争法》禁止的违法行为，对消费者存在极大误导，破坏了电商市场秩序。“刷单”收入是否属于企业所得税的收入范围，目前尚存在争议。从前期各地税务稽查部门公布的文书来看，在对刷单收入企业所得税处理过程中，如有充分证据表明“刷单”行为的，税务部门倾向于对其从销售总额中剔除，如证据不充分的，税务部门倾向于要求商家根据电商平台提供的全部交易额申报纳税，并认为商家存在“少列收入或多列支出”的行为，构成偷税，处以重罚。“刷单”收入如何定性，是否属于企业所得税应税范围以及具体的判定标准，目前各地税务部门尚未形成统一。

四、进一步优化短视频平台企业所得税收入确认与计量的建议

现行企业所得税法对收入的处理规则主要参照旧《收入准则》和《建造合同准则》，对新准则下部分收入的处理尚未动态调整。建议结合新《收入准则》，对部分业务的企业所得税处理进行修订，围绕收入确认、计量及特定交易，对相关处理进行优化，为企业财务人员及税务干部开展工作提供指导。

（一）考虑短视频平台的模式与业务特征，对企业所得税收入确认时点进行优化。

1. 从商业实质与目的出发，准确识别收入性质。企业所得税收入确认应遵循实质重于形式的原则，针对融入算法、数据的线上营销服务，应从服务的实质与商业目的出发，对其性质进行界定。在短视频平台上，虽然其线上营销强调信息技术这一形式的融入，但其商业目的与本质仍是营销服务，应按广告营销确认企业所得税收入。

2. 增加目标的实现作为广告营销收入确认时点。考虑短视频平台效果广告履约义务的不同，建议在当前企业所得税以相关的广告或商业行为出现于公众面前作为收入确认时点之外，引入广告实现的目标作为收入确认时点。既符合当前效果广告的模式特点，以实现的销售、用户注册及粉丝上涨为履约义务，通过明确企业所得税收入确认时点，既能方便征纳双方的处理，减少涉税风险，又能减少效果广告营销业务的税会差异，降低企业遵从成本。

3. 以商品签收作为电商收入确认时点。综合考虑电子商务流程步骤的时效，建议以消费者签收或点击确认收货作为电子商务货物销售及交易撮合服务的收入确认时点，一方面，避免收入过早确认，平台及商家的风险尚未完全转移；另一方面，避免商家及平台滥用电商退货权，过度拉长交易时间跨度，推迟企业所得税收入的确认及税款的入库。

（二）识别短视频平台业务实质，进一步明确部分业务企业所得税收入金额计量。

1. 准确识别主播签约模式，提高直播打赏收入计量的准确性。企业所得税收入确认遵循实质重于形式的原则，即应当按照交易或事项的经济实质进行应纳税所得额的计算，而不应当仅仅按照它们的法律形式或人为形式作为课税依据。短视频平台在直播打赏中依据与主播间不同的签约模式，识别自身主要责任人或代理人的身份，相应

使用“总额法”或“净额法”确认收入，与企业所得税收入确认遵循的实质重于形式原则并不违背，建议对短视频平台在直播打赏收入确认中，依据自身代理人身份使用“净额法”的处理方式予以认可，进一步提高政策与平台盈利模式的匹配度，提高收入计量的准确性。

2. 对有明确“刷单”证据的，明确不纳入企业所得税应纳税所得额。从行为性质来看，“刷单”行为本身属于《反不正当竞争法》明令禁止的违法行为。针对该行为，要进一步强化税收惩治力度，以税务总局电子商务行业税费征管全国性制度的研究制定为契机，进一步明确“刷单”行为性质及税收处罚条款。在行为性质认定上，对有明确“刷单”证据的，明确不纳入企业所得税应纳税所得额，且对“刷单”支出取得的凭证，遵循真实性、合法性、关联性原则，不予税前扣除。此外，进一步加强与市场监管部门的信息交换，对税务部门发现的“刷单炒信”虚构交易等行为，及时移交市场监管部门进行查处，并明确企业因刷单行为造成的罚款支出不得税前扣除，进一步增加“刷单炒信”的成本。

（三）结合特定交易行为特点，明确企业所得税收入处理。

1. 以支付对象划分短视频平台佣金与返佣的收入处理。从佣金的行为性质看，其支付对象为除交易双方之外的第三方，在实际发生时，作销售费用处理。而短视频平台广告返佣的支付对象多为广告投放客户，并未跳出交易双方的范畴，与返利行为更加接近。建议在对短视频平台相关业务处理过程中，按支付对象对佣金与返佣进行区分处理，如支付对象为广告投放客户，允许企业在实际发生当期冲减收入；如支付对象为平台与广告投放客户之外的第三方，参照佣金相关处理，在实际发生时计入销售费用。

2. 关注“直播平台币”充值增值税与企业所得税间的处理差异，提高收入确认的精准性。对于“直播平台币”充值，增值税与企业所得税间差异较大，增值税在充值时计入应税收入，企业所得税在充值时不作收入。在日常税收管理过程中，要对该项业务不同税种间的差异予以关注，避免企业混淆收入处理方式，引起涉税风险。

3. 继续沿用现行政策，对“七天无理由”退货在发生时冲减收入。执行新收入准则后，退款作为会计处理中的可变对价，在实务中含有大量估计等主观判断，无论是退货率的预估，还是收入确认的推迟，均与企业所得税收入确认确定性、税款计算简便、及时足额入库的原则存在矛盾，建议可继续沿用现有的处理政策，针对平台上的商户，在货物交付时确认收入，如发生无理由退货，在退货时冲减收入。针对提供交易撮合的短视频平台，在撮合业务发生时即确认收入，在发生无理由退货后，冲减相应的佣金收入，与商品销售确认时点相一致，既方便基层税收征管，也可避免平台电商滥用退货权，无限推迟税款入库。

参考文献

［1］李易燃．移动短视频平台收入审计风险研究［D］．重庆：西南政法大学，2023.

［2］周梅锋．关于新收入会计准则与企业所得税处理差异的思考［J］．国际税收，2023（03）：73－77.

［3］张子钰，于翔宇．我国短视频企业的商业模式及财务状况分析——以快手、B 站、芒果超媒为例［J］．新理财，2023（Z1）：64－67.

［4］赵懿清，李帆，乔玉．短视频平台的收入确认与计量——基于“快手科技”案例［J］．财会月刊，2022（22）：81－87.

［5］赵玉宏．我国短视频行业发展 SWOT 分析［J］．全媒体探索，2022（09）：51－52.

［6］王琳琳，苏李琴，李育冬．短视频平台商业模式研究——以快手为例［J］．上海商学院学报，2020，21（04）：65－80.

课题组组长：肖正军

课题组副组长：蔡俊劼

成员：王晗（执笔人）

我国开征碳税的国际经验借鉴与启示

国家税务总局杭州市税务局财产和行为税处课题组

摘　要：面对气候变化危机，碳税作为宏观调控政策工具，能够有效地实现节能减排目标而受到国内外广泛关注。探索如何构建碳税制度对我国2030年前实现“碳达峰”目标和经济高质量发展具有重要意义。本文从碳税制度的效应分析出发，梳理国际上碳税制度发展历程、碳税制度的发展趋势和碳税税制要素的发展特征三个方面总结国际碳税的实践经验，对此本文从碳税制度总体设想、碳税制度的税制要素设计的具体建议等方面，提出我国碳税制度构建的建议。

关键词：碳税　国际经验　我国碳税制度构建

党的二十大报告提出，积极稳妥推进碳达峰碳中和。这是以习近平同志为核心的党中央，统筹国内国际两个大局作出的重大决策部署，对于全面建设社会主义现代化国家、促进中华民族永续发展和构建人类命运共同体都具有重要意义。目前，我国成为全球最大的碳排放国。2009～2021 年，我国碳排放量由 77.1 亿吨提升至 105.9 亿吨①；2019 年温室气体排放达到了 140.93 亿吨二氧化碳当量，占全球总排放量的 27%以上，并首次超过经济合作与发展组织（OECD）国家的总排放量②。减少二氧化碳排放成为我国当前紧急且迫切的任务。

绿色低碳发展离不开碳税制度的引导和推动。碳税作为宏观调控政策工具，能够有效地实现节能减排目标而受到国内外学者广泛关注。学者们普遍对碳税开征持肯定性意见，认为碳税不仅是践行习近平新时代中国特色社会主义思想的有力手段，也是我国当前国情下的现实之选。

---

① 中国每年碳排放量，中国每年的碳排放量是多少？https：//www. rtans. com/article/168617304215685. html.

② 2019 年中国碳排放量已超过经合组织国家总和，http：//m. tanpaifang. com/article/77772. html.

一、开征碳税促进绿色发展的传导效应

碳税实现节能减排目标的主要方式是，将高碳排放量的社会成本传导、内化到生产成本和市场价格中去，再通过市场分配全社会资源，具体效应分析如下：

（一）经济效应：引导市场个体的资源集约与环境保护。目前，我国控制碳排放的手段是以总量控制的碳市场为主。在运行中发现碳市场存在问题：一是市场主体参与度低，北京碳排放权交易市场不允许个人参与交易，全国碳排放权交易市场仅有纳入全国碳排放配额管理的 2225 家电力企业；二是市场交易成本高，我国碳交易对碳排放的约束成本不断上升，现阶段我国生产性碳排放量从百亿吨以上降到 90 亿～98 亿吨，影子价格（每减少一吨碳排放量 GDP 的损失）为 428 元，而降到 80 亿～90 亿吨，预估影子价格将达到 4229 元；三是碳排放调节力度不足，我国碳交易市场开市首日的成交价（51. 23 元/吨）远低于同期欧盟碳交易市场成交均价（50 欧元/吨）。

由于碳排放市场的运行机制尚未完善，难以全面覆盖绿色经济发展的微观主体，碳排放的经济效应难以完全反映在碳交易的价格上。需要碳税有效引导碳交易市场覆盖不到的微观个体开展碳减排，并缓解碳交易价格偏低的问题，达到碳排放总量和强度双控制度的目标。按照“谁受益谁付费”的原则，划定资源开发利用边界和底线，确保生态服务成本与效益基本对等。对企业来说，这些都会转化成企业的成本，对企业资产负债表的影响是巨大的，从而将减排目标通过经济效应的形式传导到个体行为中去。当碳税政策不存在政策扭曲时，所有企业将面临相同的要素价格，提高生态产品或服务的有效供给水平，推进资源节约集约利用，促使微观个体的要素边际产出与要素价格相等，以实现新平衡下的企业利润最大。

（二）补偿效应：促进跨行业的资源优化配置和绿色发展。“十四五”时期及更长一段时间内，煤炭仍将在能源消费体系中发挥重要作用。工业部门是我国的煤炭消费“大户”，也是我国碳排放的主要“贡献者”，约占我国碳排放总量的 70%①。从煤炭消费的行业分布来看，我国行业的煤炭消费呈现出集中分布的特征，五大行业② 2017 年的煤炭消费量达到 14. 17 亿吨，约占所有行业煤炭消费总量的 36. 73%。据测算，各行业的碳排放量也具有明显的差异，电力、热力的生产和供应业二氧化碳的排放量最大，达到 36. 28 亿吨，约占各行业总排放量的 36. 66%③。

---

① 崔盼盼，赵媛，郝丽莎等．中国能源行业碳排放强度下降过程中的省际减排成效评价［J］．地理研究，2020，39（08）：1864－1878.

② 五大行业具体为火电行业煤炭、石油加工与炼焦及核燃料加工业、黑色金属冶炼及压延加工业、非金属矿物制品业、煤炭开采与洗选业、有色金属冶炼及压延加工业。

③ 翁智雄，吴玉锋，李伯含等．征收差异化行业碳税对中国经济与环境的影响［J］．中国人口·资源与环境，2021，31（03）：75－86.

在工业化和城镇化快速发展的阶段，我国仍然面临着较强的能源刚性需求①。因此，需要引入“差异化行业碳税”的概念，在征收碳税基础上，进一步细化碳税税率的实施方案，将碳排放的成本内生到不同行业中去，形成高排放行业的高成本，低排放行业的低成本。基于生产产品总值的跨行业横向生态保护补偿机制，遵循受益者付费、保护者得到补偿，以及成本共担、效益共享、合作共治的补偿逻辑，综合考虑社会生态系统运行的行业成本，行业发展机会成本、支付能力，兼顾各行业利益，鼓励与激励生态保护，最终能够有效促进自然资源优化配置和各行业绿色低碳发展。

（三）长短期效应：平衡区域发展促进经济整体增长。“波特假说”认为，适当的环境规制可促进企业的创新活动，由此提高的企业生产力可以抵消由于环境保护所带来的成本提升，并且极大地提高了企业的产业生产率和产品质量，进一步提升企业的市场盈利能力，最终使国内企业在国际上获取市场竞争优势。

在短期来看，碳税表现为增加社会运行成本的负外部效应，无法靠技术创新进行补偿；在长期来看，碳税的税收实施会对制造业的生产效率产生正向促进作用，则可以达到降低环境负外部性的效果。在绿色税收的影响下，企业为提升生存能力，会进行绿色技术创新，进而弥补整个社会因应对碳税而带来的成本。

从整个分配矩阵看，横向是居民、城乡、区域之间的分配关系；纵向是国家、企业与居民之间的分配关系。建立短期和长期相结合的目标体系，根据不同的阶段目标，以及我国横向和纵向的分配矩阵，来吸引资本和劳动力等流动性要素流入，从而增加产出，促进经济增长。直接或者间接带动社会需求，刺激经济增长。

二、我国开征碳税的紧迫性与可行性分析

（一）积极应对“碳关税”贸易壁垒。“碳关税”的概念起源于欧盟，要求欧盟进口商从碳排放限制相对宽松的国家和地区进口相关产品时，须购买相应的碳排放额度。目前，我国出口欧盟的大量产品均属于碳关税征收范围，碳关税会降低我国出口企业的竞争力，成为新型贸易壁垒。构建我国的碳税制度能够有效规避“碳关税”这一贸易壁垒，有利于我国制造业绿色低碳技术的创新升级并提升我国制造业的国际竞争力。

（二）有效实现我国“碳达峰碳中和”目标。2020 年 9 月，在第七十五届联合国大会上，我国首次提出要力争于 2030 年前实现碳排放达峰；努力争取 2060 年前实现碳中和。基于可再生能源目前的发展水平，在实现“双碳”目标的前期和中期，实施与发展水平相适应的碳税政策，能够有效促进“双碳”目标的最终实现。

---

① 袁晓玲，郗继宏，李朝鹏等．中国工业部门碳排放峰值预测及减排潜力研究［J］．统计与信息论坛，2020，35（09）：72－82．

（三）践行“习近平生态文明思想”的现实需要。在 2023 年 7 月召开的全国生态环境保护大会上，习近平总书记强调指出，要加快推动发展方式绿色低碳转型，坚持把绿色低碳发展作为解决生态环境问题的治本之策。绿色低碳发展离不开财税制度的引导和推动。作为最大能源消费国，推进低碳发展，能彰显国家担当，塑造良好的国际形象。

三、碳税的发展概述及经验借鉴

随着《京都议定书》《巴黎协定》等国际协议相继签订，共同应对气候变化已达成共识，为此多国开始探索碳税征收路径。目前已有部分国家在实践中取得良好效果，为我国碳税出台提供了有益参考。

（一）碳税制度的发展历程。30 余年来，碳税制度主要经历了 1990 ~ 2004 年的北欧发起、2005 ~ 2018 年的经合组织跟进、2019 年至今的主要国家普遍采用的三个阶段，具体情况如表 1 所示。北欧四国（芬兰、瑞典、挪威和丹麦）是碳税法律制度的发源地，其中芬兰是第一个通过正式立法来征收碳税的国家，在 20 世纪末已基本完成了完备碳税体系的构建。其后，世界经济合作与发展组织（OECD）跟进绿色税制，2005 年欧盟正式成立碳排放权交易体系（EUETS），法国、墨西哥、日本等国家建立碳税。2019 年，新加坡、南非等国家和地区加入征收碳税的行列，这些国家碳税发展尚不成熟，碳税政策仍需要不断地打磨与修正。截至 2022 年 4 月 1 日，全球有 32 项碳排放权交易系统（ETS）和 36 项碳税正在运行，另有 3 个计划实施。36 个国家和地区实施的碳税，预计覆盖 2022 年全球 29 亿吨二氧化碳当量（CO_{2e}）排放，约占全球温室气体排放量的 5.7%①。

表 1　　部分实施碳税制度的国家/地区②

阶段	国家/地区（年份）
第一阶段 （1990 ~ 2004 年）	芬兰（1990）、波兰（1990）、挪威（1991）、瑞典（1991）、丹麦（1992）、斯洛文尼亚（1996）、意大利（1999）、德国（1999）、爱沙尼亚（2000）、英国（2001）、拉脱维亚（2004）
第二阶段 （2005 ~ 2018 年）	瑞士（2008）、列支敦士登（2008）、加拿大不列颠哥伦比亚省（2008）、冰岛（2010）、爱尔兰（2010）、乌克兰（2011）、日本（2012）、澳大利亚（2012—2014，已废除）、法国（2014）、墨西哥（2014）、西班牙（2014）、葡萄牙（2015）、加拿大艾伯塔省（2017）、智利（2017）、哥伦比亚（2017）、墨西哥萨卡特卡斯州（2017）、阿根廷（2018）
第三阶段 （2019 年至今）	新加坡（2019）、加拿大（2019）、加拿大纽芬兰和拉布拉多省（2019）、加拿大爱德华王子岛省（2019）、加拿大西北地区（2019）、南非（2019）、加拿大新不伦瑞克省（2020）、墨西哥塔毛利帕斯州（2021）、卢森堡（2021）、荷兰（2021）

① 引自《2022 年碳定价的现状和趋势》世界银行，2022 年 5 月。

② World Bank. State and Trends of Carbon Pricing 2020［R］. Washington：World Bank，2020.

（二）碳税制度的发展趋势。

1. 政策模式：从单一碳税政策向复合碳税政策转变。单一碳税政策是指碳减排工具中仅选择碳税，新加坡、南非、阿根廷等13个国家和地区仅实施碳税。复合碳税政策是指碳税与碳交易等其他碳定价机制并行，英国、法国、加拿大等23个国家和地区同时实施了碳排放权交易体系（ETS）和碳税。

随着碳税制度的发展，复合碳税政策已逐渐成为大多数国家选择，渐进式地实现由单一碳税制度向复合碳税政策转化已成为共识。芬兰已形成了“能源－碳”混合税体系；日本2010年建立强制碳交易市场，2012年设立“全球变暖对策税”（tax for climate change mitigation）；加拿大联邦政府在《泛加拿大碳污染定价方法》的约束下，形成了联邦与各省灵活的碳定价体系。

2. 碳税目标：以净零碳排放作为新目标。净零碳排放逐渐成为各个国家碳税政策的主要目标。英国是世界上最早将2050年净零碳排放目标纳入法律的国家，随后的国家以国内或区域立法的形式明确本国中长期温室气体减排目标，如德国的《气候保护法》（2019年11月）、欧洲议会环境委员会的《欧洲气候法》草案（2020年3月）、加拿大的《加拿大净零排放问责法案》（2020年11月）。同时，也有国家将此目标纳入本国有关法律，法国、瑞典、丹麦、匈牙利、新西兰等国就将到2050年实现“碳中和”“气候中性”“净零排放”等目标纳入本国有关法律。在最新的《格拉斯哥气候公约》中，绝大多数缔约方已更新提高自主贡献度。

截至第26届联合国气候变化大会（COP26）结束，全球已经有153个国家加入净零排放承诺行列，占全球GDP的90%，排放量占全球的89%①。

3. 实施效果：经济基础与实施碳税效果呈正相关。在经济基础好的芬兰、瑞典等发达国家，碳税实施效果较好，主要原因是这些国家的发展对传统能源的依赖较少。芬兰对能源密集型行业直接实施税收豁免，根据世界银行测算，芬兰碳税已实现对全国36%的温室气体排放征税。瑞典早在1991年就已颁布碳税法案，碳税征收几乎没有影响瑞典国内经济，1991～2006年的18年间经济年均增长率仍高达2.8%。

发展中国家对传统能源依赖程度高，碳税政策的征收难度仍然较大，如南非虽在2010年就提出碳税法案，但由于矿业巨头、钢铁制造商和国家电力公司等温室气体排放“大户”的反对，直至2019年2月才通过碳税法案，同年6月法案才正式生效。

4. 收入返还：保持碳税税收中性。多数国家将碳税收入纳入一般预算。一是将碳税收入用于相关领域建设。如德国新《机动车税法》规定，德国境内新登记车辆根据发动机尺寸和二氧化碳排放量缴纳机动车碳税，该收入主要用于道路建设。挪威政府将部分碳税收入用作对优秀“绿色”企业的补贴。澳大利亚的产业碳税援助，政府将

① 《联合国气候变化框架公约》第26届缔约方大会成果［J］．国际社会科学杂志，2022（02）：159－172.

碳税收入的一半援助缴纳高额碳税的企业，高能源污染企业一般会承担高额碳税。二是通过碳税去削减或者削弱其他税收的扭曲。如德国、英国将碳税收入部分投入养老基金中去，以削减社会保障缴款的数额。法国给予企业投资或者家庭个人所得税减免或社会福利方面的补偿。新加坡积极推进气候友善家庭计划，为居民发放水电费补贴，1 年收取 2 亿新加坡元的碳税，但 2022 年发出的水电费补贴已达 5.8 亿新加坡元。

（三）碳税税制要素的发展特征。

1. 拥有普适性的征收对象。相比市场参与度低的碳交易市场，碳税适用于所有市场主体。碳税制度对所有纳税主体都将产生减排激励效应，从而推动能源结构的优化。

2. 分阶段逐步提高的税率水平。总体税率水平差异大，碳税名义税率从不到 1 美元/吨二氧化碳当量到 137 美元/吨二氧化碳当量，近一半国家碳税税率低于 25 美元/吨二氧化碳当量①。目前瑞典是世界上碳税税率最高的国家，初始设置时，瑞典的私人家庭和工业部门为 25 瑞典克朗/吨二氧化碳当量，2021 年已经增加到 1200 瑞典克朗/吨二氧化碳当量。

3. 碳排放量的计税依据。发达国家的碳税计税依据变化为：从化石燃料含碳量到含碳量和发热量，逐步过渡到碳排放量。以化石燃料燃烧产生的碳排放量为计税依据，计税量更准确，但受到二氧化碳排放监测技术及成本的制约，目前通用的方法为世界银行发布的碳排放量计算公式以及政府间气候变化专门委员会（IPCC）制定碳排放量估算方法。

4. 增加公平性的税收优惠。碳税的征收会对经济增长、收入分配以及社会福利造成一定的负面影响，为最大限度地降低负面效应，必须制定相应的税收优惠政策，保证税收的横向公平和纵向公平②，平衡社会主体的“税收负担能力”。一是特殊行业免税，如日本对钢铁企业使用的煤炭、农林牧渔业使用的煤炭和柴油提供免税政策。二是直接税收减免，如丹麦对 1993～1995 年缴纳增值税的工业企业给予 50% 的税收返还。三是其他税费抵免，如美国规定风能等可再生能源的电力生产企业可以申请相关碳税税收优惠。

（四）国际经验的总结。

1. 设定碳税减排目标，提升改善环境的“绿色红利”。节能减排已形成国际共识，我国要根据国际减排要求和减排承诺，合理设置我国阶段性减排目标，抓住当前推进“双碳”目标的窗口期，不仅要向传统产业寻求减排空间，更要为可再生能源等清洁能源快速发展提供碳税政策支持。

---

① 鲁书伶，白彦锋．碳税国际实践及其对我国 2023 年前实现“碳达峰”目标的启示［J］．国际税收，2021（12）：21－28.

② 邢国辉．论税法上的公平原则［J］．税务研究，2008（12）：55－57.

2. 明确渐进式改革路径，实现碳税制度平稳落地。在碳税改革的实施方式上，大多国家都是基于现有环境税制度开征碳税，多采用低起点、分阶段渐进式提高税率的做法。在碳税政策模式的选择上，国际上多采用碳税、碳交易并行的复合政策。在碳税改革试点推行的区域上，发达国家实施效果更好。

3. 构建税制统一、税负公平、调节有度的制度体系。在征收对象上，原则上要一起纳入征税对象，力争实现碳税征收的全面覆盖。在税负水平上，一些国家通过税收优惠和收入返还两种模式实现了税收循环。在税率标准上，可采用区间不同税率形式，拟定好碳税税率的上下限标准，具体执行由地方根据实际情况确定。

四、我国开征碳税的具体设想与建议

从国际实践来看，碳税是实现气候目标的有力措施，实施碳税的目标设定在创新及运用新能源技术，提高资源利用效率，从而减少二氧化碳的排放。

（一）总体设想。征收“实质性碳税”，结合我国实际情况，在适当时机对二氧化碳排放开征新设税种，适时对二氧化碳排放进行单独征税。

1. 整合现有的绿色税收。构建符合国情的“中国式碳税”，需要充分考虑现行已有的煤炭资源税、成品油消费税、环境保护税等税种，更要避免重复管控又要覆盖完整的生产消费环节碳排放，平衡现有税种和碳税之间可能产生的重复征税的关系。

2. 税负分阶段调整。碳税实施初期，按照税负平移的原则，参照碳交易价格的波动和国际碳排放量折算标准，按能源消耗量和碳含量作为计税依据，合理设置税率。后期，注重对创新及运用低碳节能技术的企业给予一定税收激励，同时，根据国家绿色发展规划和国际环境形势逐步调整碳税税率。

3. 碳税政策与碳交易市场协同发展。合理设置碳交易市场和碳税制度之间的转换机制，赋予碳排放企业自主选择两种碳减排制度的权利。也可参考欧盟碳税实施的经验，给予参与碳交易市场的企业碳税豁免权。

（二）税制要素设计的具体建议。

1. 合理设置差异化的碳税税率，促进税制的横向生态补偿。遵循受益者付费、保护者得到补偿的原则，实行高排放行业高成本、低排放行业低成本的税率设置，促进自然资源优化配置和行业绿色节能的协调发展。一是设置差异化行业碳税。对煤使用者征收高税率，对使用天然气征收低税率，对使用可再生资源（风能、太阳能）的不征税，甚至给予一定的补贴。二是设置差异化地区碳税。先在经济基础好、减排压力轻的地区试行，分析试点地区开征碳税对二氧化碳排放总量及企业经济的效应影响。根据试点结果循序扩大试点地区范围，适时在全国统一实行。三是设置差异化纳税环节碳税。考虑到我国目前对煤炭、天然气和成品油征收的实际做法和我国的发展阶段能源结构实际，为减少社会阻力，便于职能部门监管，碳税先设置在生产端，从生产环节征收入手，待发展阶段较为成熟，再逐步拓展到消费环节，从生产和消费两端征收。

2. 探索短期碳税与长期碳市场机制结合的阶段性组合策略。目前，我国主要的减排调节工具仍然是碳排放权交易机制，仅通过全国碳排放权交易市场可能不足以实现对低碳转型的充分激励。碳交易的优势，是通过设定明确的总量控制目标，支撑政府及企业完成中长期的减排要求；而碳税的优势，是确定具体的排放价格，用以激励企业对清洁技术和新能源开发等技术创新进行投资。因此，可根据各行业的差异化发展水平及各行业降碳目标不同，设定碳税与碳市场协同的阶段性策略，短期采取碳税策略激励技术创新减排，中长期利用碳市场机制进行总量管控。通过组合策略，同时实现促进技术创新和减少碳排放的目标。

3. 降低税收扭曲，聚焦公平分配。我国碳税税制的设置应体现出税制中性的原则，碳税的设立，主要目的不在于增加财政收入，而在于通过税收和价格等手段对企业和居民进行行为调控。需要明确，碳税收入须专款专用于环境保护相关事业，或以碳税税收收入返还等形式给予企业、居民补偿，所以税制设计要考虑的目标，就是尽量减少对劳动和资本要素的扭曲。一是将碳税作为地方税。建议将碳税税收收入全部纳入地方财政收入管理。将其作为地方税有利于地方政府根据当地税源分布特点和征管资源状况，制定管理策略，调动地方参与碳减排的积极性，提升地方税收征管效率。二是税款专款专用。明确将碳税收入专用于减少碳排放、发展新能源等特定目的的支出，确保碳税红利的充分释放。具体可通过降低企业所得税等方式实现，还可以通过税收补贴的形式实现。三是实现税收转移。在实际操作上，既可以通过转移支付的方式将碳税收入用于扶持中西部欠发达地区产业转型升级，又可以发挥税收收入在二次分配中的作用，以财政返还或税银联动的形式鼓励减碳表现突出的纳税人。

（三）协调应对全球气候问题。为积极参与国际气候治理，如期实现中国“碳达峰”目标，提高政策储备以应对即将征收的碳关税不可避免。短期内，我国出口成本将被碳边境调节机制拉高，不利于我国的出口贸易。但从长远来看，出口产品的碳强度会随着贸易结构的优化和能源转型而逐渐降低，碳边境调节机制带来的不利影响也会慢慢减弱。面对国际间的气候环境问题博弈，我国要积极寻求国际间合作。一是积极参与国际气候治理。设计与国际碳关税对等的反制工具箱，探索建立我国碳关税、碳标签、低碳产品认证等多种形式的低碳标准，逐步增强对“中国碳”价格和减排标准的认同和接受程度。探索与国外碳交易市场的联动机制，加强与国际碳市场的碳交易互认和合作。特别是加强与欧盟的合作，促进我国碳市场项目与欧盟碳边境调节机制项目互认，将碳关税的负面影响降到最低，将获得关税豁免数额提升到最大。二是建立国际绿色贸易壁垒预警机制。政府部门联合行业协会力量，加大相关信息的宣传力度，提高出口企业（尤其是高碳排放企业）对国际碳环境管理标准的认识。建立我国的国际碳信息系统，对国际环保标准的变化进行密切记录和跟踪，实时掌握变动信息，以便高效应对国际碳环境。

参考文献

［1］杨晓妹，王宋伟，毛萍．碳排放责任视角下碳税征收模式选择［J］．税务研究，2023（07）：45－49．

［2］武晓婷，邓湘清，张恪渝．“双碳”目标下基于国际经验的我国碳税制度研究［J］．税务研究，2023（07）：50－53．

［3］高萍，高羽清．基于碳定价视角对我国开征碳税的思考［J］．税务研究，2023（07）：39－44．

［4］魏涛远，格罗姆·斯洛德．征收碳税对中国经济与温室气体排放的影响［J］．世界经济与政治，2002（08）：47－49．

［5］张晓娣，刘学悦．征收碳税和发展可再生能源研究：基于 OLGCGE 模型的增长及福利效应分析［J］．中国工业经济，2015（03）：18－30．

［6］李毅，石威正，胡宗义．基于 CGE 模型的碳税政策双重红利效应研究［J］．财经理论与实践，2021，42（04）：82－89．

［7］龙英锋，丁鹤．英国气候变化税与碳排放权交易综合运用的经验及借鉴［J］．税务研究，2020（01）：82－85．

［8］张莉，马蔡琛．碳达峰、碳中和目标下的绿色税制优化研究［J］．税务研究，2021（08）：12－17．

［9］王文，赵越．欧美碳减排经验教训及对中国的借鉴意义［J］．新经济导刊，2021（02）：28－35．

［10］邓微达，王智烜．日本碳税发展趋势与启示［J］．国际税收，2021（05）：57－61．

课题组组长：马正欢

成员：王荪怡（执笔人）

进一步完善非货币性资产投资个人所得税政策研究

——基于个人以股权换取限售股权的个税征缴案例分析

国家税务总局杭州市萧山区税务局课题组

摘　要：根据《财政部　国家税务总局关于个人非货币性资产投资有关个人所得税政策的通知》规定，个人以非货币性资产投资，属于个人转让非货币性资产和投资同时发生。应按照“财产转让所得”项目，依法计算缴纳个人所得税。然而在实践中，自然人的非货币性资产通过定向增发方式作价换取上市公司股票的行为，征纳双方在所得认定和税款缴纳上产生分歧。本文拟通过案例引述，对现行政策从法理角度和现实困境两方面进行分析阐述，从而为税收政策的完善提供新路径。

关键词：定向增发　自然人　非货币性资产　个人所得税

一、问题的发现：来自个人以股权换取限售股权的投资案例

近年来，我国资本市场不断发展壮大，特别是注册制推出后，企业上市融资数量猛增。自然人作为资本市场的活跃主体之一，在资本市场扮演着重要角色。但由于资本市场发展得太快，现有税收政策已不足以适应资本市场创新性业务需求，个人在资本市场投资的税收政策方面存在一定漏洞。

（一）案例背景。2017 年 11 月，A 上市公司发布公告，审议通过发行股份方式向特定对象非公开发行股份购买资产的议案。A 公司拟向 B 公司李××等 12 位自然人发行股票 2583.37 万股，购买其持有的 B 公司 74.2% 股权（B 公司注册资本 1 亿元，其中 25.8% 股权为公司持有），交易完成后 A 公司将持有 B 公司 100% 股权。

根据评估报告及双方协商，交易标的 B 公司作价 5.5 亿元。根据《重组管理办

法》第四十五条规定，上市公司发行股份的价格不得低于市场参考价的90%。经交易各方协商，本次发行股份购买资产的发行价格为21.29元/股（不考虑利润分配及转增等因素）。据此，李××等12位自然人将B公司74.2%股权按照评估公允价值折算成A公司2583.37万股股票。交易同时，A公司与李××等自然人约定股票锁定期为3年。

因2019年B公司业绩未达预期标准等因素，股票锁定期延长。直到2021年3月才解除锁定期。在此期间，受资本市场各种因素影响下，A公司股票从高点的24元跌至4元，解禁后李××等12位自然人通过大宗减持方式套现金额为1.03亿元。

（二）个税征缴与法律依据。

1. 依据《个人所得税法》及其实施细则之规定，财产转让所得是指个人转让有价证券、股权、合伙企业中的财产份额、不动产、机器设备、车船以及其他财产取得的所得。所得为有价证券的，根据票面价格和市场价格核定应纳税所得额；所得为其他形式经济利益的，参照市场价格核定应纳税所得额。李××等12位自然人在以股权换取上市公司限售股权的过程中，应确认有关所得。

2. 依据财政部、国家税务局《关于个人非货币性资产投资有关个人所得税政策的通知》（财税〔2015〕41号，以下简称41号文）第一条之规定，个人以非货币性资产投资，属于个人转让非货币性资产和投资同时发生。对个人转让非货币性资产的所得，应按照“财产转让所得”项目，依法计算缴纳个人所得税。税务机关认定李××等12位自然人需要缴纳个人所得税：（5.5－1）×74.2%×20%＝0.67（亿元）。

3. 依据41号文第三条的规定，纳税人一次性缴税有困难的，可合理确定分期缴纳计划并报主管税务机关备案后，自发生上述应税行为之日起不超过5个公历年度内（含）分期缴纳个人所得税。李××等因未取得现金对价，经主管税务机关同意，办理分期缴纳备案，分5年缴纳上述个人所得税。

综上所述，税务机关对李××等自然人征收个人所得税的法律依据来自《个人所得税》的相关规定；对征收项目、计税依据确认以及5年分期缴纳的核心依据主要来自41号文。

（三）征纳双方争议焦点。5年期限届满之时，税务机关向李××等12人催缴上述个人所得税，李××等12人提出异议，认为税务机关应按照4元/股的减持价格重新计算个人所得税。即李××等实际应缴纳个税：（1.03－0.742）×20%＝0.0567（亿元）。

税务机关认为，应依据41号文的规定，在非货币性资产转让时，按照评估的公允价值计算缴纳个人所得税0.67亿元。

纳税人提出异议，主要理由在于4年锁定期内A公司股票价格不断走低，等到限售期，纳税人通过大宗减持获得实际收益仅有当初交易评估价格的18.78%，只需要缴纳税费 0. 0567 亿元，现实收益与评估收益差异巨大。若税务机关仍然按照评估价值征收个人所得税，违背了量能赋税和公平原则，加重纳税人负担且不符合个人所得税法关于所得的规定。按照纳税人朴素的价值观认为这不符合常理。

二、征纳双方争议的制度原因：我国非货币性资产投资个人所得税政策设计存在缺陷

上述案例，争议焦点在于 41 号文规定的政策。该文件是税务机关对非货币性资产投资征税的法律依据，明确了个人以非货币性资产投资过程中所得实现、所得类型、所得确认、纳税申报、分期缴纳等政策，概括来说就是应于非货币性资产转让、取得被投资企业股权时，确认非货币性资产转让收入的实现，按照财产转让所得缴纳个人所得税。对一次性缴纳有困难的，可在 5 年内分期缴纳。

（一）关于所得确认。

1. 所得时点确认。41 号文明确，个人以非货币性资产投资，应于非货币性资产转让、取得被投资企业股权时，确认非货币性资产转让收入的实现。文中所述的“非货币性资产转让”和“取得被投资企业股权”实际上是两个时间节点。从法学角度分析，该条文的表述本身就存在逻辑上的漏洞，也就是说，确认收入的实现是非货币资产转让时确认，还是取得被投资企业股权时确认，抑或是转让和取得同时发生的时候确认。在权利登记为转移标准的前提下，现实中两者同时发生可能性几乎为零。41 号文笼统地确认收入容易引发事实认定偏差和法律解释争议。

2. 所得确定性。41 号文明确，个人以非货币性资产投资，应按评估后的公允价值确认非货币性资产转让收入。文件规定只考虑财产转让的公允价值，但并未考虑到实际所得的盈亏和变化。从实际交易情况看，非货币性资产投资取得的对价并不是当期现实收益，而是被投资企业的股权（股票），是预期可变现的收益，只有等到被投资企业股权转让之后才能确认真实的收益，此时的所得才是具有确定性。

（二）纳税时点的确认。关于纳税时点确定。41 号文明确规定，个人以非货币性资产投资，属于个人转让非货币性资产和投资同时发生。从交易性质看，个人以非货币性资产投资，包含两个交易行为，一是发生财产所有权的转移；二是取得被投资企业股权权利。二者的关联在于财产转让的收益是以被投资企业股权的形式体现，实质是取得某种形式的经济利益。因此纳税时点问题实质在于确认收入是现实收益还是预期收益。就定向增发而言，交易完成时投资者取得限售股应属于预期收益，等到限售期届满解禁之时，投资者将股票抛售取得的收益才是现实收益。

预期收益是“纸面收益”，现实收益才是“真金白银”。41 号文对纳税时点和所

得确认规定的模糊和不确定，影响了税收征管稳定性和公平性，也与现行个人所得税相关法律存在冲突，容易引起税企争议。

三、个人非货币性资产投资国内法相关政策比较与解析

上述案例争议和冲突凸显现行政策可能存在弊端，以及与现行个人所得税法律规定的冲突。笔者立足于法理思考，从个税法及实施细则规定、国际通行做法等方面进行比较，厘清非货币性资产投资纳税时点和所得确认。

（一）个人非货币性资产投资税收相关政策执行口径比较。关于非货币性资产投资征税规定最早见于《关于非货币性资产评估增值暂不征收个人所得税的批复》（以下简称319号文）明确规定，个人将评估后非货币性资产对外投资，其评估增值部分在取得被投资企业股权时，暂不征收个人所得税；在股权投资收回、转让或清算时，对增值部分再按规定征收个人所得税。该文件在税务总局2011年2号公告中明确作废。

2008年12月，国家税务总局《关于资产评估增值计征个人所得税问题的通知》明确规定，按照“财产转让所得”项目计征个人所得税，税款由被投资企业在个人取得股权时代扣代缴。该文件后由国家税务总局收回。

2011年2月国家税务总局《关于个人以股权参与上市公司定向增发征收个人所得税问题的批复》明确规定，应按照“财产转让所得”项目缴纳个人所得税。该文件属于一事一议个别处理文件，总局明确不予公开。

2015年3月财政部、国家税务总局《关于个人非货币性资产投资有关个人所得税政策的通知》，是目前税务机关对个人非货币性资产投资征税的最主要依据。

2016年9月，财政部、国家税务总局出台《关于完善股权激励和技术入股有关所得税政策的通知》（以下简称101号文），对个人在规定范围内的技术成果投资，投资入股当期可暂不纳税，允许递延至转让股权时，按股权转让收入减去技术成果原值和合理税费后的差额计算缴纳个人所得税。该文件将技术成果从非货币性资产中独立出来，单独适用递延政策，且突破了5年的期限限制，是对41号文的突破。

按照时间线的梳理表明，税务总局在对个人非货币投资所得确认上左右摇摆。从319号文规定暂不征税，到41号文按评估公允价值进行征税。总局在征税时点确认上转变较大。笔者认为当时征税时点转变的根源在于当时税收征管技术薄弱，无法对投资所得进行跟踪管理，导致税收流失的困境，因此在财产转让的时点进行征税，堵塞征管漏洞。同时通过分期纳税机制以减轻税收负担，但是政策执行效果并不显著。

另一方面来说，101号文将技术成果从非货币性资产中独立出来，单独适用递延

政策，其实质与 319 号文对所得确认和纳税时点的规定并无差异，均有采用递延纳税之意，且这一规定突破了 41 号文规定的 5 年期限，只要投资人一直持有被投资企业的股权，则可以不受限制地享受递延纳税的政策。这一政策的力度很大，是对非货币性资产适用递延纳税政策的有益尝试。

（二）个人非货币性资产投资所得与其他个人所得确认的政策比较。

1. 个税法明确财产转让所得是收入额，表明两层意思：一是明确表明财产转让所得采用的是收付实现制，而非权责发生制，表明财产转让收入是能自由支配和实际获得的经济利益。41 号文将非货币性资产投资定性为财产转让，也就是说个人非货币性资产投资情况下，必须要判断个人是否真正取得收益和增值，是否能自由地支配所得。二是所得的确定性，收入是对所得的确认。确定性是征税的基础，所得只有以某种形式的经济利益确定下来才能作为征税的基础。否则就违背了税收的公平性和量能课税原则。

2. 《个人所得税法实施细则》第八条关于所得形式的规定中明确所得为有价证券的，根据票面价格和市场价格核定应纳税所得额。从上述规定中，得出结论：如果取得的所得是有价证券的，包括股票、债券等，应纳税所得税额的核定是根据有价证券的价格来核定确认。回到非货币性资产投资的问题，投资者转让非货币性资产取得的对价是有价证券的，转让的收入应该是有价证券的价格核定，而不是通过对转让资产的评估价值作为收入。

通过与现行个人所得税法及其实施细则的比较，41 号文对非货币性资产收入的确认与个税法相冲突。特别是对上市公司定向增发取得的股权，在限售期内无法转化为现实利益的情况下，通过评估的方式将预期收益作为收入进行征税，在收入确认原则和收益计算方式上存在明显差异，有违个税法的相关确认原则和规定。

（三）个人非货币性资产投资所得与企业所得税非货币性资产投资所得确认的政策比较。为鼓励企业重组，根据企业所得税法的规定，财政部和国家税务总局发布了《非货币性资产投资企业所得税政策问题的通知》，其中明确了符合条件的企业资产重组可适用“特殊性税务处理”的企业所得税递延纳税政策。“特殊性税务处理”简单来说就是在投资时不确认所得，而是在将来股权转让取得收入时一并确认所得后再申报纳税。

而在个人所得税方面，纵观个人所得税法的相关规定制度，41 号文规定的分期纳税制度，是现行个人所得税里几乎唯一的重组政策。此外为支持国家大众创业、万众创新战略实施，财政部、国家税务总局发布《财政部　国家税务总局关于完善股权激励和技术入股有关所得税政策的通知》，对个人用技术入股，采取与法人相同的递延纳税政策，对个人在规定范围内的技术成果投资，投资入股当期可暂不纳税，允许递延至转让股权时，按股权转让收入减去技术成果原值和合理税费后的差额计算缴纳个人所得税。个人技术入股递延纳税与企业的递延纳税是相同的。

对于个人所得税至今未能建立起特殊性税务处理的规则，一方面是税制不同，企业所得税是综合税制，按同一税率计算缴纳企业所得税，特殊性税务处理是时间上的递延，到最后所得还是要被征税，只是早征和晚征的问题；而个人财产转让所得是按次纳税，“只对所得征税、亏损不予考虑”是个税征税规则，如果允许递延，会造成个人将本次转让的损失结转到下次转让时“弥补”，这又是与个税法相冲突。另一方面个人财务核算和征管水平也是制约个人所得税采用特殊性税务处理的难度，如果没有健全的、持续的财务会计核算、没有完善配套的征管手段，对于个人所得税适用特殊性税务处理会成为避税天堂。

四、个人非货币性资产投资个税政策设计的国际经验借鉴与启示

发达国家的资本市场比我们成熟，相关的交易也比较频繁，通过比较其他国家非货币资产投资的税收政策，对我国完善相关的政策也有借鉴意义。

（一）OECD 成员国。根据 OECD 成员国基本立法原则，当财产产权转移满足实现条件时，即财产发生被销售、交换或其他类似的处置行为，要按照财产转让所得计算纳税。但部分国家为防止出现因征税而影响投资的现象，引入了递延纳税规则，即在非货币资产投资环节暂不确认资本利得和亏损，待取得股权再转让时按照非货币资产投资前原值确认纳税义务。

（二）美国。在美国联邦税制中，基于非货币性资产投资过程中（未取得现金对价时），投资者无须缴纳个人所得税，在取得现金对价时，即应缴纳个人所得税。在确认非货币性资产投资行为能否被允许递延纳税时，美国税法规定，当自然人投资者或投资者集体转让非货币性资产后对被投资公司的持股比例不低于 80% 时，暂时不确认非货币性资产投资的投资收益。在投资环节不确认收益，在股票转让环节进行征税。

（三）英国。英国对满足免税重组条件的目标公司的自然人股东和法人股东一样，能够享受免税重组的递延纳税待遇。英国免税重组的税收政策更加考虑交易的目的，首先确认商业目的真实性，且交易事项不存在避税嫌疑。对于对价支付方式则分为现金和非现金，若以现金作为对价则在重组当期就需要确认资本利得或损失，只有非现金方式（例如股权）才可以递延相关收益和损失，混合支付的话则按照比例来确定。

（四）借鉴与启示。将上述国家非货币性资产投资的政策与我国现行政策对照，不难发现我国现行政策存在以下两点不足：

1. 个人所得税未采用递延纳税政策。非货币性资产投资的政策优惠主要分为两种：分期纳税和递延纳税。OECD 国家多采用递延纳税的优惠方式，即在非货币性资

产投资环节暂不确认所得或亏损，在获得的股权再次转让时以扣除投资成本后的转让价格确认所得缴纳税款。

在非货币性资产投资的过程中，投资人绝大多数取得的对价只有股权，只含有极少部分的现金补价。若投资人计划长期持有被投资公司股权，即使有 5 年分期纳税的税收优惠政策，仍然无法解决投资者在缴纳税款时缺少现金流的困境。

2. 个人与企业在同一交易事项上税收政策不统一。美国、英国等国家对非货币性资产投资行为，自然人和企业法人享受一致政策。而在我国，对个人投资者仅有分期缴纳的政策，但企业投资者却可以享受分期缴纳和递延纳税的政策。同一交易事项享受不同的政策，这本身也凸显了在非货币性资产投资处理上的不平等，税收负担不均衡。

五、进一步完善个人非货币性资产投资个税政策的对策与建议

针对现行个人所得税下非货币资产投资政策中的不足，结合定向增发股权交易事项的实质，从政策修订、征管措施等方面提出意见建议。

（一）政策改善和征管方面的意见建议。

1. 合理确定纳税义务时点和收入实现。41 号文所得确认和纳税时点的规定与个人所得税法及实施细则的规定相冲突，按照下位法不得与上位法冲突的原则，应尽快对其中财产转让所得确认、纳税时点等规定进行修改，使之符合个税法及实施细则的规定。在取得股权时，投资收益具有不确定性和波动性，只有在投资收益可以通过现金收益正确计算时，才可确认投资收益的实现，也符合纳税人正常的心理预期。

2. 建立电子管理台账。自然人税收管理系统（ITS 系统）已成功上线运行，建立个人非货币性资产投资备案管理电子台账的基础条件具备。通过电子台账式管理，做到数字化、精确化、持续性的跟踪管理，提高征管效能。明确自然人股东需要在税务机关完成备案登记后，才可享受相应税收优惠政策。

3. 加强信息共享机制。个人非货币性资产投资监管的难点和盲区在于税务机关无法及时掌握相关资产重组交易信息。通过建立信息共享机制，定期进行信息交互，加强事中监管力度，对投资者持股动向进行精确监控，可以通过证券交易所对投资者的个人所得税进行代扣，防止偷税逃税行为。

（二）制度设计方面的意见建议。

1. 完善个人所得税递延政策。前文已经分析个人所得税与企业所得税在非货币性投资税收政策上的差异。在企业重组交易中，非货币性资产投资方包含自然人股东与法人股东，理应同等适用税收政策。在符合特殊性税务处理条件的情况下，自然人股

东可适用递延纳税政策，在投资时点暂不纳税，而等到资产再次转让或退出投资时再确认所得缴纳税款。

近年来随着征管信息化水平提升，引入递延纳税的政策也具备征管基础。可借鉴美英等国家的成熟经验，在满足具有合理交易目的、一定持股比例条件以及被投资方经营持续性等条件后，自然人股东即可在非货币性资产投资转让发生时暂不确认所得和纳税义务，待股权被回购、注销以及再次转让时确定纳税义务，按照股权被处置获得的收入扣除投资前的资产原值计算利得或损失。

2. 对现金支付对价应按比例纳税。41 号文中规定在非货币性资产投资过程中取得的现金补价应优先缴纳税款，这一规定相当于提前确认收入，对投资者利益造成损害。应参照美国等国家做法，按照现金股权配比原则进行纳税。从合理性角度来说，按照减持占比对应收益比例缴纳个人所得税，对纳税人显得更加公平。

3. 明确合理费用扣除。41 号文规定的扣除费用显然过于狭隘。现实资产交易中，涉及资产评估、对赌协议等，均会产生不同的费用。在非货币性资产投资过程中，对费用的扣除应扩大范围，包括从取得股权至股权转让中全流程涉及的税费、各项合理相关费用以及承担的合理损失等都应纳入扣除范围，才能正确计算出纳税人真正的、实际的所得和盈亏，这才最符合个税法关于所得概念的定义。

4. 取消 5 年分期缴纳规定。41 号文规定，允许自然人 5 年分期缴纳。现实问题是假设自然人在 5 年期限届满之时仍想持有该股权，税务机关是否应在 5 年时间到期之时要求自然人缴纳个税？笔者认为，自然人在非货币性资产投资之时，本质上也可以视为是一种投资行为，5 年期限规定限制了自然人自由处置资产权利，与《民法典》权利原则相违背。因此，期限上只需规定自然人在处置股权取得所得之后缴纳，这才符合实际交易情形。

5. 完善备案制度。规定纳税人在每年个税汇算清缴时提供结存股权数量、变动情况等证明材料，通过备案制度的建立来进行风险分析和防控税款流失。

参考文献

［1］刘丽，周荣华，舒建峰．部分 OECD 成员国非货币资产投资个人所得税立法实践及借鉴［J］．国际税收，2016（08）：67－70.

［2］赵文祥．美国税法关于非货币财产出资的规定及启示［J］．税务研究，2015（04）：108－113.

［3］滕祥志．税法的交易定性理论［J］．法学家，2012（01）：94－107.

［4］雷霆．美国公司并购重组业务所得税制研究——原理制度及案例［M］．北京：中国法制出版社，2014：113.

［5］孙利，张志忠．非货币性资产投资所得税政策的困惑及对策［J］．税务研究，2016（06）：

69 - 72.

［6］韦国庆. 什么是所得？——财税〔2015〕41 号文争议背后的税法逻辑［N］. 中国税务报，2015 - 11 - 17.

［7］张春燕. 美国联邦所得税体系中的收入实现原则研究［J］. 经济法论丛，2018（01）：249 - 274.

［8］周晓光. 企业重组中的递延纳税与反避税［J］. 税务研究，2015（04）：64 - 69.

课题组组长：徐圭强

成员：金瑜、俞勇伟（执笔人）

二等奖

税收支持科技成果转化的思考

国家税务总局杭州市税务局企业所得税处课题组

摘　要：科技成果转化是实现从科学到技术、从技术到经济的关键环节，是实现高水平科技自立自强，形成我国科技创新优势的战略关键。为推进科技成果转化落地，我国制定了一系列激励措施，税收政策就是其中非常重要的一个方面。本文从科技成果转化的概念出发，进而分析税收优惠政策作用科技成果转化的主要环节，并以杭州市为例开展政策效应分析。同时，通过对不同转化模式下的税收优惠政策进行比较，得出我国目前科技成果转化税收政策存在的不足之处，并针对性提出完善技成果转化税收政策的建议。

关键词：科技成果　转化　税收

党的二十大报告指出，要加强企业主导的产学研深度融合，强化目标导向，提高科技成果转化和产业化水平。2022 年两会期间，习近平总书记再次强调要推进创新链产业链资金链人才链深度融合，不断提高科技成果转化和产业化水平。促进科技成果转化成为落实“科学技术是第一生产力”的关键所在，更是应对当前复杂的国际政治经济形势，增强国际竞争力的战略要求。近年来，从国家到地方，都在加快梳理有效促进经验、探索深化改革措施，2016 年国务院办公厅印发《关于印发促进科技成果转移转化行动方案的通知》；2019 年北京印发《北京市促进科技成果转化条例》；2021 年上海印发《上海市促进科技成果转移转化行动方案（2021 – 2023 年）》；2022 年杭州印发《杭州市构筑科技成果转移转化首选地实施方案（2022 – 2026 年）》。在充分发挥市场导向的基础上，更好发挥政府引导作用成为必然举措。税收作为调节经济的重要手段，如何更好发挥促进科技成果转化的作用，也是迫切需要我们思考和解决的问题。

一、科技成果转化的相关概念

根据《科技成果转化促进法》，科技成果是指通过科学研究与技术开发所产生的具有实用价值的成果。职务科技成果，是指执行研究开发机构、高等院校和企业等单位的工作任务，或者主要是利用上述单位的物质技术条件所完成的科技成果。科技成果转化则是指为提高生产力水平而对科技成果所进行的后续试验、开发、应用、推广，直至形成新技术、新工艺、新材料、新产品，发展新产业等活动。

从上述定义可以看出，科技成果转化大致可以分为三个环节：

（一）前端的研发投入环节，聚焦于科技创新从“0”到“1”的突破。主要是指为了形成具有实用价值的成果而在前期进行的科研投入，主要涉及研究开发活动和资源配置活动。

（二）中端的应用服务环节，聚焦于搭建从科技成果到产业化发展的桥梁。其间，主要涉及三方面的服务：一是科技成果转移服务。科技成果从供给方向需求方转移时，往往需要技术经纪人、技术经理人等提供商务、法律、知识产权等专业服务。二是科技成果转化服务。主要是指中试基地、工程技术研究中心、概念验证中心、熟化中心等机构，对科技成果进行后续试验、开发，形成更成熟的科技成果，再以各种方式转移到企业实施转化。三是科技创业孵化服务。由众创空间、孵化器、大学科技园等孵化载体为初创科技企业提供孵化场地、创业辅导、管理咨询等服务。

（三）后端的转移转化环节，聚焦于将科技成果转化为经济利益。主要是指利用科技成果形成新技术、新工艺、新材料、新产品，发展新产业。目前我国科技成果转化方式主要包括自行投资实施转化、向他人转让该科技成果、许可他人使用该科技成果、以该科技成果作为合作条件与他人共同实施转化、以该科技成果作价投资和其他协商确定的方式。

二、税收优惠政策的作用环节及效应分析——以杭州市为例

从 21 世纪初建设“天堂硅谷”，到发布数字杭州发展规划，再到深入实施数字经济“一号工程”，20 余年的接续奋斗让创新成为驱动杭州经济发展的不竭动力。2023 年 9 月，世界知识产权组织发布了《2023 年全球创新指数》报告，杭州在全球科技集群中排名第 14 位，位列中国上榜集群第五名，稳居我国创新城市第一梯队。以杭州为样本进行政策效应分析具有较高参考意义。鉴于此，文章将以杭州市支持科技成果

转化相关优惠政策落实情况为例，详细分析税收政策支持科技成果转移转化的作用环节以及政策效应，总结得出当前税收优惠政策在促进科技成果转化方面的一些现状。

（一）研发投入环节：以两类政策为主，研发优惠增量明显，创投政策体量较小。在科技成果转化的前端，企业或个人主要面临的是资金融通和研发投入等事项。除固定资产加速折旧、增值税留抵退税等普惠性政策外，本环节针对科技成果转化的政策主要集中在研发费用加计扣除和创业投资企业所得抵免，政策内容如表1所示。从杭州市近3年优惠政策享受情况来看，享受研发费用加计扣除政策的企业从2020年的1.86万户增加到了2022年的2.44万户；加计扣除额也从2020年的996亿元增至2022年的1606亿元，增幅明显。但享受创业投资企业所得抵免政策的户数和金额都比较小，以企业所得税为例，2020～2022年，杭州市享受创业投资企业抵扣应税所得税额政策（包括直接投资和通过有限合伙制创投企业投资）的年均户数为20户左右，年均抵扣应纳税所得额为1亿元左右。

表1　　研发投入环节税收优惠政策

税种	作用环节	适用政策	具体内容
企业所得税	研发投入环节	财税〔2015〕119号、财政部、税务总局公告2023年第7号等	企业开展研发活动中实际发生的研发费用，未形成无形资产计入当期损益的，在按规定据实扣除的基础上，再按照实际发生额的100%在税前加计扣除；形成无形资产的，按照无形资产成本的200%在税前摊销
		企业所得税法、财税〔2015〕116号、财税〔2018〕55号等	创业投资企业从事国家需要重点扶持和鼓励的创业投资，可以按投资额的一定比例（70%）抵扣应纳税所得额
		财政部、税务总局公告2022年第32号	对企业出资给非营利性科学技术研究开发机构、高等学校和政府性自然科学基金用于基础研究的支出，在计算应纳税所得额时可按实际发生额在税前扣除，并可按100%在税前加计扣除
			对非营利性科研机构、高等学校接收企业、个人和其他组织机构基础研究资金收入，免征企业所得税
个人所得税		财税〔2018〕55号等	天使投资个人采取股权投资方式直接投资于初创科技型企业满2年的，可以按照投资额的70%抵扣转让该初创科技型企业股权取得的应纳税所得额；当期不足抵扣的，可以在以后取得转让该初创科技型企业股权的应纳税所得额时结转抵扣

（二）应用服务环节：政策较为单一，主要针对孵化服务，政策辐射范围有限。在科技成果转化的中端，企业或个人主要面临的是将研究成果对接市场。其间，可能涉及科技成果转移服务、科技成果转化服务和科技创业孵化服务。针对这一环节，税收上专门出台的优惠政策主要有科技企业孵化器、大学科技园和众创空间的税收政策，政策内容如表 2 所示。从杭州市近 3 年优惠政策享受情况来看，增值税减免户数保持在 60 户左右，减免金额从 2020 年的 319 万元小幅增加到 2022 年的 381 万元；房土两税减免户数保持在 30 户左右，减免金额从 2020 年的 1178 万元增加到 2022 年的 4240 万元。虽总体减免金额有较大程度增长，但政策辐射范围较小。

表 2　应用服务环节税收优惠政策

税种	作用环节	适用政策	具体内容
增值税	应用服务环节	财政部 税务总局 科技部 教育部公告 2023 年第 42 号	对国家级、省级科技企业孵化器、大学科技园和国家备案众创空间向在孵对象提供孵化服务取得的收入，免征增值税
房产税、城镇土地使用税			对国家级、省级科技企业孵化器、大学科技园和国家备案众创空间自用以及无偿或通过出租等方式提供给在孵对象使用的房产、土地，免征房产税和城镇土地使用税

（三）转移转化环节：政策相对集中，高新优惠体量最大，技术转移惠及面小。在科技成果转化的后端，企业或个人主要面临的是将科技成果转化为经济效益。在相关概念中，我们提到科技成果转化有多种实现方式，科技成果转化过程中还涉及企业、个人等多个主体，因此针对这一环节的税收优惠政策内容最为丰富，主要包括技术转让、技术开发、技术咨询增值税优惠，技术转让、技术入股所得税优惠，高新技术企业所得税优惠，科技人员职务科技成果转化个人所得税优惠等政策，政策内容如表 3 所示。从杭州市近 3 年优惠政策享受情况来看，鼓励自行实施转化的高新技术企业优惠政策享受体量最大，减免金额始终保持在 200 亿元以上。支持向他人转让该科技成果、以科技成果作价入股方式实施转化的优惠政策惠及面较小。以企业所得税为例，2022 年杭州市输出技术的技术合同成交额为 691. 71[①] 亿元，而享受技术转让所得减免和技术入股递延纳税政策的企业仅为 42 户，减免所得额和纳税调减金额合计 3. 1 亿元。

① 科技部火炬中心。

表 3　　转移转化环节税收优惠政策

税种	作用环节	适用政策	具体内容
增值税	转移转化环节	财税〔2016〕36 号	纳税人提供技术转让、技术开发和与之相关的技术咨询、技术服务享受免征增值税优惠
企业所得税	转移转化环节	企业所得税法、国科发火〔2016〕32 号等	国家需要重点扶持的高新技术企业，减按 15% 的税率征收企业所得税
企业所得税	转移转化环节	财税〔2010〕111 号	居民企业技术转让所得不超过 500 万元的部分，免征企业所得税；超过 500 万元的部分，减半征收企业所得税
企业所得税	转移转化环节	财税〔2015〕116 号	自 2015 年 10 月 1 日起，全国范围内的居民企业转让 5 年（含，下同）以上非独占许可使用权取得的技术转让所得，纳入享受企业所得税优惠的技术转让所得范围
企业所得税、个人所得税	转移转化环节	财税〔2016〕101 号等	企业或个人以技术成果投资入股到境内居民企业，被投资企业支付的对价全部为股票（权）的，企业或个人可选择继续按现行有关税收政策执行，也可选择适用递延纳税优惠政策。选择技术成果投资入股递延纳税政策的，经向主管税务机关备案，投资入股当期可暂不纳税，允许递延至转让股权时，按股权转让收入减去技术成果原值和合理税费后的差额计算缴纳所得税
个人所得税		财税字〔1999〕45 号	科研机构、高等学校转化职务科技成果以股份或出资比例等股权形式给予个人奖励，获奖人在取得股份、出资比例时，暂不缴纳个人所得税；取得按股份、出资比例分红或转让股权、出资比例所得时，应依法缴纳个人所得税
个人所得税		财税〔2015〕116 号	自 2016 年 1 月 1 日起，全国范围内的高新技术企业转化科技成果，给予本企业相关技术人员的股权奖励，个人一次缴纳税款有困难的，可根据实际情况自行制订分期缴税计划，在不超过 5 个公历年度内（含）分期缴纳
个人所得税		财税〔2016〕101 号	非上市公司授予本公司员工的股票期权、股权期权、限制性股票和股权奖励，符合规定条件的，经向主管税务机关备案，可实行递延纳税政策，即员工在取得股权激励时可暂不纳税，递延至转让该股权时纳税；股权转让时，按照股权转让收入减除股权取得成本以及合理税费后的差额，适用“财产转让所得”项目，按照 20% 的税率计算缴纳个人所得税
个人所得税		财税〔2018〕58 号	依法批准设立的非营利性研究开发机构和高等学校（以下简称非营利性科研机构和高校）根据《中华人民共和国促进科技成果转化法》规定，从职务科技成果转化收入中给予科技人员的现金奖励，可减按 50% 计入科技人员当月“工资、薪金所得”，依法缴纳个人所得税

三、不同转化模式或条件下的税收优惠政策比较

目前，我国科技成果转化方式主要包括自行投资实施转化、向他人转让该科技成果、许可他人使用该科技成果、以该科技成果作为合作条件与他人共同实施转化、以该科技成果作价投资和其他协商确定的方式。科技成果所有者（持有者）一般会采用一种或多种转化方式，不同的转化模式或转化条件下，税收优惠政策也存在一定差异。

（一）转化模式不同带来的研发优惠享受主体和金额不同。假设持有科技成果的公司或组织 A，2023 年发生符合条件的研发费用 1000 万元，其中费用化部分 500 万元，资本化部分 500 万元（2023 年 4 月转无形资产，摊销年限 10 年）。若 A 选择自行投资实施转化，费用化部分在据实扣除 500 万元的基础上，可以再加计扣除 500 万元（500×100%），计 1000 万元；资本化计入无形资产成本的，2023 年可按 75 万元［500÷10×(9÷12)×200%］在税前摊销。若 A 于 2023 年 10 月向他人转让该科技成果，费用化部分同自行实施转化，当年可在税前扣除 1000 万元；资本化部分转让前的无形资产摊销为 50 万元［500÷10×(6÷12)×200%］，无形资产账面净值 475 万元［500－500÷10×(6÷12)］作为转让成本一次性在税前扣除。若 A 以该科技成果作为合作条件与他人共同实施转化，与 B 签订技术开发合同，如属于委托研发（假设研发费用仍为 1000 万元，时间节点、费用化和资本化划分同上），则将由委托方 B 享受研发费用加计扣除政策。费用化部分 B 在据实扣除的基础上，可以按照研发活动发生费用的 80% 进行加计扣除，可税前扣除 900 万元（500＋500×80%）；资本化部分 B 于 2023 年可税前摊销 67.5 万元［500×(1＋80%)÷10×(9÷12)］。若为合作研发，由合作各方就自身实际承担的研发费用进行加计扣除。

（二）有证成果和无证成果政策享受差异大。单位或个人形成的科技成果包括专利技术、计算机软件、技术秘密、集成电路布图设计、植物新品种、新药、设计图、配方等。其中，专利技术、计算机软件著作权、集成电路布图设计权、植物新品种、生物医药新品种等需要向相关部门申请注册登记，并获得权利证书，简称“有证成果”；技术秘密等科技成果则由其合法控制者本身采取相应的保护措施，不申请专利技术等权利证书，不受专利法等的保护，简称“无证成果”。在具体的优惠政策中，技术转让、技术开发和与之相关的技术咨询、技术服务享受免征增值税优惠不区分有证成果和无证成果，符合条件的均可享受增值税免税政策。但在企业所得税和个人所得税优惠政策中，有证成果和无证成果转让政策差异较大。具体来说，企业所得税技术转让减免中，技术转让范围限定在专利技术、计算机软件著作权、集成电路布图设计权、植物新品种、生物医药新品种等有证成果；个人所得税“职务科技成果转化收入

中给予科技人员的现金奖励，可减按50%计入科技人员当月‘工资、薪金所得’”政策中，科技成果的范围也限定于有证成果。

（三）科技成果所有者身份不同带来的个税政策差异。假设科技成果所有者A单位，将其持有的科技成果通过作价入股的方式投入B公司并取得B公司一并比例的股权，现对科技成果产出做出突出贡献的员工甲进行职务科技成果转化奖励120万元（为简便计算，不考虑甲当年取得的其他综合所得收入、附加扣除和专项附加扣除）。如果采用现金奖励的方式，若A的身份是经依法批准设立的非营利性研究开发机构和高等学校，那么A给员工甲的现金奖励（假设其他条件均符合）可以享受“减按50%计入科技人员当月‘工资、薪金所得’的政策”，经计算当年应缴纳个人所得税10.9万元；若A的身份是一般的企业，那么A给员工甲的现金奖励，需要全额并入工资计征个人所得税，经计算，当年应缴纳个人所得税33.1万元。若采用B公司价值120万元的股权进行奖励，甲持有1年后，按130万元的对价转让给了其他股东。如果A的身份是符合条件的科研机构、高等学校，则甲在取得股权时暂不缴纳个人所得税，转让时按“财产转让所得”缴纳个人所得税26万元（130×20%）；如果A的身份是一般的企业，则甲在取得B公司股权时就需按“工资薪金”所得计算缴纳个人所得税33.1万元，在转让时按“财产转让所得”缴纳个人所得税2万元［（130－120）×20%］。

（四）技术转让和技术入股的不同所得税政策。假设A公司持有一项专利技术，成本300万元，市场价值1000万元，可以通过技术转让或技术入股的方式实施转化。如果A选择通过技术转让的方式转让给B公司（假设A公司企业所得税适用税率25%，且没有其他所得），则A公司需要缴纳企业所得税25万元［（1000－300－500）×50%×25%］；如果A公司通过技术入股的方式将专利技术转移到B公司并取得相应股权，则A公司可以有两种纳税方案，方案一按技术转让缴纳企业所得税；方案二适用递延纳税，在技术入股当期不确认所得，递延到转让B公司股权时计算缴纳企业所得税。从企业所得税申报表逻辑关系看，一般认为两类政策不能叠加享受。若A公司于次年将B公司股权转让，取得对价1200万元，方案一：A公司需要在技术入股当年缴纳企业所得税25万元，次年需缴纳企业所得税50万元［（1200－1000）×25%］；方案二：A公司在技术入股当年不需要缴纳企业所得税，次年需缴纳企业所得税225万元［（1200－300）×25%］。

四、当前支持科技成果转化税收政策的不足之处

通过对支持科技成果转化税收优惠政策的作用环节和杭州市政策落实效应分析，以及不同转化模式下税收优惠政策比较，可以在一定程度上窥见当前支持科技成果转

化税收政策存在的不足之处。

（一）优惠政策主要集中在后端，不利于科技成果转化链条的构建和完善。科技成果转化后端的税收优惠政策主要作用在企业实现收入的环节，比如高新优惠、技术转让、技术入股等。而当前我国科技成果转化的痛点和难点，更多地体现在前端的科技创新、资金融通和中端的供需对接、中试熟化、作价评估等方面，打造全链条的科技成果转化生态系统是促进科技成果转化的必然举措。目前，从杭州市科技成果转化税收优惠的数据看，作用于前端的政策中，仅有少数企业享受创业投资企业所得抵免政策，表明现有政策对中小型科技企业和初创型科技企业投融资的拉动作用有限。作用于中端的政策仅有科技企业孵化器政策，对链条中端其他服务领域的引导作用尚未体现。

（二）研发投入优惠政策受限，不能有效缓解企业投入初期的资金压力。从优惠力度来看，研发费用加计扣除比例逐年提高，目前 100% 的加计扣除比例处于全球中等偏上水平，但从政策实际效果来看，现有研发优惠无法有效支持中小企业创新发展。一方面，很大一部分研发阶段的企业处于亏损状态，当期实际未能享受政策红利，亏损额向以后年度结转不能直接缓解企业当期的资金压力。甚至部分研发周期较长的企业，亏损额在后期也无法得到弥补，这使研发优惠政策的激励效果大打折扣。另一方面，随着现代服务业与先进制造业的融合和交叉，产业边界越发模糊，“负面清单”行业在科技成果转化过程中同样可能承担科研投入的职能。在“大众创业、万众创新”的背景下，以行业限制企业研发优惠享受不利于激发市场创新潜力。

（三）技术转让政策受惠面偏窄，不利于支持科技成果的充分流动和交易。在杭州市庞大的技术交易额体量下，技术转让税收优惠政策享受企业并不多。究其原因，一方面在于技术成果所有者若享受技术转让增值税免税则自身无法抵扣进项，且无法开具增值税专用发票，受让方亦无法进项抵扣，因此部分企业放弃享受免税优惠；另一方面在于技术转让所得减免中技术转让的范围限定于专利技术、计算机软件著作权、集成电路布图设计权、植物新品种、生物医药新品种。而实务中考虑到科技成果的构成以及保护期限需求，部分企业选择不申请专利技术，通过技术秘密的形式对科技成果进行保护，这类技术秘密的转让无法享受技术转让企业所得税，也不能享受职务科技成果转化现金奖励个人所得税优惠政策。

（四）不同转化模式下存在政策差异，可能干扰科技成果持有者的转化决策。通过不同转化模式下的税收优惠政策比较，可以看出不同转化模式下税收优惠政策存在一定差异。如，不同的转化模式或不同技术合同形式下，研发费用加计扣除政策的享受主体和享受金额可能存在根本性转变；又如，科技成果所有者身份不同，个人所得税优惠政策也存在较大差异；再如，技术入股和技术转让，因取得对价的形式不同，企业所得税减免类型可选择原所得减免政策，也可以选择递延纳税政策，不同的政策选择将导致最终减免金额的变化。税收优惠政策的差异实质上已经影响企业转化方式的选择，不利于实现税收公平和发挥市场机制配置作用。

五、完善科技成果转化税收政策的建议

（一）构建科技成果转化全链条优惠政策体系。支持前端资金融通需求，适当调整针对创业投资企业的税收优惠政策，降低投资风险，提高投资人对初创科技型企业投资的积极性。在进入环节，扩大创投企业政策适用范围，将政策享受主体从创业投资基金扩展到其他类型的风险投资基金，吸引更多资本投入种子期、初创期的科技型企业；在退出环节，将公司型创投企业税收政策试点推广至全国。公司型创业投资企业在转让持有一定年限的初创期科技型企业股权时，按照年末个人股东持股比例免征或减半征收当年企业所得税，解决公司型创投企业股权转让收入“两道税”的问题。支持中端服务体系建设，在现有政策基础上，出台对相关科技服务领域的税收支持政策，如对技术转移中介机构、孵化机构等服务机构取得的收入，参照社区家庭服务收入减按 90% 征收企业所得税。

（二）优化调整研发加计行业限制和优惠形式。研发费用加计扣除政策在促进企业研发投入方面发挥着关键作用，为更好发挥研发加计政策激励效应，应对现行研发加计政策进行优化。一方面，缩小“负面清单”行业范围。企业能否享受研发费用加计扣除应根据企业研发项目的创新性、费用归集的规范性和备查资料的完整性来进行判断，不应以负面清单行业“一刀切”否定企业的科技创新行为。建议取消除烟草制造业和娱乐业以外的负面清单行业，体现万众创新导向，同时保留了烟草制造业和娱乐业的行业限制，体现行业发展导向；另一方面，针对初创期企业研发阶段通常处于重大亏损状态、研发优惠政策激励不足的情况，参考高新技术企业和科技型中小企业，将初创科技型企业的弥补亏损年限也延长至 10 年。同时，探索施行研发费用累进加计扣除制度，对不同研发费用金额采取累进的加计扣除比例，在整体加计金额不变的情况下，使研发前期少加计、研发后期多加计，减少亏损额无法弥补的情况。

（三）加大科技成果转移环节政策支持力度。科研院所和高等学校是科技成果产出的主要力量，这些单位的科技成果转化往往通过技术转让、技术入股等方式实现。自身资金实力不足的企业也会选择将技术成果进行转让。因该环节已实现经济利益，往往还涉及对科技人员的奖励。因此，科技成果转移环节的税收优惠在支持科技成果转化过程中尤为重要。针对当前技术转让政策受惠面偏窄的问题，一是建议优化技术成果转化增值税优惠方式。将现行的技术转让增值税免税政策改为即征即退政策，转让方可以开具增值税专用发票并退回计算缴纳的增值税，受让方可以进行进项税额抵

扣，有利于增值税链接的完整，实现真正意义上的免税。二是建议扩大所得税优惠中的技术转让范围。将符合一定条件的技术秘密纳入技术转让所得税减免的范围，逐步统一技术转让所得税和增值税优惠政策的适用范围。三是将中关村国家自主创新示范区特定区域技术转让企业所得税试点政策推广至全国。将技术转让所得免征额从500万元提高至2000万元，同时将从直接或间接持有股权之和达到100%的关联方取得的技术转让所得也纳入政策享受范围，进一步促进技术成果的自由流动。

（四）推进不同转化模式下的优惠政策协同。当税收优惠政策成为企业科技成果转化模式选择的考量因素时，一方面会增加企业税收筹划负担，间接增加企业科技成果转化成本；另一方面可能会歪曲市场行为，使科技成果持有者错失最优选项。因此，推进不同转化模式下税收优惠政策的协同，尽可能消除差异性有其积极意义。一是做好相关优惠政策的汇总梳理。便利科技成果转化参与各方获取相关税收优惠政策，减少税收优惠信息上的不对称和信息获取成本，帮助企业及时享受到政策红利。二是对差异化税收优惠政策进行合理整合。在企业科技成果转化主体地位越来越突出的大背景下，有序扩大职务科技成果转化现金奖励和股权形式奖励个人所得税政策适用范围，可通过试点等方式探索将企业或其他机构纳入政策享受范围。建议技术入股模式下企业可以叠加享受技术转让所得减免和递延纳税政策，一定程度上解决政策适用的差异。同时，对随意转换技术合同形式、滥用税收优惠等风险应进行提示，帮助企业有效防范涉税风险。

参考文献

［1］付稚茹，王宝富，熊艳，王娟，周思维，彭静．关于科技成果转化税收优惠问题的探讨［J］．管理研究，2020（07）：15－17.

［2］吴仁寿．科技成果转移转化税收政策研究［J］．创新科技，2023（02）.

［3］张凯迪．我国科技成果转化所得税税收政策研究［D］．北京：中国财政科学研究院，2020.

［4］陈远燕，刘斯佳，宋振瑜．促进科技成果转化财税激励政策的国际借鉴与启示［J］．税务研究，2019（12）：54－59.

［5］刘芳雄，汪一林．税收优惠支持科技创新：经验、问题与建议［J］．税务研究，2023（09）：120－125.

课题组组长：肖正军

成员：吕道明、徐媛（执笔人）

“双碳”目标下完善支持绿色发展税收政策研究

国家税务总局杭州市西湖区税务局课题组

摘　要：2020年9月，习近平主席在七十五届联合国大会上宣布，中国将在2030年实现“碳达峰”，在2060年前力争实现碳中和，这是中国的“双碳”目标。为充分发挥税收职能作用，主动服务“双碳”工作要求，积极践行“绿水青山就是金山银山”理念，2016年12月，我国制定通过了《环境税法》，并于2018年1月1日正式实施，这标志着我国的绿色税收体系进入一个新的阶段。本文以完善绿色税收体系为研究目标，从现有的绿色税收相关政策出发，结合目前税务机关政策执行情况，分析总结近年来绿色税收发展成效和重难点问题，为进一步完善绿色税收体系提供些许建议。

关键词：双碳　绿色税收

一、我国绿色发展税收政策分析

绿色税收概念较为宽泛，约在1988年以后被广泛提及。《IBFD国际税收词汇》对绿色税收做出了定义，即：对投资于防治污染或环境保护的纳税人给予的税收减免，或对污染行业和污染物的使用所征收的税，以实现其改善生态环境的目的，因此绿色税收也被称为生态税或环境税[①]。绿色税收不仅仅指某一个税种，而是指与环境保护相关的一系列税收政策。

2015年6月，中共中央、国务院印发的《关于加快推进生态文明建设的意见》

① 荷兰国际财税文献局（IBFD）. IBFD国际税收辞汇［M］. 7版. 北京：中国税务出版社，2016：10－15.

中，首次提出“绿色化”概念。后续我国积极推进排污费改环保税的改革，并于2016年审议通过了《环境保护税法》，这标志着我国绿色税收体系建设进入了一个全新阶段。目前，我国对绿色税收没有作出明确定义和解释，国内学者对于绿色税收的界定通常分为狭义和广义两种。本文采用广义口径，即把对能源节约和保护环境有正向作用的税种，都纳入绿色税收范围。

（一）环境保护税。环境保护税法于2016年12月由十二届全国人大常委会第二十五次会议审议通过，并于2018年1月1日起施行。环保税对直接向环境排放应税污染物的行为进行征税，征税范围包括“水、气、声、渣”四大类的污染物。环保税法是贯彻习近平生态文明思想、贯彻绿色发展理念的战略措施，是我国第一部专门体现“绿色税制”的单行税法。环保税法的出台实施，标志着我国绿色税制进入了全新进程，提高了我国税收制度的绿色化程度。

（二）与环保相关的其他税种。我国目前税制中，除环境保护税与绿色发展直接相关以外，资源税、耕地占用税、车船税、消费税等，也同样发挥着绿色税收的作用。进一步来看，按照税种特征可以分为资源占用型和行为引导型两种不同的类型。

1. 资源占用型税种。资源占用型税种包括资源税、耕地占用税和城镇土地使用税。现行资源税法共有164个税目，涵盖目前我国所有已经发现的矿种和盐，形成了“从价计征为主+从量计征为辅”的计税方式。耕地占用税和城镇土地使用税都是对土地进行征税，但征收范围略有不同，耕占税主要是对包括园地、林地、草地等在内的农用地征税，在占用阶段一次性征收。土地使用税是在纳税人占有土地期间按年征收，两者都是差别税率，分别按照人均占有耕地面积和人均占有土地面积设置不同档次的税率。

2. 行为引导型税种。行为引导型税种包括消费税、车辆购置税和车船税。消费税一共有15个税目，其中鞭、焰火、成品油、游艇、木制一次性筷子、实木地板、摩托车、小汽车、电池、涂料等10个税目与环境保护密切相关，其中小汽车按照排气量的大小确定不同的税率。车辆购置税和车船税分别在购置和使用环节征收，我国自2012年起对新能源商用车免征车船税，对新能源乘用车不征收车船税，自2014年9月起对新能源汽车实施免征车辆购置税政策。

（三）具有环境保护意义的税收优惠政策。根据税务总局发布的《支持绿色发展税费优惠政策指引内容》，我国支持绿色发展税费优惠政策主要有四方面的事项，支持环境保护方面主要涉及促进企业加快环保设备改造和推进环境污染第三方治理共6项减免措施；促进节能环保方面主要涉及推广合同能源管理项目和保障居民供热并鼓励减少排放污染物的20项减免措施；鼓励综合资源利用主要涉及提升资源使用效率和促进社会发展绿色转型的21项减免措施；推动低碳产业方面主要涉及鼓励清洁能源及实现“双碳”目标的9项减免措施。享受范围最广的主要集中于增值税和企业所得税中，如对综合利用资源、风力发电、节能节水等绿色化生产方式给予即征即退优惠，对企业购置使用环保、节能和安全生产设备的给予税额抵免优惠。

（四）我国绿色税收体系主要特点。

1. “惩罚性成本＋鼓励性引导”发挥环保作用。我国的绿色税收主要通过两种形式发挥环境保护作用，一是通过对污染物或引起污染的行为征税来减少环境污染，引导人们减少排污行为或是减少购买容易引起污染环境的产品；二是通过对节能环保提供税收优惠，以鼓励人们进行节能环保的生产方式或是从事节能环保产业。

2. “直接税为主＋间接税为辅”组成税制结构。我国绿色税收政策中，只有消费税和资源税属于间接税，其余的税种包括环境保护税、耕地占用税、城镇土地使用税、车辆购置税和车船税皆属于直接税，这类税种税负无法转移，税收会成为纳税人的负担成本，这也符合绿色税收通过增加纳税人纳税成本来倒逼企业减少排污和资源占用的导向。

3. “部门协作配合＋数据实时传递”保障征管到位。与其他税种征管方式有明显区别的是，绿色税收的税种征管工作对外部门协同配合需求度比较高，如环境保护税需要生态环境部门配合提供排污许可证、环保监测数据、违反环保处罚信息等，耕地占用税和城镇土地使用税需要自然资源规划部门配合提供农用地审批信息、临时占地信息、未批先占信息和不动产权登簿信息等。

二、我国绿色发展税收政策存在的问题

（一）绿色税收收入占税收收入比重过低。据《中国税务年鉴》数据，我国绿色税收占总税收收入比例较低，2015～2021年绿色税收收入占比平均为13.39%。2018年开征环境保护税后，当年的绿色税收收入占比较2017年并没有明显上升，在后续的年度中该比例虽有所上升但上升幅度有限，直至2020年以后稳定在13.3%。其中，环境保护税作为绿色税收中最有针对性的税种，其收入占比在税务机关征收的16个税种中，位列倒数第二名，2021年占比仅0.11%，制约了环保税应发挥的环保效应。此外，资源税作为环保税以外最具有绿色税制特点的税种，2021年在税收收入中占比也仅有1.21%。

（二）绿色税收体系建设不够健全。

1. 没有形成系统的绿色税收体系。没有将绿色税收范围、架构从制度上确立下来。我国目前只有环保税是完全的绿色税法，其余税种的开征并非完全从环保角度出发，关于绿色税收定义和概念也没有明确的界定。与环境保护相关的税收政策是散落在多个税种中，绿色税收功能主要通过部分税目、税率和税收优惠来体现，增值税和

企业所得税这两大主力税种中的绿色税收部分更是分散。

2. 绿色税收政策制定不够合理。目前我国的绿色税收优惠相对单一，主要采用减税和免税两种形式，延期纳税、加速折旧等优惠措施暂未纳入绿色税收优惠范畴。此外，还存在税率设置没有结合环保因素进行的问题，如车辆购置税的税率统一为10%，并没有按照汽车的排气量等因素进行区分。

（三）绿色税收征收范围不够广。

1. 环境保护税征收范围过窄。环境保护税征收范围包括大气污染物、水污染物、固体废物和噪声。其中，已设置的税目里如噪声环保税只对工业噪声征税，不涉及建筑施工噪声、交通运输噪声等实际会对人们生活造成不良影响和对环境造成污染的征收对象。此外，我国也未把挥发性有机物、土壤污染、光学污染等污染源纳入征税范围。

2. 消费税征收范围不够全面。消费税从开征以来经历了三次大变革，税目由 11 个增加到 15 个，征收范围也一直在扩大，但仍未将一些污染程度高或治理成本大的产品纳入征收范围，如含磷洗衣粉、塑料、铅蓄电池等。

3. 未开征碳税。在国际上通行的观点是碳税的开征可以有效减少人们对能源的消费并能够较好地抑制碳排放量，我国已于 2021 年启动全国碳排放权交易市场，对碳税开征适用的条件、框架及具体措施也一直在研究中，目前还没有形成能够实际运用的具体落实框架，至今没有开征碳税。

（四）绿色税收征管效率有待提升。

1. 某些地方政府存在“重税收收入、轻绿色税收”的心态。虽然近年来国家一直将生态文明建设作为重大战略措施，我国当前形势下绿色税收收入占全部税收收入比重较低，经济发展水平较低的地方政府为了经济利益还是会选择粗放型产业，在绿色税收成本负担不是很重的情况下选择缴纳税款来增加地方经济效益。

2. 政府部门间协作机制运行效率有待提升。我国在绿色税收方面已与生态环境部门、自然资源规划部门、住建部门、农业农村局等建立了常态化协作机制，但存在交换数据质量不够高、信息共享渠道涉及面不够广、联合监管程度不够深等问题，需要在未来进一步深化协作配合程度。

3. 税务人员对绿色税收政策掌握度不高。绿色税收涉及税种较多，且大部分是小税种，税种之间关联度不高，因此税务人员对这部分税收政策缺乏学习积极性，进而导致实际征管效率不高。此外，绿色税收征管除了税收政策，还需要掌握化工、生物等专业知识，对干部综合素质要求较高。

（五）绿色税收理念公众认知度不高。

1. 企业对于绿色税收政策熟悉度不够高。我国绿色税收主要针对特定产品、资源和污染物进行征税，并非所有企业都需要缴纳，会接触到此类税种的企业大部分也仅就其中一种或几种进行纳税，企业缺乏主动了解绿色税收的动力。此外，很多与绿色税收相关的优惠政策是分布在各个税种中的，如果没有具备一定的绿色环保理念，企业在实际享受时并不会与绿色税收概念挂钩。

2. 民众对绿色税收的认知度不高。当前我国环境保护税未将生活垃圾和车辆等移动交通工具排放纳入征收范围，民众在日常生活中接触到绿色税收的机会不多。我国人口众多，全面提倡实行垃圾分类等引导民众保护环境的阶段较晚，绿色理念在民众生活中的渗透性不足。

3. 绿色税收的宣传效果有待提升。近年来，税务部门的改革事项层出不穷，个人所得税改革、减税降费政策、增值税电子发票推行等重大改革事项接踵而至，更易成为人们关注的焦点。相较而言，绿色税收的宣传力度就较为欠缺，需要在未来通过更多方式提高公众认知度。

三、国际绿色税收政策研究

（一）安永绿色税收跟踪报告统计情况。2023 年 6 月安永发布了《绿色税收跟踪报告》第六版，对占全球 GDP 近 90%，包括中国、美国、荷兰等 59 个国家和地区执行的绿色税收政策进行了跟踪报告。安永出具的报告里面，共有四方面的衡量指标：碳定价、可持续性政策激励、环境相关税收、环境相关税收免税。

碳定价指标数据显示，59 个国家/地区中有 33 个已实施碳排放交易体系、10 个正在考虑实施碳排放交易体系、21 个已实施碳税制度、8 个正在考虑实施碳税制度。在二十国集团（G20）中，中国、美国、法国等 14 个国家已建立碳排放交易体系；法国、巴西等 8 个国家实施了碳税制度。实施碳排放交易体系的国家/地区数量比例已过半数；35.6% 的国家/地区已实施碳税制度。

可持续性政策激励指标包括减排、能源转型和创新三方面 14 种类型的政策，主要方式有税收抵免、补助和贷款。可再生能源发电、减排技术、鼓励回收再利用是最多国家/地区实施的政策，其中激励可再生能源发电的政策有 45 个国家/地区已经实施，说明能源是大部分国家关注的重点领域。相对运用最少的是绿色就业和塑料包装，特别是绿色就业和培训，只有 27.12% 的国家和地区实施了激励政策。

环境相关税收分为排污费等 8 种类型，实施数量最多的是对传统燃料和使用传统燃料的车辆设备进行征税，一共有 36 个国家/地区对该类型进行征税，征税范围包含类型最少的是电子垃圾，仅有 32.2% 的国家/地区对电子垃圾征税。与征税配套的是环境相关税收免税政策，免税范围比征税范围多了减排行为，其余都比较一致，说明大部分国家/地区在制定环保税收政策时都从正反两个方面给予了政策支持。

（二）部分国家和地区绿色税收政策情况。

1. 荷兰，是世界上最先推行绿色税制的国家，开征的绿色税种包括垃圾税、燃料税、能源税等，并为投资可持续技术的企业提供多种优惠方案。尤其在垃圾处理方面，荷兰具有丰富经验。征收的垃圾税用于垃圾处理，征收的垃圾收集税收入用于处理可降解垃圾、无害化垃圾技术的研发。荷兰已实施碳排放交易体系，并于 2021 年开始征收碳税。

2. 美国。在欧美国家中，美国率先建立绿色税制。从 20 世纪 70 年代起，美国相继出台了对各类大气污染物的排放征税法案。目前美国主要由各州市政府牵头组成了区域性的碳交易市场，但并未形成全国性的碳排放交易体系。美国的绿色税收主要有两方面特点：一是赋予地方较多的税收征管权，使得地方政府更有动力制定相关政策；二是根据当下的环境问题对相关产品征税，产品价格提升会对消费者购买产生抑制作用，从而倒逼生产者节能减排。

3. 欧盟。欧盟绿色税收中的可持续性激励政策制定非常完善，并且随着欧洲绿色协议的公布不断增加。因欧盟的成员组成方式比较特殊，欧盟在制定相关政策时会考虑相关成员国已出台的政策，尽可能与之相辅相成形成配套措施。欧盟从 2021 年 1 月起开征“塑料包装税”，以税收立法的措施来减少废物产生，成员国将为其市场上每公斤不可回收的塑料包装垃圾支付 0. 8 欧元，目前已有多个成员国加入征税行列。

4. 德国，主要在国家层面实施多项可持续性激励政策，并且随着环境变化不断制定更多方案，如为购买合格商品提供补助或退款，在特定合格情况下降低燃料税。目前德国对碳定价、可再生能源和燃料税给予重点关注，从 2021 年开始建立碳排放交易体系，覆盖范围由最开始的燃料（建筑业和交通运输业使用的）扩展至所有燃料，预计于 2025 年实施由首次将产品投放市场的企业缴纳一次性塑料税的政策。

5. 加拿大。2016 年通过泛加拿大框架（PCF）；2018 年制定碳定价框架。目前，加拿大主要采用补助或退款的形式作为可持续发展的资助方案，2023 年 3 月公布了 2023 ~ 2024 年财政预算，一系列新的绿色投资税收抵免计划赫然在列，旨在吸引更多清洁技术投资和建立低碳经济，该系列税收抵免价值约 350 亿加元（260 亿美元），其中近 260 亿加元计划用于发电和输电。

6. 日本。绿色税收以能源税和车辆税为基础，以引导民众绿色消费、倒逼企业绿色转型为目的。日本目前已建立两个区域性排放交易体系，并在国家层面实施了碳税，将所有化石燃料的二氧化碳排放都纳入征收范围。此外，日本非常重视绿色税收宣传，绿色税收在每年“思税周”期间会被纳入宣传主题，通过形式多样的宣传活动进行税收宣传。

7. 印度，由中央和邦掌握征收权力，两者都对汽油、高速柴油等非环保能源征收高额税款，对电动汽车和乙醇等环保产品征收低额税款。印度没有明确的碳定价制度，

《2022年能源保护（修订）法案》允许政府通过碳交易，强制使用非化石燃料和能源效率标准推动其脱碳计划。

四、“双碳”目标下完善绿色税收政策的对策建议

（一）“分层+融合”完善绿色税收体系建设。按照相关程度进行分类，可以将绿色税收分为三个层级。第一层级与环境保护直接相关的税种，主要指环境保护税。第二层级是与环境保护、节约资源密不可分的税种，在引导保护环境方面发挥着重要的作用，包括资源税、消费税、耕地占用税、城镇土地使用税、车辆购置税和车船税。第三层级是通过税收优惠或惩罚方式引导企业进行产业升级改造，由高耗能污染转向绿色生产，具有一定绿色环保功能的税种，如增值税、企业所得税、契税等。

1. 分层梳理现有政策。对这三个不同层级涉及的税种政策进行梳理和分析，针对现有绿色税收体系中绿色税收分散、相互独立融合性不高、配套发挥作用不够的问题，厘清涉及税收政策之间的关系，对性质相同或相近的税收政策进行整合。

2. 配套制定新政策。在制定新的绿色税收政策时，应充分结合现有政策进行考量，尽可能与现有的税收政策形成相互补充、配套使用、规范统一的局面，提升绿色税收政策使用效率。

3. 充分发挥税收引导作用。运用差别化的税率和多样化的税收优惠方式，以实现对不同能耗产品的引导作用，在现有的由污染排放者直接承担排污成本的方式上，增加由消费者承受税收成本的征收方式，引导消费者减少相应产品的购买力，倒逼生产商转型生产更加环保、更加绿色的产品。

（二）“扩范围+多样化”增加税收政策绿色化成分。

1. 进一步完善环境保护税。增加税基，将高污染、高能耗行业的主要污染物都纳入环保税征收范围，根据面临的不同阶段性问题制定相关政策，并根据情况变化适时调整。适时扩大纳税主体，除了现有规定的直接向环境排污的企业和其他生产经营者征税，将对环境进行排污的个人也纳入征税主体。

2. 进一步完善其他绿色税种。将未纳入消费税和资源税的一些高能耗和高污染产品纳入征收范围，如在现有水资源试点工作基础上逐步扩大水资源试点范围，将不符合现行节能标准的高耗能产品纳入消费税征收范围。

3. 提升增值税和企业所得税绿色成分。增值税和企业所得税作为我国两大主力税种，从流转环节和所得环节对纳税人产生引导作用，应利用好这两大主力税种，对鼓励发展产业给予更多的税收优惠，对高污染和高耗能的落后产业增加税负，以达到可持续的激励效果。

（三）“借鉴经验＋结合实际”研究制定碳税制度。

1. 借鉴国际经验。对已实施碳税的国家制定的碳税政策进行分析研究，借鉴国外开征碳税的经验，如从计征依据、征税环节、优惠措施、收入使用和工具配合方面入手，整理研究相关国家的税收政策和配套措施，为我国制定碳税政策打好理论基础。

2. 建立碳排放数据平台。跟进实施的碳排放交易体系建设情况，为我国制定碳税政策奠定实践基础。碳税与碳排放权交易体系同属于碳定价范畴，碳税实施和碳排放交易体系都有赖于碳排放量的监测，如何收集和监测温室气体排放数据至关重要。在碳税正式推出之前，依托碳排放交易体系建立健全碳排放数据平台，为碳税征管提供平台保障。

3. 考虑不利因素影响。在制定碳税政策的同时，将碳税开征可能带来的不利影响纳入研究范围，将不确定因素影响程度降到最低。碳税能对碳排放产生抑制效果的同时，也存在一定的负面效应。建议在研究制定碳税制度的同时，用好税收政策引导发展其他可替代生产方式，减轻碳税征收带来的不利影响。

（四）“协作配合＋素质提升”强化绿色税收征管成效。

1. 建立数据信息共享“云”平台。在已建立的常态化协作机制基础上，进一步打通部门间数据交换壁垒，变“事后追查”为“事前征收”，建立一站式的数据共享平台。同时，对共享数据进行进一步筛选优化，变“繁琐无序”为“简洁明了”，把外部门交换数据按照征收需要进行加工处理，提升交换数据使用效率。

2. 加强税务干部业务技能培训。将绿色税收政策纳入日常干部教育培训课程中，增加培训比重，帮助税务干部熟练掌握绿色税收政策，同时掌握一定的相关领域知识，为征管工作提供业务保障。

3. 强化大数据运用。对“税务系统内部数据＋外部门共享数据”进行数据分析、风险扫描、集成处理，构建企业绿色画像数据库，充分发挥大数据分析潜力，有力推动绿色税收征管工作持续向好。

（五）“宣传＋引导”深化绿色税收理念。

1. 加强绿色税收政策宣传。将绿色税收主题植入税务机关日常宣传工作，通过纳税人学堂、电子税务局、征纳沟通平台等多渠道，图文、视频、直播等多形式进行绿色税收政策宣传，提高公众对低碳、节能减排的关注度。

2. 点对点提供纳税辅导。通过绿色税收数据分析，精准锁定绿色企业，“一企一策”提供绿色税收政策宣传辅导，引导企业树立长远眼光，培育与政策、市场相适应的经营理念，推动产业转型升级，在未来市场中抢占先机，实现企业增效与环境保护的双赢。

参考文献

[1] 孙春晖．基于“两型社会”建设下的绿色税制研究［D］．长沙：湖南大学，2010.

[2] 吕敏，齐晓安．我国绿色税收体系改革之我见［J］．税务与经济，2015（01）：99－105.

[3] 杨磊．可持续发展战略下中国税制绿化研究［D］．上海：复旦大学，2006.

[4] 李璇．绿色税收的政策研究——以临沂市为例［D］．济南：山东财经大学，2017.

[5] 赵东方．内蒙古绿色税收体系的双重效应研究［D］．呼和浩特：内蒙古财经大学，2022.

[6] 杨磊．全面构建绿色税收体系的探讨［J］．税务研究，2018（06）：122－123.

[7] 郎威，陈英姿．绿色发展理念下我国绿色税收体系改革问题研究［J］．当代经济研究，2020（03）：105－112.

[8] 陈昕彤．我国绿色税收的经济效应研究［D］．上海：上海财经大学，2021.

[9] 荷兰国际财税文献局（IBFD）．IBFD 国际税收辞汇［M］．7 版．北京：中国税务出版社，2016：10－15.

[10] Gago，Alberto and Xavier Labandeira. Towards a green tax reform model［J］．Journal of Environmental，2000（02）．

[11] Krass，Dmitry，Timur Nedorezov and Anton Ovchinnikov. Environmental taxes and the choice of green technology［J］．Production and Operations Management，2013：1035－1055.

课题组组长：张之伟

课题组副组长：盛阳希

成员：陆丹妮（执笔人）、黄夏斓

“统模式”改革背景下浙江社会保险费征缴法制及机制优化研究

——以西湖区为例

国家税务总局杭州市西湖区税务局课题组

摘　要：为贯彻落实党中央、国务院关于实现企业职工基本养老保险全国统筹的决策部署，浙江省于2023年全面推进“统一社会保险费征收模式”改革（以下简称“统模式”改革），在申报缴费方式、政策执行口径等方面进一步规范统一。但在基层税务部门的实际征管中，存在部分事项执法主体不明确、职责界定不清晰、文件规定不清楚、工作对接不顺畅的困境，容易产生应保未保发现难、欠费管理落地难、社保缴费争议处理难、社保退费对接难等征管问题。本文将基于当前“统模式”改革的背景，对浙江社会保险费征缴法制及机制进行研究，并从基层税务机关征缴实务出发查找存在的问题，以此提出相关优化措施，以供参考。

关键词：社会保险费　征缴　机制

一、研究背景

（一）浙江社会保险费征缴法制体系基本构成。目前，社会保险费征缴法律体系的基本构成为“一法一条例三办法”，即《社会保险法》《社会保险费征缴暂行条例》以及《社会保险费征缴监督检查办法》《社会保险稽核办法》《社会保险行政争议处理办法》。其中，《社会保险法》于2010年10月颁布，2018年修订；《社会保险费征缴暂行条例》于1999年1月颁布，2019年修订；《社会保险费征缴监督检查办法》《社会保险稽核办法》《社会保险行政争议处理办法》均是由当时的劳动和社会保障部（已撤销）制定，颁布时间分别为1999年3月、2003年2月、2001年5月。距今年限已超 20 年，与当前的征管实际适配度不高。

浙江省依据《社会保险费征缴暂行条例》《工伤保险条例》《浙江省职工基本养老保险条例》《浙江省失业保险条例》等文件，制定了《浙江省社会保险费征缴办法》，并自 2005 年 6 月起实施。另外，浙江省依据《浙江省人民政府办公厅关于推进社会保险费“五费合征”工作的意见》，制发了《浙江省地方税务局关于规范社会保险费缴费基数有关问题的通知》，这一通知成为浙江基层税务部门关于缴费基数口径的主要解释依据。

浙江社保费征缴工作开展的主要依据距今均已超 15 年，部分条款已不能指导日常征管工作，给基层税务机关征管工作带来了困扰。

（二）浙江的税务全责征收“单基数”模式。在国家将社保费征收职责划转税务机关之前，社保费征收呈现“双重征收主体”的特点，社保费的征收主体可能是税务机关或社保经办机构。2015 年国家提出社保费应由税务机关统一征收。2018 年，为贯彻落实党的十九大提出的深化国家机构改革的决策部署，党的十九届三中全会通过了《深化党和国家机构改革方案》，其中，将社会保险征管体制改革目标表述为“税务机关统一征收”。2018 年 7 月，党中央、国务院则进一步明确要求各地于 2019 年 1 月 1 日前将社会保险费征收职权划转至税务机关。

但“税务机关统一征收”这一表述，其内在含义不够明晰，究竟是指“统一代征”还是“全责征收”尚不可知。改革推行至今，浙江经历了“社保（医保）核定，税务征收”到“税务机关全责征收”的征管格局变化。“社保（医保）核定，税务征收”的模式是指由人社医保部门核定应征数据、税务代征，人社医保部门负责参保登记、用人单位缴费工资申报、核定应征金额传递至税务部门、待遇发放等工作，税务部门只负责费款征收，待入国库后及时传递给人社医保部门进行记账并计算待遇；“税务机关全责征收”的模式是指由税务部门完成缴费工资申报、费款征收入库等工作，人社医保部门仅完成职工参保登记、个人待遇记账发放工作。

（三）“统模式”改革带来的征缴变化。根据《国务院办公厅关于印发〈企业职工基本养老保险全国统筹制度实施方案〉的通知》《国家税务总局　财政部　人力资源社会保障部　中国人民银行　国家医疗保障局关于印发〈统一社会保险费征收模式实施方案〉的通知》《国家税务总局　浙江省税务局等五部门关于印发〈浙江省统一社会保险费征收模式实施方案〉的通知》的要求，浙江省于 2023 年全面推进“统一社会保险费征收模式”改革（即“统模式”改革），并自 2023 年 7 月 1 日起正式实施。

“统模式”改革是深化社会保险费征收体制改革的关键一步，主要目标是将现有“人力社保、医保部门核定社会保险费应征数据，税务部门征收”的模式，统一调整为“缴费人自行向税务部门申报缴纳各项社会保险费”。“统模式”改革实施后，浙江社保征缴实践产生了如下变化：

1. 征缴模式发生变化。自 1986 年实施基本养老保险制度以来，杭州市税务部门经过三十多年的实践探索，其间，历经人社医保部门核定数据、税务部门只负责征收的“单基数”模式，以及人社医保部门核定个人部分数据、税务部门管理单位部分数据的“双基数”模式。“统模式”改革后，则进入了税务自主生成数据的全责“单基数”征缴模式，“单基数”即单位缴费基数为职工个人缴费基数之和的模式，应征数据均由税务系统根据用人单位自行申报的缴费工资自动生成。

2. 简化了申报环节。“统模式”改革后，用人单位不再分别向人社、医保部门申报职工年度缴费工资，而是调整为统一向税务部门申报职工个人缴费工资，进一步简化了申报环节，且用人单位仅需为每个职工报送一个缴费工资即可，降低了用人单位的办理成本，提升了用人单位申报年度缴费工资这一环节的效率。

3. 优化了社保申报缴费流程。应征数据由税务部门全责生成，无须由人社医保部门分别核定生成再发送至税务部门，缩短了整个社保费数据传输链条，进一步优化了社保申报缴费流程。调整后，用人单位只需正确申报职工年度缴费工资，待税务系统生成应征信息后，直接进行确认申报缴费即可。

二、西湖区社会保险费征缴现状

（一）新业态自由职业者参保率低。目前，西湖区社会保险费用人单位 5.8 万户（包括企业、有雇工的个体工商户和机关事业单位），缴费职工人数 58.93 万人，灵活就业缴费人数 4.7 万人，26 所高校约 26 万大学生医保缴费人，少儿医保及其他城乡居民缴费人数 16 万人，合计有超过 105 万社会保险费缴费人。

从杭州市西湖区社保参保缴费实际来看，大型私有企业、国企、央企、机关事业单位社保费缴纳相对规范，中小企业单位部分未足额申报的情况比较多见，有雇工的个体工商户、灵活就业人员大多以最低缴费基数参保，其他自由职业者参保率不高。据人社部门调查结果，未参保人群中，多为灵活就业或外来务工人员，大部分应参保而未参保，实际处于断续工作或连续工作未参保状态。由于其无劳动合同、工作变动快、工资结算周期短等特点，监管难度较大，目前缺少精准有效的监管措施。

（二）咨询投诉受理增量大。近几年，人社医保税务部门改革较为集中，带来的系统升级改造多，系统之间的交互不畅，加上部分业务口径不明确，导致基层受理的咨询投诉量迅速增加。以西湖区为例，社保相关投诉举报件数量从 2019 年的 88 件陡增到 2022 年的 386 件，其中由于数据交互问题导致的待遇被封、数据丢失、缴费争议等三项咨询投诉件之和的占比更是从 18% 上升到 63%。系统交互的不稳定让基层部门的前台操作人员无能为力，影响了社保征缴工作全流程效率。此外，由于浙江经历的征缴模式较多，历史遗留问题经常出现需要分段处理的情形，“统模式”改革后，人社、医保、税务三部门并未针对历史遗留问题如何处理作出明确规定，各地在改革过渡期都出现了或多或少的相互推诿，这也是投诉件在部门间来回流转的原因之一。

（三）催缴流程难落实。不管是日常的催缴，还是对于缴费争议案件的处理，基层税务部门对于恶意欠费或无力缴纳社保单位的催缴工作开展得都不是很顺利。根据《浙江省社会保险费征缴办法》规定，单位欠费后，税务机关需先责令该单位限期缴纳所欠社保费，逾期仍不缴纳或拒不缴纳的，才能由“县以上地方税务机关”主要负责人批准查看单位对公账户，最后申请法院强制执行，首先国地税征管体制改革后，已不存在“地方税务机关”一说；其次，对于恶意欠费走逃企业，税务机关即使申请法院强制执行，若单位人去楼空，法院是无法追回欠费的。

从这个角度来看，基层税务机关即使走完整个催缴流程，也可能是竹篮打水一场空，最终于事无补，还浪费了大量的时间和精力。

（四）跨层级对接难度大。不管是社保费退费还是大学生医保工作，基层税务机关都需要与市级人社或医保部门进行对接，对同一个单位可能需要基层税务机关同时与市人社、医保部门打交道，而退费又涉及财务审核分管领导审批最后由财务统一支付等多个环节，若碰到月底财务关账，还会将支付推迟到次月，这种跨层级的多环节“对话”，无疑会将整个退费流程拉长，使得缴费人的体验感大打折扣。

三、社会保险费征缴现实困境表现出来的问题

（一）应保未保发现难。用人单位未全员参保的情况时有发生，如上文中提到，未参保人群中，多为灵活就业或外来务工人员，大部分应参保而未参保，实际处于断续工作或连续工作未参保状态，出现“管理真空地带”。在征缴实践中，劳动监察部门往往是在缴费人自身权益受损、投诉用人单位未为其办理参保登记时，方才对两年内的违法案件进行处理，这样的事后被动监管过于滞后。社保挂靠、个人缴费基数不实等情形在实际征缴工作中也比较常见，而能够被发现的渠道通常也是投诉举报，并未有主动监管或稽核比对的手段，容易出现监管缺位。

（二）欠费管理落地难。根据《浙江省社会保险费征缴办法》第三章第十八条规定，从西湖区征缴实践来看，“可以将其认定为非正常户”“可以注销”等相关规定并非强制性措施，基层是否执行没有明确规定，且在实际认定过程中流程过于繁冗。“有关行政机关应当依法及时予以处理”的执行主体及处理内容均未得以明确，执行效果有待考证。

此外，根据《浙江省社会保险费征缴办法》第二十六条规定，从西湖区征缴实践

来看，基层税务机关对恶意欠费单位基本处于无计可施的状态，即使基层税务机关按后续处置流程走到最后一步申请人民法院强制执行，但很可能得不到支持，最终得不到执行。由此，税务部门在实际处理欠费事项上无有效手段，征缴权限也仅限于征收这个方面，一定程度上影响了政策执行的效能。

（三）社会保障争议处理难。“统模式”改革后，因征缴模式和缴费流程等带来的变化，基层税务部门关于社会保险费的咨询量和信访数量成倍增加。然而在处理具体投诉举报时，基层税务部门无法独立处置，缴费人相关权益无法得到保障。

在征缴实践中，大多数遇到的是人力社保部门下设的劳动监察大队在接到关于用人单位未按规定参保或缴纳社会保险费的投诉后，进行核实、查处和补缴。但由于部分陈年欠费超过两年，劳动监察部门依据《劳动保障监察条例》第二十条的规定，对超过两年查处时效的案件不予受理，这就直接导致超过两年查处时效、应参保未参保缴费人的正常诉求无法得到伸张，严重损害了职工正当权益。

（四）社保退费对接难。人社医保管理层级不同带来跨部门协调难的问题。人社医保部门存在“省本级、市本级、区县级”的管理层级区分，而对应在税务端只有属地管理，在退费流程推送过程中，会遇到需要对接市人社、市医保、市就业失业处的情况，目前缺乏有效的跨层级工作对接机制。在跨区、跨经办机构的迁移中，跨部门的业务职责及操作规则亦不完善。

四、对浙江社会保险费征缴法制及机制的几点优化建议

（一）进一步明确各部门职责。

1. 应从立法角度出发，赋予税务部门法定的征收主体地位。建议对《社会保险法》这一纲领性文件进行修订，明确将税务部门作为征收社保费的主体，在充分调研的基础上，进一步明确各部门之间的职责分工及合作机制，并以法律条文形式进行明确规范。基于当前社保征缴工作实际情况，社保登记环节与后续工资申报费款缴纳环节分属两个部门办理，无论是从流程效率还是从结果上看，都是不理想的，建议统一将社保参保登记工作划归税务部门办理，探索将参保登记环节移交税务部门的可行性实施路径，同时赋予税务部门核定、稽核、处罚等一系列有效的行政处理手段，使恶意欠费、故意拖欠等恶劣行为得到遏制。

2. 建议明确各部门信息共享的边界并建立有效的共享机制，人社医保部门应当及时与税务部门共同比对核实单位参保情况，税务部门可通过比对个人所得税的申报人数与单位实际参保人数之间的差异，将差异信息及时共享至劳动稽核部门，由劳动监察部门进行实地核实后，敦促单位及时为应参保、未参保职工办理参保登记，进一步

规范参保行为、夯实参保率。

3. 建议将劳动监察部门的监管前置，进一步明晰监管职责，在用人单位为职工办理参保登记后，及时开展实地抽检，并通过人社系统后台定期开展比对摸排，针对用工周期短、更换工作频繁、工资现金结算等临时性工作人员，出台更为精准的参保政策，鼓励自由职业者应参尽参。

（二）加快本省相关规范性文件修订。《浙江省社会保险费征缴办法》距今已有18年之久，建议尽快根据征缴实践中暴露的问题及时对社保征缴协作事务进行具体的规定，对社会保险费征管的法定程序、权力配置以及责任承担等内容进行细化。

1. 针对用人单位未足额缴纳社会保险费的违法行为，目前缺乏统一的执行流程，建议在制度上确立税务部门作为统一社会保险费征收模式改革后用人单位未足额申报社保费补缴工作的受理主体，由税务部门牵头处理相关工作，并建立跨部门的违法案件信息共享平台或机制，以便税务部门及时介入，提高案件处理效率。

2. 对于非正常户认定条件，建议优化为累计欠费3个月的（含未申报或未缴纳），税务机关应当将其认定为非正常户。对欠税单位优先纳入风险提醒单位管理体系，提前制定预警措施，限制单位开票权限并将单位相关责任人纳入个人信用管理体系。

3. 建议优化欠费管理流程并将欠费强制执行流程进一步简化，以便基层操作实施。建议对前述累计欠费三个月的社保非正常单位，可直接申请法院强制执行，无须经过层层审批。建议在催缴环节，对无法送达的单位，可直接公告送达。

（三）优化数据传递链条。

1. 建议参保登记信息的传递使用实时通道。目前江苏已经实现人社医保登记信息传递至税务系统后，需等待税务系统处理完成再实时进行下一步操作，建议可参考江苏的参保登记数据实时交易模式，等待人社医保参保登记信息均传入后，再进行关联匹配，提升数据匹配的质量。另外，可建立异步实时交易通道，减轻主通道交互压力，让个人缴费人参保登记信息实时传递至税务系统，提升缴费人体验感、缩短参保到缴费的时间。

2. 建议使用合并多个后台数据库为一个数据库或将整个数据库上传至云的方式缩短查询路径，提升服务器处理性能，实现费款缴纳后隔天到账。

3. 建议建立跨层级的退费对接机制，由税务部门牵头建立区县税务局、区县人社医保部门、市级人社医保部门的业务对接工作专班，缩减数据流转环节，缩短缴费人退费业务办理时间。

4. 建议由信访牵头，对受理信访件量较大的人社、医保、税务三部门，建立横向跨部门协同处理机制，强化综合处理理念，实现一个受理口子扎口管理、一张投诉单子统一答复，进一步削减信访案件数量。

参考文献

［1］任宛立．税务机关全责征收社会保险费：制度障碍及其破解之道——一个权责配置的视角［J］．华中科技大学学报（社会科学版），2020，34（03）：105－111．

［2］汪德华．税务部门统一征收社会保险费：改革必要性与推进建议［J］．学习与探索，2018（07）：103－110．

［3］何文炯．社会保险费征缴：体制改革与法制完善［J］．探索，2020（03）：42－51．

［4］关翔骏．基层税务部门全责征收社会保险费的执法难点与化解方法探讨［J］．理论观察，2018（12）：92－94．

［5］田蒙蒙．税务机关追缴社会保险费的法理基础及其实现策略［J］．时代法学，2020，18（04）：73－82．

［6］谭中和．共同富裕目标下我国社会保障改革关键问题思考——《社会保险法》实施以来中国社会保障成就与展望［J］．中国劳动，2022（01）：48－61．

［7］卜佳佳．税务机关征收社会保险费的法律困惑与出路［J］．财富时代，2022（03）：64－66．

［8］姚敏．税务机关全责征收社会保险费研究［D］．武汉：武汉大学，2020．

［9］李浩．社会保险费征缴协作法律机制研究［D］．杭州：浙江财经大学，2023．

课题组组长：华灿江

课题组副组长：邹志明

成员：沈蕾、杨一杰（执笔人）

数据资产入表涉税问题研究

国家税务总局杭州市滨江区税务局课题组

摘　要： 数据是数字经济的核心动力。数据作为新型生产要素已成为国家重要的战略性资源。课题组基于财政部发布的《企业数据资源相关会计处理暂行规定》明确的会计落地规则，探索数据资产入表在税务领域存在的问题，并提出意见建议，以期为实践应用提供参考。

关键词： 数据资产　入表配套制度

数据是数字经济的核心动力。作为新型生产要素，数据在数字产业化、产业数字化方面发挥着重要作用，已成为国家重要的战略性资源。加强数据基础制度建设势在必行。国家层面持续探索完善顶层设计，国务院发布《关于构建数据基础制度 更好发挥数据要素作用的意见》，明确提出探索数据资产入表新模式；财政部发布《企业数据资源相关会计处理暂行规定》（以下简称《暂行规定》）明确相关会计处理落地规则，并自2024年1月1日起实施。但从税务领域看，相关基础性配套制度还需健全，纳税主体确认难、公允价值难衡量、课税对象不明晰、相关细则尚未优化等问题亟待关注。

一、数据资产入表范围界定及现实意义

（一）数据资产概念界定。数据资产入表是指将数据确认为“资产”，并纳入资产负债表管理，以体现其真实价值与业务贡献。数据资产概念最早由彼得斯（Peterson，1974）提出，目前尚未达成统一认识。本文综合各界专家学者及《暂行规定》中关于数据资源的界定逻辑，认为数据资产是指由特定主体依法拥有或者控制的、能为特定

主体带来直接或间接经济利益的数据资源。

（二）数据资产入表意义。数据资产入表通过显化数据资源价值，有利于促进数字经济高质量发展，具体表现为：

1. 提高数据资源配置效率。一方面，数据资产“价值化”促进数据交易。数据的计量和核算实现数据要素向数据资产转变，显化数据资源价值，促进数字经济企业更加系统地评估企业价值，为企业开展投融资、数据开发利用提供支撑，并进一步促进数据要素的市场交易，促进数据资源的高效配置。另一方面，数据资产“可视化”促进宏观调控。数据资产入表可促进数字经济的整体统计分析，促进更加准确地评估数据要素为经济社会带来的贡献，为分析数据产业发展以及经济发展态势提供支撑，促进国家科学开展宏观调控。

2. 促进数据市场规范发展。一方面，促进数据安全管理。纳入资产管理后，数据升值、贬值、折旧、摊销等核算要求都将提醒企业作为主体加强数据资产安全管理，促进生成、交易、使用的安全规范。同时，从市场角度看，有利于防止公共数据资产流失，推进建立数据市场安全风险预警机制和数据跨境流动风险防控机制。另一方面，促进数据市场监管。数据资产入表为包括税务在内的监管部门完善数字经济治理体系、加强市场监管提供信息支撑，有助于持续提升数字经济监管水平，促进数字经济持续规范发展。

3. 培育数据全链产业生态。一方面，催生相关服务业。数据资产入表可为数据采集、清洗、标注、评价、资产评估等各环节的专业化发展提供政策环境，更多企业将通过多元化的方式对自身数据进行盘点，相关数据估值、数据质量评估等专业化服务机构等的需求得到释放，有利于促进相关服务业发展，共同营造繁荣发展的数字生态。另一方面，促进数字化转型。数据管理服务业与数据资产企业的深度合作将带动整体服务机构的专业化发展。在此基础上，服务机构将更有能力提供高质量数字化转型方案，从而促进企业的数字化转型。

二、数据资产入表存在的涉税疑难

（一）数据资产入表核算要求。《暂行规定》明确适用范围为：企业按照企业会计准则相关规定确认为无形资产或存货等资产类别的数据资源，以及企业合法拥有或控制的、预期会给企业带来经济利益的、但由于不满足企业会计准则相关资产确认条件而未确认为资产的数据资源。根据该范围进一步分析可以发现，数据资产入表包括适用、对外提供服务、出售等 6 类业务场景，根据取得方式可以区分为外购和自行加工两种情形，相关核算要求各有差异，如表 1 所示。

表 1　　数据资产入表分业务场景核算要求①

业务场景	外购	自行加工
使用	确认为外购的数据资源无形资产	确认为自行开发的数据资源无形资产
利用确认为无形资产的数据资源对外提供服务	将无形资产的摊销金额计入当期损益或相关资产成本，同时确认相关收入	
利用未被确认为无形资产的数据资产对外提供服务	按照收入准则等规定确认相关收入，符合有关条件的应当确认合同履约成本	
日常持有以备出售	确认为外购的数据资源存货	确认为自行加工的数据资源存货
出售确认为存货的数据资源	按照存货准则将其成本转结为当期损益；同时，企业应当按照收入准则等规定确认相关收入	
出售未确认为资产的数据资源	按照收入准则等规定确认相关收入	

（二）数据资产入表相关涉税疑难。在会计核算基础上，本文从流转税和企业所得税两方面探讨相关涉税问题。

1. 流转税方面：纳税主体确认难、公允价值衡量难、课税对象辨析难。

（1）数据资产纳税主体确认难。数据资产要求“拥有或控制”以及“产生经济利益”。而纳税主体的确认需确认数据资产能在未来产生价值收益的基础上，从法律逻辑上明确数据资产的权属。数据资产的形成涉及多个主体和环节，这就导致难以对数据权属进行清晰的界定。如某互联网平台公司收集了大量网络用户浏览、搜索、收集、交易等数据，从数据原始来源看，这些反映用户信息的数据理论上用户也应拥有所有权；但从数据存储情况看，这些数据实际上由该互联网平台公司控制和使用，表现为该公司实际拥有。数据资产权属及其分配规则的不明确，导致数据资产交易过程中各阶段纳税主体难以确认。

（2）数据资产公允价值衡量难。一方面，数据资产具有虚拟性的特征，并兼具有独一无二性，因此在公开市场上缺乏可比较的公允价值。另一方面，对数据资产价值很难采用单一或标准的评估模式，存在一定的主观判断，因此评估价值难以确认。如：同为导航数据，政府可利用导航数据规划当地的城区、基础规划建设，而经营共享单车服务的公司可通过导航数据选择最佳位置停放共享单车，其价值在不同主体间差异明显，这就加大了评估数据资产价值的难度。税务部门缺乏相应管理手段甄别价格，将为企业带来较大的税收筹划空间。而我国增值税是基于增值额征收的一种税，增值额的确定又建立在数据资产价值准确计量基础上，因此，数据资产的公允价值以及评估价格的取得难，将进一步导致增值税进销两端计量难，同样问题还存在于关联交易

① 根据《企业数据资源相关会计处理暂行规定》整理。

监管、视同销售的价值计量中。

（3）数据资产交易的课税对象辨析难。按照《暂行规定》，数据资源按照使用用途分为企业内部使用和企业对外交易两大类，分别按照“无形资产”以及“存货”进行会计核算。在增值税征收方面，数据资源交易也需明确按照哪个增值税税目征税。虽然《财政部 国家税务总局关于全面推开营业税改征增值税试点的通知》对数据征收增值税方面进行了相关规定，如转让网络游戏虚拟道具的收入，参照转让无形资产标准征收增值税；互联网、固网、有线电视网络传输数据、移动网等，依照增值电信服务标准征收增值税等，但公共数据资源的无偿转让使用、无介质的互联网传输交易方式等新的经济业态或商品形式，是否能归属于增值税的课税对象以及属于那类课税对象，尚未有明确的规范解释，税目不清将带来数据资产的增值税征收争议。

2. 企业所得税方面：资产定义待调整、核算规则待细化、折旧政策待优化。

（1）企业所得税管理的资产定义有待调整。企业所得税关于资产的定义主要包括固定资产、生物资产、无形资产、长期待摊费用、投资资产、存货等，数据资产作为无形资产或者存货的一种，其核算也应按照现行规定执行。但鉴于新增试点入表的资产，其税收特性和计量等方面与原资产有一定的区别，如其成本或者交易增值部分的价值，难以与原资产定义中表述的一样进行可靠的计量。因此，需结合数据资产的特点完善企业所得税中关于资产的定义，便于从制度设计上将数据资产纳入企业所得税资产管理。

（2）企业自研数据的核算规则有待细化。企业自研形成的数据资产，如各项测试重要数据、参数等，对企业经营有极大增益，符合《暂行规定》的数据资产定义。但研发立项可能不以形成数据资产为目的，企业投入主要用于项目的费用化处理，在此情况下，企业可能存在同一项目既有费用化也有资本化的情况。但目前划分数据资产与研发费加计费用还缺乏有效的执行口径，核算要求有待进一步明确。

（3）数据资产折旧相关政策有待优化。《企业所得税法实施条例》第六十七条规定，无形资产按照直线法计算的摊销费用，准予扣除。无形资产的摊销年限不得低于10 年。但就数据资产而言，更新迭代较快，具有较强的时效性，大型互联网企业每隔几年就需要开展一次大型的数据清理，但按照目前无形资产摊销政策，企业无法提前进行费用化处理。无形资产及数据资产与其他固定资产等不同，其时效性远高于其他固定资产，在企业所得税税前扣除方面，国家扶持制造业并推出了固定资产加速折旧等措施，但无形资产则缺乏相应优化政策，该情况下，数据资产的折旧期限过长，不符合其资产特性。

三、数据资产税收征管的国际实践

目前各国针对数据资产的征税方案不同，且征税规则尚未达成国际一致意见，但从各国征管情况看，主要集中在数据服务税、数据资产税和其他税收等征管手段。

（一）数字服务税。数字服务税最早的官方提法，出现于2018年欧盟为了应对数字经济对税收挑战提出的临时性方案。由于OECD谈判旷日持久，法国等国家为增加谈判筹码，未待方案出台，率先开征数字服务税。这些国家的数字服务税方案，虽然在OECD“双支柱”方案出台后面临调整，但反映出各国将数字服务纳入征税范围的强烈意愿，对税制改革仍有一定借鉴作用。

从各国情况看，数字服务税设置呈现出一定的共性特征，主要体现为以下三方面：一是从税率方面，税率设置相对较低，税率从2%（英国和印度）到7.5%（土耳其）不等，为国际税改方案留下协调空间的考虑；二是课税对象方面，呈现出“高门槛”特征，主要针对达到一定规模的大型跨国数字企业征收；三是征税范围方面，主要包含四大类，即在线广告、销售用户数据、在线市场和网络平台服务。

（二）数字资产税。各国针对不同范畴下的数字资产税收，基本通过现有的税收体系在交易、所得、财产三个环节课税。

加密数字货币资产是最为成熟的数字资产。以加密货币为例，美国将加密数字货币视为“资产”，主要征收资本利得税或所得税。2014年美国国税局发布了第一份涉及加密数字货币的税收指南（2014年第21号通知）。该政策指出，使用加密数字货币的交易不是支付，而是资产交换，因此房地产交易的相应税收原则也同样适用于加密数字货币；而纳税人因加密数字货币交易而产生的应税所得适用的税收政策，则取决于这笔应税所得属于短期普通所得或是长期资本所得，即作为产品或服务费支付时，接收方需按照市场价格缴纳个人所得税；作为长期资本投资时，则作为投资利得缴纳资本利得税。2018年，美国又将加密数字货币申报区分为：使用加密货币向独立承包商或者其他服务提供商进行支付的纳税人、使用加密数字货币作为员工工资进行支付的纳税人和代表商户接收其客户支付的加密数字货币进行结算的第三方公司，分别适用自雇、他人雇佣和第三方交易情况的税收规则，并填写不同的税收申报表单。此外，美国税法对无形资产进行了正列举，其中包括部分的数据信息，如方法、程序、系统、过程、活动、调研、学习、预测、估计、客户名单或技术数据、商业账簿、记录、操作系统，或其他信息基础的资源，以及任何基于顾客的无形资产都是目前公认的有价值的数据对象。

在欧盟，数字货币主要涉及的是增值税。欧盟各成员国对加密货币兑换问题的增值税处理方式较一致，均将加密货币与法定货币之间的兑换，以及加密货币之间的兑换纳入增值税的课税范围，但可适用免税规定。如在英国，数字货币参照该国的金融服务增值税处理方式处理，对“挖矿”活动不予征收增值税，加密货币的兑换也不属于增值税的课税范围，但提供以加密货币支付的商品或服务需缴纳增值税，兑换平台提供的相关服务则可以享受免税待遇。

网络游戏中虚拟财产则是另一类资产，各国也积极探索形成相应的税收政策。韩国在这一方面相对成熟，该国规定：虚拟财产交易征收增值税，以纳税对象的半年交易额为标准，分为三个等级，其中半年交易额在600 万韩元（折合人民币约为5 万元）以下的卖方免缴虚拟财产增值税；半年交易额在600 万韩元以上1200 万韩元（折合人民币约为10 万元）以下时，卖方需要通过交易中介网站申请商业许可并进行纳税；半年交易额在1200 万韩元以上的，卖方需要单独申请商业许可，并进行独立财务报表提交及缴纳税款。

四、强化数据资产入表税收征管的意见建议

（一）明确税法层面数据资产定义。建议从税收法律层面明确数据资产定义、权属等问题，即数据资产应包括哪些类别，区分的依据，对无形资产、存货的适用规则是否需要调整等。针对价值确认，建议进一步明确划分数据资产与研发费加计费、新经济业态或商品形式是否归属于增值税相关规定的课税对象等实操上的执行口径。

（二）探索实施数据资产加速折旧。数据资产有别于其他资产，更新迭代特征明显，因此在数据资产的管理上，不能简单地以不低于10 年来判定，建议以有效期为标准进行判别，更符合企业实际经营情况。同时，建议参考固定资产加速折旧政策，对于特定的数据资产给予加速政策，以鼓励特定行业发展。

（三）完善数据资产相关优惠政策。促进数据资产交易有助于支持数字经济高质量发展，从推动数据资产交易、最大程度发挥数字经济对经济的引领和驱动作用角度看，建议给予一定程度的税收优惠。如从对数据资产交易过程的增值环节征税看，可参考软件产品增值税即征即退政策，对增值税一般纳税人销售其自行开发生产的数据产品，按13% 的法定税率征收增值税后，对其增值税实际税负超过3% 的部分实行即征即退政策；在企业所得税方面，建议对符合条件的数据资产企业给予所得税优惠，如对于销售数据资产获得即征即退的增值税，若专项用于数据资产研发和扩大再生产并单独进行核算的，可作为不征税收入，不缴纳企业所得税等。

参考文献

[1] 宋丽红，高昂．数据资产确认标准化初探［J］．中国标准化，2023（03）：78－81.

[2] 刘东辉．数字资产核算与管理相关问题探析［J］．商业经济，2023（01）：168－173.

[3] 梁芳，李永恒．数据资产会计核算研究综述与展望［J］．西安石油大学学报（社会科学版），2022，31（06）：48－55.

[4] 刘珂嘉，张帅博．数字经济中数据资产的确认与计量研究［J］．营销界，2022（22）：32－34.

[5] 赵雅婷．数据资产确认与计量［J］．合作经济与科技，2022（23）：150－151.

[6] 马晋芳．新经济时代数据资产的管理研究［J］．商业观察，2022（29）：90－93.

课题组组长：陈岳敏

成员：喻万芹、程烨、许建琪、朱之旋

“双碳”背景下碳税的比较研究及国际经验

国家税务总局杭州市滨江区税务局课题组

摘　要：近年来，应对气候变暖、发展低碳经济已成为国际社会共识，而碳税作为其中重要的政策工作，已经在全球30余个国家或地区实施并取得了一定成效。本文从碳税的征收范围、计税依据、税率设置、优惠政策等四个方面，对全国主要国家的碳税制度进行对比分析，总结并借鉴国外成熟的碳税征管方式及实践经验，以期为我国碳税制度的制定提供相关启示与建议。

关键词：碳税　制度对比　国际经验

随着全球气候变暖的不断发展，如何减排降碳已经成为国际社会的重点关注议题。2020年9月，习近平主席在第七十五届联合国大会上宣布，我国力争2030年前二氧化碳排放达到峰值，努力争取2060年前实现碳中和目标。此后，国务院于2021年1月印发了《2030年前碳达峰行动方案》，其中提出“建立健全有利于绿色低碳发展的税收政策体系”。我国的碳税研究工作自2006年前后便开始启动，但目前仅在碳市场先行尝试探索，尚未正式将碳税政策纳入国家碳减排措施。在此背景下，国际碳税的发展动态、成熟经验和实践结果对我国碳税制度的设计构建具有重要借鉴意义。

一、碳税制度的概念及发展历程

（一）碳税的概念。碳税是一种为了保护环境，对化石燃料（如煤炭、天然气、汽油和柴油等）按照其含碳量或碳排放量征收的税，即通过税收手段，将因二氧化碳排放带来的环境成本转化为生产经营成本，从而鼓励企业减少二氧化碳的排放。从本质上讲，碳税是一种庇古税，其目的是减轻或消除碳排放的负外部性，是企业或个人因从事对社会造成不利影响的活动而必须缴纳的税款。在当前“双碳”背景下，碳税作为控制温室气体排放的重要政策工具之一，备受国际社会的关注。

（二）碳税制度的发展历程。国际社会上碳税的实践可分为三个阶段。

1. 第一阶段：研讨与探索。从 19 世纪末开始，便有学者陆续提出关于污染物排放的相关主张。例如，1920 年庇古提出以“庇古税”来减少污染物排放。20 世纪 70 年代，随着全球气候恶化、环境污染等情况日益严重，各国开始谋求国际合作以解决呈现国际化趋势的环境问题。1972 年，《联合国人类环境会议宣言》正式通过；1973 年，联合国环境规划署成立。此后，在 1994 年《联合国气候变化框架公约》以及 1997 年《京都协定书》的推动下，各缔约国逐渐开始了碳税的探索。

2. 第二阶段：碳税的实施。碳税最早始于 20 世纪 90 年代，由芬兰、瑞典、丹麦等欧洲国家首先开始实施，是最早用于实现气候目标的政策工具之一。1990 年，芬兰作为第一个实施碳税的国家，率先对所有的矿物燃料单独征收碳税，随后是 1991 年的挪威、瑞典以及 1992 年的丹麦。2000 年，英国制定《英国气候变化计划》，并于 2001 年开始征收。而随着 2005 年欧盟碳排放权交易体系的建立，日本、澳大利亚、墨西哥等国家也陆续进行了开征碳税的尝试。

3. 第三阶段：发展和推进。随着国际协议的逐步推进，全球各国在应对气候变化上逐渐达成了共识，发展中国家也陆续加入碳税行列。例如，南非于 2010 年提出开征碳税方案，2019 年 6 月《碳税法案》正式生效，成为非洲首个引入碳税的国家；新加坡自 2019 年起征收碳税，成为东南亚首个引入碳税的国家。近三年来，卢森堡、荷兰、乌拉圭也先后开征碳税。

（三）碳税制度的现状及发展趋势。

1. 碳税版图逐步扩张。随着全球形势的变化和各项法案陆续出台，碳税已经逐渐被各个经济体所重视和运用。据世界银行《2023 年碳定价发展现状与未来趋势》数据统计，截至 2022 年 4 月，共有 73 个碳税或排放交易计划在运行，占全球温室气体排放的比例约为 23%。其中，已有 36 个国家或地区实施碳税制度（见表 1）。

表 1　　1990 年至今全球主要国家碳税制定情况

所属地区	国家	实施时间（年份）
欧洲	芬兰	1990
欧洲	波兰	1990
欧洲	荷兰	1990
欧洲	挪威	1991
欧洲	瑞典	1991
欧洲	丹麦	1992

续表

所属地区	国家	实施时间（年份）
欧洲	德国	1999
欧洲	瑞士	2008
欧洲	冰岛	2010
欧洲	爱尔兰	2010
欧洲	乌克兰	2011
亚洲	日本	2012
欧洲	英国	2013
欧洲	法国	2014
北美洲	墨西哥	2014
欧洲	西班牙	2014
欧洲	葡萄牙	2015
南美洲	智利	2017
南美洲	哥伦比亚	2017
南美洲	阿根廷	2018
非洲	南非	2019
亚洲	新加坡	2019
美洲	加拿大	2019
南美洲	乌拉圭	2022

2. 制度定位逐步转变。最初的碳税主要是基于财税目的，通过征税来实现税负转移。但随着二氧化碳减排压力的增加，尤其是引入碳交易机制以后，原先的单一碳税政策逐渐转型发展为复合碳定价政策，碳税也由此逐渐成为碳交易的补充。诸如匈牙利、新西兰、瑞典、法国等国家，纷纷把2050 年实现“碳中和”等目标纳入其法律框架之中，通过碳税、碳交易机制的同时实施来实现碳排放目标。

3. 碳税税率逐步提高。在扩张和转变的同时，碳税的税率也随之逐步提高。以瑞士为例，其碳税从 1991 年的 27 美元/吨提高到 2008 年的 106 美元/吨、2020 年的 114 美元/吨，且截至 2022 年 4 月已达到 130 美元/吨。挪威在 2022 年将大多数化石燃料的碳税率提高了 28%，2023 年提高了 21%。此外，在一些地区，价格的增长已远远超过了通货膨胀率，比如爱尔兰、卢森堡、荷兰的国家碳税以及加拿大的联邦碳税，都增加了 20% 或更多，远远高于各自的通货膨胀率。

与此同时，部分国家将在未来几年进一步加强现有的碳税或排放交易计划。2022 年 11 月，新加坡修订了碳定价法案，以锁定 2021 年宣布的价格上涨，使其碳税从目前的 5 新元/吨增加到 45 新元/吨（4 ~ 19 美元/吨），以期在 2030 年达到 50 ~ 80 新元/

吨（38～60 美元/吨）。加拿大也在采取措施提高基准的严格性，到 2030 年价格将超过 170 加元/吨（127 美元/吨）。尽管受到商业利益相关者的抵制，南非也提出了国家碳税的上升轨迹，在 2030 年至少达到 30 美元/吨。

二、国际碳税实践及比较

（一）碳税征收范围。由于碳排放的主要来源是化石燃料的使用，因此目前各国碳税的征收主要是针对化石燃料，如芬兰、瑞典、丹麦、瑞士、日本、法国、南非等国家的征税范围均包含了所有化石燃料。其中，以挪威为典型的国家则又主要集中在石油类能源产品、天然气、煤炭和电力。

基于全球各国的国情、资源条件、产业结构、排放来源均有所不同，各国在制订碳税制度时往往出于不同的实施目的设置了不同的征税范围。比如澳大利亚对于碳税的征收范围则是主要包括重工业、电力行业、钢铁行业和煤炭行业等高能源污染且规模较大的企业；而英国碳税的征收范围主要是电力部门和大型耗电设施的二氧化碳排放，因为其主要产业是服务业和能源业，碳排放的主要来源便是发电。

而相似的是，各国碳税的征收范围大多是由窄向宽逐渐扩展和不断完善。例如，芬兰从最初只包含除运输燃料以外的化石燃料，不断扩展和转变碳税征收范围，目前已覆盖了汽油、柴油、航空燃油、天然气等所有的矿物燃料；日本碳税征收从最初以化石能源开发企业、办公场地和居民为主，转变为燃料能源的进口企业、供应企业和生产企业（见表 2）。

表 2　部分国家碳税征收范围及行业

国家	征税范围	主要行业
芬兰	所有化石燃料	交通行业、部分供热行业
挪威	油、气	油气、航空、造纸
瑞典	所有化石燃料	运输行业、建筑行业
英国	所有化石燃料	电力、煤、天然气
瑞士	所有化石燃料	运输、建筑、工业、电力行业
日本	所有化石燃料	能源（石油、煤炭、液化气）

资料来源：世界银行。

（二）碳税计税依据。根据各国的碳税制度以及资料显示，现行的碳税计税方式主要分为燃料计征和排放计征两种。其中，燃料计征是以化石燃料的含碳量、发热量作为碳税的计税依据，而排放计征则是直接以二氧化碳的排放量作为计税依据。

目前，世界上大部分国家，都是基于成本和技术层面的考虑选择燃料计征方式，如芬兰、挪威、瑞典、丹麦等。这种计税方式的优点在于技术操作相对简单，管理成本也较低；但与此同时，该方式在精准度上有所欠缺，并且只限制了含碳燃料的消耗，对于整体的减排技术发展激励作用相对有限。荷兰、波兰、捷克等个别国家则是选择了排放计征，直接以二氧化碳的排放量作为其计税依据。这种方式相对前一种方式来说更加科学，能够更加精确、直接地反映排放量，但其对碳排放计量要求非常高，需要更大的技术、设备支持，因此也产生了较高的征管成本，对于许多国家而言并不适用。但从长远角度来看，排放计征方式更加符合节能减排、可持续发展以及低碳技术发展的需求和趋势。

除了上述两种计税依据之外，南非则是选择以排放计征为主、燃料计征为辅的形式，在纳税人无法自行测量温室气体的排放量时，由环境部门以燃料为依据，对纳税人的温室气体排放量进行核定。

（三）各国碳税税率对比。在碳税征收初期，各国的碳税税率通常不高，此后随着社会发展以及纳税人接受度的提升逐步提高，而这也是碳税的发展趋势之一。同时，世界银行统计数据（见图 1）显示，高收入国家的碳税税率也通常会高于中等收入国家。截至 2022 年 4 月，乌克兰、日本、新加坡、智利、阿根廷、南非等国家的碳税价格均未超过 10 美元/tCO_2，税率最低的波兰仅为 0.08 美元/tCO_2，乌克兰的碳税价格仅为 1 美元/tCO_2；荷兰、芬兰等早期实施碳税的欧洲国家税率在 46 ~ 85 美元/tCO_2；而例如瑞典、瑞士等高税率国家，其碳税价格已达到了 130 美元/tCO_2，乌拉圭以 137 美元/tCO_2的价格成为全球税率最高的国家。由此可见，虽然碳税税率整体处于由低到高的上升趋势，但受各种因素的影响，各国之间碳税价格跨度从不到 1 美元/tCO_2 到 137 美元/tCO_2 不等，税率水平的差距相对较大。

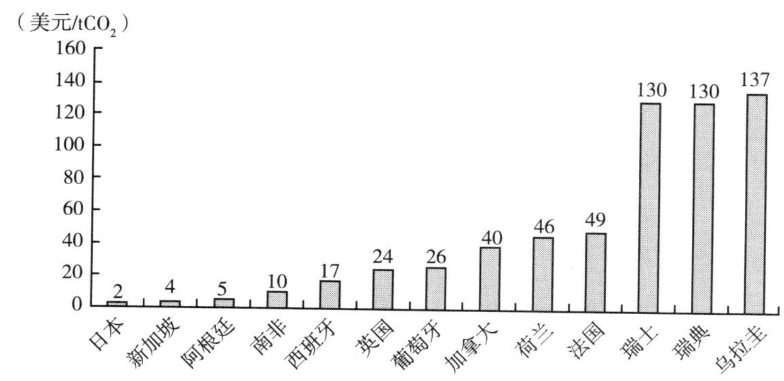

图 1　全球主要国家碳税税率情况

资料来源：世界银行。

（四）碳税优惠政策对比。碳税的实施虽然能够有效控制二氧化碳排放，逐步推进生态环境的改善，但同时也会增加企业、家庭的生产或生活成本，对其造成一定的负面影响。因此，在碳税实施的初期，丹麦、挪威等国家曾对高耗能企业实行较高的税收优惠政策，以此提高本国企业的国际竞争力。比如丹麦于1993年开始对工业企业征收碳税，在1993～1995年对工业企业给予50%的税收减免；挪威则是根据不同地区和不同产业设置税收减免政策。

目前，除了芬兰等少数国家对各行业几乎没有减免税优惠措施，大部分实施碳税的国家均设置了相应的税收减免、返还等优惠政策，尽可能地减少碳税对市场经济运行的影响。南非通过《碳税法案》规定了税收减免和补贴；日本对部分高耗能行业实行免税政策，如钢铁企业使用的煤炭、农林牧渔业使用的柴油等；英国对应用化石能源的密集型企业设置了最高可达65%的优惠税率。

同时，对于个人或家庭而言，各国同样通过各项优惠政策来减少碳税对居民生活的冲击。例如，日本对低收入家庭使用的煤油实行50%的碳税减免；英国对低收入家庭采暖用油实行免征政策。

三、对我国碳税制度设计的经验与启示

相对于国外而言，我国对于碳税政策的研究起步较晚，虽然目前尚未正式实施碳税政策，但已经开始探索碳市场机制和碳定价机制。考虑到碳税实施对经济、社会和企业的影响，经济发展和环境保护的平衡，以及与碳排放核算体系的衔接等多种因素，碳税制度的推行仍需要在中国经济和社会发展现状的基础上逐步探索和实施。

（一）合理划分征税范围。

1. 统筹考虑地域差异与行业特点。我国领土面积辽阔，受地理、历史、政治等各种因素的影响，各地区的产业结构、经济水平和能源结构存在较大的差异。例如，在能源分布上，油气资源局部集中、北多南少，煤炭资源则主要集中在华北和西北地区；在产业分布上，经济发达地区及东部地区的产业结构和技术水平更优，而落后地区的技术条件相对落后，产业结构也以高耗能、高污染产业为主。因此，在征收碳税时要考虑到不同地区的产业现状及特殊情况，适当设置多维度的征收范围，必要时可通过个别地区或行业先行试点，进而逐步规范和完善征收范围。

2. 坚持立足我国实际国情。参考国外实践经验，碳税的征税对象通常包括企业和个人排放的二氧化碳。但与北欧、日本等国家不同的是，在我国超过14亿人的人口基数下，无论是直接或间接向居民个人征收碳税的工作量和可能带来的负面效应都过为庞大。因此，在碳税征收或试行的初期，建议对居民生活所必需的煤炭和天然气等暂不予以征收，待碳税制度以及低碳技术不断成熟完善后再进行尝试探索。

此外，考虑到我国已先行建立了碳排放权交易市场，在设置碳税征收范围时应排除前期已经纳入碳排放权交易的企业；同时还要注意避免与资源税、环保税等相关税种征收范围的重复，有效避免对同一企业双重征税。

（二）明确碳税计税依据。综合考量全球现行的两种碳税计税方式及其各自的优缺点，我国在初期更适合采用燃料计征方式。一方面，燃料计征是目前世界上大部分国家选用的方式，在一定程度上能够为我国碳税的尝试提供更多参考和实践经验；另一方面，燃料计征对于成本和技术的要求相对较低，虽然在精准度上有所欠缺，但更符合我国碳排放总量较大、企业众多的实际情况，也更加适用于碳税征收初期的探索。

当然，随着未来碳税制度的普及优化、税收征管水平的提升以及相关技术设备的升级，我国可以尝试从燃料计征过渡到两种计税方式相结合，逐渐向更科学的排放计税方式转变。

（三）科学设定碳税税率。

1. 实行由低到高的动态税率。根据国际碳税的发展趋势，各国在开征碳税的初期通常设置较低的税率。因此，我国碳税税率的设置可吸取国外的经验，在综合考虑经济效益和减排效果的基础上，在合理范围内采用相对较低的初始税率。同时，随着社会承受度、经济发展水平和减排技术的进步进行动态调整，逐步提升至符合减碳目标且不影响产业竞争力的水平，带动企业。同时，借鉴国外阶梯形的税率模式，对于二氧化碳排放在合理范围内的企业适用较低的税率；对于超过规定范围的企业，则适当调高税率，以此促进企业不断优化产业结构、发展低碳技术、减少能源消耗。

2. 探索因地制宜的差异化税率。充分发挥税收对经济的引导和统筹协调作用，根据不同地区、不同能源和不同产业类型的特点，分能源、分地域实行差异化税率。例如，对于产业结构以高耗能为主的地区，适当调低碳税税率；对于以服务业为主的发达地区设置较高税率。同时，在设置税率时适当参考所属能源类型的价格或所处地区的能源发展情况及依赖程度，因地制宜进行科学调整。

（四）适当出台优惠政策。我国是一个“富煤、贫油、少气”的国家，二氧化碳的排放主要来自以煤炭为主的能源消费结构，也正因如此，碳税的征收必然会对能源密集型和高耗能行业产生较大的冲击。无论是为了减少碳税实施的阻力，还是维护经济社会与市场秩序的稳定，碳税优惠政策的设立都必不可少。

结合各国在碳税优惠政策方面的尝试，我国在出台碳税制度时也可配套实行相应的税收优惠政策。比如为了鼓励企业技术创新与降低能耗，可以对绿色低碳产业、新能源相关产业、节能减排相关技术研发的产业实行减免或返还政策；为了减少碳税对经济的冲击，可以在初期对部分受影响较大的能源密集型企业给予一定的税收减免。同时，持续发挥税收对于企业转型升级的引导作用，通过各类优惠政策和补助有效引导企业加大对新能源、低碳技术、节能减排工程的投入，以碳税带动产业结构的整体优化。

（五）持续加强宣传引导。全球变暖是关系到人类命运共同体的重要话题，碳税制度的构建和推行事关每一个人的切身利益，也需要全社会的高度重视和共同努力。因此，一方面，要加强对碳税征收必要性和紧迫性的宣传，引导企业和个人牢固树立节能减排意识，积极选择低碳生活与低碳生产方式，自觉配合碳税征收的步伐，提前打造成熟的征收环境与社会氛围。另一方面，要加强对低碳技术与绿色产业的宣传、推广和实际应用，通过政策减免、人才引进、资金补贴等各种形式，全面引导和支持企业加大技术研发投入，努力往绿色、低碳、环保的产业方向转型升级，加快实现减排降碳目标。

参考文献

[1] 覃盈盈．“双碳”目标下中国碳税开征的逻辑起点、国际借鉴和政策设计［J］．西南金融，2022（08）：27－42.

[2] 刘建，高维新．国际碳税制度建立的主要内容及对我国的启示［J］．对外经贸实务，2018（05）：46－49.

[3] 世界银行．2022年碳定价机制发展现状与未来趋势［R］．华盛顿：世界银行.

[4] 世界银行．2023年碳定价机制发展现状与未来趋势［R］．华盛顿：世界银行.

[5] 董静，黄卫平．我国碳税制度的建立：国际经验与政策建议［J］．国际税收，2017（11）：71－76.

[6] 康樾桐，毛晓杰，刘文静．国际碳税实践及启示［J］．中国金融，2022（06）：82－83.

[7] 李桃．我国碳税政策设计与实施的国际经验借鉴［J］．税务研究，2022（05）：86－90.

[8] 王丹舟，王心然，李俞广．国外碳税征收经验与借鉴［J］．中国人口·资源与环境，2018，28（S1）：20－23.

[9] 葛杨．国际碳税实践对我国“碳达峰”的启示［J］．当代金融家，2021（03）：20－23.

[10] 李建军，刘紫桐．中国碳税制度设计：征收依据、国外借鉴与总体构想［J］．地方财政研究，2021（07）：29－34.

[11] 杨颖．我国开征碳税的理论基础与碳税制度设计研究［J］．宏观经济研究，2017（10）：54－61.

课题组组长：章炳栩

成员：高俊、姚祎婷（执笔人）

基于碳交易机制下碳税制度构建问题研究

国家税务总局杭州市萧山区税务局课题组

摘　要：基于我国碳交易市场存在的过度分配、活跃度低、市场失灵等问题，本文借鉴部分国家或地区碳交易与碳税协同发展的实践经验，重新审视碳税征收问题，并对碳交易制度基础上的碳税制度构建提出建议。

关键词：碳交易　碳税　碳减排

自2021年2月1日起，我国《碳排放权交易管理办法（试行）》正式施行，建立起了碳排放权交易市场，运用市场机制破解环境污染现状。但是从近几年的发展情况来看，碳交易市场存在着过度分配、活跃度低、市场失灵等问题，使得该市场在促进碳减排方面发挥的作用不够明显。因此，在我国已经实施碳排放交易的背景下，我们要把握好“双碳”目标与碳排放之间的关系，借鉴诸多发达国家和地区碳交易与碳税协同思路，在碳交易的基础上将碳税引入我国的碳减排政策体系，进一步推进碳达峰碳中和的实现。

一、碳交易市场发展现状

（一）碳交易的基本概念。碳交易作为《京都决议书》框架下产生的一种重要的碳减排工具，主要目的是解决环境外部性问题，其运行机制是将外部成本内部化，在敦促企业减排的同时使得碳排放的社会总成本约等于碳排放的社会总收益。对于外部成本内部化的论题，学界存在两大流派，一是支持产权理论的科斯派；二是支持庇古税理论的庇古派。碳交易市场的理论来源于“科斯定理”，将科斯定理的“帕累托最优”代入碳交易机制，将碳排放看作一种权利，由政府对碳排放量进行定价，对排放量进行配额与交易，利用市场行为来有效降低外部性。

（二）碳交易市场国际经验。世界银行最新数据显示，截至2022年4月，部分国家和地区已经实施和计划实施的碳定价手段共计71项（34项为碳排放交易权，37项为碳税）。同时，全球正常运行的碳交易市场共计24个，其中，欧盟“国家间”的碳排放交易体系，自启动以来获得了瞩目的成绩，是全球最重要的碳交易市场之一（见表1）。新西兰、瑞士等国家则建立了国内的碳交易体系。英国、法国、丹麦等18个国家建立了国家层面的碳排放交易体系和碳税制度。如表2所示，美国、日本、加拿大等国家由于受到立法程序的限制，建立起了地区层面的碳排放交易政策，比如美国的区域性温室气体倡议（RGGI）、美国加州总量交易计划（Californian-CAT）、日本东京都总量交易计划（Tokyo-CAT）、加拿大魁北克总量交易计划（Quebec-CAT）、加拿大的亚伯达温室气体减排计划（Alberta-Based GGRP）等。2023年4月，欧洲议会批准了“Fit for 55”2023一揽子气候计划中数项关键立法，包括改革碳排放交易体系（ETS）。该体系明确，到2030年ETS涉及的行业温室气体排放量必须较2005年的水平削减62%，还计划在2026~2034年，逐步削减免费发放的碳排放额度。

表1　　部分国家或地区碳交易市场相关情况

区域/国家	启动年份	2020年排放上限（亿吨）	行业	碳排放本地覆盖率（%）	配额拍卖比例（%）	碳价（美元）
欧盟	2005	18.16	电力、工业、航空	39	57	28.28
新西兰	2008	0.4	所有经济部门	51	0	19.99
瑞士	2008	0.062	电力、工业、航空	10	航空15	28.45
哈萨克斯坦	2013	1.62	电力、工业	41	0	1.1
中国试点城市	2013	14.62	电力、工业、建筑、交通	32	0~6	2，5~12.62
韩国	2015	5.45	电力和热力、工业、建筑、航空、废弃物	74	3	27.62

资料来源：碳排放交易网。

表2　　部分地区性碳交易市场情况

地区/国家		启动年份	减排目标	行业	碳排放覆盖比例
美国	RGGI	2009	RGGI各州2030年相对2020年排放限额减少30%	化石燃料发电企业	占RGGI各州所有发电设施的50%
	Californian-CAT	2013	2030年相对1990年排放减少40%；2045年达到碳中和	电力、天然气、燃油、液化石油气企业	35%（2013~2015年） 85%（2015年以后）

续表

地区/国家		启动年份	减排目标	行业	碳排放覆盖比例
日本（Toyko-CAT）		2010	第一阶段：相对 2000 年排放减排 6%；第二阶段：相对 2000 年排放减排 17%	年度燃料、热量和电力消费总量超过 1500 千升石油当量的建筑物和工厂	20%
加拿大	Quebec-CAT	2013	2030 年比 1990 年减排 37.5%	发电和工业部门，燃料第一分销商	20% ~30% 85%（2015 年）
	Alberta-Based GGRP	2007	比 2003 ~2005 年减排 12%	所有工业设备	45%（2011 年）

资料来源：碳排放交易网；杨洁．国际碳交易市场发展现状对我国的启示［J］．中国经贸导刊，2021（16）：24 –26.

（三）碳交易市场的中国实践。

1. 试点与发展。2011 年 10 月，我国确定湖北、广东、北京、上海、天津、深圳、重庆七个试点区域开展碳交易试点；2013 年 11 月，党的十八届三中全会上强调我们要把碳交易市场当成深化改革的重要任务，这标志着从那时开始我国正式启动了全国碳交易市场的建设；2014 年，我国北京、天津、上海、重庆等 7 个试点都启动了网上交易，覆盖 12 亿吨左右的碳排放；2016 年 12 月底，第八个碳交易市场福建碳交易市场试点工作开始启动；2017 年底，全国性的碳交易市场正式启动；2020 年底，生态环境部门出台了部门规章，规范了碳交易市场的主体及其权利和义务，公布了重点排放企业名单；2021 年 7 月 16 日，全国碳交易市场正式启动，开启了线上交易的新篇章。我国碳交易市场持续发展，涵盖钢铁、电力、建筑等重点行业，覆盖约 40 亿吨二氧化碳排放量，比欧盟的碳排放规模多出三倍，位居世界第一（见表 3）。

表 3　　碳交易市场的发展进程

年份	文件	进程
2011 ~2013	《关于开展碳排放权交易试点工作的通知》	7 处试点
2014 ~2015	《碳排放权交易管理暂行办法》	碳交易正式开展
2016	《国家生态文明试验区（福建）实施方案》	第八个碳交易试点
2017 ~2019	《全国碳排放权交易市场建设方案（发电行业）》	全国碳市场建设启动
2020	《碳排放权交易管理办法（试行）》	持续推进全国碳市场建设
2021	《关于加快健全绿色低碳循环发展经济体系的指导意见》	提出双碳目标，构建绿色发展体系；全国碳市场于 7 月 16 日正式启动上线交易

资料来源：碳排放交易网；董萌．政策试点视角下中国碳交易市场政策问题研究［D］．武汉：华中师范大学，2020.

2. 碳交易市场成就。

（1）碳交易市场总体预期向好。自 2021 年 7 月 16 日以来，全国碳交易市场开市，第一个履约周期，一共涵盖发电业重点排放单位2000余家，截止时累计成交量有近1.8亿吨二氧化碳，累计成交额76亿元左右，履约率为99.5%。疫情期间，包括上海碳交易市场在内的全国碳交易市场依旧稳定运行。2022年3月，全国碳交易市场挂牌协议交易最高成交价为59元/吨，最低成交价格约为57元/吨；3月的最后一个交易日收盘价为58.55元/吨，较上月上涨1.4%；4月20日回升至60元/吨。2023年8月，全国碳市场收盘价突破70元/吨，创历史新高。

（2）监管力度不断提升。随着碳排放交易制度的成熟，监管力度也在不断提升。2019年4月，生态环境部针对碳排放交易管理暂行条例向大众征求意见。2021年3月，生态环境部正式发布《关于征求〈碳排放交易管理暂行条例（草案修改稿）〉意见的通知》，再一次公开征求意见。草案的内容也有所扩容，明确了监管部门、处罚机制，新增了分配方式、交易产品、配额总量与分配方法等。

与此同时，我国碳交易市场企业披露制度也在逐步完善。2021年10月，《关于完整准确全面贯彻新发展理念做好碳达峰碳中和工作的意见》正式发布，明确要求健全企业和金融机构等机构组织碳排放报告制度和信息披露制度；2022年2月，生态环境部颁布《企业环境信息依法披露管理办法》，要求企业依法披露单位碳排放信息。

3. 试点过程中存在的问题。

（1）前期成交量较低，碳价不稳定。2021年7月16日，当日碳配额挂牌协议交易成交量达到了410万吨，一天后出现了挂牌成交量持续下降的趋势，从几百万吨下降至几千吨。交易价格也呈现缓慢下降的趋势，从开市初期的55元收盘价缓慢下跌至40元左右。2021年自碳交易市场启动之日至年底，全国碳交易市场碳排放配额累积成交量约为1.8亿吨，累积的成交额约为76亿元，交易量和平均碳价都维持在低位，活跃度仍需提升。与欧盟相比，虽然欧盟的碳交易市场覆盖碳排放的量不及我国，但其平均值均高于我国碳交易市场（见图1）。

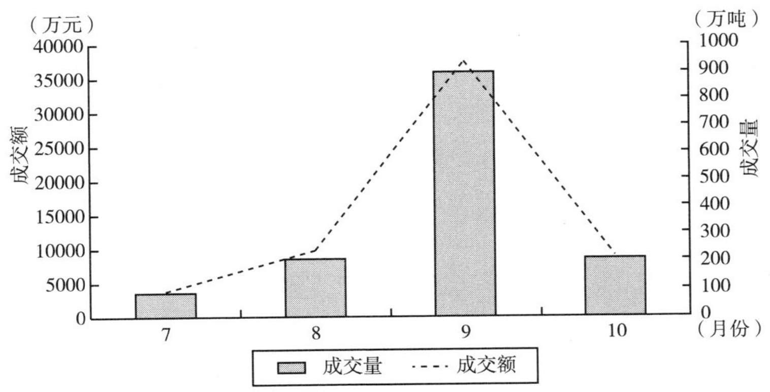

图1　2021年部分月份碳配额大宗协议交易成交量情况

资料来源：碳排放交易网。

（2）顶层设计需要进一步完善。2021 年 3 月，随着《碳排放交易管理暂行条例》的实施，我国碳交易市场明确了哪些管理机构共同对碳交易市场的注册、登记机构、交易机构进行监督。碳交易市场在我国属于新兴事物，难免需要摸着石头过河，容易出现虚报、错报等情况，因此需要加强市场监管、证监会等部门的监督。在法律体系的设计方面，虽然我国已经制定了一些规章，但立法层次较低，难以保证碳交易市场运行的有效性和权威性。

（3）碳交易存在市场失灵。碳交易市场机制的本质，是通过碳交易市场的价格信号引导企业在实现利益最大化的同时达成减排目标。过高的碳价会使企业负担增加，过低的碳价起不到引导企业减排的作用。合理的碳价需要合理的碳交易市场供求，根据供求关系制定恰当的碳排放配额总量和分配配额。历史数据显示，全年主要的成交量集中在企业履约到期之前的一个月，其他时间碳交易零散，价格规律不明显。另外，大型电力集团主导碳交易市场，使得市场不能很好地自主分配资源。大唐集团等五大电力集团排放占比超过 20%，它们与申能、中石化、中石油等共同组成十大集团，在碳交易市场中占主导地位，并通过内部交易压低碳价。

二、碳税作用机制及发展现状

（一）碳税的作用机制。碳税的经济学理论来源于“庇古税”理论，它由英国经济学家庇古最先提出，原理是根据排污者排污程度征税，用税收去弥补排污产生的外部效应，促使企业将碳税纳入经济决策的考量，由此实现外部效应内部化。同时鼓励碳相关产品的生产、消费乃至投资模式的转化，促进绿色低碳发展。如图 2 所示，针对负外部性，可以通过征收碳税的方式增加边际成本，$MC1$ 曲线移动至 $MC2$，$P0$ 保持不变的水平下，有利于碳排放减少。

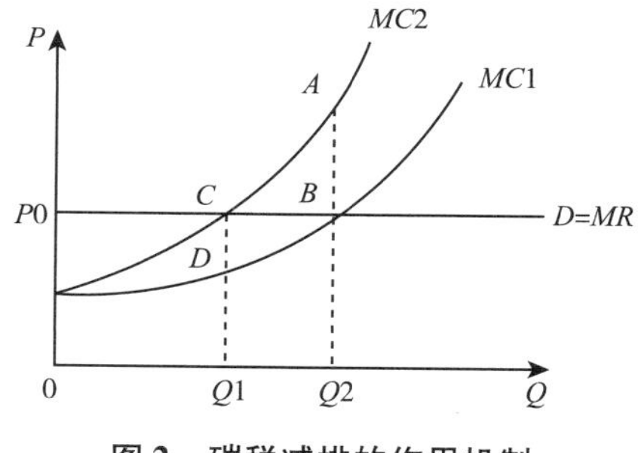

图 2　碳税减排的作用机制

（二）碳税起源。芬兰从 1990 年开始征收碳税，是全球最早开征碳税的国家，也是世界上第一个成功推行碳税的国家。其碳税制度主要针对煤炭、燃料、能源等，设计较为合理，是最初开征碳税的一批国家中最能达到税收中性的国家，这为我国未来实施碳税提供了参照（见表4）。

表4　　芬兰碳税征税范围进程

年份	1990	1994	1995	2002	2007	2008	2011
进程	煤炭及家庭用燃料征收碳税	大部分能源征收燃料税	能源－碳税混合税	天然气减半征收	生物燃料免税	重质燃料油退税	合并为能源消费税子目

资料来源：碳排放交易网。

初期，芬兰的碳税税率仅为1.2欧元/吨，多次改革后，税率已经达到了20欧元/吨，芬兰又通过高累进税额的制度使得税负向富人群体倾斜。另一方面，在征税范围上，经过30年的摸索，芬兰已经形成了一套针对能源等碳排放控制的成熟体系。同时，芬兰为了能够尽可能减小碳税对经济社会的冲击，严格遵守中性原则，设计了一系列税收优惠，包括较为宽松的税收减免和税收返还，旨在减轻纳税人的税收负担。这类措施既提高了碳税的效率，又保证了碳税的公平。

（三）碳税的发展进程。随着国际社会对碳减排越来越重视，波兰、挪威、瑞典、英国、日本等国家也纷纷推出自己的碳税，我们选取瑞典、英国、日本这三个经验相对丰富、碳税政策相对成熟的国家来观察碳税发展的趋势，从征税范围、税率、计税依据、税收优惠等方面来看碳税的实施。

1. 瑞典，是最早进行税制改革的国家之一。1991年瑞典碳税作为能源税的子目被放进本国的税法当中。征税范围为航空燃料、煤炭以及化石能源，不包括电力和交通等涉及日常活动的能源。在税率方面，瑞典税率较高，实行单一税率，并且有逐年上升的趋势，1991年税率为28.5美元/吨，现在已经提高至137美元/吨。计税依据为各类燃料中的碳含量等。在税收优惠方面，从1993年开始，瑞典降低工业产品税率，以保持产业竞争优势，同时针对工业企业、农林牧渔等产业设置较低税率以及减免税。

2. 英国。2001年，英国开征气候变化税，从其本质来看也是一种碳税。实施气候变化税不但能够大力推进绿色新能源技术的发展，而且有利于减碳减排。在征税范围上，气候变化税的征税范围包括天然气等各类燃料。在税率方面，英国设定了不同的税率，分别为电力、煤炭、天然气等，电力最高。现如今，英国税率处在比较稳定的状态，仅有小幅上升。在税收优惠方面，英国也设置了许多减免政策，比如对使用清洁能源的企业给予税收优惠，对于采暖用油免税。在征收环节上，英国选择针对生产环节征税；而大部分北欧国家对消费环节征税，征管更加简便。

3. 日本，属于亚洲国家中较早开始推动碳税实施的国家。1997年，《京都决议书》中提出过减碳，2004 年提出了正式的法案，一直到 2007 年开始实行碳税政策，并更名为全球气候变暖对策税。在征税范围方面，日本碳税主要对化石能源开发企业征税。同时，针对不同的企业，征收环节也不同：工业用能源在消费环节征收；日常家庭用能源在生产环节征收。在税率方面，日本先对税价进行评估，同样采取差异化的税率，用低起点分三阶段对能源进行征税，根据国情，时刻调整碳税税率。在税收优惠方面，日本对低收入群体家用燃料减征 50%；对农林渔业所用能源免税。

全球气候不断恶化，呼吁国家间不断加强碳减排协作，实现碳税普遍开征。目前已有多项公约明确设置了国家间减排合作的机制、原则与大致框架，如《巴黎协定》《联合国气候变化框架公约》《京都协议书》，它们规范了国家间、地区间、州之间的碳减排合作机制。发达国家则需要承担起更多的碳减排责任，在自己实现碳减排的同时为发展中国家提供帮助，共同为解决全球气候变暖问题出力。

碳税代表性国家对比如表 5 所示。

表 5　　碳税代表性国家对比

项目	芬兰	瑞典	英国	日本
税种名称	碳税	碳税	气候变化税	全球气候变暖对策税
开征时间（年）	1990	1991	2001	2007
征税范围	汽油、柴油、轻燃料油、重燃料油、煤、天然气等	汽油、柴油、轻燃料油、煤、天然气等	煤、液化石油气、电力等	煤、天然气、液化石油气、汽油、柴油等
计税依据	化石燃料中的含碳量	不同燃料的含碳量和发热量	不同燃料的含碳量	化石燃料中的含碳量
税率	20 欧元/吨	137 美元/吨	电力：0.43 便士/kw · h 天然气：0.15 便士/kw · h 煤炭：0.15 便士/kw · h	煤炭：1370 日元/吨 原油和石油：2800 日元/吨 烃类燃料（气态）：1860 日元/吨 （含附加税）
税收优惠	泥炭免税政策； 农业温室栽培退税； 能源税收优惠	降低工业企业实际税率	部分企业减免 80% 税收 采暖用油免税	家用煤油减征 50% 碳税 农林渔采取部分能源免税政策

资料来源：张荣静．“双碳”背景下碳税制度设计的国际经验借鉴［J］．中国注册会计师，2022（03）：122 - 126.

根据以上国家成功经验，我们可以看到，在征税对象上，能源如天然气、煤炭、石油等是主要碳税征税对象。税率上，北欧国家以低税率开始，逐步提高税率；日本使用差异化税率，尽可能做到税收公平。在税收优惠上，对低收入群体或是民生行业设置一定的税收优惠，实现税收中性、带来双重红利。

三、碳交易机制下开征碳税的必要性分析

（一）形成碳税和碳交易复合机制更具优势。碳税和碳交易是两种重要的碳定价机制，两者各具优劣，可以和平共存、相互补充。各个国家地区和组织都可以根据实际情况选择合适的搭配。碳税的理论来源为庇古，他提出的庇古税主张用制定税率的方式去进行碳定价；碳交易的理论来源为科斯，他认为庇古税实施困难而且很难测定一个合适的税率，如果通过发挥市场的作用，通过市场自由交易来对碳排放的外部性定价是一个两全其美的办法。我们可以通过比较碳税和碳交易这两种机制的作用方式来看它们对中国达成双碳目标的适用性。

1. 碳税比碳交易的交易成本小。碳税的开征可以选择在原有的税收框架下进行，节约成本，不需要制定一套新的体系。碳税比碳交易更公平，碳交易则相对碳税来说更侧重提高效率。另外，税收是政府获得政府财政的重要途径，具有公共财政的属性，有利于社会公平，碳交易则更多的是专款专用的性质。

2. 碳交易比碳税的可预见性更强。碳交易由于存在政府强制调控，在政府调控的前提下保持市场一定的自由度，效果比较显著且直接。而对于碳税来说，由于税收这种政策工具本身的特性，其调控作用相对碳交易来说会有较大的不确定性。如果增加排放的收益大于成本，企业很有可能会选择继续排放二氧化碳。而与碳税对于总量缺乏约束相比，碳交易对碳排放总量进行控制，可以在绝对值上控制住碳排放。但是，我们要注意碳交易市场的波动性所带来的整体不确定性。

因此，结合国际实践及碳税、碳交易各自的优点，构建碳税和碳交易协同复合机制，在提升减排效果、兼顾公平与效率方面更具优势。

（二）目前碳减排面临三大困境。

1. 碳配额总量过高并免费发放。自2021年7月碳交易市场全面铺开，从覆盖面来看，仅纳入了电力行业，而化学原料、化学制品制造业、黑色金属冶炼和压延加工业以及非金属矿物制品业等碳排放量大的行业均未覆盖。同时对电力行业的碳排放配额免费发放，直接导致了碳排放交易手段的调控力度相对有限，效果也一般，难以通过碳交易市场充分体现碳排放许可权的有效价格水平。

2. 现有税收政策未能充分体现低碳导向。2021年10月，《国务院关于印发2023年前碳达峰行动方案的通知》提出，要建立健全有利于绿色低碳发展的税收政策体系，更好发挥税收对市场主体绿色低碳发展的促进作用。在现有的税收政策中，资源税、

消费税对矿石燃料、成品油征收，具有一定的调控碳排放的意义，但并不是促进碳减排的专门的制度安排，而碳税是直接运用价格信号促进二氧化碳减排的碳定价手段。

3. 欧盟碳关税对我国碳定价政策体系构成了挑战。欧盟委员会的“下一代欧盟计划”主要与其碳排放交易市场相衔接，主要针对第三出口国商品征收与欧盟同类商品形成的碳差价。目前，我国的碳定价机制只覆盖电力行业，涉及钢铁、水泥、铝等商品行业均未覆盖，因此对我国钢铁产品和铝产品的影响比较明显，不仅直接影响出口企业的负担，还影响财政收入。

（三）征收碳税具有多重红利效应。一是碳税作为碳减排的重要政策工具，通过对二氧化碳排放课征一定的税收，可以引导低碳产品的生产与消费。二是基于化石燃料的刚性需求，碳税的征收在促进碳排放量下降的同时税收收入仍可增加。三是在保持税收中性的前提下开征碳税，可以促进经济主体的活动更符合人类社会发展的基本要求，减少税制对资本、劳动力等生产要素配置的扭曲，使得税制更具有经济效率。

四、碳交易制度基础上碳税制度的构建

（一）碳税征收模式选择。基于碳排放责任划分原则的碳税征收模式，可以分为生产型、消费型、收入型和混合型。其中生产型碳税以生产经营过程中因消耗化石燃料直接排放二氧化碳的企事业单位和其他生产经营者作为纳税人，以二氧化碳的实际排放量或估算量为计税依据，因其只对生产、加工环节征收，征收方式简便，征管效率较高，是最易实现的征收模式。因此，建议在碳税开征初期推行生产型碳税，可以选择在现有的税法框架下，结合资源税、环境保护税设置相应的税种或税目来开征碳税。比如在环境保护税下面新增一个二氧化碳税目，对消耗化石燃料的二氧化碳排放量进行征税。如果担心对一些国家价格调控行业的生产者带来过高的税负或者导致重复征税，则需要在涉及民生的领域，如农林牧渔业、家庭用煤等领域给予相应的税收优惠。

（二）碳税征税范围选择。结合国际经验以及我国国情，工业、电力部门是我国碳排放的主体部门。碳税开征初期，我们可以将煤、石油、天然气作为主要征税对象，时机成熟后再行扩大，这也是国际社会的常用做法。

另外，征税范围还可以在现有的已经纳入碳交易市场的电力、钢铁、建材等八个行业的企业中进行划分，2020 年《碳排放交易管理办法》中指出，碳排放交易市场要涵盖的重点单位的二氧化碳排放量要达到 2.6 万吨，对象基本上为大型企业。因此，碳税的实施对象主要是中小型企业，从而能够尽可能公平地去让各类企业承担税负。但 2021 年的《碳排放交易管理暂行条例》中规定，由于碳交易配额还属于免费发放的

阶段。因此，我国可以大规模征收碳税，未来一旦碳配额有偿分配，如果要保持公平，就需要根据企业规模差异化征收。

（三）碳税税率水平选择。在我国已经实施碳交易市场的情况下，碳交易市场配额免费，企业只对超出配额的部分付费，单位碳价相对较低；在配额有偿的情况下，则与碳税所显示出的碳价类似，这也为协调碳税和碳交易提供了基础。如果两者不重合，则要求碳税税率较低，缺点是调控力度小；如若两者重合，则要采用差别的税率或者采用相应的税收优惠进行协调，以形成统一的碳价。从各国目前施行的碳税税率来看，差异较大，幅度范围从3～168美元/吨不等。据估计，若想能够按时达成《巴黎协定》中提到的目标，截至2030年，碳价则至少要达到50美元/吨。因此，我国碳税开征初期，碳税税率可以实行定额税率，同时可以参照贸易伙伴、周边国家或地区的税率以及我国碳交易市场的价格来确定税率。同时，碳税开征初期，可使用单一税率，后期借鉴日本的经验，结合行业和企业的可承受能力，制定一个幅度定额税率，尽可能实现税收公平。

（四）税收原则的体现。在体现效率方面，碳税的设置可以采取统一的税率、选择在生产环节征收等措施；在体现公平方面，我们需要一定的税收优惠来保证分配公平、征税公平，根据各国的国情选择不同的税收优惠政策并适时调整。我们还需遵循税收中性原则，为进一步提升纳税遵从度，减少纳税负担，我们应当考虑通过削减其他税种，例如减征个税和企税，来为碳税的征收腾出空间。同时，碳税收入应当专款专用，专门用于生态保护领域或是进行补贴，尽可能做到“双重红利”。例如，芬兰采取税收返还的方式对能源密集型企业进行一定的优惠；丹麦则是通过补贴的方式对天然气等家用能源实施税收优惠。

（五）碳税的综合协调。从国际实践看，碳税和碳交易相互补充，形成稳定的碳定价减排机制，碳交易覆盖大部分需要管控的企业；而碳税则作为补充促进碳价的平稳升高，覆盖碳交易顾及不到的领域。综合考虑我国国情，一种新税的开征需要考虑整个经济环境，考察其对经济社会的影响。如何减小征税阻力，成功推行税制改革首先要合理利用相关政策，明确我们达到双碳目标的决心，同时要加强宣传，强调责任，凝聚社会力量；其次，要确保宏观税负稳定，通过合并征收，减税降费等政策的持续实施，降低企业和个人的税痛感，为碳税的实施提供充足的空间；最后，要统筹全局，实行一揽子的改革方案，通过其他方面的绿色转型带动碳税的实施，选择合适的时机，进行碳税改革。

参考文献

[1] 冯超，袁晓华，王琦，周楠．英国“碳底价”政策对完善我国碳定价机制的启示［J］．财政科学，2022（01）：152－160.

［2］高翠云．减排和经济结构调整条件下的中国碳定价问题研究［D］．长春：吉林大学，2018.

［3］葛杨．碳税制度的国际实践及启示［J］．金融纵横，2021（04）：48－55.

［4］刘婵婵，邹雪，毛丽莉．亚洲地区碳定价机制发展的国际经验及对我国的启示［J］．武汉金融，2022（02）：8－15.

［5］李兰，贾存惠．我国碳税理论研究进展评述［J］．公共财政研究，2021（04）：85－96.

［6］李盛丰．中国碳税法律制度构建研究［D］．石家庄：河北地质大学，2020.

［7］刘琰．从欧盟碳市场及碳税新政谈起［J］．金融市场研究，2021（11）：69－71.

课题组组长：朱国根

成员：章澎澎（执笔人）、杨世波

从股权激励论促进科技创新人才培育的税收管理研究

国家税务总局杭州市钱塘区税务局课题组

摘　要： 随着企业创新和人才发展的需求，股权激励频繁地运用于各领域上市和拟上市企业发展经营过程中。本文重点剖析近年来我国股权激励发展历程、股权激励发展模式和促进效应、面临的税收风险等方面，研究股权激励税收管理的发展困境与路径选择。从股权激励的涉税分析角度切入，围绕当下科技创新、人才培育、税制改革、征管改革等热点问题，梳理股权激励的政策现状，以及股权激励方案实施现状，从科技创新和人才培育的双重视角进行分析总结，探索股权激励在税收政策体系和管理机制层面有效推进科技创新产业升级的新路径。

关键词： 创新驱动　人才培育　股权激励　税收改革

一、发展背景与意义

面对国际复杂的竞争环境，要实现科技创新和产业升级，亟须创新驱动和人才培育，促进企业健康持续发展。而建立完善的股权激励制度，有效吸引和激励技术人才，增强企业核心竞争力，保持创造力，是适应新时代科技创新发展的迫切需要。合理的股权激励制度和实施方案，适配的税收政策体系和管理机制，是共同促进科技创新、培育新兴产业的有力“助推器”，有助于实现企业与人力资本的激励相容，缓解委托代理问题，降低代理成本，将企业发展与激励对象的利益联结，从而有效激发长期性创新活动，助力产业结构转型升级。

（一）股权激励制度发展概况。学者通常认为现代股权激励产生于20世纪50年代的美国，20世纪90年代我国部分外商投资企业开始采用，逐渐发展起来。但当时我国资本市场处于起步阶段，股权激励相关法律法规都在摸索研究过程中，直到 1999 年党的十五届四中全会通过《中共中央关于国有企业改革和发展若干重大问题的决定》，指出“建立和健全国有企业经营管理者的激励和约束机制，实行经营管理者收入与企业的经营业绩挂钩”，为股权激励的探索和实施提供了政策层面的支持。2004 年我国开始股权分置改革。自 2005 年开始，证监会先后出台《关于上市公司股权分置改革时点有关问题的通知》《上市公司股权激励管理办法（试行）》；国务院国资委和财政部出台《国有控股上市公司（境内）实施股权激励试行办法》；财政部出台《企业会计准则第 11 号——股份支付》等重要政策文件，国内股权激励制度逐渐建立发展起来。2016 年证监会为适应市场发展需求，出台了《上市公司股权激励管理办法》，对相关规则进行了进一步改革和完善。国家税务总局自 2009 年开始，也陆续出台《关于股权激励有关个人所得税问题的通知》《关于股权奖励和转增股本个人所得税征管问题的公告》《关于个人股票期权所得征收个人所得税问题的通知》《关于我国居民企业实行股权激励计划有关企业所得税处理问题的公告》《关于完善股权激励和技术入股有关所得税政策的通知》等重要的税收配套文件，对股权激励相关涉税问题进行规范和管理。

（二）股权激励主要方式。目前主流采用的股权激励方式主要是股票期权、股票增值权、限制性股票、虚拟股票等各种模式，企业在制定股权激励方案时具体选择何种模式，会根据企业当前的发展阶段、业务特点、人员构成等情况具体分析，部分企业会采用单一模式，也有企业采用混合模式，以此达到激励效应最大化。此外，上市公司和非上市公司在股权激励的选择上也有不同，例如上市公司一般选择限制性股票、股票期权、员工持股计划等模式；非上市公司还可以选择虚拟股票、分红股等模式，更为灵活，更能设计出适合企业需要的股权激励方案。股权激励的主要类型如图 1 所示。

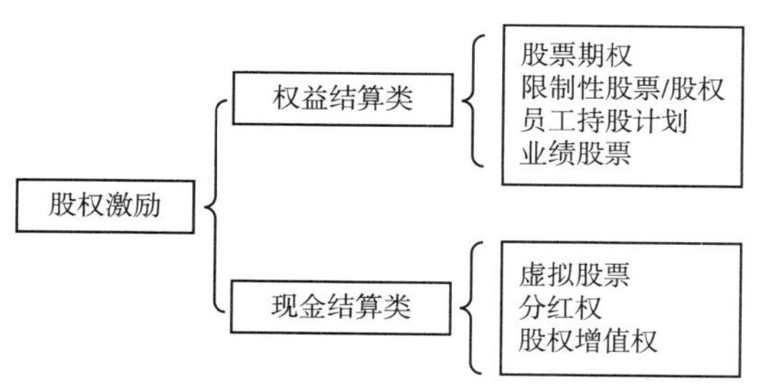

图 1　股权激励的主要类型

1. 股票期权。经股东会同意，授予激励对象在一定期限内，按照事先约定好的价格，且在达成相关的条件后，购买公司一定数量股票的权利。激励对象具有选择权，可以放弃购买的权利，也可以在规定期限内行权。如果行权时市场上该股票的价格高于行权价格，激励对象通常会行使权利，按照之前约定的价格购买；如果行权时市场上该股票的价格低于行权价格，激励对象可以选择不行使权利。在实践中，上市公司较多使用股票期权进行激励。

2. 股票增值权。公司授予激励对象获得约定数量的股票价格上升带来的收益权利，激励对象需要在一定期限内完成约定条件，如服务期限、公司业绩等。股票增值权不实际买卖股票，激励对象不需要支付资金来购买，没有所有权与决策权，通过股票市场价格变化，在规定时段内，由企业以现金形式向激励对象支付行权日股票收盘价与行权价之间的差额，收益等于行权日与授权日股票市价的差价乘以授权股票数量。股票增值权适合有充裕现金流和稳定股价的公司。

3. 限制性股票。经股东会同意后，按照事先约定的条件授予激励对象一定数量的本公司股票（有限责任公司授予的是股权），只有在激励对象满足预先约定的条件，如在服务期限或业绩考核符合股权激励规定的条件，才能对限制性股票进行出售并获利。如果激励对象未能达到事先约定的条件，公司则有权将股票收回或者回购。

4. 虚拟股票。公司授予激励对象一种虚拟的股票，这种虚拟股票可以使激励对象按照自身被授予的数量来获取上市公司的分红，享受对应数量股价升值所带来的收益。其性质和股票增值权类似，激励对象不实际拥有所有权和表决权，无须工商变更登记，不会稀释股权，只有分红权和增值权，不会对企业的决策造成影响，也不能在市场上进行出售和转让，激励对象在市值上升时可按差价获利，在离开公司时会失效。如果激励对象业绩考核良好，经董事会批准，也可以将虚拟股转为实股，因此想要获得更好的激励效果，可以在设计股权激励制度时就明确虚拟股转实股的相关条款，形成“虚实结合”的多模式持股方式。

5. 员工持股计划。是上市公司根据员工意愿，通过合法方式使员工获得股票并长期持有，按约定分配给员工股份权益。员工持股计划是长期的股权激励模式，将公司股票的价值和员工的价值联系起来，从而达成公司的发展目标。员工持股计划面向全体员工，在收益分享、风险共担的前提下，可以分为福利型、风险型和集资型，适合经营稳定、持续增长、资金流健康的企业，如高新技术企业、国有企业等。员工持股计划致力于让员工合法持有公司股份，分享经营成果，在激励范围、法律依据、实操流程上都与其他常规的股权激励有一定的差别。员工持股计划激励的对象范围较大，会存在股权过于分散的风险，也可能超过《公司法》中规定的股东人数限制，在一定程度上不利于股权架构和人员管理。股权激励主要方式对比如表 1 所示。

表 1　　股权激励主要方式对比

激励方式	主要特点	纳税时点	税收政策
股权期权	被激励对象承担风险较小，行权之前无须支付；会有一段等待期	行权时	《财政部　国家税务总局关于个人股票期权所得征收个人所得税问题的通知》（财税〔2005〕35 号）
股票增值权	无须工商变更登记；无须修改章程；可以不实际支付购买股票；无须证监会审批；激励效果有限，对于企业来说现金压力较大	兑现股票增值权多得时	《关于股权激励有关个人所得税问题的通知》（国税函〔2009〕461 号）
限制性股票	被激励对象需完成股权激励计划约定条件后才可行权	每批限制性股票解禁日	《关于股权激励有关个人所得税问题的通知》（国税函〔2009〕461 号）
虚拟股票	无须工商变更登记；无须修改章程；不会稀释股权；无须证监会审批；没有所有权和表决权，激励效果有限	取得分红时	《财政部　国家税务总局　证监会关于实施上市公司股息红利差别化个人所得税政策有关问题的通知》（个人所得税法财税〔2012〕85 号）

（三）我国股权激励发展成果。2019 年 7 月 22 日，我国科创板正式开始交易，科创板的定位着重于“科技”，主要服务于突破关键核心技术、市场认可度高的科技创新企业。科创板企业发展潜力大，创新驱动足，对技术人才有着迫切需求，股权激励逐渐成为科创板企业激励研发创新、留住核心人才团队的有效机制。科创板企业大多来自战略新兴产业，其科技成长属性明显，且处于初创、成长阶段，在股权激励条款方面具有独创性。在激励方式上，大多采用单一激励方式且以第二类限制性股票为主；在激励对象上，授予的大多是核心技术人员；在行权价格上，价格折扣较大，授予定价自主性强，平均折价力度可以达到五～六折；在激励期限上，更倾向选择“1＋3”的行权期限等。

2020 年 8 月 24 日，18 家首批创业板改革并试点注册制的企业在深交所上市，创业板正式步入注册制时代，创业板注册制改革不仅优化了企业 IPO 的标准和流程，股权激励制度也更为灵活，引入第二类限制性股票的激励模式，在授予价格、激励范围、激励规模等方面进行了适应性调整，提升了上市公司股权激励的意愿。对创业创新型企业来说，股权激励一般选择第一类限制性股票、第二类限制性股票的单一模式，也会选择复合型限制性股票等方式。

二、股权激励的主要风险

股权激励是企业和激励对象实现利益共享、风险共担、企业共治、科技共创、成果共赢的一种有效工具，在实施过程中不仅会涉及《公司法》的合规性，还会涉及税收政策适用和征收管理的规范性。目前股权激励的模式多样，复合交叉，而相关的涉税规定和管理措施还不够完善和细化，导致股权激励在不同阶段可能产生涉税风险。

（一）涉税载体复杂。从目前企业股权激励的情况来看，主要的持股模式有直接持股和间接持股。直接持股比较清晰明确，无论是工商登记还是税务登记，都能保持一致性，激励对象享有较完整的股东权利，涉税主体和适用政策较为明确，相对而言涉税争议较少，但是不利于企业后期股权架构调整、股权回购等情形，企业和股东之间会有争议。间接持股，会涉及不同的主体，持股形式也多样，目前较为典型的是代持和持股平台。其中，代持会有名义股东和实际股东之间的法律纠纷和涉税风险；持股平台主要有公司制平台和有限合伙制平台两种，在实践中拟上市企业一般会选择有限合伙平台作为实施股权激励的间接持股载体，但持股平台在税收政策的适用上存在风险和争议，尤其是非上市企业享受股权激励递延政策时，大多因为持股平台穿透激励的情形，无法适用2016年财政部、税务总局《关于完善股权激励和技术入股有关所得税政策的通知》等政策条款。不同持股模式对比分析如表2所示。

表2　　不同持股模式对比分析

持股方式	概念	优势	风险
直接持股	实际出资人直接持股	享有自主权利；激励效果明显；税负清晰等	程序要求高，手续较多，降低决策效率；股东人数受限；股权分散，影响控制权；不方便预留股份等问题
代持	公司的实际出资人与名义出资人订立合同，约定由实际出资人出资并享有投资权益，以名义出资人为名义股东	有利于股权统一管理，股东资格限制，避免股权过于分散，保障决策效率；方便预留股份；借助名义股东的资源和影响等各类因素	名义股东承担违约责任和纳税义务；实际出资人作为隐形股东，可能损失利益；企业可能面临权属纠纷等问题
持股平台	企业注册有限公司或有限合伙企业，形成平台，让激励对象间接持股	减少股东人数限制影响；便于股东管理，掌握执行事务的权利；保障股东退出权利；便于企业为上市做准备等	相关税收制度不完善，优惠政策难覆盖；间接持股影响激励效果；仍受《公司法》股东人数限制；持股平台税收风险增大等问题

（二）架构体系难定。制定股权激励方案是系统性工程，涉及定人、定量、定价、定时间、定条件、定来源、绩效考核、退出、回购等多种复杂要素，各要素之间相互影响、相互制衡。企业在制定相应的股权激励方案时，需要充分考量行业发展前景、自身发展阶段、经营目标、激励目的等综合要素，考察激励对象的业务能力、适配情况、激励效益等，选择激励时限、激励强度时也要统筹激励成本、风险机遇等要素，

只有设计出适合企业发展的股权激励方案，才能实现企业和激励对象的发展愿景一致，达到高效共赢的效果。好的股权激励制度和方案也需要建立在科学合理的股权架构体系和内部治理结构中，只有这样，才能充分发挥出激励的长期效用。在实践中，部分企业培育经理人解决经营问题，会带来经营权和所有权的分离，提高代理成本；部分企业的激励制度中对高管的激励强度远高于核心技术骨干，会导致核心团队不稳定，而高管缺乏有效监督等现象；部分企业股权激励方案没有充分考虑不同发展阶段和人员流动等内外部变量，也未建立适配的激励风险管理机制，使得股权激励未能达到预期效果，与企业的规划目标不符，不利于调动创新驱动力，还可能削弱信任感和归属感，从而影响企业长期发展。

（三）政策实践现状。一般来说，股权激励是激励对象从股权激励当中获得股权对价（成本）与股权公允价值之间的差价，本质上来看，是员工为公司服务而获得的一种福利报酬，属于工资薪金所得。目前市场上的股权激励可以看作是两大类型（见表3），一类是针对上市公司及其控股企业的股权激励；另一类是针对非上市公司的股权激励（全国中小企业股份转让系统挂牌公司按非上市公司执行）。从现行税收政策和征管实践来看，股权激励的税收管理也是从上市公司和非上市公司两个角度来区分。

表 3　　上市公司与非上市公司股权激励的区别

类型	激励方式	激励范围	价格评估	主要涉税政策
上市公司	股票期权、限制性股票、员工持股计划等	董事、高管、核心人员、其他员工等，不包括独立董事和监事	收盘价	《关于个人股票期权所得征收个人所得税问题的通知》（财税〔2005〕35 号）、《关于股票增值权所得和限制性股票所得征收个人所得税有关问题的通知》（财税〔2009〕5 号）、《关于股权激励有关个人所得税问题的通知》（国税函〔2009〕461 号）、《关于完善股权激励和技术入股有关所得税政策的通知》（财税〔2016〕101 号）
非上市公司	股票期权、限制性股票、虚拟股等多种方式，更为灵活	无明确规定，范围更广	综合评估（净资产等）	《关于个人股票期权所得征收个人所得税问题的通知》（财税〔2005〕35 号）、《关于股票增值权所得和限制性股票所得征收个人所得税有关问题的通知》（财税〔2009〕5 号）、《关于股权激励有关个人所得税问题的通知》（国税函〔2009〕461 号）、《关于完善股权激励和技术入股有关所得税政策的通知》（财税〔2016〕101 号）

对于上市公司，员工将行权后的股票再转让时获得的高于购买日公平市场价的差额，是因个人在证券二级市场上转让股票等有价证券而获得的所得，应按照“财产转让所得”适用的征免规定计算缴纳个人所得税。根据2009 年财政部、税务总局《关于

个人转让上市公司限售股征收个人所得税有关问题的通知》规定，对个人在上海证券交易所、深圳证券交易所转让从上市公司公开发行和转让市场中取得的上市公司股票所得，免征个人所得税。根据2018年财政部、税务总局、证监会《关于个人转让全国中小企业股份转让系统挂牌公司股票有关个人所得税政策的通知》规定，自2018年11月1日（含）起，对个人转让新三板挂牌公司非原始股取得的所得，暂免征收个人所得税。根据2016年财政部、税务总局《关于完善股权激励和技术入股有关所得税政策的通知》规定，上市公司授予个人的股票期权、限制性股票和股权奖励，经备案后，个人可自股票期权行权、限制性股票解禁或取得股权奖励之日起，在不超过12个月的期限内缴纳个人所得税。

对于非上市公司，根据2016年财政部、税务总局《关于完善股权激励和技术入股有关所得税政策的通知》规定，符合递延纳税条件的股票（权）期权、限制性股票、股权奖励，符合规定条件的，经向主管税务机关备案，可实行递延纳税政策，即员工在取得股权激励时可暂不纳税，递延至转让该股权时纳税；股权转让时，按照股权转让收入减除股权取得成本以及合理税费后的差额，适用“财产转让所得”项目，按照20%的税率计算缴纳个人所得税。凡不符合递延纳税条件，应在获得股票（权）时，对实际出资额低于公平市场价格的差额，按照“工资、薪金所得”项目，计算缴纳个人所得税。个人因股权激励、技术成果投资入股取得股权后，非上市公司在境内上市的，处置递延纳税的股权时，按照2009年12月财政部、税务总局和证监会《关于个人转让上市公司限售股征收个人所得税有关问题的通知》《关于个人转让上市公司限售股征收个人所得税有关问题的补充通知》现行限售股有关征税规定执行。

现行的股权激励税收政策主要区分了上市公司和非上市公司，区分了不同激励方式的征管规定和递延政策，但在不同方案实施的各环节缺乏细化的政策操作依据。例如，科创型企业常用的第二类限制性股票，上市公司常用的员工持股计划等，缺乏针对性的税收政策规定，实践中自然人电子税务局也没有单独的备案模块。在日常征管上，面对不同的激励方式，税务机关只能参照股权激励现行税收政策来进行参考执行，不符合税收法定的原则。同时，由于缺乏明确的税收法律依据，企业在制定和实施股权激励方案的过程中，会面临各种不确定的涉税风险，难以适时做出针对性强的有效方案。

三、优化路径与选择

积极探索激励企业科技创新、人才培育的税收政策和征管方式，对于提升核心竞争力，实现高质量发展，建设科技强国具有重要研究意义。从税务研究来看，科学调整税收政策，动态优化征管方式，加强宏观和微观层面调节的税收方案，多维度支持创新主体、创新平台、创新资源，实现政策和征管融合发展，充分发挥税收的职能作用，为企业科技创新提供强有力的税收支持，才能促进创新主体孵化、创业资金聚合、创新能力提升、创新产业发展，降低企业涉税风险，加快建设创新型国家。

（一）创业创新与营商环境相辅相成。创业创新与经济社会发展的深度融合，对推动经济结构升级、扩大就业和改善民生、营造良好营商环境起到重要作用，而科技创新和人才培育是创业创新的关键一环，需要持续健康的创新驱动。近年来围绕创业创新的主要阶段环节和重点领域，税务部门持续加大对科技创新的支持力度，出台了一系列组合式税费支持政策，很好地覆盖了企业的整个生命周期，使得双创持续向更大范围、更高层次和更深程度推进。对于新经济新业态的发展，税收政策和监管要做到“松弛有度”“动态评估”，税收政策的有效发挥不仅与政策力度、受众对象、实施领域等因素相关，还与政策评估、征管流程、纳税服务、平台应用和数据集成等密切关联，在实践中股权激励作为新经济新业态的重要组成部分，越来越多地参与到创新创业领域，并在关键的研发突破中起到举足轻重的作用，税收作为重要的经济调节杠杆，扶持创业创新发展的效果不断显现，在“经济变量”中加速孵化，在初创期、成长期、成熟期打出“组合拳”和“科技力”。税收要在科技创新、产业升级过程中聚焦需求，发现短板，疏通堵点，深度调研股权激励等金融资本市场，补齐缺位的税收政策，强化税收监管服务平台，提升税务风险预警，打造“互联网＋金融服务＋智慧税务”的管理模式，促进税收政策效应的充分释放，以及征管举措的不断提档。

（二）税收政策与优惠力度精准适度。随着对新经济新业态的税收政策研究和优惠力度的探索，现行的扶持创业创新的税收政策体系正在逐步完善，在企业全周期发展过程中，有初创期税费优惠（小微企业税费优惠、重点群体创业就业税费优惠、创业就业平台税收优惠、创业投资税收优惠、金融支持税收优惠）；成长期税费优惠（加计抵减、加计扣除和加速折旧政策，科技成果转化税收优惠，科研创新人才税收优惠）；成熟期税费优惠（高新技术企业和制造业等行业税收优惠，软件企业、集成电路企业和动漫企业税收优惠）。在股权激励制度中，企业和激励对象作为创新主体，通过创新要素组合开展持续的创新活动，取得创新成果和转化收益，在创新研发背景下其金融属性不容忽视，在制定税收政策、出台税收优惠时，既要充分兼顾金融资本市场监管，还要发挥税收调节收入分配、实现社会公平的重要作用。建议在现有全周期扶持政策的基础上，深化重点行业、攻坚领域、紧缺人才等层面进行税收政策和优惠的探索，例如对新能源、新材料、芯片制造、AI 智能等国际科创竞争产业中的股权激励进行“定向匹配，提质增效”，加强“科研基金”类的公募基金、私募基金监管，以及非营利研发机构定向捐赠的政策扶持；在科技企业孵化器、大学科技园、国家众创空间、科创中心等重点园区和平台中试点股权激励税收优惠政策和征管服务举措，加大先行先试力度，积累创新经验，总结问题不足，逐步拓展试点广度和深度，提升政策精细化和精准度，以完善股权激励税收监管为契机，进一步扩展到金融资本市场全领域，形成创新型、指导性及推广性的税收政策和管理体系。

（三）股权激励与社会保障融合发展。目前实施的股权激励制度更多地运行在资本市场，涉及一定的金融风险和资本运作问题，导致在税收优惠政策的制定上较难把握广度和深度，既不利于股权激励机制的发展，也不利于税收监管。可以考虑将股权激励领域“特惠化”，与当下的养老金等社会需求进行结合，提高社会保障机构、金融机构参与股权激励体系的动力，发挥出普惠社保金融推动经济发展方式转型升级的作用。通过制度设计和监管完善，将股权激励与社会保障有机融合，让资本市场服务于社会事业，形成特色的激励机制，也有利于税收优惠政策的精准投放，让激励对象不仅通过股权激励分享持股收益，还能通过个人养老金等保障制度获得税收优惠，为社会养老储蓄等社会公共事业提供多元化、可持续的投资模式，也能一定程度上避免资本市场上的短期套利现象，有效抑制资本外流，促进企业加快科技创新步伐和社会保障事业“蓄力发展”。

参考文献

［1］李可舒，张星．股权激励实务操作与案例分析［M］．北京：法律出版社，2009：10－16.

［2］郑波，栾凌燕，宛高鹏等．股权激励关键100问［M］．北京：中国工信出版集团，2021：36－38.

［3］陈文强，许晓莹．科创板上市公司股权激励：现状、问题及对策［J］．财务管理研究，2023（03）：94－97.

［4］李香菊，王洋．完善我国激励企业科技创新的税收政策研究［J］．税务研究，2021（07）：39－43.

课题组组长：章中二

课题组副组长：王学华

成员：徐洁（执笔人）、潘舒康

以杭州亚运场馆项目为例分析 PPP 业务的增值税处理

国家税务总局杭州市富阳区税务局课题组

摘　要： 近年来 PPP 模式在我国广泛推广并应用，为解决地方债务、财政资金紧张等问题提供了良好的解决方案。但是，随着 PPP 项目的完工并投入使用，PPP 项目如何依规纳税申报、规避税务风险则成了主管税务机关和 PPP 项目公司共同需要考虑的问题。

本文以 FY 区某亚运场馆（水上运动中心）建设项目为例，通过对其交易性质、建设阶段、运营阶段、移交阶段四个方面对其 PPP 项目全周期增值税处理进行分析、探讨，并对 PPP 项目日常征管提出明确纳税制度、打通增值税抵扣链、发挥签约中的税务力量、建设税务专业人才队伍的政策建议。

关键词： PPP　实质课税　建设阶段　运营阶段　移交阶段

一、引言

PPP（public-private-part），即"公私合作关系"。是一种允许社会资本参与到建设基础设施并通过运营获取回报的一种政府与社会资本的合作模式。2014 年 9 月，为解决地方债务居高不下、财政资金紧张等问题，财政部发布《关于推广运用政府和社会资本合作模式有关问题的通知》，由此拉开了我国广泛推广及应用 PPP 模式的序幕。截至 2022 年 12 月，FY 区共有 PPP 项目 13 个，项目投资金额 2786. 83 亿元。随着项目施工的完成、投入运营，政府安排预算资金履行付费义务已提上日程，而对于主管税务机关如何规范 PPP 项目公司纳税申报、帮助其规避税务风险更是成为迫在眉睫的问题。

在 FY 区 13 个 PPP 项目中，BOT（建筑－营运－移交）业务模式占比较重。财政部分别于 2008 年、2021 年发布《企业会计准则解释第 2 号》《企业会计准则解释第 14 号》，规范 BOT、PPP 业务会计处理。但是国家税务总局并未作出规定，导致在 PPP 项目的涉税事宜上纳税人与主管税务机关意见难以统一。在实务中，笔者发现企业实施的 BOT 业务在纳税申报上容易出现不规范情况进而引发涉税风险。本文以 FY 区某亚运场馆（水上运动中心）建设项目为例，分析 PPP 项目的增值税处理，以供读者们在日常实务中进行参考。

二、某亚运场馆（水上运动中心）PPP 项目合同简介

（一）项目合同概况。FY 区人民政府采用 PPP 模式引进社会资本实施亚运场馆（水上运动中心）建设，由政府方出资代表和中标社会资本方依法出资设立项目公司（乙方）作为项目建设单位，承担亚运场馆（水上运动中心）建设项目的投融资、勘察、设计、采购、施工、运营维护和移交全过程。

项目采用 BOT 模式，经地方人民政府书面授权，甲方（FY 区水利水电局）授予乙方在本项目下的经营权，由乙方负责投融资、勘察、设计、采购、施工、运营维护亚运场馆建设项目下的项目设施。并在项目合作期限结束或项目合同提前终止后，将全部项目设施及相关权益以合同约定的条件、程序无偿移交给政府或政府指定的其他机构。项目合作期限内，甲方依法享有项目监管、绩效考核权，乙方享有项目资产的无偿使用权和收益权。

合作期限：分为建设期、运营期两部分，本项目合作期限为 23 年。其中建设期 3 年，运营期则为竣工后次日起 20 年，并分为赛事运营期与赛后运营期。

（二）项目合同双方权利和义务。政府支出责任包括可用性付费、运营维护费。可用性付费：乙方负责亚运场馆的投资建设，使亚运场馆达到符合竣工验收的公共产品标准，甲方向乙方支付这笔费用，已覆盖本项目全部的建设、投资。运营维护费：在运营养护期内乙方负责运营维护服务，使亚运场馆能提供符合要求的公共服务。

（三）项目合同补贴机制。本项目采用“可行性缺口补助”回报机制，由政府向乙方购买本项目可用性以及运营维护服务，在扣除场馆运营收益后，政府根据绩效考核情况向乙方支付可用性服务费和运维服务费的缺口部分。

$$\text{当期政府财政补贴总额} = 70\% \times F + [G + 30\% \times F] \times N - D$$

其中，F 为可用性付费；G 为运营维护费；D 为运营收益；N 为当期运营绩效系数。

1. 可用性付费。

$$F=[A\times R\times(1+R)^n]/[(1+R)^n-1]$$

其中，A 为项目建设投资，由工程费用、工程建设其他费用以及建设期利息组成；R 为合理利润率；n 为还款期数，即为项目的运营维护期，数值为 20 年。

2. 运营维护费。运营维护费为 550 万元，并根据相关调价周期、程序进行相应调整。

3. 运营收益。甲方确保乙方场馆年度最低运营收益为 200 万元，低于最低运营收益部分由乙方补足；高于最低收益部分则设置阶梯式收益分配机制，运营收益以最低保底收益（200 万元）+甲方收益分配部分计算，并在可行性缺口补助中直接扣减。

三、亚运场馆（水上运动中心）PPP 项目全生命周期增值税处理

（一）交易性质的定性。对于 PPP 业务如何征税，税务总局暂未出台明确文件规定，因此在定性其交易性质时，主管税务机关与项目公司往往存在较大争议。

以该亚运场馆项目为例，主管税务机关认为社会资本向政府提供了两项服务，一项是建筑服务；另一项则是向政府提供文化、体育服务。按照合同约定，乙方向甲方提供了“建筑服务”“文化、体育服务”两项服务，是兼营行为，应按不同服务税目、税率分别核算。

在《退税减税政策落实工作简报（问题答复专刊之六）》中，货物劳务税司对有关高速公路 PPP 项目其取得的政府资金收入和通行费收入如何确认收入进行了答复——其取得的来自政府的资金收入，属于建筑服务的对价应按“建筑服务”计算缴纳增值税，项目公司提供道路通行服务应按照“不动产租赁服务”计算缴纳增值税。

从货物劳务税司的回复中可以看出，货物劳务税司也是秉持实质重于形式的原则，按照纳税人实际发生的应税行为相应适用增值税政策。接下来，笔者在实质课税原则前提下，从建设、营运、移交三个不同阶段分析其增值税处理。

（二）建设阶段下的增值税处理。

1. 增值税纳税义务发生时间。根据《财政部　国家税务总局关于建筑服务等营改增试点政策的通知》规定：“三、纳税人提供建筑服务取得预收款，应在收到预收款时，以取得的预收款扣除支付的分包款后的余额，按照本条第三款规定的预征率预缴增值税”，如果项目纳税人收到预收款的，则其纳税义务发生时间为收到预收款的当天。

在该亚运场馆（水上运动中心）PPP 项目中，企业并没有收到预收款；同时在项目合同中，规定在项目进入运营期满一年的三个月内甲方完成绩效考核，并根据绩效

考核结果以及合同约定在20个工作日内支付政府可行性缺口补助金额。故根据《增值税暂行条例实施细则》第三十八条规定：“（三）采取赊销和分期收款方式销售货物，为书面合同约定的收款日期的当天”，项目纳税人增值税纳税义务时间应为合同约定的每年可行性缺口补助支付期限。因此，在建设阶段该项目纳税人没有增值税纳税义务，同时应注意的是，即使政府未及时支付可行性缺口补助金额，项目纳税人也需要按照合同约定的收款日期、金额正常申报缴纳增值税。

2. 从政府取得的征地拆迁等政策处理费增值税如何处理。PPP项目是政府和社会资本的全过程合作，所以以征地拆迁费用为代表的政策处理费一般都会包含在PPP项目的总投资内。并且随着PPP项目的大力发展，征地拆迁等政策处理费金额占项目总投资金额的比重越来越大，个别项目甚至已经占比30%。对于从政府取得的征地拆迁等政策处理费增值税如何处理，笔者在实务中发现项目纳税人主要存在以下几个问题：

（1）该笔收入能否作为不征税收入。根据《国家税务总局关于取消增值税扣税凭证认证确认期限等增值税征管问题的公告》第七条的规定：“纳税人取得的财政补贴收入，与其销售货物、劳务、服务、无形资产、不动产的收入或者数量直接挂钩的，应按规定计算缴纳增值税”，故政策处理费是否为不征税收入，关键看其是否与其提供的服务、货物有关。以该亚运场馆（水上运动中心）PPP项目为例，其合同明确拆迁费用等政策处理费计入工程建设其他费用并组成项目投资总金额，同时政府支付给企业的征地拆迁政策处理费是以“可行性缺口补助”回报机制支付的，从政府补贴公式（当期政府财政补贴总额 $=70\% \times F+[G+30\% \times F] \times N-D$），可以明显看出与项目纳税人提供的建筑服务有关，故不能作为不征税收入。

所以在实务操作中，从政府取得的征地拆迁等政策处理费是否为不征税收入，关键看项目纳税人对应费用支出金额是否在项目投资总金额中，是否与政府额外签订一个独立的委托（拆迁）合同，是否与其提供的货物、服务有关。

（2）能否以扣减征地拆迁支出后的余额为销售额。由于PPP项目中的土地拆迁支出无法取得增值税专用发票，无法认证抵扣，故在实务操作中有项目纳税人询问是否可以扣减征地拆迁支出后的余额为销售额。

项目纳税人往往会根据《财政部　国家税务总局关于全面推开营业税改征增值税试点的通知》附件2：《营业税改征增值税试点有关事项的规定》：“第一条（三）销售额。10. 房地产开发企业中的一般纳税人销售其开发的房地产项目（选择简易计税方法的房地产老项目除外），以取得的全部价款和价外费用，扣除受让土地时向政府部门支付的土地价款后的余额为销售额”，以及《财政部　国家税务总局关于明确金融　房地产开发　教育辅助服务等增值税政策的通知》第七条规定：“房地产开发企业中的一般纳税人销售其开发的房地产项目（选择简易计税方法的房地产老项目除外），在取得土地时向其他单位或个人支付的拆迁补偿费用也允许在计算销售额时扣除”，错误认为可以扣减征地拆迁支出后的余额为销售额，而忽略了该项政策享受的前提是房地产开发企业。

PPP项目公司本质上是为政府提供建筑、公共服务而不是转让不动产的行为，同时根据《企业会计准则解释第14号》的规定："第一条（一）相关会计处理——6. 社会资本方不得将本解释规定的PPP项目资产确认为其固定资产"，明显与房地产企业确认为存货的条件不符，故该征地拆迁支出不能扣减。

（三）运营阶段下的增值税处理。进入运营期后，政府往往开始支付可行性缺口补助。根据之前明确的按照合同约定的收款日期、实质课税原则来确定项目纳税人的增值税纳税时间和纳税义务。

以该亚运场馆（水上运动中心）PPP项目为例，政府于合同约定的时间在运营期的20年内，每年按照$70\% \times F + [G + 30\% \times F] \times N - D$公式计算并支付缺口补助。为了分析方便，我们假定当期运营绩效系数为满分1，那么该公式便简化为：当期政府财政补贴总额$=F$(可用性付费)$+G$(运营维护费)$-D$(运营收益)。

1. 可行性缺口补助如何缴纳增值税。

（1）F的增值税涉税处理。F即可用性付费，根据F计算的公式可以看到这是一个由工程费用、工程建设其他费用、建设期利息以及合理利润率计算出来的金额。从公式的组成部分，我们可以非常直观地将其类比成一个分期支付的建筑合同，F即为政府支付给项目纳税人提供建筑服务的对价。

根据实质课税原则，项目纳税人应按照提供建筑服务9%的税率对F进行申报缴纳增值税。值得注意的是，如果纳税人在EPC模式下与当地税务机关确定按照兼营处理，那么纳税人可以按提供"甲供"工程服务进行简易申报，并按3%征收率缴纳增值税。

（2）G的增税涉税处理。G即为运营维护费，在该亚运场馆（水上运动中心）PPP项目中，它是一个以550万元为基础价格，并根据项目所在地工资水平和材料价格进行调整的金额。

值得注意的是，该项目是列入发展改革委重大公共基础补短板项目，同时也是重大民生公益项目，项目所拥有的设施场馆，均致力于服务当地人民，为当地百姓提供一个休闲娱乐场所。

所以，在运营期间项目纳税人其实是受政府委托提供了一种带有公益性质的"文化、体育"公共服务，政府支付的运营维护费，就是政府支付给项目纳税人提供"文化、体育"服务的对价。根据实质课税原则，项目纳税人应按照提供文化、体育服务6%的税率对G进行申报缴纳增值税。

（3）D的实质。D即为运营收益，在该亚运场馆（水上运动中心）PPP项目中，D是一个以最低运营收益为200万元，高出最低运营收益按阶梯式收益分配的金额。

在该亚运场馆（水上运动中心）PPP 项目合同中，有甲方确保乙方场馆年度最低运营收益为200 万元，低于最低运营收益部分由乙补足的条款。政府确保项目纳税人有最低运营收益200 万元，不足部分却由项目纳税人补足，看似这条款颇让人费解且前后矛盾，笔者认为其实这是政府将公式简化了的结果。将公式还原为以下几个公式：

当期政府应支付可行性缺口补助 $=F+G$

当期项目纳税人应支付特许经营费 $=D$

$D=200+$ 高于最低收益部分（200）收益分配

当期政府应支付金额 = 当期政府应支付可行性缺口补助 - 当期项目纳税人应支付特许经营费 $=F+G-D$

从还原后的公式中可以发现，如果把 D 看成一个以 200 万元为基础价格并与总经营收益挂钩的特许经营费，就能合理地解释项目合同中为什么有“甲方确保乙方场馆年度最低运营收益为200 万元，低于最低运营收益部分由乙补足”的条款。

一方面，在项目合同中约定甲方授予的对本项目的运营具有排他性；另一方面该项目以提供公益性“文化、体育”服务为目标，具有公益性服务性质，并不是纯市场经营行为。这些特点说明了该项目运营业务具有特许经营的性质。

同时，根据《企业会计准则解释第 14 号》的规定：“第一条（一）相关会计处理——4. 社会资本方根据 PPP 项目合同约定，在项目运营期间，有权向获取公共产品和服务的对象收取费用，但收费金额不确定的，该权利不构成一项无条件收取现金的权利，应当在 PPP 项目资产达到预定可使用状态时，将相关 PPP 项目资产的对价金额或确认的建造收入金额确认为无形资产”，项目纳税人在运营期间向群众收取的总费用金额不确定，故在会计处理上需将该部分项目资产的对价确认为无形资产，而从政府那里取得的特许经营权正是一种无形资产。

综上所述，不管是从项目运营业务的性质还是在会计处理上，D 实质就是一种有固定底价并与总经营收益挂钩的特许经营费。

（4）D 的增值税涉税处理。在确认 D 的实质后，我们可以直观地发现项目纳税人与政府之间其实是一种以物换物的交易，而政府支付的可行性缺口补助就是特许经营权与建筑、运营维护服务的差价。在实务中，笔者发现项目纳税人常以 D 直接冲减 F/G 的销售额。

根据特殊方式下增值税销售额确定的相关规定，在以物易物模式下，双方均作购销处理，以各自发出的货物核算销售额并计算销项税额，以各自收到的货物按规定核算购货额并计算进项税额。

在《财政部 国家税务总局关于全面推开营业税改征增值税试点的通知》附件 1：《营业税改征增值税试点实施办法》中规定“单位纳税人是指企业、行政单位、事业单位、军事单位、社会团体及其他单位”，因此在转让特许经营权的行为中，甲方即 FY 区水利水电局也需承担纳税义务。

根据《财政部　国家税务总局关于全面推开营业税改征增值税试点的通知》附件《销售服务、无形资产、不动产注释》规定“二、销售无形资产——其他权益性无形资产，包括基础设施资产经营权、公共事业特许权、配额、经营权（包括特许经营权、连锁经营权、其他经营权）”，FY 区水利水电局应按照销售无形资产 6% 税率申报缴纳增值税。

因此，通过分析可知项目纳税人以 D 直接冲减 F/G 的销售额行为是不符合规定的，但项目纳税人可以从甲方取得特许经营权转让增值税专用发票并依规抵扣。

2. 赛事运营阶段的增值税涉税处理。该亚运场馆（水上运动中心）PPP 项目有一个特殊情形，就是还承担了亚运会场馆的职能。合同约定在赛事运营阶段，场馆交由政府运营，政府暂停对乙方绩效考核并全额支付相应费用。同时，在赛事运营阶段发生的成本、收入皆归属于政府，不纳入项目公司的收入、成本费用。

那么在赛事运营阶段，当期政府财政补贴总额 = F（可用性付费）+ 550。通过前面的分析，我们能明确的是针对 F 部分的补贴金额，项目纳税人需按照提供建筑服务申报缴纳增值税，可是 550 万元这部分该如何申报缴纳呢？能否按照提供文化、体育服务缴纳增值税呢？

首先，在赛事运营阶段，该场馆是交由政府运营，发生的成本、费用皆由政府承担，项目纳税人并没有参与经营提供相关服务；其次，亚运会是一个官方赛事，不管是从赛事的规模性、比赛的公正性还是推广的复杂性考量，都不是一个社会资本方所能承接的。因此，不能按照提供文化、体育服务申报缴纳增值税。

笔者认为这 550 万元其实是一个转租行为，在该 PPP 项目合同建设期结束并进入运营维护期时，该场馆的所有权人 FY 区水利水电局（甲方）将亚运场馆租赁给项目纳税人，并约定免租期 20 年。根据《国家税务总局关于土地价款扣除时间等增值税征管问题的公告》：“七、纳税人出租不动产，租赁合同中约定免租期的，不属于《营业税改征增值税试点实施办法》第十四条规定的视同销售服务”，故免租期甲方无须申报缴纳增值税。而进入赛事运营阶段后，项目纳税人则将场馆以 550 万元的金额转租给 FY 区亚运会组委会。

根据实质课税原则，在赛事运营阶段，项目纳税人取得的可行性缺口补助 F 部分应按提供建筑服务 9% 税率申报缴纳；550 万元部分应按租赁不动产 9% 税率申报缴纳。

3. 运营收入的增值税涉税处理。在亚运赛事结束后，项目纳税人正式进入运营阶段，并开始取得场馆运营收入。运营收入方式主要有场地出租、举办商业活动、场馆商铺出租、地下停车位租售等。

根据《增值税暂行条例》第三条：“纳税人兼营不同税率的货物或者应税劳务，

应当分别核算不同税率货物或者应税劳务的销售额；未分别核算销售额的，从高适用税率”，项目纳税人应分别核算并申报缴纳增值税。

（四）移交阶段的增值税涉税处理。运营期结束后，项目合同则进入了履行的最后阶段。项目纳税人将全部项目设施及相关权益以合同约定的条件和程序无偿移交或者政府指定的其他机构。

在移交阶段，因为所属权的问题会分成两种情况。第一种情况，该项目合同明确不动产权自始至终都是属于政府，那么在移交时并没有发生物权改变的效力只是占有改定，不发生增值税纳税义务；第二种情况是涉及不动产权的变更，在这种情况下则可以根据《营业税改征增值税试点实施办法》附件 1《营业税改征增值税试点实施办法》的规定：“第十四条，单位或者个人向其他单位或者个人无偿转让不动产用于公益事业或者以社会公众为对象的，无需视同销售不动产”，不缴纳增值税。

在该亚运场馆（水上运动中心）PPP 项目合同中，约定不动产权始终属于政府，项目纳税人提供的只是建筑服务，故属于第一种情况，不发生纳税义务。

四、PPP 项目日常征管的建议

（一）明确 PPP 项目纳税制度。由于 PPP 项目业务的复杂性，各地税务机关对政策的理解各不相同，而 PPP 项目纳税人多为在各地拥有多个 PPP 项目，这就导致其在不同地方中同一类型业务可能适用不同的政策。因此，国家税务总局应该出台相应的规范性文件，统一 PPP 项目纳税制度、明确相关税收政策，为地方税务机关的 PPP 项目税收征管提供政策支持，为纳税人依规纳税申报提供参考模板。

（二）打通增值税抵扣链。一方面，政府要率先垂范依法申报缴纳转让特许经营权行为，为纳税人取得增值税专用发票抵扣提供便利；另一方面，国家税务总局可以参考房地产公司使得 PPP 项目纳税人在取得的土地成本进入增值税抵扣链，以降低项目纳税人的税负。通过合理的税负、政府纳税的表率来激励项目纳税人提高纳税遵从度。

（三）发挥签约中的税务力量。税务机关要把“放管服”中的服务挺在前，在签约中就要积极发挥税务力量。在签约中要积极与政府方和潜在签约人进行沟通，在税收疑难点处为双方讲清政策、厘明制度。一方面，使得双方在签约时既能充分考虑税收负担，又能考量享受留底退税政策带来的额外货币时间价值；另一方面，辅导双方在合同签约上明确各纳税义务，使得项目合同更加符合税务规范。

（四）建设税务专业人才队伍。在完善 PPP 模式税务制度以及日后开展更多税收政策研究时，要做到精确执法、精细服务、精准监管、精诚共治，而这都离不开专业化的税务人才队伍。所以，税务机关要及时开展 PPP 税收政策业务培训、了解行业发展新动态，不断提高税务人员的业务判断能力和政策运用水平，从税务管理角度规避自身税务风险。只有这样，才有利于化解由 PPP 模式复杂性和税收政策不明确给征纳双方带来的征管困境，才能进一步推动减税降费落地、营商环境持续向好。

参考文献

［1］郑艳．企业 PPP 项目中的税务风险及防范对策［J］．市场周刊，2023，36（10）：149－152.

［2］邹捷．PPP 项目增值税风险管理初探［J］．商业观察，2023，9（20）：59－62.

［3］乔路萌．PPP 模式下的 SPV 全生命周期税务管理［J］．纳税，2023，17（14）：7－9.

课题组组长：来峥

成员：汪寒汀、王新、李超（执笔人）

关于贷款服务纳入增值税抵扣制度的效应分析

国家税务总局杭州市富阳区税务局课题组

摘　要： 近年来关于贷款服务纳入增值税抵扣制度的问题在社会层面引起广泛讨论，在现有国情下，贷款利息金额巨大，倘若将贷款服务纳入增值税抵扣制度，将有力助企纾困并推进结构性减税降费。本文将通过静态效应、动态效应两种分析方式对贷款服务纳入增值税抵扣制度后所带来的经济效应进行测算，并对19个行业的税收负担变化进行预测。本文通过效应测算得出贷款服务纳入增值税抵扣制度将会带来明显的减税降费效应、稳定的税收收入效应、长期的经济增长效应和一定的居民福利效应，并提出了在纳入抵扣制度后需要加强制度税收中性、明确政策导向，提升数治能力、堵塞征管漏洞，狠打作假虚开、曝光典型案例的政策建议。

关键词： 贷款服务　增值税抵扣　减税降费　效应分析

一、背景

2022年12月27日，《增值税法（草案）》提请十三届全国人大常委会审议，并向社会公开征求意见，在草案中删除了现行法规中关于购进贷款服务不得抵扣进项税额的限制性规定。这一调整作为本次《草案》中最具积极意义的亮点之一，引起了社会的广泛热议。自2016年营改增以来，纳税人购进的贷款服务进项税额便不得从销项税额中抵扣，因此金融业下游行业的税负和融资成本普遍处于较高位置。此次草案关于贷款服务不得抵扣进项税额的修订，不仅回应了社会对贷款服务纳入抵扣制度的强烈需求，也让政府关注的重心转向贷款服务纳入抵扣制度后所带来的经济影响。

从经营主体角度来看，企业贷入资金所需缴纳的增值税金额允许被抵扣，一方面解决了金融机构与下游贷款企业的重复征税问题，减轻了整个产业链的税收负担；另一方面也带来企业融资成本的下降，有助于促进固定资产投资，推动经济增长。有效测算贷款服务纳入抵扣制度后所带来的税收影响和经济影响，对地方做好经济决策有积极作用。

二、贷款服务纳入增值税抵扣制度的经济效应

（一）减税降费效应。根据《2022 年金融机构贷款投向统计报告》，截至 2022 年末，金融机构人民币各项贷款共计 213.99 万亿元，同比增长 11.1%。其中，企事业单位贷款余额 139.36 万亿元，用于经营投资活动贷款为 114.48 万亿元。2022 年我国贷款基准利率为 4.35%，按基准利率计算，用于经营投资活动的年贷款利息收入为 4.98 万亿元，按现行 6% 增值税税率计算，不可抵扣的进项税额 2901 亿元，占 2022 年增值税收入 48717 亿元的 5.95%。因为城市维护建设税、教育费附加、地方教育费附加直接以增值税的应纳税额作为计税依据，以 7%、3%、2% 作为税（费）率估算分别为 203.07 亿元、87.03 亿元、58.02 亿元。以此可以粗略估算允许抵扣后合计减税 3104.07① 亿元，占 2022 年新增减税 8000 亿元的 38.80%；合计降费 145.05 亿元，占 2022 年新增降费 2000 亿元的 7.25%。

（二）税收收入效应。从短期来看，贷款服务纳入抵扣制度后降低了企业增值税税负，减少了企业成本，进而提高了企业利润，增加了所得税应税收入（以所得税税率 25% 为例，见表 1）。从长期来看，税负的降低、融资成本的下降，将刺激企业扩大生产、加大生产要素投入、提高投入产出效率，从而扩大多税种税基，引起税收总收入变化。

表 1　　贷款服务纳入增值税抵扣制度后的短期基本变化

项目	未纳入抵扣制度	纳入抵扣制度
增值税销项税额	A1	A1
取得贷款服务税额	B/1.06 ×0.06	B/1.06 ×0.06
增值税应纳税额	A1	A1 − B/1.06 ×0.06
企业税后利润	A2	A2 + B/1.06 ×0.06
所得税税负变动		B/1.06 ×0.06 ×0.25
企业现金流变动		B/1.06 ×0.06 ×0.75

① 此处仅作为估算，未考虑因购买享受免税政策的贷款服务所产生的不得抵扣进项税及对应的城建税及其附加。

（三）经济增长效应。一方面，贷款服务纳入增值税抵扣制度后，使得增值税税负下降、所得税税负轻微上升，这种结构型减税符合我国目前提高直接税比重、降低间接税占比的税改趋势。而整体税负的下降、现金流的释放，也有利于企业扩大生产经营规模、刺激市场、激发活力。另一方面，增值税抵扣链条的打通，能更好地发挥税收中性作用，使得资源要素能在产业、行业间自由流动，促进生产要素和资源的整合，提高资源配置效率。

（四）居民福利效应。当贷款服务纳入增值税抵扣制度后，企业贷款服务成本降低，带动经济增长，提高企业、居民收入，通过提高实际购买力提升整体福利水平。在价格传导机制下，增值税税负的下降使得居民消费价格得到直接降低；同时企业整体税负的下降，使得生产成本下降，间接造成商品价格下调，增强居民购买力，刺激消费效应，进而反哺市场活力，促进社会福利水平的提升。

三、贷款服务纳入增值税抵扣制度效应的理论框架

（一）纳入抵扣增值税税收净损失基本模型。如图 1 所示，P_0为在零税率下，企业购进贷款服务的价格；P_1为有增值税征缴模式下，企业购进贷款服务的价格。$P_0 = P_1 \times (1 + t_1)$，$t_1$为贷款服务的增值税税率。$Q_1$为企业对贷款服务的需求量，当进项税不允许抵扣时，则图 1 中 Y 部分（$P_1 - P_0$）$\times Q_1$即为增加的税收负担，由于不能抵扣，在税负转移的情况下还会造成重复征税即 Z 部分。

由此可见，在纳入抵扣以后，增值税税收收入净损失即为：$Y + Z$。

因为 $Y = (P_1 - P_0) \times Q_1$，$Y + X = P_1 \times Q_1$，可得：

$$Y = (P_1 - P_0) \times (Y + X)/P_1 = t_1(Y + X)/(1 + t_1)$$

$$Z = Y \times t_2 = t_1 t_2 (Y + X)/(1 + t_1)$$

$$\begin{aligned} Y + Z &= t_1(Y + X)/(1 + t_1) + t_1 t_2 (Y + X)/(1 + t_1) \\ &= P_1 Q_1 t_1 \times (1 + t_2)/(1 + t_1) \end{aligned}$$

其中，t_2为企业发生增值税应税行为后应征增值税税率。

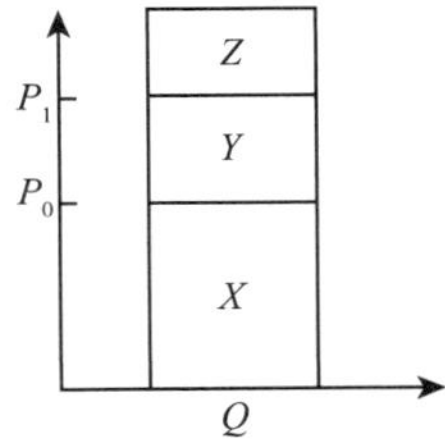

图 1　纳入抵扣增值税税收净损失基本模型

（二）两种效应分析的基本框架。在经济分析中，我们主要采取静态和动态两种效应分析方法。其中，静态分析是建立在需求不变的情况下；而动态分析则是有着需求发生变化的前提。

贷款服务纳入增值税抵扣后，其所产生的增值税收入效应主要有两方面。一方面是增值税进项可以抵扣所带来的直接税收损失；另一方面则是，贷款服务允许抵扣后贷款需求发生变化，所带来的对税收收入的间接影响。

我们将贷款服务纳入抵扣后增值税税收收入效应用公式表现如下：

$\Delta R = -t_1 I + P_2(Q_2 - Q_1)t_1$。

其中，$-t_1 I$ 为增值税进项可以抵扣所带来的直接税收损失，即为上文所述 $Y+Z$。

$P_2(Q_2 - Q_1)t_1$ 为贷款服务纳入抵扣后需求发生变化，所带来的增值税税收收入的间接影响①。

因此，我们称 $-t_1 I$ 即为静态效应；$P_2(Q_2 - Q_1)t_1$ 即为动态效应。

四、贷款服务纳入增值税抵扣制度效应的测算

（一）测算方法与基本步骤。

1. 测算方法。根据两种效应分析的基本框架，对贷款服务纳入增值税抵扣制度效应的测算包括静态效应测算与动态效应测算。其中，静态效应测算是测算与贷款服务直接相关的增值税收入损失；动态效应测算则增加了行为反应，在允许贷款服务纳入抵扣后，贷款服务价格相对下降，对金融服务需求增加。最后，综合考虑贷款服务纳入抵扣后的税收损失，以及金融服务需求增加产生的税收收入增长，基于税收乘数对国民收入进行测算。

2. 基本步骤。首先贷款服务纳入增值税抵扣制度后，除了增值税还会影响其他一系列税费种的变化。为简化分析，本文仅考虑城市维护建设税、教育费附加、地方教育费附加、企业所得税的影响情况，且税率分别统一为 7%、3%、2%、25%。

其次为进行具体的数据测算，假设借贷双方并不会因为税收变化而改变借贷金额，那么纳入增值税抵扣制度后增值税收入变化 $\Delta R = -P_1 Q_1 t_1 \times (1+t_2)/(1+t_1)$；城市维护建设税及教育费附加损失效应 $= (7\% + 3\% + 2\%) \times \Delta R = 0.12\Delta R$。由于企业增值税及城建教附减少的部分将计入企业利润②，导致企业利润增加，企业所得税收入增加为 $(\Delta R + 0.12\Delta R) \times 25\% = 0.28\Delta R$，故整体税收变化 $= \Delta R + 0.12\Delta R - 0.28\Delta R = 0.84\Delta R$。

---

① 其中在 Q 保持不变即为 Q_1 的情况下，由 P_1 转为 P_2 的效应变化已被静态效应所包含。

② 城建及两个附加可以在企业所得税税前扣除，并纳入抵扣后企业的贷款成本将变为不含税价，故企业利润上升。

然后，对企业在购进贷款服务价格发生变化且需求量发生变化的情况下分析增值税收入变化，产生的增值税新收入部分 $=\Delta S=P_2(Q_2-Q_1)t_1$；城市维护建税及教育费附加新增 $=(7\%+3\%+2\%)\times\Delta S=0.12\Delta S$；城建教附增加的部分以及新增的贷款利息都将减少企业利润，企业所得税收入减少 $=[0.12\Delta S+P_2\times(Q_2-Q_1)]\times25\%=0.03\Delta S+\Delta S/4\ t_1$①，故整体税收变化 $=1.09\Delta S-\Delta S/4\ t_1$。

最后，从综合静态效应与动态效应得出整体税收变化②：

$$\Delta T=0.84\Delta R+1.09\Delta S-\Delta S/4\ t_1$$

（二）效应测算。

1. 数据选取。

（1）贷款金额总数的确定。根据《财政部　税务总局关于支持小微企业融资有关税收政策的通知》《财政部　国家税务总局关于金融机构小微企业贷款利息收入免征增值税政策的通知》《财政部　税务总局关于延长部分税收优惠政策执行期限的公告》，2022 年金融机构向农户、小型企业、微型企业及个体工商户发放小额贷款取得的利息收入，免征增值税。

由于上述贷款适用特殊免税政策，即使贷款服务纳入增值税抵扣制度后接受上述贷款服务方仍不能抵扣，仍需在进行效应分析时予以剔除。

故，2022 年贷款金额总数 = 经营投资活动贷款 − 涉农贷款 − 小微企业贷款③ = 114.48 − 23.8 − 7.83 = 82.85（万亿元）

（2）2022 年各行业贷款金额的确定（见表 2）。以全国投入产出表数据为模型，根据 GB/T 4754—2017 国民经济行业和产业分类，将表中数据转化为 19④ 个部门行业，以整合后的 19 个部门行业贷款服务需求占比测算各行业贷款金额。

表 2　　2022 年各行业贷款金额

行业名称	贷款服务需求占比（%）	贷款金额（亿元）⑤
农、林、牧、渔业	1.57	12976.17
采矿业	2.55	21134.24
制造业	19.36	160437.79
电力、热力、燃气及水生产和供应业	4.46	36929.17
建筑业	12.44	103051.81

① 由于此时购进贷款服务已可以抵扣增值税，故增值税已不再影响企业利润。

② 本文不再考虑贷款需求上升后，企业扩大生产后的税收变化。

③ 数据来源于《2022 年金融机构贷款投向统计报告》。

④ 为便于后续分析将租赁和商务服务业拆分为租赁业、商务服务业，同时公共管理、社会保障和社会组织基本不发生增值税应税行为故将其剔除。

⑤ 贷款金额 = 贷款总数 × 贷款服务需求占比。

续表

行业名称	贷款服务需求占比（%）	贷款金额（亿元）
批发和零售业	7.70	63807.27
交通运输、仓储和邮政业	12.96	107375.91
住宿和餐饮业	0.46	3806.76
信息传输、软件和信息技术服务业	2.29	18931.93
金融业	8.74	72413.34
房地产	15.14	125444.40
租赁	0.78	6467.60
商务服务	5.74	47588.60
科学研究和技术服务业	2.30	19051.45
水利、环境和公共设施管理业	0.57	4757.70
居民服务、修理和其他服务业	0.34	2784.73
教育	1.75	14465.85
卫生和社会工作	0.45	3754.55
文化、体育和娱乐业	0.40	3320.73
合计	100	828500

2. 静态效应。

（1）增值税税收收入变化。

$$增值税税收损失 = 各行业贷款金额 \times 贷款利率/(1+t_1) \times t_1 \times (1+t_2)$$

其中：t_1 = 贷款服务增值税应税税率 = 6%

贷款利率 = (4.35% + 4.75% + 4.95%)/3 = 4.67%①

t_2为各行业主营业务增值税应税税率（见表 3）。

表 3　各行业增值税税收收入变化的模拟测算

行业名称	t_2（%）	增值税收入损失（亿元）
农、林、牧、渔业	9	37.39
采矿业	13	63.13
制造业	13	479.23
电力、热力、燃气及水生产和供应业	13	110.31
建筑业	9	296.92
批发和零售业	13	190.59

① 贷款利率以 2022 年央行短期贷款基准利率 4.35%、中期贷款基准利率 4.75%、长期贷款基准利率 4.95% 的平均值计算。

续表

行业名称	t_2（%）	增值税收入损失（亿元）
交通运输、仓储和邮政业	9	309.38
住宿和餐饮业	6	10.67
信息传输、软件和信息技术服务业	6	53.05
金融业	6	202.90
房地产	9	361.44
租赁	11①	18.98
商务服务	6	133.34
科学研究和技术服务业	6	53.38
水利、环境和公共设施管理业	6	13.33
居民服务、修理和其他服务业	6	7.80
教育	6	40.53
卫生和社会工作	6	10.52
文化、体育和娱乐业	6	9.30
合计		2402.21

（2）总体税收收入变化。增值税应纳税额的减少会导致城建及两个附加计税依据减少，节约的这部分税费也将计入企业所得税税收利润，使得所得税利润增加，进而导致企业所得税收入的增加。各行业税收收入变化如表4所示。

表4　各行业总体税收收入变化的模拟测算　　单位：亿元

行业名称	增值税	城建及两个附加	企业所得税	总体变化
农、林、牧、渔业	-37.39	-4.49	10.47	-31.41
采矿业	-63.13	-7.58	17.68	-53.03
制造业	-479.23	-57.51	134.19	-402.56
电力、热力、燃气及水生产和供应业	-110.31	-13.24	30.89	-92.66
建筑业	-296.92	-35.63	83.14	-249.42
批发和零售业	-190.59	-22.87	53.37	-160.10
交通运输、仓储和邮政业	-309.38	-37.13	86.63	-259.88
住宿和餐饮业	-10.67	-1.28	2.99	-8.96
信息传输、软件和信息技术服务业	-53.05	-6.37	14.85	-44.56
金融业	-202.90	-24.35	56.81	-170.44
房地产	-361.44	-43.37	101.20	-303.61
租赁	-18.98	-2.28	5.31	-15.94

① 租赁分为不动产租赁和动产租赁，故取二者增值税应税税率的平均值计算=(9%+13%)/2=11%。

续表

行业名称	增值税	城建及两个附加	企业所得税	总体变化
商务服务	-133.34	-16.00	37.34	-112.01
科学研究和技术服务业	-53.38	-6.41	14.95	-44.84
水利、环境和公共设施管理业	-13.33	-1.60	3.73	-11.20
居民服务、修理和其他服务业	-7.80	-0.94	2.18	-6.55
教育	-40.53	-4.86	11.35	-34.05
卫生和社会工作	-10.52	-1.26	2.95	-8.84
文化、体育和娱乐业	-9.30	-1.12	2.61	7.82
合计	-2402.21	-288.27	672.62	-2017.86

3. 动态效应。

（1）增值税收入变化。当价格发生变化时，消费者对产品、服务的需求必然发生变化。当贷款服务纳入增值税抵扣制度后，企业的融资成本明显下降，企业将会更多地采取贷款融资方式。在动态效应测算中，引入贷款服务价格弹性为 0.75①，即价格下降 1%，需求上升 0.75%。在贷款服务未纳入抵扣制度时，企业购进贷款服务价格为P_1，纳入抵扣制度后购进贷款服务价格为$P_2 = P_1/(1+6\%)$，故价格变化为（$P_2 - P_1)/P_1 = -5.67\%$；需求变化 $= -5.67\% \times (-0.75) = 4.25\%$。各行业贷款需求变化引起增值税变化的测算如表 5 所示。

表 5　各行业贷款需求变化引起增值税变化的测算　单位：亿元

行业名称	贷款服务需求变化	增值税收入变化
农、林、牧、渔业	551.49	1.46
采矿业	898.21	2.38
制造业	6818.61	18.04
电力、热力、燃气及水生产和供应业	1569.49	4.15
建筑业	4379.70	11.59
批发和零售业	2711.81	7.18
交通运输、仓储和邮政业	4563.48	12.07
住宿和餐饮业	161.79	0.43
信息传输、软件和信息技术服务业	804.61	2.13
金融业	3077.57	8.14
房地产	5331.39	14.11
租赁	274.87	0.73

① 参考 Mr. Helge Sigurd Naess-Schmidt（2016）. Effect of VAT-exemption for financial services in Sweden. 的假设。

续表

行业名称	贷款服务需求变化	增值税收入变化
商务服务	2022.52	5.35
科学研究和技术服务业	809.69	2.14
水利、环境和公共设施管理业	202.20	0.54
居民服务、修理和其他服务业	118.35	0.31
教育	614.80	1.63
卫生和社会工作	159.57	0.42
文化、体育和娱乐业	141.13	0.37
合计	35211.25	93.17

注：增值税收入变化 $=P_2(Q_2-Q_1)t_1$，其中，$P_2=4.67\%/(1+6\%)=4.41\%$。

（2）总体税收收入变化。增值税应纳税额的增加会导致城建及两个附加计税依据减少，增加的这部分税费也将计入企业所得税税收利润，使得所得税利润增加，各行业税收收入变化如表6所示。

表6　各行业贷款需求变化引起税收总体变化的测算　单位：亿元

行业名称	增值税	城建及两个附加	企业所得税	整体变化
农、林、牧、渔业	1.46	0.18	-6.12	-4.49
采矿业	2.38	0.29	-9.97	-7.31
制造业	18.04	2.17	-75.72	-55.51
电力、热力、燃气及水生产和供应业	4.15	0.50	-17.43	-12.78
建筑业	11.59	1.39	-48.63	-35.65
批发和零售业	7.18	0.86	-30.11	-22.08
交通运输、仓储和邮政业	12.07	1.45	-50.67	-37.15
住宿和餐饮业	0.43	0.05	-1.80	-1.32
信息传输、软件和信息技术服务业	2.13	0.26	-8.93	-6.55
金融业	8.14	0.98	-34.17	-25.05
房地产	14.11	1.69	-59.20	-43.40
租赁	0.73	0.09	-3.05	-2.24
商务服务	5.35	0.64	-22.46	-16.47
科学研究和技术服务业	2.14	0.26	-8.99	-6.59
水利、环境和公共设施管理业	0.54	0.06	-2.25	-1.65
居民服务、修理和其他服务业	0.31	0.04	-1.31	-0.96
教育	1.63	0.20	-6.83	-5.00
卫生和社会工作	0.42	0.05	-1.77	-1.30
文化、体育和娱乐业	0.37	0.04	-1.57	-1.15
合计	93.17	11.18	-391.00	-286.65

4. 综合效应。综合考量静态效应和动态效应，测算出贷款服务纳入增值税抵扣制度后总体的税收变化情况，如表 7 所示。

表 7　　贷款服务纳入抵扣制度后各行业变化情况　　单位：亿元

行业名称	减税降费效应	税收收入效应	总体税收损失
农、林、牧、渔业	48.00	12.10	35.90
采矿业	80.68	20.34	60.34
制造业	612.46	154.39	458.07
电力、热力、燃气及水生产和供应业	140.97	35.54	105.44
建筑业	381.19	96.12	285.07
批发和零售业	243.58	61.40	182.18
交通运输、仓储和邮政业	397.18	100.15	297.03
住宿和餐饮业	13.74	3.47	10.28
信息传输、软件和信息技术服务业	68.35	17.24	51.11
金融业	261.42	65.93	195.49
房地产	464.02	117.00	347.01
租赁	24.31	6.13	18.18
商务服务	171.80	43.33	128.47
科学研究和技术服务业	68.78	17.35	51.43
水利、环境和公共设施管理业	17.18	4.33	12.84
居民服务、修理和其他服务业	10.05	2.54	7.52
教育	52.22	13.17	39.05
卫生和社会工作	13.55	3.42	10.14
文化、体育和娱乐业	11.99	3.02	8.96
合计	3081.48	776.97	2304.51

根据测算可知，贷款服务纳入增值税抵扣制度后，共减税降费 3081.48 亿元，占 2022 年新增减税降费的 31%。短期新增税收收入 776.97 亿元，合计总体税收损失 2304.51 亿元，占 2022 年全年组织税费收入 31.7 万亿元的 0.73%。

5. 税收乘数模型下的收入测算。税收乘数是用来反映税收变动与其引起的国民收入变动的倍数关系，由于税收是对纳税人收入的一种扣除，故税收变动与国民收入呈反向变动关系。由 $K_t = \Delta Y / \Delta T$①，衍变为 $\Delta Y = \Delta T \times K_t$，由于我国间接税税收乘数为 −1.6、直接税税收乘数为 −0.6②，故计算可得：

① ΔT 为税收变动额，ΔY 为国民收入变动量。

② 李春雪．中国税收乘数效应研究［D］．合肥：安徽财经大学，2022.

ΔY[①] = −2586.13 × (−1.6) + 281.62 × (−0.6) = 1146.96 = 3968.84（亿元）

人均可支配收入增加 = 3968.84/14.11 = 281.28（元），占 2022 年人均可支配收入 36883 元的 0.76%。

五、结论和政策建议

（一）基本结论。本文在《投入产出表》的基础上，通过静态、动态效应对 2022 年数据进行测算，模拟贷款服务纳入增值税抵扣制度后的情形。通过研究发现，若贷款服务纳入增值税抵扣制度，不仅能够产生减税降费效应，而且会提升市场对贷款、资金的需求，推动经济发展、促进实体增长，最终形成国民收入增加、消费升级、扩大生产的良性循环。而前期短暂税收财政损失，也将随着税源的扩大转变为长期稳步增长。

基于以上结论，为消除税收重复征税的外部效应，建议允许贷款服务纳入增值税抵扣制度。贷款服务进项税允许抵扣，不仅有助于打通增值税抵扣链条、降低各行业的增值税实际税负，还能降低企业融资成本、促进企业扩大产能、提振市场信心。

（二）纳入抵扣后的政策建议。

1. 加强税收中性，明确政策导向。理想的增值税制度应该具有税收中性、平衡税负、公平竞争等特性。出于对特定行业融资扶持的考量，我国出台了一系列与贷款服务有关的增值税税收优惠政策，但是却不同程度导致了纳税人之间税负不公平现象，降低了税收效率，偏离了税收中性。因为增值税执行的是逐节征收、逐节抵扣模式，在部分贷款服务免税政策推行下，虽然免除了银行等金融行业对特定对象提供贷款服务的增值税，但是由于增值税抵扣链条的断裂，导致特定对象除了要缴纳本环节应当缴纳的增值税外，还需要补缴上环节未缴增值税，同时也无法抵扣上一环节免除的增值税额，反而造成特定对象的税负增加，降低特定对象的贷款需求。因此在打通贷款服务增值税抵扣链条后，需要进一步厘清优惠政策，加强税收中性原则，减少对市场干预，维护市场公平竞争，促进行业间平稳有序发展，推进增值税税收制度的重心由经济政策功能转向社会政策功能。

2. 提升数治能力，堵塞征管漏洞。随着全面数字化电子发票的全面推行，我国税收征管体系由“以票控税”向“以数治税”进行了全面升级。依托不断完善、搭建的大数据平台，税务机关可以通过不同的信息来源确定企业的资金流和物流等信息，进而核实企业业务的真实性。参照之前银行采用核实经营贷、消费贷违规用于购买住房

① 直接税变动情况即为所得税变动情况，间接税变动情况即为增值税与城建及两个附加变动情况。

的模式，构建企业违规抵扣实际用于非生产经营的贷款服务模型、指标，堵塞企业违规抵扣的征管漏洞。通过“以数治税”，以企业间的信息流核实税基，使得税务机关应收尽收、纳税人应抵尽抵，达到提升征管效率、避免重复征税、降低纳税成本的效果，最终营造更加中性的税收环境，推进增值税立法过程。

3. 狠打作假虚开，曝光典型案例。随着贷款服务纳入抵扣后，不法分子又有了新的虚开途径。部分金融公司可能将个人不需要发票所产生的富余票虚开给进项税不足的企业，各级税务机关要建立起常态化打击虚开、虚抵机制，持续与金融监管局等多部门进行数据交互、协同分析、联合办案，对利用贷款服务虚开虚抵、偷逃骗税违法等行为持续加大打击力度，保持对贷款服务虚开骗税团伙的高压严打态势。及时收集整理典型案例，对于影响大、强代表性的典型案件层报税务总局，由税务总局层面曝光，持续强化警示震慑。以“零容忍”的态度对不法分子的违法行为露头就打、打早打小、打准打狠、曝光震慑，确保实现贷款服务纳入抵扣政策的红利、初衷和正效应。

参考文献

[1] 李春雪. 中国税收乘数效应研究［D］. 合肥：安徽财经大学，2022.

[2] 胡海生，刘红梅，王聪. 贷款服务纳入增值税抵扣机制的效应预测［J］. 税务研究，2021.

课题组组长：倪兵

成员：凌龙、程震燚、王新、李超（执笔人）、徐小惠、陆笑笑

平台经济个人从业者个人所得税税收征管问题研究

国家税务总局建德市税务局课题组

摘　要： 近年来，中国平台经济发展迅速，在推动经济增长、稳定就业等方面发挥了积极作用。平台经济中个人从业者参与比例高，但由于平台经济商业模式的交易方式新颖，现行税收法律制度和征收管理技术难以适应，造成平台经济下个人所得税税收征管出现许多问题，本文着重从平台个人从业者角度对平台经济下个人所得税税收征收管理问题提出若干思考和建议。

关键词： 平台经济　个人从业者　个人所得税

一、平台经济个人从业者个人所得税税收政策适用性分析

（一）平台经济与个人从业者收入的界定。

1. 平台经济的界定。平台经济是指以互联网、云计算、大数据等一系列数字化技术为驱动的平台型新经济形态。根据平台经济的种类，可以将平台经济分为电商类、搜索类、社交类、互联网金融类和共享类等运行模式。在诸多平台中，有以买卖商品为主；有以兜售服务为主；也有以提供社交平台为主。就平台的盈利模式而言，主要有三种：一是参与经营型，即平台运营方兼服务的供应商或商品的销售方，通过向消费者（部分生产者）提供服务或销售商品，从而赚取相应的利润，如曹操专车。二是中间服务型，即平台运营方只为交易双方提供媒介，或者说提供撮合交易，并赚取相应的服务费，如滴滴出行。三是混合型，即以上两种模式兼而有之的平台，如京东商城、考拉海淘。这些平台不仅自己向消费者销售商品，即自营商品，而且为部分商家提供交易平台，由这些商家在平台自行销售商品或提供服务。

2. 个人从业者的界定。平台经济个人从业者人员类型众多，有工作时间灵活、工作地点不固定且没有与任何企业具有劳动关系的自由职业者；有与雇主签订非全日制合同的兼职零工；还有各种形式的劳务派遣工、个体工商户。以上这些个人从业者依托互联网平台，利用信息资源进行交易活动，就属于平台经济个人从业者的范畴。

平台经济个人从业者主要由两部分人员构成。一是在平台上接受派单的人员。如货车驾驶员、网约车驾驶员、网约配送员等，平台经济的蓬勃发展给这些群体创造了大量的就业机会。二是平台的派生工作者，利用平台引流完成服务。如达人、带货主播、娱乐主播、网约摄影师等，以 1 万粉丝作为达人的标准，全国已有 500 万达人。

3. 个人从业者的收入界定。个人从业者基于平台提供劳务，目前主要有两种收入模式：（1）平台属于中间服务型，个人从业者通过平台与用工单位达成业务合作协议，由个人从业者与用工单位通过线下交易或者在线交易完成业务，款项由用工单位支付给平台，平台扣除抽成后将余下报酬支付给个人从业者，如滴滴出行、各大外卖平台、猪八戒网等都是这种模式；（2）资源分享类平台，个人从业者通过平台进行资源分享，如运用平台进行直播、发布视频和文字作品等，消费者通过付费阅读、打赏等方式向平台支付费用，平台同样在扣除抽成后将报酬支付给个人从业者。以主播为例，其收入通常包括来自签约方发放的底薪 + 分成、来源于观看直播用户的打赏收入、来源于商家的广告宣传“坑位费”和销售佣金及平台额外奖励。

（二）个人所得税收政策及适用性分析。根据《个人所得税法》、国家税务总局《对十三届全国人大三次会议第 8765 号建议的答复》的规定，个人从业者从平台获取的收入可能包括劳务报酬所得和经营所得两大类。个人从业者在平台上从事设计、咨询、讲学、录音、录像、演出、表演、广告等劳务取得的收入，属于劳务报酬所得应税项目。个人从业者注册成立个体工商户，或者虽未注册但在平台从事生产、经营性质活动的，其取得的收入属于经营所得应税项目。因此，个人从业者取得的收入是否作为经营所得计税，要根据纳税人在平台提供劳务或从事经营的经济实质进行判定，而不是简单地看个人劳动所依托的展示平台，否则容易导致从事相同性质劳动的个人税负不同，不符合税收公平原则。比如，从事教育培训工作的兼职教师，在线下教室里给学生上课取得收入按劳务报酬所得缴税，在线上平台的直播间给学生上课取得收入按经营所得缴税，同一性质劳动，不宜区别对待。

二、平台经济下个人所得税征收管理问题

（一）应税项目难以界定。按照国家税务总局《对十三届全国人大三次会议第

8765 号建议的答复》的规定，个人从业者取得的收入是否作为经营所得计税，要根据纳税人在平台提供劳务或从事经营的经济实质进行判定。经济实质包括的因素很多，包括验收标准、计酬标准、业务模式等，但现实中业务场景、业务模式多样，并没有严格准确的标准可以涵盖所有业务场景的经济实质。

以短视频网红为例，因工作时间和工作场地有较大的自由和自主性，与经纪公司之间多为合作关系，收入可以划分为劳务报酬所得。但实际情况复杂，并不能一概而论，如对头部网红或已签署劳务合同的网红，平台有全面和严格的管理制度，则已经在二者之间形成了雇佣关系，其收入应划分为工资、薪金所得。最后，大部分网红开展活动，具有持续性、带动效应大，还会组建相关的幕后团队，产生雇佣行为，收入可以划分为经营所得。

上述三种观点，对网红取得收入从不同的视角进行解读，很难辨清哪一种更为合理。目前，工资、薪金所得，劳务报酬所得，经营所得三种所得税负存在显著差异，申报方式和纳税地点也不一样。这些差异，导致个人从业者对同类型的业务，选择性地签订劳动合同、劳务合同或成立个体工商户，滥用法律关系，以达到避税目的。实务中，相关合同往往内容杂糅，集多种属性条款于一身，使得收入的属性更模糊不清，进一步加剧了税收征管工作中对经济实质的判定难度。

（二）成本费用无法据实扣除。平台经济个人从业者多以个体工商户的形式参与其中，其日常成本费用损失难以据实扣除。主要有以下两方面原因：

1. 成本费用扣除制度尚不完善。平台经济个人从业者的资产生产、生活属性高度重合，如直播行业的手机、电脑，共享领域的房屋、汽车等资产，仍按《个体工商户个人所得税计税办法》第十六条规定，以 40% 的比例进行扣除并不合理。此外，平台收取的流量、推广费，是属于广告费还是信息技术服务费？这涉及购方成本能否全额扣除的问题。再如，刷单支出是否可以作为运营成本全额列支，尚未明确。

2. 个人从业者成本核算困难。平台经济个人从业者多，财务素质整体不高，设立账本、保留票据能力弱。如滴滴司机和货运平台司机机动车辆折旧的成本费用和车辆运行的成本费用，共享住宿从业者的房屋折旧和运维费用，这些费用支出个人从业者核算较为困难。再如主播和短视频创作者购买视频拍摄设备道具、食物（美食测评）、私人场地、临时演员费用等，个人从业者无法取得合理有效的扣除凭证。

（三）扣缴义务履行不到位。根据《个人所得税法》，“个人所得税以所得人为纳税人，以支付所得的单位或者个人为扣缴义务人”，然而由于个人从业者收入多元化，适用所得项目因用工关系而异，“劳务报酬所得”与“经营所得”存在竞合，而这两个税目适用的申报制度不同，交易又涉及平台企业、需求方、MCN 机构和支付平台等多个支付主体，与传统行业相比，对扣缴义务人的确定要困难得多。因此平台企业、MCN机构、需求方公司可能存在推卸责任扣缴义务，或不能确定自己是不是有扣缴义务。如调研杭州顶冠文化传媒有限公司，一部分主播由公司统一与平台结算后再支付报酬，履行代扣代缴义务；另一部分主播在入驻平台时选择的分配机制为直接结算，由抖音直接按比例支付给主播，不经过公司，相关所得由主播自行申报，与MCN机构无关，MCN机构主管税务机关无法掌握抖音平台有无履行代扣代缴义务。

另外，平台企业以灵活用工形式，将个人从业者的雇佣关系转移至外省的劳务派遣企业，平台企业所在地税务机关虽能通过平台企业掌握这部分灵活用工人员的用工情况，却又缺失管辖权。

（四）“以票控税”模式面临挑战。传统税收征管模式以“以票管税”模式为基础，但由于个人从业者经营交易量大、开票率低，“以票管税”缺乏开票数据支撑，无法利用发票数据进行有效监管。

1. 定期定额户未足额申报收入。近日，抖音“95后夫妻”义乌摆摊日入9000元近期风靡网络，这背后网友们最关心的是其有无足额缴税。该类从业者按规定属于个人从事其他生产、经营活动取得的所得，按经营所得征税；实际征管中这类个体工商户一般无法建账，为定期定额户。实际营业额高于核定营业额，按照实际营业额征收。日入9000元，月入为27万元，超过10万元免征增值税和个人所得税标准，实际征管中该类从业者往往未办理工商登记或为定期定额户，仍以定额申报。也就是说，目前税务机关“以票控税”的征管模式下，定期定额户只要发票未开超10万元，税务机关则无法掌握该类从业者的真实收入情况。

2. 不计和少计收入。直播带货类主播销售对象个人消费者占比很高，很多消费者购买商品或服务时没有索要发票的习惯和意识，在“以票控税”的征管模式下，税务机关对个人从业者少计该部分收入的情况难以监管，如此便形成了税收漏洞。另外，直播带货类主播与品牌方签订“阴阳合同”，坑位费的税基根据合同上的金额申报，以此达成少计收入的目的。据了解，2022年下半年开始，该项收入抖音平台统一收取并结算，有利于税收监管。

（五）征管手段缺失。税务机关在对文娱领域进行涉税管理时，主要依据税务总局下发名单、街道提供的招商线索和日常管理中掌握的碎片化信息来判断纳税人是否与文娱领域相关，无法与淘宝、抖音等电商和直播平台实时数据交换，无法通过大数据即时取得文娱人员实名信息等，限制了税务机关在人员分类、收入管理等方面的征管有效性。同时，由于平台经济与互联网行业有着千丝万缕的联系，行业存在更新迭代频率高、业务模式新颖复杂等特点，不同的平台、不同的收入类型，会形成不同类型的税收链条，这对税务机关管理和稽查人员也提出了更高的要求。

根据最新要求，目前对文娱领域个体工商户、个人独资、合伙企业个人所得税均实行查账征收。但调研发现，部分文娱领域群体（基本为低收入人群）设立的工作室，仍在实行核定征收（或明查暗核），这一现状主要成因仍是征管手段落后，由于登记注册大部分工作室的经营范围以营销、咨询等内容进行注册，导致税务机关在无大数据支撑的基础上，实时辨别工作室经营实质是否与文娱领域相关存在较大难度，故在征收方式管理上存在一定滞后和遗漏。

（六）平台经济税源监控困难。个人从业者人数多且分散，而对自然人的收入情况，我国缺乏与银行、平台等共享机制建设，使得税务机关无法监控每一个纳税人，做不到税收监管从而导致大量税收流失。加之纳税主体具有隐蔽性，个人从业者往往没有固定的营业场所。在很多情况下，个人从业者只需要一部手机以及互联网就能开展业务活动，大部分个人从业者由于税收遵从意识较低，未进行工商和税务登记，而工商和税务登记是进行税收征管的基础前提。另外，交易规模大、零散、无纸化，且通过第三方支付机构，由此产生了巨大的交易数据，税务机关缺乏征管力量对这些数据进行有效记录、监控。

三、完善平台经济个人所得税税收征管的对策与建议

（一）完善平台经济税制体系。

1. 明确应税项目的界定。个人从业者的所得主要适用工资、薪金所得，劳务报酬所得，经营所得这三类所得，但由于新业态下用工关系复杂，有些所得的性质不能精准判定，特别是在最新修订的条例中，劳务报酬所得与经营所得的适用范围存在重叠情形。这使得税务机关在认定个人从业者的收入性质时存在一定困难。因此，应制定经济行为、经济实质界定标准，明晰收入适用的应税项目。

（1）要出台关于个人提供劳务、从事生产经营活动的详细认定标准，尤其要以正列举的方式对存在争议的业务活动作出明确规定。同时，对于争议业务活动所得性质的界定，应把握经济实质，在区分劳务报酬所得与经营所得时，应判断有无资本或人力的投入，并将经营活动的持续性等因素考虑进去。

（2）国家可以制定法律规定，要求个人从业者在平台注册登记时提前选择要从事的业务类别，平台再根据业务类别进行审核，判断个人从业者收入所适用的应税项目，将其报送至税务机关。在实际执行过程中，税务机关应与平台保持充分交流，并将争议事项上报至总部，在实践过程中解决平台经济所得项目界定模糊的问题，同时降低平台运营风险，减轻个税征管成本。

2. 明确成本费用扣除政策。在个人从业者的成本费用扣除方面，主要为两种方

法：实际成本扣除法和定额扣除法。实际成本扣除法虽然能够更加准确地扣除实际发生的成本费用，但是平台经济从业者大多为自然人，并不具备设立账本、保留票据等能力，申报扣除时操作烦琐，对纳税人的素质和税务部门的征管系统设计都有较高要求。而定额扣除法计算简便，纳税人的税收遵从成本低，但我国地域辽阔且各地区物价水平差别较大，若实施统一扣除率有违公平。根据中国目前征纳双方的实际状况，建议采取定额扣除法。在税收征管技术成熟、纳税人素养提高之时，可参考欧美国家，加入实际成本扣除法，纳税人可在两种方法中自行选择。同时在新经济形态下新的成本扣除问题，建议税务总局层面进一步明确。

3. 降低最高边际税率。现行《个人所得税法》把劳务报酬所得并入综合所得项目，适用的最高边际税率为45%。而税率过高或过低都不利于个人所得税的征收。过高的税率会降低纳税人的税收遵从度，并诱使纳税人进行不合理的税收筹划。调查数据显示，适用最高边际税率45%的人数仅占中国总人口的0.03%，适用人数微乎其微，使得综合所得的最高边际税率最终形同虚设。建议将综合所得的最高边际税率降低10%，并且尽量与经营所得的税率持平，有助于减少纳税人税收筹划的空间。

（二）改进平台经济税收征管模式。

1. 完善扣缴义务人的确定规则。个人从业者收入具有隐蔽性和虚拟性，且平台企业对获取数据的渠道、信息的收集整理都有得天独厚的优势，大部分情形下，平台企业代扣代缴更为现实和合理。建立健全的税收征管法律，通过立法的形式将平台企业扣缴义务人作为兜底选择。同时也需要明确不同用工关系下的纳税人及扣缴义务人，避免因为扣缴职责不清造成的税款流失。对平台企业支付所得或无扣缴义务人的个人从业者，由平台企业履行代扣代缴义务；对通过 MCN 机构等经纪公司、劳务派遣公司与个人从业者进行二次结算，由该类第三方公司履行代扣代缴义务；对个人从业者跳过经纪公司与平台企业私下结算，仍由平台企业履行代扣代缴义务，这样才能避免由于个人从业者跳过与经纪公司的法律关系而导致形成缺口；对多重支付，无法确定扣缴义务人的，按照《国家税务总局关于个人所得税偷税案件查处中有关问题的补充通知》第三条的规定，凡税务机关认定对所得的支付对象和支付数额有决定权的单位和个人，即为扣缴义务人，落实平台代扣代缴义务。

2. 建设税收大数据平台，提升税源监管水平。结合数电发票的推广应用，加强数据资源开发利用，充分利用大数据、区块链等现代信息技术，打通与平台数据的单向通道，实时强化税源监控，打造税收大数据平台。

利用税收大数据平台对各类涉税信息进行筛选、对比和分析。帮助税务机关筛选出有用信息进行整合，挖掘出涉税信息价值，确定需要关注的重点人群进而采取相应的监管措施，通过用户画像技术实现标签化管理。逐步搭建个人从业者涉税数据自动化分析模型，实现风险纳税人自动画像、及时预警、精准应对，实现“以票管税”向“以数治税”的精准监管转变。

（三）促进多方信息共享与协作。

1. 健全平台企业涉税信息报告制度。经济合作与发展组织自 2019 年起陆续发布了《共享与零工经济有效征税报告》《规则范本》和《行为准则》，这三份文件细致地规定了平台和个人从业者的信息报送责任。我国可以参照上述文件，在法律、制度、操作层面进一步细化平台企业和个人从业者的信息报告义务、报送内容和不履行义务的处罚措施。通过对平台企业和 MCN 机构加强监管，强制个人从业者在平台注册程序环节完善自己的个人信息，重点包括实名信息、账户昵称、合同、个体工商户名称、交易结算方式和银行卡号等，做到交易数据可查可控。

2. 搭建信息共享平台，实现涉税信息共享。在搭建信息共享平台的过程中，首先要积极推进税务机关与平台企业包括网络支付平台等第三方平台的数据共享。以形成全面的信息资源共享机制，方便税务机关即时了解纳税人涉税数据，有助于解决税务机关缺乏完整准确涉税信息的问题。其次，要打通包括公安、市场监管、税务、金融、保险、海关等多个部门与税务机关之间的信息连接，实现政府部门之间的数据共享。最后，通过加强各地税务机关间的信息资源共享，形成跨区域合作机制，共同做好税收征管工作。具体措施涉及搭建纳税人信息资源网络共享平台、完善税务机关内部信息数据库建设等。

（四）持续优化平台经济营商环境。平台经济的头部虹吸效应明显，要充分利用杭州现有“人”“货”“场”已形成的产业优势，突出良性竞争和集聚效应，依托上城四季青服装市场、桐庐快递产业及周边海宁等地服装工厂等资源，做强仓储运输、商业选品、人才孵化等行业配套，助力地方经济发展。制定区域性税收优惠政策，助力建德淳安等偏远山区，助农直播发展，带动农民致富，为浙江高质量发展建设共同富裕示范区贡献力量。

参考文献

［1］周克清，刘文慧．平台经济个人所得税的税收征管机制探索［J］．税务研究，2019（08）：83 - 84.

［2］刘军，戴建宏，林元权．平台经济视角下的自由职业者税收问题研究［J］．集美大学学报（哲学社会科学版），2021（04）：79 - 81.

［3］陈子薇．共享经济个人从业者个人所得税税收征管问题研究［D］．武汉：中南财经政法大学，2020.

［4］尹冉卉．网络主播个人所得税法律规制研究［D］．扬州：扬州大学，2022.

［5］杨珊，杜亮．新业态视角下个人所得税制度的优化路径——以直播带货为切入点［J］．财

务管理研究，2022（12）：39－40.

［6］林径平．平台经济发展中的税收问题浅析［J］．中国总会计师，2021（12）：76－78.

［7］胡梓威．平台经济个人所得税征管问题研究［D］．武汉：中南财经政法大学，2022.

课题组组长：傅恒茂

成员：何志平（执笔人）、叶晶

▸▸▸ 税费征管

一等奖

解构 QDMTT：国内税收优惠政策的应对与挑战

国家税务总局杭州市税务局课题组

摘　要：在支柱二框架下，任何辖区都可以引入合格的国内最低补足税规则，以避免适用收入纳入规则或低税支付规则来吸收国内产生的低税所得。该规则赋予实施国优先征税的权利，许多国家正在考虑通过实施该规则。本文通过对杭州地区集团企业的测算分析，找到影响企业有效税率的关键因素，结合现有税收政策工具，针对性地提出合格国内最低补足税在引入时有利的建议。

关键词：合格国内最低补足税　GLoBE 规则　税收优惠

2023 年 7 月，经济合作与发展组织（以下简称 OECD）秘书长向二十国集团（以下简称 G20）财长和央行行长提交税务报告，报告表示全球最低税规则（以下简称 GLoBE 规则）的实施目前正在顺利进行，约有 50 个司法管辖区已采取措施实施 GLoBE 规则。报告显示在支柱二 GLoBE 规则框架下，许多国家正在寻求通过合格的国内最低补足税（以下简称 QDMTT）来实施 GLoBE 规则，该规则赋予实施国优先权，可以根据最低税额向跨国公司的当地分支机构和子公司征收补充税。包容性框架正在为这些国家制定 QDMTT 应用的进一步指导。

一、合格国内最低补足税（QDMTT）规则解析

支柱二立法模板首次引入 QDMTT，GLoBE 规则第 10.1 条将“合格国内最低补足税”定义为：根据与 GLoBE 规则相同的计算确定国内实体超额所得并包含在国内法中

的最低税。换言之，QDMTT 是 GLoBE 规则的本地版本。

（一）关于“合格”的理解。《支柱二立法模板注释》明确 QDMTT 可抵扣 GLoBE 补足税。QDMTT 的运作必须将国内纳税义务至少提高到全球最低税率，并“以符合 GLoBE 规则的方式实施和管理，前提是该辖区不提供与此类规则相关的任何附带利益”。

在评估国内最低税是否满足“合格”状态的要求，2023 年 2 月发布的《全球反税基侵蚀规则行政指南》[①] 提供了一些设计评价指南，体现在两个指导原则。第一个是 QDMTT 必须遵循 GLoBE 规则的架构，反映 GLoBE 规则的所有要求。各国在设计 QDMTT 时，要充分考虑其国内税法与 QDMTT 条款的相互作用，并确保这些相互作用将产生与 GLoBE 规则功能上等效的结果。第二个原则是最低税额必须产生符合 GLoBE 规则和注释的结果。这一原则下，QDMTT 被要求禁止辖区提供与国内税收相关的附带利益或其他利益，如果国内最低补足税大于等于 GLoBE 规则和评论预期的补足税义务，则该补足税可视为 QDMTT。

（二）谁来征收 QDMTT。根据支柱二立法模板和注释，IIR 和 UTPR 的应用顺序很明确：首先是居民国；其次是运营水平高的辖区（可能是公司在雇员和资产上投入大量资金的辖区）。但是 QDMTT 有效颠倒了排序。从这个原理来说，QDMTT 的征收主体是跨国公司所在的司法管辖区，即跨国实体超额所得的来源国，其中超额所得即其 GLoBE 净收入减去“实质排除”，当然 OECD 也允许 QDMTT 下不减实质排除。如果跨国公司在所在辖区缴纳税款不足全球最低税（15%），那么该辖区的税务机关就可以征收该实体有效税率与 15%之间的差额税款。

假如我国引入 QDMTT，我国税务机关可行使 QDMTT 的征税权，并且优先于 IIR 和 UTPR 征收权的实施。

（三）向谁征收。

1. QDMTT 适用范围与 GLoBE 规则基本一致，但主要集中于国内。QDMTT 适用范围首先包括 7.5 亿欧元门槛的跨国企业集团（以下简称 MNE 集团）的国内成员实体。其次，QDMTT 的应用可以扩展到最终控股母公司（以下简称 UPE）位于管辖范围内，但因收入低于 7.5 亿欧元而不在 GLoBE 规则范围内的集团。这一范围与 IIR 的范围一致。最后，QDMTT 也适用于纯国内集团，即没有外国子公司或分支机构的集团[②]。这一点与 IIR 规则不一致。换言之，从征税对象来说，因为 IIR 和 UTPR 主要适用于外国成员实体的所得，而 QDMTT 适用于直接位于该辖区的国内成员实体。

2. QDMTT 的征收不考虑最终控股母公司的持股比例。根据 2023 年 2 月发布的

---

① https：//www. oecd. org/Tax Challenges Arising from the Digitalisation of the Economy-Administrative Guidance on the Global Anti-Base Erosion Model Rules（Pillar Two）（oecd. org）.

② https：//www. oecd. org/Tax Challenges Arising from the Digitalisation of the Economy-Administrative Guidance on the Global Anti-Base Erosion Model Rules（Pillar Two）（oecd. org）118. 2.

《行政指南》，无论 MNE 集团的母公司在位于 QDMTT 辖区的成员实体中持股多少，QDMTT 所征收的补足税均以计算出的辖区补足税全额为基础。

3. 合并税收制度影响征收实体的选择。在要求提供合并财务报表制度的辖区，QDMTT 将在合并基础上计算，并向合并财务报表的企业行使征税权。

对于没有合并财务报表的辖区，实施 QDMTT 将首先需要在其辖区内计算有效税率，然后在各成员实体之间分配任何补足税义务，分配比例可以使用 GLoBE 规则第 5.2.4 条中的一般补足税分配公式，或根据成员实体的超额利润与位于该辖区的所有成员实体的超额利润之比进行分配①，分配到补足税的各成员实体所在地税务部门可以行使征税权。

（四）与 GLoBE 规则的衔接。OECD 认可各辖区可以采用或者不采用 GLoBE 规则。一个辖区可以在采用 QDMTT 时，同时不采用 GLoBE 规则的其余部分。

1. 当一个司法管辖区对同一 MNE 集团既征收 QDMTT，又征收 IIR 或 UTPR② 时，QDMTT 补足税的计算不包含 IIR 和 UTPR。例如一个司法管辖区实施 UTPR，且司法管辖区内的成员实体被拒绝扣除，以便司法管辖区可以收取其在可分配的 UTPR 补足税中的份额，则 UTPR 下产生的纳税义务不能被视为 QDMTT 税款。

2. QDMTT 的适用优先于 GLoBE 规则下的 IIR 和 UTPR，但 IIR 和 UTPR 下的补足税计算则需考虑 QDMTT。

3. 如果一个司法管辖区既没有实施 IIR 也没有实施 UTPR，它不需要将根据 GLoBE 规则支付的税款从 QDMTT 补足税中排除。

4. QDMTT 不需要强制进行实质排除，这一点不同于 GLoBE。为了实现与 GLoBE 等效，QDMTT 下适用的税率必须等于或超过最低税率。

（五）安全港规定。2023 年 7 月发布的《行政指南》对 QDMTT 的安全港规则作了进一步设计。当辖区引入 QDMTT 安全港，则可认定该辖区的 GLoBE 补足税为 0③。若要满足安全港，QDMTT 应满足以下三项标准：一是 QDMTT 需根据最终母公司的会计准则，或在满足一定条件后，根据本地会计准则衡量；二是大多数情况下，QDMTT 的计算标准需与 GLoBE 规则所要求的计算标准保持一致；三是实施 QDMTT 的辖区将会被持续监管。在 QDMTT 安全港下，只需根据 QDMTT 计算一次补足税，免于根据 GLoBE 规则再次进行全套计算。

---

① https：//www. oecd. org/Tax Challenges Arising from the Digitalisation of the Economy-Administrative Guidance on the Global Anti-Base Erosion Model Rules（Pillar Two），July 2023（oecd. org）.

② https：//www. oecd. org/Tax Challenges Arising from the Digitalisation of the Economy-Administrative Guidance on the Global Anti-Base Erosion Model Rules（Pillar Two）（oecd. org）.

③ https：//www. oecd. org/Tax Challenges Arising from the Digitalisation of the Economy-Administrative Guidance on the Global Anti-Base Erosion Model Rules（Pillar Two），July 2023（oecd. org）5. 1. 4.

二、QDMTT 规则对企业税负的影响及对我国税收优惠政策造成的冲击——基于杭州集团企业的测算

（一）QDMTT 下大部分落入门槛的企业整体税负将增长。根据杭州地区 2022 年有效申报的国别报告，按照 GLoBE 规定的 7.5 亿欧元的标准，筛选出杭州范围内落入 QDMTT 规则门槛的跨国集团。经测算，这些集团分布在全球 88 个辖区，在中国辖区最终需要缴纳 QDMTT 补足税的户数为 14 户。针对这 14 户集团进一步测算 QDMTT 补足税，结果显示金额较大，但考虑到该计算为根据国别报告的粗略计算，未按照 QDMTT 的计算规则进行调整，所以与实际情况存在较大误差，还需根据集团内各实体的实际情况进一步调整计算。

（二）典型企业税负影响及实质排除后的补足税测算。为了详细了解 QDMTT 下集团实际的税负影响，选取 6 家典型集团进行 QDMTT 进一步测算。各集团经营情况如下：A 集团为国内互联网行企业；B 集团属于全球领先的先进制造业企业；C 集团经营领域较广，名下有多家上市公司；D 集团经营国内领先的数字化第三方支付平台及互联网金融行业；E 集团为主要从事商务服务及先进制造业的国有控股集团；F 企业为本地规模较大的重工业制造业集团。

测算后最终结果显示，在中国辖区内有 5 家集团，有效税率低于 15%，需要征收国内补足税，如表 1 所示。

表 1　2020 年杭州地区样本集团 QDMTT 补足税测算　　单位：万元

序号	跨国企业	净所得	有效税率（%）	补足税率（%）	QDMTT 税额（实质排除按 5%）	税收负担增幅（%）
1	A	14156098.38	10.06	4.94	636346.48	49.06
2	B	3074937.75	13	2.00	48654.77	15.38
3	C	92380.71	14.75	0.25	178.27	1.71
4	D	6595712.84	14.29	0.71	46295.22	4.97
5	E	252695.0872	22.88	0	0	0
6	F	47159.72	10.80	4.20	1265.89	38.94

需要补税的 5 户集团之中，A 集团受影响最大，补足税率达到 4.94%，国内补足税额超过 63 亿元，税收负担提升超过 49%；F 集团受影响次之，补足税率为 4.2%，需要缴纳 1200 万元国内补足税，税收负担提升超过 38%；C 企业的有效税率为 14.75%，补足税率仅有 0.25%，税收负担提升 1.71%；E 企业在中国辖区无须缴纳补足税。

实施 QDMTT 后，如考虑实质排除的影响，样本企业补足税情况如表 2 所示。

表 2　　2020 年杭州地区样本集团实质排除影响测算　　单位：万元

序号	跨国企业	净所得	有效税率（%）	补足税率（%）	直接提高税率的补足税额	实质排除按 5% 的补足税额	QDMTT 下实质排除影响幅度（%）
1	A	14156098. 38	10. 06	4. 94	698909. 16	636346. 48	-8. 95
2	B	3074937. 75	13. 00	2. 00	61498. 76	48654. 77	-20. 88
3	C	92380. 71	14. 75	0. 25	232. 98	178. 27	-23. 48
4	D	6595712. 84	14. 29	0. 71	46829. 56	46295. 22	-1. 14
5	F	47159. 72	10. 80	4. 20	1982. 46	1265. 89	-36. 15

由表 2 可见，QDMTT 因实质排除影响后的补税额明显比直接提高税率的补足税金额要小，其中 A、D 由于主要为从事互联网相关的轻资产企业，相应人员工资和有形资产金额较小，所以影响幅度也较小，分别为 -8. 95% 和 -1. 14%；而 B、C、F 均为从事重资产行业的企业，所以人员工资和有形资产金额较大，影响幅度也较大，均在 -20% 以上，其中 F 为重工业行业，有形资产金额极大，所以受实质排除影响最大，补足税降幅达到 -36. 15%。

可见，实行 QDMTT 后，虽大量跨国企业的国内税负将会上升，但是因实质排除的存在，比起直接提高税率，实行 QDMTT 的相对税负影响要小，并且它对于重资产企业将更友好。

（三）QDMTT 下典型企业税收优惠影响测算分析——高新技术企业和研发费加计扣除受影响大。根据上述测算我们发现，虽然中国国内法定企业所得税税率为 25%，但经测算大部分集团实际税负在 10% ~15%。由于暂无法获取集团内所有实体的详细企业所得税优惠数据，我们通过已获得的上述个别集团中部分核心企业的企业所得税年报数据，尝试了解影响企业所得税实际税负的主要因素，如表 3 所示。

表 3　　2020 年杭州地区样本集团部分核心企业有效税额影响因素分析　　单位：万元

核心企业	净所得	研发费加计扣除影响税额	高新影响税额	有效税额	有效税率（%）	高新叠加研发费加计扣除影响税率（%）
A1	6781141. 52	255612. 03	558615. 34	852720. 01	12. 57	12. 01
A2	3263522. 74	165820. 45	255437. 29	393550. 05	12. 06	12. 91
C1	26470. 43	1467. 89	1530. 15	3441. 09	13. 00	11. 33
C2	4431. 40	104. 10	408. 05	599. 40	13. 53	11. 56
C3	4368. 22	263. 88	231. 92	501. 52	11. 48	11. 35
F	47159. 72	2719. 78	4301. 08	5091. 50	10. 80	14. 89

注：研发费加计扣除影响税额 = 研发费加计扣除额 ×25%；高新影响税额 = A107040 减免所得税优惠明细表第 2 行。

A1、A2、C1、C2、C3 分别为表 3 中 A、C 集团的主要核心企业之一。通过表中数据可以发现，国内大型 MNE 集团内企业大多能享受高新技术企业优惠税率及研发费加计扣除优惠政策，这两项政策作为国内企业所得税优惠的核心政策，极大程度地决定了国内企业所得税的实际税负，表 3 中研发费加计扣除和高新合计影响税额数几乎与有效税额金额相同，合计影响税率均达到 11% ~15%，在 25% 的法定税率下，实际有效税率必然都低于 15%，也就是都将被征收补足税。

由于高新技术企业的优惠税率为 15%，但目前国内评定高新技术企业的条件之一是企业研发费总额占同期销售收入的比例不低于 3%。这也就意味着，在不考虑其他调整的情况下，国内高新技术企业的实际税负将低于 15%，这些落入门槛的跨国企业内，高新技术企业的体量越大，将会面临补足税的影响就越大，况且这不包括部分企业还同时享受残疾人工资加计扣除、从事农、林、牧、渔业项目的所得减免、软件企业两免三减半、重点软件企业减按 10% 税率等其他特殊优惠政策。简单地说，对一家已经享受高新技术企业 15% 税率的集团，我国所给予其的任何加计扣除或者其他税收优惠政策，几乎都将被 QDMTT 政策所抵消。

（四）杭州范围内企业税收优惠政策享受情况——影响杭州范围内企业所得税实际税负的主要政策。考虑到暂无法获取到所有落入 QDMTT 门槛集团的全部国内实体个别企业所得税申报优惠数据，笔者查询杭州市所有企业 2022 年度的享受企业所得税优惠情况。2022 年，杭州市所有企业共享受各类企业所得税优惠金额中权益性投资收益占比最高，为 45.93%，主要是居民企业之间的股息、红利享受免税；研发费加计扣除及高新技术企业优惠金额分别占比 25%、13.53%，合计为 38.53%，为第二大影响因素；小微企业减免税额占比 5.86%；其他各类优惠占比 9.67%。

根据 OECD 的规定，QDMTT 规则下的 GLoBE 收入已排除股息，即国内法下的权益性投资收益免税并不受 QDMTT 所影响，所以不必考虑此优惠政策，小微企业减免税也可以不作考虑。所以在排除了以上两个优惠政策后重新计算，研发费加计扣除及高新技术企业优惠金额分别占企业全部优惠金额的比值为 51.87%、28.07%，合计达到 79.94%。

可以判断现行国内一部分税收优惠将在实施 GLoBE 规则后丧失其对企业的激励作用，其中研发费加计扣除及高新技术企业税率优惠在杭州辖区，是决定企业 GLoBE 有效税率的最大因素，是被 QDMTT 所影响的最主要国内企业所得税优惠政策。

三、GLoBE 规则下可引入 QDMTT 的相关税收政策工具分析

要在引入 QDMTT 中尽可能保留原有的税收优惠政策和优惠效应，需要贯通融合

OECD 发布的支柱二立法模板及其注释、征管指南和《税收激励和全球最低税：GLoBE 规则之后重新考虑税收激励》① 中与优惠政策直接相关的税收政策工具，尽可能充分利用现有文件要求，以防止 QDMTT 的效果偏离 GLoBE 规则。OECD 也建议各辖区尽快对现行的税收优惠政策进行全面的评估，若不及时采取行动则可能会丧失自身吸引外资的能力，并且流失掉本属于本国的税款。现有 OECD 支柱二文件中的税收政策工具尤为值得探讨。

（一）合格可退还税收抵免政策。GLoBE 规则下的税收抵免处理非常重要，因为它们可能会对司法管辖区有效税率（ETR）计算产生重大影响，具体取决于它们是被视为 GLoBE 收入还是有效税额的减少，无论是哪一种，税收抵免都将减少任一处理下的 ETR②。

合格可退还税收抵免的设计原理是，在成员实体满足辖区法律规定的抵免条件后的 4 年内，这些抵免应当以现金或现金等价物的方式支付给成员实体。

GLoBE 规则对合格可退还税收抵免的处理是强制性的。2021 年的双支柱方案声明（以下简称《声明》）和 2022 年的支柱二立法模板对此规定有所不同，《声明》将政府补助等合格可退还税收抵免视为企业的收入，而不是直接减税。立法模板将 4 年内可退还的税收抵免（“合格的可退还税收抵免”）视同 GLoBE 收入，将 4 年后可退还的税收抵免（“不合格的可退还税收抵免”）视为有效税额的减免③。当然，直接减免有效税额的政策最容易受到 GLoBE 规则的影响。无论 MNE 集团如何核算税收抵免，立法模板对这些税收抵免的处理都是强制性的。

根据 OECD 的测算，假设不考虑实质排除，如果一家企业享受不可退还的税收抵免后，有效税率为 5%，需要缴纳 10% 的补足税，但如果将不可退还的税收抵免转化为可退还的税收抵免，则有效税率将提高到 13.5%，只需要缴纳 1.5% 的补足税，政策的实施方法不一致导致的补足税率相差 8.5%，可见该政策对企业的影响极大④。

（二）加速收回有形资产成本的税收优惠。GLoBE 规则旨在避免因时间差异而征收额外的补足税，如果某种税收优惠的作用是将税款缴纳递延到未来，形成暂时性时间差异，一般不会导致产生补足税。因为 GLoBE 规则会将某些递延税调整纳入当期有效税额来消除暂时性时间差异造成的低税结果。

---

① https：//www. oecd. org/Tax Incentives and the Global Minimum Corporate Tax Reconsidering Tax Incentives after the GLoBE Rules.

② https：//www. oecd. org/Tax Challenges Arising from the Digitalisation of the Economy-Administrative Guidance on the Global Anti-Base Erosion Model Rules（Pillar Two），July 2023（oecd. org）.

③ https：//www. oecd. org/ Tax Challenges Arising from the Digitalisation of the Economy-Global Anti-Base Erosion Model Rules（Pillar Two）（oecd. org）.

④ https：//www. oecd. org/Tax Incentives and the Global Minimum Corporate Tax Reconsidering Tax Incentives after the GLoBE Rules.

例如各国普遍采用的加速折旧政策，是促进基础设施和有形资产投资的关键激励政策，加速折旧允许企业更快地从税基中扣除资产成本，导致企业在前几年应税收入减少很快，并相应产生了递延纳税，给企业带来了时间性收益。GLoBE 规则考虑所得和支出确认中的税会差异，这些递延至后期的所得税将会在前期纳入有效税额的计算。因此加速折旧和直接费用化等税收优惠政策，一般情况下不会导致 GLoBE 规则的额外纳税义务。

（三）以工资或有形资产作为衡量因子的实质经营。GLoBE 规则提到的实质排除（以下简称 SBIE），将在 10 年从有形资产账面净值的 8% 和工资成本的 10% 逐步降低到 5% 。但由于 GLoBE 规则仅对超额利润征收补足税，而超额利润仅指 GLoBE 所得超过实质排除（SBIE）的部分，因此如果 SBIE 金额足够大，则该企业可能将不需要缴纳 GLoBE 规则下的补足税。

（四）针对规则排除主体的税收优惠。鉴于 QDMTT 必须以符合 GLoBE 规则的方式实施和管理，那么 GLoBE 规则适用范围中的排除，同样适用于 QDMTT 适用范围内的排除。除了 7.5 亿欧元门槛，政府实体、国际组织、非营利组织和养老基金被排除在 GLoBE 规则范围之外，国际海运所得和合格附属国际海运所得也被排除在 GLoBE 所得之外，以上行业所涉企业将不受 GLoBE 规则影响。但 QDMTT 的适用范围相较于 GLoBE 扩展到低收入集团和纯国内集团，相对于国内税收优惠的影响范围也就更大，更易导致国内税收优惠的失效。

（五）针对特定行业的税收优惠。因为有效税率是以辖区为最小单位混合计算的，如果高税率辖区的某个 MNE 集团在辖区内经营着不同行业的业务板块，但只有特定业务板块因行业性税收优惠政策享受了相应的减免，那么它集团整体的有效税率在混合计算后也不一定会低于最低税率。反之，相对而言，如果普遍性地对企业所得进行大规模税收减免，如提供免税期、降低税率等优惠，则将极大概率使得 MNE 集团在辖区的有效税率大幅下降，从而可能会受到 GLoBE 规则、QDMTT 规则的影响。

四、QDMTT 规则下我国优化税收优惠政策的对策与建议

立足“双支柱”方案对我国经济发展和国际合作的影响，将 QDMTT 规则引入国内实现优先征税存在明显的必要性。

（一）QDMTT 框架下将高新优惠税率、研发费加计扣除政策调整为合格可退换税收抵免。目前，我国的高新和研发费的优惠政策都是采用征前减免的方式，其中研发费加计采用税基减免，高新优惠采用税额减免的方式，不需要由政府部门或者税务机关再进行退还，不属于 OECD 规则中的“合格可退还税收抵免”。

如前所述，合格可退还的税收抵免被视为收入，如果将我国的高新和研发费优惠政策改为先征后退，且在4年内退还给企业，则将符合OECD的规定，不会减少有效税额，仅仅是收入的增加。表4显示了受高新和研发优惠的税额全部假设成合格可退还税收抵免后重新计算税率影响。

表4　部分测算企业高新及研发费调整为可退还税收抵免影响（2020年）　单位:%

序号	原有效税率	高新叠加研发费加计扣除影响税率	调整为可退还税收抵免后有效税率	有效税率提升
A1	12.57	12.01	21.95	9.37
A2	12.06	12.91	22.11	10.05
C1	13.00	11.33	21.85	8.85
C2	13.53	11.56	22.48	8.96
C3	11.48	11.35	20.50	9.02
D1	14.04	8.16	20.52	6.48
F	10.80	14.89	22.36	11.56

经过测算，调整后，各企业有效税率提升幅度在6%～12%，最终有效税率达到20%～22%，全部超过规定的最低税率，均无须缴纳补足税，且离15%最低税率还有较多的安全区间。

将高新和研发优惠的税额调整为可退还税收抵免的方式，既没有增加企业的税收负担，也不影响我国税收优惠政策的使用，同时并没有增加我国政府的财政负担，只需要稍微改进减免税的征管方式，企业提前将全部优惠前税款缴入国库，再及时由相关部门将减免税款退还企业即可，甚至不需要另立“财政返还、政府补助”等名目，直接定义为退还税收抵免即可。

但由于QDMTT仅适用于门槛范围内的MNE集团或国内集团，而我国的高新和研发优惠政策具有普适性，因此为保持对中小企业政策实施的稳定性，调整为先征后退的可退还税收抵免方式可仅适用于QDMTT框架。

（二）加强实施引导企业购进固定资产和提高工资支出的优惠政策。根据前文分析，QDMTT仅对超额利润征收补足税，拥有更多经营实质的集团受到GLoBE规则的影响更小，因此我国应鼓励引导企业购进固定资产和增加工资薪金支出并积极推出相关政策，例如购进房产土地减免契税、房产税、土地使用税；购进车辆减免车船税和车辆购置税；对购进大型器具设备等固定资产可加计递减增值税等，可以鼓励引导企业增加其实质排除的金额，从而减少QDMTT补足税的支出。

吸引外资方面，在提供税收优惠时可以包括一些附加条款，如要求外资企业在本地先有一定程度的经济实质（如满足投资金额或提供就业岗位），确保企业能融入并带动当地区域经济，或要求企业在减免期结束前必须达到某些既定目标。这些附加要求能在一定程度上减少 QDMTT 补足税对优惠背后吸引投资和发展的影响。

（三）保持并继续推出提供税会暂时性差异的优惠政策。QDMTT 规则利用会计准则核算的递延所得税作为调整有效税额的机制①，所以提供税会暂时性差异的优惠政策并不会产生最低税额。当前我国实行的优惠政策，例如新购进的设备、器具一次性扣除，符合条件的固定资产及无形资产加速折旧、弥补亏损，非货币性资产投资递延纳税，政策性搬迁递延纳税等，一般递延的税款都不会超过 5 年，则都不会影响有效税额。

（四）优先考虑特定行业税收优惠红利的定向释放。支柱二的落地实施需要我国在不同税种和政策目标之间进行权衡取舍，以有限的资源发挥最大的政策效应②。前文分析中，普惠性的税收优惠政策受 QDMTT 规则的影响大于特定行业的税收优惠政策，在后续的税收优惠政策体系建设中可以优先考虑特定行业税收优惠红利的定向释放。对于根据 QDMTT 规则向低收入集团、纯国内集团因享受普惠性税收优惠导致有效税率降低而征收的补足税，将直接导致普惠性税收优惠的实质失效，且增加企业合规负担。因此，持续优化税收优惠体系的必要性也并不单纯意味着要一味让步，而是更为关注税收优惠的过渡衔接，发挥双向协调作用。如以上情况，建议 QDMTT 适当收紧适用范围，不向低收入集团、纯国内集团征收补足税。

参考文献

［1］康拉德·特雷，池澄等．支柱二全球反税基侵蚀规则的演进：两波浪潮［J］．国际税收，2023（07）：24－33.

［2］朱青，白雪苑．OECD“双支柱”国际税改方案：落地与应对［J］．国际税收，2023（07）：3－10.

［3］德勤 Deloitte. OECD/G20 合格国内最低补足税规则、低税支付规则和 GLoBE 信息报告表的最新进展对中国香港、内地和新加坡的影响，引自微信公众号“德勤 Deloitte”. 2023－07－19.

［4］https：//www. oecd. org/Tax Challenges Arising from the Digitalisation of the Economy-Report on the Pillar Two Blueprint.

［5］https：//www. oecd. org/Tax Challenges Arising from the Digitalisation of the Economy-Global Anti-Base Erosion ModelRules（Pillar Two）（oecd. org）.

［6］https：//www. oecd. org/Tax Challenges Arising from the Digitalisation of the Economy-Administrative Guidance on the Global Anti-Base Erosion Model Rules（Pillar Two）（oecd. org）.

① 康拉德·特雷，池澄等．支柱二全球反税基侵蚀规则的演进：两波浪潮［J］．国际税收，2023（07）：24－33.

② 朱青，白雪苑．OECD“双支柱”国际税改方案：落地与应对［J］．国际税收，2023（07）：3－10.

［7］ https：//www. oecd. org/Tax Challenges Arising from the Digitalisation of the Economy-Administrative Guidance on the Global Anti-Base Erosion Model Rules（Pillar Two），July 2023（oecd. org）.

［8］ https：//www. oecd. org/Tax Incentives and the Global Minimum Corporate Tax Reconsidering Tax Incentives after the GLoBE Rules.

课题组组长：林仕华

成员：伍潇平、钱彧、徐迪佳（执笔人）、邱一波（执笔人）、邹倩汝（执笔人）

关于优化基层税务部门动态税源数字化征管模式的探究

国家税务总局杭州市税务局征管和科技发展处课题组

摘　要： 本论文旨在探究优化基层税务部门动态税源数字化征管模式的相关问题。税源作为税收收入的经济来源，其丰裕程度直接影响税收收入的规模。动态税源的变化程度较大，包括新开业户、停业、歇业倒闭户、改组、合并、兼并、转产户、跨地区经营户等。传统的征管模式在面对动态税源时面临很大的挑战，因此数字化税收征管成为解决问题的关键。本文从精准识别企业责任和税收共治的角度出发，提出数字化税收征管的建议，以更好地帮助基层精准监管动态税源，并促进其规范健康发展。通过对现有研究的综述和归纳，结合我国实际情况，本文首先梳理了税源的概念和分类，明确了动态税源的特点。其次，探讨了数字化税收征管的优势以及在未来的前景，强调了数字化技术的重要性。再次，对基层税务部门在动态税源征管中所面临的挑战进行了深入分析，揭示了问题和困境的根源。同时，突出了税收共治的重要性，明确了共治的目标和意义，并强调了数字化税收征管在税收共治中的作用。最后，对基层精准监管动态税源的策略进行了探讨，从原则、策略和数字化税收征管的应用等方面提出了相应建议。论文总结了主要观点，并阐述了研究结果及启示，并提出了未来研究的方向。

关键词： 动态税源　数字化税收征管　精准识别企业责任　税收共治　基层精准监管

一、引言

（一）研究背景和目的。随着经济的发展和税收制度的完善，税源作为税收收入的经济来源，对国家财政收入的规模和稳定性起着重要作用。然而，税源的丰裕程度受到多种因素的影响，其中动态税源的变化程度尤为显著。动态税源是指在一定时期内变化较大，不能稳定地为税收分配提供收入的税源，主要包括新开业户，停业、歇业倒闭户，改组、合并、兼并、转产户，跨地区经营户和其他流动性税源。在此背景下，优化基层税务部门动态税源数字化征管模式成为一个重要的课题。基层税务部门作为税收管理的重要组成部分，负责督促、管理和征收税款，并处理税务纠纷。然而，传统的税收征管方式面临着许多问题，如信息不对称、人力资源不足、征管质效不高等。因此，本研究旨在探究利用数字化技术的手段和方法，对基层税务部门的动态税源进行精准监管，以实现动态税源的规范健康发展，为优化基层税务部门动态税源数字化征管模式提供理论和实践支持，为税收管理的现代化和科学化作出贡献。

（二）研究意义。本研究的意义主要体现在以下几个方面：首先，通过研究优化基层税务部门动态税源数字化征管模式，可以提高税收征管的效率和准确性，为国家财政收入的稳定提供有力支撑。优化模式可以有效地处理大量的动态税源数据，加强对新开业户、停业、歇业倒闭户、改组、合并、兼并、转产户、跨地区经营户和其他流动性税源的监管，提高税源的识别和征收率。这样能够更加准确地把握税收市场的变化趋势，有针对性地实施税收管理措施，从而优化税收收入结构，提高税收收入水平。其次，在基层税务部门层面，优化动态税源征管模式能够减轻工作负担，提高工作效率，优化资源配置。传统的税收征管方式通常需要大量的人力和物力投入，处理效率低下，容易出现漏税和误税情况，给税务部门带来了巨大的挑战。而通过数字化征管模式，可以实现对税源的精准识别、实时监管和动态调整，极大地减轻了工作量，提高工作效率，提供了更好的资源利用和配置。此外，研究动态税源征管模式的优化方法，有助于更好地解决税收征管中的痛点和难点问题，促进税收法治建设。税收征管是一个复杂的系统工程，涉及政策制定、信息采集、数据管理、风险控制等多个环节，存在着许多技术、管理和制度上的难题。通过深入研究现有的数字化征管模式，发现其中存在的问题和不足，并提出相应的优化方法和对策，有助于完善税收征管体系，提高税收征管的水平和效果，推动税收管理向规范化、科学化、智能化方向发展。综上所述，优化基层税务部门动态税源数字化征管模式具有重要而积极的意义，不仅能够提高税收征管的效率和准确性，为国家财政收入的稳定提供有力支撑，还能够减轻基层税务部门的工作负担，提高工作效率，优化资源配置，同时促进税收法治建设，推动税收管理向规范化、科学化、智能化方向发展。

二、税源的概念和分类

（一）税源的定义。税源指的是作为税收收入的经济来源，在税收制度中起到提供税收收入的作用。税源的定义主要包括两个要素：经济实体和税款。经济实体是指任何个人、组织或单位，包括居民个人、企事业单位、非营利组织等。税款是指各种形式的税收，包括所得税、增值税、消费税等。

经济实体是税源的主体，是指参与经济活动的个人、组织或单位。经济实体的识别和分类对于税源征管至关重要。在数字化税收征管模式下，通过建立全面、精确的经济实体信息库，可以对所有纳税人进行准确的身份识别和分类，从而实现对不同经济实体的差异化管理和征税政策的针对性调整。

税款是税源的具体形式，是指纳税人按照法律规定向国家缴纳的各种税收。税款的种类繁多，如所得税、增值税、消费税等。每一种税款都有其独特的计税规则和征收方式。数字化税收征管模式可以借助现代信息技术，对税款征收进行全面、自动、高效的监测和管理。通过建立税款信息数据库和税款征收系统，可以实时监测纳税人的缴税情况，提高征收的准确性和效率。

综上所述，税源的定义涉及经济实体和税款两个要素，经济实体是税源的主体，税款是税源的具体形式。数字化税收征管模式可以提供精确的经济实体识别和分类，实时监测税款的缴纳情况，从而优化基层税务部门对动态税源的征管，为税收收入的稳定增长提供有力支持。

（二）税源的分类。税源可以按照多个维度进行分类。一般来说，可以按照税源的来源、税款的性质和税款的收入类型进行分类。

按照税源的来源，税源可以分为直接税源和间接税源。直接税源是指税款直接来源于纳税人的收入或财产。这包括个人所得税、企业所得税等。纳税人根据自身的收入或财产状况，按照相关税法规定，计算出应纳税款项直接交付给税务部门。而间接税源是指税款来源于商品和服务的生产、流通和消费环节。税款在商品和服务的生产、流通或消费环节被征收和支付，然后由生产商、流通商或消费者代为纳税并由其代为向税务部门缴纳。常见的间接税源包括增值税、消费税等。

此外，税源还可以按照税款的性质进行分类。收入型税源是指税款与个人或企业所得直接相关的税种。收入型税源主要通过纳税人的收入或利润等因素来计算，如个人所得税、企业所得税等。消费型税源是指税款与个人或企业的消费相关的税种。消费型税源主要通过纳税人的消费行为来计算，如增值税、消费税等。

除了以上两种分类方式，税源还可以按照税款的收入类型进行分类。税款的收入类型包括中央税和地方税。中央税是指纳税款直接上缴给中央政府的税款。这些税款主要用于中央政府的预算和运营。地方税是指纳税款直接上缴给地方政府的税款。这些税款主要用于地方政府的预算和运营。

综上所述，税源的分类主要涉及税款的来源、税款的性质和税款的收入类型。不同的分类方式对应不同的税种和征收方式，这在税收征管中具有重要的意义。税收部门需要根据不同的税源分类，采取相应的征管措施和政策，以确保税源的稳定和合规。

（三）动态税源的特点。动态税源是指在一定时期内变化较大，不能稳定地为税收分配提供收入的税源。动态税源的特点主要包括以下几个方面：首先，动态税源的产生与经济发展和市场变化密切相关，受到宏观经济形势和市场环境的影响较大。其次，动态税源的规模和结构会发生波动和变化，需要及时调整税收政策和征管措施，以应对动态税源的变化。例如，在经济繁荣时期，新开业户增加，对税收收入的贡献较大；而在经济下行时期，停业、歇业倒闭户会增加，对税收收入造成影响。最后，动态税源的征管难度相对较大，需要精准识别、监测和管理。对于新开业户，需要及时了解其纳税情况并进行注册，而对于停业、歇业倒闭户，需要及时注销。此外，对于改组、合并、兼并、转产户等情况，也需要进行管理和掌握其税源变化情况。因此，基层税务部门需要借助数字化技术来实现对动态税源的精准监管，以确保税收的稳定和可持续性，并采取相应的政策措施来引导和规范动态税源的发展。

三、数字化税收征管的优势

（一）数字化税收征管的定义。数字化税收征管是指利用信息技术和数字化手段，对税务征管过程进行全面的数字化改造和升级的过程。它包括数字化纳税申报、数字化风险分析、数字化税务核查等环节，通过建立数字化征管平台和利用大数据、人工智能等技术手段，实现税务信息的全程电子化、自动化和智能化处理。数字化税收征管的目标是提升税收征管效率，降低纳税人的负担，改善税务环境，促进税收便捷化和公平化。通过数字化手段，可以实现纳税人在线提交纳税申报表，自动化处理纳税信息，精确识别风险企业，并实施精准监管。数字化税收征管还可以应用大数据和人工智能技术，对海量的税务数据进行分析和挖掘，提供更准确、快速的税务服务和决策支持。数字化税收征管的发展对于优化基层税务部门动态税源征管模式具有重要意义，可以提高基层税务部门对动态税源的监管能力，提升税源稳定性和税收收入的规模，推动税收制度的现代化和智能化进程。

（二）数字化税收征管的优势。

数字化税收征管具有以下几点优势：

1. 高效性：数字化税收征管能够大大提高税务管理的效率，减少人工操作和时间成本。通过自动化的流程和智能化的技术手段，可以实现对大规模税务数据的快速处理和分析，加快税收征管的速度和精准度。

2. 准确性：数字化税收征管可以提高税收征管的准确性，降低错误率。通过数字化手段，可以实现对纳税信息的准确采集和整合，避免了手工操作中可能存在的错误和遗漏。

3. 透明度：数字化税收征管可以增加税收征管的透明度，提高纳税人对税收征管的信任度。税务机关和纳税人可以通过数字化平台共享信息，实现实时的沟通和交流，使税收征管过程更加透明公正。

4. 防控风险：数字化税收征管可以提升税收征管的风险防控能力。通过数据分析和风险预警机制，可以及时识别潜在的风险和问题，采取相应的措施进行防范，提高税务管理的精准性和健康发展。

四、基层精准监管动态税源的挑战与策略

（一）基层精准监管的原则。基层精准监管动态税源的原则包括：（1）精准识别。对于动态税源，通过精准识别的手段和方法，明确纳税人的纳税义务和责任，确保纳税人按规定纳税。精准识别需要结合数据分析和风险评估等技术手段，准确判断纳税人的纳税行为是否合规。（2）公正公平。建立公正公平的监管机制，对所有纳税人在动态税源征管中享有平等的权利和义务。通过规范操作流程、公开透明的纳税信息和公正的税务决策，确保基层税务部门对纳税人进行公正监管，避免个别纳税人受到特殊待遇或歧视。（3）激励约束。通过对纳税人的激励和约束机制，促使纳税人主动遵守税收法规，增加纳税合规意愿。激励措施可以包括税收减免或优惠政策，而约束措施可以包括税收罚款和法律制裁等，以达到提高纳税人合规性的目的。（4）风险防范。建立风险防范机制，对于存在潜在风险的动态税源，及时采取措施进行监测和管理，最大限度地降低税收风险。通过建立风险评估模型，结合数据分析和监测手段，及时发现可能存在的逃税、漏税等情况，并采取相应措施进行干预和预防。同时，加强与其他部门的协同合作，共同应对动态税源的风险挑战。以上原则是基层精准监管动态税源的基本准则，通过遵循这些原则，税务部门可以更好地实现对动态税源的规范监管，保障税收的稳定增长和国家财政的可持续发展。

（二）基层税务部门的问题和困境。基层税务部门在动态税源征管过程中面临着一些问题和困境。首先，部分基层税务部门在技术设施和人力资源方面存在不足，无法满足动态税源征管的要求。其次，动态税源征管需要对不同类型的纳税人进行精准识别和分类，但基层税务部门在纳税人信息管理和数据分析方面还存在一定的欠缺。此外，动态税源征管的有效实施需要与其他相关部门进行协作和信息共享，但存在信息不畅通、协同不力等问题。最后，基层税务部门在动态税源征管工作中往往面临着执法风险、纳税人合规性监管等方面的挑战，需要加强法律意识和执法能力。具体来说，在技术设施方面，基层税务部门可能缺乏先进的数字化征管系统，无法满足大规模数据存储、处理和分析的需求。同时，人力资源方面的不足也制约了动态税源征管的效果。基层税务部门在进行纳税人信息管理和数据分析时，可能面临数据不完整、

不准确的问题，导致无法进行精准识别和分类。此外，不同部门间的信息共享不畅通，协同工作能力不足，也影响了动态税源征管的协调运作。在实际操作中，基层税务部门还需要面对执法风险和纳税人合规性监管的挑战。动态税源征管需要对企业行为进行监督和检查，但如果执法不规范或监管措施不力，可能会引发法律纠纷和不当行为。因此，基层税务部门需要加强法律意识，提升执法能力，确保税收征管工作的合法性和规范性。

（三）基层精准监管的策略。基层精准监管动态税源的策略包括：

1. 完善纳税人信用评价体系：建立健全纳税人信用评价体系，对于动态税源纳税人，根据其纳税行为和税务合规情况进行评价，借助信用机制引导纳税人自觉守法纳税。通过建立纳税人信用档案，记录纳税人诚信行为和违规记录，对于诚信纳税人给予奖励，对于违规纳税人采取惩罚措施，以此激励纳税人遵纳税收法规，提升纳税人对税法的敬畏之心。

2. 加强信息共享和协同：建立信息共享平台，加强税务部门与其他相关部门之间的信息互通和协同，实现对动态税源的全面监管。通过与工商、人社、银行等部门的数据共享，税务部门能够及时了解动态税源的经营状况、人员变动等信息，进而制定针对性的监管措施。同时，加强与地方政府的沟通与合作，共同推动动态税源的健康发展。

3. 加强数据分析和监测：通过大数据分析技术，对动态税源的纳税情况进行实时监测和预警，及时发现异常情况并采取相应措施。利用数据挖掘和机器学习等技术，对纳税人的行为模式进行建模和分析，识别出潜在的风险点，对可能存在风险的纳税人进行重点监测。通过建立风险预警机制，实现对动态税源的精细化管理。

4. 创新纳税服务方式：通过数字化税收征管手段，提供便捷高效的纳税服务，加强对动态税源纳税人的引导和指导，提升纳税人满意度。通过推广使用在线申报、电子缴费等数字化服务工具，简化纳税流程，减少纳税人的操作成本。同时，加强对动态税源纳税人的宣传和培训，提高纳税人对税法和税收政策的了解和认识，促使纳税人主动遵守纳税规定。

（四）数字化税收征管在基层精准监管中的应用。数字化税收征管在基层精准监管动态税源中具有重要意义。（1）数据整合和共享。数字化税收征管系统能够实现不同部门之间的数据整合和共享，对于动态税源纳税人的信息能够及时准确地传递给相关部门，提高监管效率。通过建立统一的数字化平台，各部门可以将自己的数据整合到一个系统中，实现信息共享和一体化管理。这不仅可以避免信息孤岛和数据冗余，还可以提高信息的准确性和时效性。（2）智能风险预警。数字化税收征管系统运用大数据分析和人工智能技术，能够实时监测和预警动态税源纳税行为，发现潜在风险，并及时采取相应措施，保护税收安全。通过对大量的数据进行分析和挖掘，系统可以发现不符合纳税规定的行为，提前预警，避免税收风险和漏税。（3）便捷纳税服务。

数字化税收征管系统提供在线申报、在线缴税等便捷服务，方便纳税人及时履行纳税义务，同时减少了税务部门的人力成本。纳税人可以通过互联网随时随地进行申报和缴税，大大提高了纳税的便捷性和效率。同时，税务部门也能够实现自动化处理和识别，减少了很多烦琐的手工工作。（4）数据分析和决策支持。通过数字化税收征管系统，对动态税源的纳税情况进行数据分析，为税务部门提供决策支持，优化纳税监管方式，提升监管效果。通过对大量的数据进行分析和挖掘，税务部门可以了解到动态税源的纳税行为和纳税趋势，根据这些数据进行决策和调整政策，以实现更加精准的监管和更好的税收管理。

五、结论

经过对优化基层税务部门动态税源数字化征管模式的探究，本论文得出了以下主要观点总结：

首先，动态税源对税收收入规模有着重要影响。税源的变化程度决定着税收收入的丰裕程度。在动态税源中，新开业户，停业、歇业倒闭户，改组、合并、兼并、转产户，跨地区经营户和其他流动性税源等都对税收分配提供了不稳定的收入。因此，优化基层税务部门动态税源的征管模式具有重要的意义。

其次，数字化税收征管能够有效应对动态税源的挑战。通过数字化技术的应用，可以实现对动态税源的精准识别、精确征管，提高基层税务部门对动态税源的监管效能。数字化税收征管具备及时、准确、高效、便捷等特点，可以提升征管效率和数据质量，为基层精准监管动态税源提供可靠的支持。

最后，未来研究应该继续在数字化税收征管的发展上进行深入探索。随着科技的不断进步，数字化技术将继续发展，为优化基层税务部门动态税源征管模式提供更多的可能性。未来的研究可以着重关注数字化税收征管模式在其他领域的应用，比如应用于企业财务管理、税务数据分析等方面的研究。此外，还可以进一步探讨数字化税收征管模式对税收收入规模的影响，以及在跨地区经营、跨国税收征管等复杂情况下的应用。

参考文献

［1］杨庆．数字时代国家税收治理转型研究［D］．长春：吉林大学，2023.

［2］王娟．激励机制对税收管理法治效率的影响研究［D］．太原：山西财经大学，2022.

［3］霍莹．税收征管体制改革背景下 S 省税务局税收征管质量研究［D］．长春：吉林大学，2022.

［4］高于力．国地税合并后税收征管模式优化研究［D］．太原：山西大学，2022.

［5］白金梅．四川高县提高税收征管质量案例研究［D］．成都：电子科技大学，2022.

［6］伊丽娜．智慧税务下的税务人才队伍建设研究［D］．呼和浩特：内蒙古农业大学，2022.

[7] 夏浩然. 大连市X区税务局基层税源管理水平提升研究 [D]. 大连：大连理工大学，2022.

[8] 王月. 大数据背景下L区税收征管质量提升研究 [D]. 曲阜：曲阜师范大学，2022.

[9] 赵创业. 发票电子化背景下D县税收征管优化研究 [D]. 昆明：云南财经大学，2022.

[10] 王欣. 大数据背景下L区税收信息化建设问题研究 [D]. 济南：山东大学，2022.

[11] 张小锋，张春宇. 我国税收征管的静态与动态效率研究——基于31个省际面板数据的实证分析 [J]. 华北理工大学学报（社会科学版），2023，23（04）：49－55.

[12] 王蕴，卢阳. 中国式现代化背景下税收征管数字化转型研究 [J]. 税务与经济，2023（04）：28－35.

[13] 包东红，郭章献，刘峰等. 税费征管质量控制：实践探索、存在问题与优化建议——基于陕西省的调查 [J]. 税务研究，2023（07）：25－31.

[14] 刘思佳. 数字经济时代我国税收制度与征管的优化对策 [J]. 工信财经科技，2023（03）：23－35.

[15] 李梦娟，于泳，蔡昌. 平台经济税制优化与税收治理研究 [J]. 商业会计，2023（12）：11－19.

[16] 邱菊，赵珮琦. “大数据”下我国税源管理体系的设计 [J]. 生产力研究，2023（06）：156－160.

[17] 崔军，刘冠宏，黎珍羽. 我国数字经济背景下财政税收发展研究——基于CiteSpace的文献计量分析 [J]. 经济问题，2023（06）：9－17.

[18] 秦小丽，王经政. “管数制”税收征管模式助推电商发展研究——基于宿迁税务的实践 [J]. 商业经济，2023（05）：164－168.

[19] 方铸，白帆，王敏. 数字化技术可以提升我国税收征管效率吗？——基于“宽带中国”与“金税三期”项目改革的研究 [J]. 当代经济管理，2023，45（06）：80－90.

[20] 闫晴. 数字经济时代灵活用工平台税收征管制度的困局、溯源及破解 [J]. 上海交通大学学报（哲学社会科学版），2023，31（03）：104－120.

[21] 郭晓林. 高质量推进国际税收现代化建设　助力构建高水平对外开放新格局——基于深圳的实践与探索 [J]. 国际税收，2023（03）：17－23.

[22] 殷明，倪永刚. 税收治理视角下税收征管现代化的时代要求及路径取向 [J]. 国际税收，2023（03）：24－31.

[23] 栾春华. 基于征纳双方需求角度构建数字化税收征管方式——以某市税务系统为例 [J]. 湖南税务高等专科学校学报，2023，36（01）：61－66.

课题组组长：夏国强

课题组副组长：刘董

成员：黄康雪（执笔人）、叶崇凡

基于杭州亚运会契机探索离境退税便利化应用研究

国家税务总局杭州市税务局进出口税收管理处课题组

摘　要：境外旅客购物离境退税，是指境外旅客在离境口岸离境时，对其在退税商店购买的退税物品退还增值税的政策。杭州自2020年12月1日起实施境外旅客购物离境退税政策，为杭州建设国际消费中心城市注入巨大活力。基于亚运年这一重大契机，如何让“亚运会+离境退税”的叠加效应发挥到最大，成为当前亟须研究的重要课题。本文通过税收数据和调研走访，聚焦境外旅客、退税商店、退税代理机构、税务部门四大主体，全面客观开展效应分析，梳理政策实施过程中存在的不足，在借鉴国内外先进经验的基础上，坚持“数字+便捷”理念，探索离境退税便利化应用创新，从提升“宋韵”开放能级、打响“数字”退税品牌、放大“区域”联动优势和健全“一体式”防控体系等方面提出加快建设“一流的更具国际影响力的开放杭州”的对策建议。

关键词：境外旅客购物离境退税　即买即退　便利化

一、杭州探索离境退税便利化举措的整体情况

自2020年12月1日起，浙江（宁波除外）实施境外旅客购物离境退税政策[①]，杭州加快退税商店规划布局，积极探索离境退税便利化举措，助力“国际消费中心城市和区域消费中心”建设。在第19届亚运会、第4届亚残运会举办前夕，杭州市税务

① 政策依据：《国家税务总局浙江省税务局关于实施境外旅客购物离境退税政策有关事项的公告》。

局经省局向总局备案，于2023年9月15日正式试点离境退税“即买即退”服务[①]，杭州成为继北京、上海、广州、成都之后又一试点“即买即退”的城市，以期通过离境退税环节的“前移一步”提升离境退税办理效率和旅客获得感的“更进一步”。充分发挥“亚运会+离境退税”的叠加效应，有效激发亚运消费活力，加力促进消费“双循环”新发展格局。

（一）省会优势集聚明显。离境退税政策落地以来，杭州依托“省域中心+要素集聚”优势，积极扛起省会担当，带动形成全省“以杭州重点商圈为主、覆盖十地市”的退税商店基本格局。截至2023年10月，全市累计已备案商店88家110个网点，户数占全省比重为55%，位居第一名。其中，上城、拱墅分别为57家69个网点、15家22个网点，两区户数占全市比重65%左右，这不仅源于坐拥主城区湖滨、武林等核心成熟商圈的先发优势，更得益于探索“商圈共同体”的有力实践，如在湖滨银泰、工联、解百等大型综合体内分批新增退税网点，带动湖滨步行街沿线消费，形成重要退税集聚商圈。同时，杭州拥有全省首个、当前唯一的离境口岸——萧山国际机场，海关部门在机场对购买物品验核确认后，由退税代理机构在隔离区内办理退税。

（二）亚运效应有效释放。随着亚运会（亚残运会）在杭举办，杭州口岸出入境流量逐渐增多，持有亚运会身份注册卡的人员逐批入境，境外旅客消费力日渐增强。据统计，2020~2022年，全市退税商店开具《离境退税申请单》（以下简称《申请单》）49份，实现销售额2086.45万元，退税额180.71万元。而2023年1~10月，全市退税商店开具《申请单》672份，实现销售额3358.53万元，退税额369.44万元，开单量、销售规模和增速均位居全省首位，共51个国家和地区的境外旅客享受离境退税政策，政策惠及面已达全球各大洲旅客。其中9月开具《申请单》151份，销售额679.05万元，退税额74.7万元；10月开具《申请单》256份，销售额599.14万元，退税额65.91万元，10月开单量明显增多。9月、10月合计开具《申请单》407份，占1~10月的60.57%，亚运期间离境退税政策刺激消费效应较为显著。

（三）便利化举措持续创新。杭州市税务局紧扣杭州承办亚运会、亚残运会等高规格、高层次国际赛事的重要时机，紧跟市委关于促进消费政策迭代升级的决策部署，积极推动离境退税便利化举措的落地，已取得突破性进展。一是在萧山国际机场启用境外旅客购物离境退税自助终端，实现退税的智能化、全天候、便捷式办理。境外旅客自助办理时，持护照等本人有效身份证件、海关验核签章的《申请单》、退税物品销售发票，按自助终端的中英文双语提示进行操作即可，完成一笔离境退税耗时约3分钟。二是于9月15日正式启动“即买即退”政策试点，推动离境退税环节从离境机场前移至商品购买环节，提升境外旅客购物离境退税的体验感，促进“二次消费”，

① 政策依据：《国家税务总局杭州市税务局关于开展离境退税“即买即退”便利措施试点的通告》。

不断放大政策的集成效应。三是与亚组委城市侧、赛事侧，商务、文旅合力开展政策宣传，组织离境退税志愿服务等活动，投放宣传资料11万份，包括中文（简体、繁体）、英、日、韩、阿拉伯语、俄语等多语种宣传折页、中英双语易拉宝、商店立牌等，落实落细政策服务的“最后一公里”，助力营商开放环境全方位优化。

二、杭州市离境退税政策主体的诉求调研

为更深入了解杭州市离境退税政策落实的现状，课题组依据相关主体分类，分别对境外旅客、离境退税商店、退税代理机构、税务部门四方进行调研，共电话回访境外旅客5人、实地走访离境退税商店20家、座谈研讨退税代理机构2家、访谈退税部门干部8人。课题组发现受访者普遍对境外旅客购物离境退税政策表示肯定和支持，对把握亚运契机进一步探索便利化应用举措表达期待，并提出具体的诉求建议。

（一）消费品牌能级有待提升。随着“发展首店经济推动消费转型升级”政策落实的加力，2022年杭州开出“全国首店”53家[①]，占全国开出总数的14.68%，位居全国第二名；累计总量322家，位居全国第四名，但较前三强的上海（1073家[②]）、北京（812家[③]）、成都（708家[④]）仍有较大差距。受访境外旅客表示杭州在商圈数量、城市文化、奢侈品牌动态、交互体验等消费供给方面仍有提升空间。

（二）流程便利化需求集中。离境退税流程分为退税物品购买、海关验核确认、代理机构退税三个环节。境外旅客购买退税物品后，退税商店分别在增值税开票系统、全国版离境退税系统开具销售发票和《申请单》，其中离境退税申请退税额＝退税物品销售发票金额（含增值税）×退税率，与内销增值税额＝内销物品销售发票金额（不含增值税）×税率的计算有差异，部分受访的商店财务人员希望能加强政策辅导，并建议系统内嵌操作指引和智能化比对功能；部分受访境外旅客表示携带纸质的《申请单》直到离境较不方便，建议可以通过系统传递电子信息，实现无纸化办理；部分受访境外旅客询问是否可以扩大即买即退离境口岸范围，以便在非杭州口岸离境的情形下也能享受即买即退政策；部分境外旅客建议根据现代消费习惯，增加支付宝等第三方支付渠道的退付选择，以及上线离境退税App，实现全流程无纸化退税。

（三）退税代理机构运营成本压力较大。中国农业银行浙江省分行是浙江省实施

① 杭州市人民政府门户网站。首店经济是指一个区域利用特有的资源优势，吸引国内外品牌在区域首次开设门店，使品牌价值与区域资源实现最优耦合，以及由此对该区域经济发展产生积极影响的一种经济形态。

② 上海静安区人民政府门户网站。

③ 北京市人民政府门户网站。

④ 《2022年度成都首入品牌研究》。

境外旅客购物离境退税政策确定的首家退税代理机构，但在调研走访中其表示受疫情持续影响，2020 年以来杭州萧山机场国际航班及游客数量骤降，离境退税业务受较大影响。其运行两年内累计办理退税 33 笔，退税额 26 万元，手续费收入不足 6 万元；而银行受访人员反映其人员工资、装修、设备、物业等累计支出约 64 万元，亏损较大。课题组同时走访了退税代理合作期满后交接的浙商银行杭州分行，根据其测算年运营费用达 86 万元，短期内手续费难以全面覆盖运营费用，亏损情况预计仍将持续较长时间，期盼亚运红利能改善困境。

（四）风险管理亟须重视。为有序实施境外旅客购物离境退税政策，浙江省税务局第二税务分局全面负责政策实施的管理服务工作，第三税务分局为退税代理机构退付其垫付的退税款，各地市税务局负责在当地积极推广落实政策等工作，各区（县）税务局负责当地离境退税商店的相关管理服务工作。课题组共计开展 8 人次访谈，部分退税干部表示虽暂未出现短期出入境已办理《申请单》、频繁出入境已办理《申请单》的异常情形，但部分商店的开单作废率较高，存在自来水笔、圆珠笔等低价值、非整数单位的商品类别等问题，亟须规范；部分退税干部表示海关验核确认环节和代理机构退税环节的纸质化审核，容易产生人工疏漏，且离境退税管理信息系统与增值税发票系统不交互，无法实现《申请单》与增值税发票的前置比对，易发生退税风险；还有部分退税干部表示需防范退税商店刷单、已退税商品回流、代替他人办理退税业务、跨地区短期或频繁出入境办理退税业务等风险情形，需要完善离境退税风险管理体系。

三、当前杭州市离境退税政策实施中存在的不足

（一）布局方面："宋城底蕴"尚待凸显。截至 2023 年 10 月，浙江省税务局已公开 4 批离境退税商店名单和 1 批即买即退商店名单，其中杭州分别占有 88 户（110 个网点）、14 户，达全省总户数的 55%、100%。体量方面，因政策实施较晚，退税商店规模与北京（1040 家①）、上海（578 家②）、成都（320 家③）三大消费地标仍有较大差距；在商圈布局方面，宋韵文化悠久的吴山商圈、非遗传承盛名的良渚、运河商圈，数字经济勃发的未来科技城商圈等一大批具有浓厚杭州文化底蕴和发展特色的重点商圈尚未被覆盖，全市老字号商店仅 7 户；消费活力方面，杭州大厦有限公司稳居龙头，截至 2023 年 10 月，已累计开具《申请单》268 份、实现销售 3836.93 万元，分别占

① 北京市发展和改革委员会门户网站（截至 2023 年 7 月）。

② 国家税务总局上海市税务局门户网站（截至 2023 年 5 月）。

③ 国家税务总局成都市税务局门户网站（截至 2023 年 8 月）。

总量的 37.17%、70.46%；而蔻驰贸易（上海）有限公司杭州第二分公司、杭州银耀百货有限公司、杭州解百集团股份有限公司、杭州卓霞丝绸有限公司等商店均开具 1 份《申请单》，差异较大；商品品类方面，珠宝首饰、高档手表、手提包（袋）位居前三名，销售金额分别占总销量的 41.09%、27.41%、17.04%，购买次数分别占总量的 8.7%、5.83%、22.57%，而工艺品的销售金额和购买次数仅占总量的 0.36%、1.85%，杭州非物质文化遗产特色优势尚未充分凸显。

（二）操作方面："便利应用"有待突破。离境退税政策实施过程中的便利化应用在以下三个方面有待突破。一是纸质化审核模式有待优化，境外旅客购物后需自行保管、递交、流转保管纸质《申请单》，流程较多，且易丢失，增加重新返回退税商店取得的办税成本和时间损耗。二是离境退税管理信息系统内部控制有待加强，退税商店在开具《申请单》时均需人工录入，无法自动调取、智能匹配增值税发票系统的信息，亦无法通过系统内控即时阻断《申请单》内商品品类、销售额等与增值税发票不一致的情形。三是便捷支付有待落地，现金和转账作为传统支付方式与当前的消费支付习惯不匹配，微信、支付宝、数字人民币等便捷支付渠道有待打通，为境外旅客提供更多购物退税选择。

（三）服务方面："支持机制"需要加强。当前，杭州实施境外旅客购物离境退税政策存在政策影响力不足问题，有待政府主导，由税务、海关、商务、文旅等多部门合力构建"消费端+退税商店端+退税代理机构端"的立体化支持机制。（1）消费端：面向入境旅客的精准宣传、有效引导、志愿服务等活动需要加力；（2）退税商店端：面向企业主体的动员推广、操作辅导、消费引流等力度有待增强，融入后亚运时代整体商圈布局、结合国际旅游城市和国际新型消费中心城市建设进行高位统筹；（3）退税代理机构端：建议通过协调租金减免、争取财政补贴等主动帮扶为代理机构压缩成本、纾困解难。

（四）风险方面："防控体系"亟须健全。随着离境退税业务量的快速增长，完善健全离境退税风险防控体系的迫切性逐渐增强。同时，与出口退税政策相比，具有涉及境外自然人、流转环节多、监管部门多的特点，对风险识别、风险应对和风险监控提出更人性化、智能化、协同化的要求。当前风险防控体系存在的不足主要有三方面。一是风险识别指标不够全面，仅包括商店开单作废率、商店销售额同比变动率、大额已办理退税申请单、短期出入境已办理退税申请单、频繁出入境已办理退税申请单等五个指标，且暂未设置阈值或权重。二是涉税数据的部门共享机制尚未打通，税务端无法获取海关验核不通过的详细原因等数据信息，税务、海关的风险防控共建共治机制尚未建立。三是尚未纳入出口退税部门风险管理工作体系，尚未展开常态化专项核查工作。

四、国内外比较借鉴

（一）国内。

1. 北京："老字号"改造提升＋"绿色通道"一站式服务。2015 年 7 月 1 日，北京成为全国首批离境退税试点城市。截至 2023 年 5 月，北京已备案离境退税商店 1040 家，位居全国第一名，逐步打造多元化、立体式离境退税消费空间体系。除国际奢侈品专卖店之外，北京礼物店、旅游纪念品店、老字号是亮眼的重要组成部分。这得益于北京抓住"中国文化"传统优势，以离境退税政策服务消费开放格局建设，实现共赢。在便利化服务方面，北京市税务局针对符合离境退税商店条件、有意愿拓展离境退税业务的企业，开启了"绿色通道"，提供预约办理、业务咨询、"非接触"备案等一站式服务；同时在退税口岸投放使用了国内第一台退税自助终端，升级实现微信、支付宝、云闪付、数字人民币等电子退付方式，在现金、银行转账之外提供更便捷、个性化的方式。

2. 上海："海陆空"口岸覆盖＋"即买即退"完善创新。上海作为全国首批离境退税试点城市，持续优化创新便利化举措。2017 年 4 月，将离境退税口岸范围进一步拓展到铁路上海站、吴淞国际邮轮港码头和上海港国际客运中心，成为全国第一家"海陆空"离境口岸全覆盖的城市。2019 年 1 月，在全国率先推行离境退税"即买即退"便利服务试点；2020 年 4 月试点"即买即退"集中退付点办理，设立"即买即退"业务专属邮箱，可在离境口岸免排队"非接触式"办理退税确认手续；2020 年 11 月，"即买即退"最高限额由原来的 3 万元提升至 11 万元。同时，上海成立市离境退税联席会，充分发挥离境退税和优质商圈集聚化布局的叠加效应，合力服务"全天候、各环节、无障碍、全口径"的用户体验，形成"消费＋退税＋二次消费"的有效刺激。2023 年 1～5 月，上海开具《申请单》5500 笔[①]，累计退税销售额 3.5 亿元，居全国首位。

3. 广州：把握"广交商机"，凸显"广式特色"。广交会被誉为"中国第一展"，由商务部和广东省人民政府联合主办，中国对外贸易中心承办，是促进对外贸易和吸引国际投资的重要资源。2023 年，广州精准把握"广交商机"，在全面恢复线下展的第 133 届春季广交会举办期间，于 2023 年 4 月 24 日正式开展离境退税"即买即退"便利服务。重点选取在影响力较强、品牌集中的大型综合性商场内铺设"即买即退"商店，并推出广州点心、广式腊味等广式特产礼盒，吸引境外旅客购物。成功地握紧

① 国家税务总局上海市税务局门户网站。

“广交流量”、升级“广式服务”，实现会展、消费、发展的高质量链动。

4. 成都：“掌上办”“无质押”“直送达”服务大运会赛事。成都市内退税定点商店主要分布在春熙路、SKP 商城、大熊猫繁育基地、宽窄巷子等地，共涉及 320 户商家。第 31 届世界大学生夏季运动会开办前，成都税务在大运村内设立了离境退税服务中心，就近提供离境退税服务，并在全市启动推行离境退税“即买即退”政策。依托“大运通”应用软件实现离境退税“掌上办”，境外旅客购物付款成功后，无须质押信用卡额度，当场可以收到退税款，购买商品将由店铺邮寄至成都天府国际机场提货点，境外旅客可以在应用程序实时查看物流信息。离境提货时出示应用程序的二维码即可提取对应的退税商品。创新性的便利化离境退税体验，切实激发大运消费活力。

（二）国外。

1. 欧盟：申根国家合并退税 + 专业退税机构代理退税。欧洲实行申根国家合并退税，若境外旅客在申根国家内购物，可在离境时的机场办理合并退税；若有非欧盟国家，则需要在离境该国时单独退税。欧洲各国对于可退税的最低限额要求不一，瑞士最低退税额为同一天、同一家店消费 300 瑞士法郎；意大利为同一天、同一家店消费满 155 欧元；而荷兰和德国相对较低，分别是 50 欧元和 25 欧元。欧洲退税机构主要有环球蓝联（Global Blue）和卓越退税（Planet Tax Free）两家，若选择信用卡退付税款，境外旅客离境后将海关盖章后的退税单邮寄给退税机构，并可在相应公司的应用软件查询跟踪，待审核通过后收到退税款。

2. 新加坡：电子化自助退税 + 法律保障体系。新加坡作为国际消费中心城市，旅游产业是其支柱产业。自 2011 年 11 月起，新加坡推行电子旅客退税方案（eTRS），通过电子化自助退税的方式，大大缩短境外旅客退税的时间。境外旅客购物时需确认购物商店贴有“退税”标识。新加坡在消费税法令中，对离境退税政策的适用对象、退税有效时间、退税商品等细节进行规范。若被发现替他人办理退税手续，需追回已退还税款，同时最多被罚款 5000 新元。

五、优化建议

针对杭州市离境退税政策实施中尚存在的不足，本课题组在借鉴国内外先进经验的基础上，建议放大杭州经济、文化等优势，从提升“宋韵”开放能级、打响“数字”退税品牌、放大“区域”联动优势和健全“一体式”防控体系四个方面，探索离境退税便利化应用创新，服务建设“一流的更具国际影响力的开放杭州”。

（一）把握亚运契机，提升“宋韵”开放能级。亚运会对于经济社会高质量发展、城市能级品质提升具有重要作用。境外旅客购物离境退税政策的实施应融入“办赛兴城”的整体战略，服务“消费升级”的发展大局。一是高位统筹、科学谋划，借鉴上海市成立离境退税联席会的成熟做法，组建由“政府牵头、税务主导、商务文旅等多部门参与”的联席会议机制，充分发挥各成员单位职能作用。二是多元化发展，凸显“宋韵”文化。对照北京“老字号”升级经验，优化离境退税商店布局思路，依托税收大数据精准筛查，积极走访从事丝绸、茶叶、手工艺品等销售的传统企业，打造“宋韵”退税地图。三是把握契机，找准消费点。参考广州上线“即买即退”服务的特色做法，把握亚运契机，找准“首店经济”“即买即退”“文旅手办”等消费增长点，丰富宣传形式，加强宣传力度，促进全市域范围内的商圈互动，吸引境外旅客在亚运会期间跨区域、跨省域的流动和消费，将流量切实转化为“城市能量”和“发展质量”。

（二）创新便利举措，打响“数字”退税品牌。杭州作为数字化建设的先发城市，具有数字治理的基础条件和实践经验。税务部门在境外旅客购物离境退税便利化应用的探索中应充分融合“数字”要素。一是加快落地便捷支付。积极走访支付机构、数字化服务商，沟通技术细节，链通支付场景，落地除现金、转账等传统方式外的微信、支付宝、数字人民币等便捷支付渠道退税。二是探索无纸化退税模式。借鉴成都大运会期间上线的“大运通”应用软件，打通离境退税业务办理的信息流，通过接口集成和数据交互，实现全流程、跨部门的无纸化管理创新。三是拓展“非接触式”办理，学习北京、上海“一站式”服务，提高离境退税政策享受的体验度。

（三）坚持协同发展，放大“区域”联动优势。区域经济协同发展是构建新发展格局的重要路径，也是放大离境退税政策的联动辐射影响力的有效战略。借鉴欧盟申根国家退税的思路，争取政策创新可能。在已上线“即买即退”政策的城市范围内（包括北京、上海、广州、成都、杭州）取消离境口岸限制，准予异地离境退税。以政策的突破，带动境外旅客在境内跨省域的消费流动；以成熟经验的借鉴推广，促进“即买即退”政策区域内的要素流动，打造区域联动的创新样本，放大离境退税政策的综合优势。

（四）重视风险管理，健全“一体式”防控体系。依托出口退税风险防控体系和风险管理团队力量，统筹风险管理和优化服务的关系，将离境退税纳入“一体式”防控体系，开展常态化专项核查。一是构建特色指标体系。定期开展《申报单》的数据分析，筛选疑点数据，分析共性问题。二是实现智能化态势感知。探索将离境退税数据接入态势感知平台，形成全市境外旅客消费力热点地图和行为习惯图谱，实现风险的动态识别。三是推动部门风险联控机制。成立风险分析研判团队，推进涉税数据在税务、海关之间的信息互换和共享，保障“离境退税”的健康长远发展。

参考文献

［1］王嘉懿. 完善我国境外旅客购物离境退税政策研究——以上海市为例［D］. 上海：上海交通大学，2022.

［2］孙烨钦. 我国离境退税政策的优化研究［D］. 成都：西南财经大学，2016.

［3］王一丹. 我国离境退税政策对入境旅客消费水平的影响研究［D］. 大连：东北财经大学，2022.

［4］张静. 我国离境退税政策对入境旅游消费的影响［D］. 上海：上海财经大学，2022.

［5］苏志民. 国际消费中心城市建设要做好品牌集聚［J］. 北京观察，2022（06）：46－47.

［6］柳舒元. 数字经济背景下“智慧离境退税”模式的畅想［J］. 中国税务，2022（11）：69－70.

［7］王喆，和军. 双循环视角下自由贸易试验区创新发展研究［J］. 中国特色社会主义研究，2021（05）：47－56.

［8］张晓月. 重庆市离境退税政策实施中存在的问题及对策建议［J］. 重庆行政，2022，22（05）：106－108.

［9］王云鹏. 论法治改革观下自贸区地方立法的完善［J］. 经贸法律评论，2022（03）：54－69.

［10］李慧. 解析离境退税政策［J］. 中国海关，2022（03）：28－29.

课题组组长：周勇

课题组副组长：胡敏芳、金晓军

成员：肖文（执笔人）、王宵莹、申雯（执笔人）

新格局下大企业集团税收遵从度评价研究
——基于杭州市大企业集团信用指标的实践

国家税务总局杭州市税务局第一税务分局课题组

摘　要：引导税收遵从是税务部门不懈追求的目标。随着企业集团化趋势日益明显，国家税务总局在2015年首次遴选千户集团，探索以集团为对象开展服务管理，2019年进一步提出探索实施大企业集团信用积分管理，各地均开展了积极有效的实践探索。论文在杭州市大企业集团税收遵从度评价的实践基础上，借鉴国内外经验，从顶层设计、数据库建设、指标丰富、信息公开等方面提出了大企业集团税收遵从度评价体系的建立与优化建议。

关键词：大企业集团　税收遵从度评价　杭州实践　体系优化

国家税务总局于2003年3月发布的《2002—2006年中国税收征收管理战略规划纲要》提出，降低税收征管成本的基本途径之一是要提高纳税遵从度。纳税遵从度即衡量纳税人遵从税收法规、政策，服从税务机关执法行为、正确计算并主动缴纳税款程度的指标。

2022年《国家税务总局关于进一步健全大企业税收服务和管理新格局的意见》中提出，要开展集团税收遵从整体性评价，以成员企业纳税信用信息和集团税务内控为基础，结合税源监控、风险管理等情况，建立健全集团税收遵从评价指标体系、评价规则；浙江省税务局发布《国家税务总局浙江省税务局关于进一步健全大企业税收服务和管理新格局的实施方案》，以集团整体为对象开展税收遵从评价区分等级。

大企业集团规模大、层级多、业务广，涉税事项复杂。且集团总部与成员企业虽然均为独立法人，但成员企业的税收不遵从行为仍会影响到集团整体的形象和声誉。以总部在杭州的千户集团①及成员企业为例，2022年总部在杭州的59户千户集团企业

① 千户集团是指年度缴纳税额达到国家税务总局管理服务标准的企业集团。

中，在杭成员企业中纳税信用等级为 A 级的成员企业占比超过 50% 的有 13 户，集团整体税收遵从度较高；有 12 户集团存在纳税信用等级 D 级的成员企业，影响了集团的整体税收信用①。

开展大企业集团税收遵从度评价，有利于税务机关更精准高效地管理服务大企业，降低征纳成本、提高管理质效；有利于企业集团总部清晰认识成员企业税收遵从状况，督促修正税法不遵从行为，提高整体遵从度、促进健康发展。

一、我国大企业集团税收遵从度评价开展情况

（一）单一企业税收遵从度评价现状。当前，纳税遵从度评价的有效工具是纳税信用评价体系，该体系评价社会认可度高，激励效应正逐步释放。现有理论研究通常以企业日常纳税申报等各个环节的行为作为指标开展评价，张丽（2007）分析了我国建设纳税遵从评价体系的必要性，提出利用企业财务数据、数据模型等多种方法评价遵从度②。谢波峰、刘志安（2011）采用指标矩阵法、判别分析法、回归法，评价纳税人的遵从水平，认为采用组合预测方法可以有效提高评价的效率③。

（二）大企业集团税收遵从度评价的当前实践。国家税务总局珠海市横琴新区税务局建立了首套税收遵从评价指数体系，包含遵从意愿和能力、遵从行为等 2 大类，8 个子类别及 29 个具体指标。国家税务总局广州市税务局建立了大企业集团“信用 + 风险”纳税遵从评价体系，以纳税遵从评价 = 遵从历史信用评价 + 遵从未来风险评价为核心公式，共设置 66 个指标。国家税务总局西安市税务局针对性选取 240 个指标，对企业组织环境和业务环节进行扫描评价；国家税务总局深圳市税务局创新编制了“1 + 1 + N”集团纳税遵从画像，包括 1 张集团经营图谱、1 张全税种遵从数据集成表和 N 份典型风险成因表，提供纳税遵从画像；宁夏税务部门探索创建“评价赋星 + 促进遵从”的集团税收遵从评价体系，设计完成起评分公式和 19 条评价指标，目前已开展试评。

二、我国大企业集团税收遵从度评价存在的问题

（一）评价定义与认识不统一。现有单户纳税信用评价体系制度完善、规则明确，而大企业集团税收遵从度评价尚未出台相应的法律法规或规范办法。各级、各地在实

① 根据《杭州市税务局千户集团数据报告》统计。

② 张丽．我国纳税遵从度的衡量研究［D］．北京：北京交通大学，2007.

③ 谢波峰，刘志安．纳税遵从水平测算新方法研究：基于组合预测的探索［J］．税务研究，2011（03）：79－83.

践中对于集团税收遵从度的定义、内容、规则等存在不同理解，路径和方法各不相同。由于顶层设计尚未定性，如何定义非法律主体的“集团”，并以“集团”为主体开展税收遵从度评价，还存在着诸多不确定性。

（二）评价指标集团性特征不明显。目前实践探索中，评价指标无法显现集团特征，如何将成员企业的遵从度情况转化为整个集团的遵从度尚未明确。如指标分值标准化问题，不同指标的原始计算数据口径各不相同，既有绝对值，又有相对值，既有定性指标，又有定量指标，如何转换为统一的标准化数值，以及各项指标权重如何设置等，均未在集团综合评价模型中予以体现。

（三）评价方法操作难度较大。各地实践案例较少、样本不足、探索方向不一、侧重点不同。部分地方需要通过扫描将未来涉税风险疑点纳入评价指标，或由税务人员开展内控体系测试，过程相对复杂，且受到业务水平、工作经验等主观因素影响，客观性不足，不利于推广应用。

三、杭州现有指标模型及实践情况

实施大企业集团性税收遵从度评价，首先要建立评价体系。指标建立应遵循以下原则：一是客观性原则。应依据现实表现，选取客观、可量化的指标，减少人为裁量空间，保证结果客观，提高外部认可度。二是相关性原则。要突出集团特征，集团的管控力随层级渐远下降，应赋予不同层级不同的权重，保证体系的合理性。三是成本效益原则。目前单户纳税信用评价体系应用较广，其指标已涵盖风险管理与稽查的历史行为。因此，探索从单一企业的信用评价过渡到企业集团的信用评价，这一途径更易得到各方的认同，降低推行难度，易于发展。秉持以上理念，杭州开展实践如下。

（一）构建税收遵从指标体系。实践以总部在浙江的千户集团为目标范围开展。以企业上年纳税信用等级数据①为基础，根据成员企业的层级赋予不同的权重，遵循“层级越高，权重越高”原则，制定集团纳税信用赋分公式。具体情况如下：

1. 初始分值。集团初始评分为100分，实行扣分制。

2. 权重系数。一级成员企业的权重系数为1；二级为0.9；三级为0.8；四级为0.7；五级及以下为0.6。

3. 扣分标准。纳税信用等级为A级的企业不扣分；B级扣5分；C级扣10分；D级扣20分；M级的企业暂不纳入赋分范围内。

4. 计算公式。集团信用分＝100－$\sum$纳税信用等级对应的扣分值×层级权重/层

① 上年纳税信用等级数据中包含该企业报表申报、税款缴纳、税务稽查和税务违法等诸多纳税情况指标，能够较为综合地反映企业的纳税遵从情况。

级总户数。

5. 评价标准。将集团纳税信用高于 90 分（含）的评级为较高遵从；高于 80 分（含）的评级为一般遵从；低于 80 分的评级为较低遵从。

（二）生成集团纳税信用报告。集团纳税信用报告依据集团数据自动生成，出于保密性、便利性和安全性，均通过电子税务局“一户一报告”点对点推送至集团总部，指定人员可通过密码接收查看。报告主要内容包括：

1. 全部成员企业信用等级统计。即 A、B、C、D、M 各类信用等级的企业户数和分布情况。

2. 不同层级成员企业信用等级占比。即各层级成员企业 A、B、C、D、M 各类信用等级的占比。

3. 指标扣分项排行。列出指标扣分项前五的风险点指标（如表 1 所示）。

表 1　　指标扣分项排行

序号	指标名称	占比（%）
1	逾期未申报	10
2	……	……

（三）实践情况。如图 1 所示，以总部在浙江省的千户集团为样本，对 2019 ~ 2022 年的集团税收遵从度进行了评价。2019 ~ 2021 年共有样本集团 128 家；2022 年样本集团数增至 143 家。

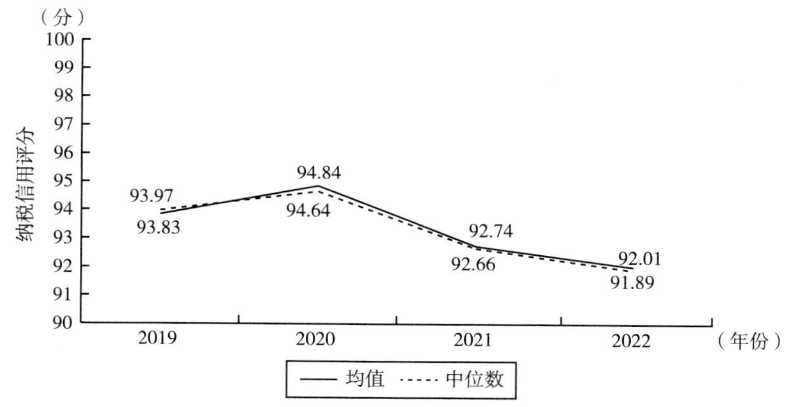

图 1　2019 ~ 2022 年浙江省千户集团纳税信用评分均值与中位数

评价期间，大企业集团纳税信用评分每年的均值和中位数均超 90 分，总体数据趋势较为平稳；90 分及以上的集团占比分别为 84.4%、91.4%、75.8% 和 74.8%，集团纳税遵从度总体较高。

但集团纳税遵从度得分近两年呈略微下降趋势。经分析，2019 ~ 2022 年全省千户集团中，一类成员企业合计数在集团所有成员企业合计数中占比分别为11%、10%、10%和11%，五类成员企业占比高达59%、62%、62%和61%；一类成员企业中A类企业占比分别为67%、71%、59%、57%，而五类成员企业中A类企业占比仅为13%、12%、7%、6%。可见，2021年、2022年五类成员企业占比增加，且A类企业占比下降较多，导致集团评分不够理想。同时说明，集团总部与成员企业层级相差较大，不利于向下监管。因此，需要完善大企业集团税收遵从评价机制，辅助大企业集团加强内控机制建设，提升管理效能。

（四）结果应用。

1. 修复信用失分。浙江省税务局纳税信用服务系统会实时向集团总部推送成员企业的扣分项目。据此，集团总部可督促成员企业弥补疏漏，修复失分。部分大企业集团已将成员企业修复信用工作列入集团内部绩效考核范围，切实提高了集团内部的纳税管控能力。

2. 开展分级管理。根据分值，将企业集团分为较高、一般、较低三类。对集团信用分较高的集团实施信任管理，提供更优先、便捷的服务。服务内容包括：（1）列为《税收遵从合作协议》优先签订对象。（2）作为“税企直连”等项目优先试点对象。（3）提供优质个性化服务。如提供重大涉税事项专项服务、税企座谈政策解答、事先裁定服务等，提高政策适用性与执行确定性。

对一般遵从的集团，实施信任与监控相结合的管理方式。优化服务的同时加大管理力度，密切监控易发生风险的环节。对较低遵从的集团，实施监控为主的管理方式。加强税收风险管理，将其列入本年度风险分析优先选择范围。目前暂没有需要实施监控管理类的大企业集团。

分级分类管理与个性化服务取得了较好的成效，但还存在以下不足：一是顶层设计还需完善。评价体系的构建缺乏全国统一性意见，需要总局层面进一步明确推进。二是指标体系还需优化扩展。现有指标从成员企业客观遵从度入手，解决了集团性指标构建问题，但在企业主观遵从度，如内控体系的评价维度上还存在衡量空间。三是社会层面应用尚不广泛。目前，集团信用等级情况仅在税务部门与大企业之间应用，社会应用还需扩展。

四、国际经验借鉴

（一）总体概况。国外关于大企业集团的纳税遵从研究尚未建立完备的理论研究与实践机制，大多从单一企业视角研究纳税遵从管理，分析影响纳税遵从度的因素，如税率、处罚率、执法效率等内部因素，以及涉税申报信息、发票信息、纳税意愿等外部因素，相关经验可以延伸借鉴。

（二）经验借鉴。

1. 建立纳税信用数据库。英国政府立法授予税务部门广泛的权力，可全面整合税务、银行中纳税人的收入、土地登记、商业注册等各项信息，形成数据库。美国在已拥有的企业资信数据库和消费者信用数据库基础上①，结合银行等部门的纳税人税收风险信息，形成信用数据库。日本通过行业协会提供的信息形成数据库。行业协会会员如信用良好，可从数据库中获取其他会员纳税信用信息，从而形成相互监督制约的良性氛围。

上述国家对纳税遵从的监控和评价都基于纳税信用数据库，在解决税企间信息差问题的同时，提升了纳税遵从度评价的科学性。

2. 充分运用大数据技术。美国税收数据处理团队研发出一套自动审计程序②，该程序推出当年增加了 30 亿美元税收，偷税漏税的纳税人受到了严厉惩处。意大利税收信息化管理系统可对海量数据进行快速集中化处理，包括税务注册登记、税务稽查、增值税等 16 个子系统，系统间实现信息共享，各部门可通过平台监控涉税风险。

日本为纳税人编制专用编号作为信息共享的凭证用于多个领域③，日本政府在 2021 年税制改革计划中，将税收管理数字化作为重要的改革方向。新加坡税收信用管理系统根据历史信息自动生成纳税人档案，线上申报时可自动计算关联方的数据，进行风险监测和信用评估。

上述国家拥有专业的数据处理部门，且在不断升级税收信用管理系统，使更多纳税不遵从行为被及时监控、制止。

3. 差异化管理与信息应用。美国将纳税信用信息对外公开，应用到收入、投资、就业、社保、研发、教育、抚养、住房、能源和环保等领域④，企业的涉税违法行为会影响其整体生产经营。英国税务部门与其他职能单位共享信息，通过降低银行信用额度等各种措施限制违法企业活动和发展。日本以蓝白两色区分信用等级，“蓝色”纳税人享受免检等各类便利优惠⑤，“白色”纳税人则受到较多检查与限制。意大利同样根据企业“税务信用成绩单”实施后续管理。

上述国家实行差异化激励和惩戒措施，同时注重将纳税信息渗透到经济生活的各个领域，发挥了信用管税的积极作用。

---

①④ 李进都，王莉，汤晶晶．国外税收信用体系建设的做法及启示［J］．税收征纳，2018（02）：55－56.

② 何振华，旷文雯，陶九虎．美国税收现代化行动计划简介与启示［J］．国际税收，2020（04）：67－70.

③ 李清如．对日本税制新近改革趋势的研究［J］．国际税收，2019（01）：9－15.

⑤ 王竞达，刘祎男，马里斌等．纳税信用管理：现实状况、国际经验和提升路径［J］．税务研究，2023（04）：97－103.

五、大企业集团税收遵从度评价体系优化建议

（一）加强顶层设计，推进企业集团纳税信用遵从管理制度建设。目前，大企业集团纳税遵从度的法律、制度建立尚不完善。纳税信用管理规则的法律层级也相对较低，导致跨部门失信惩戒措施执行阻力较大。应进一步加强法制建设，使各地税务机关在进行集团税收遵从评价时有章可循，减少评价不确定性、减少跨部门惩戒措施执行阻力，推动大企业集团纳税遵从度在全国的推广落地。

（二）共建信用数据库，充分运用大数据处理技术。在政府充分引导和监管下，扩充税务部门征管资源，构建基础数据库。且充分运用大数据处理技术，进行信息收集存储、纳税信用评价、涉税信息共享等工作，如企业精准画像、剖析企业及行业发展特征，助力大企业集团更好实现管理效能，助力大企业部门更有针对性地开展纳税服务、分类管理与风险预警，提升税务部门税收风险监测水平、工作智能化水平。

（三）优化评价体系，丰富集团性税收遵从度评价指标。评价体系的指标设立应标准明确，压缩裁量空间，客观评定等级。可将大企业内控指数纳入评价体系。根据《2022 浙江上市公司内部控制指数报告》①，通过获取上市公司内部控制评价与调查问卷两种形式，可对企业内控进行评价。内控指数反映着企业防范风险、规范运作的能力水平，将其纳入评价体系，有助于企业关注内控管理，降低税务风险。

（四）扩大结果应用范围，促进多领域纳税信用监督。公开共享的纳税信用管理可以打破部门、行业、区域等限制，加强企业集团间的行为制约，提升企业集团的遵从度。在社会层面，纳税信用信息的运用可以产生监督效应。定期公示大企业集团整体税收遵从信用，将纳税信用与企业信誉、社会形象挂钩，也可以提升全民的公开监督意识，优化监督环境，促进大企业依法纳税。

参考文献

[1] 何振华，旷文雯，陶九虎．美国税收现代化行动计划简介与启示［J］．国际税收，2020（04）：67－70.

[2] 李进都，王莉，汤晶晶．国外税收信用体系建设的做法及启示［J］．税收征纳，2018（02）：55－56.

[3] 李清如．对日本税制新近改革趋势的研究［J］．国际税收，2019（01）：9－15.

[4] 刘 静．企业集团税收遵从执行力提升研究——以湖南 XZ Y 集团为例［J］．会计之友，

① 《浙江上市公司内部控制指数（2022）》，浙江大学管理学院、浙江大学财务与会计研究所、浙江上市公司协会等联合发布。目前，学术界只能获取上市公司的公开数据，实际应用中还需进一步丰富扩展。

2018（07）：68－72.

［5］欧阳璐．基于大数据技术的税收信用管理研究［D］．北京：中央财经大学，2022.

［6］王竞达，刘祎男，马里斌等．纳税信用管理：现实状况、国际经验和提升路径［J］．税务研究，2023（04）：97－103.

［7］魏薇．关于企业集团税收遵从的探讨［J］．中国商论，2015（33）：4－6.

［8］肖亚国．湖北省企业纳税遵从度评价研究［D］．武汉：华中科技大学，2020.

［9］谢波峰，刘志安．纳税遵从水平测算新方法研究：基于组合预测的探索［J］．税务研究，2011（03）：79－83.

［10］张丽．我国纳税遵从度的衡量研究［D］．北京：北京交通大学，2007.

课题组组长：周勇

成员：吴非、李健、王志强、杜一丹、郑旦旦、吴文婷、陈姝伊（执笔人）、叶飞（执笔人）、江畅（执笔人）

关于“税费皆重”背景下完善非税收入规范化征管的思考

——基于国有土地使用权出让收入划转的视角

国家税务总局杭州市税务局社会保险费和非税收入处课题组

摘　要： 随着征管体制改革的不断深化，经过多轮的非税收入划转改革，税务部门征收面不断扩大，收入比重持续上升，税费皆重、协同发展的征管格局已逐渐形成。特别是非税收入划转以来，以此为突破口对建立非税收入现代化征管制度体系进行探索和研讨至关重要。本文从国有土地使用权出让收入征管视角出发，重点分析归纳当前非税收入征管现实中存在的制度规范缺失、欠费追缴难度大、缴费便利性下降、部门协作不畅等问题，并提出推动非税收入征管立法的相关建议，为非税收入规范化征管提供参考。

关键词： 非税收入　征收管理　规范化管理　国家治理

一、选题背景和意义

“税费皆重”是当前我们税务部门征管工作的理念，税务部门对这一理念进行贯彻和执行，归根结底体现在实际税费的征管效果上。只有从法律层面对非税收入的征管部门、征管职责以及征管手段等进行明确，才能使得基层税务机关履行“税费皆重”的理念和履行非税收入的征管工作时更加地符合规定，防范各类风险，提高基层税务机关的工作效率。

本文选择国有土地使用权出让收入征收管理作为研究对象，主要是针对 2021 年 7 月 1 日起征管职责划转后的情况进行研究，从实际情况入手对征管职责的转变进行针对性和及时性的分析和探寻。本篇论文前文主要阐述该研究的方法和范围，介绍该研究的意义，并对当前这种研究的背景进行一定的介绍；正文部分对杭州市国有土地出让收入征管现状和存在的问题进行分析，提出非税收入征管规范化的思路和想法。

（一）相关研究理论。

1. 流程再造理论。流程再造理论是迈克尔·哈默（Michael Hammer）和詹姆斯·钱皮（Jame Champy）首先提出的，该理论认为重新建立新的业务主体和业务流程能够提高业务绩效。流程再造理论在原有的组织体系之外新增部门以改造原有的组织架构，在原有的流程之外重新规范指定新的业务流程，不但改造的成本小，而且能够较好地实现更优绩效。当前有关国有土地出让收入的征管工作转交税务部门接管，其本质是在政府内部进一步协调关系，简化征管服务流程，进一步发挥税务部门的征管优势，降低征管成本，提高征管效率，不断改革和优化相应政府工作流程。

2. 协同理论。协同理论是著名的物理学家哈肯（Hermann Haken）提出的。他指出，在一个整体环境中多个属性不同的系统都不是相互独立毫无联系的，这些系统之间互相联系互相影响，共同对整个环境发挥作用。本文研究国有土地的出让收入这一非税收入的征管工作也不是孤立的，牵涉各个政府部门的协同。此外，还有征管流程与征管政策的始终贯彻和执行，以确保整个工作的顺畅有序。协同理论能指导构建国有土地使用权出让收入社会协同共治体系，通过“税费共治力”的加持①，促进税务部门执法、服务、监管、结果运用向着更精确、精细、精准的方向迈进②。

3. 税费治理现代化理论③。税费治理现代化是指税费的征收管理按照现代化的理论进行征管。税费治理的现代化理论要求税务部门放弃以前纯粹的管理者身份，要转变成为税费治理的参与者身份，进一步挖掘税费征管的意义和内涵，积极调动纳税主体的主观能动性④，推动税务部门、纳税人、缴费人以及各相关业务部门的协同共治，真正把税费皆重的模式推进一步，把税收征管工作提高一步，切实做好人民税收为人民。

（二）非税收入概况。

1. 非税收入概念。在我国国内，非税收入主要指财政部 2016 年 3 月发布的《政府非税收入管理办法》中规定的非税收入，一般可以根据收入的主体分为中央非税收入和地方非税收入两大类。

具体到本文，主要指税务部门征收的非税收入，而其他部门征管的非税收入暂不做研究。

2. 非税收入划转项目。非税收入划转由税务部门统一进行征管是我国近年来的重

---

① 望南海，刘华．多方联动 全面提升规费管理质效［J］．中国税务，2017（09）：74.

② 于畅，李航，王晴晴．非税收入重点费源“精细化管理”的实践与探索——基于天津税务部门管理视角［J］．天津经济，2021（07）：39－45.

③ 王秀芝．税收能力提升的必由之路：税收征管现代化建设［J］．中国人民大学学报，2015，29（06）：27－36.

④ 贾小雷．我国非税收入法律规制与国家财权治理的现代化［J］．法学论坛，2017，32（04）：64－75.

要决策，是税费共治的重要举措，这一决策自2018年开始逐步部署，迄今已执行5年并取得了重要成果。税务部门实行由税务总局和省区市党委、政府的双重领导，从管理属性上看，税务部门与地方政府相对独立又有管理关系，有丰富的税收征管经验，有完善的税收征管系统，还掌握企业的经营情况，比一些行政管理部门进行非税收入的征管有着很大的优势。

（三）国有土地出让收入管理的发展沿革。国有土地的使用随着国家国情和历史阶段的不同会有显著的变化。我国是社会主义国家，土地实行公有制度。新中国成立以来，我国的土地使用制度历经土地无偿使用、土地使用制度改革试点、国有土地有偿使用规范、划转税务部门征收四个阶段，国有土地出让收入一开始采用预算外资金的模式，后来转变为收支两条线制度，目前划转税务部门统一征收。

1. 土地划拨无偿使用制度阶段。1949年新中国成立后，我们建立了社会主义制度，并立法确定了土地公有制度，土地的管理和使用必须按照当时的计划经济体制执行。社会主义建设初期，各行各业百废待兴，根据1954年《国家建设征用土地条例》，各级政府、机关、学校、部队等需要使用土地的可以无偿划拨使用，并且不需要缴纳出让金、租金或者使用费。我国当时的国情决定土地的使用依靠政府划拨，土地不允许买卖，没有土地交易的市场。

2. 土地使用制度改革突破阶段。随着我国经济体制和政治体制的不断发展和改革，土地的所有权和使用权逐渐分离。1987年经济特区深圳市政府批准出让了一块国有土地使用权，紧接着1988年修订的《土地管理法》对国有土地有偿使用进行了法律意义上的明确，这种使用不改变土地的国有性质，出让的仅仅是一定年限的土地使用权。随后我国出台了国有土地出让的法规性文件《国有土地使用权有偿出让收入管理暂行实施办法》，该办法具体规定了国有土地出让收入的具体分成办法，然而由于地方政府为了多占出让金可能隐瞒土地出让收入，导致中央分到的出让收入较少，距离实际办法差距较大。

3. 国有土地有偿使用规范阶段。1994年实行分税制，中央政府不再对土地出让金分成，土地出让金全部归地方政府所有，土地出让收入成为地方政府的重要财政收入，为后续的土地财政埋下伏笔。这个阶段，土地出让金全部成为地方政府的财政收入，并且纳入了地方政府的预算管理。从2007年开始，土地出让收入全额纳入地方预算并在地方财政设立专户实行收支两条线模式进行管理。

4. 划转税务部门主责征收阶段。2021年7月，北京、上海、浙江等10省份开始国有土地使用权出让收入划转税务部门征管的试点工作；2022年1月起所有省份全面执行国有土地使用权出让收入划转税务部门征管工作。这是土地出让收入征管的重要改革，也是税务部门职能的重要改革。这次改革仅改变了国有土地出让收入的征管部门和征管流程，对征收的范围、对象、管理和使用维持不变，仍按原有政策执行。但是从长远来看，这次改革更有利于规范国有土地的出让行为，更有利于对土地出让的法治化建设和监管的透明化。

二、杭州市国有土地出让收入征管现状

（一）杭州市非税收入划转以来的收入情况。由于非税收入项目的陆续划转，杭州市非税收入处于不断攀升增长阶段，从2020年的104.05亿元增加至2022年的3157.27亿元，占全市税务部门组织收入的比重也从2%跃升至36%。

2022年是国有土地使用权出让收入划转税务征收的第一个完整年度，国有土地使用权出让收入占非税收入总入库金额的96%，对税费收入贡献明显。

（二）杭州市国有土地出让收入的征管举措。从总体上看，杭州市国有土地使用权出让收入体量和占比越来越大，直接造成了地方政府性基金的增加，土地出让收入对地方财政的贡献越来越大。杭州市为确保国有土地使用权出让收入“接得稳、收得好、管得住”，多举措优化征管手段，顺利完成划转工作。

1. “三个到位”确保划转“接得稳”。自划转工作开展以来，市委市政府多次召开专题会议和视频推进会，并牵头组建了涵盖财政、规资、税务、人行四部门的工作专班，强化了全市层面统筹协调，为全市的顺利划转提供了强有力的支持。在市财政、规资、人行的主动配合下，开展了多轮调研，充分摸清了四项非税收入划转前的征缴流程、业务体量、业务类型，共同分析划转前后异同、模拟征缴场景、紧抠业务细节，联合制定数据传递格式、接口标准、传递频率等要素，大力确保各项准备工作按时推进。杭州市各级税务部门均成立了主要领导为组长的领导小组，按照任务清单化、责任具体化、时间节点化、工作推进专人化的方式倒排计划、压实责任、全力推进。以税务、财政联手，全市各级同频同步的方式重点对规资部门代申报保证金、费源采集表填写、缴费提醒推送等业务进行全市范围的培训辅导。

2. “两个路径”确保费款“收得好”。针对招拍挂和协议出让等类型的国有土地使用权出让收入和矿产资源专项收入笔数少、单笔金额高，自然人补缴土地价款业务笔数多、时效要求高的不同特点，分类定制了两条数据互联互通路径，确保“不增加缴费人办事时间、不改变缴费人办事习惯”。通过互联互通，征收数据实现了双向自动流转。顺向自动流转，实现“自动提取数据、自动计算税额、自动预填申报”的缴费新模式，通过数据赋能、网上办理，企业缴费人只需对金额进行确认即可实现秒级申报、零跑腿。逆向自动校验，实现“自动反馈征缴信息、自动完成数据比对、自动推送差异疑点”的征管新方式，全流程排除人工干预，自动实现差异校验。通过迭代升级“浙江省房地产交易税收管理系统”，增加了补缴土地价款所需的合同编号、地址坐落、共有缴费人等必要信息，实时获取规资部门费源信息，实现了市本级房改房土

地价款补缴与增值税、契税等房产交易环节税费同步征缴，切实做到“税费同征、同窗出证、一次办结、便民高效”。

3. “一个平台”确保资金“管得住”。结合浙江省数字化改革要求，立足杭州市“数字治理第一城”的优势，市财政、税务、规资、人行四部门集成创新，率先上线了“非税收入征管信息共享平台”，该平台的建立有效破解了非税收入不同业务类型不同市县区域系统不一致的技术壁垒，借鉴区块链思维实现了多部门跨系统的业务协同、消息协同、数据协同。规资部门在签订相关出让合同或协议后只需在原管理系统内录入业务信息，“非税收入征管信息共享平台”能够根据税务部门的征管需要实时获取所需费源信息，并在电子税务局端自动产生申报信息，数据实时流通，全程不可篡改，每个环节均可追溯，有效确保征管信息的时效性和安全性。

三、杭州市税务部门国有土地出让收入征管存在的问题

对杭州市国有土地使用权出让收入征管现状进行深入的分析不难发现，自出让收入划转到税务部门以来，这方面的征管工作进步很大，成绩显著，但是在规范性征收方面还存在诸多困难。

（一）配套的法律法规解释依据不足。现阶段我国非税收入管理的法律制度主要集中在部门规章、地方性法规以及政策性规定等，总体的立法层次、权威性比较低，也没有形成全国统一的非税收入管理法制体系。各地在对非税收入项目、收费标准、减免规定等方面也大多规定不一，导致非税收入管理的法律权威性严重不足。此外，非税收入政策基本上是一费一策，各个费种出台的背景、时间各不相同，征管制度设计也缺乏统筹性，给具体的征管工作带来巨大的挑战。

虽然当前土地出让收入征管工作已经划转税务部门执行，然而依据的法律却仍然是以自然资源部门为征收主体的《国有土地使用权出让收支管理办法》《财政部　国土资源部关于进一步强化土地出让收支管理的通知》等。《税收征管法》赋予税务部门在税费征管时的管理、检查和处罚的权力，然而对国有土地出让等非税收入的征管政策缺乏法律赋予的检查、处罚等权限，只能采取催缴、移交等处理，缺乏权威性，对征管的实际效果不利。

（二）征管职责分离现状下，征收管理难度较大。财政部虽规定税务部门对非税收入履行征收义务，但管理权限仍由业务主管部门进行，导致非税收入的主管部门和税务征管部门之间出现交叉管理、权责不清的问题。一方面，税务部门与财政局、规资局等业务主管部门的横向职权范围不清晰，界定不明；另一方面，国有土地使用权出让收入税务部门内部的纵向职权划分不清。

从横向的部门职责分工看，国有土地出让收入划归税务部门征管的本质是征收职

责和管理权限的分离，对国有土地使用权出让收入的征收效率和规范管理有所限制。对于杭州市税务部门来说，其有征收权限而没有管理权限，权利义务不对等，细节规定不够清晰，致使其在管理过程中权责难以分清，无法全面发挥征管手段。

纵向来看，税务部门在一定程度上仍存在“重税轻费”思想，认为税务机关的天职是为民收税，收费只是附带征管。此外，非税收入征收的政策支持力度不大，导致部分税务人员在执法过程中底气不足，工作中存在畏难情绪，对于欠费情形没有相关的强制手段，工作难度较大，非税收入征管随之弱化。

（三）权责配置矛盾，潜在风险无形增加。税务部门在实际征收过程中特别是在追缴欠费的时候是有一定的执法风险的。由于杭州市未明确出台相关追缴规定，追缴仅仅是税务部门按照土地出让合同进行的催缴，缺乏有力的催缴手段，也没有合理的催缴法理。税务部门只负责征收环节，对合同、协议签订、企业缴费意愿等情况了解有限，易导致催缴追缴工作力度不足。如缴费主体长期欠费，税务部门缺乏进一步落实欠费管理职责的手段。

据调研了解，土地出让金划转税务部门征收前，自然资源部门可能采用提起诉讼、申请法院强制执行、申请司法拍卖等方式实现土地出让金追缴。税务部门作为催缴职责主体，可采用的催缴手段单一，而自然资源部门作为合同签订主体，所掌握信息、手段均更多样，但仅作为催缴配合方，权责匹配失衡。此外，规资部门长久以来形成的征收“惯例”也给后续税务部门的审计埋下巨大的隐患。

（四）业务部门间协作共治有待加强。在非税收入征管方面，部门间的数据传输非常重要。国有土地出让收入征管过程中产生的相关数据，在税务、财政、规资和人民银行等部门之间实现完全共享是有必要的。然而由于种种原因，各部门之间的数据共享、票据传递等工作还存在不及时、不到位的情况，导致实际的征管工作难以高效顺畅完成。目前浙江省开发的“非税收入共享平台”仅限于基础费源的实现和入库数据的流通，对于实际操作中遇到的问题仍需逐步完善。而各部门因管理体制不同，职责定位不同，对于系统功能推进的意愿不一，导致推进进度较慢，不能满足征收工作需要，难以发挥现代数据时代的信息优势，在实际的征管过程中反而造成漏洞，导致征管工作效率降低，成本增加。

四、杭州市税务部门国有土地出让收入征管优化对策

结合国有土地出让收入的管理现状，要以“逐步建立职责清晰、流程顺畅、征管规范、便民高效的非税收入征缴体制”的划转改革目标为着眼点，明确目标与定位，在统筹谋划、顶层设计上下功夫。把当前非税收入征管中的问题作为突破点，对实际

的问题进行研究解决，持续在问题层面发力以保证问题得到有效解决。

（一）根植“税费皆重”理念，加强资源配备。要坚决树牢“税费皆重”的理念，将“费”和“税”同征同管同考虑，提升基层对非税收入的重视度，建立健全齐抓共管工作机制，既发挥好相关部门“统”的综合作用，又利用好非税业务部门“分”的专业作用，充分调动两方面积极性，做到“政策清、费源清、流程清”，进一步防范征收风险。

人力资源方面，要持续做好非税收入规范化征管工作，针对非税收入工作政治性强、敏感度高、征管基础弱、潜在风险大、跨部门协调事项多的实际，需要一支理论知识丰富、业务水平精湛、服务精准到位的干部队伍。面临干部老龄化、知识断层化等问题，要合理分配老中青干部，充分发挥干部的优势，推动以老带新，把业务水平过硬、沟通协调能力强、政治素质优秀的干部配备到社保非税的岗位上，确保能适应所负责征管的费种越来越多、工作量越来越大、任务越来越重、沟通协调单位越来越广的改革形势需要。

（二）加强法制建设，健全管理机制。税收法律和非税收入法律是两个互相独立又有联系的法律主体。为进一步推进非税收入有效征管，将非税收入的征管纳入立法亟待提上议程。首先，加快有关非税收入征管的立法进程，对相关的标准、制度、细则进行明确的立法规定；其次，明确税务部门在欠费追缴、缴费检查、违法处罚等环节享有的主体资格和职责权限，加快落实职责法定和依法行政；最后，从法律层面界定非税收入的权责，业务主管部门和税务部门合理划分管理和征收职责，确保各方工作顺畅高效，同时为税务部门进行非税收入征管化解风险。

（三）构建非税征缴体制，规范征管流程。坚决树立税费皆重的工作理念，构建非税收入征缴体制，既要借助税收征管的成熟渠道，又要借鉴税收征管的成功经验，以发挥税务部门的征管优势。但不能简单地实行“税费统征”，要根据非税收入的特点“因费制宜”实施管理。

政策管理方面，非税收入的专业性、灵活性和开放性等特点决定了费政管理与税政管理明显不同。特别是地方政府依法在非税收入的项目设定、政策制定、征管模式选择等方面享有较大自主权，管理上常常“因地制宜”，这与税收整齐划一、统一规范的管理方式明显不同。征管模式方面，与税收征管以税务部门“闭环式”管理为主的模式不同，非税收入征管必须坚持“开放”理念。因为“收费”只是整个非税收入管理链条的中间一环，需要在前后两端打通与相关业务部门的信息流通和流程衔接。服务对象方面，非税收入与税收存在高度重叠，缴费服务与纳税服务在渠道、方式、时间等方面可以高度整合，简化非税收入和税收在缴费时的流程，形成一站式办理平台，按户填报，真正高效办公行政执法，实现便民高效。建议研究制定非税收入操作缴费指南和征管指南，对非税收入的认定、申报、征缴等进行流程的标准化整合，对国有土地出让等非税收入的征缴实现一条龙办理，让缴费人方便，让征缴人方便，提高征缴水平。

（四）完善系统功能，优化部门共治。非税收入划转税务部门征管，在我国是新政策，涉及的部门多，需要相关部门协同共治，共同推进。首先，税务系统内部的数据信息可以实现共享，部门间资源共享，尽快实现资源信息不对称或错误信息的处理，对应收的信息做到全掌控，防范征缴的资源信息风险。其次，税务部门征缴非税收入后，征缴缴费的明细信息也要通过电子信息平台与相关部门进行共享，从而解决各部门第一时间了解到征管的进度，保障各部门在管理、监督等方面的权限，有利于各部门共同商议重大问题，共同推进划转，实现共治。最后，税务、财政和业务主管部门实现数据共享、业务协同，推进流程的重新梳理，本着高效高水平的原则进行流程的再造，优化信息系统改造，让多部门协同共治，该管理的管理，该征缴的征缴，该监督的监督，从而实现非税收入征管水平的提高，推进整个非税收入管理工作的高效完成。

参考文献

［1］望南海，刘华．多方联动 全面提升规费管理质效［J］．中国税务，2017（09）：74.

［2］于畅，李航，王晴晴．非税收入重点费源“精细化管理”的实践与探索——基于天津税务部门管理视角［J］．天津经济，2021（07）：39－45.

［3］王秀芝．税收能力提升的必由之路：税收征管现代化建设［J］．中国人民大学学报，2015，29（06）：27－36.

［4］贾小雷．我国非税收入法律规制与国家财权治理的现代化［J］．法学论坛，2017，32（04）：64－75

［5］高旭．地方税务部门非税收入征管改革研究［J］．经济研究导刊，2021（25）：58－60.

［6］范子英，赵仁杰．以非税收入划转改革推动国家治理现代化［J］．学习与探索，2020（05）：107－115.

［7］王晓洁，周楚涵．非税收入管理法制化：阶段演进、地方经验及未来展望［J］．财政监督，2021（20）：25－31.

［8］郭晨晓，徐鹏程．土地出让金征收制度改革影响及分析［J］．中国房地产，2021（22）：32－35.

［9］俞明辉．土地出让金划转最大的意义是规范［J］．新理财（政府理财），2021（07）：60－61.

［10］尹中立．如何看待土地出让金征缴方式的改变［J］．中国经济评论，2021（06）：42－44.

［11］林跃琴．非税收入票据管理存在的问题及对策综述［J］．中国集体经济，2021（17）：25－26.

课题组组长：申屠水路

课题组副组长：柴嘉鹏

成员：陶懿群、孔陈如（执笔人）、金美晨

赋额制体系下增值税发票风险管理初探

国家税务总局杭州市税务局货物和劳务税处课题组

摘　要： 虚开作为发票的伴生现象，部分领域仍时有发生，且随着经济的快速发展，虚开增值税发票的份数和金额屡创新高，造成国家税款的大量流失，严重危害经济税收秩序、国家税收安全和社会公平正义。随着发票电子化改革不断推进，全面数字化的电子发票（以下简称数电票）逐步取代原有使用增值税防伪税控系统开具的发票（以下简称税控发票）成为主流，而数电票的重要特性——“赋额制”也带来了全新的管理理念。本课题通过对发票风险的现状和监管难点进行梳理，并结合数电票赋额制的理念、规则，探究新形势下发票风险可能出现的变化，并提出进一步加强发票风险管理的意见建议。

关键词： 全面数字化的电子发票　数电票　发票虚开　发票风险　赋额制

一、增值税发票风险现状及监管难点

（一）发票虚开风险现状。

1. 企业更换频率逐步加快。一是商事制度改革后，企业开办、注销的难度进一步降低，违法分子利用部分地方政府招商引资，隐瞒真实目的，通过非法取得的居民身份信息在招商引资工位、虚拟注册地址大量注册新办企业，以分散虚开金额、增加户数规模来增加虚开额度，呈现出“小额分散、多户多开”的特点。二是虚开类型向普票虚开蔓延。虚开违法犯罪分子为迎合部分企业购买普票入账虚增成本的需求，大量控制小规模企业对外虚开，导致空壳企业数量呈上升趋势。

2. 虚开方式更加隐秘和专业。一是随着发票各项风险防控机制的运行，暴力虚开这种简单粗暴的模式开始逐渐发生转变，更多的犯罪分子开始利用真实企业、真实业务作为掩护，将真实货主无须抵扣的“富余票”、海关进口增值税专用缴款书“甲购开乙”，大肆对外虚开，其中尤以“黄金票”“加油站富余票”为主要特性。由于购买方更多的是自然人，通常索要发票的比例不高，企业在发生真实业务的情况下仅转变发票开具对象，隐蔽性更强。二是虚开范围向跨区域扩展。通过跨区域勾结，犯罪团伙利用信息化便利手段跨地区洗票，在全国范围内拉长发票流转链条。在省际信息交互不够通畅、跨区域管理仅可由总局统一实行的情况下，动辄覆盖十余个省份、几十上百户企业反复交替开具发票，真实业务和虚假业务比例不断变化，大大提高了监管难度。例如，我们发现浙江某企业从河南取得一批货物再销往河北，从运输成本角度看该笔交易不存在合理性，但深入了解后发现该业务仅涉及货权转移，即近年来大宗贸易常见的仓单贸易形式。仓单交易方式，即货物由上游存放在第三方仓储企业，后续下游仅交易“提货权”，实际更类似于以“提货凭证”为标的、缺乏监管的金融交易，因此潜藏在大量此类贸易之下的虚开犯罪更具隐秘性。

3. 发票链条逐步延长，业务情形错综复杂。一是虚开发票用途更为多样。虚开发票的产生，与下游“买方市场”密切相关。虚开的增值税普通发票主要被用于虚增成本等企业所得税扣除环节，进而达到逃避缴纳企业所得税等税款的目的。从 2022 年大规模留抵退税实施以来，虚开的增值税专用发票从出口骗税为主向留抵骗税拓展。二是通过“合法”手段切断税务部门对违法链条的追踪。不同于原有简单粗暴的走逃方式，现阶段在几十户企业交替开票的链条中，仅需通过“合规”注销的方式切断其中某几户企业，将使得增值税发票监管链条断裂，异常凭证无法推进，在缺乏明确证据证明风险属实的情况下，下游虚抵企业得以“无损”犯罪。

（二）现行发票风险监管难点。

1. 商事制度的便利化准入与风险防控的高要求存在矛盾。企业在完成登记并首次获得开票资格之前，需要经历一系列的前置流程，包括发票票种核定、一般企业资格认定以及最高开票限额审批等。在这个阶段，增值税发票虚开风险的主要表现为：虚假注册的“空壳”企业通过伪造合同和交易骗取大量的开票资格。目前，这个阶段的风险管理存在以下难点：一是通过登记信息无法准确掌握企业的实际控制人，不法分子通过购买身份进行注册并隐藏在幕后遥控指挥，使得注册信息无法真实反映其控制的风险企业。二是严格控制发票数量未能有效防止不法分子利用大批量注册的方式获取虚开资源。根据《国家税务总局关于新办企业首次申领增值税发票有关事项的公告》，新办企业一般可开具高额的增值税专用发票和增值税普通发票。三是对于企业的真实经营情况，税务机关在核查时往往只能依据现有信息进行判断，但违法分子往往准备了表面上看似合法合规的资料以应对检查，一旦“过审”后即可实施违法犯罪活动。

2. 发票链条的跨区域性与税务有限的属地管辖权存在矛盾。在虚开发票行为完成之前，不法分子会利用税务机关涉税监管的薄弱环节进行各种违法操作，如暴力虚开、农产品收购发票虚开、海关进口增值税专用缴款书虚假抵扣等。同时，他们还会利用“多链条洗票”的方式，将虚开源头端“进销不符”的虚开发票经层层流转，最终成功“洗白”成为“进销相符”的发票。目前，这个阶段的风险管理难点主要表现在以下几个方面：一是风险链条过长且交互错杂，仅依靠原有的管理人员很难准确识别。二是由于数据权限的限制，目前只有总局、省级税务机关可以进行有限范围的数据识别，而管理一线的基层部门缺乏识别工具，只能等待上级部门识别风险后发布应对任务。三是即使识别到了疑点也很难进行管理，主要是因为发票链条往往涉及多个省、市，跨管辖区域的管理协调难度较大、耗时较长，在没有较大把握确认风险的情况下，部分疑点只能“到此为止”。

3. 暴力虚开相对较低的逃逸成本与繁复的税款追征流程存在矛盾。在完成虚开发票行为后，对企业的管理和处置难点在于，虚开企业可能在赚取虚开暴利或者骗取国家税款后立即消失，甚至利用政策“合规”注销。在这种情况下，税务机关经过一段时间通过上下游关联识别到此户企业后，企业早已“查无此户”“查无此人”，无法对其进行风险处理。

二、赋额制及其带来的发票风险变化

（一）赋额制的概念。“赋额制”是指数电票不再通过版式、数量等方式控制企业发票可开具能力，而是通过使用“数据＋规则”方式，按照企业“信用”情况，结合企业生产经营、开票和申报行为，自动为企业赋予发票开具金额总额度并动态调整的机制。赋额制对企业一个月内发票可开具总金额的上限额度进行控制，企业发票开具不能超过开具金额总额度，但在额度范围内可任意开具。企业赋额额度主要通过信息系统自动调整和人工补偿方式进行调节，按环节分为首次赋额、系统动态赋额、人工赋额调整三种。

（二）赋额制带来的管理模式变化。

1. 企业初次办理发票事宜时的变化。在税控发票时，企业首次办理发票需要申请税务机关为其办理发票票种核定、领取税控设备、领取发票等。在票种核定时，税务机关通常会判断企业的行业性质、投产规模等，根据自身管理经验为其核定相对合理的可开具发票种类、数量及版面。在办理发票领用时，即使企业提出发票领用申请，主管税务机关也可以根据本地风险防控需要，分批次向企业提供发票，从而实现一定程度的风险防控目的。

数电票赋额制后，企业开办提出申请后，信息系统将自动根据企业的信用、风险、历史开票情况等信息，对企业发票开具金额上限进行初始确认。由于初始赋额由税务信息系统根据预设的特定规则自动生成，直接减少了原本企业申领发票所需要的流程，但也提高了税务机关在企业开办时进行人工风险防控的难度。

2. 企业增加发票可开具能力时的变化。税控发票主要通过对发票的版面、领用数量控制来实现对企业开票能力的管控，当企业认为现有的开票能力无法满足其需求时，需要向税务机关提出增版、增量申请，对于增值税专用发票最高开票限额，还需要提出行政许可申请。近年来各地纷纷制定了对企业税控发票限额限量管理的工作要求或机制，通过对发票的版式（最高开票限额）、数量的限制以控制风险。例如杭州市税务局针对小规模纳税人暴力虚开风险，要求主管税务机关在受理小规模纳税人发票增版增量申请时，应根据其实际生产经验需求和能力，为其核定发票版面、可领用数量等。

数电票赋额制后，税务信息系统依据企业赋额类别、赋额额度使用情况等因素，自动对本月总赋额额度上限进行调整。每个月初，由信息系统根据企业信用、风险情况等信息，重新计算并动态调整企业当月的额度值。对于风险程度较低的企业，每月提供一次一定幅度的“溢值”空间，解决偶发性的业务需求。对于发票额度需求较高或较低的企业，在一定期限后自动根据其实际开票需求匹配生成赋额额度。当系统自动调整无法满足企业经营需要或税务部门管理需要时，可以对企业发票额度进行人工干预和补偿。通过赋额机制，能够在一定程度上解决税控时代对企业发票核定不够灵活、对管理经验依赖较大的情况，但也对信息系统运算能力、赋额指标设计能力提出了更高的要求。

（三）赋额制带来的风险管理情况变化。

1. 新办企业风险管理情况发生变化。随着发票逐步转向赋额制，企业在开办时能够获取的开票能力有所上升，但通过长期低、零申报摆脱“新办”标签，降低税务部门警惕后大肆增版增量虚开走逃的风险有所降低。在税控发票时代，不法分子常常通过大量注册后长期进行低、零申报，以摆脱新办企业的标签，然后分批少量逐步提高发票数量与额度，最终爆发式虚开。在赋额制下，新办企业即可开具一定额度的发票，不法分子可以通过不正当渠道大量取得自然人身份信息并批量注册新办企业，从而实现虚开目的。但由于系统调整机制的存在，如果一个企业长期低开票或者无开票，系统将判断该企业对发票需求极低，进而下调其发票额度，不法分子在真正需要启动这些企业时可以动用的发票将大幅减少，无法长期培养“潜在”企业，使得暴力虚开愈加偏向于“一次性犯罪”。如果企业为了保持开票额度而每月根据虚拟业务开具一定发票，那么频繁的发票开具与取得将更容易触发风险监控指标，有助于监管部门及时发现潜在风险。

2. 税务机关发票管理介入节点发生变化。税控发票时代，企业使用发票需经过高达7个环节，包括发票票种核定、发票增版增量、最高开票限额、发票领用、发票开具、抄报税、发票验旧缴销，企业在除发票开具以外的任意环节均需要与税务机关交互，税务机关也可以在这些节点通过对发票的票面进行控制，这些环节也就成为税务机关管控发票风险的有力节点。随着数电票推广，赋额制下，企业上述流程兼并为2.5个环节，其中增版增量、最高开票限额两个环节简并为赋额调整申请，且只需要在系统调整无法满足需要的情况下申请即可，发票领用、抄报税、发票验旧缴销三个环节已不复存在。由于税企交互节点大幅减少，税务机关在运用信息系统监控企业发票开具环节以外，实施发票管理的抓手已不再宽裕。

3. 暴力虚开表现形式发生变化。在目前赋额制体系下，企业“开业即开票”，其发票开具能力、赋额额度在开业登记后往往由信息系统自动完成，速度极快。原有的“大量开具”“顶格开具”等常见的行为特征将逐渐消失，取而代之的可能是更加隐蔽、更无规律的开票特征。以X省为例，新办企业在市监部门进行登记，在登记的同时可以选择成为一般纳税人并申请数电票开票能力，信息系统即时为其赋予开票额度，企业极短时间内即可开具第一张数电票。与此同时，由于赋额制控制的是企业一个月的发票总额度，即使企业的赋额为750万元，与原有新办企业25份普票、50份专票一致，但数电票可一张开具任意额度，包括全额开具，企业通过非法手段取得身份信息进行商事登记后暴力虚开再走逃的难度明显下降，对税务机关风险识别提出新的挑战。

三、赋额制体系下的增值税发票风险防范措施

（一）对赋额额度动态清理。赋额制初期，由于多项指标尚未完成一个监控周期，为避免对企业经营造成影响，通常在初始赋额时对企业的额度设置了一定程度的“余量”。这种余量理论上会在一定时期后随着信息系统自动调整的机制而消除，但仍存在部分企业恶意利用虚高的发票额度虚开发票的可能性。可以在企业纳入数电票管理前，提前对企业的税控发票进行清理，减少虚高部分；在企业纳入数电管理后进一步强化额度的动态管理，进一步压缩企业虚高赋额额度。另外，对于注册在虚拟地址的企业，在引入前协调地方政府各部门进行风险预审，对额度进行事前把控；在引入后进一步核实具体经营情况，有风险的及时采取调低额度等风险防控措施。

（二）对赋额体系监控指标进行优化。一是接入外部数据。以数电票为切入点，通过与发展改革委、财政、住建、公安、通信等部门信息交流与共享，前后延展实名认证、信息确认、申报征收环节，全面掌握企业基本信息，进一步强化对流窜作案、快速走逃等情况的监控，防范企业利用外地身份证“远程”作案逃避监管。二是强化税务数据的利用。参照留抵退税期间的经验做法，基于税务机关自有的发票、申报等数据及相关业务流程，进一步定位企业从事行业。在此基础上进一步总结现有企业经

营模式和用票需求，针对不同行业、不同规模、不同风险情况进行差异化分析，比如对定期定额户按照其定额信息提供发票额度、对小规模纳税人的赋额额度不应超过 500 万元等。避免发生企业虽然登记的是制造业，但实际从事的是风险较大的批发零售业，税务机关按照制造业为企业提供较高的赋额额度后导致风险失控；或企业虽登记的是批发零售业，但其主要从事的是制造加工，并有相应的厂房设备，税务机关赋予其额度较小，对企业生产经营造成阻碍。

（三）研究人工调整赋额的管理机制。人工调整机制在赋额制设计理念中处于"辅助"地位，主要用于解决争议或实施管理措施。但在原有的发票管理机制到赋额制切换时期，人工调整仍是税务机关可用的主要工作手段，因此对于人工调整赋额何时能做、应该怎么做、应该做到什么程度、风险应该如何防范均待明确。例如，对于企业临时签订合同的情况，可由合同订立双方确认过后按合同金额调整；对于企业扩大生产经营的，由税务机关实地核查确认后根据其实际情况调整赋额，并动态监控额度使用情况；对于存在风险的，如小规模纳税人赋额额度过高、新办企业集中注册在虚拟地址、开票使用的 IP 地址与风险企业重合度较高等，由税务机关集中采取管理措施，调整赋额额度，防范风险于未然。

（四）可采取多维度分析和全链条防控方式阻断风险。根据数电票的特点，税收风险管理模式应从原有的"出现风险—发现风险—应对风险"模式，转变为"发票开具—分析可能—及早防范"模式。通过法人税费信息"一户式"、自然人税费信息"一人式"智能归集，对数电票开票信息、额度使用等情况进行智能分析，监控同一企业或个人不同时期、不同税种、不同费种之间，以及同规模同类型企业或个人相互之间税费匹配等情况，及早发现增值税发票的涉税风险。根据企业的基本信息、行业类型、运营阶段等不同特点，多个角度设置风险防控点和监控方案，开展发票风险事前分析，在对企业分行业、分规模、分生产经营阶段细分的基础上设置不同的风险指标，对企业的经营、财务、税务等多个方面设置数据监测、异常警示、问题溯因、跟踪反馈等风险评估和预警指标监测模式，实现企业税收风险事前事中事后全链条监控。

参考文献

［1］黄凯明．发票虚开风险全周期监管体系构建的几个问题［J］．税务研究，2023：123－130.

［2］张营周，辛洪涛，张现营．金税三期下增值税发票虚开虚抵税收风险识别指标体系构建［J］．财会月刊，2018：73－78.

［3］黄国准．防范增值税普通发票虚开的思考［J］．经济研究参考，2017：13－14.

［4］黄鑫．虚开增值税专用发票的风险应对［J］．税务研究，2016：108－110.

［5］刘锋．虚开增值税专用发票案件的防范对策［J］．税务研究，2016：56－59.

［6］张贻奏．虚开发票偷逃骗税成因及解决思路［J］．税务研究，2013：55－58.

[7] 毛杰. 虚开和取得虚开增值税专用发票行为定性论处的若干法律问题探析 [J]. 税务研究, 2008: 62-64.

[8] 高莉. 从发票虚开环节的前移透视税收制度的缺陷 [J]. 税务研究, 2007: 74-76.

[9] 游润珍, 熊惺, 翁勇纲. 普通发票制假虚开的治理对策 [J]. 税务研究, 2007: 92-94.

[10] 李洪心, 白雪梅. 生命周期理论及在中国人口老龄化研究中的应用 [J]. 中国人口科学, 2006: 28-34.

[11] 李风华. 治理理论: 渊源、精神及其适用性 [J]. 湖南师范大学社会科学学报, 2003: 45-51.

课题组组长：杜娟

课题组副组长：严熙薇

成员：张大伟、黄正宇（执笔人）

税收遵从合作协议工作机制优化研究
——以杭州市为例

国家税务总局杭州市税务局第一税务分局课题组

摘　要： 税收遵从合作协议是大企业税收服务管理的创新工作，有利于构建平等互信的税企关系，有利于保障税收收入、降低纳税成本。本文以杭州市的税收遵从合作协议签约工作为研究对象，对具体工作实践进行概括分析，指出签约工作存在的具体问题，并给出意见建议。

本文认为当前杭州的税收遵从合作协议签约工作主要存在顶层设计缺位、签约缺少流程指引、协议文本过于概括、重签约轻履约、专业人才不足等问题，针对这些问题，本文提出完善顶层设计、明确规范签约流程、细化权利义务条款、增加保障条款、培养专业工作团队等建议。

关键词： 税收遵从合作协议　实践探索　优化建议

一、绪论

（一）研究背景。大企业是社会经济发展的中流砥柱，是国家税收的重要来源，做好大企业的税收服务管理工作，提高大企业的纳税遵从度，对于保障国家税收、降低税收成本有重要的意义。世界范围内对大企业税收服务管理的研究不断发展，经济合作与发展组织（以下简称 OECD）、国际货币基金组织（以下简称 IMF）等国际组织在成员国内不断探索和尝试，促进大企业税收服务管理理论的发展，以荷兰、美国、澳大利亚等为代表的 OECD 成员国较早地设立专门的大企业税收管理部门，倡导“合作遵从”税收理念，通过提供优质的税收服务协助纳税人的税收遵从，保障国家税收。

中国的大企业税收服务管理起步相对较晚，2008 年 7 月国家税务总局设立大企业税收管理司，2009 年大企业税收管理司直接负责首批 45 家定点联系企业的税收服务管理工作。国家税务总局于 2011 年 7 月印发《大企业税收服务和管理规程（试行）》，提出了“税收遵从合作协议”的概念，标志着我国开始试行税收遵从合作协议。2012 年 10 月 12 日，国家税务总局分别与中国海洋石油总公司、中国人寿保险（集团）公司和西门子（中国）有限公司等 3 家定点联系企业签订了税收遵从合作协议，约定加强合作，共同防范税务风险，营造良好的税企关系。2015 年，国家税务总局发布《深化大企业税收服务与管理改革实施方案》，提出“平衡治理、合作遵从”的管理理念。全国各省市税务局以国家税务总局的 2012 年签约协议为范本，以各省千户集团为合作对象，开启了全国大企业税收遵从合作协议签约的实践探索。

（二）研究意义。杭州十余年的税收遵从合作协议签约工作的实践中，从税务部门和大企业都获得一些对签约工作的反馈信息，有对签约工作认可的反馈，也有对该项工作不足和意见的反馈。通过对杭州大企业税收遵从合作协议具体工作实践的研究，梳理当下存在的不足，分析不足产生的原因，提出优化工作建议，将税收遵从合作协议工作持续改进，一方面可以提升大企业税收服务管理水平，构建良好的税企关系，进一步发挥税收遵从合作协议的作用；另一方面可以为全省乃至全国大企业税收遵从合作协议给出参考模板。

二、税收遵从合作协议相关内容

（一）税收遵从合作协议的定义。税收遵从合作协议是发源于西方发达国家的一种税收风险管理模式，是税企双方在平等自愿、互信合作的基础上，共同承诺防控税务风险的合同文本。税企双方通过签订税收遵从合作协议，以合同文本的形式将企业税收遵从的意愿、相关义务和责任以及税务机关以纳税服务为核心的遵从引导措施固定下来，引导和约束税企双方共同信守承诺、共同防范税务风险，通过协议的执行保障国家税收、维护企业合法权益、降低税收成本，实现税收遵从的核心目标。

（二）大企业的界定。从世界各国大企业税收管理实践看，在界定大企业纳税人时并不存在放之四海而皆准的概念及判定标准，通常将资产总额、纳税额等作为认定大企业最主要的标准，还兼顾考虑营业收入、注册资本、职工人数、跨区域经营、全球化水平等其他因素，以此来筛选出经营收入高、缴纳税额大、社会影响力大、跨区域和跨行业经营大企业。

国家税务总局于 2015 年对全国企业的经营数据、利润指标及纳税情况进行整合汇总，拟定了大企业名单。同年，《深化大企业税收服务与管理改革实施方案》的颁布，首次提出“千户集团”概念，将纳税额 3 亿元以上的 1062 户企业纳入管理范围。在全国税务系统，1062 户千户集团企业对应的集团总部和成员企业，正是税务机关加强大企业税收专业化服务管理的主要对象。截至 2022 年末，有 137 户千户集团企业总部设在浙江省，其中在杭州总部 63 户；在杭成员企业 1851 户。本文对大企业的研究主要是杭州市税务局在税收服务管理工作中涉及的三类管理对象，包括总局千户集团企业、省局列名企业、市局列名企业。其中，列名企业名单主要根据税收经济规模，并参照企业行业排名等进行拟定，每年更新。

三、杭州市税收遵从合作协议的实践探索

（一）杭州市税收遵从合作协议的发展历程。杭州市大企业税收服务管理工作在全国范围内开始得较早，杭州市税务局于 2011 年印发《杭州市国家税务局定点联系大企业税务风险内控制度评估工作流程（试行）》，加强大企业税收风险管理。在国家税务总局开始签订税收遵从合作协议的次年，杭州市开启了税收遵从合作协议签订工作，并于 2016 年发布《杭州市大企业税务风险内控体系评估工作流程》，进一步规范风险内控工作。浙江省税务局于 2018 年制定《税企签订〈税收遵从合作协议〉工作规程（试行）》，2019 年修改规程，杭州市税务局以总局、省局、市局规程为工作指引开展税收遵从合作协议签约相关工作。

杭州市税务局签订税收遵从合作协议的对象是国家税务总局确定的千户集团中在杭州的集团及其成员企业，以及国家税务总局浙江省税务局列名企业及其在杭州成员企业。杭州银行、富通集团有限公司等 4 家企业作为第一批企业分别与浙江省税务局和杭州市税务局在杭州签订协议。在后续年份里，陆续有大企业与税务局新签和续签税收遵从合作协议，杭州市签约期内企业截至 2016 年发展到 15 家；截至 2023 年 9 月，签约期内的企业有 10 家。

（二）杭州市税收遵从合作协议取得的成效。

1. 畅通税企交流渠道，密切税企关系。建立局领导联系大企业制度，组建由主管局班子成员带队、税源管理局和相关科室科长及业务骨干参与的团队，定点联系大企业，对签约企业进行定制化、个性化纳税服务。通过税务沙龙、税企座谈会或高层互访等方式方法，市局领导每年至少与签约大企业进行一次高层对话，加强重大税收政策调整、管理措施出台前后和执行过程中与企业的沟通和交流，引导企业防范税务风险。与企业各层级保持顺畅的沟通联系，了解企业生产经营和税收变动情况，增进税企互信，增强合作深度。

2. 引导企业完善内控，降低税收风险。企业结合生产经营特点和内部税务风险管理的要求，建立税务管理部门或岗位，专门研究国家的税收法规，指导集团各级财务、

税务部门正确识别和应对税务风险，进一步优化企业自身内控体系，降低税企双方风险。全国人大代表、华东医药股份有限公司董事长李邦良认为：“税务机关与我们签订《税收遵从合作协议》，体现了双方的互信。从企业角度，我们会进一步完善内部控制，加强税务风险管理，不断提升防范风险的能力，实现税法的自我遵从。”

3. 开展精准个性服务，提升税收遵从。税务机关向企业提供更多更精准性的个性化服务，为企业创造透明的税收政策环境，帮助企业提高成本收益分析的准确性、财务环境的稳定性和税收政策适用的确定性，有效化解大企业的税务风险，切实提高企业税收遵从度。在全国政协委员、浙江省工商联主席、富通集团有限公司董事长王建沂看来，签订《税收遵从合作协议》不仅是对富通集团税务合规性的肯定，更意味着一种责任，“不是税务机关要我缴税，而是我自己自觉缴税，这才是税收遵从的真正含义。”

4. 实现税企共治共赢，凸显示范效应。税收遵从合作协议作为新型税收治理工具，把税务部门的“他治”和企业的“自治”结合起来，将税企双方置于平等地位，选择协商、合作的方式，通过契约精神来推动双方主体主动履行协议，税收日常运作更加公开透明，大企业主动申请与税务机关签订《税收遵从合作协议》，一种良性循环的大企业税收治理生态正在逐步形成。

四、杭州市税收遵从合作协议工作存在的问题

（一）税务总局顶层设计缺位，税收遵从合作协议发展受到掣肘。2012 年国家税务总局开启税收遵从合作协议签约以后，总局层面没有配套出台具体的条例或公告来明确税收遵从合作协议的法律地位，当前学者对协议的法律定义有“行政合同”“行政指导”“民事合同”等不同的界定，法律界定的不明确导致一方出现违约，另一方可能无法获得法律上的保护。国家税务总局《大企业税收服务和管理规程（试行）》对税收遵从合作协议的规定过于原则和概括，未明确规定协议的具体内容和救济路径，各省在执行协议文本时没有明细参照，只能自主制作框架性协议，协议的实际约束力大打折扣。顶层法律定位、协议条文等设计缺失，导致各省在开展税收遵从合作协议签约工作中有不同的做法，社会上有不同的理解，特别是税企双方对税收遵从合作协议的认知出现差异。企业认为税收遵从合作协议可以为企业带来“商誉”、可以为企业带来政策确定性，可以借协议“规避”税务稽查。而税务部门看来，目前存在签约是税务部门一定程度上为企业合规性、遵从度背书的声音，出于防范或然法律风险的考虑，税务部门不希望有这种背书的舆论倾向，故对新签企业保持谨慎的态度，不随意扩大范围，杭州市 2019 年至今没有新签企业。税务部门和企业对签约工作的不同认

知，造成税企双方对税收遵从合作协议出现不同的态度，成为各省税务部门推进优化签约工作的掣肘。

（二）签约缺少统一流程指引，签约工作给税企双方较大压力。浙江省《税企签订〈税收遵从合作协议〉工作规程（试行）》中签约工作有签订申请、遵从评价、集中论证、回访磋商、签订协议、履约保障等环节，重点环节是遵从评价，遵从评价包括内控调查、专项风险管理、出具建议、反馈完善等环节。杭州市局以规程为指导，在具体工作中以 13 张底稿指引工作开展，签约工作时间跨度在半年左右。省市局都是以自主指定的规程和工作指引开展工作，签约工作开展的时间刚性不足，需要有总局层面制定流程指引或者省市局制定详细具体签约工作操作指引。以 2023 年杭州银行续签为例，准备工作从 3 月开始，遵从评价工作从 5 月初持续到 7 月底，后续相关环节仍会持续占用大量时间，对于税企双方而言都是战线很长的工作。一方面，省市区税务部门对首签和续签企业的工作只是简单提及侧重点，却没有详细的规程指引，续签工作中出于谨慎考虑仍会做大量同质化工作。另一方面，企业的税务部门在整个签约过程中需要安排专门人员协同税务机关开展工作，时间战线长、工作内容多等给税企双方都带来巨大压力。

（三）协议文本过于概括，具体权利义务不明晰。当前税收遵从合作协议没有国家税务总局的统一版本，各省制作协议文本基本上参照 2012 年国家税务总局签订的协议文本，协议文本内容大部分都是框架性和概括性的话语，对具体权利义务的界定并不清晰。以浙江省税收遵从合作协议文本为例，协议中规定企业“定期对税务风险内控体系的运行情况进行评估和改进”中的“定期”没有明确的解释；“对股权结构和组织架构重大变化、重大投融资活动、重大并购重组、重大财产变化、重大生产经营变化、关联定价方法调整等重大涉税事项……向乙方报告”中对于“报告”的方式、途径没有规定；“积极配合乙方开展税收征收管理工作，积极回应乙方依法提出的信息需求、风险提示、管理建议和其他事项。”中的“积极”也是一个没有量化标准的概括。规定税务部门“建立重大涉税事项辅导制度，及时分析甲方报告的重大涉税事项及其可能存在的税收风险，提出税务风险建议。”中“辅导制度”没有详细表述、“及时”没有做量化规定、“税务风险建议”以何种方式或途径给出也没有明确等。协议文本的过于概括性，导致权利义务的落地有局限性，税企双方都会对对方的履约责任产生质疑。

（四）重签约、轻履约，缺乏履约保障手段。《税收遵从合作协议》文本中对企业和税务部门的权利和义务做了概述，但是每一项权利的保障路径、每一项义务的违约责任均没有详细具体的规定，导致在实际工作中，签约工作如火如荼，签约后的履约工作却难以实实在在地落地。例如，企业对重大事项的不报告或报告不及时，税务部门对企业的涉税事项难以及时给出税务建议等。由于缺乏具体的监督和评估机制，一方认为另一方违约或一方出现违约时，相对方没有明确的途径维护自己的权利。同时，协议缺少配套的签约后权利保障机制的建设，比如对每一种违约责任性质界定、每一种违约情况的处理手段都没有细化，税企双方对于自己权利的保障和义务的履行认知感不强。例如，在协议文本中，规定“如果一方认为另一方未履行协议约定，希望终止协议，应书面告知另一方，经双方协商一致后，协议立即终止。”如何界定“未履行协议约定”，在实际工作中，无论首签到续签，整个签约工作都是以税务部门单方面主导，部分签约企业的体验感并不好。

（五）大企业专业人才不足，签约工作人、事适配性不高。签约工作中的签订申请、遵从评价、集中论证、回访磋商、签订协议、履约保障等环节都需要一定数量的专业工作人员跟进，特别是遵从评价和履约保障环节对税务工作人员的专业要求不仅局限在税务业务上，还要求有风险测评、内控体系等管理方面的专业知识，管理专业人才是税务机关特别是大企业部门缺少的人才。在具体开展税收遵从合作协议签约工作时，税务部门以组建工作团队的方式开展，工作团队由市税务局牵头、区县局抽调人员组成。由于各区县局人员变动较大，每年参与到工作团队的人员频繁变动，一方面，人员的不固定性难以保障团队对签约企业有持续的认知，不利于提高签约效率和水平；另一方面，税务部门难以培养出高素质的大企业税收服务管理人才，影响税收遵从合作协议工作的开展。

五、优化税收遵从合作协议工作机制的建议

（一）国家税务总局完善税收遵从合作协议的顶层设计。税收遵从合作协议是税务总局基于国外大企业税收管理的先进做法，从中国税收和企业实际出发，推出的创新举措，以企业对税务机关的“透明度”保障税收政策的“确定性”，对于税务机关和企业降低税收成本、防控税收风险都有极大的促进作用，对于营造良好的税企征纳关系有极强的示范作用。国家税务总局要在法律层面上，明确税收遵从合作协议的法律范畴，让签约工作有法可依；要在规程设计上，细化签约工作全流程工作，让签约工作有迹可循；要在文本制定上，改进完善税务总局“总对总”协议版本，让各省协议文本有出处。

（二）税务机关自上而下明确规范签约流程。税务机关应当明确税收遵从合作协议的签约流程，在制订工作计划时与企业开展深入的交流，将首签和续签的具体工作条文式列明，让签约企业知晓整体详细的工作安排。总局出台具体流程指导意见，省局细化签约流程，基层税务机关可以研究集约压缩签约全流程工作，例如对签订申请、集中论证、回访磋商、签订协议等环节在前期工作计划中设置相对固定的时间点，对

于遵从评价环节在压缩整个工作周期的同时设置几个工作时间段，将大部分工作集约在固定的时间处理，提高工作效率也减少对日常工作的影响。税务机关对于首签和续签工作要有差异化的处理，对于首签企业，建议严格按照税务总局和省局相关工作机制要求，也根据本地实际和企业情况增加个性化工作。对于续签企业，建议结合签约后的税收工作跟踪、日常沟通、风险监控等工作，有所重点地完成续签企业的评价工作，重点关注企业的重大事项涉税事宜、行业典型税收风险穿透分析、省市局重点工作涉及风险等。

（三）税企双方细化协议文本中权利义务条款。权利义务的落地，最基本的要求是权利和义务可以量化，可以考核，可以监督，针对目前协议文本的概括性篇幅，税务机关要从客户关系管理理论出发，与大企业开展税企交流，通过开诚布公的深入沟通，共同将协议文本的条款细化，将权利和义务的具体规定明确化。也可以研究在协议文本以外，设计一个实施细则，以附件的形式将文本中概括性的条款或名词，给出详细的解释，例如“及时”“积极”等涉及的条款展开详细的描述，将签约双方的可为和不可为具细化、条目化。

（四）协议文本增加保障条款以明确违约责任。税收遵从合作协议的出发点是税企双方的平等自愿和互信合作，共同承诺防控税务风险，税收遵从合作协议的文本中就要体现税企双方平等和互信的关系，既要有权利和义务的规定，又要有平等的保障机制具体表述。对于权利和义务的保障，主要体现在违约责任的认定和处理上。税务部门可以根据协议文本中权利义务的具体规定，在文本中增加“违约责任及处理”条款，例如企业义务“对……重大涉税事项……向乙方报告”，增加“如未及时报告，税务部门可向企业发送税务风险提醒文书或协议违约风险文书，并将视内容重要性在续约‘集中论证评审表’中酌情扣分。”条款；税务部门义务“建立重大涉税事项辅导制度，及时分析甲方报告的重大涉税事项及其可能存在的税收风险，提出税务风险建议。”增加“如未及时给予建议，企业可提出终止税收遵从合作协议的申请”条款。对于退出机制的建设，税务部门可以征求企业意见设立签约“毕业”退出机制，发放“毕业证”，一方面是对签约工作促进大企业纳税遵从作用的认可；另一方面可以将精力放在更多新签企业，以及需进一步成长的签约企业。

（五）培养税收遵从合作协议专业工作团队。税务机关要将选人标准明晰化，将具有税务、会计、法律、管理等专业背景的人员招揽到大企业税收管理方位上，可以通过组织推荐、遴选等方式将具有注册会计师、税务师、律师等资格证书的工作人员安排在大企业局岗位，将有管理专业的人才引入到大企业人才团队。在税务局内部，组建工作专组或专业化团队，以市局大企业部门人员为基础，抽调或集中县区局的能兵强将，在协议签约和后续管理的工作中能快速地投入具体工作中、发挥生力军的高效能量；在税务局外部，建立大企业税收管理智慧团队，借助专业院校、行业协会、涉税服务机构的专业力量，在签约工作中发挥“智囊”作用，促进税务实践与理论知识的交流分享，加大对税收遵从合作协议的研究，提升税收遵从合作协议的服务管理水平。同时，税务机关在培养人才上持续发力，每年制订翔实的培训计划，根据大企业的行业特点、税收遵从合作协议的签约需要等细化培训方案与课程，“因人因岗施策”，不断提升税务工作人员的业务水平和综合素养。

参考文献

[1] 戴张玲. 税收遵从协议框架下企业税务风险内控研究 [D]. 杭州：杭州电子科技大学，2020.

[2] 韩虹，徐佳丽，许银奎. 签订税收遵从协议防范税收风险 [J]. 中国税务，2019 (05)：78.

[3] 蒋惠馨. 江西省某开发区大企业税收遵从研究 [D]. 南昌：江西财经大学，2019.

[4] 李伟. 大企业税收遵从协议的实践与思考 [J]. 国际税收，2013 (07)：69－71.

[5] 刘小砚. 论税收遵从协议的法律性质及救济路径 [J]. 财会月刊，2017 (32)：85－89.

[6] 卢梦雅. 中国大企业税收遵从合作协议问题研究 [D]. 长春：吉林财经大学，2021.

[7] 吴廷高. 国家税务总局首次与大企业签订税收遵从合作协议 [J]. 中国税务，2012 (11)：55.

[8] 熊樟林. 税收遵从协议行政指导属性之证成 [J]. 北京理工大学学报（社会科学版），2015，17 (04)：150－155.

[9] 虞青松. 税收遵从协议的治理机制——行政合同的实证解析 [J]. 行政法学研究，2013 (03)：43－48.

[10] 张杭. 税收遵从协议中纳税人权利保护研究 [D]. 重庆：西南政法大学，2020.

[11] 张艳萍. 大企业税收遵从协议机制研究 [D]. 昆明：云南财经大学，2015.

[12] Sandra A., Haula R., Inayati I. Trust, Power, and Tax Risk into the “Slippery Slope”: A Corporate Tax Compliance Model [J]. Sustainability, 2022, 14 (22).

[13] Mahestyanti P., Juanda B., Anggraeni L. The Determinants of Tax Compliance in Tax Amnesty Programs Experimental Approach [J]. Etikonomi, 2018, 17 (01).

[14] Casal S., Kogler C., Mittone L. et al. Tax compliance depends on voice of taxpayers [J]. Journal of Economic Psychology, 2016 (56): 141－150.

[15] Batrancea L., Nichita A., Olsen J. et al. Trust and power as determinants of tax compliance across 44 nations [J]. Journal of Economic Psychology, 2019, 74102191.

[16] Faizal M. S., Palil R. M., Maelah R. et al. Perception on justice, trust and tax compliance behavior in Malaysia [J]. Kasetsart Journal of Social Sciences, 2016, 38 (03).

课题组组长：张群（执笔人）

成员：杜一丹、骆成、叶飞

税务管查互动视角下加强平台经济征管的思考
——基于税务稽查查处的样本案件分析

国家税务总局杭州市税务局第三稽查局课题组

摘　要：自我国步入向第二个百年奋斗目标进军的新发展阶段，平台经济逐渐从“边缘走向中心”，成为促进我国产业数字化转型和经济高质量发展的新兴力量。平台经济的快速发展给税收机制改革带来机遇的同时，也给税收监管提出了新的挑战。近年来，平台经济业务模式创造的税收贡献与其实际交易规模相去甚远，平台税收流失情况严重的问题亟待解决；平台经济的发展同样考验着传统的税务关系、税政服务和税治管理等方面。本报告根据某稽查局实际查办案件，总结提炼出平台经济涉税风险点以及常见违法手段，并根据涉税管理的理论依据，提出相应的征管建议。

关键词：平台经济　涉税风险点　税收征管

平台经济是以信息技术为支撑，基于虚拟或真实的交易场所，由平台作为中间组织者或资源提供商，促成双边或多边交易的一种商业模式。2018 年政府工作报告首次提到平台经济。2023 年 7 月 12 日，国务院总理李强主持召开平台企业座谈会，对平台企业的健康发展寄予厚望。税务部门也应积极维护营商环境，助力推动平台经济规范健康发展。

一、平台经济税收征管现状

目前平台经济主流平台大多为娱乐服务平台和网络销售平台，在日常征管中主要涉及税种为增值税、企业所得税、个人所得税，针对平台目前尚无专门的管理模式。

（一）增值税征管现状。涉及增值税征收的平台经营模式有 B2C①、C2C②、O2O③三种模式，具体表现形式为提供平台获利和自营平台获利。在前者，平台企业主要为交易双方提供交易场所，信息技术、广告宣传和推广等服务，平台以双方成交额为基数收取一定比例金额作为平台收入。后者平台则以自行经营的方式采购商品作为自营产品对外销售或提供服务。因所涉税目不同，对应的税率也不相同。

（二）企业所得税征管现状。企业所得税所涉经营模式主要为 B2C 模式，平台内所有参与企业都应为企业所得税的纳税主体，基本征收税率为 25%。当前还没有专门针对平台经济出台的税收优惠政策。

（三）个人所得税征管现状。个人所得税所涉经营模式有 B2C、C2C、O2O 三种模式，经营者主要有个体工商户、自然人、个人独资企业或合伙企业等，其收入来源主要应属于个人所得税中劳务报酬所得和经营所得项目。若是个人与平台间签订劳务合同，则需平台代扣代缴个人所得税；若无劳务关系，其从平台上获得的收入要根据其在平台的经济实质进行判定。

二、平台经济当前涉税风险点及常见作案手法
——基于某稽查局查处案件样本分析

以某稽查局在 2021～2022 年查处的平台经济案件为样本开展分析发现：平台经济涉及的税收违法形式中，通过虚开发票赚取开票费或虚增成本的占比约 20%；自然人借用平台企业征管漏洞进行税收筹划占比约 6%；平台企业未依规定履行对自然人纳税人的代扣代缴义务占比约 7%；平台企业实际取得收入但进行零申报占比约 7%；平台企业通过少报收入的方式降低税负的占比近 60%。

（一）平台企业虚开发票赚取开票费或虚增成本。部分企业因国家对平台经济包容审慎的政策支持，注册相关公司虚开发票进行牟利。企业真假业务混合开展更具隐蔽性，或是抵扣业务真实性存疑的发票，或是为他人开具与实际经营情况不符的发票非法获利。经样本分析，此类作案手法占比约 20%，多为协查案件。

1. 自述现金交易，业务真实性无法证实。以“杭州××智能科技有限公司”为

① B2C 模式是指企业与消费者之间的电子交易行为，该模式下平台的供给方是企业，需求方则是个人，如曹操出行的专车服务、共享单车平台和近年来新兴的共享医疗、人力资源外包平台等。

② C2C 模式是指消费者与消费者之间的电子交易行为，该模式下平台的供给方和需求方都是个人，如滴滴出行的网约车服务、淘宝网、抖音直播平台等。

③ O2O 模式是指电子商务企业利用线上对产品或服务进行营销，同时线下实体店配合售卖的交易行为，该模式实际是 B2C 模式的一个分支，相比于 B2C 模式中线上主体间的交易，其更注重的是促成线上与线下消费者主体和商家主体之间达成交易，如美团和大众点评等。

例，该公司涉嫌取得杭州××贸易有限公司开具的增值税专用发票1份。经查，该份发票是杭州××智能科技有限公司在淘宝个人店铺购买监控设备后对方提供的，但款项是通过现金支付，且未签订合同，无法证明该项交易的真实性。根据规定，企业取得不符合规定的发票不得作为税前扣除凭证，因此企业需对该张发票做进项税额转出处理，调增企业对应年度的应纳税所得额，补缴相关税额并处以罚款。

2. 超范围经营，平台运营公司虚开发票。“杭州××科技有限公司”一案存在此类情况。该企业主要负责两家医药企业天猫旗舰店的销售日常运营工作。经检查发现，该企业在为客户提供运营服务过程中，为一家天猫旗舰店所销售的货物，开具了70份增值税电子普通发票，涉嫌为他人开具与实际经营业务情况不符的发票，从而获取不当利益。

3. 企业虚开，实质掩护个人经营逃税。“杭州××国际贸易有限公司”一案中，检举人在某淘宝店铺购物，商家提供了开票单位是“杭州××国际贸易有限公司”的增值税电子普通发票。检查发现，某淘宝店铺实际为杭州××国际贸易有限公司法人代表张某的个人店铺，张某承认该笔业务实际应为个人淘宝店铺的经营收入，法人代表利用自身名下其他企业为买家开具发票的行为，是利用企业资质非法为他人开具与实际经营业务情况不符的发票的违规做法。

（二）自然人借用平台企业征管漏洞进行税收筹划。由于自然人纳税人与平台企业之间的具体关系以及为平台企业提供的实质业务不同，自然人纳税人的个人所得税征收项目就会产生差异。部分平台企业成为自然人转换报酬收入偷逃个税的媒介。在查处的案件中，此类作案手法出现较少，大约占6%，但当下网红经济快速发展，自然人借用平台逃避税收风险应当受到关注。

以“杭州××电子商务有限公司”为例，该企业为淘宝店铺做电商直播，业务为承接淘宝商家的商品推广服务，通过与提供主播服务的相关企业合作，对淘宝商家的销售商品进行推广，再通过淘宝平台向商家收取坑位费和服务费。经查，该企业通过个人独资企业和有限合伙企业，将个人劳务报酬转变成个人独资企业和合伙企业经营所得虚假申报纳税，对个人取得的劳务报酬收入开具不应开具的增值税专用发票，以上述方式为自然人逃避应纳税款。

（三）平台企业未依规定履行对自然人纳税人的代扣代缴义务。为避免直接对自然人纳税人进行支付，不少平台企业通过第三方公司为纳税人进行个人所得税的扣缴。实际上这并不意味着平台必然不是扣缴义务人，但仍存在着平台以此逃避代扣代缴义务，或直接通过扣除个人所得税但不为自然人申报缴纳的方式，为企业牟取不法收入的情况。此类作案手法占比约为7%，多为检举案源，由内部员工提供线索。

以“杭州××贸易有限公司”案件为例，检举人反映该公司通过个人账户发放工资、涉嫌未代扣代缴个人所得税。该企业主要负责淘宝网店的代理运营，经检查发现，其主要运营的 7 家淘宝店铺均为独立在淘宝平台注册的商铺，商铺产生的销售收入与该企业无关，其只收取上述 7 家店铺的运营费用，主要通过刘某的个人支付宝、公司对公账户及现金发放工资。后查实该企业检查所属期间工资支出未入账列支，也未按实际为相关人员代扣代缴个人所得税。

（四）平台企业实际取得收入但进行零申报。当前企业凭工商登记号便可入驻电商平台，这些企业可能因纳税意识淡薄，不主动进行纳税申报，甚至不办理税务登记。如此会存在企业在平台上获得收入后不进行开票，将资金流入私人账户，不按实际收入进行申报，甚至零申报的情况。平台经济案件中该类作案手法约占 7%。

以“杭州××商务有限公司”案件为例，该企业主要是经营淘宝店铺，销售国外代购或其他同行代购店购入的轻奢品牌背包，以及少量的服饰、美妆等。检查组进点后现场要求登录淘宝店铺账户后台进行数据取证，该企业运营主管称这些全部经营收入均未申报纳税。经查，该企业在检查所属期内报税记录均为零申报，最终被要求补缴税款并处以罚款。

（五）平台企业通过少报收入的方式降低税负。在所查处的案件中，有近 60% 的案件是企业通过私人账户收取营业款项的方式，将部分收入隐匿不进行申报，也就是账外收入。这部分收入不会进行申报，最终直接转到实际获利者的名下，造成很大情形的税款流失。

1. 长期无证经营，事实隐匿收入。以“杭州×××电子商务有限公司”为例，检举人反映该淘宝店铺在网上无证经营 5 年多才取得工商营业执照，注册企业名称为杭州×××电子商务有限公司。该企业主要通过线上淘宝店铺销售成衣，同时也有一定的线下经营收入。检查发现，该企业通过支付宝收取的部分收入未足额申报纳税，且店铺收入的确认方式未按销售货物的增值税纳税义务发生时间来确认。经检查组核实调整实际销售收入后，该企业需补缴相应税款，并被处以罚款。

2. 形式为平台留存，实质为隐匿服务费收入。“浙江××科技有限公司”一案中，该企业运营的 App 是一家综合电商平台，其向入驻商家提供经营平台，由入驻商家为消费者提供商品或服务。消费者完成交易后，资金由平台代收，入驻商家按订单额的一定比例进行提现，余额留存平台，每日按比例返还给消费者。经查，这种情况下的余额实际应为电商平台向商家收取的服务费，理应由该企业确认收入。该企业因少计该项收入按偷税进行处理。

三、平台税收监管的主要风险点分析

（一）B2C 模式的涉税风险点。B2C 模式下平台企业可能在代扣代缴个人所得税时，会存在按低税率缴纳或者直接逃避缴纳的风险；也可能存在接收虚开虚增成本的风险；再者便是对自然人收入的定性风险，容易出现平台企业帮助自然人恶意进行税收筹划。

此类平台企业含有大量零散用工，平台对实际个人情况无法掌握，易趋向于不按实际解释业务流程，难以如实配合提供资料。该类案件查处时需要力争自然人本人配合调查，并关注第一手原始资料，通过原始单据等还原业务全貌。

（二）C2C 模式的涉税风险点。C2C 模式的风险点：一是平台准入门槛低，涉及个人较多，管辖地难以判定，易发生漏征漏管；二是纳税遵从度低，容易出现利用监管漏洞转换经营性质或是不据实申报收入的行为；三是税法意识较弱，法人使用自身名下的企业违规为个人经营收入开票。

此类存在平台套平台的经营模式，即个人注册经营端和平台端双账号进行经营，平台各个环节环环相扣，从单一视角，难以发现问题所在。该类案件查处时需关注个人注册与使用平台的过程，进行上下游、多视角的核实，厘清平台业务方式。

（三）O2O 模式的涉税风险点。O2O 模式下平台经营者和实体店面之间的关系可能存在模糊性，税务机关难以准确确定税收归属。在该模式下，平台方收入和费用的判定，与其在整个交易中的角色及参与程度等有密切关系。其涉及的税收风险和上述两类模式相近，主要集中于业务性质的确认、平台是否代扣代缴、发票虚开等方面。

四、平台经济涉税管理的理论依据及后续征管建议

（一）纳税人行为分析下产生涉税风险的相关理论依据。从上述案例分析来看，纳税人在决策中会采用不同的作案手法实现偷逃税款的目的，从纳税人行为分析角度来看有以下几种常见理论：

1. 纳税人遵从理论（tax compliance theory）。该理论探讨了纳税人遵守税法的动因和影响因素，以及税收政策和管理措施对纳税行为的影响，用于解释和预测纳税人是否遵守税法规定的行为。

2. 纳税人心理成本理论（psychological cost theory）。该理论认为，纳税人除了承担物质成本外，还存在心理成本，即纳税过程中所产生的心理压力、不便和不满。纳税人心理成本的高低会影响其合规行为。

3. 纳税人经济激励理论（economic incentive theory）。该理论将纳税人的经济激励视为税收合规行为的重要影响因素。根据这一理论，纳税人会根据个体的利益考虑，自愿遵守税法规定并主动缴纳税款。

（二）后续征管建议。

1. 加强协作，畅通信息共享渠道。一是要搭建税务部门与市场监管、金融监管、

交通运输监管等部门之间的涉税信息传递共享平台，全面真实地掌握纳税人交易情况，加强对未办理税务登记的纳税人的管理。二是要税务部门与平台企业建立信息共享机制，共享涉税信息和交易数据，缓解税企之间的信息不对称等难题。

2. 以数治税，强化税收风险评估。基于共享的数据，税务部门可以考虑引入互联网 + 税务稽查的思路，利用大数据分析和人工智能技术进行风险评估和监督。通过建立风险模型，及时识别出存在偷逃税款等行为的平台企业，加强监督与核查，实现对不同的风险纳税人自动画像、及时预警、精准应对。

3. 因地制宜，创新税收征管方式。税务部门可以根据实际情况因地制宜创新征管方式，例如，平台企业数量较多的地区可以借助技术手段实现自动化税收征收，为人工减负的同时提升征收效率；同时利用技术加强对线上交易的实时监测，提高数据获取准确性和征管效率。

4. 抓好宣传，促进企业纳税遵从。基于纳税遵从理论，征管亟须加强对平台企业和从业人员的税收宣传教育，依托税法宣传平台提供相关政策辅导，增强其税法意识和合规意识。同时，提供更为便捷的纳税服务和咨询渠道，以服务促管理，以管理优制度，帮助平台企业主动履行纳税义务。

5. 部门协同，形成社会共治合力。一是加强跨部门执法合作协调，联动打击违法行为。税务部门与公安、市场监管等相关部门加强联动合作，通过信息共享和协调行动，形成整体打击和治理平台经济税收违法行为的合力。二是加大联合惩戒力度，鼓励守信行为。对于存在重大税收违法行为的平台企业，联合各方扩大惩戒范围；对于纳税信用较好的平台企业，可以适当释放激励政策，形成新型的税收协同共治体系。

参考文献

［1］周克清，李霞．平台经济下的税收治理体系创新［J］．税务研究，2018（12）：73－77.

［2］蔡昌，马燕妮，刘万敏．平台经济的税收治理难点与治理方略［J］．财会月刊，2020（21）：120－127.

［3］周克清，郑皓月．平台经济下个人所得税纳税遵从研究——基于信息不对称的视角［J］．税务研究，2021（01）：67－72.

［4］李娅蓉，黄显淇．平台经济税收治理的现实困境与优化路径［J］．财会研究，2023（01）：17－23.

课题组组长：吴凡

课题组副组长：李兆兰

成员：沈兰君（执笔人）、罗菲菲（执笔人）

国际税收遵从保障项目（ICAP）及其应用于“一带一路”成员税收确定性的研究

杭州市国际税收研究会课题组

摘　要：本文基于国际税收遵从保障项目（ICAP）的产生背景、发展历程、实施步骤和优劣势分析，从基础情况和面临挑战等角度阐述了“一带一路”税收征管合作机制成员国（地区）应用 ICAP 的状况和挑战。分析 ICAP 应用于“一带一路”成员国（地区）税收确定性的可行性，提出了制定适应各成员国情特点的《“一带一路”机制——ICAP 工作手册 1.0》、完善国内税收征管规则、在“一带一路”机制官网专项设计 ICAP 应用模块、建立项目制的工作机制开展 ICAP 试点、组织开展 ICAP 培训和宣传交流等对策建议，创新“一带一路”税收征管合作机制的国际税收多边合作遵从内容，提高跨国企业的多边税收确定性，促进“一带一路”跨国企业的跨境经贸投资。

关键词：ICAP　“一带一路”　税收征管　税收确定性

提高跨国企业（multi-national enterprise，MNE）的多边税收确定性，已成为仅次于税基侵蚀与利润转移（BEPS）、加强全球税收透明度建设以外的国际税收改革第三大支柱[①]。国际税收遵从保障项目（international compliance assurance programme，ICAP），是经济合作与发展组织（以下简称 OECD）在两次试点后，于 2021 年 2 月向全球推行的税收确定性工具。ICAP 允许 MNE 同时与多国税务机关之间通过多边税收合作，进行税收风险评估，以高效的协调方式为 MNE 某些活动和交易提供早期和更大范围的税收确定性。

2021 年 9 月，“一带一路”税收征管合作机制（以下简称“一带一路”机制）

① 梁若莲. 多边税收事先裁定的“试验田”——国际税收遵从保障项目简介与述评［J］. 税务研究，2021（03）：84－90.

《乌镇行动计划（2019—2021）》发布了“依法治税与提高税收确定性”终期报告（以下简称税收确定性终期报告）①，建议进一步完善税收争议的解决和预防机制，加强“一带一路”机制各成员国（地区）（以下简称“一带一路”成员）之间的经验交流与合作。ICAP 基于透明、合作与信任的原则，与我国倡导的“一带一路”机制的宗旨相互契合。本文旨在对 ICAP 产生背景、发展历程和实施流程的研究，探索 ICAP 应用于“一带一路”成员的可行性与实践举措，创新“一带一路”机制的国际税收多边合作遵从内容，提高 MNE 的多边税收确定性，促进“一带一路”MNE 的跨境经贸投资。

一、ICAP 产生发展情况

（一）ICAP 产生背景。2023 年 7 月 17 日，OECD 在其官网发布了《经合组织秘书长提交给二十国集团财长和央行行长的税收报告》②，该报告八件税收大事之一的“积极推进税收征管数字化转型和提高税收确定性”指出，“税收确定性变得越来越重要”。“双支柱”方案已得到 BEPS 包容性框架 138 个成员的同意，并计划多边公约能够在 2023 年下半年公开签署。变化的国际经济环境和新的国际税收规则带来更多的不确定性，对 MNE 的全球布局和投资运营产生影响。国际货币基金组织（以下简称 IMF）与 OECD 联合发布的《2019 年税收确定性进展报告》③ 也指出，税收确定性是纳税人投资决策的重要组成部分，可对经济增长产生重大影响。然而，传统国际税收确定性工具，如双边或多边预约定价安排、相互协商程序等，只能解决转让定价或违反协定规定征税的问题，国际税收多边合作的新型税收确定性工具 ICAP 应运而生。作为一种风险评估工具，ICAP 旨在使用一种高效协调的方法，为愿意积极、公开和透明地参与税收评估的 MNE 提供更大范围的税收确定性。

（二）ICAP 发展历程。2018 年 1 月，ICAP 由 OECD 下设的税收征管论坛（以下简称 FTA）启动首次试点，共有 8 个国家的税务机关参与，包括澳大利亚、加拿大、意大利、日本、荷兰、西班牙、英国和美国。2019 年 3 月，FTA 制定《工作手册 2.0》进行第二次 ICAP 试点，参与的国家进一步扩大至 19 个。2021 年 2 月 17 日获得 OECD 财政事务委员会批准的 ICAP，调整了《工作手册 2.0》相关内容，将实施步骤调整为

① The Belt and Road Initiative Tax Administration Cooperation Mechanism. Final Report of Following Rule of Law and Raising Tax Certainty Task Force Wuzhen Action Plan（2019 - 2021）[DB/OL]. [2023 - 08 - 28]. https：//www. britacom. org/gkzljxz/Documents.

② OECD（2023），OECD Secretary-General Tax Report to G20 Finance Ministers and Central Bank Governors https：//www. oecd. org/tax/oecd-secretary-general-tax-report-g20 – finance-ministers-india-july – 2023. pdf.

③ IMF/OECD（2019），2019 Progress Report on Tax Certainty，Paris. www. oecd. org/tax/tax-policy/g20 – report-on-tax-certainty. htm.

选择、风险评估与问题解决和出具评估结果三个阶段①。同时，2021年2月，OECD正式向所有国家开放ICAP项目。截至2023年7月，参与ICAP项目合作的国家有22个②。

ICAP第二次试点的《工作手册2.0》是根据参与国税务机关和MNE的经验对《工作手册1.0》进行修订提出，ICAP《工作手册》从1.0到2.0主要有以下5个方面的变化：

1. 参与税务机关的数量增加。ICAP 2.0共有19个国家参与试点，试点的经验表明，最有效的多边风险评估规模要包含4～8个国家税务机关。参与国数量的增加，增强了MNE获得税收确定性保障的比例和可能性，多边"一带一路"机制也能发挥出最大作用。

2. 获取参与资格的范围扩大。ICAP 1.0明确规定需要税务机关邀请MNE参与试点。而ICAP 2.0，MNE可以接受其最终母公司（UPE）所在管辖区的税务机关（以下简称UPE税务机关）的邀请，也可以主动向UPE税务机关发出申请。ICAP 2.0还引入了代理牵头税务机关的概念。如果UPE税务机关不充当牵头税务机关，或者它不在OECD官网涵盖的国家名单中，MNE可以联系其他国家的税务机关作为代理牵头税务机关。代理牵头税务机关应来自MNE开展重大经济活动的地区，而且在双方接洽前，MNE应先告知自己的UPE税务机关。

3. 明确了申请日期和评估的范围。为了统筹协调不同ICAP风险评估项目，ICAP 2.0规定了MNE申请参与的年度截止日期（每年3月底和9月底），并通过OECD官网发布。同时，ICAP 2.0专门明确评估范围所涵盖的交易和风险，除了转让定价和常设机构风险，ICAP 2.0的评估范围注重MNE其他类型的风险，如混合错配安排、预提税和协定待遇等领域风险。

4. 建立清晰、有效率和灵活的程序。ICAP 2.0取消了1级（高级）和2级（深度）风险评估之间的区别，并在风险评估阶段纳入了更多的灵活性，包括多边合作的时间、形式和内容等。为了提高ICAP风险评估的效率，减少所有参与者的资源负担，ICAP 2.0评估所需的文件水平一般低于预约定价安排或相互协商程序。除要提供部分本地文件外，MNE可以提供一个单一的文件包，供所有参与税务机关使用。

5. 在风险评估阶段加入问题解决的选项。ICAP 2.0的风险评估阶段，引入问题解决的流程，讨论是否需要对评估交易进行相应的税务调整，对评估交易的税务处理达成协议，并且将解决方案包含在ICAP框架内。

---

① OECD（2021），International Compliance Assurance Programme-Handbook for tax administrations and MNE groups，OECD，Paris. https：//www. oecd. org/tax/forum-on-tax-administration/publications-and-products/international-compliance-assurance-programme-handbook-for-tax-administrations-and-mne-groups. pdf.

② https：//www. oecd. org/tax/forum-on-tax-administration/international-compliance-assurance-programme. htm.

总之，ICAP 2.0 参与国税务机关更多、参与评估范围更大，表明多边税收管理正向包容与合作的方式转变。同时，ICAP 2.0 具有更加高效、清晰和灵活的操作流程，其独特的模式使之成为其他确定性工具的有益补充。

（三）ICAP 的实施步骤。根据 2021 年 2 月 17 日获得 OECD 财政事务委员会批准的 ICAP，具体实施的步骤，包括选择、风险评估与问题解决和出具评估结果三个阶段。

1. 选择阶段。选择阶段有两个功能。首先，MNE 了解哪些税务机关能够并愿意参与其 ICAP 风险评估。其次，牵头税务机关和参与税务机关审查与风险相关的 MNE 所有交易事项的内容，并确定是否参与或将一些交易事项排除在 ICAP 风险评估范围之外。

（1）MNE 可以向其 UPE 税务机关表明其参与 ICAP 的意愿，或者由 UPE 税务机关主动邀请 MNE 参与 ICAP，UPE 税务机关是 MNE 首选的牵头税务机关。如 UPE 税务机关不愿意担任，MNE 则可以选择其他税务机关作为代理牵头税务机关。当 MNE 向其牵头税务机关提交选择文件包（selection documentation package）时，选择阶段正式开始。

（2）牵头税务机关在分发选择文件包之前要联系其他 FTA 成员国税务机关，了解它们的参与意向。在 OECD 官网上已列明参与 ICAP 且位于 MNE 拥有实体的管辖区内的税务机关为潜在的参与税务机关，若无法参与（如考虑到正在进行其他 MNE 的 ICAP 风险评估）应向牵头税务机关明确说明。选择文件包将提供给所有潜在的参与税务机关。牵头税务机关与潜在的参与税务机关举行多边电话会议，以确定成为 MNE 的 ICAP 参与税务机关。如果同意参与 MNE 的 ICAP 项目的税务机关低于 3 个（包括牵头税务机关），则 ICAP 流程结束，由牵头税务机关将结果告知 MNE。

（3）牵头税务机关与参与税务机关要进行一轮或多轮讨论，确定 MNE 希望通过 ICAP 风险评估的交易范围、交易期间等，同时确认应被排除在 ICAP 风险评估范围之外的交易（如已有预约定价安排的交易）。讨论的最终结果反馈给 MNE，由其决定是否愿意继续进入下一个阶段。

2. 风险评估与问题解决阶段。本阶段是 ICAP 的核心。MNE 决定继续进行 ICAP，则应按照牵头税务机关的要求提交主文件包（main documentation package）。

牵头税务机关与各参与税务机关对 MNE 确定范围的交易或安排的风险进行多边评估和认定，风险评估和问题解决程序可先后或同时进行。各税务机关可以运用各自的国内政策或风险评估方法，采用必要措施降低风险。在详细讨论并了解差异的原因后，参与税务机关可能得出不同的结论。考虑到彼此风险评估结果的一致性，可以采用一致的方法，最终就被评估事项达成一致的认定意见。每个参与税务机关都必须得出自己的评估结论，这些结论可以有所不同。

在问题解决过程中，参与税务机关会与MNE就评估事项的税务处理方式达成共识，包括评估期间是否需要纳税调整等。参与税务机关是否可以在ICAP框架内完成问题解决，受制于每个司法管辖区适用的国内法的规定。

3. 出具评估结果阶段。在本阶段，MNE将收到一封由牵头税务机关签发的完成函（completion letter），确认ICAP流程已经结束。MNE还会收到包括牵头税务机关在内的每个参与税务机关的结果函（outcome letter），其中包含税务机关的评估结果、保障声明与有效期。如果参与税务机关无法得出低风险的评估结论，或者无法就评估的风险得出结论，这也将反映在其结果函中。发布结果函的首选方式一般在选择阶段就已经商讨确定。可以由牵头税务机关向MNE的UPE发出统一的文件包，里面包含完成函和每一封结果函作为附件。虽然每个参与税务机关都会发出单独的结果函，但仍要尽可能确保MNE同期收到这些函件。

（四）ICAP的优势与不足。

1. ICAP的优势。

（1）有效利用现有资源。MNE参与ICAP项目所需提交的资料包括国别报告等标准资料，也可以提供额外的信息以帮助税务机关理解企业跨境业务。税务机关还可以相互讨论它们的调查结果，提高数据解释的一致性，并提高不同税务机关对MNE在不同辖区进行类似交易的一致性理解。

（2）更快、更清晰地提高多边税收确定性。ICAP是一个具有明确时间管理的项目，一般会在24～28周内完成评估（见表1）。MNE和税务机关会根据预先商定的时间表，就当前的税收风险水平达成共识。通过ICAP，税务机关可以全面了解企业的跨境业务，并尽可能地了解其税务状况，排除税收风险。ICAP的讨论结果还能为MNE管理全球业务提供更广泛的认知。

表1　　不同税收确定性工具的预计完成计划比较

项目	具体步骤	时间
双边预约定价	6个阶段	2～3年
相互协商程序	3个阶段	2年
国际税收遵从保障项目	3个阶段	24～28周

注：（1）Bilateral Advance Pricing Arrangement Manual.

（2）Manual on Effective Mutual Agreement Procedures.

（3）International Compliance Assurance Programme-Handbook for tax administrations and MNE groups.

（3）建立税企合作共赢关系。参与ICAP的MNE和税务机关都将承诺，以透明、公开和合作的方式进行合作。通过参与ICAP，税企间会建立一种基于相互开放和诚信的互信关系。

（4）可以获得早期税收确定性。ICAP为MNE提供了更具协作性的风险评估和保障机制，同时增进了税务机关之间对类似交易的理解和处理方式的交流。ICAP 可以让税务机关尽早讨论 MNE 的某些特定业务，以免各个税务机关各自形成观点。这可以提高税务机关在解释和处理交易方面的一致性，减少税收争议和进入相互协商程序的情况。

2. ICAP 的不足。

（1）缺乏税收确定性的法律性质。作为一种风险评估工具，ICAP 可以给 MNE 一定保障，其法律性质尚不明确。参与税务机关一般不再对 MNE 规定期限内已评估的风险进行进一步审查。但是，对于 MNE 而言，ICAP 提供的保障力度低于其他确定性工具的法定确定性，如双边或多边预约定价等，税收确定性工具确定性程度比较如图 1 所示。

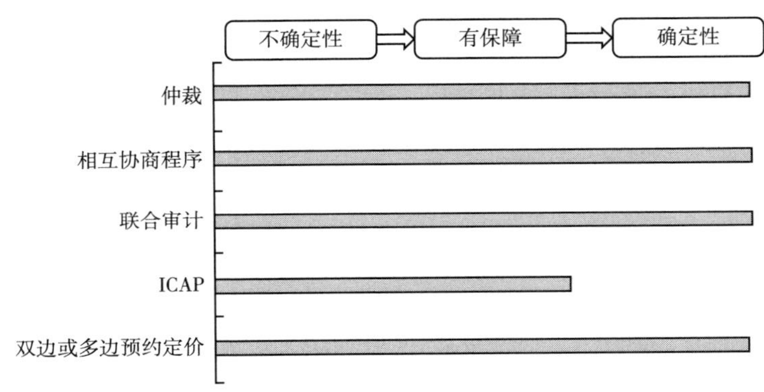

图 1　税收确定性工具确定性程度比较

资料来源：International Compliance Assurance Programme-Handbook for tax administrations and MNE groups.

（2）协商过程存在不确定性。ICAP 的评估进度取决于 MNE 提供材料和回应问题的速度，各参与税务机关之间沟通的流畅程度和风险评估能力，以及牵头税务机关的组织协调能力等。如果 MNE 和各个税务机关对同一问题的分歧无法得到统一，可能导致 ICAP 的完成时间被无限拉长，甚至最终无法获得期望的评估结果。

二、"一带一路"成员应用 ICAP 的状况和挑战

"一带一路"机制是支持共建"一带一路"倡议的国家（地区）间的非营利性官方税收征管合作组织，旨在通过加强税收征管合作，促进共建"一带一路"国家（地区）的贸易和投资自由化便利化，推动构建友好型税收环境。"一带一路"机制现有成员 36 个，观察员 30 个①。

① The Belt and Road Initiative Tax Administration Cooperation Mechanism. About Council［DB/OL］.［2023－08－28］. https：//www. britacom. org/jzgk/council.

根据 OECD 官网转让定价（TP）国家概况、税基侵蚀和利润转移（BEPS）包容性框架成员、相互协议程序（MAP）概况等页面相关信息，分析“一带一路”成员应用 ICAP 的实际情况、设立 ICAP 制度的现行基础以及建立 ICAP 团队的人员配置基础，制作“一带一路”成员应用 ICAP 的制度建立等基础情况（见表 2）。

表 2　“一带一路”成员应用 ICAP 的基础情况

序号	“一带一路”机制成员	ICAP 成员（是/否）	ICAP 制度设立基础	ICAP 人员配置基础
1	阿尔及利亚	否		
2	阿富汗	否		
3	阿联酋	否	BEPS（√） TP（ ） MAP（√） APA（√）	有
4	埃塞俄比亚	否		
5	安哥拉	否	BEPS（√） TP（√） MAP（√） APA（ ）	有
6	巴布亚新几内亚	否	BEPS（√） TP（√） MAP（√） APA（ ）	有
7	巴基斯坦	否	BEPS（√） TP（ ） MAP（√） APA（ ）	有
8	冈比亚	否		
9	刚果民主共和国	否	BEPS（√） TP（ ） MAP（√） APA（ ）	有
10	格鲁吉亚	否	BEPS（√） TP（√） MAP（√） APA（√）	有
11	哈萨克斯坦	否	BEPS（√） TP（√） MAP（√） APA（√）	有
12	吉布提	否	BEPS（√） TP（ ） MAP（√） APA（ ）	有
13	加蓬	否	BEPS（√） TP（ ） MAP（√） APA（ ）	有
14	* 柬埔寨	否		
15	喀麦隆	否	BEPS（√） TP（ ） MAP（√） APA（ ）	有
16	科威特	否		
17	卢旺达	否		
18	蒙古国	否	BEPS（√） TP（ ） MAP（√） APA（ ）	有
19	孟加拉国	否		
20	南苏丹	否		
21	尼泊尔	否		
22	尼日利亚	否	BEPS（√） TP（√） MAP（√） APA（√）	有
23	萨摩亚	否	BEPS（√） TP（ ） MAP（√） APA（√）	有
24	塞尔维亚	否	BEPS（√） TP（ ） MAP（√） APA（ ）	有
25	塞拉利昂	否	BEPS（√） TP（ ） MAP（√） APA（ ）	有
26	塞内加尔	否	BEPS（√） TP（√） MAP（√） APA（√）	有
27	斯洛伐克	否	BEPS（√） TP（√） MAP（√） APA（√）	有
28	苏丹	否		
29	苏里南	否		

续表

序号	"一带一路"机制成员	ICAP 成员（是/否）	ICAP 制度设立基础	ICAP 人员配置基础
30	索马里	否		
31	塔吉克斯坦	否		
32	乌拉圭	否	BEPS（√） TP（√） MAP（√） APA（√）	有
33	*印度尼西亚	否	BEPS（√） TP（√） MAP（√） APA（√）	有
34	*中国	否	BEPS（√） TP（√） MAP（√） APA（√）	有

注：（1）OECD 官网转让定价（TP）国家概况、BEPS 包容性框架成员、相互协议程序（MAP）概况页面统计汇总，预约定价安排（APA）制度数据来源于 OECD 官网转让定价（TP）国家概况及相互协议程序（MAP）概况页面内具体信息；

（2）哈萨克斯坦的转让定价（TP）制度参考毕马威官方网站，中国香港转让定价（TP）制度参考香港税务局官方网站；

（3）标 * 的国家为 RCEP 成员国；

（4）标底纹的国家为金砖国家成员国。

（一）基础情况。

1. 应用现状。从税务机关角度出发，将 36 个"一带一路"成员与 OECD 官网 ICAP 专题页面公布的 ICAP 参与国进行比对发现，36 个"一带一路"成员税务当局均未参与 ICAP 项目。同时，在大多数"一带一路"成员税务机关的官方网站上，未发布 ICAP 相关内容。另外，在税收确定性终期报告中仅出现一段内容对 ICAP 简单提及，并未展开更多讨论或展示应用情况。由此可见，ICAP 项目在"一带一路"成员税务机关中参与度低、认知不足，尚未开展实际应用。

从在"一带一路"国家（地区）经营投资的 MNE 角度出发，参考税收确定性终期报告企业问卷调查数据①，74. 42% MNE 表示其获取共建"一带一路"国家（地区）投资的税收政策知识主要来源为该国（地区）税务机关官方网站；90. 7% MNE 表示更愿意将税务机关官方网站作为接收税收政策信息和指导的主要渠道。结合税务机关官方网站尚未展示 ICAP 项目相关信息的现状分析，ICAP 在相关国家（地区）MNE 中的普及度较低。

2. ICAP 制度设立基础。ICAP 并不提供法律上的确定性，ICAP 不会在各参与主体间产生刚性法律拘束力，仅由参与税务机关与 MNE 就有关事项的税务处理及 MNE 的税务风险进行协商并达成一致意见。另外，在 ICAP 项目的选择、风险评估与问题解决和出具评估结果三个阶段中，ICAP 所需专业人员可直接采用税务机关现有团队，无须设立新的业务架构，现行 ICAP 参与方大多采用本国（地区）已有转让定价（TP）团

① The Belt and Road Initiative Tax Administration Cooperation Mechanism. Final Report of Following Rule of Law and Raising Tax Certainty Task Force Wuzhen Action Plan（2019 - 2021）［DB/OL］.［2023 - 08 - 28］：19 - 20. https：//www. britacom. org/gkzljxz/Documents.

队等相关资源进行运作。

通过表 2 可知，“一带一路”成员 22 个国家（地区）（占比 61.11%）存在相关制度基础，有利于 ICAP 制度的建立推行。其中，中国、印度尼西亚、斯洛伐克、哈萨克斯坦、中国香港等 5 个国家（地区）的制度设立较为全面，BEPS、TP、MAP 及 APA 四种制度均囊括在内，且在 OECD 官网 2021 年相互协商程序相关数据中分别以 153 个、48 个、41 个、27 个、17 个的开展项目总数排名前五位，体现了税务当局较为丰富的相关事项处理经验，具有较强的制度基础。

3. ICAP 人员配置基础。根据 ICAP 工作手册，ICAP 项目的参与团队包括指导小组、各税务机关联络员及具体风险评估人员。其中，ICAP 指导小组由每个参加 ICAP 的税务机关指派一名高级代表组成，负责把控整个 ICAP 项目的决策方向与流程进度。同时，由各参与税务机关指定 1～2 名在主管当局具备一定资历身份并达到足以履行 ICAP 职责行政级别的代表作为联系人，负责项目的协调联络。指定联系人与指导小组成员身份并不互斥，可由同一人担任。

ICAP 的具体风险评估职责可以由参与税务机关现有组织架构中的风险评估团队承担，无须另外成立专门团队。每个项目可以采用同一团队，也可以保留团队核心成员并灵活增加特定专长的成员，以确保不同项目的专业性和一致性。现行 ICAP 参与国的团队构成几乎均在 TP 团队人员基础上建立，根据不同税务机关情况，辅以税务当局大企业司、国际司等相关业务部门工作人员与外聘专家等资源。

因此，表 2 中“一带一路”成员 ICAP 人员配置基础的结果与 ICAP 制度设立基础基本一致，22 个国家（地区）（占比 61.11%）的现有人员基础有助于 ICAP 在该国（地区）的实施推进，其中 11 个国家（地区）（占比 30.56%）存在转让定价相关制度，人员基础更加坚实。

4. 信息技术支撑。ICAP 项目对信息化手段的依赖体现于 ICAP 各流程，如发起 ICAP 时在 OECD 官网进行登记备案及选择阶段企业文件包在 MNE 与各税务机关之间进行传递、风险评估与问题解决阶段通过开展多边会议进行协商、出具评估结果阶段发放评估结果函等行为均需要技术与人员的双重支撑，实现信息安全与工作效率的有机平衡。

此外，在信息交换、多边会议及结果发放等方面，各国（地区）可使用 TP、MAP、APA 等项目已有渠道，降低技术门槛，提高技术利用率。如税收确定性终期报告中提到，部分国家通过线上会议、电话会议、邮件交流等方式推进 APA 流程。但针对 TP、MAP、APA 制度未建立或信息技术薄弱尚未熟悉线上会议等工作方式的国家（地区），其信息支撑能力有所欠缺，开展 ICAP 的技术门槛尚有待突破。

（二）面临的挑战。通过上述分析发现，“一带一路”成员应用 ICAP 仍面临不少挑战。

1. ICAP 的知晓度较低。“一带一路”成员的税务机关和 MNE 对 ICAP 的知晓度较低，税务当局与 MNE 间是否已建立足够的信任度仍有待考证。税收确定性终期报告 MNE 问卷调查数据显示[①]，大部分（53.49%）受访者与税务机关的互动程度较低，与 ICAP 透明、合作与信任的核心要求存在一定差距。

2. ICAP 等相关机制尚未建立完善。包括 TP、APA 等现行多边税收机制尚待完善和 ICAP 特定机制尚未建立，对于 APA 等争议解决机制，税收确定性终期报告 MNE 问卷调查数据显示[②]，58.14%的受访者表示其辖区内尚未建立关于 APA 的法律法规。而针对 ICAP 特定机制，如文件包内容确定、MNE 参与资格审核标准、ICAP 保障期限及向后延续期限、风险评估标准、评估结果内容及发放方式、ICAP 保障到期处理等机制内容有待具体确定并施行。

3. 人力资源不足。在人员数量上，除表 2 所示 ICAP 参与团队人员配置基础较为薄弱的企业之外，ICAP 所需宣传人员、技术人员、“一带一路”机制工作人员有待配备；此外，税收确定性终期报告中面向 10 个税务机关的补充问卷调查数据显示[③]，三个税务机关（占比 43%）认为“人力资源不足”是影响 APA 在其辖区内进展的主要原因。在人员能力上，税务人员的专业知识与问题处理经验也会对纳税遵从产生影响。

4. 信息化手段支撑不够与税收征管信息系统有待提升。“一带一路”成员的信息技术能力参差不齐，且部分国家（地区）尚未在辖区内建立统一的税收征管信息系统，不利于税收政策的执行与税收确定性的确立。

5. 预算费用不确定性较高。“一带一路”成员的税务机关年度预算是否充足，推行 ICAP 所需费用能否纳入预算，均有待各“一带一路”成员进行斟酌考虑，不确定性较高。

三、ICAP 应用于“一带一路”成员税收确定性的建议

（一）ICAP 应用于“一带一路”成员税收确定性的可行性。提高税收确定性是“一带一路”机制的重点工作之一。在“一带一路”机制先后设立的《乌镇行动计划（2019 - 2021）》五个工作组和《努尔苏丹行动计划（2022 - 2024）》四个工作组中，

---

① The Belt and Road Initiative Tax Administration Cooperation Mechanism. Final Report of Following Rule of Law and Raising Tax Certainty Task Force Wuzhen Action Plan（2019 - 2021）[DB/OL].［2023 - 08 - 28］：19 - 20. https：//www.britacom.org/gkzljxz/Documents.

② The Belt and Road Initiative Tax Administration Cooperation Mechanism. Final Report of Following Rule of Law and Raising Tax Certainty Task Force Wuzhen Action Plan（2019 - 2021）[DB/OL].［2023 - 08 - 28］：20 - 21. https：//www.britacom.org/gkzljxz/Documents.

③ The Belt and Road Initiative Tax Administration Cooperation Mechanism. Final Report of Following Rule of Law and Raising Tax Certainty Task Force Wuzhen Action Plan（2019 - 2021）[DB/OL].［2023 - 08 - 28］：16. https：//www.britacom.org/gkzljxz/Documents.

“提高税收确定性”一直占据一席之地，其重要性可见一斑。

ICAP 是税收合作遵从在国际多边层面的延伸扩展，既能为 MNE 的国际投资经营活动提供更高的税收确定性，又有助于税务机关降低税收征管成本，预防和及时有效解决国际税收争议。这与“一带一路”机制加强共建“一带一路”国家（地区）税收合作的目标不谋而合。

1. 对税收确定性的认可度及相关机制需求程度较高。“一带一路”机制先后落实《乌镇行动计划（2019—2021）》及《努尔苏丹行动计划（2022—2024）》，致力于提高税收确定性。在提高税收确定性终期报告中，“一带一路”成员的多数受访税务机关与 MNE，对提高税收确定性、避免税收争议、进行争议解决的体制机制的必要性表示认同，较强的意愿与接受度有助于 ICAP 制度的建立推行。

2. ICAP 柔性约束特征较具吸引力。一方面，与具有刚性法律约束的 TP、APA 等税收争议解决机制相比，ICAP 在为 MNE 提供早期税收确定性的同时，对各参与税务机关的风险评估结果并无强制性要求，各税务机关在得出独立判断并采取相关问题解决措施方面自由度较高，为此“一带一路”成员的国情较为适应。另一方面，ICAP 制度实施可以为约束力更强的 TP、APA 等机制的建立推行积累有益经验。

3. 在人力资源方面，“一带一路”机制的“一带一路”税收征管能力促进联盟和“一带一路”税务学院，为“一带一路”成员的税务人员积累专业知识、提升素质能力提供培训渠道；同时，“一带一路”机制专家咨询委员会为 ICAP 团队人员配置提供潜在资源；另外，“一带一路”机制工作人员可作为政策宣传、ICAP 专门网页管理人员的后备力量进行支撑。

4. “一带一路”成员间合作基础较强。2/3 的“一带一路”成员已与中国签订税收协定①；超过半数成员已签署 OECD 与欧洲委员会联合发起的《多边税收征管互助公约》②；3 个成员共同作为金砖国家成员国，3 个成员共同作为《区域全面经济伙伴关系协定》（RCEP）成员国；“一带一路”机制多次开展线上线下研讨会、“一带一路”税收征管合作论坛等多方参与活动，为“一带一路”成员的税务机关、MNE 开展双边、多边合作，推行 ICAP 奠定信任基础与流程保障。

（二）制定适应“一带一路”成员国情特点的《ICAP 工作手册 1.0》。根据“一带一路”成员的国情特点，制定《“一带一路”机制——ICAP 工作手册 1.0》，主要特色内容体现在以下五个方面：

1. 发起项目方面，考虑到 MNE 操作实际，ICAP 操作手册 1.0 的发起项目不受业

① 中国国家税务总局．税收条约［DB/OL］．［2023－08－28］．https：//www. chinatax. gov. cn/chinatax/n810341/n810770/common_list_ssty. html.

② OECD. Convention on Mutual Administrative Assistance in Tax Matters［DB/OL］．［2023－08－28］．https：//www. oecd. org/ctp/exchange-of-tax-information/convention-on-mutual-administrative-assistance-in-tax-matters. htm.

务范围限制，既可以选择某专项涉税行为进行专项 ICAP 风险评估，也可以选择公司全面整体的涉税业务进行 ICAP 风险评估。

2. 发起时间方面，相较于 OECD 的 ICAP 的申请参与截止时间（每年 3 月底和 9 月底），考虑“一带一路”成员与 MNE 的财年起始日期和同期资料准备周期，提出申请 ICAP 风险评估的截止时间分别为每年 6 月 30 日前和 12 月 31 日前。

3. 发起路径方面，需要通过“一带一路”机制官方网站上 ICAP 专门模块备案，并且允许在发起时限内随时可以通过网上申请加入。设置专门邮箱收发包括登录“一带一路”机制官方网站 ICAP 应用模块的密钥、上传下载文件路径等。现行“一带一路”机制官方网站技术人员以及“一带一路”机制工作人员进行支撑。

4. 发起者方面，吸收借鉴 OECD 的 ICAP 的经验，在“一带一路”机制框架下发起的 ICAP，既可以由各国税务机关发起，也可以由 MNE 主动发起。

5. 各方协调机制与职责方面，致力于“一带一路”成员各税务机关层面建立协调机制，包括牵头税务机关与各参与税务机关，具体承办部门为各国税务机关的国际税收与大企业税收管理部门。

（三）完善国内税收征管规则。ICAP 惠而不费的特点，使之成为预约定价安排和相互协商程序等税收确定性多边机制的有益补充，对于培育 MNE 参与国际竞争具有积极的意义。因此，建议“一带一路”成员包括我国，在适当时机尝试参与 ICAP 试点，平衡信赖保护、实质课税、税收公平与税收法定原则之间的关系，做好《“一带一路”机制—ICAP 工作手册 1.0》与“一带一路”成员包括我国的税收征管规则衔接，建立完善税收政策确定性管理工作机制，持续动态优化 ICAP 操作手册和国内税制，为“一带一路”成员的 MNE 国际税收增强多边合作能力和合作效率。

（四）在“一带一路”机制官网专项设计 ICAP 应用模块。充分利用“一带一路”机制官方网站，增设 ICAP 应用模块，其功能包括但不仅限于：

1. “一带一路”成员 ICAP 牵头税务机关和各参与税务机关的登记备案功能。就如 OECD 的 ICAP 工作手册要求参与 ICAP 项目的国家须在 OECD 官网进行登记备案，“一带一路”成员若要参与 ICAP 项目，则须在“一带一路”机制官网上办理登记备案。

2. MNE 的文件包上传、文件包在 MNE 与各参与税务机关之间进行传递功能。设计文件包模板，供 MNE 填报。

3. 参与税务机关（包括牵头税务机关）开展风险评估功能。具有参与税务机关之间信息交互，对 MNE 提交文件包资料进行风险评估功能。

4. 参与税务机关（包括牵头税务机关）与 MNE 沟通功能。参与税务机关在风险评估、问题解决过程中，以及出具评估意见、发放结果函（具有下载功能）等环节与 MNE 沟通交互。

5. 具有直播和回放的 ICAP 视频培训功能。“一带一路”成员税务机关和 MNE 可以通过该模块进行包括不仅限于《“一带一路”机制—ICAP 工作手册 1.0》的培训学习。

6. 统筹好《“一带一路”机制 ICAP 操作手册 1.0》的程序设计和国内税收征管系统协调，并持续规范相关备案、协作交流、文件传输、意见发布路径。

（五）建立项目制的工作机制，开展 ICAP 试点。坚持“试点先行，由点及面，点面结合，有序推进”，先在“一带一路”成员间试点采用 ICAP，建议“一带一路”秘书处设立项目制工作小组，辅导帮助 ICAP 项目推进运行，以个别国家、“一带一路”、单个项目作为试点对象，在试点过程中不断积累建立制度化安排的有益经验，通过总结经验、提炼规律、动态调整，探索出 ICAP 在“一带一路”成员之间的成功路径后，进行普适化推广应用，有序扩大 ICAP 在“一带一路”成员间适用范围。

（六）组织开展 ICAP 培训和宣传交流。应用“一带一路”机制官网 ICAP 专用模块视频培训功能，对“一带一路”成员税务人员和 MNE 提供理论与实践相结合的 ICAP 专题培训。同时，发挥“一带一路”税收征管能力促进联盟和“一带一路”税务学院作用，设立 ICAP 相关课程进行培训。此外，借助“一带一路”机制的合作论坛、工作组会议等进行宣传，促进各参与方之间经验交流和分享。

四、未来展望

ICAP 是税收合作遵从在国际多边层面的延伸扩展，既能为 MNE 的国际投资经营活动提供更高的税收确定性，又有助于税务机关降低税收征管成本，预防并及时有效解决国际税收争议。本文在对 OECD 的 ICAP 进行研究的基础上，分析“一带一路”成员应用 ICAP 的状况和挑战以及可行性，创新地提出并制定了适应“一带一路”各成员国情特点的《“一带一路”机制—ICAP 工作手册 1.0》，在“一带一路”机制官网专项设计 ICAP 应用模块以及建立项目制的工作机制开展 ICAP 试点建议，以期实施后，MNE 的多边税收确定性得到提高，形成“一带一路”机制国际税收多边合作遵从的新内容，动态优化《“一带一路”机制—ICAP 工作手册 1.0》，为 RECP 和金砖国家开展国际税收税收征管多边合作提供有效可操作的范本。

参考文献

［1］梁若莲．多边税收事先裁定的“试验田”——国际税收遵从保障项目简介与述评［J］．税务研究，2021（03）：84－90.

［2］廖益新，芦泉宏．国际税收遵从保障项目（ICAP）：一种多边税收合作遵从的实践探索［J］．国际税收，2022（07）：3－13.

［3］王波．税收事先裁定的主体定位与范围厘清——基于实现税法确定性与促进“一带一路”倡议的功能视角［J］．上海财经大学学报，2018，20（06）：125－139.

［4］国家税务总局税收科学研究所课题组，孙红梅，徐妍等．构建“一带一路”税收争端解决创新机制的研究［J］．国际税收，2020（05）：13－19.

［5］柳华平，杜林，张镱．提高税收确定性的路径选择——基于 IMF 和 OECD《税收确定性专题报告》的启思［J］．税务研究，2023（07）：131－137.

［6］Outcome Statement on the Two-Pillar Solution to Address the Tax Challenges Arising from the Digitalisation of the Economy（11 July 2023）（oecd. org）.

［7］IMF/OECD（2019），2019 Progress Report on Tax Certainty，Paris. www. oecd. org/tax/tax-policy/g20－report-on-tax-certainty. htm.

［8］The Belt and Road Initiative Tax Administration Cooperation Mechanism. Final Report of Following Rule of Law and Raising Tax Certainty Task Force Wuzhen Action Plan（2019－2021）［DB/OL］．［2023－08－28］．https：//www. britacom. org/gkzljxz/Documents.

课题组组长：李海燕

成员：钱彧、汪赛丽（执笔人）、徐枫（执笔人）、朱紫仪（执笔人）

平台经济个人从业者税收征管研究
——以杭州市上城区为例

国家税务总局杭州市上城区税务局课题组

摘　要：平台经济是生产力新的组织方式，作为新兴业态，不仅是经济发展的新动能，也是税源培育的新渠道，更是解决公共就业和公共服务新支撑。近年来，税务部门一直以包容审慎的态度，高度关注平台经济的发展。为了准确捕捉平台经济业态、适配现行税收政策，税务部门积极参与平台经济的调研，对平台经济概念、类型、经营模式进行解析和分类，并选取上城区不同类型平台企业的典型代表，介绍其经营模式及涉税情况，从纳税人、税务部门两个角度阐述平台经济发展过程中相关涉税疑点难点问题，并结合实际工作经验展开剖析，进一步从税务执法、税务服务、税务监管、税务共治等四个方面，提出化解纳税人税务难题的可行性方法，以及推动平台经济高质量发展的若干看法及建议。

关键词：平台经济　个人从业者　税收征管

一、平台经济个人从业者税收征管研究背景及意义

"平台经济在时代发展大潮中应运而生，为扩大需求提供了新空间，为创新发展提供了新引擎，为就业创业提供了新渠道，为公共服务提供了新支撑，在发展全局中的地位和作用日益凸显"，国务院总理李强于2023年7月邀请企业座谈时，对平台经济给出了这样的评价。

近几年，以"互联网+"业态为代表的互联网平台经济蓬勃发展，延伸至物流、住房、餐饮、金融等领域，并成为就业市场的重要补充。但同时，一些新的社会问题随之出现，税收监管首当其冲。近几年从网络直播平台的行业规范中反映出的问题，

一定程度上代表了当下平台个人从业者发展与税务征管服务滞后的矛盾。为了扶持平台经济规范、健康、有序地发展，维护公平公正的经济秩序、涵养税源，亟须税务部门针对性出台相应的税收征管政策，共同推动平台经济高质量发展。

二、国内外研究现状

（一）国外研究情况。诺切特（Rochet）和蒂罗尔（Tirole，2003）、卡约（Caillaud）和朱利安（Jullien，2003）、阿姆斯特朗（Armstrong，2004）等开创了平台经济研究之先河；苏库马尔·加纳帕蒂亚（Sukumar Ganapatia）、克里斯（Christopher G.）、雷迪克（Reddick，2018）发表了一篇关于公共部门平台经济前景和挑战的文章，以三个主要领域移动车辆共享服务、住宿共享和劳动力服务为例，指出若干监管措施不到位引发的社会问题，同时制定了应对挑战的战略。菲利普·A（Philip A.）、弗拉林（Folarin，2019）认为互联网改变了现有的商业模式，交易双方已经从实体经济转向了虚拟交易，这也使得原本以传统经营方式为主的很多发展中国家税基受到侵蚀，它给我国宏观经济调控带来了一定的冲击，同时也给政府部门的征税活动增加了难度。澳大利亚针对共享乘车类活动，规定司机需在提供第一单载客服务前注册 GST，由第三方平台代司机开具税务发票。法国于 2017 年 3 月发布了《法国共享经济税收法案》，建立了平台从业者纳税申报制度，新增了网络运营商自动报告义务，设置了平台经济从业者优惠制度，从税制上消除传统经济与共享经济的差异以及不合理竞争优势。美国规定个体从业者不负有纳税申报义务，平台代扣代缴仅限于高频词、高交易量以及高收入从业者进行报告，且在不同领域有不同的税收扣除项目。

（二）国内研究情况。国内较早且系统介绍平台经济的文献主要有徐晋、张祥建（2006）、程贵孙等（2006）、徐晋（2007）等。冯骁、陈新明、任丽蓉等（2016）以网约车服务为例，以网约车服务为例，指出了当前网约车市场因法规及税制缺失等问题带来的税收征管瓶颈，并通过对税收原则及网约车服务市场的特点，提出了增强网约车服务税收征管的建议。薛悦（2017）以滴滴专车为例，着重分析了平台经济商业模式下的个人税收征管问题，建议加强网络支付平台的管理，实行代扣代缴税款。王远伟（2018）认为，应加快将网络空间纳入税收管辖权的研究与实践，从税法解释、税收管理、征税技术等层面加强对共享经济税收的全面掌控，防范税收流失。蔡昌、马燕妮、刘万敏（2020）针对平台经济不同商业模式进行分析，发现平台经济存在税制缺失、税收征管落后、税收税源相背离等问题，结合国际经验提出适应平台经济发展的税收治理方略。周克清、刘文慧（2021）从消减税务机关与第三方平台之间、税务机关与平台从业人员之间的信息不对称角度出发，提高平台经济下相关从业人员个人所得税的纳税遵从度，加强税务征管。

三、平台经济概述

（一）平台经济的概念。平台可以看作是一个现实或虚拟的空间，该空间可以作为交易一方或扮演中介角色促成双方或多方客户之间的交易。平台经济就是以平台为代表的，在互联网时代下商业模式创新的一种具体表现形式，它为构建有效市场提供了路径。

本文是站在税务视角去讨论平台经济的税务特性，更多的是关注平台经济的数字化特征，结合前期的文献研究，本文更倾向于定义平台经济是一种基于数字技术，由数据驱动、平台支撑、网络协同的经济活动单元所构成的新经济系统①。它是以互联网平台为主要载体，以数据为关键生产要素，以新一代信息技术为核心驱动力、以网络信息基础设施为重要支撑的新型经济形态②。它包含交易对象的数字化和交易方式的数字化两方面。交易对象的数字化体现在交易标的物上，不仅包括传统的货物和服务，还包括数据、影像等信息产品及其服务。交易方式的数字化，借助数字信息技术通过在线直播营销、订购、交易、结算和反馈等方式，实现交易信息传输和交换的数字化和智能化。

（二）平台经济的特征。

1. 平台经济扩张迅速。《全球数字经济白皮书（2022 年）》报告显示，2021 年全球 47 个国家数字经济增加值规模为 38.1 万亿美元，同比名义增长 15.6%，占 GDP 比重为 45%。规模上中国为 7.1 万亿美元，位居第二名，仅次于美国。

2. 平台领域细分与跨界混合式发展趋势明显。一些平台作为中间轴承，凭借供需两侧的规模效应，利用自身庞大客户资源，掌握交易大数据，并利用大数据开始跨领域经营。如淘宝从最初的境内交易平台逐渐涉猎物流、跨境贸易等服务类平台业务。

3. 平台之间的竞争日趋激烈。本土内卷化与国际化扩张走势相分化。互联网经济产业链中存在明显的头部效应，受一国民众偏好、隐私保护、市场容量等影响，一些平台企业内卷化趋势显著，开发本国庞大的市场规模；另外一些平台企业则进行区域性或全球性市场扩张，形成跨国平台公司。

4. 参与用户的角色多样性。平台经济因其互联网数字化特性，进入门槛较低且操作简便，社会中每一个自然人都可以成为平台用户，使得劳动力市场更有效率。

---

① 高度重视平台经济健康发展．学习平台．2019－08－14［引用日期 2019－08－19］

② 国家发展改革委等部门关于推动平台经济规范健康持续发展的若干意见（发改高技〔2021〕1872 号）。

5. 平台的大数据产权和安全问题越来越受到关注。数据成为数字经济越来越重要的生产要素。随着平台经济的不断发展，用户数据的采集、商家数据的使用等问题越来越受到社会大众的关注。

（三）平台企业分类类型。2021 年 10 月 29 日，市场监管总局发布公告，为科学界定平台类别、合理划分平台等级，推动平台企业落实主体责任，促进平台经济健康发展，保障各类平台用户的权益，维护社会经济秩序，市场监管总局组织起草了《互联网平台分类分级指南（征求意见稿）》《互联网平台落实主体责任指南（征求意见稿）》。

《互联网平台分类分级指南（征求意见稿）》提出，对平台进行分类需要考虑平台的连接属性和主要功能。平台的连接属性是指通过网络技术把人和商品、服务、信息、娱乐、资金以及算力等连接起来，由此使得平台具有交易、社交、娱乐、资讯、融资、计算等各种功能。结合我国平台发展现状，依据平台的连接对象和主要功能，将平台分为以下六大类（含子平台）（见表 1）。

表 1　　平台分类

平台类别	连接属性	主要功能
网络销售类平台	连接人与商品	交易功能
生活服务类平台	连接人与服务	服务功能
社交娱乐类平台	连接人与人	社交娱乐功能
信息资讯类平台	连接人与信息	信息咨询功能
金融服务类平台	连接人与资金	融资功能
计算应用类平台	连接人与计算能力	网络计算功能

四、实证研究

选取杭州 A 文化传播有限公司、上海 B 出行科技服务有限公司杭州分公司为例，介绍不同平台的经营模式，并以此为基础分析平台企业发展的个人从业者涉税焦点及税务征管的难点。

（一）平台企业业务模式实例。

1. 杭州 A 文化传播有限公司（自营 + 撮合）。企业作为 2021 年度国内十大 MCN 公司，拥有内容制作、红人孵化、流量获取和变现能力。旗下从事直播业务、广告业务、电商业务、达人种草业务。

（1）直播业务：通过旗下培育的签约红人，根据品牌方需求纯佣金模式、坑位费 + 佣金模式、全流程推广模式的直播带货业务（见图 1）。

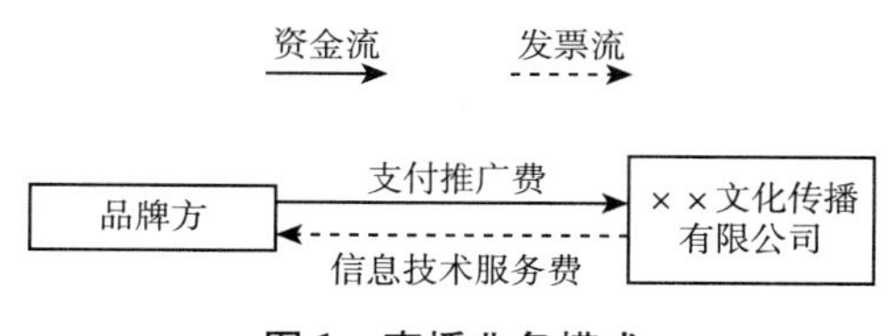

图 1　直播业务模式

（2）广告电商业务：通过旗下优质流量红人，一般为 KOL（意见领袖）在社交媒体上，通过图文和视频推广产品，通过进店 UV 量（用户访问量）结算付费模式（见图 2）。

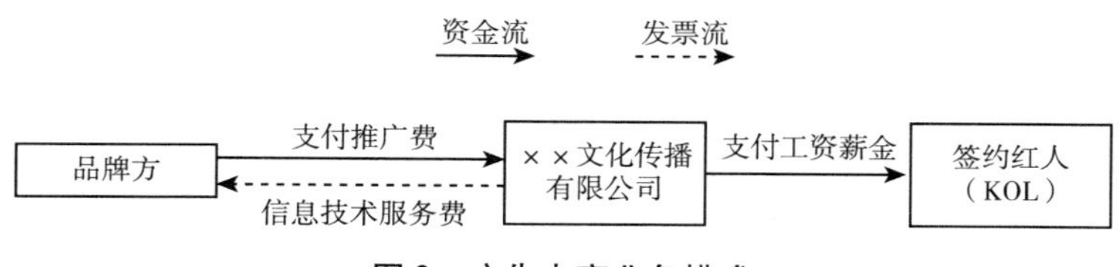

图 2　广告电商业务模式

（3）达人种草业务：提供全平台 KOC（关键意见消费者）投放业务，由 KOC（关键意见消费者）试用品牌方样品，并通过在各社交媒体撰写试用文案等完成产品推广，通过浏览量、文案篇幅次数等予以结算款项（见图 3）。

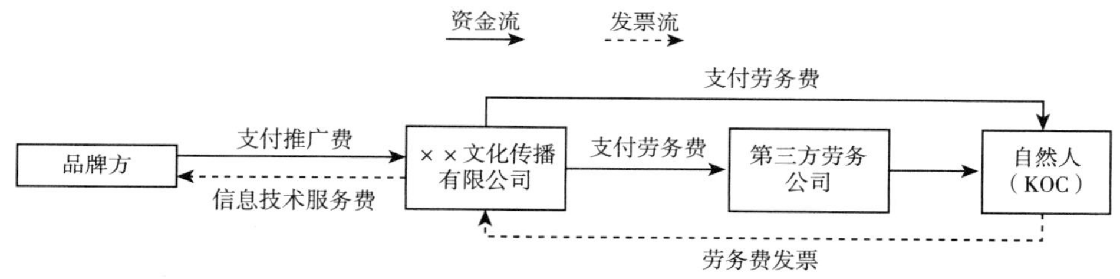

图 3　达人种草业务模式

2. 上海 B 出行科技服务有限公司杭州分公司（转售 + 撮合）。企业总部成立在上海，主要从事某品牌网约车经营业务，因业务拓展需求，2019 年在杭州成立分公司并获得网络预约出租汽车经营许可证。杭州本地业务由分公司负责维系协调；涉及 App 运营及款项结算均由上海总公司负责（见图 4）。

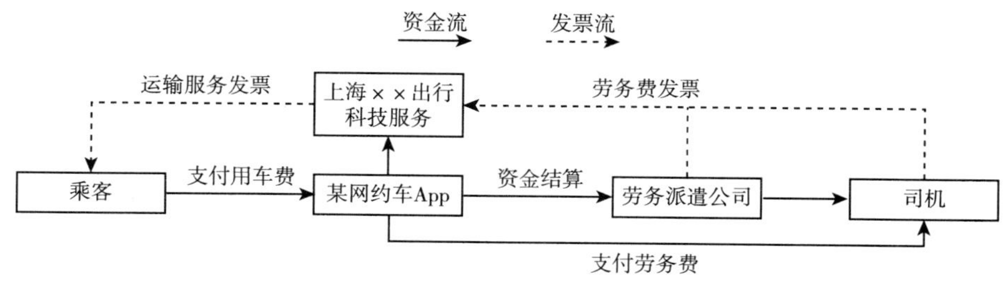

图 4　转售 + 撮合模式

（二）平台经济主要商业模式。结合杭州市税务局在辖区内实际调研摸排平台企业情况统计，本文将平台经济企业的商业模式分为以下四类。

1. 自营模式。顾名思义，为企业通过自身平台提供货物及服务。其平台多数为企业自身创立 App，利用互联网实现线上＋线下商品互通交易，以扩展企业自身经营渠道、增创营收为主要目标。此类企业多为生产制造类型企业，主营产品为自产自销类商品（见图5）。

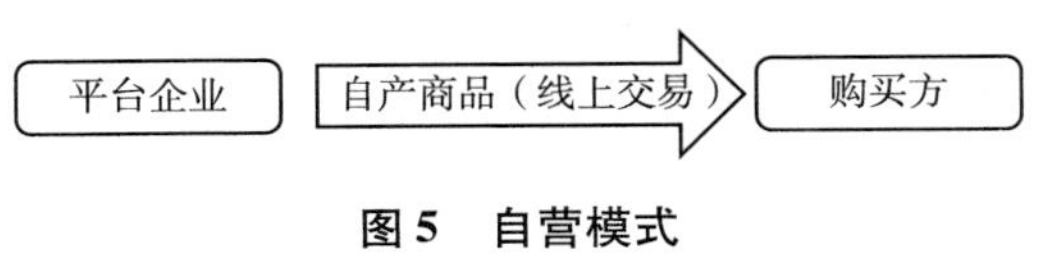

图5　自营模式

2. 转售模式。区别于自营模式，转售模式企业并非生产制造类型企业，它主要以购入商品服务后再销售为主营业务，此类模式企业多以线上平台为载体，并拥有涉及物流仓储人力资源等行业的关联公司，完善其商品服务供应链，如京东自营产品等（见图6）。

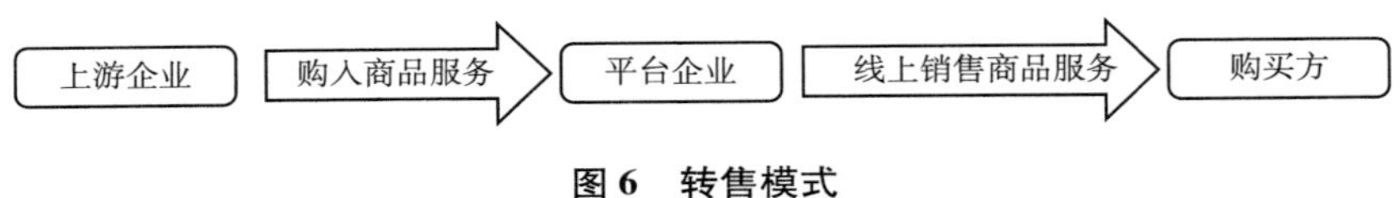

图6　转售模式

3. 撮合模式。区别于自营、转售模式企业，撮合模式以撮合上下游交易为目标，以按比例收取服务费为主要营收项目，一般不涉及物流及资金流。该类企业主要以线上平台为主，基本无线下门店，以自身创建的小程序、App 等平台载体，通过推广、评价、转载等引流方式实现自身平台增值，并促成双方交易，其业务实质更类似于广告业。如小红书、抖音平台等（见图7）。

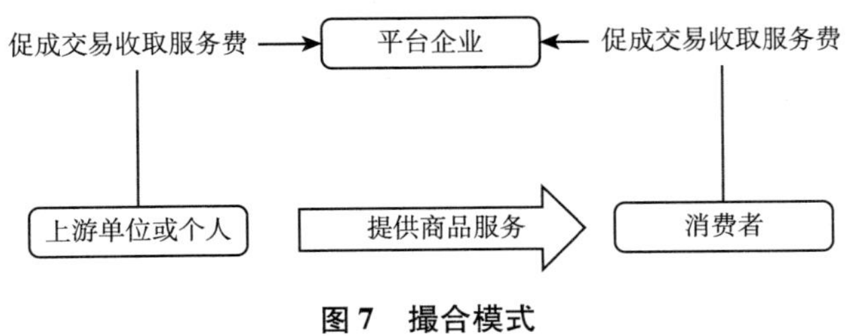

图7　撮合模式

4. 混合模式。基于现有企业经营范围的多样性，为寻求更大的利益点，企业在做大做强后会涉及更多经营模式，最多的一类混合模式以“转售＋撮合”为代表，如淘宝、京东等平台。

（三）平台企业发展的涉税焦点。

1. 政策合规性需求迫切。不少平台企业在初创期，与税务部门的沟通相对不足，在税收政策适用上往往趋向行业规则，出于合规和节税需求，有时会将平台业务进行地域拆分，不仅造成了税源的流失，也可能因政策适应性偏差增加企业涉税风险。

2. 获取成本费用发票难。这是平台企业反映较为普遍的问题，主要集中在自然人向平台提供推广和终端服务时，平台企业对应支付的费用很难取得发票，主要原因是：自然人依法纳税自觉性不足，叠加人数多、地域分散、单笔金额小等因素，导致自行申请代开发票意愿低。平台企业因无法便捷完整地取得发票而面临税前成本列支困难。

3. 政策地域性差异性压力。一是平台获取自然人发票难，因对劳务发生地界定不明，各地代开政策及资料不统一增加了平台获取自然人发票的难度。以 A 公司为例，其业务涵盖全国各地，如在上海的 KOC 提供劳务，因受票方为杭州地区，上海税务部门会引导纳税人至杭州代开，代开要求提供纳税人身份证原件，KOC 无法将原件给 A 公司并委托其代开发票，无形中增加代开成本；另外，电子税务局对个人代开发票相关条件的限制会影响纳税人自主申报缴纳税款意愿，间接影响企业获取成本发票。二是代扣代缴个人所得税难，尤其是在劳务报酬预缴高税率及企业高核算成本情况下，有的平台企业规范代扣代缴，有的选择不代扣代缴或年终一次性扣缴。

（四）平台经济税务征管难点。

1. 纳税行为判断困难。一方面，因交易终端消费者很少索取发票，为税务部门通过开具发票判断纳税行为发生与否带来困难；另一方面，款项的收讫情况仅平台企业或是第三方支付平台掌握，税务部门无法充分掌握收讫款项流水信息，难以准确判断纳税行为的发生（如 B 公司前期反馈杭州未开展业务，故未向税务机关申报，而实际通过其 App 可以查询到其在杭州地区可用）。

2. 数据信息获取困难。根据《网络预约出租车经营服务管理暂行办法》，平台企业必须有一套自己的大数据运营系统，来支持其日常业务的开展，据了解在其系统记录中有交易双方基本信息、成交情况及支付数据，但现在基层税务部门无法全面掌握平台企业这些数据信息，很难实现对平台企业通过数据管税。

3. 税源落地管理难。主要集中在总部在外的外卖快递、网约出租车、网络货运服务类平台企业，虽然这些平台企业在杭州设有分支机构，但基于互联网辐射广的特性，总部特征更为明显，一些分支机构存在对业务属地化的理解偏差，未在本地购领发票、办理纳税申报。比如 B 公司的总公司平台设立在上海，杭州业务收入均由总公司建账管理，后经过税务上门辅导政策，对其发票使用及业务落地申报进行规范。但这样发现一户、辅导一户、规范一户的方式无疑是在大海捞针。

4. 相关税收政策存在滞后。现行税收法律法规和政策文件对平台企业税收征管问题的规定存在较大空白，比如自然人能否享受增值税小规模纳税人免税政策需要根据其业务实际情况来判断，但对在平台里经营的自然人能否享受没有考虑。各地对平台企业征管执行口径不一致，给基层税务部门对平台企业征管带来了难度，同时也不利于平台经济实现税务合规目标（如针对B公司，除杭州地区有要求外，其他地区业务都还是在上海总机构汇总申报纳税）。

5. 对平台企业征管缺乏经验。目前基层税务部门中熟悉平台经济管理的税务人员较少，存在对平台经济这个集技术创新、商业模式创新、服务创新、制度创新于一体的新经济新业态认识不足，对平台企业日常管理停留于表面。税务人员原来工作中积累的一些征管方法和手段，已难以适用于对平台企业的税收征管，缺乏应用大数据等信息技术手段进行税收征管经验。

五、加强平台经济税收征管的主要措施建议

（一）税务执法方面。

1. 完善优化税收制度。在新兴业态蓬勃发展当下，各平台经营模式多样，但调研发现多数平台企业，尤其是拟上市的平台企业，对新业态的税收合规性和政策确定性需求较为强烈。涉税问题主要聚焦对计税依据的确定、适用税率的选择、进项（成本）发票的取得、利用平台注册会员（自然人）提供货物或劳务行为的税收征管等方面。当前，不少平台企业为达到合规性和规避税收风险目的，对相关业务流程进行拆分，将税收风险相对较大的业务进行“外包”，除其中不乏利用“税收洼地”进行避税外，从一个侧面反映出这类企业主要还是为规避涉税风险。因此，需要根据行业发展尽快确立适用于平台企业发展的政策法规依据，营造公平公正的营商环境，有利于进一步提高平台企业纳税遵从度。

2. 完善适应业态发展的征收政策。税收优惠政策力度有待加大。一是自然人是否适用起征点问题需要明确。自然人增值税按次免征额与个体按月免征额及个人所得税起征点均存在差异，造成个人零散代开税负率较高影响纳税遵从。二是降低或统一自然人纯劳务所得预缴个人所得税税率。现行劳务报酬个税预缴税率为20%，并入年终汇算清缴后基础税率为3%，在平台企业经营中若如实扣缴20%个税，会变相侵占自然人用户利益，将面自然人转投其他平台的困境，降低平台企业竞争力；若平台企业承担代为缴纳20%个税，后续汇算清缴差额部分将直接退给自然人，会无形中增加平台企业成本。考虑到劳务报酬属于四项综合所得之一，建议同工资薪金一样实行综合所得的预缴税率，减轻纳税人、扣缴单位申报成本，同时也减少主管税务机关征管压力。三是允许自然人劳务报酬所得开具增值税专用发票。目前仅私房出租业务可个人代开专票，但通过平台提供劳务的个人无法开具专票，对一般纳税人平台企业将损失部分进项税抵扣。实现自然人劳务费可代开专票，可缓解劳务用工单位税负压力，也可积极规范如××云平台公司等大额开票行为。

要加强对平台经济及新业态税收政策的研究，按照公平性原则改革现行税制，通过税制政策的改革，促使企业自主规范业务。以房屋租赁中介“杭州 C 企业管理有限公司”为例，从中介角色考虑，C 企业仅是撮合房东与承租方签订租赁协议并收取服务费用，但为了扩大租赁市场提高企业竞争力，C 企业租赁业务实质为转租方角色，由其批量承租房东房产再行转租，但其一直以差额征缴税款予以申报，引起争议。2022 年 10 月国家税务总局出台《关于完善住房租赁有关税收政策的公告》，对住房租赁企业向个人出租房屋形式予以规范，并给予征收增值税 1.5% 征收率的税收优惠。在此背景下，C 企业全面修正合同内容，规范转租行为并改为全额申报纳税，预计年税额约千万元，这不仅降低了 C 企业成本，同时也规避了企业的涉税风险。同理，网约车、外卖等平台经济也存在上述困境，亟须出台相应政策文件予以扶持规范，比如可以参考租赁行业定制平台经济专属税制，也可进一步依托互联网特性，仅对数据流量开征“数字税”，适应行业发展需求、扶持行业规范发展。

（二）税务服务方面。

1. 优化税务申报系统。鉴于平台企业互联网发展的特性，应发挥部门共治效能，在数据共享的基础上实现销售数字自动写入申报表，由纳税人进行确认，既体现还责于纳税人，也帮助纳税人规避了无法取得小额发票的困扰，简化征纳双方的巨额工作量。对于自然人纳税人，特别是对于全年收入少于 6 万元的纳税人，年终由系统自动完成预申报并发送确认提醒，无须自然人逐笔确认收入填报信息，减轻了扣缴单位汇算清缴压力。

2. 简化发票获取途径。在全面推行数字化电子发票的基础上，积极探索接入支付、账务系统，将电子发票开具、收付款场景深度融合。比如可以实现收款自动开票，帮助纳税人与消费者快速知晓支付状态。还可以探索更多智能化的电子发票应用场景，如部分涉税支付场景下开具发票与预扣税款相结合，实现支付凭证、发票凭证、纳税凭证“电子化三合一”，解决自然人代开发票难问题。

（三）税务监管方面。

1. 设立平台企业名录库。建立统一规范的平台企业名录库，并由相关部门扎口管理，协同各部门制定统一、操作性强的平台认定标准，并依托政府公共数据平台建立平台企业名录库，推进平台对象数据在政府各职能部门间共享。通过共建平台企业评分体系，按照“信用 + 风险”管理理念，以评分高低标准给予平台企业税收优惠或政府奖励，营造一个平稳健康的经济环境，吸引更优质的平台经济税源在商城落地。

2. 优化风险预警系统。基于数据共享机制，构建税收风险分析模型，将“票”“款”及其他信息进行整合分析，对不同经营模式的平台经济企业构建风险模型指标，实现数据自动跟踪、分析企业“票、货、款”的一致性和上下游流向，系统提炼推送更好地开展税收风险监管工作，提高税收风险预警和应对的预见性、精准性和有效性，从而简化税务检查、实地核查等流程。

（四）税收共治方面。

1. 加快健全信息采集法律法规。要健全完善规则制度，加快制定涉税信息管理办法，以立法形式明确涉税信息获取范围及获取权限，按涉税信息敏感程度的大小进行分类管理。纳税人端要进一步落实平台企业数据上报机制并落实数据安全责任，夯实《电子商务法》中规定的“电子商务平台经营者应当依照税收征收管理法律、行政法规的规定，向税务部门报送平台内经营者的身份信息和与纳税有关的信息，并应当提示依照本法第十条规定不需要办理市场主体登记的电子商务经营者依照本法第十一条第二款的规定办理税务登记。”政府端要尽快成立涉税信息保护部门，确保只有指定岗位的税务人员可以接触敏感程度高的涉税信息。推进税务机关信息设备现代化进程，采取安全密钥、多重信息验证、智能终端防护等方法保障涉税信息安全，以防由于技术的漏洞导致涉税信息的泄露。

2. 明确纳税人涉税信息泄露责任追究机制。涉税信息的应用切实关系到纳税人的合法权益，监管权力的滥用必将导致平台企业数据共享产生抵触情绪，进而影响纳税遵从。税务部门应明确建立责任追究机制，加强对税务机关工作人员和涉税第三方关于纳税人信息相关法律法规的普及教育，对于因故意或疏漏等原因导致纳税人涉税信息泄露的问题，进行严肃追究。

参考文献

［1］徐晋，张祥建．平台经济学初探［J］．中国工业经济，2006（05）：40－47.

［2］程贵孙，陈宏民，孙武军．双边市场视角下的平台企业行为研究［J］．经济理论与经济管理，2006（09）：55－60.

［3］徐晋．平台经济学：平台竞争的理论与实践［M］．上海：上海交通大学出版社，2007.

［4］冯骁．共享经济模式下税收征管问题探究——以网络约租车服务为例//中国管理现代化研究会，复旦管理学奖励基金会．第十一届（2016）中国管理学年会论文集［C］．中国管理现代化研究会、复旦管理学奖励基金会，2016：6.

［5］薛悦．如何加强我国共享经济的税收治理——以滴滴专车为例［J］．税收征纳，2017（08）：1，4－7.

［6］王远伟．对共享经济的涉税问题探究［J］．税务研究，2018（06）：112－116.

［7］蔡昌，马燕妮，刘万敏．平台经济的税收治理难点与治理方略［J］．财会月刊，2020（21）：120－127.

［8］周克清，郑皓月．平台经济下个人所得税纳税遵从研究——基于信息不对称的视角［J］．税务研究，2021（01）：67－72.

［9］Rochet J-C. and J. TIROLE. Platform Competition in Two-sided Markets［J］．Journal of European Economic Association，2003，1（04）：990－1029.

［10］ Caillaud B. and B. Jullien. Chicken and Egg：Competition among Intermediation Service Providers ［J］. The RAND Journal of Economics，2003，34（02）：309－328.

课题组组长：章玉昌

成员：沈楚、孔园园（执笔人）、丁瑜

规范平台经济个人从业者税收征管的对策研究

国家税务总局杭州市余杭区税务局课题组

摘　要：平台经济的迅速发展，深刻改变了人们的工作方式和就业形态，随之带动出现的新就业形态也已成为我国新增就业的重要组成部分，不仅创造出大量新型职业和就业岗位，也在一定程度上增加了劳动者收入，提升了就业质量。平台经济个人从业者已经成为经济活动的重要参与者。本文梳理了个人从业者的类型与特点，分析了税收征管实践中的难点及原因，在借鉴国际经验的基础上，提出了规范个人从业者税收征管的对策，助力平台经济规范健康发展。

关键词：平台经济　个人从业者　税收制度　征收管理

平台经济个人从业者是与平台企业不存在传统的全职劳动关系，依托网络平台提供商品或劳务并取得收入的从业个人。近年来，个人从业者数量不断壮大，根据青山资本 2023 年 7 月发布的《平台工人》报告数据，我国符合平台工人概念的人群超过 2 亿人。对于税务部门而言，如何有效做好平台经济个人从业者税收征管，成为新的研究课题。

一、平台经济个人从业者的主要类型与从业环境

（一）平台经济个人从业者的主要类型。

1. 电商经营和推广者。电商经营者利用在线市场和电商平台开展销售业务，通过平台销售或者代理销售产品。电商推广者主要包括链接推广和电商直播两类。链接推广者通过推广平台获取商品链接，并通过个人微信等渠道推广，任何买家通过该链接进入商家店铺并达成交易，推广者均可以获取佣金。直播销售员主要负责电商直播流

程中的商品介绍及展示、试用测试、在线互动、优惠活动介绍，收入主要包括佣金和坑位费。

2. 商品配送服务者。商品配送服务者通过美团外卖、饿了么、京东到家等平台，提供餐饮外卖、商品配送服务。配送跑单主要有两种模式：一种是兼职跑单，订单收入完全取决于配送距离及送货量，一般收入日结；另一种是专送，商品配送服务者需要加入某个站点，接受站点的排班和调度，收入为“底薪+提成”模式，一般收入月结。

3. 交通出行服务者。交通出行服务者通过滴滴、T3出行、曹操出行和货拉拉等平台，提供出行服务或货物运输服务。交通出行服务者的收入主要分为订单收入、补贴和奖励两类。订单收入是指司机完成一笔订单后，根据订单金额和平台抽成比例确定的收入。补贴和奖励是平台为了吸引司机加入，向司机提供的早高峰补贴、夜间补贴、冲单奖金、口碑奖金等。

4. 内容创作者和社交媒体经营者。内容创作者和社交媒体经营者通过小红书、哔哩哔哩、抖音等平台发布各种内容，如视频、文章、照片等，并通过广告、赞助、粉丝打赏等方式获得收益。

5. 自由职业者。具备较高的专业知识和特定技能的人群，具有较强的技能不可替代性和议价能力，又希望享受平台经济带来的工作时间空间自由自主，成为自由职业者。自由职业者根据自己的技能和兴趣选择项目，主要通过在线平台提供各种专业服务，如翻译、设计、写作、编程、咨询、教育等服务，并通过平台与客户达成交易。

（二）网络平台环境下个人从业者面临的主要风险。

1. 监管政策变动风险。平台经济发展中展现出法律关系复杂化、交易行为隐蔽化等特点，与传统经济业态存在很大差异，政府对平台经济的监管也在逐步完善过程中，政策变动风险更大。相关政策变动可能会造成原有经营模式合法合规性发生变化，对个人从业者产生直接影响。

2. 数据安全保护风险。个人从业者需要保护客户数据和交易信息，从而建立可靠性并取得信任。但是在网络环境中，个人从业者可能需要处理大量的客户数据和敏感信息。如果没有合适的数据保护措施，这些数据可能会面临泄露、被黑客攻击或滥用的风险，从而损害个人从业者和客户的隐私安全①。

3. 就业保障不稳定风险。平台经济的从业模式降低了劳动关系的稳定性，个人从业者难以按照传统的劳动关系形式受到保护，常常面临缺乏稳定的工作保障、社会保险缺失和劳动权益保护不足等问题，往往难以享受传统就业形式的福利待遇，如医疗

① 石秀峰．数字化时代下的数据安全治理［J］．数字经济，2022（03）：36－39.

保险、退休金等[①]。

（三）平台经济个人从业者面临的机遇与挑战。

1. 市场竞争扩围升级。个人从业者在网络平台环境可以获得广阔的市场触达范围，可以在更大范围内拓展潜在客户并获取更多商业机会。同时，互联网平台总体准入门槛较低，提供服务容易达到饱和，给个人从业者带来了极大的行业竞争压力。

2. 口碑营销作用凸显。网络生态环境下，平台用户可以对个人从业者进行评价和口碑分享，个人从业者的名气和名誉对其经营发展至关重要。积极的客户评价和口碑传播，有助于提高个人从业者的社会认可度和市场竞争力。反之，一旦形成较差的社会评价，则会对个人从业者的经营造成较大打击，甚至无法在行业立足。因此，个人从业者需要积极管理客户关系，提供优质的服务，以保持良好的口碑[②]。

3. 算法规则引领导向。平台通过人工智能算法，以数据驱动的方式对个人从业者的工作机会、流程、奖惩等进行管理。一方面，算法规则通过综合优化提高了平台组织效率，为个人从业者提供更多更优机会。个人从业者充分运用规则，可以获得更多流量引导、劳动报酬等方面奖励。另一方面，算法规则也存在处罚严苛、引导超时劳动等情况，对个人从业者的劳动权益和健康造成损害。

二、平台经济个人从业者税收征管实践中存在的问题及成因分析

（一）平台经济个人从业者税收征管实践中存在的问题。

1. 征管流程方面。

（1）登记管理不完善。目前，数量众多的外卖骑手、代驾等便民服务劳务人员，不需要办理市场主体登记，经过平台条件认证即可通过平台承接业务，身份、联系方式等登记信息由平台企业收集。个人从业者自行申报或者扣缴单位扣缴申报个人所得税时进行信息登记，税务部门才能获取自然人基础登记信息。

（2）纳税申报质量不高。由于平台经济具有创新性和复杂性，部分平台企业和个人从业者的税法掌握程度和遵从意识不强，造成纳税申报环节形成风险隐患。

（3）不开发票风险。部分个人从业者有“不开票、不申报、不交税”的错误观念，交易达成时倾向于拒绝开具发票，不开具发票造成税款流失和引发消费者投诉问题十分突出。同时，由于个人从业者不开具发票，给平台企业成本列支也带来很大影响，在营销推广平台运营模式下尤为突出。

---

① 朱菲．平台经济灵活就业人员劳动权益保护问题研究［D］．青岛：青岛科技大学，2022．

② 赵红旭．虚拟社会资本下网络红人的社会认可研究［D］．北京：对外经济贸易大学，2017．

2. 信息管税方面。

（1）平台信息获取不足。个人从业者的涉税信息高度集中于平台，主要包括基本信息和交易信息两类。基本信息包括身份证件信息、户籍信息、银行账户信息、个人技能信息等；交易信息包括订单、支付记录、物流快递、退换货以及售后等，涉及的平台除交易平台外，还涉及支付、物流等多平台。目前平台应当承担的责任和需提供的信息并不明确，部分平台提出未经自然人本人授权同意，不向任何第三方提供，在向税务机关开放数据的配合度上尚有不足。

（2）税务信息联通不畅。面对个人从业者税收征管的复杂情况，各税务系统信息联通程度还不够高，还不能一人式归集业务流、票流、资金流等方面信息，各要素之间不能集中关联匹配。例如，根据 2021 年 4 月《国家税务总局关于落实支持小型微利企业和个体工商户发展所得税优惠政策有关事项的公告》，个人代开货物运输业增值税发票时，不再预征个人所得税，个人应自行申报经营所得个税。由于缺少跨系统“一人式”归集，申报提醒等分析管理无法及时跟进，个人从业者开票后不及时申报经营所得的情况仍有发生。

（3）信息自动化处理能力不强。目前，自然人税收管理系统（ITS）已经将自然人的税收事项变成了数据采集、风险指标、待办任务等类型的功能模块，实现税收征管智能辅助完成。但是，个人从业者的风险特征分析和模型建设存在技术瓶颈，导致一部分风险识别工作仍然停留在主要依靠人工经验识别阶段。

3. 精诚共治方面。

（1）跨部门数据获取困难。《税收征管法》第六条明确规定，加强税收征收管理信息系统的现代化建设，建立、健全税务机关与政府其他管理机关的信息共享制度。纳税人、扣缴义务人和其他有关单位应当按照国家有关规定如实向税务机关提供与纳税和代扣代缴、代收代缴税款有关的信息。但对于包含哪些政府管理机关和有关单位并没有明确，导致该条规定在一定程度上、一定范围内无法得到有效执行。同时，第三方主体提供涉税信息的范围、方式、期限等不明确，有的涉税信息还可能涉及第三方的一些隐私，导致制度在一定程度上缺乏可操作性。

（2）自然人纳税信用应用范围窄。自然人纳税信用应用覆盖面有限，守信激励和失信约束力度不足。在激励方面，对于纳税信用持续保持优良的纳税人，还没有能够提供更多便利和机会，例如政府部门办事实施绿色通道、容缺受理，或者列入行政管理部门嘉奖和表彰的参考因素。在约束方面，对于个税综合所得汇算应补税未申报或未足额缴纳的纳税人，在《个人所得税纳税记录》中进行标记，但是没有向全国信用信息共享平台推送相关信息，也没有实施联合惩戒。

（3）行业管理力量尚未广泛运用。行业管理是推动个人从业者涉税事项合法合规的重要力量。以成效显著的文娱行业为例，2018 年范 × × 案以来，已曝光多起明星艺人、网络主播偷逃巨额税款的案例，行业主管部门和行业协会对税务问题的引导和管理发挥了重要作用。对平台经济涉及的其他相关行业，行业主管部门、行业协会对个人从业者税务合规性的引导和管理有待逐步加强。

（二）问题原因分析。

1. 政策执行口径尚未统一。平台经济创新发展衍生的业务模式复杂多变，发展速度超越了税法调整的速度。税收政策无法穷尽规范所有经济行为，具有一定的滞后性，即使扩充立法也很难填补随时可能形成的税法空白。按照税收法定原则，需要对各个税种征收加以明确，确保各级税务部门政策执行有据可依，执行统一。

2. 制度设计针对性不强。针对个人从业者的特点，在税务登记、纳税申报、发票管理、信用管理方面都缺乏针对性制度设计，征管实际操作层面还不够便利，容易发生征纳双方的争议。

3. 社会共治尚未形成合力。个人从业者已经融入社会经济方方面面，做好个人从业者的税收征管，需要税务部门主导，相关国家机关、社会组织、行业协会、企业以及个人多元主体协作，才能高效完成。目前，税务部门推进数据共享、争取行业主管部门支持等，大多采用“点对点”方式逐个推动，整体进程较慢，短期内难以形成系统性合力。

三、加强平台经济个人从业者税收征管的国际经验借鉴

尽管各国因法律体系、经济发展水平、社会文化背景、政府财政需求等因素的不同，导致在税收征管体制方面存在一定差异。但在个人从业者税收征管的问题上，也可以总结出具有借鉴意义的共性经验。

（一）高度关注和监管。随着平台经济的快速发展，越来越多的国家开始关注平台经济个人从业者的税收征管问题，并加强相应的监管措施。一些国家甚至建立了专门的税务机构或部门，负责处理平台企业及其个人从业者的纳税事务。

（二）加强登记管理。要求平台经济个人从业者进行纳税登记，并向税务部门报告其收入等信息，通过登记管理掌握税源分布等基本情况，合理分配征管与服务资源。

（三）税收信息共享。为了更好地监管个人从业者的涉税事项，要求平台企业向税务部门提供个人从业者的信息。税务部门建立信息系统收集、识别、比对、分析各类涉税信息，及时发现申报纳税疑点并跟进处理。

（四）预扣和代扣税款。要求平台企业预先代扣个人从业者的应纳税款项，并代为缴纳，确保个人从业者按时纳税，减轻其自行申报负担。

（五）数字化报税和在线申报。构建数字化报税和在线申报系统，方便个人从业

者进行纳税申报和缴税，降低纳税过程的烦琐程度和时间成本，提高了纳税的便利性和效率。

（六）成熟的社会信用管税。建立关联个人社会信用的税务指标体系，引导个人从业者通过依法纳税积累纳税信用等级，并将纳税信用等级与税收优惠政策、税收检查频率挂钩。一旦个人涉税记录出现问题，将会对其工作生活产生严重负面影响。

四、规范平台经济个人从业者税收征管的对策

（一）夯实政策法律基础。

1. 明确税收管辖权。根据平台经济业务及其个人从业者特点，建议参照个税综合所得年度汇算主管税务机关确定方法，由个人从业者按照一定原则自行选择，选定后一个纳税年度内不得改变。

2. 明确政策执行口径。以现行政策文件为依据，确定个人从业者政策执行的一般标准。同时，部分平台经济发达、个人从业者管理经验丰富的地区，如具备创新的经济技术等方面条件，可以就部分政策制定或修订先行试点。

3. 明确平台企业责任。一是在法律和实施细则层面，分别制定平台经济企业常态化报送涉税信息的相关规定，涉税信息包括身份、收入、合同内容、合同金额、预扣预缴金额等数据。二是根据平台企业与个人从业者之间的个税扣缴关系，确定平台企业的信息责任边界。三是大型平台经济企业可与税务机关签订税收遵从协议，税务机关可就涉税事宜，进一步明确大型平台经济企业的提示提醒、预扣预缴和信息报送义务。

（二）提升以数治税水平。

1. 数算赋能“一人式”管理。对个人从业者涉税数据进行分类整理与存储，以姓名和纳税人识别号归口，将碎片化存储在各税收信息系统的收入、支付方等从不同渠道获取的数据，在自然人电子税务局中进行集成存储，并能够支持从不同维度进行查询。借鉴个人所得税 App 开通算税预填功能，辅助判断税收征纳额准确性，便捷办理个人所得税综合所得年度汇算的经验。“一人式”数据更高程度集成后，自然人其他税种、税目的纳税申报，也应向自动算税、确认式纳税申报方向发展。

2. 数据赋能智慧管理。进一步发挥税收大数据的智能分析、风险防范作用，拓展税务风险识别与预警、纳税人动态“画像”、税源数字化监控，针对个人从业者探索更多智慧税务应用场景。现阶段技术条件下，可先行逐步推进个人从业者的分级分类管理。

3. 数电赋能开票管理。以全面数字化的电子发票工作为契机，推进个人从业者数

电发票运用。建议将开票功能嵌入个人所得税 App，控制发票信息流的出口和入口，既可有效减少发票虚开风险，又便于做好自然人开票的增值税和个人所得税等税种联动管理。

（三）健全税收共治体系。

1. 建立全国统一信息平台。推动各政府部门、事业单位等具有公共管理职能的机构，建立全国性的涉税信息采集和共享平台，该平台直接与相关政府监管部门、金融机构等的信息系统进行连接，建立标准统一、规则统一的自然人涉税数据库。

2. 强化自然人信用管税。建立全国自然人纳税信用信息库，并推动个人纳税信用与全国信用信息共享平台深度联动。着力完善新业态行业纳税信用体系建设，支持行业建立健全纳税信用公示等机制，鼓励平台根据个人从业者纳税信用状况，制定差别化的奖惩措施，对守信者在算法、流量等方面给予一定奖励，对失信者视情节轻重采取警告、不予接纳、劝退等措施。

3. 增强全社会依法诚信纳税意识。税务机关应与行业协会、平台经济企业联合开展税法宣传，将个人从业者合规性宣传和提醒嵌入平台注册、行业合同模板、业务开展等全流程，持续提高个人从业者纳税意识。同时，应更好发挥个人所得税 App 的宣传作用，根据纳税人的身份画像、行为特征、申报特点等，给纳税人推送个性化的宣传内容。

参考文献

[1] 陈子薇．共享经济个人从业者个人所得税税收征管问题研究［D］．武汉：中南财经政法大学，2020.

[2] 赵红旭．虚拟社会资本下网络红人的社会认可研究［D］．北京：对外经济贸易大学，2017.

[3] 石秀峰．数字化时代下的数据安全治理［J］．数字经济，2022（03）：36－39.

[4] 欧阳天健．数字法治背景下平台经济的税法规制［J］．南京社会科学，2002（08）：75－84.

[5] 朱菲．平台经济灵活就业人员劳动权益保护问题研究［D］．青岛：青岛科技大学，2022.

[6] 王茜．自雇型平台经济从业者的辨识及其权益保障研究［J］．中国社会科学院大学学报，2022（03）：82－97.

课题组组长：兰永红

成员：邱世峰（执笔人）、钱宇超、袁朝阳

新形势下平台经济涉税信访工作对策研究
——以余杭区 B2C、C2C 平台模式为例

国家税务总局杭州市余杭区税务局课题组

摘　要：自党中央提出全面依法治国理念开始，社会公众的法治意识和维权意识日益增强。随着新时代中国数字经济的飞速发展，近年来平台经济涉税信访件数量呈逐年上升的趋势，且涉及的问题越发复杂，通过信访方式来参与和表达的涉税诉求也越来越多。本文以电商平台的商业模式为切入点，分析平台经济涉税信访件的特点、产生原因及存在问题，结合工作实际，从税收征管、社会治理、内部管理、营商环境等四个方面提出了涉税信访优化举措的意见和建议。

关键词：依法治国　信访　平台经济

平台经济作为数字经济的产物，随着互联网等技术的发展而不断呈现出信息化、跨领域融合的新趋势，已经成为推动经济高质量发展的重要力量。杭州平台企业税收收入从 2018 年的 274.88 亿元增至 2022 年的 449.39 亿元，年均增幅约为 13%，税收贡献与日俱增。但由于平台经济交易数据的隐蔽性，税务机关难以掌握电商平台实际的商品销售、消费者购买支付、利益各方分成情况等信息，税收征管缺位一定程度上存在，平台经济涉税信访量也日益增加。2022 年杭州市余杭区共处理涉税信访件 2156 件①，其中涉及平台经济的就有 1502 件，占信访总量的 69%。群众利益无小事，在平台经济迅速发展的当下，优化信访工作质效显得尤为重要。

一、平台经济涉税信访工作概况

（一）涉税信访工作定义。涉税信访工作是指各级税务机关办理公民、法人或者

① 余杭区局 2022 年轻微违法行为投诉举报平台数据统计。

其他组织反映情况，提出涉及税务工作的建议意见、检举控告或者申诉求决的来信来访事项。税务机关办理群众来电、来信和接待群众来访工作，坚持党委统一领导，坚持“属地管理、分级负责、谁主管、谁负责”，坚持落实初信初访首办责任制，坚持依法、及时、就地解决问题和疏导教育相结合，做到公开透明、便捷高效、方便群众、急事急办、接受监督。

（二）涉税信访制度建设。为深入学习贯彻党的二十大精神，认真落实习近平总书记关于加强和改进人民信访工作的重要思想，国家税务总局于 2023 年 2 月印发了《全国税务系统办理群众来信和接待群众来访工作规则》《税务总局机关信访工作联席会议制度》《全国税务系统依法分类处理信访诉求工作规则》等一系列信访工作制度，结合新时代下涉税需求逐步优化完善涉税信访机制建设。

（三）平台经济商业模式。市场监管总局在 2021 年发布的《互联网平台分类分级指南（征求意见稿）》[①] 中，根据平台交易主体将平台经济的运行模式划分为 C2C，B2C 和 B2B 三种模式。

由表 1 可知，C2C、B2C 模式下，平台连接的需求终端主体都是个人，相比两端主体都是企业的 B2B，更容易产生涉税纠纷。

表 1　　平台经济模式分布

运行模式	供给方	需求方	典型企业
C2C	个人	个人	抖音、西瓜等直播平台，淘宝网，滴滴出行中的网约车、顺风车，美团外卖等
B2C	企业	个人	滴滴出行的专车和出租车、哈罗、青桔等共享单车、天猫、淘宝、京东、人力资外包、无车承运平台等
B2B	企业	企业	阿里巴巴、环球贸易网、EPC 平台、慧聪网、中农网、中商惠民、欧治云商等

据商务部《中国电子商务报告（2022）》[②] 统计，2022 年全国电子商务交易额达到 43. 83 万亿元，同比增长 3. 6%，其中以 B2C、C2C 为代表的网络零售额 13. 79 万亿元，同比增长 4. 0%，以 B2C、C2C 为代表的网络零售已成为平台经济的重要组成部分。分省份看，电商平台网络零售额占比排名前三位的省份分别是广东、浙江、北京，合计占全国的比重为 52. 01%（见图 1）。

杭州市余杭区在浙江省的平台经济发展中扮演着“领头羊”的角色。研究其在 B2C 和 C2C 模式下的涉税信访工作机制，对于探索新形势下平台经济信访机制具有重

① 《互联网平台分类分级指南（征求意见稿）》－市场监管总局 2021。

② 中华人民共和国商务部.《中国电子商务报告（2022）》：1－4.

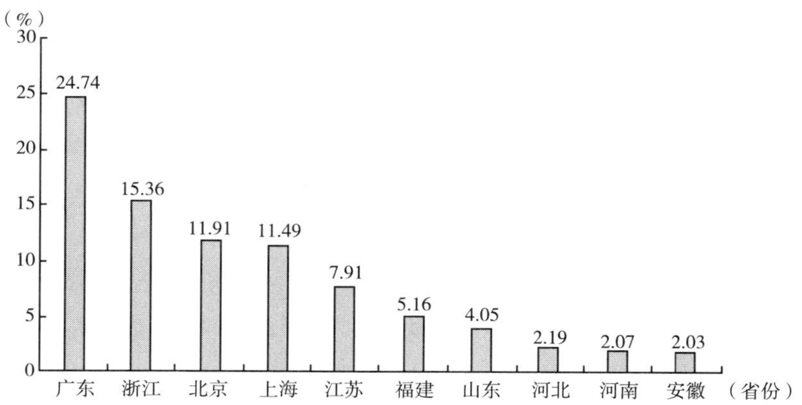

图 1　全国电商平台网络零售额占比

资料来源：中华人民共和国商务部.《中国电子商务报告（2022）》。

要的参考价值。因此，本文后续将侧重在 B2C 和 C2C 两种模式下平台经济的涉税信访机制研究。

（四）平台经济涉税信访基本情况。

1. 信访件处理流程。税务机关收到信访件后，如发现其不属于税务投诉范畴或资料不齐全的，需告知投诉人不予受理。若符合受理范畴的，则根据其投诉对象进行二次分类，对于直接投诉辖区内平台企业的信访件，根据信访线索进行调查核实及处理反馈；对于投诉入驻平台商户的信访件，根据实际订单编号，向平台了解商户登记信息后，根据属地原则重新转办该信访件至商户实际注册地（见图 2）。

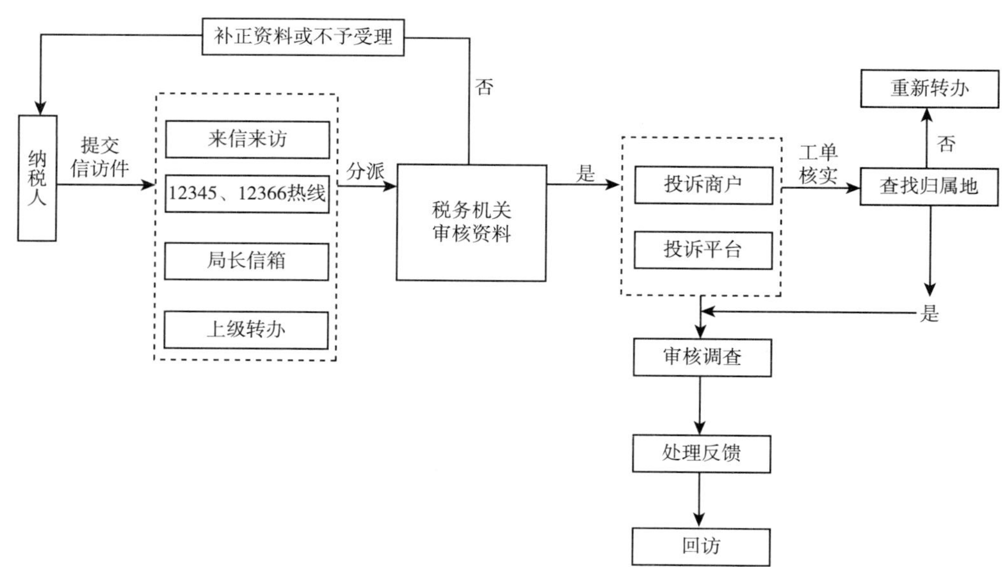

图 2　平台经济涉税信访件处理流程

2. 信访件特点。

（1）信访问题集中度高。

余杭区税务局 2022 年电商平台涉税投诉信访件总计 1502 件，其中 1057 件是投诉平台商户应开具而未开具发票及虚开发票的，占比高达 70% 以上（见图 3）。在 B2C、C2C 的平台交易模式下，由于发票开具不属于交易链条成立的必要因素，交易双方开具和索要发票的意识都较低。淘宝数据显示，67% 的消费者不主动索要电子发票；而只有 18%[①]的淘宝商铺会主动提供电子发票。在交易结束后，33% 的消费者索要发票时经常遇到推诿、延迟开票或者需支付额外费用的情形。同时，平台商户大都身兼经营者、客服和财务等多重身份，缺乏必要的财税知识，对于手中多出的“空余发票”处理不当，甚至贩卖获利，助长了虚开发票的现象。近年来这类信访件投诉举报数量持续高位，矛盾突出。

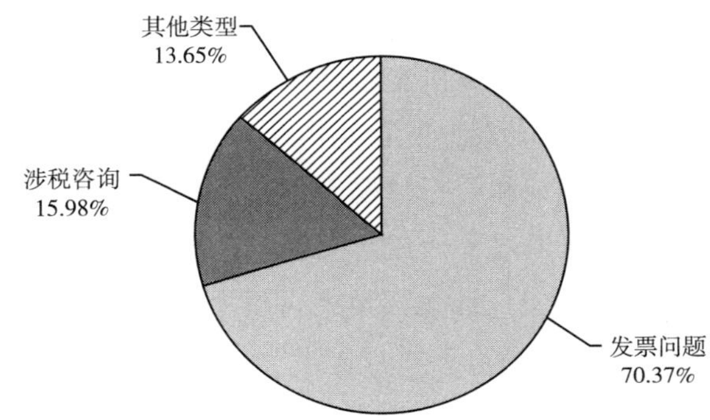

图 3　2022 年余杭区税务局电商平台涉税信访件分布情况

（2）“群访效应”逐渐扩大。近年来，新型经济业态如网络主播带货迅速崛起。借助抖音、快手等短视频直播平台，电商销售额爆发性增长。电商直播用户规模从 2020 年 3 月的 2.6 亿元发展到 2022 年底的 4.69 亿元，增幅超过 80.38%[②]。以杭州某直播电商平台为例，其顶级主播的单场观看人数可达 20 万人，日销售额超两千万元。在此背景下，网络直播带货中如存在侵害消费者合法权益的情况，又加之前文所述的拒开发票等涉税问题，在巨大的交易订单量之下，稍有不慎信访件就会演变成群访事件，成为涉税信访工作中最大的“雷点”。以杭州为例，2021 年杭州某控股有限公司旗下主播在直播间销售产品时，产品宣传与实际不符，对消费者及相关公众的选择产生误导，最终导致相关部门持续收到 200 余件投诉举报。

（3）职业打假人“恶意信访”比例上升。信访是职业打假人除起诉以外最常用的

① 吕秉梅．电商税收征管的难点与突破［J］．人民论坛，2019（20）：78－79.

② 中国经济时报（2022）。

索赔方式之一。我国电商平台中，“恶意信访”主要发生在两个领域：一是假借知识产权维权名义进行不正当竞争；二是利用恶意投诉进行“网络碰瓷”。在市场经济转型期，电商平台的法律法规完善程度远落后于其发展速度，导致违规行为频出。虽然其中存在真实的涉税违规行为举报，但部分职业打假人通过捏造事实“恶意信访”，滥用公权力进行敲诈勒索，给电商平台的涉税信访机制带来了重大挑战。以余杭区税务局为例，2021 年仅受理“恶意信访件”3 件；2022 年共受理“恶意信访件”14 件，接近 2021 年的 5 倍。

二、平台经济涉税信访产生的主要原因

（一）平台税收征管存在缺位。

1. 税务登记流程覆盖率低。税收征管存在缺位是平台经济涉税信访产生的主要原因。税务登记制度的不完善，使税务机关难以掌握纳税人的经营模式和销售数据，导致无法实现对平台商户的有效征管。尽管《电子商务法》第十条、第十一条①规定，电商经营者应依法办理工商登记和履行纳税义务，但在 C2C 的模式下，大量自然人主体只需在平台上简单注册就可通过平台进行交易。这部分“小作坊式”经营者大部分都未进行相关的工商、税务登记，且无实地经营场所，具有零散化与隐秘化特征，使税收征管变得极其困难。

2. “以票控税”模式监管疲软。虽然数电发票已逐步推广，但现行税收征管中，“以票控税”仍是主流。实体经营模式下，凭借商户的发票、账簿等原始纸质凭据，“以票控税”的成效显著。然而，平台经济中的交易信息和资金流动全由互联网处理，无纸化的交易方式使数据易被篡改，核实其真实性变得更为困难，从而增加了税收监管的难度。

（二）民众认知与社会救济渠道发展缓慢。

1. 平台纳税人税收遵从程度较低。从社会角度来看，当前自然人税收教育和宣传的氛围尚不浓厚，全社会尚未形成懂税法、知税收、诚信经营、自觉纳税的氛围；从平台自身来看，电商平台商户的纳税意识较弱，税收遵从度普遍较低。部分自然人不清楚其生产经营活动需纳税，另一部分虽知存在纳税义务，但依然抱有侥幸心理，表现出风险偏好，通过开展虚假申报、拒开发票甚至虚开发票等行为来获取最大利益，这导致平台经济纳税人的税收遵从度普遍低于其他传统行业。

2. 涉税信访成为平台交易纠纷的“另类”渠道。余杭区税务局 2022 年电商平台

---

① 《中华人民共和国电子商务法》2018 年相关规定。

涉税投诉信访件数据统计显示，2022 年天猫和淘宝平台上关于商家不开发票的信访件总计达到 1085 件，其中大多数是消费者试图通过涉税信访来解决线上购物的交易纠纷，例如，不满意商品想要退货，或者认为价格过高希望商家提供折扣等。这类频繁的交易纠纷可以说是平台经济的“先天性缺陷”。电商交易与传统的面对面交易不同，消费者在精美的图片和直播氛围的影响下，容易产生冲动消费并在事后感到后悔。在这种情况下，如果平台不能介入协调，消费者通常会采取各种方式向商家施压。涉税信访作为消费者维权的“另类”途径，其受理量逐年攀升。

（三）平台经济新业态相关政策法规制定迟滞。

1. 积分兑换抵扣价款相关税率存在争议。电商平台目前流通的积分方式主要有两种：一种是卖家自行发放并抵扣的店铺积分；另一种是由平台发放，可用于任意入驻商家的平台积分。在平台积分模式下，如果消费者在商家处使用积分抵扣购买金额，商家可以为抵扣部分向平台开具发票，由平台定期进行结算，商家并不承担此费用。然而，对于这部分抵扣金额，平台是否应向消费者开具发票，以及应以销售货物劳务形式开具 13% 税率发票还是按服务费开具 6% 税率的发票，目前税收征管并无明确规定。这导致部分平台与消费者在积分兑换发票处理上存在认知偏差，从而产生信访件。

2. 灵活用工平台个税扣缴口径界定不清。当前，如饿了么、美团等灵活用工平台正处于快速发展阶段。这些平台与骑手签订网上用工协议，但协议未涉及社保缴纳，也不支付骑手底薪，而是根据实际工作量以一定比例支付薪酬，并在个人所得税申报上以“劳务报酬”形式扣缴，至于这类新型用工关系究竟是劳动关系还是劳务关系，涉税实物操作中并无相关规定。员工在工作中一旦发生意外，将很难保护自身权益，特别是个人所得税的扣缴方式，常常成为这类信访件讨论和争议的焦点。

三、平台经济涉税信访机制存在的主要问题

（一）外部数据采集无法可依。由于电商平台商户的税收管辖特殊性和涉税信息隐蔽性，税务机关在处理信访件时，通常只能通过平台方获取相关数据。然而，目前国内的《税收征管法》《电子商务法》等现行法律文件并未赋予税务机关通过电商平台收集自然人涉税信息的权力。开展平台经济涉税信访工作不仅需要利用技术手段，更要考虑手段的合法性。由于涉税数据承载了多元主体和多方利益，在没有明确的法律法规支持之前，应谨慎处理数据收集问题，避免因数据问题引发不必要的公众舆论和信访。

（二）自由裁量尺度有待细化。目前我国税收征管法中涉及有相当一部分执行条款规定，由税务机关根据事实依据自由裁量。例如在规定纳税方法的确认、是否执行

的选择、税收处罚的程度等内容时，大量使用了“可以”“应当”“情节较轻”或“情节较重”等表述。这些词汇语义难以客观衡量，允许自由裁量情形的“颗粒度”也不够细化。这就意味着税务机关在处理信访件的过程中对平台商户违规行为的处理可能存在轻重不一，在一定程度上影响了税收公平。

（三）信访处理质效有待加强。电商平台的信访件涉及的群体广泛，涉及的纳税主体复杂，相关政策规定也不够明确，这导致处理这类信访件的周期通常高于一般信访件。但目前信访主管部门对信访处理的时限要求较为严格，以一般涉税信访件为例，其处理时限从下发之日起 5 个工作日，部分信访件由于是第三方转办、上级部门交办或被列为紧急、特急件等情形，到达区县级税务机关后，处理时限可能仅为 1 ~ 3 个工作日。这就造成部分主办单位为了能在期限内完结该件，没有深入核实企业涉税情况便先行回复，信访处理质效有待进一步加强。

（四）部门协作机制建设乏力。尽管平台经济涉税信访主要由税务机关负责受理和核实，但在处理过程中，需要多部门协同配合。例如，在处理涉及网络直播的投诉举报时，信访人通常只能提供主播的名字，而无法提供实际经营主体的相关信息。在这种情况下，主办单位就需要市场监管局、网信办等部门的协作，才能准确定位涉税主体。然而，税务机关在信访处理中与其他部门的协作机制建设相对滞后，缺乏完善的沟通渠道，因此需要花费大量时间进行沟通协调，才能获得其他部门的支持和配合。

（五）人员专业程度仍需提升。从专业程度上看，《全国税务系统办理群众来信和接待群众来访工作规则》规定，各级税务机关应当按照方便信访人的原则，指定专职或者兼职的机构或者人员从事信访工作。就现行机制来看，税务部门还未就涉税信访设立单独的组织机构，一般由各级税务机关办公室负责处理和回复。但办公室还兼有文秘、宣传、局机关事务处理等综合职能。工作人员往往在处理信访的同时还身兼多职，没有足够时间与精力完善自身职业素养，专业程度还有较大进步空间。

四、平台经济信访机制优化对策

（一）税收征管方面。

1. 完善平台经济纳税要素确认。首先，我们需要在征管过程中完善电商平台的税务登记制度。根据我国当前的平台经济商业模式，可以将交易实质划分为两类：具有实体货物的交易和仅包含数字化货物的交易。对于第一种具有物流信息的经营模式，如实体经营，通常将货物的发出地作为该笔交易的纳税地点。对于第二种没有实际物流信息的数字化交易，将卖家实际工商注册地确认为纳税地点。其次，需要求平台定期提交实际注册商户在日常经营中的商品种类、销售类型、物流渠道等数据，以便税务机关在未来的征管过程中能准确确定计税依据和相关税率，确保经营者按时按期纳税。

2. 加深区块链与金税工程融合程度。由于本身高流动和高隐蔽的特性，平台经济产生了大量的发票虚受与虚开行为。现行金税工程主要对增值税专用发票和企业增值税纳税状况进行监控，其关键要素是发票。虽然该系统经过多年的改进并具有强大的功能，但虚开增值税发票的问题仍然存在。为弥补这一不足，税务部门应考虑将区块链技术和电子发票相结合，实现从“以票控税”向“以数治税”的转变。区块链技术可以实现实时追踪发票开具链条并保证其真实性，从而实现对电商平台发票虚开行为的事前监测。通过数据模型及纳税评估，税务部门可以及时发现企业涉税风险，通过风险应对措施，有效降低平台企业虚开发票风险。

（二）社会治理方面。

1. 加快完善平台法律法规建设。加快立法，明确税务机关采集平台商户外部涉税信息的范围与流程，让涉税信访流程从受理、处理到回复都有法可循。同时尽快出台适用于平台经济委托代征的相关法律法规，明确平台的权利义务，明晰应保存的数据要素，并定期向税务机关和其他监管方披露交易数据，针对未能及时纳税的商户，要让平台承担监管连带责任，使平台不仅成为交易集中地也成为交易监管方，保证国家税款不流失。在平台商户层面，应对电商平台经营行为设置一系列税务行为规范流程，逐步制定一套行之有效的、科学规范的奖惩机制，如税务部门可以通过降低信用等级、限制每月开票限额等手段来惩治电商平台中的税收违法行为，以期提升行业自律程度与守法程度。

2. 强化多方数据互通共享机制。电商平台涉税信访制度的完善，既需要内部系统的升级完善，也依赖于外部数据平台的构建。在尊重并保护个人隐私和商业秘密的基础上，税务机关应与网信办、宣传部、市场监管、海关等部门建立涉税数据互联共享机制。由于各部门管辖权的不同，处理信访时需注意多部门联动。例如，对于涉及严重偷税漏税、社会影响恶劣的信访件，应由公安部门积极介入，联合执法，形成震慑力。此外，税务部门应加速打通与金融机构数据共享通道，让复杂的线上交易的三流信息变得清晰明了。在此基础上，税务机关也可以将税务信用等级与银行的征信系统挂钩，对于税收违法的纳税人在降低纳税信用等级的同时，在银行的征信系统中也进行相应扣分，以增强税务信用对平台及其商户的制约作用。

（三）内部建设方面。

1. 优化信访机构自身建设。按照前文所述，各级税务部门办公室是负责涉税信访工作的主管部门，无论是分管信访工作的领导还是具体负责信访工作的人员，由于工作性质原因，无法集中精力保证信访工作的处理质效。加之涉税信访问题逐年攀升，问题日渐复杂，税务部门应及时优化调整信访部门相关职能和制度。（1）设立专业的信访接待小组，充分利用税务系统内部的公职律师、心理咨询师等精通法律、熟知心理学知识的税务干部，来专门对接和处理涉税信访件。（2）税务机关内部设立专门的信访接待室，保障全方位监控每个角落，将工作人员接待涉税信访人员反映问题的全过程录音录像，充分保护双方合法权益。（3）进一步优化信访工作绩效考评指标，避免指标设置表面化、平面化。在保证考核目的和意义的基础上创新考核形式，将量化考核与上级评议、下级评议和第三方评议结合，不单以处理时限和处理结果作为考核的唯一依据，注重处理方式和处理质量的考核，提高绩效指标设置的科学性、客观性和可信度。

2. 促进信访人才专业提升。为推进信访机制建设，各级税务机关应不断完善人才培养，优化人力资源的配置。（1）持续推进高素质专业化干部队伍的建设，将人才建设作为促进信访事业发展的重要途径。有意识培养年轻税务干部参与信访工作，定期组织学习平台经济税务运作机制、相关法律法规等知识，进一步加强信访工作人员执法能力，提高执法水平，在信访工作中做到“人岗相适”。（2）加强信访工作人员对涉税信访举报内容的保密意识。严格按照《信访工作条例》和相关征管法律法规处理涉税信访件，尤其是举报企业或者个人偷税漏税行为的事项，要对信访人的个人隐私信息严格保密，参与相关案件处理的工作人员签订《保密承诺书》，最后的调查结果也应当在不泄露个人隐私及商业秘密的情况下以适当的方式向社会公众公布。

（四）营商环境方面。

1. 普及税收宣传教育。税务部门要进一步强化税收宣传和普法教育，充分意识到税收政策宣传工作对于平台经济征管及后续化解涉税矛盾的重要性和必要性。在平台经济高速发展的当下，税务部门也要学会运用平台、直播等新媒介来宣传税收政策。例如，可以在抖音、B 站等新媒体平台以情景剧、短视频的形式来讲解相关税收政策、申报纳税流程，以及税收权益被侵犯后的相关救济措施。同时也可以平台为单位，围绕平台企业经营实际和生产经营情况有针对性地开展税收政策培训会，通过平台定期利用线上线下的方式“双阵地”作战，全方位向其经营者传递税法知识、培养纳税意识。通过税收宣传这一工具尽量将涉税信访矛盾的工作重心从“事后补救”向“事前预防”转移，形成一个“早宣传、多普及、少信访、快解决”的良性循环局面。

2. 提升纳税服务质量。提升纳税服务质量，就是提高纳税人满意度，提高纳税人对税收征管工作的信任感和支持度。首先，税务部门应该进一步优化便民办税春风行动，精简涉税审批程序，针对平台经济中纳税人的不同涉税需求为广大纳税人提供“在线咨询”“同屏辅导”“远程帮办”等多种形式的服务，不断优化个人所得税 App 与电子税务局移动端的使用体验。加快推进信访“最多跑一次”改革，畅通信访渠道，优化办理流程，以干部主动上门服务来赢得群众信任，倒逼信访工作提质增效。

本着以人为本的理念，让“智库”架起“心桥”，将涉税信访变为涉税服务，赢得群众信任的“最后一公里”。

参考文献

[1] 舒慧玲. 平台经济涉税征管问题研究 [J]. 税务研究，2022 (06)：62-68.

[2] 徐颖. 平台经济视域下网络直播平台的治理困境研究——以网红直播带货为例 [J]. 西安石油大学学报（社会科学版），2020，29 (04)：37-43.

[3] 李飞. 浅议电子商务的税收征管难题及对策 [J]. 西部财会，2022 (03)：18-21.

[4] 张亚梅. 成都市税务系统信访工作问题及对策研究 [J]. 信访与社会矛盾问题研究，2021 (03)：78-90.

[5] 宋明哲. 超图解风险管理 [M]. 北京：中国纺织出版社，2020：190-195.

[6] 冯仕致. 中国信访制度的历史变迁 [J]. 社会科学文摘，2018 (09)：169-177.

课题组组长：赵利民

课题组副组长：王俊耀（执笔人）

成员：石惠惠、邢畅、徐晶、孙昊临

平台经济下个人所得税征管问题研究
——以抖音主播为例

国家税务总局杭州市滨江区税务局课题组

摘　要： 平台经济的规模效应产生了巨大的经济效益，同样衍生了直播经济这样的特色经济，本文对平台直播行业商业模式进行详尽分类，结合调研产业总体情况和个案，发现平台经济下直播主播的个人所得税征管问题，还存在隐匿个人收入、未足额申报所得、公私不分、滥用合同转换收入性质等问题，课题组进一步对个案进行剖析并提出了相关意见建议，以期为解决直播涉税问题中缺乏有效监管、税源难以监控、涉税要素不明晰等税收风险问题提供有效建议。

关键词： 平台经济　直播　案例分析

近年来，平台经济下的直播行业发展迅猛，以作为直播电商第一城的杭州为例，根据浙江省商务厅数据，杭州目前有综合类和垂直类头部直播平台 32 家、主播近 5 万人，直播相关企业注册量超 5000 家，数量位列全国第一名，从事相关行业的工作人员超百万人，相当于在杭州每 247 个人里就有一个是 MCN 的主播。目前中国排名前 10 位的 MCN 机构，已有 6 家在杭州设立总部或者分公司。2022 年杭州在抖音、淘宝、快手三大直播平台上实现销售总额 1714 亿元。行业发展如此蓬勃的情况下，平台经济下直播主播的个人所得税征收仍存在主体难确定、征税对象界定不清等问题，亟待研究和解决。

一、平台直播行业商业模式简介——以抖音平台为例

据中国移动互联网数据，抖音 2023 年 5 月的月活用户规模达到 7. 16 亿人，居短视频平台首位，故本文以抖音为例，剖析平台直播行业的商业模式。

（一）主播的类型。本文按照如下前提对抖音业务进行分析：（1）视频主播独立非雇佣；（2）视频主播与平台签约；（3）视频主播与 MCN 机构签约；（4）视频主播仅与 MCN 机构合作。

网络主播根据播出内容、场景的不同可以将其细分为四种类型：秀场主播、带货主播、游戏主播、其他主播。

1. 秀场主播，又称娱乐型主播，主要通过各类才艺表演、内容展示、聊天唠嗑等方式吸引观众，满足观众影音娱乐服务、排解压力、情感交流的需求。

2. 带货主播，又称互联网营销推广师。其主要运用自身的人气流量、网络交互性以及传播公信力对直播中的产品进行营销推广，引导观众在线下单购物。

3. 游戏主播，主要由职业电竞选手、高端玩家、游戏达人等转型而来。游戏主播通过直播第一人称视角等游戏场景，以犀利的游戏操作、风趣的直播语言吸引了大批的游戏爱好者，在业内具有较强的影响力。

4. 其他主播，是指除上述三类主播之外各类形式的主播，常见的有美食主播、财经主播等。

以上四种类型相互之间并不是绝对互斥或对立的，而是可能相互融合、综合展现的。例如，秀场主播可以利用自己较高的人气在表演直播的过程中推广产品，扮演带货主播的角色。

（二）直播产业中的相关方。直播产业中一般有五个主体。（1）网红主播。其在直播活动中，负责参与一系列策划、编辑、录制、制作、观众互动等工作，并担当主持工作。（2）用户。用户在直播中以投币打赏、下单购物等方式形成人气流量，是直播经济的终端消费者。（3）直播平台。直播平台通过技术服务构造了网络直播的虚拟空间，并负责对直播间进行实时管理。比较知名的直播平台有抖音、快手、虎牙、淘宝等。（4）MCN 机构（multi-channel network）。其为网红主播和自媒体提供内容策划制作、宣传推广、粉丝管理、签约代理等各类服务。（5）商业合作方。商业合作方是指与主播或 MCN 机构签约合作，借助直播吸引的流量，宣传推广自身产品服务、提高自身知名度的各类参与方。例如，带货直播场景下被带货产品的供应商、秀场主播中的广告链接投放商等（见图 1）。

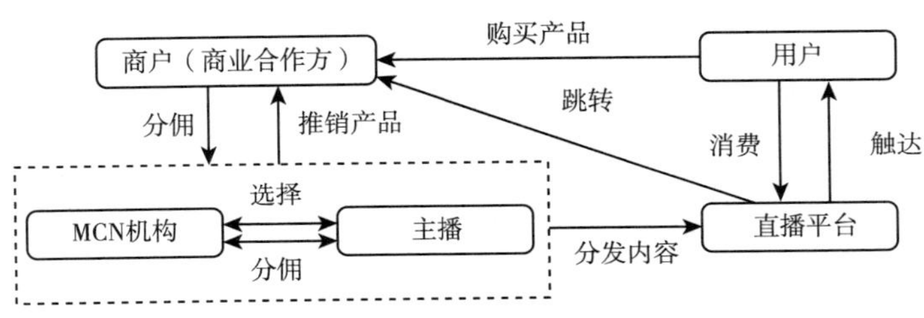

图 1　带货直播主播各方关系

（三）主播的收入分类。

1. 签约费。一些主播与直播平台、MCN 机构等签订合约，接受后者的管理，按照管理方要求的场次、时长、内容等进行直播活动，并获得管理方支付的薪酬。上述的薪酬即为主播签约费。签约费往往具有排他性，并由直播平台或 MCN 机构等根据主播的影响力、播出时长、打赏数量等进行考核确定。一般普通主播的签约费在 5000 元左右，头部主播的签约费动辄千万元甚者更高。在个人所得税征管中，签约费一般可归为工资薪金所得或劳务报酬所得。

2. 打赏收入。打赏收入是主播在直播时收到观众赠送的付费礼物、虚拟道具等获得的收入。观众在打赏前需要事先在平台中付费购买平台虚拟币，再以虚拟币购买各类礼物赠送给直播中的主播。平台在结算主播收到的礼物后，按照事先约定的一定比例，在主播、平台、MCN 机构等各方间就打赏收入进行分成。打赏收入在当前直播行业收入的占比达到了 75%，是当前主播的重要收入来源。

3. 直播带货收入。主播的直播带货收入一般包含“坑位费”和销售佣金两部分。“坑位费”是被带货的产品的供应商就其产品被列入主播带货名录，即获得一个带货“坑位”，而需要支付的费用。坑位费是与带货商品销售额无关的固定费用，其金额的高低取决于主播的影响力和带货能力，个别头部主播单项商品的坑位费超过 10 万元。销售佣金根据主播带货的销售额乘以佣金比例确定。佣金比例由带货方（主播、MCN 机构等）和产品供应商事先洽谈商定，一般为 10% ~30%。直播带货收取的“坑位费”和销售佣金还需要在直播平台、MCN 机构、主播之间进行分成。

4. 网店收入。部分主播在直播的同时，还开设网店，利用自身的影响力为自有网店带来可观的收入。这些网店往往有对应的商事注册主体，如个体工商户或有限责任公司的形式。主播从中取得的收入可归属于生产经营所得或所投资公司的股息分红。

5. 广告推广费。主播的广告推广主要有两类形式。一是一些主播运用自身较强的引流能力，与部分品牌方合作，通过直接代言广告的形式进行推广。二是主播在个人的网络空间、微博或是直播中，通过植入广告内容、插入广告链接等方式宣传推广特定商品。上述第二种形式的广告推广与直播带货的区别在于，前者是在原有直播（如秀场直播、游戏直播）的过程中穿插植入部分广告内容，而直播带货的核心内容即为推广和销售商品。

6. 其他收入。其他收入是指主播取得的除了上述五类收入以外的各种收入，例如网红主播参加平台或品牌方主办的线下活动的出场费、游戏主播的点播费等。

二、个人所得税征管存在的问题——以某主播为例

（一）案例背景介绍。某抖音主播张某以个人身份在抖音注册直播间并委托平台

在重庆办理了个体工商户登记。在核查中发现，个体户按照10%所得率核定所得额申报缴纳经营所得个人所得税，且2019～2021年每年收入均不足100万元，无综合所得申报记录；同时，直播间由张某与合伙人李某两人共同经营并开展业务，且张某与该个人独资企业签订了代理协议，协议约定由该个人独资企业开展业务接洽并取得收入，取得的收入将按一定比例支付给张某作为报酬，该直播间与抖音排行榜显示的1.2亿元相比，与申报收入相差巨大，形成疑点开展核查。税务机关经联系重庆忠县税务局获取该个体户开票数据，发现确实开票金额每年不足100万元，与经营所得申报金额一致，由于该主播带货的商家中存在较大的品牌，不太可能存在不索取发票的情形，故判断可能存在转移收入的问题。

（二）结合案例的征税要素问题分析。

1. 税收监控困难问题。首先要求开展自查，该主播自查抖音后台收入记录，纳税人反馈仅可以查询近半年记录，无法提供2019～2020年完整记录。税务机关无法掌握纳税人收入金额以及组成情况，平台在北京而不在核查地机关管辖范围内，主管机关难以向平台进行核实。由此我们看出，平台在数据上的垄断地位是其保持盈利的一处关键所在，税务机关需要从平台处获取主播收入、退款、支出等详细信息，但平台主观上出于自身盈利需求、客观上出于对隐私的保护，目前双方并没有常态化的税源信息交流渠道。这里也需要注意，平台的数据必定是依照商业需求采集形成的，与行政管理上存在一定的差异，这就需要税务机关加强对大数据的处理和应用能力。

2. 所得项目的界定。在案例详谈中发现，劳务报酬和经营所得的区别是纳税人主要混淆的点。税法上规定劳务报酬扣除20%费用，所得高于96万元的适用45%税率，高收入群体边际税负率36%（80%×45%）；经营所得，不考虑成本费用扣除的前提下，高收入群体边际税率35%（最高税率35%）。对于纳税人而言，不考虑成本扣除成本费用的前提下两者相差无几，但一算上数目不小的成本费用扣除，带来的税负差异将给纳税人很大动力去调整所得项目。此案例中，直播间由张某与合伙人李某两人共同经营并开展业务，且张某与该个人独资企业签订了代理协议，协议约定由该个人独资企业开展业务接洽并取得收入，取得的收入将按一定比例支付给张某作为报酬，张某认为给李某的收入以及本人在直播期间发生的流量费等各项费用均应予以扣除，这就是我们通常说的“转换收入形式”。事实上，“双十一”等活动期间主播以竞价方式取得App或网站首页推广位置，为此向平台支付流量费非常高，此外扣除场地租赁、道具化妆服装、摄影、选品、助理等费用也将对税额产生不小的影响，较大的成本开支导致按照不同的应税项目计税，税负会有明显的差异。这让“转换收入形式”之类的恶意税收筹划有了操作的动机和空间。相应地，也揭示了在制度层面，需要给所得定性的现实意义。如果交易本身真实，那么依照法无禁止即允许的原则，纳税人有权根据交易实质，选择不同的业务组织形式，从而对应不同的所得类型和不同的税收负担。这其中的关键在于，纳税人不得滥用法律条款赋予的权利，恶意税收筹划，规避纳税义务。因此，相关部门有必要根据直播行业发展的特点和税收征管的实践，对网络主播所获取的收入应适用的所得税税目进行规范和明确。

3. “税收洼地”的制约。据案例详谈了解，部分地区滥用核定征收是直播偷税漏税的翘点之一，如此案例中，再次与张某及其财务人员沟通时，张某坦白由其合伙人在上海设立个人独资企业以便于在平台外开具发票，该个人独资企业同样按照 10% 所得额核定征收经营所得。按照 10% 所得率核定边际税负最高 3. 5% ，甚至核定征收率 0. 4% 相比综合所得 36% 存在 90 倍的差距，由于直播行业存在较强的流动性，从地区角度上看是增加税源和收入；但站在全国的视角看，整体的税收收入是大幅减少的。近年来税务部门也意识到这一问题，并出台相关文件，明确指出，对于由明星艺人、网络主播成立的个人工作室和企业，属地的主管税务机关要辅导其依法依规建账建制，并采用查账征收的方式征收税款。

4. 对纳税人的界定。张某由于与合伙人李某两人共同经营开展业务，并且与平台开展直播分成，同时与商家有带货的商业往来，涉及的纳税主体进一步增加，使得其中关系越加复杂。从直播画面上看，大部分直播间都是主播个人介绍，常识上很容易就认为自然人应该作为纳税人主体；但税务部门作为执法机关，应该深入挖掘各类合同、协议中各个主体的权利和义务，以此为依据对纳税主体进行界定。从纳税人与其他方签订的合同、协议来看，纳税人主要分为三类，一是自然人个人；二是个体工商户、个人独资企业以及有限合伙企业；三是有限责任公司。三方之间合作模式和分成方式多样，较难厘清各个主体间的法律关系，在实践中十分容易混淆。经过案例研究发现，纳税主体方面遇到的主要问题在于不同的合同或协议中，分别以不同的法律主体进行签约。例如，由于平台发展初期只允许自然人以个人名义注册直播间，故不少知名主播都是以自然人个人名义注册平台直播账户并同意了相关协议，同时由于部分商家支付推广费用需要取得发票凭证，主播又以个人名义注册了个体户工作室，并以个体户名义与商家签订推广合同同时开具发票；部分法律意识较高的，还存在工作室与自然人之间签订授权委托协议，直播间活动由工作室全权代理。在纳税人看来，自然人个人与工作室紧密相连不分彼此，在财务上也是个人直接从直播账户里提现取钱，直播发生的一些费用也常常由自己甚至配偶个人支出。这种公私不分的财务管理和合同签订给税务上的界定造成了较大的困难，实践中较为依赖执法人员的经验判断，为个别平台经济经营者恶意“税收筹划”提供了可乘之机。

5. 征税对象的界定。一是关于退货产生的退费是否应当从应税收入中剔除。由于购物平台为了保障消费者权利和吸引消费者，大部分商品存在 7 天无条件退换的条款，带货主播一般采取坑位费加销售收入百分比提成的方式向商家收取推广费用，故产生退货时主播应将相应费用退回商家。从税收原则来看，应将该部分收入剔除，但实践中由于自然人或者个体户小团队不善财务管理，加上直播间庞大的带货数量，部分平台仅保留近3个月数据，该部分收入剔除需要逐笔核对过于困难。二是混合经营如何区分不同项目收入，对于主播自营小店（常见于抖音）同时接受其他品牌商品推广业务，同时取得销售收入和推广报酬是否应加以区分征税。此外，直播间内自己小号给自己刷礼物、购物平台上雇佣其他人刷单先付款后退货，虽然涉嫌不正当竞争，但实践中屡见不鲜，该部分收入是否剔除以及如何管理也需要进一步讨论。

三、个人所得税征管中的风险与问题的深层原因

（一）税收法律法规的修订滞后于新业态的发展。目前网络直播经济发展的势头迅猛，但与之配套的税收征管制度的建设相对滞后，对特定场景的法律适用缺乏明确规定。在实体法层面，我国《个人所得税法》对综合所得与经营所得规定了不同的适用税率，但对二者在不同场景下的区分缺乏细致的规定。在近期披露的主播偷逃税案件中，涉事主播正是利用这一漏洞，转换收入性质，扭曲适用税目，以较低税负经营所得虚假申报纳税，造成税收流失。在程序法层面，中央网信办、税务总局等部门此前印发了《关于进一步规范网络直播盈利行为促进行业健康发展的意见》，明确要求各直播平台应当每半年向所在地省级网信部门、税务部门报送网络直播发布者个人身份、直播账号、网络昵称、取酬账户、收入类型及盈利情况等关键信息。但以上规定在实践中的落地推进，仍较为缓慢，这在一定程度上助长了网络主播偷逃税的不良风气。

（二）税务机关缺乏获取涉税信息收集和整理的有力抓手。直播行业较多采用无纸化交易，各项数据和交易凭证多样且来源广泛，尽管我国推出了个人所得税App，个人可通过App进行综合所得年度汇算等操作，但由于较多交易通过第三方支付平台进入到视频和直播平台，再加上纳税人的纳税意识不强而导致的税务登记制度难以有效实施的情况，目前的税收征管技术难以做到对所有收入的追踪，与一般自然人纳税人相比更不易以人为单位汇集，且个人税源属地前期界定困难，易形成一段时间内的税收监管“真空地带”，税务机关难以及时核查纳税人申报信息的准确性。虽然金税四期的上线将会大幅提升税务部门内部数据治理工作，但是与其他部门之间的合作程度仍然不高，存在一定程度的数据孤岛现象。

（三）个人所得税税收制度的权威性、规范性尚未深入人心。相较于市场登记主体而言，主播从业以个人为主，且进入门槛较低，知识文化水平良莠不齐，部分从业者法律意识淡薄，对税收法律法规缺乏基本的了解，加上直播经济中的逐利性，以及税务部门对个人税收日常监管的空缺，部分网络直播从业人员相较于纳税不遵从成本，

更倾向于获取更多自身利益，存在侥幸心理相对税收遵从度较低。税务部门对于直播行业的普法主要在于案例震慑，日常税法宣传工作则忌于舆情等原因较少面向直播行业开展，税收宣传力度较低、覆盖面较窄、针对性较弱。

四、完善直播领域个人所得税征管的建议

（一）完善直播行业法律制度，厘清各方法律关系。直播产业中，各方法律关系是确定主播个人应税所得适用税目以及各方涉税权利义务的重要基础。根据主播与直播平台、MCN 机构等各方法律关系的不同，个人相关所得可分别确认为工资薪金所得、劳务报酬所得和生产经营所得，适用不同的计税方式和管理手段。直播行业属于基于互联网的新兴经济业态，《个人所得税法》等前期制定的法律法规对此仅有一些原则性的适用规定，缺乏针对性的指导和规范。建议加强法律法规建设，夯实制度基础。根据直播行业特点和发展规律，在充分尊重各方自主选择经营模式的基础上，依照实质性原则，对各方的法律关系、合作范式等进行规范和指导。对部分滥用合同形式，偏离交易实质、扭曲适用税目的行为予以整治。例如在判断适用劳务所得或是生产经营所得时，应综合考虑主播直播行为的持续性、团队性，直播行为与主播登记的商事主体是否相关等多方面因素，予以合理的区分和界定。

（二）完善和落实扣缴义务人制度。代扣代缴税款制度是个人所得税法中加强税源监管、降低征税成本、防止税款流失的重要制度设计。鉴于直播业务中，涉及自然人数量众多、收入形式较为隐蔽、部分主播收入金额巨大等特征，在该领域完善好、落实好代扣代缴税款制度具有重要意义。根据个人所得税法的规定，对于工资薪金所得、劳务报酬所得、偶然所得等应税项目，支付所得款项的一方负有代扣代缴税款的义务。在税收征管的实践中，应当进一步压实直播平台、MCN 机构等主体扣缴义务人的责任。合作中属于劳动雇佣关系或是劳务关系的，明确由平台或 MCN 机构及时足额代扣代缴，防止税款流失。

（三）建立健全相关主体涉税信息报告机制。直播经济是依托于互联网技术的数字经济。信息数据是记录和反映各方交易情况的重要载体。掌握准确、翔实的涉税信息方能抓住直播行业税收征管的“牛鼻子”。当前相关数据主要集中在直播平台手中。《电子商务法》第二十八条规定，电子商务平台经营者（即直播平台）应当依照税收征收管理法律、行政法规的规定，向税务部门报送平台内经营者（网红主播、MCN 机构等）的身份信息和与纳税有关的信息。上述规定，原则性地明确了直播平台报送涉税信息的法律义务。但在实践中，尚缺少与之配套的、较为完善的实施细则。建议针对直播行业的特点，不断探索建立和完善相关主体涉税信息报告机制。如由直播平台

定期向税务部门报送每场直播的主播名称、身份证件号码、对应MCN机构、打赏收入、直播带（退）货金额、合作各方法律关系等关键信息；有关数据汇总至税务总局后，经加工、清分，逐级下发至纳税人、扣缴义务人对应的主管税务机关；主管税务机关应运用收到的数据，结合纳税人、扣缴义务人的纳税申报情况进行比对，及时发现和纠正可能存在的少报、漏报行为。

（四）加强税务部门省际间的数据共享。主播的直播业务往往具有明显的跨平台、跨地域特点，同时取得多处所得的情况较为普遍。因此各地税务机关要加强信息共享，形成监管合力。目前各省税务部门之间数据尚未完全打通、信息孤岛问题仍然较为突出。建议以金税四期建设为契机，优化税务部门省际间的数据共享机制，在确保数据安全的前提下，通过可信授权的方式，允许有数据需求的某一方税务机关能够访问纳税人在全国范围内的各类应税数据，加强对同时取得多处生产经营所得、综合所得等情形的监管力度。

（五）加强对直播从业人员的税法宣传和教育。从根本来看，税收征管效能的提高，既需要行之有效的监管措施，更有赖于纳税人、扣缴义务人税收遵从意愿的提升增强。当前，直播业务从业人员多为自由职业者，纳税意识相对淡薄。建议加强税法宣传，努力在直播行业内营造对税收普遍的认同感，引导广大直播从业人员增强涉税守法意识。例如在主播开播创业的初期，可依托直播平台、行业工会等，加强对个人的税法辅导，对其应承担的义务和享受的权利进行明确，引导主播依法诚信经营。定期梳理归纳直播行业税收政策规定和典型案例，通过开展专题研讨、公众号提示提醒等形式帮助纳税人弄懂政策、学会申报，不断提升自身纳税遵从水平。

参考文献

［1］叶冠芝．互联网直播行业的个人所得税监管问题研究［J］．纳税，2021（24）：19－20.

［2］翟克华．网络直播的税收问题研究［J］．行政事业资产与财务，2021（14）：3－5.

［3］曹静．网络直播打赏的可税性研究［J］．河北企业，2021（10）：110－112.

［4］张云云．基于网络直播打赏行为的个人所得税征管问题探讨［J］．北京化工大学学报（社会科学版），2021（02）：66－70.

［5］张怡，徐燕婷．网络直播带货模式浅析［J］．商讯，2021（25）：10－12.

［6］朱明慧．纳税遵从度的影响因素分析及其对策研究［J］．当代经济，2017（20）：132－133.

课题组组长：陈岳敏

课题组成员：喻万芹、朱之旋（执笔人）、张思凡（执笔人）、陈鸣骆（执笔人）

二等奖

服务贸易出口退税对策与研究

国家税务总局杭州市税务局进出口税收管理处课题组

摘　要：随着世界经济重心不断倾向于服务业，服务贸易出口在全球经济增长中扮演了越来越重要的作用，新冠疫情的到来更是促进了服务贸易的发展。因而，未来无论我国还是全球经济都将迎来服务贸易的迅速发展。因此，杭州市税务局切实提高站位，主动担当作为，采取文献资料法、调查研究法等，以辖区内服务贸易发展现状为切入点，结合出口退免税政策分析、服务贸易发展困境及原因分析，进一步完善税收职能作用，发挥以税资政，促进服务贸易健康可持续发展。

关键词：服务贸易　出口退免税　以税资政

服务贸易是“十四五”时期我国经济高质量发展的重要引擎。为推动服务贸易发展，国务院推进全面深化服务贸易创新发展试点建设，杭州市是国务院部署的全国首批“服务贸易创新发展试点”和“深化服务贸易创新发展试点”城市。税收是服务贸易企业创新升级和高水平参与国内国际双循环的重要因素。如何抓住服务贸易试点城市建设的重大机遇，进一步发挥税收职能作用，助力杭州实施服务贸易“55155 工程”①，打造国家服务贸易创新发展示范区，具有实际意义。

一、课题意义

（一）服务贸易是外贸发展的新方向。当前，疫情改变了人们工作和消费的方式

① “55155 工程”是杭州市服务贸易“十四五”规划的发展目标，即在全面深化服务贸易创新发展试点评估中力争全国前 5 位，5 条杭州经验、案例在全国复制推广，打造 10 个服务贸易示范园区、培育 50 家示范企业、50 家成长型企业。

习惯，信息技术推动了生产要素向高端服务的转移和聚集。各国传统生产制造企业纷纷向服务供应商转变。我国服务贸易起步较晚，与发达国家相比处于相对劣势。近几年，服务贸易作为外贸新业态新模式，展现出生机活力，需要我们紧紧抓住发展机遇，补齐短板，推动服务贸易成为外贸新的增长点。

（二）服务贸易是杭州经济特色产业。杭州市是互联网和电商发展的聚集地，具有发展服务贸易的优势和诉求。全面深化服务贸易创新发展试点、浙江自贸试验区杭州片区、国家文化出口基地、国家数字服务出口基地等多个服务贸易发展平台为杭州市服务业开放和发展创造重大机遇。杭州丰富的人力资源也为发展服务贸易奠定了人才基础。

（三）服务贸易发展遭遇挑战。当前，全球服务贸易发展也面临主要经济体增长放缓、服务需求下降、地区保护主义和地缘政治风险上升、发展环境更加不确定的挑战。在此背景下，全球服务贸易企业纷纷开展科技创新、服务产品创新、商业模式和业态创新、管理创新。各国也在通过增进政策创新，促进创新要素流通与治理体系完善，增进服务链供应链稳定性等措施，助推全球服务贸易实现更高质量、可持续的创新发展。

二、服务贸易发展现状及出口退免税政策分析

（一）杭州服务贸易行业发展现状。2022 年 1 ~ 12 月，杭州全市服务贸易出口额为 169.9 亿美元，同比增长 11.39%。杭州服务贸易出口特点如下：一是知识密集型服务贸易保持稳定增长。2022 年 1 ~ 12 月，杭州市知识密集型服务贸易[①]出口额为 135.71 亿美元，同比增长 4.54%，占全市服务贸易出口额的比重为 79.87%。其中，个人、文化和娱乐增速较快，同比增速为 12.65%。二是电信、计算机和信息服务及其他商业服务为杭州市重点行业领域。2022 年 1 ~ 12 月，电信、计算机和信息服务出口额为 41.37 亿美元，同比增长 5.78%，占全市出口额的 24.35%；其他商业服务出口额为 63.62 亿美元，同比增长 3.49%，占全市出口额的 37.45%。两大重点领域合计占全市出口额的比重为 61.79%。

（二）免税与零税率政策分析。根据国家税务总局 2016 年 5 月《营业税改征增值税跨境应税行为增值税免税管理办法（试行）》规定，服务贸易适用出口免税和零税率政策。

1. 免税。是指在出口环节免征增值税，相应的进项税额转出，进项税额不予抵扣或退还。跨境应税服务适用免税政策如表 1 所示。

---

① 知识密集型服务贸易包含通信服务、建筑服务、保险服务、金融服务、电脑和信息服务、版税和特许费、其他商业服务、个人、文化和娱乐服务等 8 类服务。

表 1　适用增值税免税政策的跨境应税服务

序号	服务类型
1	建筑服务
2	工程监理服务
3	工程勘察勘探服务
4	会议展览服务
5	仓储服务
6	有形动产租赁服务
7	广播影视节目（作品）的播映服务
8	文化体育服务、教育医疗服务、旅游服务
9	邮政服务、收派服务、保险服务
10	电信服务
11	知识产权服务
12	物流辅助服务
13	鉴证咨询服务
14	专业技术服务
15	商务辅助服务
16	广告服务
17	金融服务

注：以上服务不包括具体的适用情形。

2. 零税率。是指在出口环节免征增值税，对应的进项税额予以退还，服务贸易出口时税率为零，跨境应税服务适用增值税零税率政策如表 2 所示。

表 2　适用增值税零税率政策的跨境应税服务

序号	服务类型
1	国际运输服务
2	航天运输服务
3	向境外单位提供的完全在境外消费的：
（1）	研发服务
（2）	合同能源管理服务
（3）	设计服务
（4）	广播影视节目（作品）的制作和发行服务
（5）	软件服务
（6）	电路设计及测试服务
（7）	信息系统服务
（8）	业务流程管理服务
（9）	离岸外包业务

跨境应税服务的免税、零税率政策，对服务贸易的发展有着不同的政策影响，如表3所示。零税率和出口免税在出口环节相同，均不需要缴纳增值税，但零税率服务还享受增值税退税，优惠程度高于免税。因此，零税率可完全消除重复征税，以不含税价格参与国际市场，贸易竞争力提升幅度较高。但是，与免税政策相比，零税率虽然有更好的政策效果，但出口退税的服务、管理、财政等成本都相应增加。

表3　服务出口的免税与零税率对比分析

政策效应	政策类型	
	免税	零税率
出口环节（销项）负担	免税，无负担	免税，无负担
抵扣、退税环节（进项）负担	进项转出，有负担	退税，无负担
重复征税消除程度	部分消除	完全消除
提升国际贸易竞争力	提升幅度较小	提升幅度较大
征纳成本	相对较低	相对较高
财政负担	相对较低	相对较高

三、以税收视角看服务贸易发展当前遇到的问题

（一）总体发展问题。

1. 服务贸易零税率企业备案户数增速减缓。杭州市辖区现有267户企业（剔除注销户、非正常等非正常存续经营企业）做了提供零税率应税服务的出口退免税备案，如表4所示。2021年和2022年杭州市新增零税率应税服务出口退（免）税备案数基本持平且略有上涨，2022年杭州市总计新增11户，同比下降52.17%。2023年截至目前，各区县局几乎0增长。

表4　杭州市零税率服务备案情况　单位：户数

辖区	出口退（免）税备案——提供零税率应税服务			
	总备案数	2023年新增	2022年新增	2021年新增
滨江	70	1	4	5
西湖	34	0	3	6
余杭	33	0	1	5
钱塘	24	0	0	0
拱墅	22	0	0	0
临平	20	0	1	2
萧山	15	0	0	1

续表

辖区	出口退（免）税备案——提供零税率应税服务			
	总备案数	2023 年新增	2022 年新增	2021 年新增
富阳	13	0	0	1
上城	12	1	1	3
临安	12	0	1	0
桐庐	10	0	0	0
建德	1	0	0	0
淳安	1	0	0	0
合计	267	2	11	23

2. 服务贸易退税额有所下降。从杭州市辖区内服务贸易企业申报出口退免税情况来看，2021 年、2022 年杭州市服务贸易出口销售额同比增长分别为 66.64%、39.01%，增幅放缓；2023 年一季度同比下降 42.16%，出口退税同比下降 40.86%。

3. 服务贸易发展结构不均衡。杭州市出口服务以信息技术外包服务、软件服务为主，其中信息技术外包服务收入位列第一名，2022 年信息技术外包服务收入达 24.59 亿元。而业务流程外包服务、业务流程管理服务收入金额位居第三名、第四名，与第一名、第二名出口服务收入金额差距较大。其他服务项目占比很少。2019 ~ 2022 年杭州市服务贸易结构如表 5 所示。

表 5　　2019 ~ 2022 年杭州市服务贸易结构　　单位：亿元

出口服务	应税服务营业收入				
	2019 年	2020 年	2021 年	2022 年	合计
信息技术外包服务	10.12	10.80	11.53	24.59	57.03
软件服务	17.30	13.89	12.38	12.58	56.15
业务流程外包服务	5.45	5.19	6.39	7.74	24.77
业务流程管理服务	2.39	0.00	12.26	5.31	19.96
研发服务	1.40	1.32	1.36	2.91	6.99
广播影视发行服务	0	0	0.29	1.17	1.47
知识流程外包服务	0.05	0.01	0.59	0.72	1.37
广播影视制作服务	0.09	0.02	0.01	0	0.12
设计服务	0.01	0.02	0.01	0.02	0.07
技术转让服务	0	0	0.04	0.02	0.06

（二）税收征管问题。

1. 零税率政策惠及范围不广。根据商务部发布的《中国服务贸易发展报告 2021》，服务贸易行业出口额前十二中，除运输（32%）、电信和信息服务（20%）适用零税率外，其他商业服务（24%）、建筑（8%）、加工服务（5%）、知识产权使用费（3%）、旅行（3%）、维护和维修服务（2%）、保险服务（1%）、金融服务（1%），个人、文化和娱乐服务（1%）都适用免税政策。反映出重点服务贸易行业仍以免税为主，零税率范围不广，与实际服务出口情况不匹配。

2. 放弃零税率企业较多。杭州辖区零税率服务企业备案户数近300户，但实际办理退税的企业仅30户左右。零税率的跨境应税服务的外贸型企业往往选择适用零税率，生产型企业多因取得的进项抵扣发票较少，从而选择适用免税政策。

3. 风险监管尚不完善。不同于货物出口由海关监管，目前我国没有专门的政府部门对服务贸易出口情况进行监管，服务贸易出口退税由出口企业根据对外提供服务所得收入自行申报，税务机关也侧重于对风险商品的预警监控，对风险服务的监控尚不完善，给基层税务部门管理带来较大风险。

四、制约服务贸易发展的原因分析

（一）退税机制不健全。根据2015年3月《国务院关于完善出口退税负担机制有关问题的通知》，出口退税全部由中央财政负担，服务贸易出口退税大幅增加，对中央财政造成极大负担。

（二）退税链条尚未完全打通。对于服务贸易生产型企业，其作为主要成本的人工服务、购进的贷款服务，以及接受贷款服务向贷款方支付的投融资顾问费、手续费、咨询费等无法抵扣进项税额，如果选择适用零税率，因取得的可抵扣进项发票较少，还会缴纳因免抵税额产生的城建税及教育费附加，导致企业实际取得的退税收益还不如适用免税政策的收益多，产生了“名不符实”的现实困境。

（三）备案审批不便捷。企业在申报出口退税前须向有关部门进行合同备案，如提供离岸服务外包业务、软件服务、广播影视节目（作品）制作和发行服务的，需提供商务部门出具的证明文件；提供研发服务、技术转让服务的，需提供科技部门出具的技术出口合同登记证；提供电影、电视剧制作服务的，需提供行业主管部门提供的许可证明等。

（四）税款流失风险大。由于服务的无形性特征，服务贸易出口不经报关，不受海关监管。税务机关在审核服务贸易出口退税时，缺乏相应的数据支持和技术支撑，对认定企业申请服务贸易出口退税的真实性造成较大难度，面临较大的利用服务贸易骗取出口退税款的外部风险。另外，在跨境服务出口增值税中对“完全在境外”消费的部分应税项目实行零税率。然而，在当前数字经济环境下，税务机关对“完全在境外消费”难以准确判断。如按照合同法律关系服务购买方是境外公司，但是实际最终消费者是境内公司，按照现行政策，该服务贸易不能享受增值税免（退）税政策。但在实践中，税务机关仅靠合同、外汇单等凭证，确定服务的接受方所在地，进而误判境外公司为服务的最终消费者，导致国家的税款流失。

五、对策建议

（一）借鉴国际经验，优化退免税结构。国际上服务贸易出口退税制度比较健全的国家有几个共同特征：出口退税范围广、退税率与征税率基本一致、出口退税多以零税率为主。如英国对交通工具修理装配、运输、建筑安装、污水处理服务实行零税率；法国对劳务、服务出口实行零税率；韩国零税率政策更偏向于文化产业、电视广播等文化传媒服务、研究所及尖端技术企业。加拿大对金融服务、大多数国际运输服务实行零税率；阿根廷对所有出口服务实行零税率。我国可根据财政情况，结合行业特点和服务商品的特殊性，有针对地扩大零税率范围。如通信服务、建筑服务、保险服务、金融服务、版税和特许费、其他商业服务，以及个人、文化和娱乐服务等知识密集型服务，可逐步纳入零税率范围，促进知识密集型行业加快发展，成为服务贸易新的增长点。

（二）改进抵扣标准，有效疏通退税链条。改进增值税征税和抵扣标准，打通征税链条，为服务贸易出口退税打下良好基础。建议探索将人工成本纳入增值税抵扣、将金融服务的不得抵扣项目按比例纳入增值税抵扣。健全增值税和“营改增”的税收优惠制度设计，探索将中间环节的免税政策改成即征即退、先征后退等优惠形式。

（三）加强信息建设，强化部门协作。加强与口岸管理部门的沟通合作，实现服务贸易出口退税“免填报”、退运通关无纸化、“单一窗口”非接触办税三项便利化措施。探索与商务、科技等部门的数据共享，缩短备案周期和资料准备周期，进一步提升服务贸易企业退税办理便利程度。

（四）加强“人机结合”，防范服务贸易退税风险。依托金三出口退税风控系统、省局大数据平台、“三三智检”、出口退税系统态势感知平台等功能扫描风险，加大对服务贸易企业开展行业分析和地区分析，进一步优化服务贸易企业风险模型，提高疑点提示的精准度，确保出口退税“退得快、防得住”。

（五）加强人才建设，注重专业化管理。以专题形式组织服务贸易业务讨论会，开展内部培训，强化全员能力提升。深入建设专业化团队，力争打造一支精通出口退税政策、熟练掌握系统操作、精准防范退税风险的人才队伍。

参考文献

[1] 姬智宇. 我国服务贸易增值税出口退税法律制度完善研究 [D]. 上海：华东政法大学，2021.

[2] 孙玉秀. 我国服务贸易出口退免税政策研究 [D]. 上海：上海财经大学，2020.

[3] 张峰. 新形势下我国服务贸易出口退税研究 [D]. 上海：上海财经大学，2020.

[4] 翟佳威. 后“营改增”时代我国服务贸易出口退税政策研究 [D]. 上海：上海海关学院，2018.

[5] 唐明，李欢，陈梦迪. 全面“营改增”后服务贸易出口退税为何“扩围”艰难？[J]. 地方财政研究，2016 (11)：60 - 66.

[6] 刘瑞峰，杨博文. “一带一路”战略背景下，我国服务贸易发展现状分析 [J]. 现代经济信息，2016 (02)：158.

[7] 徐璇. 服务贸易行业出口退税政策经济效应的理论探究 [J]. 中国商贸，2015 (04)：113 - 115.

[8] 赵若锦. 供给侧改革下我国服务贸易转型升级研究 [J]. 价格理论与实践，2016 (07)：68 - 70.

课题组组长：周勇

课题组副组长：姚智涛

成员：金晓军、王薇（执笔人）、龚琳娜（执笔人）、陈歆涯（执笔人）

团伙虚开增值税发票行为的大数据治理研究

程若旦

摘　要：2019 年来，在全国开展打击虚开发票及骗税违法犯罪行为的大背景下，杭州市税务稽查部门以大数据为依托，重拳出击，创新工作方法，查处了多起团伙虚开发票重大案件。有力地落实了总局"强化数据共享，健全监控预警机制，切实防范和及时处置行业性、区域性、潜在性'三假'涉税犯罪风险"的工作要求，积累了良好工作经验。长久以来，如何精准定位、优化途径，有效治理虚开发票犯罪行为，始终是稽查工作面临的挑战。本文以杭州市稽查局近年来查处的几起重大虚开团伙案为切入点，总结归纳了当前团伙虚开增值税发票的典型性特征以及变化趋势，引出大数据之于虚开增值税发票行为治理的优势所在，并基于案件查处实践经验，阐述了以大数据挖掘、治理团伙虚开增值税发票行为的可行路径与方式，对未来以大数据提升稽查工作治理效能提出建议与展望，希望本文的提炼能作为一种可借鉴的参考。

关键词：税务稽查　团伙　虚开增值税发票　大数据　治理

一、研究背景和意义

（一）研究背景。税收作为一国财政收入最主要的来源，在国家经济安全中扮演着重要角色。尽管我国的税收征管体制已日趋完善，但在各种利益因素的驱使下，仍有不法分子铤而走险，钻税收政策的"空子"，虚开增值税发票，严重侵害国家税收经济安全。2018 年 8 月，国家税务总局和公安部、海关总署、中国人民银行等四部门针对发票虚开以及相关的税务违法问题展开联合打击行动[①]。2021 年 10 月，最高人民检察院、国家外汇管理局加入合作，国家税务总局等六部门联合印发《关于做好常态化打击虚开骗税违法犯罪工作的指导意见》，使该机制形成常态化。说明虚开问题需要得到长期关注和综合解决。在治理方面，2020 年 4 月 9 日，《中共中央　国务院关于构建更加完善的要素市场化配置体制机制的意见》，首次将数据作为生产要素写入政府文件，体现了大数据治理的必要性和迫切性。

（二）研究意义。近年来查处的虚开发票案件中，团伙虚开案越来越成为关注的焦点。据统计，2022 年全国打击骗取留抵退税专项行动中，查实骗取留抵退税企业 1953 户，查实虚开骗取留抵退税团伙 134 个，抓捕犯罪嫌疑人 1246 人，查处黑中介 15 个[②]。杭州市税务稽查部门在近年来的打虚打骗工作中，也越来越多地面对团伙虚开增值税发票案件，2019 年以来共查处虚开团伙案件 7 起，抓捕犯罪嫌疑人 178 人，涉案案值千亿元。团伙虚开涉及面广、作案手段复杂隐蔽，所需要的检查规模大、时间要求高、耗费精力多。本文以杭州市局查处的团伙虚开典型案例为切入点，探索大数据研判与检查的路径，希望为提升稽查治理效能，预防团伙虚开行为的发生起到借鉴的作用。

二、当前团伙虚开增值税发票行为的特征性分析

（一）团伙虚开增值税发票案例分析。近年来，杭州市税务稽查部门查处团伙虚开增值税发票案例共有 7 起，现选择较具有代表性的 4 个案例分析如下。

案例 1：A 团伙煤炭行业变票虚开增值税发票案。

2019 年 4 月，杭州税务稽查部门凭借货劳部门税收风险推送线索，发现涉案企业进销异常和突击开票疑点。通过三流数据整合、模型搭建、比对研判、实地摸查取证，查实一起以低价煤加入添加剂后，生产“高科技”煤炭，借助“低买高卖”从事洗票、变票活动的亿元虚开大案。2019 年 11 月，税警分赴全国多地开展集中行动，成功抓获犯罪嫌疑人 27 名，打掉虚开团伙 2 个，查扣银行卡 120 余张，以及电脑、手机、发票、公司财务账册等涉案物资，涉案案值 111.67 亿元。

案例 2：B 团伙利用疫情优惠虚开增值税发票案。

2020 年 3 月，杭州税务稽查部门依托大数据综合应用技术，通过后台数据摸排、防伪税控系统比对开展分析研判，发现杭州某贸易有限公司等 62 户团伙企业利用疫情期间增值税小规模纳税人征收率由 3% 降至 1% 的税收优惠政策，虚开增值税发票。通过

① 中国税务报．打虚打骗两年专项行动取得积极进展［N］.（2018 - 12 - 10）［2021 - 03 - 09］. http：//www. ctaxnews. com. cn/2018 - 12/10/content_947036. html.

② 国家税务总局公众号，https：//mp. weixin. qq. com/s/yKt8aXhO6dKTPZ-vlmwZaQ 2022 - 7 - 15.

税警联合行动，一举捣毁团伙 2 个，抓获犯罪嫌疑人 18 人，涉案金额超过 2.5 亿元。

案例 3：C 团伙利用网络平台虚开增值税电子普通发票案。

案件来源于 2020 年总局、省局下发的电子普通发票虚开案源，税警双方借力第三方发票服务平台，获取涉案企业电子发票交付邮箱、登录手机号，突破注册伪装，锁定空壳公司背后的真实犯罪嫌疑人，查明本地 2 个虚开团伙，并由此深挖出一个具有全国性布局的“微商”模式虚开发票销售网络平台，犯罪网络涉及 20 余个团伙 90 余人，空壳开票公司 1100 余家。2021 年 9 月，31 个省份对线索进行落地核查，涉及发票 12.8 万份，价税合计 125.7 亿元。后全国根据线索立案 34 起，抓获犯罪嫌疑人 51 名，涉案金额 24.43 亿元。

案例 4：D 团伙虚开增值税发票骗取留抵退税案。

2022 年初，杭州市税务稽查部门根据线索分析，联合公安经侦部门破获一起虚开发票团伙利用中介公司骗取留抵退税案件。经查，该团伙通过成立某中介财务公司，利用其代理记账及代开发票便利收集相关信息，在没有实际交易的情况下，控制多家企业对外虚开增值税专用发票价税合计 4.47 亿元，查实该团伙控制的下游企业利用虚开发票虚增进项税额骗取留抵退税 27.27 万元。2022 年 6 月税警联合行动，公安经侦部门抓获犯罪嫌疑人 22 人。

（二）当前团伙虚开增值税发票行为的主要特征。通过以上的案例概况可以发现，结合杭州市税务稽查部门以往对虚开发票案件的查处经验，以及虚开发票的一般特征，本文试概括当前团伙虚开增值税发票行为存在如下主要特征。

1. 跨区域、家族式犯罪链条更加隐蔽。犯罪嫌疑人多采取借用他人身份证信息，或者通过中介信息倒卖等渠道，注册无场地、无人员、无货物的空壳公司，部分注册地址为伪造的虚拟地址。涉案团伙大部分都是亲属关系，相互介绍参与违法，形成了家族式犯罪模式，这些在以上案例中都有显著体现。职业化特征显著，团伙跨越地域大，反复流窜作案时有发生。值得注意的是，一方面，有部分卖票人不断滚动成立企业，通过新办继续卖票；另一方面，受非法利益的驱使，一些虚开犯罪分子犯罪被判刑出狱后继续重操旧业，给虚开犯罪的打击带来挑战。

2. 发票虚开形式更加复杂多元化。在虚开方式方面，主要表现为四种形式：一是无货暴力虚开。上游虚开企业从税务机关领取增值税发票后，短时间内迅速虚开给中间商贸企业，从中赚取 3% ~10% 不等的手续费。例如案例 1，A 团伙案中的主要涉案公司即以“二甲苯”为名，两个月内突击开具大量进项发票，虚开金额近 1.5 亿元。二是利用“富余票”虚开。部分企业在日常经营过程中会出现“富余票”，出于人情或是利益原因，这部分“富余票”可能被虚开团伙低价购买，用于继续向下虚开。如案例 4，团伙以电商富余票塑造合理进项。平台电商因消费者常常不需要发票而产生大量“富余票”，成为涉案开票企业合理进项的来源。虚开团伙利用这一漏洞，让不需要发票的实际购货者提出要求，平台电商将发票开给有需求的企业，从中赚取差价。三是实施“变票”虚开。在发票开具上体现为货物流有出有进，但实际上并无实际货物交易。如案例2中，杭州某物资有限公司为核心的41家小规模企业，以出售营业执照、开票资格和企业对公账户等方式，实施过票洗钱等违法行为。四是内部环开发票。大数据时代，暴力虚开企业只能走短平快的路子，不可能存活很久。所以团伙中很多企业在虚开发票后会配平相应进项发票，按时进行纳税申报，规避监管，获得更长存活时间。这些企业向受票实体企业虚开发票的同时，也大量从团伙内其他企业获取进项发票，并向团伙内其他企业开具发票。如案例4，该团伙内部存在26户企业对开增值税专用发票，用于骗取留抵退税款，涉案专票价税合计高达1.1亿元，税额1033万元，虚开虚受具有高度隐蔽性。

3. 犯罪网络化、智能化倾向更加明显。信息化技术的广泛运用和各类平台在人们日常生活中的普及，也对当前虚开增值税发票的特点产生影响。虚开团伙作案越来越借助虚拟网络。虚开团伙通过伪基站群发送短信息、建立QQ群等方式招揽生意，扩大客源。如案例3中，就出现专门团伙搭建网络售卖发票平台，以“微信群”“微店”的方式发布卖票信息于全国各地。因为网上虚拟操作，虚开犯罪链条的各个环节不再完全需要人与人的实际接触，增加了全链条打击虚开犯罪的难度。

同时，随着当前疫情期间国家各项税收优惠政策的不断出台，虚开的阵地开始向普通发票转移。利用税收优惠、税务办理流程简化等便民措施实施虚开，侵蚀了公平有序的良好经济发展税收环境①。如案例2中，团伙利用疫情期间增值税小规模纳税人征收率从3%降为1%的优惠政策，对外开具征收率为1%的普通发票，纳税申报时却将所取得的应税收入填列在申报表的免税销售额项，虚假纳税申报，偷逃税款，造成入库税款为零的结果。案例3则是虚开团伙借浙江省试点推广在线开具电子普通发票的契机，利用电子税务局、开票平台等上网便利，大肆虚开。利用政策虚开增值税普通发票成为一新的虚开趋势。

4. 团伙虚开中介人联结上下游需求。虚开团伙职业化特点显著，职业中介人扮演重要角色。团伙案中涉及的受票企业，多为中小型实体生产、出口和加工企业为主。他们无法通过合法渠道取得足够的进项发票用于抵扣税款，或贪图价格优势，不惜以支付手续费的方式从非法途径取得进项发票冲减销项税额，以达到少缴税款的目的，给了职业中介人可乘之机。此类情况在煤炭行业比较突出，如案例1中，涉案企业大量开具煤炭销售发票，由于煤炭领域限额生产等原因，导致下游煤矿企业普遍存在进项发票不足的情况，引发行业虚开乱象。此案中，团伙中介人联结了成品油变票和煤炭虚开两种犯罪行为。炼油厂将成品油销售给不要发票的加油站，收取现金；中介人

① 张蔚．虚开增值税专用发票犯罪现状分析与打防策略研究［J］．西部公安论坛，2022（01）：35.

找好需要发票的能源公司，从中搭线，介绍炼油厂将发票品名从成品油变成二甲苯开给能源公司，赚取手续费；而私人煤矿将超标生产煤炭无票低价销售给煤炭经销企业，煤炭经销企业以 8% ~10% 手续费从能源公司虚开发票进行抵扣，再开票给用煤实体企业。案例 3 中，中介人身处广东，在上游建立了大量空壳公司“仓库”，覆盖 23 个省、39 个地市。下游招募“代理”发展下线。接收虚开订单汇总至“仓库”进行开票，形成虚开产业链条闭环架构。

三、以大数据治理团伙虚开增值税发票行为的必要性

针对以上谈到的虚开增值税发票团伙犯罪的特征，税务稽查部门必须与时俱进，寻求切实有效的查处突破手段。在犯罪行为时间跨度大、地域跨度广、以层层屏障隐蔽的状况下，以往仅靠手工阅账、人力外调的方式已显不够，必须借助现代化的信息手段提升打击成效。

（一）大数据有利于及时发现案源线索。与传统虚开不同，暴力虚开犯罪团伙开票后直接走逃，不缴纳上游的进项税，开出的发票最终会被认定为异常发票。为了延迟虚开的发票被认定为异常，暴力虚开的发票会经过几次过票、洗票。开出的发票在被认定为异常时，开票企业大多已销声匿迹，造成案发滞后、检查被动，带来税收管理的风险。要降低管理风险，就要借助大数据的帮助，对企业风险进行评估，及时筛选出高风险企业和人员进行重点关注。

（二）大数据有利于提升取证工作效率。如前案件所述，随着近年来发票防伪识别，以及纳税申报大数据监控手段的不断跟进与加强，同时又由于“放管服”一系列便利措施的实行，犯罪分子改变之前原始粗暴的买卖假发票作案手法，虚开家族化、跨区域、网络化倾向突出，特别是在资金流的排查方面，虚开团伙注册或者收购空壳公司、搭建“前店后仓”网络虚开平台、虚构仿造业务流程。案件数额的认定需要追查上下游，下游接受虚开进行非法抵扣的公司往往有几十家，且遍布全国，这种情况急需各级平台大数据的支持。

（三）大数据有利于排查资金回流情况。早年网银转账和电子支付不发达，在虚开增值税发票后资金回流方面，犯罪分子很难在短期内将巨量资金进行分散掩人耳目。而当前，随着移动互联网支付的兴起，在给人们带来便捷的同时也给少数不法分子以可乘之机。一笔需要回流的资金，犯罪分子通过网银在很短的时间内就可以分散给团伙中的大量个人账号，造成资金流数据隐匿。而与商业银行之间的信息数据共享，可以帮助检查人员快速勾勒企业资金回流的情况。

（四）大数据有利于联结查管协作。稽查部门对案件检查过程中发现的征管漏洞

及薄弱环节应进行剖析，提出改善征管建议，制作征管建议书传递至相关主管税务部门。针对团伙虚开增值税发票这样较为严重的违法行为，大数据的共享利用，有助于稽查部门与征管部门之间建立良好的互动反馈机制。对查处后的团伙涉案企业在征管系统中予以监管，防止企业被查后继续滚动作案、被查企业存续作案情况的发生，推动“以查促管”。

四、治理应对团伙虚开增值税发票行为的对策建议

（一）利用大数据强化虚开行为源头控制。

1. 加强对虚开增值税发票违法趋势的预判。基于团伙作案的智能化、职业化特点，不法分子往往趋利避害，一个漏洞被堵住，他们会想方设法寻找另一个突破口。建立案例库，对案件检查结果及时进行大数据的汇总和比对，发现新的趋势，强化对上游企业、行业的源头管理。比如近年团伙案件查处情况显示，平台电商可能成为下一个虚开风口。面对这类情况，就需要税务机关在检查的同时，提前做好形势研判，及时发现新问题新动向，加强对相关行业发票的使用和管理，消除潜在的风险隐患，为下一步工作开展打下良好的基础。

2. 查管协作加大纳税信用管理力度。要结合精准监管对纳税人采取的“一户式”管理模式，与管理部门强化联动，稽查部门及时反馈查处信息，发挥信用等级体系的作用。对高信用、低风险的纳税人予以更优质、更及时、更便捷的服务，发挥信用正向激励作用。对低信用、高风险的企业适度加大检查频次和监管力度，将虚开风险控制在源头。另外，打造企业动态关联信用体系，除了关注本身企业的信用外，还动态关联企业交易方的信用，失信企业将间接影响其上下游企业的信用。不断完善失信联合惩戒机制，减少虚开发生。

（二）加快提升大数据技术运用的广度与深度。

1. 完善现有各系统数据采集和比对。要根据工作实际不断优化数据采集指标，强化对现有数据全面性和逻辑性的检查，从而提高数据采集的质量。结合第三方信息，依托税务总局“金税三期”、增值税发票管理电子底账等系统，深入研究数据之间的规律性和关联性。结合增值税专用发票电子化进程，重视加强发票管理全流程信息归集。如在电子税务局中，做到对纳税人的所有涉税操作可回溯追踪，在发票开具、下载环节增加实名认证环节；增值税电子底账系统，可归集发票开具时的人员信息、电子发票交付方式、电子发票下载人员信息等。在“金税三期”、增值税开票管理等系统中，探索企业基本信息与外部信息或第三方信息比对，增值税申报数据比对，自动校验电话号码、银行账户等功能，及时实施预警和阻断。

2. 打造功能完备的发票流向分析系统。充分发挥电子发票的数据优势。借助信息化手段，系统监控电子发票开具之后受票企业的打印及入账情况，建立普通发票流向的大数据库，既实现通过大数据分析社会经济发展状况，又强化电子发票的全流程管理，持续降低管理风险。也可采取加入更多可视化模块的方式，通过图表、上下游网状图、层级分析等，对发票流向、上下游关系予以明确，便于检查人员开展分析，提升工作质效。

3. 完善数据信息的保密界限。涉税数据的开放方式上，要构建数据开放共享安全机制。涉税数据安全开放共享的目标应该是基于数据开放共享过程，保障涉税数据的完整性、安全性和可用性，防止数据丢失、被篡改泄露或被窃取①。在政策标准方面，统一不同部门、平台之间信息数据保密的要求。在数据存储和传输方面，加强对原始数据内部交换的保密管理。做到专网专线，设置导出数据密码等，防止数据泄露。对于稽查部门获取到的第三方涉税信息，必须用于特定的、合法的税收管理过程。如检查中需要金融机构存储的第三方客户相关信息。其中涉及纳税人的个人隐私、商业机密，应当严格依照《全国税务稽查工作规范 1.2》的要求，明确涉税信息提供的边界，对于非公开性的纳税人信息负有保密义务，做到合法使用数据。

（三）发挥全社会之力构建虚开防范屏障。

1. 提升社会舆论宣传力度。在全社会范围内大力宣传发票相关法律常识，广泛普及发票虚开的法律后果，必要时，可以涉案金额高、处罚力度大、社会影响力大的虚受典型案例开展宣传，与涉税违法“黑名单”制度相结合，实行相应惩戒。对有买票意图的企业和个人起到震慑作用，提高社会公众对发票虚开的风险意识。正所谓“在税收执法与征管过程中，通过对涉税数据信息的挖掘分析以及相应的激励惩戒措施，可以倒逼相关主体遵法守规，并在宏观上促进经济生态与营商环境的改善②。”

2. 加强对中介机构和平台的管理。针对团伙虚开行为中起重要作用的非法中介与平台加强监控与管理。规范中介代理业务，对提供虚假材料骗取税务登记的代办机构及其经办人依法严惩。推动广大网络交易平台承担相应的法律义务与社会责任。强化互联网违法信息管控，屏蔽非法出售发票相关信息，对违规用户采取相应限制措施。

虚开增值税发票违法行为在新时期呈现团伙化、职业化、跨地域、网络智能化的新特点趋势，虚开行为越来隐蔽化，增加了税务稽查部门防范和治理虚开行为的难度。但与此同时，大数据的应用也为我们打开了防范和治理虚开问题的思路，提供了方向指引。杭州市税务稽查部门在虚开团伙的查处中进行了大数据治理的实践，并开展了平台化应用的尝试，积极应对虚开行为新特点新趋势的挑战。积累成功经验的同时，我们也清醒地认识到，虚开行为的大数据治理并非一蹴而就，具有长期性和复杂性，

① 王伟域，辛浩．大数据驱动下税收治理创新的理论基础与未来发展趋势［J］．税务研究，2021（05）：33.

② 刘峰．数字时代税收治理的机理、要素与优化路径［J］．税收经济研究，2020（05）：43.

需要各个部门协同才能取得更大的成效。税务部门要持之以恒地加强有针对性的信息化建设，总结规律，提升数据应用的精准度，积极加强与内外部门的成果共享与交流。同时，政策部门也要强化顶层设计，从制度层面对部门联合数据共享、数据治理给予相关便利，建立相关规范，提升整体治理效能与能力，切实保障合法经营的纳税人权益，维护和保障税务公平、公开和透明，为社会经济发展营造更良好的营商环境，加速推动经济的健康持续发展。

参考文献

[1] 张蔚．虚开增值税专用发票犯罪现状分析与打防策略研究［J］．西部公安论坛，2022（03）：32－36.

[2] 杨乐群．办理虚开增值税专用发票犯罪案件难点及对策研究［J］．南方论刊，2018（06）：60－61.

[3] 曹毅．大数据背景下“暴力虚开”增值税专用发票犯罪的治理对策研究［J］．江西警察学院学报，2020（03）：5－10.

[4] 王伟域，辛浩．大数据驱动下税收治理创新的理论基础与未来发展趋势［J］．税务与经济，2021（05）：32－36.

[5] 杨静．大数据时代人工智能控税的思考［J］．山西财税，2017（04）：36－38.

[6] 刘峰．数字时代税收治理的机理、要素与优化路径［J］．税收经济研究，2020（05）：39－44.

[7] 刘艺璇．虚开增值税电子专用发票行为的综合研究［J］．湖南税务高等专科学校学报，2022（02）：39－44.

[8] 陈敏．虚开增值税专用发票犯罪案件侦防对策研究［J］．犯罪研究，2021（04）：15－21.

[9] 张义军，董志学，郑志晗．增值税专用发票虚开行为特征识别研究［J］．税收经济研究，2018（03）：29－39.

[10] 陈秀聪．大数据背景下虚开增值税发票问题防治研究——以L市为例［D］．太原：山西师范大学，2021（06）.

[11] 邓志坚．江西大数据背景下打击虚开增值税专用发票的对策研究［D］．南昌：江西财经大学，2020（06）.

[12] 田益华．虚开增值税发票的税务稽查问题研究——以H案件为例［D］．太原：山西师范大学，2020（05）.

[13] 曾炯博．虚开增值税发票稽查中的跨部门协作研究［D］．昆明：云南财经大学，2022（06）.

[14] 买争科．虚开增值税专用发票案例分析及防范对策研究［D］．呼和浩特：内蒙古财经大学，2022（05）.

[15] 张芮．“大数据”背景下第三方信息在税收风险管理中的应用［D］．青岛：青岛大学，2021（06）.

作者单位：国家税务总局杭州市税务局稽查局

对我国实施全球最低税面临的挑战及对策研究

国家税务总局杭州市税务局第一稽查局课题组

摘　要：2013 年 7 月，经济合作与发展组织（以下简称 OECD）受二十国集团（以下简称 G20）委托，启动了“税基侵蚀和利润转移（BEPS）”行动计划，于 2020 年 10 月发布了“双支柱”蓝图报告。其中支柱二全球反税基侵蚀规则（GloBE 规则）将全球最低税率界定在 15%。对我国而言，现在的支柱二方案将对“一带一路”建设造成不利影响，也会对海南自贸港的税制改革形成阻碍，还会影响部分税收优惠政策对外资企业的激励效果。本文计划在分析各国落实支柱二方案的具体举措、审视国内税收优惠政策的基础上，为我国应对支柱二带来的挑战提出建议，维护我国利益。

关键词：GloBE 规则　“一带一路”　海南自贸港　税收优惠

第二次世界大战以来，跨国公司借助宽松的国际环境，利用转让定价、税收协定等手段，搭建复杂的公司架构，将利润转移至开曼群岛、百慕大群岛等避税、低税国家和地区，规避了在居民国的纳税义务。21 世纪起，信息技术和数字经济的发展使得高度数字化的跨国公司如亚马逊、阿里巴巴等能够在避税、低税国家和地区利用远端操控向市场国投放产品、提供服务，规避了常设机构这一物理存在，规避了在来源国的纳税义务。

跨国公司的国际避税行为对现行国际税收规则体系造成了极大破坏，也造成了各国财政收入的大幅流失。为应对这一情况，OECD 提出了“双支柱”方案，意在解决各国逐底税收竞争问题，重新平衡居民国和来源国利益，塑造更加公平、包容的新的国际税收体系。

一、研究背景

2021 年 10 月，包容性框架内的 130 余个成员已对双支柱方案达成共识。2021 年

12 月，OECD 发布了支柱二全球反税基侵蚀（GloBE）规则立法模板[①]，后续又发布了立法模板的解释性文件[②]，至此，GloBE 规则的设计基本完成。根据 2023 年 1 月 18 日 OECD 在“双支柱解决方案经济影响评估”网络研讨会上发布的最新分析，支柱二将为全球带来每年约 2200 亿美元的企业所得税收入。

基于对世界大势的敏锐洞察和深刻分析，党中央提出，世界百年未有之大变局加速演进，我国发展面临新的战略机遇和风险挑战。在此大变局中，国际税收规则体系也正顺应时势进行百年未有之大变革。得益于国际社会的共同努力，支柱二的实施已是大势所趋。现行支柱二方案的制度设计尚未完善，还存在细化和调整的空间，我国应坚定以外部压力促成内部转型的决心，一方面在国际社会上积极参与，提出平衡多方利益的细节设计，把握主动，为各国通过多边协商机制解决全球性治理问题提供成功范例；另一方面依托我国政局稳定、市场潜力巨大、产业链条完整的优势，打造市场化、法治化、国际化的一流营商环境。

本文将着眼于支柱二的主要内容、支柱二带来的风险和挑战、各方的进展等方面，提出行之有效的建议，以助力我国建设更高水平的开放型经济新体制，推动我国构建“以国内大循环为主体，国内国际双循环相互促进”的新发展格局，为税收现代化服务于中国式现代化提供决策支持。

二、支柱二主要内容

（一）收入纳入规则（income inclusion rule，IIR）。IIR 规则下，若设立在外国的子公司或受控实体的有效税率低于 15%，则居民国有权对该低税所得征收补足税至 15% 的最低税率水平。

IIR 规则借鉴了美国的“全球无形低税所得”（global intangible low-taxed income，GILTI）税制[③]，主要体现了美国、欧盟等发达国家和地区扩张税源的经济诉求，强化居民国的征税权，而广大发展中国家在国际税收体系中普遍扮演着来源国的角色，需要利用较低的税率和税收优惠政策吸引外商投资，因此有效税率很可能低于 15%，发展中国家若适用 IIR 规则，则税率差额部分所得的征税权将被让渡给居民国；若放弃

① OECD. Tax Challenges Arising from the Digitalisation of the Economy：Global Anti-Base Erosion Model Rules（Pillar Two）［EB/OL］.（2021 - 12 - 20）［2023 - 07 - 23］. https：//www. oecd. org/tax/beps/tax-challenges-arising-from-the-digitalisation-of-the-economy-global-anti base-erosion-model rules-pillar-two. htm.

② OECD. Tax Challenges of Digitalisation：OECD Invites Public Input on the Implementation Framework of the Global Minimum Tax［EB/OL］.（2022 - 03 - 14）［2023 - 07 - 23］. https：//www. oecd. org/tax/beps/oecd-invites-public-input-on-the-implementation-framework-of-the-global-minimum-tax. htm.

③ US：Tax Cuts and Jobs Act（TCJA），Public Law 115 - 197［EB/OL］.［2023 - 07 - 23］. https：//www. congress. gov/us/bills/hr1/BILLS - 115hr1enr. pd.

低税率和税收优惠，则有可能导致资本外流，由此陷入两难境地。

（二）低税支付规则（undertaxed payments rule，UTPR）。UTPR 规则是 IIR 规则的补充规则，若居民国放弃适用 IIR 规则，则来源国有权以拒绝该项费用的税前扣除或补征预提所得税等方式进行纳税调整，直至跨国公司在当地的企业实体达到最低 15% 的税负水平。

UTPR 规则虽在一定程度上保障了来源国的征税权，但 UTPR 规则仅是 IIR 规则的补充，只有居民国放弃 IIR 规则的前提下才适用 UTPR 规则。显而易见的是，绝大多数国家和地区不会放弃适用 IIR 规则，因此在实践中对来源国维护自身征税权缺乏实际效力。

（三）应予课税规则（subject to tax rule，STTR）。STTR 规则是给予发展中国家的特殊权益①，当跨国公司集团内部跨境支付利息、特许权使用费等费用时，若收款方适用的税率低于最低税率，则支付方所在国有权要求将该笔款项按最低税率征收预提税，目前 STTR 规定的最低税率为 9%。

IIR 规则和 UTPR 规则合称为 GloBE 规则，需通过各国国内立法实现。STTR 规则是通过税收协定实现，且 STTR 规则的适用更优先于 IIR 规则。

三、实施支柱二方案对我国的挑战

（一）存在税款流失和征税权让渡的风险。我国有大量企业赴美或在港上市，其中不少企业将总部设立在开曼群岛、英属维尔京群岛等避税、低税地区。由于蓬勃发展的大型跨国公司为国内提供了大量就业岗位，是国内经济发展的重要推动力，因此我国政府对跨国公司的避税行为采取了一定程度上的“放任自流”态度，但支柱二一旦实施，各国必然普遍适用 IIR 规则和 UTPR 规则，将母公司设立在低税地区的跨国公司很可能被征收补足税。

以阿里巴巴集团控股有限公司（以下简称阿里巴巴）的 VIE 结构为例，其母公司是注册在开曼群岛的阿里巴巴集团控股有限公司，母公司全资控股设立在开曼群岛的 Taobao Holding Limited（开曼淘宝），开曼淘宝全资控股设立在中国香港的淘宝中国控股有限公司（香港淘宝），香港淘宝又全资控股淘宝（中国）软件有限公司（中国淘宝）和浙江天猫技术有限公司（中国天猫），而国内实际的运营主体是位于杭州的浙江淘宝网络有限公司（浙江淘宝）和浙江天猫网络有限公司（浙江天猫）。中国淘宝

① STTR 所指发展中国家，是根据世界银行图表集法计算出的 2019 年人均国民收入低于 12535 万美元的国家。2019 年，中国根据世界银行图表集法计算出的人均国民收入为 10390 美元，属于发展中国家。https://data.worldbank.org.cn/indicator/NY.GNP.PCAP.CD?locations=CN.

通过一系列协议完全控制浙江淘宝，并通过为浙江淘宝提供软件和技术服务的方式收取高额服务费，将利润转移至中国淘宝，中国淘宝以股息的形式将利润转移到香港淘宝，再进一步转移到开曼淘宝。阿里巴巴的股权结构如图1所示。

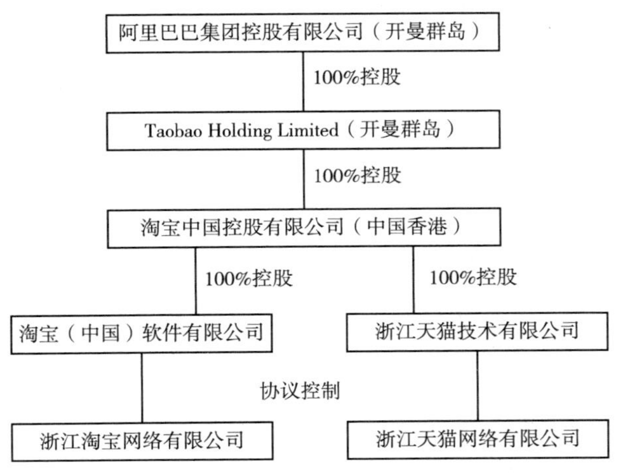

图1　阿里巴巴股权结构

根据阿里巴巴官网公布的2020年度财务报告，其当年的全球营业收入为5097.11亿元，税前利润为1666.45亿元，所得税费用为205.62亿元，有效税率为12.34%①，如按照15%的最低税率计算应缴纳所得税249.97亿元；如开曼群岛适用IIR规则，则开曼群岛有权征收补足税44.35亿元。再看同为互联网巨头企业的腾讯集团发布的2022年度财务报告，腾讯2022年度营业收入5545.52亿元，税前利润2102.25亿元，所得税费用为215.16亿元，有效税率为10.23%②，腾讯的上市主体是注册在中国香港的腾讯控股有限公司，按照IIR规则香港有权征收补足税99.18亿元。

除阿里巴巴和腾讯外，采用类似股权结构在境外上市的还有新浪、百度等众多互联网公司，由于互联网公司多数具有高新技术企业或重点软件企业的资格认定，有效税率普遍低于15%。按照IIR规则，境外上市的互联网公司很可能需要在母公司所在地补缴所得税，且补缴的税款无法流入境内。因此支柱二的实施既会提高上述公司的税负，又会造成国内税款流失，致使我国的征税权受到严重挑战。

（二）对国内企业“走出去”形成阻碍。自2013年习近平总书记提出“一带一路”倡议以来，根据商务部网站公布的数据，截至2022年，我国对共建“一带一路”

---

① 支柱二立法模板中确定的有效税率＝跨国企业集团在一个辖区的成员实体的有效税额的综合/该辖区该财年的净GloBE所得，由于净GloBE所得的计算基础是成员实体财年中按照财务会计确认的净收益或亏损，近似于会计利润，因此为便于计算和理解，本文中按税前利润作为净GloBE所得进行有效税率的计算，因此阿里巴巴有效税率＝205.62/1666.45×100%＝12.34%。

② 腾讯控股有效税率计算方法同阿里巴巴，因此腾讯控股有效税率＝215.16/2102.25×100%＝10.23%。

国家（地区）的非金融直接投资已达到1410.5亿元。支柱二的实施或将提高我国企业对外投资成本，抑制其参与“一带一路”建设的积极性。

就 STTR 规则而言，我国与部分共建“一带一路”国家（地区）签订的税收协定中关于股息、利息、特许权使用费的预提所得税的优惠条款将受到影响。以俄罗斯为例，我国和俄罗斯的税收协定规定，双方支付利息时所征税款不超过利息总额的5%[①]，当俄罗斯企业向我国企业支付跨境利息时，俄罗斯作为发展中国家有权按照 STTR 规则对该利息征收 9% 的预提所得税，这势必会提高我国企业对俄罗斯提供跨境贷款的利息成本，影响我国和俄罗斯之间在航天、能源等国家战略项目方面的深入合作。

就 IIR 规则而言，我国和 19 个共建“一带一路”国家（地区）的税收协定中的税收绕让条款将受到影响。以马来西亚为例，我国企业在马来西亚设立的子公司因享受马来西亚的税收优惠而少缴或免缴的税款，可被视为已缴纳的税款，抵免国内应纳的所得税额。如果我国适用 IIR 规则，上述少缴或免缴的税额将无法被抵免，将提高我国企业的境外投资成本，对“一带一路”建设造成阻碍。

（三）对“引进来”形成冲击。改革开放以来，外资对我国经济发展的贡献十分显著，根据 2023 年 1 月 18 日商务部网站公布的数据，2022 年我国使用外资 12326.8 亿元，资金主要集中在制造业和高技术产业。

我国的企业所得税名义税率是 25%，看似远高于 15% 的全球最低税率，但考虑到我国给予高新技术企业、技术先进型企业和海南自贸港等特殊区域企业的 15% 优惠税率和各类税收优惠政策，实际税率很可能低于 15%。当居民国适用 IIR 规则时，跨国公司将无法享受到税收优惠政策带来的税负减免。因此我国如实施支柱二方案，将导致一部分给予跨国公司的税收优惠失去激励效果，加重跨国公司的企业所得税负担，降低资本流入的积极性，影响外资发挥对我国经济发展的重要推动作用。

（四）影响海南自贸港建设。2018 年 4 月，习近平总书记提出了“探索建设我国特色自由贸易港”的主张，自此海南自贸港成为我国推进高水平开放、建设开放型经济新体制的重要探索。为支持海南自贸港建设，我国规定对注册在自贸港并实质运营的鼓励类产业企业按 15% 的优惠税率征收企业所得税，且对于旅游业、现代服务业、高新技术产业的新增境外直接投资所得免征企业所得税，但必须同时满足两项条件：（1）取得的所得是从境外新设分支机构取得的营业利润，以及从持股比例超过 20% 的境外子公司分回的与投资相关的股息所得；（2）被投资国家和地区的企业所得税法定税率不低于 5%。

海南自贸港的税收优惠政策是我国首次实施参股豁免制度，但 IIR 规则要求跨国

① 根据国家税务总局官网税收协定文件整理。

公司应就境外所得承担至少15%的税负，而参股豁免制度则准许跨国公司的部分境外所得免税，尤其对于税率5% ~15%的国家和地区，在适用IIR规则和参股豁免上将产生冲突，且目前尚未明确如何调和，仅就共建“一带一路”国家（地区）而言，受到影响的有卡塔尔、塞浦路斯、保加利亚等8个国家。

IIR规则和参股豁免制度，前者是为了反税基侵蚀和利润转移；后者是基于国家经济发展的需要。如选择IIR规则，则与我国于21世纪中叶将海南建成有较强国际影响力的高水平自贸港的战略目标相背离；如选择参股豁免制度，则来源国有权就我国企业在当地的低税所得征收补足税，不仅使得我国企业享受的税收优惠大打折扣，也会将我国的征税权让渡，损害我国的税收利益。

四、各税收辖区全球最低税方案分析

（一）美国：拜登税改方案。美国长期以来深受跨国公司避税行为带来的产业空心化、税款流失等问题的困扰，为诱使资本和无形资产回归美国，特朗普执政时期出台了一系列减税政策，主要内容有：（1）将企业所得税税率从35%降低到21%；（2）新设全球低税无形收入（GILTI）税，即对美国公司的海外子公司的全球低税无形收入按10.5%的有效税率征税①；（3）新设境外无形收入（FDII）税，即对美国公司向海外出售财产和提供相关服务所获得的超常规收入按13.125%的有效税率征税②。

拜登税改的主要内容有：（1）将企业所得税税率提高到28%；（2）修改GILTI税制，将有效税率从10.5%提高到21%；（3）新增账面最低税（MBT）制度，对账面利润高于20亿美元的大公司，就其账面利润的15%征收最低税；（4）建立“停止有害公司倒置和终止低税发展规则”（SHIELD），一方面针对跨国公司境外成员公司对集团总部的并购行为，只要实际管理机构在美国，境外公司无实质经营，且并购前集团总部市值大于境外公司，则并购后的新公司仍被视为美国的居民企业；另一方面针对跨国公司向境外关联公司的支付行为，如接受支付的境外公司位于不设置全球最低税的国家或地区，则该项费用不得列入成本③。美国总统拜登于2022年8月签署了《2022年消减通胀法案》，法案中规定了对利润超过10亿美元的美国公司征收15%的最低税，这是拜登税改方案推进的重要一步。

（二）欧盟全球最低税指令草案。2022年12月15日，欧盟就《欧盟全球最低税

① 美国公司取得的全球低税无形收入的50%免税，剩余50%按照21%税率纳税，因此有效税率为10.5%。

② 美国公司取得的海外无形收入的37.5%免税，剩余62.5%按照21%的税率纳税，因此有效税率为13.125%。

③ US，Treasury. General Explanations of the Administration's Fiscal Year 2022 Revenue Proposals [EB/OL]. [2023-07-23]. https://home.treasury.gov/policy-issue/tax-policy/revenue.proposals.

指令草案》达成一致协议，计划在 2023 年 12 月 31 日前完成各成员国的国内立法，于 2024 年 1 月 1 日起正式实施。欧盟的全球最低税方案相较于 OECD 公布的立法模板主要存在以下几个方面的差异：（1）扩大 GloBE 规则的适用范围，要求各成员国设立国内最低税，对符合条件的居民企业均按照最低 15% 税率征税；（2）引入合格国内补足税，即各成员国可决定是否就境内非居民企业的低税所得征收补足税，如成员国适用该规定，则该成员国可据此优先于 GloBE 规则征收补足税；（3）要求各成员国制定处罚机制，对跨国公司虚假申报或延期申报补足税信息申报表的行为处以罚款；（4）确立等效实施机制，即非欧盟国家的税法制度满足一定条件后可被视为已实施了 IIR 规则。

欧盟一直是“双支柱”方案的支持者，也率先开展了 GloBE 规则的立法工作，其对于 GloBE 规则的适用和改造对世界各国根据 GloBE 规则开展国内立法工作有重要借鉴意义。

（三）其他税收辖区的进展。除欧盟已明确将 GloBE 规则的国内立法工作提上日程以外，众多包容性框架成员有不同的进展。

2022 年 8 月，毛里求斯官方发布了《2022 – 2023 年财政法案》，明确将引入合格国内最低补足税。毛里求斯作为传统避税地，其率先引入合格国内最低补足税的行为或许会带动其他避税地争相效仿，以往的避税天堂或将不复存在。

2023 年 2 月，新加坡政府声明将实施 GloBE 规则，且明确将引入合格国内最低税的相关规则，计划自 2025 年 1 月 1 日起生效。

2023 年 3 月，泰国内阁批准了征收全球最低税的议案，并指示税务局起草立法和确定适当的指导方针，计划于 2023 年颁布相关法律，于 2025 年生效。

五、积极应对，适时调整，努力维护我国税收利益的建议

我国税务部门一直致力于高质量推进税收现代化，国际税收体系也是税收现代化不可或缺的重要环节。为此，我国要深入贯彻落实更加积极主动的开放战略，积极参与国际税收规则制定，加强国际税收交流合作，提高在国际税收领域的影响力和话语权。

（一）提出我国的“双支柱”方案，维护本国利益。我国向来是“双支柱”方案的坚定支持者，建议我国站在广大发展中国家的立场，高举多边主义旗帜，提出维护我国和广大发展中国家利益的方案，致力于达成更加公平、包容、完善的支柱二最终方案。

1. 保留预提所得税优惠和税收饶让条款。支柱二的实施将对税收协定中的预提所

得税优惠和税收饶让条款造成冲击，这些优惠待遇普遍是基于双方共同的经济利益而制定，能够有效促进双方在资金、技术方面的双向交流，做到互惠共赢，并非有害税收竞争。因此建议我国联合已建立紧密联系的国家，共同在G20峰会和OECD会议上提出建立基于双方共同确认的相互匹配式的STTR排除机制，在税收协定中保留预提所得税优惠和税收饶让条款，既满足发达国家反税基侵蚀和利润转移的需求，更满足发展中国家吸引外资、发展经济的诉求，争取共同利益。

2. 坚持参股豁免制度。参股豁免制度作为由来已久且卓有成效的制度，是各国鼓励对外投资的重要举措。我国的参股豁免制度，也在吸引外资、扩大开放等方面发挥了重要作用。因此建议我国联合各方将参股豁免制度设立为支柱二的例外规则，以调和我国建设海南自贸港的长远目标，落实我国进一步对外开放的经济发展战略。同时，也需制订和完善我国的反避税方案，避免跨国公司滥用参股豁免制度以达到避税目的。

（二）调整国内税法，主动适应规则。在各国博弈的过程中，我国的利益诉求未必能全部得到满足，因此我国必须未雨绸缪，主动调整国内税法，确保既能和支柱二规则相适应，又尽量降低不利影响，保证国际竞争力。

1. 引入合格国内补足税。为维护我国税收主权，防止税款流失，建议我国引入合格国内补足税，针对跨国公司的境内实体所取得的低税所得征收合格国内补足税，直至达到15%的有效税率。例如，VIE结构的跨国公司，其收入主要来源于国内，若我国不征收合格国内补足税，则居民国将有权征收补足税，这将造成我国税款的流失和税收主权的旁落，因此我国有必要征收合格国内补足税。

2. 严格我国税收居民身份判定。为遏制税收倒置和转移无形资产的行为，我国可借鉴美国SHIELD规则，严格我国税收居民身份的判定，凡通过跨国并购将总部转移到国外的，按照经济实质重于法律形式的原则，只要并购前国内企业市值大于境外企业，并购后的境外企业的利润主要来源于我国，企业的决策和管理机构等均在我国，境外企业无实质经营或实质经营占比不高的，应被认定为我国的居民企业，应就全球所得在我国缴税。

3. 调整国内税收优惠政策。由于支柱二的实施将导致我国很多的税收优惠政策失效，因此我国可调整现行的税收优惠政策，使其既不影响支柱二的实施，又能达到激励效果。

对于国家重点扶持的产业可以保持现有的15%优惠税率和税收优惠政策，对于已被纳入支柱二适用范围的企业，可以利用合格可退还的税收抵免①，以“先征后退”的方式，在四年内将企业可享受的税收优惠所对应的税款退还企业，这部分金额将不

① 根据GloBE立法模板及其注释，在计算成员实体的GloBE所得或亏损时，合格可退还的税收抵免应被视为收入。

被视为有效税额的减少而会被视为 GloBE 收入的增加。该计算方式将明显提高企业的有效税率，既不影响国内税收优惠政策的实施，也未增加企业的税负，还能达到 15% 的最低税率。

GloBE 立法模板中还规定了有形资产账面价值的 5% 可以在净 GloBE 所得中排除，因此可以出台针对有形资产的激励政策，例如将电子设备的折旧年限由 3 年调整到 2 年，将购入国家支持的器具、设备等有形资产纳入增值税加计抵减的范围，降低企业税收负担，鼓励企业加大对有形资产的投入。

在调整税收优惠政策的同时也需要做好审核工作和制定惩戒措施，避免不法分子滥用税收优惠政策，影响合法、有序、公正的税收环境和营商环境。

（三）提高征管能力，重视人才培养。支柱二的实施将使我国的税收征管能力面临新的挑战，无论是支柱二规则还是跨国公司的经营活动都极为复杂，而财务信息和税收数据是提高征管能力的关键所在。我国应加快“智慧税务”建设，建立完善的跨国公司信息申报制度，可要求跨国公司的成员实体向所在辖区的税务机关提交 GloBE 报告表，内容需要包括成员实体的身份证明、关于跨国集团整体架构的信息、税款计算所需信息等，且 GloBE 报告表需在财年最后一天的 15 个月内提交。为督促跨国公司及时、准确地提交报告表，需完善跨境税务监管和国内法律法规，对提供虚假报告信息或延期提供报告的跨国公司处以罚款。

与此同时，培养国际一流的税务人才也具有重要意义，我国需持续推进“人才兴税”战略，完善税务人才分类培养模式，加强国际化税收人才培养使用，打造年轻化、专业化、国际化人才队伍。

此外，我国可评估实施支柱二方案带来影响的广度和深度，筛选出受支柱二影响较大的跨国公司进行专项辅导，引导其深入了解新的国际税收规则体系，建议其优化税收筹划，调整组织架构和业务模式，以便在国际税收规则体系的变革中占据主动，降低可能产生的额外税负和合规成本。

（四）寻求国际合作，构建国际平台。根据立法模板的规定，如果跨国公司最终母公司或指定报告实体所在的辖区与某辖区已签订有生效的主管当局协议，且最终母公司或指定报告实体已提交 GloBE 报告表，则该辖区内的成员实体可免于提交 GloBE 报告表。因此我国需积极寻求国际合作，建立 GloBE 信息交换制度，加强国际税收征管协作，对标国际先进标准构建国际税收合作平台，降低跨国公司税务合规成本，提高税收征管效率，也有助于打击国际逃避税，维护我国税收利益，提高我国税收话语权。

参考文献

［1］杨洪，张梓桐．“双支柱”方案视角下数字经济的税收确定性［J］．中南民族大学学报（人文社会科学版），2023，43（03）：129－136，186.

［2］朱青，白雪苑．OECD“双支柱”国际税改方案的最新进展［J］．国际税收，2023，115（01）：26－30．

［3］叶学诚．多重博弈下的国际税改：“双支柱”方案透视［J］．互联网天地，2022，226（10）：28－33．

［4］行伟波，刘晓双．“双支柱”方案、税收协定与跨国企业避税［J］．税收经济研究，2022，27（03）：20－31．

［5］崔晓静，刘渊．OECD支柱二方案：挑战与应对［J］．国际税收，2021，99（09）：51－64．

［6］何杨，杨宇轩．全球最低税改革方案及其影响研究［J］．税务研究，2020（03）：94－99．

［7］王鹤鸣．《欧盟全球最低税指令草案》：背景、内容及借鉴［J］．财政科学，2023，86（02）：150－160．

［8］姜跃生．透视全球最低税的六个角度［J］．国际税收，2021（08）：14－26．

［9］沈怡然．拜登税改可能改变全球税改方向［N］．经济观察报，2021－05－24（004）．

［10］OECD. Tax Challenges Arising from Digitalisation-Report on Pillar Two Blueprint：Inclusive Framework on BEPS［EB/OL］．［2023－07－23］．https：//www. oecd. org/tax/beps/tax-challenges-arising form-digitalization-report-on-pillar-two-blueprint-abb4c3di-en. html.

课题组组长：蒋铭

成员：李越洁、何枭（执笔人）

“税费皆重”理念下的非税收入全生命周期精诚共治的探索与实践

国家税务总局杭州市拱墅区税务局课题组

摘　要： 非税收入是财政收入的重要来源之一，为国家治理提供重要财力保障，随着社会保险费和非税收入的征管职能划转，税务部门负责统筹政府收入的比重进一步增加，税务工作格局呈现由“税主费辅”逐步变为“税费皆重”的重大变化。就目前非税收入的征管现状来看，税费共管上难点凸显，如征管流程不健全、信息系统较杂、管理风险高、相关机制不完善等问题。本文将从非税收入全生命周期的角度，调研当前税费征管差异的现状，从非税收入认定、申报、征缴、注销等全生命周期涉及的业务规定、征管流程、征管程序等方面，提出税费精诚共治、协同共管的治理思路，进一步发挥税费协同征管效能，优化税费服务水平。

关键词： 非税收入征管　税费皆重　精诚共治

一、加强非税收入征管的意义

非税收入是政府、事业单位等社会团体或组织凭借强制权力、政府信誉、国有资产所有权，获得除税收以外的财政资金，包含行政事业性收费收入、政府性基金收入等12项收入，分别纳入一般公共预算、国有资本经营预算和政府性基金预算进行管理。结合我国结构性减税与普惠性减税措施加快推进的现状，非税收入规模对于拉动财政收入增长、促进财政收支平衡发挥着重要作用。

根据财政部公布的全国财政决算数据，2022年全国一般公共预算收入203703亿元，其中税收收入166614亿元，专项、罚没、行政事业性收费收入等非税收入37089亿元，比上年增长24.4%，占一般公共预算收入规模的18%；2022年全国政府性基金预算收入77879亿元，全国国有资本经营预算收入5689亿元。按照《政府非税收入管理办法》对非税收入范围的界定，2022年我国非税收入总规模达到120657亿元，相当于全年税收收入的72%。

从浙江省财政收入情况来看，非税收入更是远远大于税收收入。根据浙江省财政厅公布的财政决算报告，2022年浙江省一般公共预算收入8039.38亿元，其中税收收入6619.86亿元，非税收入1419.52亿元；同年全省政府性基金预算收入10068.97亿元，国有资本经营预算收入191.98亿元。按照《政府非税收入管理办法》对非税收入范围的界定，2022年浙江省非税收入总规模达到11680.38亿元，相当于全年税收收入的1.76倍，对财政收入的重要性不言而喻。因此，“税费皆重”理念落实有着非常重要的现实意义，在税务部门的征管工作中，政策法规、管理体制、监督保障等方面应当同步推进。

二、划转至税务部门征收的非税收入征管现状

（一）目前浙江省税务机关征收的非税收入。目前，税务部门征收的非税收入是指原征收部门为税务部门和通过非税收入征管职责划转工作已划转至税务部门征收的非税收入。以浙江省为例，税务部门征收的非税收入项目共计29项，其中原征收部门为税务部门的非税收入包括教育费附加、地方教育附加、文化事业建设费、残疾人就业保障金、废弃电器电子产品处理基金、地方水利建设基金（自2016年11月1日起暂停征收）。另外，其他税务部门代征经费（主要是指工会经费及筹备金），虽在严格意义上不属于非税收入项目，但也比照非税收入开展征收管理。

征管职责改革后划转至税务部门征收的非税收入包括：2019年1月划转的八项专员办非税收入和省立两项非税收入；2021年1月划转的水土保持补偿费等四项非税收入，2021年7月划转的国有土地使用权出让收入等六项非税收入；2023年1月划转的林草两项非税收入。

（二）目前非税收入征收管理特点。

1. 征收项目多。规模较小，费种多，情况复杂，管理服务难度大，浙江省税务局负责征收的非税收入项目多达29项，以杭州市为例，税务部门征收非税收入项目多达21项。非税收入的征管工作同税收征管工作一样，面临着众多缴费群体。非税收入的征收部门，除基层税务部门外，还包括一些委托代征单位（如房管部门等），这也使得非税收入的风险防控和管理工作更为琐碎复杂。

2. 征管差异大。如今各项非税收入的申报要素与增值税、个人所得税等其他税种申报要素其实存在逻辑联系，但目前日常申报中是各自碎片式征管，联带设置和预警

提示都有缺失。比如广告业的文化事业建设费计税依据为含税收入，但申报系统无法监控是否足额申报；又如残保金申报表中的在职人数和工资总额也未与个人所得税、企业所得税申报表数据进行比对。

3. 部门协同要求高。基层税务机关在日常非税收入征管工作中形成了内部、外部联动且独立的征管体系，内部体系主要是由区局党委领导，社会保险费和非税收入科负责政策解答、业务培训及风险应对，税源管理科所负责核查辅导，纳税服务科负责操作受理等征管模式。外部体系则是财政、税务、相关业务部门等协同共治、互联互通的征缴模式。

三、“税费皆重”理念下加强非税收入征管面临的难点

（一）非税收入征管权责的规定缺位。目前多数非税收入征管中仍由业务主管部门确定费源，再推送至税务部门征收，但其征管职权也只集中在发出缴款通知、收款与缴库层面，对后续的催报催缴、缴费检查、行政处罚、强制执行等事项职责模糊，未明确征缴行为的终点，仍需将信息传递给原业务部门由其依法处理。仅少数非税收入（如土地闲置费等）的划转通知规定，税务部门应催缴并通过“涉税渠道追缴”或应“确保非税收入及时足额入库”，而对一些资源型非税收入是否要求税务追缴则因地而异。事实上，税务部门缺少实施征收保障的授权，其在税费统征要求与法无授权即禁止原则间，面临“两难”的窘境。当发生非税收入不缴、少缴、迟缴等行为时，税务部门的征收保障手段及依据十分有限。关于罚款有关方面，在目前划转通知规定“仍按现行规则执行”的情况下，或由业务主管部门实施，如由财政部门按照《财政违法行为处罚处分条例》给予罚款，而税务部门的处罚权缺失。此外，在企业合并、清算、破产等情形下，税务部门如何主张其非税收入债权、是否享有优先权、可否要求担保、主张代位撤销等债权保障措施也未予明确。

（二）征收主体不同且征管存在明显差异。随着非税收入划转税务部门征管后，税务征管服务对象由原来以企业为主逐步向企业和自然人并重转变，同时各级税务机关的职能由税收征管转变为税费统管。征收主体的统一化与“一费一征”的差异性也形成了潜在冲突，征管规制路径较为混乱。可见非税收入征管事项多而杂，以及兼顾“一费一征”模式下因费制宜是当前面临的重要挑战。一是落实基层管户不易。非税项目种类多、征管流程环节多、部门对接困难多，征收管理尚未完全理顺，目前形势下，费款金额大、征收期限不固定的非税收入全部落实到基层管户有一定难度，尚需一段时间的磨合。二是需要为自然人提供纳税和缴费服务，导致征管服务对象数量巨幅增长。而对于广大缴费人来说，这些非税收入项目的征管依据往往过于分散琐碎，

政策合规成本较高，由此加重了缴费人的负担，因此在征收实践中也会导致缴费人的疑虑和抵抗心理，从而引发诉讼争议。三是非税收入缴费人难以精准识别，由于缺少非税收入缴费人识别制度，在实践中对缴费人和代扣代缴义务人识别时往往存在较多的困难，即有关非税收入征收争议中常常出现当事人是否负有缴费义务的分歧。

（三）非税收入内部征管能力薄弱。非税收入大批次划转税务部门征收的时间较短，且收入规模不够大，有些税务干部“税费皆重”的工作理念树立得不够牢固，还存在着重税轻费的“老观念”，例如对非税收入的重要性认识不足，对非税收入征管服务及监管规律的认识不到位，非税业务能力水平还有较大提升空间。现行征管机制、岗责体系、人力管理与工作实践新情况不相匹配，导致税费治理效能存在较大提升空间。此外，随着划转费种的增加，由原有征管模式弊端衍生的管理风险、负面舆情风险等隐患将快速累积、逐步显现，给税务部门带来了严峻挑战。

（四）非税收入滞纳金问题缺乏支撑。目前已划转到税务部门征收的非税收入项目，较多项目未规定滞纳金制度。即使部分非税收入项目有规定，但其中一些的规定依据也仅仅是政府内部的规范性文件，其法律效力仍然存在争议。以地方教育附加为例，对于应缴未缴、应缴少缴地方教育附加的违规事项，未规定征收滞纳金或者其他处罚的依据，虽然有部分省份在其本地制定的地方性法规和规章中规定了滞纳金的比例，但由于没有相应的制定依据和制定权限，即缺乏上位法的立法授权，因此严格意义上来说，其法律效力有较大瑕疵。此外，还有一些非税收入虽然规定了滞纳金处罚制度，但在征收实践中并未执行，就这些规定文件的法律效力而言，大多数都是属于财政部的规范性文件，而这对于现实非税收入司法实践中对滞纳金条款的司法适用造成了很多不便。

（五）风险防范信息化参差不齐。目前自上而下统一规范的信息化统一化建设模式缺失，非税收入数据获取要对接多个外部系统，原始数据类型、规则、标准不完全一致，与税收数据不能进行实时对接、自动整合，难以满足税费联动分析应用的需要。随着划转的非税收入项目增加，税费数据的复杂度进一步提升，既要进行归集、校验等操作，还需要更强大的统计、核算、分析等功能，也需要更多专门针对非税收入分析指标模型、税费联动的分析指标模型。例如，“金税三期”系统中非税收入的智能化应用模块明显较少，主要是受信息化发展水平参差不齐、部门间信息交换和业务协同程度不高等因素影响，数字化基础上的业务协同难以实现，部分非税收入项目存在共享渠道不通畅、数据共享不及时、数据和应用连接不畅等现象。

四、探索非税收入全生命周期征管可行性

（一）“税费共管”的落实成果。以杭州市为例，目前在非税收入的税收化管理方

面，已经实现“税费共管”环节主要存在于费种认定、申报缴纳、催报催缴和凭证开具等方面，具体如下：

1. 费种认定环节。在现有的征管模式下，税费种认定基本实现同步。税务人员根据企业特点进行税费种认定，教育费附加、地方教育附加、残疾人就业保障金基本为全量登记，文化事业建设费仅对广告业和娱乐业缴费人进行登记，已实现一次性完成。对于 2021 年以来陆续划转的多项非税收入项目，互联互通平台已实现费种自动认定。

2. 申报缴纳环节。纳税人缴费人在申报缴纳各项税费过程中，相关税种与非税收入项目一次性申报，是一个可以深入探索的方向。目前，附加税费申报表与主税合并申报，纳税缴费人可以同步完成增值税、城建税、教育费附加和地方教育附加的申报缴纳，实现“税费共管”。2021 年中共中央办公厅、国务院办公厅联合印发的《关于进一步深化税收征管改革的意见》也提到了自动提取数据、自动预填申报，纳税人缴费人确认后即可线上提交的改革方向。

3. 催报催缴环节。由于目前部分非税收入项目与税收的申报方式、缴费期限基本一致，因此对缴费人（纳税人）来说，一次未申报行为可能会同时涉及多个税费种，且“金税三期”系统对于未申报查询包含税收和非税收入，此时一并进行催报催缴可以提升征管工作效率。在日常征管中的增值税、教育费附加、地方教育附加、文化事业建设费、残疾人就业保障金和废弃电器电子处理基金已同步催报催缴。

4. 凭证开具环节。在目前的“金税三期”系统中，完税凭证开具或纳税证明开具均可以包含税收和非税收入项目，因此在凭证开具环节也可以保证税费的操作一致。尽管部分非税收入项目明确规定需要用非税收入票据，需要额外操作转开，但是凭证开具部门与征收部门相统一，甚至非税收入的征收和凭证开具实现“一窗办理”，也是压缩群众纳税缴费时间和次数的重要进步。

5. 风险防范环节。目前浙江省的非税收入管理智控平台根据“金税三期”系统中纳税人（缴费人）的税费数据，实现了部分费种的风险筛查，涵盖文化事业建设费、残疾人就业保障金、教育费附加、地方教育附加、废弃电器电子处理基金 5 个费种，涉及费种认定环节、申报征收环节、优惠政策享受环节等，将非税收入的风险防范提升到与税收风险防范相同的高度，从制度上和技术上也做到“税费皆重”。

（二）未来税费精诚共治的优化设计。

1. 加强对非税收入的系统联动。将风险的事后管理前置，在事前做到风险监控，例如在费种认定环节，对于非个体漏登记、错登记残疾人就业保障金费种的，娱乐业纳税人未认定文化事业建设费的，增值税及两附加主附税标志错误等情形，系统增加阻断性提示；在申报征收环节，对文化事业建设费应征未征的，在该环节直接取数开票情况；对于优惠享受环节，增加申报表逻辑监控，增加数据的自动计算，尽可能减少纳税人缴费人的手工填写，确保申报征收环节即能正确享受；对于催报催缴环节，对于未按期申报缴纳的，可同税收征管模式一样，自动触发催报催缴流程，通过电子税务局发送电子流，以系统的数据精确推送规避人工遗漏的弊端；对于注销清算环节，对于2021年起划转的非税收入纳入互联互通平台却未完成缴纳入库的，增加强制监控提示。

2. 提高税费联动的征管效能。进一步挖掘税费种之间的共性，从费源登记、申报征收、优惠享受的角度探索税费联动的可行性，释放协同征管潜力。

从费源登记上，结合国土信息大数据，组织开展水土保持补偿费与城镇土地使用税联动分析、森林植被恢复费与耕地占用税的联动分析。提取水土保持补偿费、国有土地使用权出让收入、森林植被恢复费等非税收入申报表中的项目地块、合同编号等信息，从取得土地和开工建设两个时间点双向追踪，与城镇土地使用税、耕地占用税等已申报的税源信息进行比对。

从申报征收上，例如组织开展房地产行业全生命周期税费联动分析管理。其中国有土地使用权出让收入作为占比最高的非税收入，与各行各业关联性较强，与各税种关联性较高。通过“金税三期”系统比对同一纳税人的国有土地使用权出让收入、增值税及附加税费、企业所得税、契税、土地增值税等税费种的缴纳情况，开展综合分析管理，将“税费皆重”理念落实。

从优惠享受上，例如开展残疾人就业保障金与企业所得税联动分析。抓准企业所得税安置残疾职工工资加计扣除与残保金安置残疾人就业人数关联，开展定性配比分析，联合外部门落实优惠政策。通过报表比对分析，比对残保金申报表中企业实际安置残疾人人数与所得税申报表中已填报加计扣除工资的企业，进一步筛查优惠政策是否正确享受。

（三）“税费皆重”落实的意见建议。

1. 健全税务部门非税收入征收保障措施。应统一规定税务部门对非税收入处以滞纳金、处罚的行权程序与基本限制，考虑赋权税务部门对类似税收性质的非税收入，存在不履行或履行瑕疵行为时，有采取冻结存款，扣押、查封其他财产的行政保全权力。适时修订《税收征收管理法》，将部分非税收入纳入适用范围。目前，《税收征收管理法》的适用范围不包括非税收入，而在征管实践中，教育费附加的征收管理，按照增值税、消费税的有关规定办理，废弃电器电子产品处理基金适用税收征收管理的规定。修订《税收征收管理法》有利于化解税费同征同管的制度障碍，明晰税务部门征管权责，健全税务部门非税收入征收保障措施。根据欠费形成原因、管理主体、征管效率等因素，明确与不同类型欠费相适应的欠费管理职责，确定追缴罚则和强制执行相关规定。

2. 分类征管明确职责。对“类税类”非税收入，如教育费附加、地方教育附加、文化事业建设费等，税务部门全权征管非税收入的各个征收环节；对“一次性类”非税收入，如水土保持补偿费、防空地下室易地建设费等，加强与非税收入业务主管部门的密切配合，明确征收职责。加强税费分析，坚持以费资“税”，部分非税收入（如林草两费、水土保持补偿费、国有土地出让收入等）均处于项目开展的起始环节，掌握了费源即掌握了未来可能形成的税源。从非税收入入手，把税源管理的环节前移，内部各部门之间形成管理合力，涵养税源，精准管控税源，提升收入预测和管理水平。

3. 进一步推进与相关部门的统筹协调。建立健全协调协商机制，紧密依靠地方党委政府，强化与财政、自然资源、住建、人防、工会、残联等部门的沟通协作，建立业务联络机制，及时处理解决日常问题和突发事件、定期总结工作情况，采取有效措施快速处置、及时化解矛盾，做好非税收入征收管理各项工作，定期对征管过程中出现的问题和风险点进行交流研究，解决问题、堵塞漏洞。税务部门和各非税收入业务主管部门在开展非税收入缴费服务、行业监管、执法监察等方面加强协作，各部门优势互补、优化业务流程，更好提高缴费服务水平，常态化运行联合执法追缴机制，保证非税收入准确及时入库，保障国家各方面建设资金需要。

4. 进一步推进信息化系统建设。加快信息共享平台建设进度，建立税务机关与非税收入业务主管部门间的系统连接，实现数据互联互通；优化“金税三期”系统功能，搭建非税收入新板块，实现功能模块间横向联通，纵向集成；不断优化“金税三期”系统数据导出及核算功能，尽量减少人工核算造成的误差。依托大数据平台，定时扫描、动态采集缴费人涉费信息，建立缴费人涉费行为偏好数据库，清晰展示非税收入实时数据、历史数据、同比环比变化等数据，对数据开展多维度自主分析，形成“一户式”个性化标签，基于标签对缴费人进行全方位、立体化、动态型精准“画像”，通过画像评估预测缴费人办费服务过程中的薄弱环节、风险点，提前介入化解风险，实现事后防范风险向事中、事前转变。

5. 进一步推进缴费服务的创新优化。将非税收入业务宣传与“便民办税春风行动”等宣传工作紧密结合，宣传非税收入征收范围、标准、依据和减税降费政策等内容，加强缴费人对非税收入政策的了解，提升缴费人的缴费遵从度。大力推进“互联网+”非税服务，加大重点领域、重点项目的便民服务改革力度，推动“办事缴费”一体化，全面实现“一门、一站、一次”办理。进一步积极拓宽非税收入缴费渠道，加强手机App如微信、支付宝、数字人民币等便民支付渠道在非税收入缴费工作中的使用，丰富线上、线下多样缴款渠道，不断满足缴费人的缴费便利性需求。

6. 进一步加强非税业务人才队伍建设。打造梯级人才队伍建设，加强非税收入业务知识培训及知识学习考核工作，增强税务干部服务缴费人的业务能力。通过轮岗交流学习、结对互助、蹲点学习等方式丰富税务干部的知识面，不仅要精通税收征管相关知识点，更要熟悉掌握各项非税收入的对应政策及征管规范。按照问题快速响应、情况及时上报、明晰业务边界、迅速解决问题的原则，协同外部门人才团队，打造快速解答解决缴费人问题需求的咨询投诉处理智囊团。同时，定期组织干部对辖区内管理对象开展非税收入漏征风险排查和税费比对工作，通过理论学习结合实际业务的方式，夯实非税收入征管基础，打造一支“税费皆重”素质全面的干部队伍。

参考文献

［1］马奎升．提高税务部门非税收入征收能力的思考［J］．税务研究，2023（03）：138－141.

［2］施正文，薛皓天．国际比较视角下税务部门非税收入征管法律制度研究［J］．税务研究，2023（01）：70－76.

［3］李俊玶．高质量构建税费征管现代化体系的若干思考［J］．税务研究，2021（01）：10.

课题组组长：朱剑波

成员：杜韻强、曲云霄、周侨、蔡炯佳（执笔人）

中小企业纳税不遵从的政府监管研究
——以 W 市为例

国家税务总局杭州市拱墅区税务局课题组

摘　要：税收收入随国家经济的增长是以纳税遵从为基础的。纳税不遵从问题不仅导致实际税率低于名义税率，在日渐复杂的经济环境下，还会引发税收不公平问题，并在问题不断积累发展中出现衍生的社会经济风险。中小企业抗风险能力低而纳税不遵从行为相似，但是相应监管不易扎牢风险缺口。因此本文围绕纳税不遵从政府监管为主题，以中小企业为切口和 W 市为例进行研究。本文对 W 市中小企业纳税不遵从进行调研分析，并提出加强监管的对策建议。

关键词：政府监管　纳税不遵从　中小企业

一、纳税不遵从的政府监管效果问卷调研

（一）基本概况。本文采取问卷调查法对 W 市的纳税遵从情况与政府监管效果进行实证分析。拟通过研究中小企业纳税不遵从行为的原因特征、监管前后的当事人决策变化、当事人的整体评价来多角度地反映出对应监管的效果以及存在的问题。为兼顾数据的有效性和真实性，选取已经确证发生纳税不遵从行为的纳税人。这是由于该类样本对自身纳税不遵从行为作为当事人最为了解，因此信息具有有效性。同时在案件检查结束后，当事人隐藏的信息已经被挖掘出部分，填写问卷信息不存在心理负担，且问卷的发放人员在检查过程中与样本存在一定关系基础，因此信息的真实性能得到最大限度保证。

在问卷发放阶段，本次问卷从 W 市办理的查实的税务稽查案件中，抽取中小企业检查对象随机抽样发放。共发放问卷 372 份，回收 291 份，回收率 78.2%；对 63 份显

然随意填写的问卷予以剔除，最终有效问卷228份，有效回收率61.3%。对部分漏填或理解偏差选项进行了逻辑更正，对部分显然与案卷中事实资料不符的选项进行了事实更正。问卷统计结果通过SPSS（26.0）进行数据分析。

（二）相关性分析和差异性分析。

1. 各维度差异性分析（见表1）。

表1　　各个维度在纳税不遵从行为种类上的分析差异结果

<table>
<tr><th>变量</th><th>选项</th><th>个案数</th><th>平均值</th><th>标准偏差</th><th>F</th><th>sig</th><th>多重比较</th></tr>
<tr><td rowspan="6">纳税不遵从原因</td><td>偷税——发票违法</td><td>123</td><td>34.634</td><td>6.656</td><td rowspan="6">2.303</td><td rowspan="6">0.046</td><td rowspan="6">/</td></tr>
<tr><td>偷税——其他</td><td>27</td><td>32.111</td><td>6.869</td></tr>
<tr><td>虚开发票</td><td>51</td><td>33.000</td><td>3.904</td></tr>
<tr><td>骗税</td><td>6</td><td>32.000</td><td>0.000</td></tr>
<tr><td>未代扣代缴个人所得税</td><td>15</td><td>37.000</td><td>3.140</td></tr>
<tr><td>其他</td><td>6</td><td>36.500</td><td>0.548</td></tr>
<tr><td rowspan="6">认知情况</td><td>偷税——发票违法</td><td>123</td><td>25.390</td><td>5.454</td><td rowspan="6">4.608</td><td rowspan="6">0.001</td><td rowspan="6">1 > 4 > 2 > 5 > 3 > 6</td></tr>
<tr><td>偷税——其他</td><td>27</td><td>22.778</td><td>4.602</td></tr>
<tr><td>虚开发票</td><td>51</td><td>21.706</td><td>6.804</td></tr>
<tr><td>骗税</td><td>6</td><td>23.500</td><td>0.548</td></tr>
<tr><td>未代扣代缴个人所得税</td><td>15</td><td>21.800</td><td>4.784</td></tr>
<tr><td>其他</td><td>6</td><td>20.000</td><td>2.191</td></tr>
<tr><td rowspan="6">信息对称度</td><td>偷税——发票违法</td><td>123</td><td>18.756</td><td>2.925</td><td rowspan="6">5.447</td><td rowspan="6">0.000</td><td rowspan="6">6 > 5 > 1 > 4 > 3 > 2</td></tr>
<tr><td>偷税——其他</td><td>27</td><td>16.111</td><td>4.886</td></tr>
<tr><td>虚开发票</td><td>51</td><td>16.059</td><td>3.714</td></tr>
<tr><td>骗税</td><td>6</td><td>19.500</td><td>1.643</td></tr>
<tr><td>未代扣代缴个人所得税</td><td>15</td><td>18.800</td><td>3.043</td></tr>
<tr><td>其他</td><td>6</td><td>19.000</td><td>1.095</td></tr>
<tr><td rowspan="6">监管评价</td><td>偷税——发票违法</td><td>123</td><td>10.878</td><td>3.868</td><td rowspan="6">2.352</td><td rowspan="6">0.042</td><td rowspan="6">2 > 1</td></tr>
<tr><td>偷税——其他</td><td>27</td><td>12.556</td><td>3.534</td></tr>
<tr><td>虚开发票</td><td>51</td><td>11.412</td><td>3.413</td></tr>
<tr><td>骗税</td><td>6</td><td>10.500</td><td>1.643</td></tr>
<tr><td>未代扣代缴个人所得税</td><td>15</td><td>11.600</td><td>2.324</td></tr>
<tr><td>其他</td><td>6</td><td>7.500</td><td>2.739</td></tr>
</table>

注：1代表偷税——发票违法；2代表偷税——其他；3代表虚开发票；4代表骗税；5代表未代扣代缴个人所得税；6代表其他。

由于性别与行业类型中，男性和工业企业占据压倒性数量，因此初始的差异性分析从纳税不遵从类型、学历与年龄角度出发。

根据以上的单因素方差分析结果可以看出，第三方取得发票在认知情况中数值最大，即对税收法律制度最不了解。而在已列明的纳税不遵从行为中，虚开发票的检查对象对税收法律制度最为了解。这是由于资金的回流与业务的非真实性都是检查对象事先知情的，此处易有对后果预估的偏差却不易有对违法性质的理解误差。而第三方取得发票由于业务本身具有真实性，在票货不一致的违法性质上却存在理解误差的可能性。

在对信息对称度评价模块，数值越大则越说明其对公账户、税收申报表、外账与实际经营情况接近，税务部门与检查对象的信息不对称程度越低。在对称度上，第三方取得发票与未代扣代缴个人所得税较高，说明其更倾向于认为申报数据与实际数据一致，税企信息对称。虚开与骗税较低，这是由于大部分虚开骗税分子的对公账户仅在需要走账时才有资金产生，相应账务也随后续发票的开具而生成。由于业务不具有真实性，对公账户与税收申报数据必然与实际经营情况脱离。其实际业务即使存在也多发生于私人银行账户。其他偷税的信息对称度最低，这可能是由于填写者的违法行为多属于账外经营。在监管实践中，账外经营的额度往往巨大，检查对象仅在购买方需要发票时才申报相应收入，导致线索明确的情况下偷税比例超过 30%。部分案件采取全查法，甚至偷税比例超过 90%。综合来看，其他偷税情况、虚开骗税的信息差是最大的，并且化解信息不对称情况的方案就在于内账与私人银行账户上。

2. 纳税不遵从原因分析。根据对样本在纳税不遵从原因模块的频率分析（见图 1），原因的重要程度排列如下（数字越小重要程度越高）：缺乏税务知识 > 行业普遍行为 > 竞争激烈与生存需要 > 降低成本与扩大利润 > 税负率太高 > 监管松散且同行被查到的概率很低 > 根据自己往年被检查的情况 > 行为具有较高隐蔽性。心理上不愿意遵从、税收使用不公、纳税服务不完善、具备足够社会关系四项平均值大于 3.5，说明相关性较低。

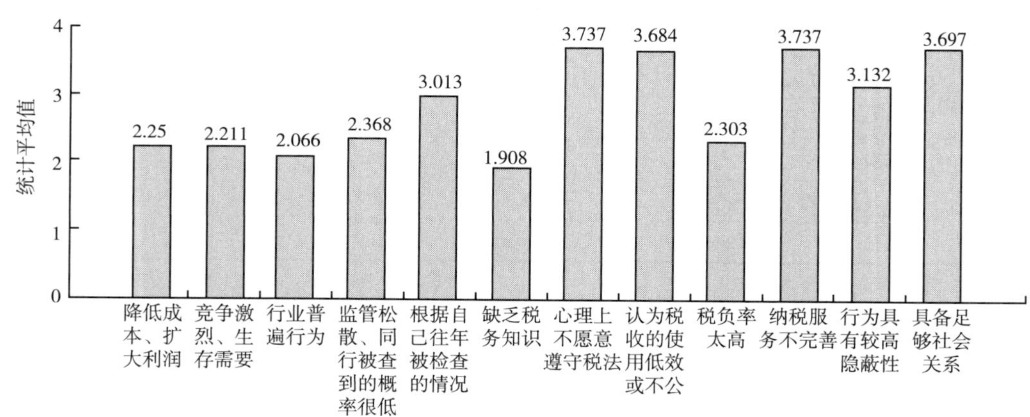

图 1　纳税不遵从原因频率统计

根据对纳税不遵从原因间的相关性分析（见表2），扩大利润、竞争激烈、行业普遍行为这三项原因处于高度相关关系，正相关系数达到0.6以上。这符合实际的行业竞争逻辑。在实质上造成税收流失的纳税不遵从行为必然为纳税人节约成本，使其在价格竞争中占据优势。W市中小企业数量多体量小，同行竞争激烈，少量的价格劣势就会导致销路受损，极容易导致“劣币驱逐良币”效应。同时，“监管松散”也与“行业普遍行为”相关系数达到0.445，总体呈现征管性不遵从、社会性不遵从、习惯性不遵从、自私性不遵从四项交织的情况。“税负率太高”与“行为具有隐蔽性”同样与上述几项具有正相关关系。

表2　　纳税不遵从原因间的相关性分析

项目	降低成本、扩大利润	竞争激烈、生存需要	行业普遍行为	监管松散、同行被查概率低	根据往年被查的情况	缺乏税务知识	税负率太高	行为具有隐蔽性
降低成本、扩大利润	1							
竞争激烈、生存需要	0.663 **	1						
行业普遍行为	0.704 **	0.610 **	1					
监管松散、同行被查概率低	0.338 **	0.310 **	0.445 **	1				
根据往年被查的情况	0.530 **	0.505 **	0.331 **	0.344 **	1			
缺乏税务知识	-0.14	-0.147	-0.063	0.043	0.001	1		
税负率太高	0.516 **	0.516 **	0.367 **	0.416 **	0.308 **	-0.032	1	
行为具有隐蔽性	0.423 **	0.438 **	0.500 **	0.282 *	0.298 **	-0.173	0.321 **	1

注：** 在0.01级别（双尾），相关性显著；* 在0.05级别（双尾），相关性显著。

3. 税收认知情况分析（见图2）。根据对纳税不遵从的检查对象事前认知情况频率统计（数字越小，认知度越高），事项违法性 > 涉案制度 > 应补税费 > 监管规程 > 滞纳金与罚款 > 监管手段 > 行政救济手段 > 附带处理。其中在违法性方面平均值为2.066，显著低于其他项目。说明纳税不遵从的无知性存在不同程度和类型区分。W市中小企业对行为违法性有较好认知，但对相应的监管规程及措施、事后处理的后果缺乏估计。如图3所示，在177个对行为违法性具备一定认知情况的样本中，57.9%的检查对象发现事后的实际处理结果较重。这与检查对象对应补税费虽然有了解（平均值2.908），但对滞纳金与罚款（平均值3.171），尤其是附带处理（平均值3.395）缺乏认知是高度相关的。

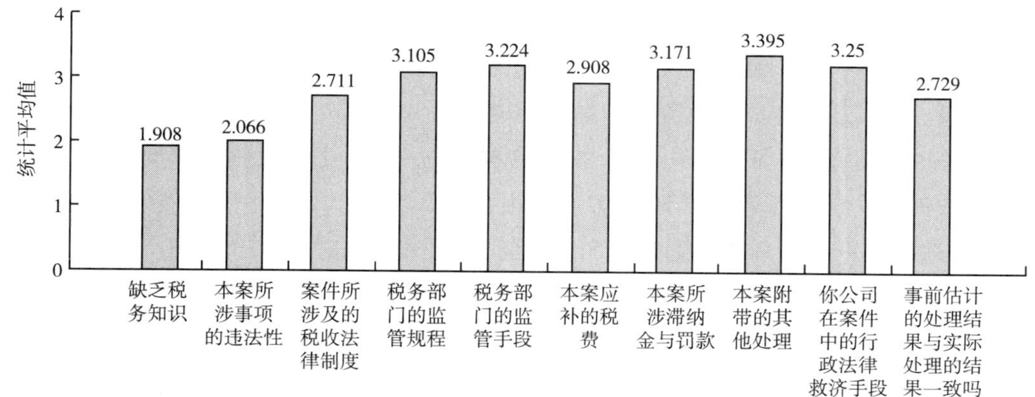

图2　纳税不遵从认知情况频率统计

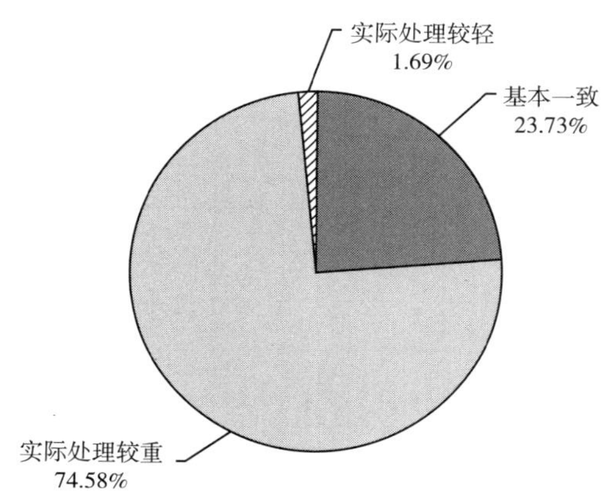

图3　处理结果认知差异

样本对违法性知情但对监管措施与后果不知情。因此更恰当的解释是：W市中小企业大部分处于“后果无知性纳税不遵从”与其他四类纳税不遵从交织的情况。

在对自身涉税违法性的知情度上，除了“缺乏税务知识”变量以外，均表现出较高的显著性（sig <0.05）。越是对违法性不知情的检查对象，其纳税不遵从原因之中降低成本、竞争激烈、行业普遍行为的重要性越低。

对违法性完全不知情的样本（33例）认知中，原因重要性排列如下：缺乏税务知识（1.64）>行业普遍行为（2.82）>税负率太高（3.36）>监管松散（3.45）>其他。这部分样本属于“完全无知性纳税不遵从”，与自私性纳税不遵从不存在重叠。但这类样本同样倾向于认为类似现象属于行业普遍行为，且与监管松散有一定关系，从而与征管性不遵从有关。

4. 决策特征分析。

根据图4可以看出，样本认知情况随税务部门的检查而显著提升。认知中的检查概率的平均值从26.69%提升至48.16%，知情概率从37.88%提升到60.92%。而值得注意的是样本的最终决策结果是：当检查概率超过56.84%时，样本才会停止纳税不遵从行为。考虑到问卷填写时检查对象的心理状态更偏向于谨慎，则实际的临界检查概率更高。这意味着税务检查虽然一定程度上纠正了样本认知，但后续纳税不遵从事项仍有可能在同一纳税人身上发生。另外，样本认知中的税务部门知情概率要一定程度上大于检查概率，这意味着样本认为税务部门的监管主动性不足，与前述征管性不遵从相互印证。

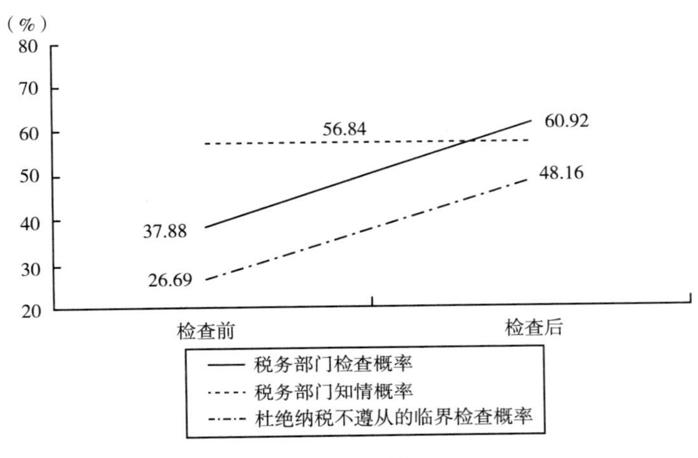

图4　样本决策情况

根据表3，导致样本最终平均临界检查概率为56.84%的主要相关项目为降低成本扩大利润（0.39）、竞争激烈生存需要（0.427）、当前税务部门检查概率（－0.418）、当前税务部门知情概率（－0.345），显著性在0.01级别，较为显著。其中成本与竞争问题呈正相关，意味着这两项因素导致样本面临的压力越大，则样本的税收风险偏好越强，临界检查概率越高。税务部门的检查概率与知情概率呈负相关，且检查概率的相关性大于知情概率。意味着检查与知情概率越大，则样本的税收风险偏好越低，临界检查概率越低。

表3　样本决策原因相关性分析

项目	降低成本、扩大利润	竞争激烈、生存需要	监管松散	行业普遍行为	税负率太高	处理结果一致性	当前经营状况	税务部门检查概率（当前）	税务部门知情概率（当前）
杜绝纳税不遵从的临界检查概率	0.390**	0.427**	－0.083	0.066	0.158	0.152	－0.1	－0.418**	－0.345**

注：** 在0.01级别（双尾），相关性显著。

如表4所示，大幅盈利的样本的临界检查概率显著低于其他样本，表现出较低的风险偏好，显示出明显的边际效应。小幅盈利的样本的临界检查概率则明显较高。同时，大幅亏损的临界检查概率比小幅亏损的样本高。风险厌恶效应未明显体现。

表 4　　临界检查概率在经营情况上的分析差异结果

变量	选项	个案数	平均值	标准偏差	F	显著性	多重比较
杜绝纳税不遵从的临界检查概率	大幅盈利	33	3.09	1.331	6.085	0.001	1 >2
	小幅盈利	81	2.22	1.107			1 >4
	小幅亏损	48	2.81	1.024			3 >2
	大幅亏损	66	2.32	1.23			3 >4

注：1 代表大幅盈利；2 代表小幅盈利；3 代表小幅亏损；4 大幅亏损。

如表 5 所示，样本普遍在快速处理和事前提醒的情况下表现出较好的纠正意愿，但实际上大多数不会收到事前提醒，而是在产生税收执法事项、收到检查通知书后才收到提醒。

表 5　　纳税不遵从行为决策特征频率统计

变量	选项	频率	百分比（%）	平均值	标准偏差
快速处理下的纠正意愿和配合意愿	是	192	84.20	1.16	0.365
	否	36	15.80		
是否受到事前提醒	是	15	6.60	1.93	0.248
	否	213	93.40		
事前提醒下的纠正意愿	是	189	82.90	1.17	0.377
	否	39	17.10		

5. 信息对称度评价分析。如图 5 所示，各涉税信息与样本实际经营情况的相关度具备一定差异性，数值越大代表关联性越高。内账与私人银行账户的相关度最高，且分别大于外账与对公银行账户。第三方数据关联度则评价不高（平均值 2.618）。虽然相关度存在差异，但整体差异性不大，说明样本的外部信息与实际经营情况虽然不完全吻合，但总体上仍介于“部分关联”与“高度关联”之间。

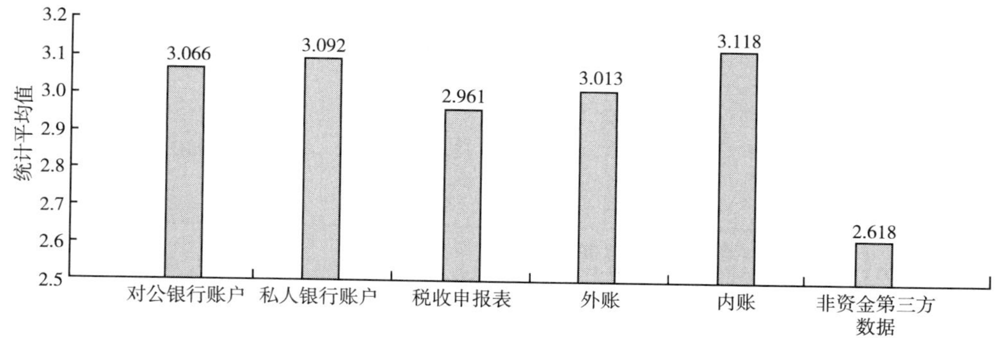

图 5　信息关联度评价统计

可以看到表6显示的相关性分析中，样本越是对违法性知情，则其认为税收申报表、非资金第三方数据与实际经营的相关性越低、内账与实际经营的相关性越高，从而信息不对称性越强。

表6　　违法知情度与信息关联性的相关性

皮尔逊相关性	对公银行账户	私人银行账户	税收申报表	外账	内账	非资金第三方数据
对违法性的知情度	0.223	-0.132	0.261 *	0.147	-0.383 **	0.327 **

注：** 在0.01级别（双尾），相关性显著；* 在0.05级别（双尾），相关性显著。

6. 税收评价分析。根据图6（数字越小评价越高）可看出样本对税收的总体评价并不如通常情况下想象得高。此处一定程度上有样本作为被检查对象自身的视角原因，但更多地有总体税收环境本身的原因。样本对制度的确定性（2.03）评价较高，但对制度公平性（2.34）的评价一般。就自身所处监管区域而言，样本对监管公平性（2.26）评价尚可，但对区域的纳税遵从度（2.55）最不乐观。即使其他四项对目前情况的评价介于“好”与“一般”之间，样本对近年变化趋势仍然给出了相对积极的评价（1.96）。

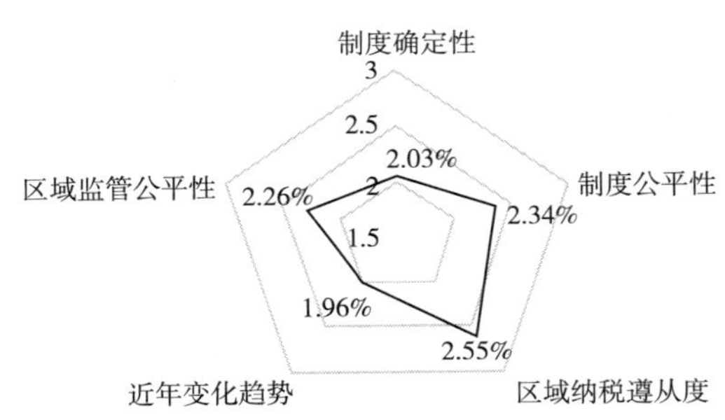

图6　样本税收评价

（三）主要研究结论。鉴于样本的纳税不遵从最为主要的原因是“缺乏税收知识”、复合性纳税不遵从与无知性纳税不遵从共同存在，且样本对各项税收法律知识尤其是涉及违法后果的知识知情程度较低，存在部分对行为违法性完全不知情的纳税人，因此纳税人税收法律知识显然高度缺失。根据调查结果，无论是监管前还是监管后，纳税人认为的监管检查概率都低于其纳税遵从的临界值，因此其主观认为的监管检查概率较低。综上假设一成立。

由于纳税人对税收法律知识高度缺失、对税收监管制度了解不足，因此相应税收法治宣传不足。根据调查结果，仅6.6%的样本收到事前预警提醒，而82.9%的样本认为假如收到提醒愿意提前自纠，因此认为监管的预防性和反应速度不足。样本的主动违法与税企信息不对称呈现正相关性，且内账和私户与经营的相关度相对更高，说明税企经营信息与违法行为的信息不对称属于导致纳税不遵从行为的客观诱因之一。根据对纳税不遵从原因的调查结果，缺乏税务知识、降低成本、业内的社会性不遵从，以及由之引发的激烈竞争与中小企业的生存需要是主要原因，且样本对区域的纳税遵从度评价相对不乐观（介于“一般”与“较严重”之间），因此存在一定的社会性不遵从与生存竞争压力。综上假设二成立。

根据调查结果，在接受税收执法调查后，纳税人主观认知中的罚款率、监管检查概率有显著提升。但样本对 W 市税收监管的总体评价尚可，且对纳税遵从情况的变化趋势相对乐观（介于“显著好转”与“略有好转”之间），因此假设三仅部分成立。

根据调查结果，W 市中小企业存在一定的复合性不遵从与无知性不遵从，并可能已发展为社会性不遵从。虽然样本在监管评价中对近五年税收法治情况给出了相对积极的评价，但根据结果反馈：相应政府监管在日常法治宣传、事前监管的预防性、事后监管的检查概率、排查度与规范性上存在问题。

二、增强纳税不遵从政府监管的若干思考

（一）优化数据支撑。

1. 建立第三方数据通道。第三方数据通道应囊括银行、第三方支付平台、海关、房地产部门、水电气部门、物流船运公司等。数据应当具有法定性、稳定性、全面性。

数据的法定性要求第三方部门必须依法在限时内提供纳税人经营数据。我国《税收征管法》第六条规定，建立、健全税务机关与政府其他管理机关的信息共享制度；第五十四条第六款规定，税务机关在调查税收违法案件时，经设区的市、自治州以上税务局（分局）局长批准，可以查询案件涉嫌人员的储蓄存款。税务机关查询所获得的资料，不得用于税收以外的用途。可以看出第三方信息的调取依靠信息共享制度而不是法定的权限；而银行数据的调取是随案件“即取即用”。这与建立健全数据库的要求不符，因此应当在立法层面确立各部门在日常监管中按期向税务部门提供数据的义务。数据的稳定性要求数据应当按期及时提供，数据的全面性要求数据广泛并不丢失细节。以资金数据为例，除了四大行以外的各大地方银行、农商行、第三方支付平台的账单均应包括，且账单内应有交易时间、双方户名账号、交易备注、交易柜台等数据。

2. 完善纳税人信息采集。对经营信息规定纳税人自主申报义务，包括会计电算化企业的电子账务资料、财务人员信息及所属税务师事务所信息、职工个人信息。对特定事项如大额的公私户对转、现金存取、现金交易同样需要自主申报。

较为特殊的是自然人财产信息，包括工资、奖金等收入；存款、有价证券、汽车、

房屋、土地使用权、无形资产等财产。财产的多寡在一定程度上能够反映财产主体拥有或控制资源的多少，与财产相关的收入与获得权利的多少。建立自然人财产登记制度对掌握纳税人尤其是个人、个体户、小规模企业的财产状况，加强税收征管促进个人提高纳税遵从度，完善税收救济制度具有重要意义。

上述信息的申报应包括申报、监督和问责三个环节，要在不同环节明确主体的权利与义务、申报的信息内容、不如实申报应承担的法律责任。

信息的提取不仅具有分析应用功能。在纳税人提供相应信息的过程中，其对税务部门的知情率和检查率判断会发生变化，根据前景理论，这种变化本身就能改变纳税人的决策依据。同时，申报的过程也能够训练纳税人的税务知识和法律意识，多角度提升其纳税遵从意愿。

（二）强化监管处理能力。

1. 提升人工处理效率。对风险值较高、长期预警未纠正，以及接到对应线索的纳税人仍然需要采用人工处理的方式。人工处理是纳税人对预警有效性判断的根本。如果任何预警都不伴随后续结果，则预警对复合性不遵从的纳税人就没有意义。大量预警结果的处理必然伴随人工处理案件数量的增加，因此处理效率需要提升。

一是全面取消纸质文书审批，统一改为机内审批。调取资料不再由人工方式、跨地区出差方式取得，改为从二级数据库直接调取。二是探索电子送达形式，结合电话、短信、税收申报平台等模式进行文书送达。三是应用办案软件，采用深度人机结合模式。风险点形成、数据抓取、税款计算、报告格式生成等由软件处理；实地核查、笔录约谈、性质判断等采用人工处理。

2. 严肃追究第三方责任。中间人是外地虚开单位介入一个地区经济活动的必要条件之一，实际监管中稽查部门极少立案而多交由公安部门处理。税务稽查部门在掌握笔录、资金流等信息的情况下，应当对虚开案件主动追究中间人介绍虚开、隐匿销售收入的个人责任。同时，对其身份信息和对应银行账户应进行标记并形成对应行为判别模型，关联账户资金与中间人账户存在大额对应往来的应赋予较高权重。同时，还应配合公安部门对中间人所涉团伙进行集中打击。

（三）提升监管规范性。

1. 消除案件黑箱。消除案件黑箱有利于化解税收执法的信息不对称现象，便于上级部门、纪检部门、复查部门再现案件调查取证过程，并从根源上防止执法过程的道德风险。

（1）在实地调查、实物证据调取签收、非笔录交流、笔录记录过程中，应推广使用执法记录仪。

（2）实物证据如营业执照、情况说明、身份证复印件、合同单据等，应扫描归集后与电子证据、执法记录一同上传至内部平台。

（3）应当最大限度地避免监管人员与纳税人的非正式接触。在工作部门设立专门的办案接待区，并配备监控录像设备，完整地记录经办人与纳税人的谈判博弈过程。应设立重大案件的应急状态机制，在重大税收执法行动过程中报备行动轨迹、上交通信工具，确保案件信息不泄露。

（4）税收监管任务如果不是经过仔细缜密的复查，非专业人员往往无法发现端倪。应定期开展线上、线下复查，设立复查模型，根据检查结果与行为判别模型的偏离度、检举信息等抽取复查对象。

2. 控制隐性自由裁量权。隐性自由裁量权为执法干涉提供了客观条件，过宽的合法性范围使合理性在偏差中无法找准定位，清理显然不合理、基层呼声大的执法干涉重点标的，有利于整顿风气、简化案件博弈过程，提升案件质量、效率与规范性。

税收监管在规范性上的痛点和堵点必然随税收事业发展而变化。应当建立上下联通的、动态的反馈机制。要对基层执法生态及时调研，对生成的监管漏洞及时控制，对存在模糊性的概念和流程予以规范和界定。

参考文献

［1］毕秀玲．政府会计监管论［M］．厦门：厦门大学出版社，2004.

［2］陈振明．理解公共事务［M］．北京：北京大学出版社，2007.

［3］李晓曼．税收遵从风险管理［M］．北京：电子工业出版社，2016.

［4］马晓颖，张林海，王红莲．税收风险管理策略［M］．北京：中国税务出版社，2015.

［5］余静，吕伟．税收风险管理理论模型与实践应用［M］．上海：立信会计出版社，2018.

［6］植草益．微观规制经济学［M］．朱绍文，等译．中国发展出版社，1992.

课题组组长：金旭红

成员：孙晓乐、李卫飞、边城（执笔人）

乡村振兴视角下的农产品抵扣困境及对策

国家税务总局杭州市西湖区税务局课题组

摘　要：解决好“三农”问题一直是全党全社会的重点任务，理顺农产品抵扣领域的问题、妥善应对农业行业的涉税风险，是税务部门持续努力的方向。本文对农产品抵扣领域的历史沿革和税收政策进行了梳理回顾，总结目前农产品抵扣领域存在的征管和纳税困境。并结合西湖区实践，提出了相应的解决对策，以期为农业产业的健康、可持续发展提供税务支持。

关键词：农产品　抵扣　核定扣除　计算抵扣　收购发票

引　言

促进乡村振兴，加快农业和农村现代化，是实现共同富裕的重要举措。税收能否有力减轻农业产业链税负，尤其是第一环节生产者的税负，直接影响着农业生产者的经营利润。自2006年起，我国推行了全面废除农业税的改革，大大减轻了农民负担。人多地少的国情决定了中国的农业生产方式只能建立在小规模分散的家庭管理基础上，而其不便于税收征管。因此，中国短期内不具备对农业征收增值税的条件。

基于此，对农产品免征增值税的政策基础很难动摇，而上游免税则意味着下游进项抵扣链条的断裂。为了解决这一问题，国家出台了农产品销售发票和自开收购发票计算抵扣制度。但由于计算抵扣与上游开票方的销项税额不挂钩，增值税链条无法实现环环相扣，此类发票普遍存在开具不规范，甚至不真实而又监管困难的问题。为应对此类发票带来的问题，继而又创造了农产品核定扣除制度，并在试点的基础上逐步扩大核定扣除政策所适用的农产品范围，但核定扣除的税务和会计核算操作较为复杂，且所得税列支仍需要发票的风险依然存在。

为了破解农产品抵扣机制的桎梏，本文系统梳理了农产品进项抵扣政策的历史沿革，分析了目前存在的发票开具规范性不足、上游风险向下游转移、全电票授信额度新增风险以及核定扣除企业仍需要发票列支等征纳困难，从振兴乡村经济的视角出发，重点讨论了解决目前农产品抵扣困境的对策，以期能够更好发挥税收政策对农业产业健康发展的促进作用。

一、农产品进项抵扣政策沿革及现状梳理

（一）农产品进项抵扣政策历史沿革。根据增值税原理，进项抵扣一般遵循凭票抵扣的原则，即按照上游开具发票注明的销项税额，由下游予以抵扣对应的进项税额。在农产品领域，《增值税暂行条例》（以下简称“暂行条例”）第十五条规定了自产农产品免税的基本政策。免税导致下游无法取得进项，这本是免税政策的自然结果，但为了大力支持农业农村发展，“暂行条例”第八条第二款第三项又创设规定了可以按照农产品票面买价直接进行计算抵扣的特殊政策。如此一来，不仅农产品生产行业获得了销项免税，且能抵扣进项税额的特殊优惠资格。也在发票管理层面，于专票之外，新创设了农产品收购发票和农产品销售发票这两种全新的扣税凭证。

增值税专用发票的管理，已经有一套较为完善的稽核比对、风险防范机制，虽仍有不法分子蠢蠢欲动，但发生率和严重程度近年来呈下降趋势。而对于农产品收购发票和销售发票的监管手段和力度相对较弱，在自开自抵、上游免税下游抵扣等巨大诱惑下，发票开具不规范甚至不真实的问题屡有发生，尤其是两类发票的销售方都为分散、隐蔽的广大农业生产者，征管难度可想而知。

2021 年 4 月，税务总局公布了八个重要行业及五类涉税违法活动，第一类就是“农产品生产和加工”；同年 6 月，审计署审计长侯凯所作的《国务院关于 2020 年度中央预算执行和其他财政收支的审计工作报告》（以下简称《报告》），列举的涉税涉票问题中特别提到了农产品采购领域的虚开发票、偷逃税款等痼疾。

早在 2012 年，国家税务总局为从制度上释放农产品特殊抵扣凭证带来的征管风险，出台了《财政部 国家税务总局关于在部分行业试行农产品增值税进项税额核定扣除办法的通知》（以下简称“核定扣除办法”），办法规定在农产品增值税的进项抵扣管理上，抛弃将发票作为抵扣凭证的做法，而是根据不同农产品的生产工艺，根据其销售额，加上一定的计算方法，核定出一个可以抵扣的进项税额，“以销定进”。这正是为解决农产品发票开具困境而推出的非传统增值税思路的解决路径。但即便是核定扣除，只要有进项税额的产生路径，同样面临着扣除标准与采购单价等基础数据被人为调整的问题，同时所得税扣除凭证依然需要大量的农产品发票，因此企业既要核定

扣除进项税额，又要以农产品收购发票或者销售发票作为所得税列支凭证。

（二）农产品进项抵扣政策梳理。由于我国增值税立法尚未完成，且因为营改增、增值税改革等多次变革的影响，农产品进项抵扣政策散见于增值税暂行条例及其实施细则、营改增文件及补丁以及深化增值税改革等众多文件，包括计算抵扣的规则、核定扣除的规则、试点范围和扣除标准等。限于篇幅不予列举原文，将零散文件中对农产品发票的抵扣规定梳理成表1。

表1　　农产品发票抵扣规定梳理

销售方类别	税率或征收率	发票类型	能否抵扣	抵扣方式	备注
一般纳税人	9%	专用发票	能	勾选抵扣票面税额	填入申报表附表二第2栏
	9%	普通发票	不能		
	农业生产者及专业合作社：免税	普通发票	能	计算抵扣：票面农产品买价×9%	填入申报表附表二第6栏
	批发、零售环节：免税	普通发票	不能		
小规模纳税人	3%	代开或自开专用发票	能	计算抵扣：票面金额×9%	填入申报表附表二第6栏
	3%	代开或自开普通发票	不能		
	1%	代开或自开专用发票	能	勾选抵扣票面税额	填入申报表附表二第2栏
	1%	代开或自开普通发票	不能		
	农业生产者及专业合作社：免税	普通发票	能	计算抵扣：票面金额×9%	
	批发、零售环节：免税	普通发票	不能		
农户（自然人）	免税	代开普通发票	能	计算抵扣：票面农产品买价×9%	填入申报表附表二第6栏
	3%	代开普通发票	不能		
	免税	购买方开具收购发票	能	计算抵扣：票面农产品买价×9%	填入申报表附表二第6栏
进口农产品	9%	海关进口增值税专用缴款书	能	勾选抵扣票面税额	填入申报表附表二第5栏

从上述政策及发票抵扣规则可以看出，农产品领域确实规定复杂、补丁较多，有3种抵扣方式、4种销项税率（或征收率）、6种可抵扣的发票类型和4种进项抵扣率；

核定扣除方面，有 3 种基本的计算方法，包括投入产出法、成本法和参照法，不同的计算方法各有其适用参数，如当期农产品的耗用数量、农产品的平均购买单价、生产工艺所对应的扣除率等。

（三）西湖区农产品相关企业数据变化情况分析。以下以西湖区为例，分析相关数据及其变化情况，作为了解政策执行情况的基础。

1. 企业户数情况。根据税务登记数据，西湖区国民经济行业为农业（即从行业数据上看直接从事农业生产为主）的企业有以下特点：（1）有税务登记的户数少，但西湖区涉及农业生产尤其是茶叶生产的主体并不会少，说明西湖区从事农业生产的绝大部分主体是个人；（2）总体增长情况稳定，除 2020 年外，其他年份呈现基本稳定、略有上升的趋势；（3）在 2020 年呈现一个小高峰，可能与 2019 年深化增值税改革规定的农产品加计扣除优惠政策，促进农产品企业办理税务登记的正面效应有一定相关性。

2. 税款入库情况。企业户数虽稳步增长，但农业入库税额却呈现总体下降趋势，其中 2020 年与税务登记数据同步有一个异常的小高峰，推测应与深化增值税改革优惠政策的出台有一定关联。但从 2021 年起，入库税额呈明显下降，到 2022 年甚至降到了往年的百分之十几，说明虽然户数在增长，但受整体经济形势影响，户均纳税数据却不容乐观。

3. 农产品核定扣除情况。2018 年之前，核定扣除试点行业如液体乳及乳制品、酒及酒精、植物油的生产业，在西湖区并没有企业从事。因此，直到 2018 年之后，浙江省将农产品核定扣除的范围扩大到茶叶的生产以及农产品的批发、零售，西湖区才逐步在相关行业的一般纳税人中推进核定扣除试点，近五年核定扣除企业户数基本维持在较低的数量级。

核定扣除税额的变化情况方面，2018 年与后面年度相差较为悬殊。据了解，2018 年是西湖区税务人员和纳税人首次接触核定扣除制度的年份，面对这一陌生政策，许多企业存在申报表填报不规范甚至仍然按照计算抵扣方式填写的情况。于是在 2019 年，对核定扣除企业进行了“回头看”管理，将前期填写不规范的进项税额从计算抵扣栏次调整到了核定扣除栏次，在数据上便呈现出 2018 年扣除税额低而 2019 年扣除税额突然增长的特点。

二、农产品进项抵扣面临的困境

在农产品领域作出上游免税、下游抵扣的特殊规定，一方面是为了给上游农业生产者减轻税负；另一方面是为了打通抵扣链条，维持增值税的基本规则。但在实际操作中，该领域无论是凭票抵扣还是核定扣除，都面临着现实执行与设计初心的一定差距。问题主要集中在以下领域：

（一）凭票抵扣面临的困境。

1. 发票开具规范性问题。

（1）票面形式上的不规范。如销售方栏次未能准确填写农业生产者个人身份证号码、地址及电话号码，销售方银行账号基本为空白、支付方式未备注、项目名称使用大类、商品编码开具有误等问题。通过对区域产业特色茶产业的调研了解，西湖区使用农产品收购发票的企业多以中小型茶叶企业为主，而茶叶种植者多为中老年人，在季节性收购时上门投售者往往不会携带身份证和银行卡，造成茶叶收购企业取得上述信息较为困难。

（2）涉及业务实质方面的不规范。如农产品收购企业的收购台账不规范，无法提供全部收付款凭证、过磅单、出入库凭证。调研发现，不少企业在收购行为发生时未开具收购发票或未取得销售发票，而是待季节性集中的销售行为完成后，再补办发票手续。收购过程中，大量使用现金，且无证明资料佐证付款，甚至部分业务存在开具金额与付款金额不符或欠款未付的情形。

2. 部分农产品因地域、人力因素叠加，存在价格畸高情形。按照政策规定的初衷，农产品发票是由收购企业向生产者直接收购农产品时所使用的发票。因此，发票上注明的农产品价格，应该是收购企业从农业生产者一手直接收购的价格，而不能将中间人的手续费、运输费、盈利费用开具在收购发票的农产品价格内。但是调研发现，现实中存在中间商（有些明显是外地身份证号码，且专门从事收购茶叶的个人即二道贩子）向农户统一收购后再向收购企业销售农产品，但仍然以农户名义开具农产品收购发票的情况，这种情况下农产品价格显然要比直接从农户手中收购的价格高；此外，还存在设置茶农代表方式收购的情况，因茶农代表自身为炒茶专家，其从本村收购的鲜叶经自己炒制，叠加了地域、技术、工艺等附加值，也会导致单价过高。

3. 广泛使用现金支付，资金流难以核查。资金流在帮助判断业务真实性方面具有关键性的作用，但由于农产品收购的特殊性，尤其是在西湖区等盛产茶叶的地区，生产者多为本村居民，收购企业多为当地小企业，农产品的生产受气候、人工等因素影响，往往都集中在某一时间段，甚至会出现连夜“抢收”现象，茶农和企业广泛使用现金支付，一手交钱一手交货，导致后续发票开具和资金流核查都存在困难。

4. 上游农产品风险转嫁给收购企业。除了茶叶企业之外，还有一些农产品涉及跨区域收购，虽然开具的是免税农产品发票，但收购方无法查实相关产品是否为农产品生产者自产的农产品，该风险就会转嫁给收购企业。一旦上游被税务部门查实风险，下游就面临着进项转出、补税的不利结果。

5. 全面数电化时代授信额度增加带来的新风险。数电时代的一大亮点是发票的开票额度采用“授信制”，即经营主体可以在给定的总额度内，开具任意金额与任意份数的发票，而且会定期根据纳税人上期开具发票的情况自动为其调整下期可开具发票的额度，由于农产品发票尤其是收购发票存在开具免税又能抵扣的巨大诱惑，发票开具方很可能会把份数越开越多、把金额越开越大，而数电后台又会自动为其增额，上述风险就会更加突出。

（二）核定扣除面临的困境。

1. 参数难以掌控且会发生变化。核定扣除制度，本是为了加强农产品增值税进项税额抵扣管理而出台的，因此其规定不再根据进项发票来抵扣农产品的进项税额，而是采集企业的生产经营数据来核定扣除进项税额。虽然规避了农产品发票的问题，但需要面对的新问题就是对生产经营数据的真实性、准确性如何开展核实。

以“投入产出法”这一核算方式为例，为了得出当期允许抵扣的进项税额，需要参照国家标准、行业标准（包括行业公认标准和行业平均耗用值）来确定销售单位数量货物所需要耗用的外购农产品数量（也就是农产品的单耗数量），再根据企业账簿记载的期初库存数量、期初平均买价、当期购进数量和当期买价等数据，来综合计算。

每一种农产品的国家标准、行业标准甚至生产工艺都会与时俱进、不断发生变化，因此文件规定由各省不定期根据调查测算结果公布全省统一的扣除标准（一般扣除标准），具体扣除标准将在调查测算的基础上，商省财政厅同意后发文公布。对于生产经营情况特殊、农产品增值税进项税额扣除无法参照全国及全省一般扣除标准执行的纳税人，则需要逐户每年按规定程序申请特定扣除标准，由税务机关予以审核。

2. 财务核算较为复杂。众多的农产品收购企业，是规模较小的本地企业，向本村以及周边地区的农民收购茶叶等农产品，且业务具有季节集中性，这些企业为了节省人力成本，鲜少聘请专职财务人员，多为兼职，甚至有的是请懂一些财务知识的亲戚帮忙在业务高峰阶段进行税务申报。

而核定扣除制度所要求的核算，需要有完整规范的出入库记录，严谨统一的进销存报表，才能得出准确的申报数据。此外，除了申报增值税申报表，核定扣除的纳税人还要按月向主管税务机关报送核定扣除的汇总表以及对应农产品进项的具体计算表，精细制度产生的繁重纳税申报义务以及随之而来的后续管理、风险核查甚至税务稽查，带来的纳税成本不容小觑。

3. 一次性进项转出加重企业现金流负担。根据政策规定，新纳入核定扣除的企业，需要准确核算出期初库存农产品以及库存半成品、产成品所耗用的农产品增值税进项税额，并作一次性的进项转出。

因此，纳入核定扣除的首月，纳税人需要作一次性的进项转出，进而产生一笔较大的应纳税款。虽就长远来说，只要能产生对应的销项，这部分进项税额可以得到抵扣，但该种先纳税后抵扣的时间性差异，会让较多纳税人失去获得感，产生抵触情绪。

4. 仍然需要发票作为所得税列支凭证。

适用核定扣除制度后，涉农企业的增值税进项抵扣不再凭借发票，但是其企业所得税的核算仍然需要取得发票作为列支凭证，根据2018年6月国家税务总局《企业所得税税前扣除凭证管理办法的公告》（以下简称“扣除凭证公告”），只要农产品的销售方是有证户，收购企业就必须凭发票列支。因此，农产品收购企业面临着增值税按照核定扣除的要求进行相关核算并进行纳税申报，而企业所得税根据发票列支的要求进行核算并进行纳税申报的双重负担。且核定扣除与凭票列支得出的申报数据可能存在差异，税种间制度的割裂增加了税企双方的征纳负担。

三、破解农产品进项抵扣困境的对策

（一）总体思路：维持现有基本免税政策不变，提升征管能力。针对农产品进项抵扣制度存在的困境，不少研究者曾经提出对现有政策的变革意见，如对农产品停止免税而改为征收增值税、对农产品实行零税率征收，或者对农业从目前的简单免税扩展至全面免税。但更多的学者认为，我国农业生产的现状决定了生产者免税的基本政策方向不能发生变化。

对西湖区的数据分析表明，目前有税务登记的农业生产者尚寥寥无几，其中具有较为完善的财会核算能力的一般纳税人则更是凤毛麟角。因此，农产品税收政策需要首先考虑数量众多但体量较小的个体式、家庭式农业生产者的需求，不宜在生产环节再增加核算要求，而是继续维持现有的自产农产品免税的简单政策，以便于初级生产者降低纳税成本。

但是，农产品抵扣凭证领域的重大税收风险仍应予以控制，建议应着眼于对凭证本身加大征管力度，对取得抵扣凭证的一般纳税人企业进行风险监控，在抵扣端提升数据比对和风险识别的能力。尤其是在计算抵扣方面，抓取发票品名中的农产品关键词，对其金额、份数、销售方等开票要素以及生产经营情况进行分析比对，开展日常巡检，及时发现企业纳税申报的风险点，对企业辅导其树立“取得销售发票为主、开具收购发票为辅”的发票理念，发挥已有发票风险防控体系的作用。对于经比对分析存在较高风险的企业，适当使用核定扣除政策加以管控，避免发生系统性的发票虚开虚抵风险。

（二）推进部门间协作，加强信息互通。2023年发布的《浙江省税费服务和征管保障办法》，开辟了各级政府部门和机构强化税收征收管理协同的新局面，文件规定政府有关部门和机构应当加强税费征收管理各环节的协同。农业主管部门采集的本地产业生产经营情况的数据，可以为税务机关所用，作为加强征收管理的外部数据基础。

以西湖区为例，该区作为茶叶集中产地，区农业局会定期采集辖区内从事茶叶种植的农户信息，包括茶山地址、茶农编号、种植面积、茶标数据等，据此测算出某一茶农名下当年最大的可能产量，税务机关在为茶农代开发票或者对收购企业进行发票管理时，可以此最大产量作为其可开具发票的上限，扎实加强管理，在以相关茶农名义开具的发票金额超过预测合理开票金额时，及时提示开具超额，进行阻断。在此思路上，西湖区于 2023 年初建立了“西湖区茶农台账”，确保代开毛茶免税发票的自然人确实为自产自销茶叶的农户，且在不超过亩产范围内开票，上线以来，已通过台账比对开具 174 人次，毛茶 11393. 65 斤。不仅免除了茶农和乡镇街道开具自产自销证明的程序，也大大降低了毛茶免税发票的代开风险。

建议从各地特色龙头农业产业入手，通过与当地农业主管部门互通数据，以发票开具的关键环节为着力点，充分发挥协同管理作用，促进区域农业产业健康有序发展。

（三）建立完善农产品行业分类分级风险管理体系。农产品行业作为我国的基础产业，涉及面广、业务分布零散、经营主体的税务专业性相对较弱，而该领域一旦发生虚开虚抵风险，则会引起行业性的重大连锁反应，乃至影响到老百姓的吃穿用住。因此，需防患于未然，建立并完善农产品行业税收风险管理体系。

由于基层税务局人力资源有限，难以做到实时监控，需要建立起分类分级的管理、筛查和应对机制。建议充分利用大数据分析比对功能，对日常风险点设置风险指标，精准抓取问题。以下为近几年专项核查任务总结出的农产品行业风险指标：

1. 企业生产经营类型是否在近期发生过更改。

2. 经营的主要产品（或服务）与农产品收购发票的内容是否相匹配。

3. 仓储场地或设施是否与农产品收购规模相匹配；主要购销渠道是否存在异常情况。

4. 单位产成品农产品耗用率和投入产出比是否合理。

5. 财务核算是否准确和规范，是否存在大额现金支付行为；库存明细账、应收应付款明细账、收付款凭据、过磅单等收购原始单据是否按规定留存。

6. 投售人的产出能力是否与收购金额相匹配，是否存在销售非自产农产品的情况。

7. 收购发票开具内容是否规范，是否存在通过恶意拆分自然人人数从而规避使用和开具要求的情况。

建议逐步建立有效的疑点指标库，定期进行数据扫描，开展分类分级管理，分别采用提示提醒、风险应对乃至税务稽查的管控措施，规范日常经营、减少虚开风险。

在金税四期的数据驱动下，进一步汇总各地区数据，建立全国互通的税收风险防控体系。对农产品价格、产品投入产出率等关键数据指标建立模型，属地税务局发挥贴近税源优势，通过日常比对分析征管信息开展税收风险管理，及时上报发现的行业性或重大税收风险疑点。有条件的地区，可以探索在省以下税务机关组建税收监管支持团队，发挥数据集成优势，强化征管任务统筹整合和智能处理，为农业产业的健康发展提供有力支持。

参考文献

[1] 陈颂东. 我国农产品增值税统一比率加价补偿制度构建 [J]. 地方财政研究，2020，11：55 - 59.

[2] 薛昊，兰庆高. 农产品增值税进项税额扣除新政效应分析 [J]. 地方财政研究，2013，3：48 - 52.

[3] 井洁琳. 农产品增值税执行现状及发展对策 [J]. 农业工程，2018，8 (06)：146 - 148.

[4] 袁世友，刘霞. 购进农产品进项税额抵扣新政解析 [J]. 中国税务，2017 (07)：55 - 57.

[5] 张大虎，吉洪斌. 农产品增值税核定扣除政策效应分析 [J]. 国际税收，2015，10：67 - 69.

课题组组长：吕继创
课题组副组长：贺铮
成员：刘芬、吴华莎（执笔人）、余凌波

“以数治税”视角下商业地产税收风险管理研究

国家税务总局杭州市西湖区税务局课题组

摘　要： 本文以“以数治税”为背景，对商业地产风险管理进行研究。首先阐明商业地产涉税风险管理相关概念；其次对商业地产风险管理的现状和“以数治税”探索情况进行分析；再次，在现状分析基础上以风险管理框架为线索指出当前“以数治税”背景下商业地产风险管理存在的主要不足；最后，本文根据案例启示和分线管理深层原因，从深化以数治税思维、提高以数治税质量、释放以数治税乘数效应三个角度出发，提出提升风险管理环境、强化数字技术支撑、完善配套保障机制的细化措施，以期构建更加完善的商业地产风险管理体系，并推广至其他高风险领域税收风险管理。

关键词： 商业地产　风险管理　以数治税

一、商业地产税收征管和风险管理概述

（一）商业地产税收征管和风险概述。相比于房地产开发企业的涉税情况与企业的整个生产经营流程密切相关，不同时期的税收概况紧扣企业的不同经营阶段，非房地产企业的商业地产相关涉税情况与其生产经营情况不存在明显关联，其纳税义务的发生一般是以企业取得商业地产作为起点，企业一般通过自行建造或者购买取得商业地产，在一定时间内通过自用或者出租持有商业地产，最后通过对外销售、抵债等形式处置商业地产，至此，一项商业地产在企业中的税收情况完结。可能涉及的税种主要包括契税、土地使用税、房产税、增值税、城市维护建设税、教育费附加、地方教育附加、企业所得税、土地增值税、印花税等，按照商业地产持有期间的用途和处置的方式不同，适用不同的税种和纳税模式。商业地产各阶段涉及税种及主要风险点见图1。

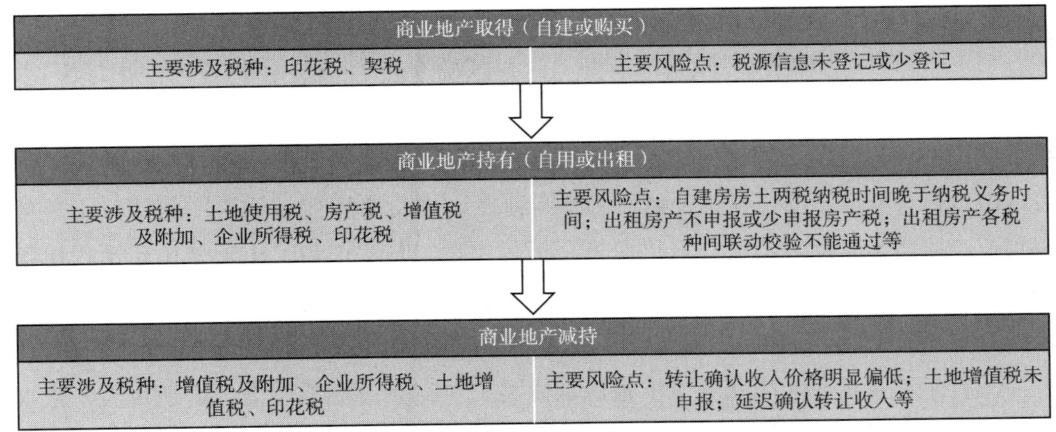

图1　商业地产各阶段涉及税种及主要风险点

（二）商业地产税收风险管理现状概述。近年来，浙江省税务局根据中办、国办印发的《关于进一步深化税收征管体制改革的意见》（以下简称《意见》）中关于加快推进智慧税务建设，全面推进税收征管数字化升级和智能化改造的要求，通过运用企业登记信息、各个税种申报信息、发票信息涉税数据汇聚联通，已经实现了对商业地产部分税收风险的事前提醒、事中防控和事后查处，较大程度提升了对商业地产税收风险的监管能力。

1. 房产税、城镇土地使用税税源预填功能。2022 年，浙江省税务局依托电子税务局开发了利用契税申报信息预填房产税、城镇土地使用税税源信息有关功能。纳税人凡在 2022 年 1 月 1 日及以后取得房屋、土地的，电子税务局将提醒纳税人进行税源采集，并且能够关联纳税人不动产交易记录，根据契税申报信息自动预填坐落地址、取得时间、建筑面积等房产税和城镇土地使用税税源信息。该项功能的上线，利用纳税人缴纳契税的相关数据，对产生房产税、土地使用税纳税义务的纳税人展开事前提醒。实现了税源信息采集中的房产所有人信息、房屋坐落信息自动预填，房产原值自动校验等多项智能化功能（见图 2）。

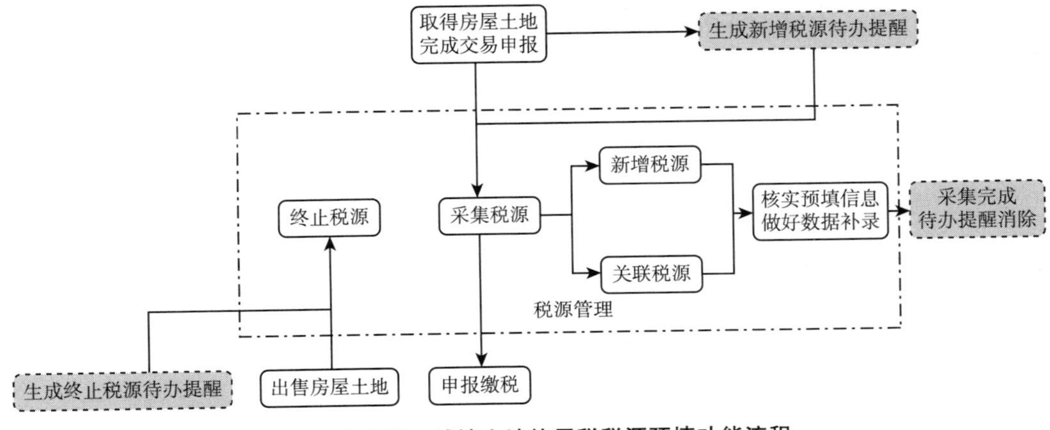

图 2　房产税、城镇土地使用税税源预填功能流程

2. 商业地产多税种联动建立风险指标模型。

（1）新增不动产涉税风险指标模型。西湖区税务局于 2021 年构建风险指标模型，识别有新增不动产项目纳税人，同期没有进行过房产税、土地使用税两税税源登记或纳税申报的风险企业。根据“金税三期”系统内纳税人《企业所得税年度申报表》附表 A105080《资产折旧、摊销及纳税调整明细表》中，房屋建筑物资产原值及土地使用权资产原值本年期末余额与上年期末余额的差额，与房产税、土地使用税纳税申报表数据比对分析，判断纳税人是否足额申报新增房产的房产税、土地使用税，以及可能存在的增值税、企业所得税、印花税等税费风险，规范纳税人新增不动产的税收管理。

（2）从租房产税不申报或少申报识别模型。对存在商业地产出租的纳税人，依据其商业地产出租开具增值税发票金额与从租房产税申报计税依据的比对，发现存在不申报或少申报从租房产税的纳税人。通过电子底账系统调取所有开具房产租赁发票企业名单，将企业名称、开票日期、开票金额、开票内容清洗筛选过滤后与“金税三期”申报系统中从租计价房产税数据进行比对，开票数据与申报数据存在差异的企业形成名单，推送风险任务。

上述实例说明税务机关此前对商业房地产的税收风险管理主要基于内部税收数据，税务机关虽然通过内部数据如企业缴纳的契税和开具的出租发票信息，掌握一些企业房产取得、出租信息，但由于信息不对称，难以对企业申报数据的准确性、完整性以及纳税申报的及时性进行全面判断。从自行建造取得商业地产到出售转让商业地产，商业地产的流转涉及多个政府部门的联动管理，房产竣工备案的主管部门是住房和城乡建设部门，不动产登记主管部门是自然和规划资源部门。有效地获取相关外部门数据，并对内外部数据整合分析利用，弱化信息不对称，提高税收风险管理工作的准确性和主动性是关键问题。

二、“以数治税”思维下商业地产税收风险管理初探

（一）内外部数据获取。在商业地产税收风险管理全周期全税种研究过程中，内部数据主要通过省局大数据平台、杭州市税务大数据风险管理 e 站、“金税三期”一户式全景分析、房产交易系统等，强化“一户式”关联分析，有效锁定商业地产涉税风险。根据风险分值的高低排序确定纳税人的风险等级，进而提出风险应对建议方案，通过典型户调查及后期应对反馈，不断校正风险指标模型，实现税收风险分析质量的持续改进。

外部数据借助数据共享交换机制，加强与规划和自然资源局、城乡建设委员会、经济和信息化局等各部门的相互协作，全方位收集第三方数据，打破数字壁垒，实现

房产领域信息的互通共享。

利用大数据技术对内外部数据汇总整合、分类统计、深度挖掘等加工处理程序，形成商业地产涉税分析指标数据源。

（二）风险模型构建。

1. 留用地商业地产转让风险。西湖区留用地项目主要有三种：一是成立项目公司，该情况纳入日常正常征管；二是单个经济合作社立项开发；三是两个以上经济合作社共同立项开发。第二、第三类情况在信息不对称的情况下可能存在少征、漏逃二手房相关税收的情况。通过从规划和自然资源局获取的原产权人登记信息，特别是针对经济合作社发生产权转移的情况，与财政部门掌握的留用地立项项目进行比对，分析排查是否存在少征土地增值税的情况。

2. 一般企业商业地产转让过程风险。对一般企业的不动产转让，通过获取不动产税务窗口核定最低计税价格的信息，并取得该笔交易征收的增值税及相应的计税依据。通过比对分析，发现可能存在不动产转让过程中核定的计税依据与企业自行开票金额不一致。核实是否需要调增销项税额及所得税额，发现少征税款风险。

指标涉及的数据来源报表为“存量房交易税费申报表（转让方）”，通过获取 2018 年 1 月 1 日 ~ 2022 年 12 月 31 日时间段内，征收项目为增值税，应征凭证种类锁定《房产交易申报表》房屋信息中“评估价格（不含税）”，大于交易信息中“合同金额”的企业名单（除行政事业单位外）。主要涉及“转让方（企业名称）”“税号”“主管税务科所”“房源编号”“房屋地址”“上次取得房屋时间”“评估价格（不含税）”“合同金额”“合同签订日期”“申报日期”等字段。

（三）内外部数据共享识别税收风险实践。通过内外部数据共享识别，建立商业地产税收风险管理指标模型，根据典型户调查税收风险实践形成案例及风险分析指引。

例如，杭州 AB 有限公司，经“金税三期”房产交易系统查询和比对规划和自然资源局提供的不动产登记信息，该公司于 2018 年 12 月转让某商务中心房产 9 套，合同价 24150000 元（含税），评估价格 26366983.78 元。该 9 套房产在 2018 年 1 月 15 日取得。在不动产转让预缴增值税的计税依据是 26366983.78 元。经查询“金税三期”核心征管系统，该企业回机构所在地申报时按合同价 23000000 元选择简易计税按 5% 的征收率计算。经分析，该企业主要存在以下问题：一是企业于 2018 年 1 月取得的商业地产再次转让时应按一般计税方法计算。二是转让房产企业增值税、企业所得税计税依据按合同价确认收入，明显低于评估价，且无正当理由，应当调增增值税、企业所得税计税基数。三是企业在取得商业地产后的持有期间，未申报房产税和土地使用税。

通过案头分析及与企业沟通核实，企业应该按照一般计税方法计算缴纳增值税，应补增值税 112.95 万元，调整 2018 年度企业所得税应纳税所得额，补缴房产持有期间的房土两税 16.1 万元。

通过上述事例，可以看出税务部门在商业地产风险管理模型构建过程中，运用内外部数据共享“以数智税”思维已经进一步提升，但相关指标创建方面，依然以较为简单的单指标比对为主。

三、“以数治税”背景下商业地产税收风险管理存在问题简析

（一）基础数据质量欠佳，数据获取管理机制待进一步优化。

1. 基础数据准确性不足。目前商业地产税收风险管理运用的内部数据主要包含纳税人开具的发票信息、纳税人填报的各类税费种申报表和财务报表等。实务操作中，由于纳税人主观或非主观的原因造成的基础数据填报有误，都影响了商业地产税收风险管理的质效。例如在对纳税人开具不动产租赁发票的金额与从租房产税计税金额比对的风险模型的取数中，由于部分纳税人开具不动产租赁发票时，未能正确选择“不动产租赁”对应的商品编码，需要通过开票商品编码叠加开票品名进行取数用于后续数据比对，增加了大量数据清洗和数据筛选的工作量。

2. 基础数据全面性不足。商业地产税收风险管理基础数据涉及的部门比较多，工商行政管理局、住房和城乡建设局、房屋管理局、规划和自然资源局等部门都有交换的需要，虽然中央两办《意见》要求各地各部门结合工作实际贯彻落实，将数据共享作为工作要求落实，但政府各部门间真正意义上的数据共享并未完全实现，数据壁垒依然存在。目前部门间数据共享还是通过交换来完成，税务部门向外部门提出数据交换的需求，外部门根据其内部流程和数据共享范围予以提供，数据的完整性和时效性都无法保证。

（二）应用系统集成不够，数据聚合赋能效应待进一步提升。据本课题组统计，目前基层税务部门用于日常征管的系统有十余个之多，加之用于历史数据查询的龙版系统、CTAIS 系统、防伪税控系统等，全国各地不同地区税务系统有所区别，导致多个系统之间相互独立、互不兼容，形成了“数据孤岛”。例如对于纳税人持有的外区域商业地产申报情况，由于主管税务机关与商业地产纳税地点不同，其房土两税的申报情况成为税收征管的真空地带。

税务部门内部各系统数据采集口径不一，且需要各自重复采集，影响数据集成使用质效。而外部门间通过数据共享获取的数据，由于在各个部门原系统中记录的数据形式、数据要素等各有不同，在运用于税收风险模型建立时，往往需要进行深度的数据加工。2021 年 11 月，国务院办公厅印发了《全国一体化政务服务平台移动端建设指南》，对统一数据共享的方式和范围提出了建设指南。但目前政务大数据平台的建设仍在起步阶段，税务系统内部各部门和外部各单位各自开发的信息系统共存将持续今

后很长的一段时间。由于各类数据都是基于本单位本部门业务系统产生的，数据格式、数据期间、数据口径等均不一致，应用兼容性较差，数据资源整合难度大，导致出现在相关数据能够获取但是难以应用到风险管理中的局面。

（三）风险指标建设不足，纵向关联指标建设待进一步加强。将各系统各渠道取得的基础数据经过数据清洗、数据筛选等标准化处理后，税务机关根据各税费种相关政策逻辑将数据信息进行关联分析，设立各类风险指标，构建风险模型对纳税人的涉税情况实施动态监控，对存在税收风险的情况进行事前提醒、事中监控以及事后查处。对商业地产税收的风险指标体系建设，主要包括多税种的横向关联对比和以该商业地产为主体的全生命周期的纵向关联比对。

通过前文的多个商业地产风险管理工作案例可以看到，商业地产出租业务的开票、增值税申报、从租房产税申报比对；商业地产转让业务涉及的契税、增值税、土地增值税、企业所得税申报比对；房产持有期间的房产税、土地使用税申报比对等对于商业地产取得、持有、转让各环节涉及的多个税种的横向关联比对模型建设已趋成熟。

相比商业地产税收风险的横向关联指标建设的日趋完善，纵向关联指标的建设却少之又少。究其原因，是由于相较于房地产开发企业主要生产经营活动均围绕其不动产立项、开发、销售开展，税务机关可以通过房产销售台账、土地增值税台账等数据对房地产开发企业进行全生命周期纵向监控。其他企业持有的商业地产却并不一定会与其主营业务密切相关，税务机关也很难有抓手对其开展全生命周期的税收风险管理监控。

四、“以数治税”背景下商业地产税收风险管理的对策建议

（一）提升风险管理环境，深化以数治税思维。

1. 强化“以数治税”风险管理理念。当前，运用数字技术提升政府的治理体系和治理能力是新一轮科技革新和产业革命的需要，也是推进国家治理体系和治理能力现代化的必要之策。因此，强化“以数治税”思维，依靠数据的聚合赋能提升税收征管效能，是税收现代化的必经之路和必然要求。

税务部门需要结合商业地产风险管理的工作实际，将“以数治税”的理念融入风险管理的全过程，深化大数据赋能税收风险管理的意识，将大数据应用到商业地产风险事前防范、事中阻断、事后应对的全流程。从建立专业数字技术团队加强以数治税能力到通过风险模型应对、风险模型反馈提升以数治税能力，实现税收风险管理项目的闭环和螺旋式上升。营造用数据服务、用数据管理、用数据决策、用数据创新的税收风险管理氛围。

2. 打破传统征管模式，向分类精准监管转变。以征管体制向分类分级管理转变的发展要求为契机，着力构建以“信用 + 风险”监管为基础的税务监管新体系。将“双随机、一公开”监管和“互联网 + 监管”作为风险管理的基本手段，将重点行业、重点领域的风险监管作为补充，营造税收服务、执法、监管与税收大数据深度融合的税收治理环境。对于商业地产的税收风险管理，根据信用积分和商业地产税收风险值综合情况实施差异化管理，对综合低风险纳税人，通过电子税务局、征纳沟通平台等渠道，向纳税人发送风险提示提醒，通过纳税人自行调整、整改化解风险苗头；对中度风险纳税人以及多次提示提醒仍不改正的纳税人，采取纳税辅导、日常监管等方式进行应对；对高风险和故意不遵从纳税人，集中开展纳税评估、反避税检查、税务稽查等方式予以核查处理。

3. 打造以数治税专业化人才队伍。复合型人才是助力税收大数据产生价值的基石。首先，无论是商业地产还是其他涉税事项，随着我国经济的发展，商业模式和经济行为日趋复杂，这对税务人员的业务水平提出了更高的要求。对于综合性、复杂度高的风险事项，组建跨层级、跨部门、跨区域的风险应对专业团队，通过实战提升应对人员专业经验。其次，一方面通过新公务员招录，充实税务部门能熟练运用大数据技术的复合型人才，有效服务基层数据查询分析、模型建设水平；另一方面通过组建包含征管、数据、风险人才的风险团队，通过协作交流，提升整体以数治税能力。

（二）强化数字技术支撑，提高以数治税质量。

1. 优化涉税数据质量。

（1）提高纳税人填报基础数据的准确性。税务机关用于风险管理的基础数据，绝大部分由纳税人通过开票、各类税费中申报提供，纳税人开票准确率、申报质量的提升对于提升整体以数治税能力至关重要。在系统功能方面，一方面通过增加各类申报表的预填单功能范围，减少纳税人手动输入内容，从而降低数据的错误率，在一定程度上保证原始数据的准确性；另一方面增加和优化不同报表数据间的勾稽校验功能，完善勾稽校验逻辑，分级分类设置强制监控、提示信息等校验方式，从而规范纳税人填报各类报表，提升纳税人填报涉税数据的准确性。在纳税服务方面，多渠道增加对纳税人的培训辅导以提高纳税人遵从度。通过培训提升纳税人规范、准确申报各类涉税数据的能力和意识。

（2）提升各渠道获取涉税数据的全面性。商业地产税收风险基础数据，涉及住建部门、规资部门各个部门间数据的互联互通，提升不同部门的信息共享效率，优化统一信息交换平台，实时共享相关数据，将商业地产涉税风险的管理，由事后应对为主转变为事前提醒、事中阻断为主，事后查处为辅。

2. 完善指标模型建设。

（1）加强纵向指标建设，加强商业地产全生命周期风险监控。依托数字化电子票改革，实现上下游、全周期链条式管理。随着数电发票改革的深入推进，“以数治税”也进入了新的领域。数电发票依托可信身份体系和电子发票服务平台，以去介质、去版式、标签化、要素化、授信制、赋码制为基本特征，覆盖全领域、全环节和全要素。鉴于商业地产取得时的基础信息与其后续各个税种申报均有关联，而取得时的各项信息均可在数电发票上予以反映，因此可以取得商业地产的数电发票为主线，将商业地产的基础数据（总建筑面积、出租面积、自用面积等）、土地增值税数据、企业所得税数据、房产税数据串联起来，建立可跟踪、可比对的纵向风险识别模型。

（2）及时修正指标模型。提高涉税信息系统的数据处理能力，及时汇总整合商业地产的最新数据信息，通过风险分析、风险应对、模型反馈，不断修正指标模型，提升指标模型风险识别分析的精准度。

3. 运用新兴数字技术。

中央两办印发的《意见》提出，深化税收大数据共享应用，探索区块链技术在社会保险费征收、房地产交易和不动产登记方面的应用，并持续拓展在促进涉税涉费信息共享等领域的应用。采取“私有链＋联盟链”模式探索实施，循序渐进推进区块链在商业地产税收风险中的应用。

（1）优先构建和完善基于大数据的税务系统内部私有链，对接商业地产领域纳税人、银行、中介等组织或个人，实现涉税经济活动和行为全流程跟踪、涉税业务大数据获取、高效掌握纳税人真实涉税交易数据，建立税务私有链税收风险管理系统，包括税收征管系统、税务稽查风险应对系统、决策支持系统、绩效考核评价系统等，实现内部大数据共享和税收共治。

（2）逐步探索建立以税务私有链为相对中心的税收共治联盟链，协商确认商业地产相关部门需要共享的数据内容，制定统一的数据标准、落实共识协作机制，在各部门之间建立商业地产领域综合治税的联盟链。系统的主体方一般分为市场监管者和市场参与者，市场监管者包括税务部门、市场监管部门、发展改革委、自然资源主管部门、住房和城乡建设部门等；市场参与主体主要有涉及商业地产交易的企业法人和自然人。当产生商业地产交易涉税数据时，各部门私有链将相关数据同步到联盟链并发送至联盟链内各部门，实现商业地产涉税数据的及时共享应用，最终实现规范、信任、合作、共享的税收共治格局[①]。

（三）完善配套保障机制，释放以数治税乘数效应。

1. 要优化内控管理防范执法风险。依托“金税三期”决策二包、一体式等风险管理信息化系统，完善风险管理全流程内控内生化功能，对任务完成时限、防范多头重复下发风险任务等标准明确的风险管理要求由系统进行严格控制。科学建立全国统一

① 李晓曼．大数据税收风险管理及应用案例［M］．北京：金城出版社，2021：458.

标准的绩效考核指标和内控管理指标，并将其有序嵌入风险管理系统各流程中，继而实现对风险管理全流程零时差的内控管理和绩效考核，最终建立系统操作完整留痕、内部监督全程实时防控、绩效考评智能量化的全方位风险管理监督体系，防范税务干部在风险管理过程中可能出现的执法风险和廉政风险。

2. 要守住数据安全底线。在涉税数据获取、部门间数据共享、风险模型建设过程中，税务干部会接触和处理大量的数据，也包括各类保密明细数据和涉及个人隐私的自然人数据。风险管理工作只有建立在税收数据安全可控的基石上，才能稳步向前推进。一是严格遵守各项数据共享保密制度，用制度来规范和确保数据安全。二是在技术上优化数据安全监管手段，提升监管效率。三是通过定期培训和提醒教育，明确数据提供方、使用方和技术方的保密职责，强化各方的数据保密职责意识，从源头上保证数据安全。

参考文献

［1］常晓素．大数据在税收风险管理中的应用探析［J］．税务研究，2019（06）：78－81.

［2］胡立文．深化以数治税应用强化税收风险防控［J］．税务研究，2021（06）：12－17.

［3］崔宏．关于税收大数据赋能风险管理的思考［J］．税务研究，2022（07）：131－136.

［4］高金平．“以数治税”背景下加强税收风险管理的若干建议［J］．税务研究，2021（10）：127－132.

［5］李晓曼．大数据税收风险管理及应用案例［M］．北京：金城出版社，2021：458.

［6］姜亭亭．房地产交易税收征收和管理问题研究［D］．上海：华东政法大学，2019.

［7］国家税务总局深圳市税务局课题组，李伟，刘军等．税收风险管理数字化转型研究［J］．税务研究，2020（10）：120－123.

课题组组长：张勇

成员：许杨莹（执笔人）、刘润杰、沈文琴

网络直播行业的税务风险探讨

国家税务总局杭州市滨江区税务局课题组

摘　要：近年来，网络平台经济的发展如火如荼，直播行业迅猛发展，逐渐成为平台经济的主要力量。直播行业在繁荣壮大的同时也带来了业务性质复杂、交易留痕难以查询、税费缴纳不规范等一些税收征管问题，在税收管理中体现出直播业务快速增长与监管制度严重滞后的矛盾。本文根据税收工作实践，探讨了直播行业涉税管理面临的诸多困难与挑战，并提出了一系列加强税收监管、促进直播经济健康有序发展的具体建议。

关键词：直播平台　税收治理

一、网络直播行业的发展模式、监管形势

（一）直播电商发展现状。近年来，京东、淘宝、唯品会等电商平台纷纷推出直播功能，开启直播导购模式。之后不久，抖音、小红书、西瓜等短视频平台陆续上线直播带货功能，时至今日几乎所有的短视频平台、电商平台、社交平台均在直播电商领域中厮杀，现而今直播带货成为牵引直播和电商两个领域持续发展的新动力。

据中研产业研究院《2020－2025年网络直播带货行业市场深度调研及投资策略预测报告》分析，随着各行各业纷纷涌入直播间，直播涉及的领域也在不断扩大，逐渐形成了“万物皆可直播”的盛景。笔者通过企查查数据得知，截至2022年底，全国共有1.6万家直播电商企业，广东省以3804家电商企业排名全国第一位，第二位、第三位分别是浙江、海南，企业量分别为1208家、1154家。在直播电商行业发展的短短六年时间中，衍生出不少新兴职业，主播职业发展迅猛，头部主播、特色主播、明星主播、品牌主播和虚拟主播应运而生。2022年“双十一”期间各大主播表现抢眼，淘

宝的腰部主播和新主播迅猛增长，预售的销售额分别实现 365% 和 684% 的同比增长；抖音的头部大主播“广东夫妇”，仅 11 月 1 日单场带货超 7 亿元，活动期间销售额占比 4.5%；快手辛巴以 30.2% 的份额遥遥领先。在商务部公布的报告中显示，2020 年上半年全国电商直播活跃主播人数超 40 万人。仅 2021 年上半年，全国电商直播超过 1000 万场，相当于每天就有 5 万多场直播。主播行业的发展，离不开 MCN 机构的推动。近年来，中国 MCN 市场规模迅速扩大，预计 2025 年达到 743 亿元。MCN 机构在各大直播平台寻求优质带货内容的创作者（如主播、网红），为不同类型主播定制专业技能培训，提供个性化服务，主打引流增加曝光机会，打造优质的潜力主播。随着直播行业经济规模的不断扩张，其中复杂的业务形态、劳务关系、盈利模式，给税务监管带来新的考验。

（二）新形势下直播行业的税收监管。2022 年 3 月，由国家互联网信息办公室、国家税务总局、国家市场监督管理总局三部门联合印发的《关于进一步规范网络直播营利行为促进行业健康发展的意见》，明确了强化涉税数据分析，精准监管税收风险，重点关注网络直播行业涉税风险主要集中领域，构建风险模型，并实施全过程监管，对直播行业的企业和个人工作室，全部采用查账征收方式计征所得税。税务总局也进一步加大对文娱、网络直播等行业领域的税收监管力度。按照中央统一部署，2022 年 4 月 7 日 ~6 月 4 日，中央第七巡视组对国家税务总局党委开展了常规巡视。2022 年 7 月 19 日，中央巡视组向国家税务总局党委提交了巡视意见。税务总局党委集中力量研究制定 173 条整改措施，党委书记直接牵头领办 47 条重点难点措施。扎实加强文娱、网络直播等行业或领域税收监管，进一步优化完善提示提醒、督促整改、约谈警示、立案稽查、公开曝光“五步工作法”。

（三）文娱直播等高收入人群成为税收征管重点。国家对于文娱行业偷逃税问题早就有所防范，但一直未作为税务稽查的重点，这却让直播行业内很多从业者心存侥幸。为了进一步强化税收征管，充分发挥税收手段在收入分配中的调节作用，国家税务总局在 2010 年 5 月、2011 年 4 月陆续发布《关于进一步加强高收入者个人所得税征收管理的通知》《国家税务总局关于切实加强高收入者个人所得税征管的通知》两个文件，有针对性地加强高收入者个人所得税征管，其中明确地提到必须完善生产经营所得征管以及完善数额较大的劳务报酬所得征管。然而，在国家税务总局层面一直在强调要加强高收入人群的税收监管，但是由于税务部门对个人所得税的税收监管相较而言处于一种弱监管的状态，监管力度远远不及增值税、企业所得税的税收监管。尽管影视行业偷逃税的现象在这一运动式的税收检查后得到了一定的遏制，但是该行业存在的偷逃税问题并没有得到根本上的解决，新的避税手段和交易模式仍层出不穷。网络直播行业与影视文娱行业是两个强相关的行业，在税收监管上主要集中在个人所得税上，采取避税的手段如出一辙。于是在 2021 年 3 月 24 日，中共中央办公厅、国务院办公厅印发了《关于进一步深化税收征管改革的意见》，文中再次强调了税收稽查执法、监管手段上的强改造，进一步加强重点领域风险防控和监管，对逃避税问题频发的行业、地区和人群，依据税收风险适当提高“双随机、一公开”抽查比例。对于隐瞒收入、虚列成本、转移利润和利用“税收洼地”“阴阳合同”等关联交易等逃避税行为，加强预防性制度建设，持续加大依法防控和监督检查力度。加强文娱领域的从业人员日常税收管理手段，对明星艺人、网络主播成立的个人工作室以及企业，辅导其依法依规建账建制，并采用查账征收方式申报纳税。要定期开展税收风险分析，对存在涉税风险的明星艺人、网络主播进行一对一风险提示和督促整改。

二、电商直播平台运营及营利模式

电商直播平台通过与政府、行业协会或知名企业的联动合作，进行政府主播赋能、专项政策、货源引进、业务培训、提供就业等一系列的直播生态闭环。

（一）直播电商业态模式。直播电商是电商销售与新媒体、网红经济或者明星效益经济相结合的商业模式创新的产物。相比较于传统的代理、经销、直销等商业模式，直播电商具有成本低、时效高、互动性强等突出的特点。在供应链视角下，直播电商商业模式由销售端、供应端、消费端和平台端四个部分构成，通常可以解读为“人”“货”“场”。

深入研究后发现，各平台的头部主播并非单兵作战，而是由所属 MCN 公司管理运营。MCN 公司会与直播产品的品牌代理商，对产品、价格、直播方式、利益分成、直播日期等进行全方位的协商沟通。同时，MCN 公司也会直接签署直播电商推广的产品合同。前淘宝头部主播薇×所属的 MCN 公司是谦寻（杭州）文化传媒有限公司。根据谦寻文化的官网披露信息，公司成立于 2017 年，是新内容电商直播机构领头羊。公司旗下共有 50 余位主播，覆盖美妆、服饰、生活等全品类产品，淘宝粉丝达千万人，受众群体多维度精准触达。

（二）带货主播的主要收入构成与“所得”性质的分类。在薇×等主播偷逃税案件中，从税务部门发布的通告情况来看，薇×、雪×等主播所涉及到的个人所得税中的“所得”类型主要包括两大类别：一是工资薪金所得；二是劳务报酬所得。通告中还提到劳务报酬包括佣金、坑位费（可以理解成发布费或者上架费，品牌方为了产品的推介而支付给主播的服务费）等。除此之外，还包括销售提成、利润分红、平台奖励、打赏收入等。带货主播收入性质不同，适用的税率也有所不同：

1. 主播与商家或者 MCN 机构属于雇佣劳动关系时，收入构成主要为工资薪金、提成奖金、打赏等。工资薪金所得适用的是 3% ~45% 的七级超额累进税率，年度奖金可单独计税，也可并入年度综合所得统一纳税，主播个人所得税由公司代扣代缴。

2. 主播是以个人名义与平台（如抖音、快手等）合作进行带货时，主播此时的收入主要为销售提成和坑位费，在“所得”性质上属于劳务报酬，由平台方在支付时预扣预缴个人所得税。在预扣预缴税款时，劳务报酬所得每次收入不超过4000元的，减除费用按800元计算；每次收入4000元以上的，减除费用按收入的20%计算。劳务报酬的预扣预缴个税税率为20%～40%，年末需要并入个人综合所得，适用3%～45%的七级超额累进税率。

3. 主播以个人工作室的形式与平台合作时，收入类型上仍然以销售提成和坑位费为主，“所得”性质上则为经营所得，按照个人所得税法中的经营所得征税，适用5%～35%的五级超额累进税率，应纳税所得额等于每一个纳税年度的收入总额减除成本、费用以及损失后的余额。

4. 主播是以公司的名义向平台提供服务时，取得的销售提成以及坑位费等收入不再缴纳个人所得税，以上收入直接归入公司名下按25%税率缴纳企业所得税，公司同时需要缴纳增值税及其附加税等其他税种，相关费用也可以在税前扣除。

三、直播行业税收治理存在的问题

（一）滥用核定征收以及地方税收优惠达到偷税避税的目的。核定征收是指由于纳税人的会计账簿不健全、资料残缺难以查账或者其他原因难以准确确定纳税人应纳税额时，由税务机关采用合理的方法依法核定纳税人应纳税额的一种税收征收方式。税法规定核定征收的本意是为了简化纳税人手续，降低征管成本，但在直播行业近年来的征管现状中，一些网络主播通过成立工作室、个人独资企业等方式，利用核定征收来大幅减低税负。还有部分地方政府完成招商引资任务，采用核定征收降低税负成本和返还部分企业所得税、个人所得税等财政返还的方式，吸引高流量高人气的直播企业入驻。这些情况的屡屡发生，导致网络直播行业近年来偷逃税的问题频发，社会影响巨大，社会后果严重。

（二）网络直播准入门槛低，税收违法行为发生屡见不鲜。近年来，网络直播行业在疫情防控的大环境下快速兴起，直播带货在促进灵活就业、促进经济发展等方面发挥了重要作用。火热的直播带来可观的收入，人人都是主播、万物皆可直播的观念深入人心，这使得该行业一时之间涌入了无数想要分一杯羹的人。直播行业的“快进”模式，也带来主播队伍良莠不齐、直播产品质量参差不齐、真假信息混杂等许多问题。在此背景下，部分直播企业的税收违法行为扰乱了税收征管秩序，破坏了公平竞争的市场环境。

（三）通过隐匿收入、虚构业务等手段来达到降低税负的目的。

1. 虚构业务转换收入性质。据公开信息，淘宝前头部主播薇×在 2019～2020 年，通过设立多家个人独资企业、合伙企业虚构业务的方式，将其个人从事直播带货取得的佣金、坑位费等劳务报酬所得转换为经营所得进行虚假申报偷逃税款。经杭州市税务局税务检查、决定，依法追缴税款、加收滞纳金并处罚款，共计 13.41 亿元。在此事件之前，网红雪×、林××也因虚构业务、改变收入性质而分别被认定偷逃个人所得 3036.95 万元、1311.94 万元。

2. 隐匿收入。在薇×偷漏税案情通报中，杭州市税务局同时还披露了薇×隐匿其从直播平台取得的佣金收入虚假申报的违法行为，依据《税收征收管理法》的规定，此种行为即是偷税。

总体而言，虚构业务转换收入性质以降低税负是部分曝光案例中当事人采取的主要手段，也是当前直播领域最需要关注的税法合规问题之一。

（四）缺乏跨区域、跨平台的税收信息共享机制。网络直播作为一种典型的平台经济，其从业者具有跨平台、跨区域的特点。一方面，网络主播们经常跨平台工作并取得收入，这些收入如果不经过整合，则不能完整地反映主播的收入情况，从而无法确认主播真实的应纳税额。平台之间涉税信息共享的缺失还为平台协助主播逃税避税提供了空间，通过帮助其逃避税款，直播平台又吸引了更多高流量想赚快钱的主播进入，导致劣币驱逐良币的现象发生。另一方面，网络直播的跨地域性为税收征管造成了困难，在缺乏税收信息共享的情况下，难以避免多征甚至少征税款，并且人为地给跨地域调查取证制造了壁垒。

四、完善直播行业经济税收治理的建议

（一）主播税收风险防控与税务优化建议。

1. 规范业务管理，厘清劳务与劳动关系。网络主播在进行直播带货时，身份的不同会造成法律关系的不同，进而影响个人所得类型的分类，造成税负差，甚至引发偷逃税的税务风险。主播进行直播经营活动时，要明确自身的主体性质，是以个人名义还是以工作室的名义，与平台是合作关系还是雇佣关系，对其不同模式下的税负水平进行分析，选择最优的方案，实现经济利益的最大化。网络主播在开展业务的过程中，要规范业务流程，规范签订劳务或劳动合同，对于可以界定所得性质的证据予以固定，避免日后产生税务争议时，在陈诉、申辩过程中没有充分的证据支撑，从而陷入被动挨打的地位。

2. 强化经济实质，与企业税务处理相匹配。主播在实际经营中要确保经营活动的

性质，准备充足可靠的证据。例如应当注意保留证明商事主体资本投入、劳务投入以及经营连续性等方面的证据。其中，资本的投入包括团队招募和薪酬支付、场地租赁、拍摄设备与办公设备采买、购买成本与装潢、平台流量采买与推广费等。劳务投入包括前期的选品、中期的拍摄与直播以及后期的剪辑与推广等费用等。除此之外，业务的实质还需要有足够的形式要件支撑，包括交易流、合同的安排、结算的方法、发票流等方面，要能够与经济实质相应支持。事实上，在数据治税的时代，形式方面的不合规也更容易被税务局发现。不仅对于直播行业而言，传统上部分民企都是用两套账的模式，私账交易屡见不鲜。这种情况截至目前很多尚未及时地监管到。在金税四期上线之后，税务部门的数据打通了其他政府部门的数据，而且也囊括了银行的资金流转数据，这些异常数据的发现只是时间问题，从而更加容易发现企业的涉税风险点。建议企业在设计资金的业务模式时，能够对相应的税务处理进行提前分析，并且在合法合理的情况下，提前对业务布局进行改进，从而在兼顾业务实质的情况下实现税负优化。

3. 考虑其他方式进行合法税务优化。经此一役，税收洼地税收核定政策进一步收紧，对于核定征收的审查很可能会更为严格。但是，2018 年其实已经历过一轮类似针对核定的明星补税，这一轮的具体效果还有待时间检验。2021 年，时任国家税务总局局长王军说，现在需要把名义征收率降下来，把实际征收率提上去。在总局层面已经释放出强烈的信号，那些纯粹为了规避税收缴纳义务的税筹方案，将会受到打击。

近年国家层面一直在推行减税降费政策，并且出台了众多有利于民营企业以及个人创业的税收优惠政策，包括研发费用加计扣除，小微企业的优惠，以及其他行业性优惠/区域性优惠/规模性优惠等。在区域方面，国家也在鼓励推进其他一些地区的发展，包括深圳前海、海南等地，并且给予了税率优惠、财政扶持等方式帮助企业减税降负。以上都是合规筹划的时候，应当加以专注的点。值得注意的是，这些地区尽管也有自己的优惠政策，但是对于企业类型以及实质性经营有具体的要求。

（二）直播平台税务合规建议。

1. 明确平台与主播之间的权利义务关系。税务行政处罚会直接影响直播平台企业的信用评级，对其融资、上市等计划也将造成负面的影响。因此直播平台必须明确自身与主播之间的法律关系，在与网络主播签署的相关平台入驻协议或独家合作协议中明确双方的权利义务关系，明确主播是否接受直播平台的管理，指定工作时间、直播任务等管理细则和一系列需要遵守的公司规章制度。如构成劳动、劳务关系的，直播平台应当依法履行个人所得税代扣代缴义务。

2. 将劳动、劳务关系转化为合作关系。当主播与直播平台构成劳动、劳务关系时，直播平台负有个人所得税代扣代缴义务。但当主播成立相关市场主体，与直播平台构成合作关系时，其收入转变为市场主体的经营所得，由主播以市场主体名义自行进行申报纳税，直播平台无须承担个人所得税代扣代缴义务。根据目前所了解到的是，有一部分直播平台协助主播设立相关市场主体，如腾讯 Now 直播推出的个体工商户主播计划；虎牙直播推出的“主播合伙企业计划”。

因此，建议直播平台协助优质的头部或中腰部主播设立市场主体，将与主播之间的劳动、劳务关系转化为合作关系。市场主体的设立地点选择可以结合国内各省市出台的相关税收优惠政策，但建议直播平台进行谨慎评估，以防地方税收政策不稳定而导致补缴税款等相关税务风险。

（三）在征收管理和稽查应对上提升税收风险防控手段。

1. 以完善税制为核心，强化顶层设计。

（1）从法律层级入手，完善税收程序法和实体法，构建科学、规范的税收法律结构体系，以契合经济新形势，同时将直播经济此类的新经济模式补充进去，科学设置税制要素，对直播经济中的各纳税主体、课税对象、税率等进行明确。

（2）创新管理模式，有关部门要形成合力，多部门信息共享，依托区块链、大数据、云计算等新技术拓宽信息获取渠道、提高风险管理精度，实现经济环境全链条全过程监管。

（3）重视社会信用体系建设，以信用体系辅助社会经济制度发展。通过建立与纳税信用相关的社会经济制度，来完善纳税人信用评级制度，对纳税人实行差别化管理。

2. 以风险评估为导向，建立日常税收风险管控。

（1）柔性执法提前介入，制定风险管理指标。作为网络直播经济发展的头部城市，杭州培育有一批行业内龙头企业，在日常税收管理中应利用该优势，对其业务模式、个人参与规模、个税税负情况进行定期摸底，通过数据分析、同行业横向比对、与传统行业征管下税负比对，梳理出风险名单，通过柔性的执法手段提早介入平台经济主体的税收风险防控。

（2）落实网络直播经济主体监管责任，强化自由职业个人纳税意识。在打造公平税收营商环境的基础上，重点做好对自由职业个人的税收知识辅导，以直播经济主体负有的监管责任入手，协同市场监管等部门要求网络直播主体根据《电子商务法》等法律法规，对其活跃的个人经济主体在准入环节做好工商主体登记或（临时）税务登记。特别要做好税收优惠政策宣传，由于当前税收营商环境的不断优化和对初创阶段税收优惠政策的不断加推，依法登记注册的个体工商户或小微企业税负不断减轻，从而培育自由职业个人的纳税遵从度。

（四）积极打造覆盖全平台、全地域的信息共享机制。平台之间缺乏税收信息共享机制，是税务征管难以获取最全面、最准确涉税信息的重要原因。为此，应当建立涉税信息共享机制，在平台之间、平台与政府之间、政府和政府之间共享直播企业的涉税信息。首先，该机制必须具有保障信息安全的功能。在大数据时代，数据信息的共享伴随着隐私被侵犯的风险，这也是目前信息共享机制难以落地的主要原因。在平台运行过程中，应当对纳税人隐私进行有效的保护，在储存、传输和分析数据的过程中应当防止各机构泄露信息、违规使用平台数据，与此同时应防范外部网络对信息共享平台的攻击。其次，该平台应在自动归集各方涉税信息后与纳税人自主申报的数据信息进行模型比对分析，将分析结果划分不同的风险等级，对不同风险等级的直播企业采取不同的应对处理方式。例如，对风险系数较低的，主要进行提示提醒，由其自身核查税务情况；对于风险等级较高的直播企业，应将风险指标传输至对应的税收管理部门进行针对性的检查。最后，信息共享机制应当注重各主体之间权利义务的平等，该机制是公私合作机制，信息共享的初衷是实现数据资源的高效利用，只有各主体积极地将直播企业的信息全量提供出来，该机制才能有效运行。

参考文献

［1］周克清，刘文慧．平台经济下个人所得的税收征管机制探索［J］．税务研究，2019（08）：14－15.

［2］彭敏娇，袁娇，王敏．数字经济下跨境税收征管问题及路径选择［J］．国际税收，2021（08）：75－76.

［3］王靖．对零工经济有效征税的探讨［J］．国际税收，2020（09）：16－18.

［4］《世界税制现状与趋势》课题组．世界税制现状与趋势（2018）［M］．北京：中国税务出版社，2019.

［5］郑洁燕．跨境数字交易增值税管辖规则的国际比较研究［J］．国际税收，2021（03）：19－21.

［6］国家税务总局泰安市税务局课题组．平台经济税收监管探讨［J］．税务研究，2020（04）：127－128.

课题组组长：刘圣

成员：周骋宇（执笔人）

跨境电商税收监管面临的挑战与对策研究

——基于杭州市跨境电商税收征管实践

国家税务总局杭州市萧山区税务局课题组

摘　要：党的二十大提出，要推动货物贸易优化升级，发展数字贸易，加快建设贸易强国。国务院专门出台《关于加快发展外贸新业态新模式的意见》，要求不仅要优化税收征管与税收环境，而且要全面完善支持外贸新业态发展的各项已有政策，建立健全适应外贸新业态新模式发展的政策体系。目前外贸新业态跨境电商已成为我国稳外贸、稳增长的有生力量，其与税收政策、监管之间的矛盾也随之而来。为此，本文结合杭州跨境电商征管现状和面临困境，分析了跨境电商税收监管机制、前置辅导机制、收汇管理机制和平台协作机制并从完善跨境电商税收工作政策条款和运行机制两方面提出了针对性建议。

关键词：跨境电商　税收监管　出口退税

为推动对外贸易高质量发展、更好地服务于构建新发展格局，2021 年 7 月发布的《国务院办公厅关于加快发展外贸新业态新模式的意见》（以下简称《意见》）指出，外贸新业态是我国外贸发展的有生力量，要求不仅要用好现行促进外贸新业态发展的税收支持政策、优化税收征管与税收环境，而且要全面完善支持外贸新业态发展的各项已有政策，建立健全适应外贸新业态新模式发展的政策体系。特别是全球疫情暴发后，跨境电商迎来了爆发式增长，传统外贸出口企业纷纷转战跨境电商业务。然而，跨境电商新业态模式和税收政策、监管之间的矛盾也随之而来，行业发展也面临着部分政策的束缚。

从现有文献看，学术界主要从以下几个维度对跨境电商税收政策进行研究。一是将跨境电商作为一个整体进行研究，认为现行税收政策对外贸新业态发展起到了一定的支持作用，但杭州海关关税处课题组（2021）认为现行税收支持政策滞后于跨境电商的发展实践。二是针对某一具体新业态进行研究，认为跨境电商税收支持政策对其发展起到了一定的推动作用，但跨境电商享受的出口退（免）税只限于零售，政策适用度较单一，并且跨境电商的税收征管难度较大。但已有研究较少对跨境电商税收政策的具体问题进行剖析，也很少关注如何具体完善促进跨境电商发展的税收政策。

本文将系统剖析现有税收政策在促进跨境电商发展中存在的问题，根据前期调研情况，基于税收视域下跨境电商面临的挑战，有针对性提出对策和建议。

一、杭州市跨境电商发展与税收监管现状

（一）杭州市跨境电商行业发展现状。全市共有 216 户企业从事跨境电商业务，业务范围涵盖纺织面料、家居用品、厨卫用品、鞋帽、家具、汽车配件、五金、机械设备及电子产品等，主要在亚马逊、天猫国际、shopify、shopee 等主流跨境电商平台从事跨境电商业务，出口地区包括亚洲、北美和欧洲等市场。2023 年以来，杭州市内跨境电商出口额呈现大幅增长态势，增长原因既有招商引资和政策补助的效应，也有部分传统企业转型升级自身需求，1 ~7 月，根据报关数据统计，共计出口额 42. 23 亿元，同比增长 327. 43%。2023 年 1 ~7 月共申报退（免）税额 2. 75 亿元，同比增长 343. 54%。

（二）杭州市跨境电商业务拓展面临的困境。传统企业开展跨境电商业务拓展中，面临税收政策和业务流程操作不确定等问题。如杭州科百特电子商务有限公司作为市内“跨境电商 + 产业带”重点示范单位，跨境电商业务主要围绕集成电路、微电子和医用等滤器产品，产品的科技含量高，2022 年通过设立市内首个工业企业跨境电商独立站探索跨境电商赛道，现阶段 9710 因订单量较少，面临着运费成本高和客户流失问题；如果选择 9610 小包裹报关，海关有每天 100 单以上才可以报关的要求，现有出口量达不到小包裹报关要求。如达利（中国）有限公司作为生产服装、丝巾的传统工业企业，2023 年以来企业希望开发独立的平台系统或直接通过境外跨境电商平台出货，真正建立独立的跨境电商产销体系，但是缺乏业务操作、系统流程、税务和报关合规性等方面人才储备、实操经验。另外，部分企业在建立独立站和海外仓也遇到了一系列问题，面临前期投入大、短期效应不明显等问题，如浙江保宏境通为杭州市内最早从事跨境电商综合服务的平台企业，该企业从 2020 年开始计划建海外仓，历时两年，前期投入 600 万元，后期还将面临建仓库、招工和运营等一系列难题。

（三）杭州市跨境电商行业税收监管措施。

1. 完善存量跨境电商企业的税收监管机制。近年来杭州市从事跨境电商企业数量增量大、增速快，给税收监管带来了较大的难度。经过分析和调查研究，市内跨境电商申报出口模式主要以 9710 为主，9610 和 9810 为辅，同时在走访调研和日常管理中，

也发现部分企业存在以一般贸易方式申报出口。

2023 年以来，市内跨境电商出口额同比增长总额主要由头部企业贡献，通过对市区税务局重点加强对出口金额 500 万美元以上的头部跨境电商企业开展分析，逐户分析出口增长原因，排查涉税风险。同时，联合钱江海关开展调研，重点关注企业出口商品是否涉及风险产品、虚假出口、虚开骗税的风险等内容。并充分利用金三系统智能审核疑点模块、浙江省局三三智检等大数据分析工具，对增长较快的跨境电商企业的出口业务和供货商进行全面体检。

2. 设立新办跨境电商企业的前置辅导机制。经过分析杭州市新增跨境电商企业的特征，呈现以下趋势：一是省内温州和台州等地区跨境电商企业布局至杭州，这部分企业以鞋帽、小家电和厨房用具为主，主要是杭州具备良好的营商环境，汇聚了人才、区位和供应链优势，天猫国际站等平台吸引了大量的电商管理和运营人才，且各级政府对跨境电商政策支持和补贴力度较大。二是杭州市政府招商招引效应，这部分企业普遍出口规模较大，在区外经营多年，在国外电商平台有自主品牌和成熟的店铺。

由于大部分从事 9810 出口企业因为该模式销售确认和核销困难等因素，选择以 0110 和 9710 报关出口为主。同时在日常管理中，对于实际业务为 9810 的企业，统一纳入日常监控，安排调查评估岗人员对企业出口商品、供货商和收汇情况进行核实，特别对出口家纺、鞋帽、小家电等风险较大商品的企业和省内外供货商，加强函调工作，核实上游业务真实性，确保快速增长的跨境电商业务不成为出口骗税的洼地。

3. 完善跨境电商企业收汇的管理机制。目前市内跨境电商出口收汇主要存在以下几种方式：一是通过阿里巴巴电商平台（阿里国际站）销售，由阿里巴巴一达通综服企业代理出口收汇；二是企业借助阿里巴巴平台宣传产品，自主出口收汇；三是境内企业通过亚马逊等海外平台销售，自主收汇。从前期调研情况来看，9810 业务的利润较高，普遍在 40% ~80%，高于企业报关出口的离岸价格，部分跨境电商卖家考虑前期店铺培育、运营、广告费用等因素，选择把利润留在海外离岸账户。个别跨境电商卖家考虑所得税征税，存在通过跨境结算平台账外汇回，出现少计企业所得税的问题。

针对收汇金额小于申报退（免）税金额的情况，建议开展出口和收汇数据的比对，对收汇差额较大的企业发送风险提示，辅导企业做好退（免）税冲减申报工作。针对外汇账外汇回，少计企业所得税的问题，建议通过比对出口报关销售额、外汇管理收汇数据以及企业亚马逊店铺后台销售数据，查找账外汇回金额，并将涉税风险情况提供给所得税部门。针对 9810 模式下利润留在海外离岸公司的情况，建议进一步调研海外离岸账户利润留存的比例和金额情况，为后期出台税收政策提供第一手调研资料。

同时，建议构建跨境电商联合监管机制，加强外汇、海关、税务、商务部门联动，形成监管合力，实现数据共享，提升联动监管效果。将 pingpong、lianlianpay、万里汇等第三方电商支付平台系统及电商外汇资金流入纳入重点监管对象。

4. 建立园区和行业协会平台协作机制。针对跨境电商快速发展中遇到的涉税问题和经营难题，建议充分发挥行业协会和园区平台的引导和协调作用。2023 年以来，税务部门加强与商务部门、海关、跨境自贸协会、跨境园区、综合服务平台等合作，开展“青蓝计划”等政策宣讲活动，扩大辐射面，辅导跨境电商企业规范化操作，带动出口企业尝试开展新模式业务。

针对跨境电商业务变化快和跨境电商爆发式增长的情况，采取以下应对措施：重点关注综合服务平台申报退税情况，目前市内主要有三大综合服务平台——浙江物产安橙科技有限公司、浙江融易通进出口有限公司和浙江保宏境通供应链管理有限公司。进一步加强综合服务平台资质审核，关注综合服务平台代理业务申报合规性、9610 无票免税收入申报合规性、取得政府补助申报计税等情况。同时，强化综合服务平台省外企业 9610 免税申报的监管，加强省际之间的信息交换。

二、跨境电商行业税收监管面临的困境

（一）跨境电商税收政策与业务存在不适配性。

1. 跨境电商税收政策缺乏可操作性。与传统一般贸易出口行业相比，跨境电商所涉及的业务范围广泛，具有全球性、藏匿性和复杂性特征，税收征管面临更加棘手问题，尤其是跨境电商海外仓（9810 模式①）业务的争议最多。

（1）跨境电商海外仓业务关于销售实现的确认，目前税务、海关和企业之间因监管方式不同，有不同的意见。税务认为需要最终销售给海外消费者实现物权转移确认销售实现，并以此作为出口退税的依据，海关监管主要关注货物是否出关（境）并开具报关单，企业则认为货物已经出关（境）即已经实现了出口，凭借报关单即可进行出口退税。关于跨境电商海外仓销售收入的确认缺乏明确、细化的文件条款作为操作依据。

（2）跨境电商海外仓经营中，前期阶段境外店铺的培育、运营等费用高，销售额扣除相关费用后，实际可收汇金额小于申报出口额，是否需要冲减原退（免）税数据，以及平台上退换货无法二次销售的情况如何处理，现行政策没有明确细化的条款。同时，由于外汇账户在境外，监管难度很大，实际可收汇金额和报关金额的不一致，存在较大的企业所得税和个人所得税风险。

（3）跨境电商退运政策实操性不强，跨境电商特别是 9810 平台的退货率较高，一般在 5% ~10% 。为降低跨境电商企业出口退运成本，《财政部 海关部署 税务总局关于跨境电子商务出口退运商品税收政策的公告》规定，跨境电子商务海关监管代码

① 9810 指跨境电商出口海外仓，境内企业先将出口货物通过跨境物流送达海外仓，通过跨境电商平台线上交易后再从海外仓送达境外购买者的模式。

（9610、9710、9810、1210）项下申报出口，因滞销、退货原因，自出口之日起6个月原状退运进境的商品，免征进口关税和进口环节增值税。实际操作中上述文件执行效果不理想，一是退运成本过高，退运成本远高于二次销售价值；二是退运时限过短，上述文件享受条件的规定，自出口之日起6个月内原状退运进境的商品，实际操作中，企业反映因为考虑到海运时效、上架待销、收妥退货商品9810跨境电商、完成退运安排的时间等因素，远超过6个月。

2. 9810模式退税流程复杂影响税收监管。根据现有政策，因9810跨境电商模式属于境内企业先将货物通过跨境物流出口至平台或第三方仓库，然后再通过海外电商平台销售。9810跨境电商货物在报关出口时，只是将货物移送至仓库，尚未实现货物所有权转移，因此不符合出口退（免）税相关规定中关于出口并销售的条件，收入的确认应以平台的真实销售日期为准，必须等实现销售后才能申报出口退（免）税。但跨境电商平台销售确认存在滞后性且跨度太大，一般确认周期3~6个月不等，税务部门核实和监管存在较大难度，同时出口企业退税的时间也会拉长。为此，部分企业可能不采用9810转而采用0110和9710模式①报关出口。

3. 9710模式的税收政策支持力度不够。目前由于9810政策不明朗和操作难度大，目前杭州9710已经成为跨境电商主流模式，2022年跨境电商贸易规模中9710贸易额占比达九成。但9710的税收支持政策，主要体现在其可享受增值税、消费税出口退（免）税政策，在企业所得税优惠方面，仅对设在某些特殊区域符合条件的跨境电商企业享受企业所得税减免优惠，而其他非特殊区域内从事9710的跨境电商尚没有企业所得税优惠政策支持。

（二）跨境电商行业存在涉税风险。

1. 招商引资项目面临出口退税风险。通过走访调研发现，招商部门出于当地业务考核需要，偏向于引进贸易型项目，然而部分引进的跨境电商项目存在较大的出口退税风险：一是部分项目存在“两头在外”，由于引进的是贸易企业，其上游生产主体未跟随一并引进，外地上游供应链环节的税务监管难度较大。二是部分出口产品涉及鞋帽、木制品家具、锂电池、电子产品等敏感商品。三是区外引进的新设贸易公司无实体化运作，运营人员办公和社保依旧在原主体单位。尤其是当前地方政府考核压力大，引进贸易类、营销类公司项目自然成为首选，但引进此类项目带来的涉税风险和征管难度随之变大。

2. 未按规定享受增值税免税风险。跨境电商商品种类繁杂，供货渠道不规范或部分商品采购自个人，无法取得进项发票的情况较为普遍，为此税务总局等多部门出台

① 9710指跨境电商B2B直接出口，境内企业通过跨境电商平台与境外企业达成交易后，通过跨境物流将货物直接出口至境外企业。

了多个优惠政策，促进企业合法合规开展业务。2018 年 9 月，《财政部国家税务局总局海关总署商务部关于跨境电子商务综合试验区零售出口货物税收政策的通知》明确，对综试区电子商务出口企业出口未取得合法有效进货凭证的货物，符合条件的，试行增值税免税政策。但是，日常征管中发现，个别企业存在享受出口货物免税政策依据不充分的情形。以从事 9610 模式①的杭州 OFM 科技有限公司为例，该企业在 wish 跨境电商平台销售衣服等货物，由于出口主要是通过邮政小包裹出境，该企业在申报享受上述“无票免税”政策中，未按规定在综合服务平台上备案，也无法提供有效的报关出口信息资料，即无法证明货物已经报关出境，存在享受出口货物免税依据不充分的问题，涉及免税销售额 1415 万元。

3. 未按规定冲减原退（免）税风险。根据 2022 年 4 月《国家税务总局关于进一步便利出口退税办理　促进外贸平稳发展有关事项的公告》，放宽了出口收汇的有关要求，但是对于未在规定期限内收汇且不符合视同收汇规定，需要冲减原退（免）税数据，日常征管中一般是在次年退（免）税申报期截止之日前要求完成收汇。通过筛查部分跨境电商企业，发现存在应收账款长期挂账的现象，收汇金额小于同期退（免）税收入的问题。以从事不锈钢杯出口的跨境电商杭州 YH 科技有限公司为例，该企业自 2020 年成立以来，2020 ~ 2022 年，申报出口货物免税销售额 4595 万元，截止到次年退（免）税申报期截止之日（2023 年 4 月征期）外汇收入共计 4112 万元，存在未收回或者不能收汇情形，需冲减原退（免）税数据。

4. 隐匿和少计境外收入相关涉税风险。2020 年 5 月，《国家外汇管理局关于支持贸易新业态发展的通知》规定，从事跨境电子商务的企业可将出口货物在境外发生的仓储、物流、税收等费用与出口货款轧差结算，并按规定办理实际收付数据和还原数据申报。跨境电子商务企业出口至海外仓销售的货物，汇回的实际销售收入可与相应货物的出口报关金额不一致。对此会产生两类涉税风险：一是外汇监管以外收入未缴纳所得税的风险，跨境电商通过境外电商平台（如亚马逊）收款，扣除平台各类费用后，可结转至企业指定境外账户（目前 95% 以上电商使用的是同 pingpong、lianlian-pay、万里汇合作开设的境外账户），再通过国内银行转账至出口公司账户甚至向个人对私账户直接汇款。由于境外平台支付货款不受外汇政策限制和外汇管理局监管，但这些资金往往是没有完税，汇回国内后亦不缴纳企业所得税和个人所得税。二是未按照实际收汇金额缴纳企业所得税的风险，个别跨境电商企业是按照出口报关金额申报企业所得税收入，由于报关金额是按照成本加成一定的利润进行申报，而目前跨境电

① 9610 指跨境贸易电子商务 B2C，主要是单票出口金额在 5000 元以下的商品，境外消费者下单付款后，境内跨境电商企业通过邮寄小包裹形式出口，同时将交易信息和物流信息采取“清单核放、汇总申报”形式办理报关手续，海关审核申报资料后放行包裹，运送至境外消费者。

商行业实际收汇金额往往远大于出口报关金额，存在少申报企业所得税收入的风险。

三、完善跨境电商税收监管的对策建议

（一）跨境电商税收制度性条款的修订完善建议。

1. 完善 9810 模式的税收政策。一是针对 9810 出台具备操作性的单独政策，9810 下对于货物出口和销售确认存在着较大的争议，建议出台明确细化的政策文件。二是从政策优化层面，建议制定试点跨境电商企业报关出口即可申报退税政策。摸排适合提供跨境电子商务 9810 出口海外仓退税便利性服务举措的企业范围，根据企业自愿原则，将符合税务、海关、银行等各方信用条件的优质信用企业纳入白名单，并逐级汇总后向省级税务机关报备。允许白名单跨境电商企业出口海外仓货物在报关离境并收齐相关资料后，开展先退税后核验试点。试点中，加强退税后的监管，税务机关根据出口企业报备的销售周期，定期对跨境电商出口海外仓货物的销售情况进行核实。

2. 完善 9710 模式企业所得税优惠政策。按照国务院提出的在全国推广 9710 并完善支持发展配套政策的要求，发挥税收政策对稳经济稳外贸的调节作用，可借鉴海南自由贸易港内跨境电商企业所得税优惠政策，在一定期限内对 9710 试行企业所得税优惠政策。参照海南自由贸易港跨境电商企业所得税优惠政策的实施时间（4 年），以及企业所得税优惠税率（15%），建议给予 9710 企业的所得税优惠期限暂定为 4 年，优惠税率暂定为 15%。

3. 完善跨境电商商品退运保险和税收政策。引进跨境电商商品原状退运保险理赔政策，参考出口信用保险赔付方式，对于符合原状退运政策的商品，在投保的前提下，按照一定比例予以保险赔付，解决退运成本高的问题。考虑到跨境电商退货处理、海运时效、上架待销时间等因素，按照调研企业反映诉求，建议进一步延长原状退运时限至 9 ~ 12 个月，提高跨境电商退运政策执行效果，以减少跨境电商退货损失。

（二）跨境电商税收监管工作运行机制的完善建议。

1. 完善 9810 模式出口退税审核机制。在流程优化上，建议从政府层面建立销售数据核验系统，同时鼓励大企业建立跨境电商海外销售情况 ERP 系统集成，通过将海外电商平台销售数据、回款链路、销售退货、境内供货数量、进项税发票等数据进行关联、集成，解决纸质化核验工作效率低的问题。从监管引导层面加强对 9810 的监管，辅导企业按照业务实质正确、如实申报，对于实质为 9810 按照其他模式申报的行为，要督促企业尽量修改一致。

完善 9810 外汇核验工作机制，对于 9810 的销售成立问题，除了企业提供全部后台抽取的销售记录以外，可以按时按照总收汇金额核销的办法，即电商企业根据境外平台

的付汇记录来申报相同出口金额的出口退税，以简化和缩短跨境电商企业退税的周期。

简化 9810 备案工作，建议跨境电商企业 9810 以订仓记录作为销售合同按规定进行单证备案，除头程运输需按规定进行运输单据备案外，海外仓、尾程等其他国外阶段运输单据无须备案。

2. 完善跨境电商税收监管机制。在税务总局对跨境电商特别是 9810 未出台相应管理政策之前，除了白名单备案企业可以开展先退税后核验试点以外。对于一般出口企业建议采取以下几点管理措施：

（1）对于申报出口贸易方式为 0110 或 9710，但是实质业务为 9810 的企业，建议由企业在境外成立第三方关联企业，同出口企业签订购销合同，仍然按照一般贸易方式管理，避免因需要核对销售和收汇记录给出口企业和主管税务机关带来政策风险。

（2）对于以 0110 报关出口，实质为 9810 业务，国外电商平台店铺的运营费用由第三方关联企业列支或者由第三方关联企业以佣金形式支付到出口企业，由出口企业代为支付，以避免出口企业费用直接列支带来的税务风险。

（3）税务部门定期对备案单证及部分业务销售情况进行抽查，确认相关平台业务海外销售的真实性。抽查中发现头程中提单等运输单据收货人与实际购买方不一致的，可予以通过。

参考文献

［1］肖海翔，郭晨阳，吴东晖．促进外贸新业态发展的税收政策研究［J］．税务研究，2022.

［2］郭永泉．中国外贸新业态税收制度研究：基于跨境电商、市场采购和外综服［J］．税收经济研究，2020（01）：1－11.

［3］郭朝晖．基于制度开放的跨境电子商务零售进出口税收规则探析［J］．国际税收，2023（03）：56－64.

［4］杭州海关关税处课题组．优化外贸新业态税收制度研究［J］．海关与经贸研究，2021（01）：50－62.

［5］董战山，谭伟，刘琳．跨境电商相关税收政策国际比较研究［J］．国际税收，2022（07）：58－67.

［6］肖娟．跨境电商行业的涉税问题研究［J］．全国流通经济，2021（17）：32－34.

［7］敬静．跨境电商企业税务风险控制研究［D］．重庆：西南政法大学，2023.

［8］王佩．我国跨境电商税收征管问题的研究［D］．北京：首都经济贸易大学，2021.

［9］宋易易．中国跨境电商零售进口政策演进及优化研究［D］．北京：商务部国际贸易经济合作研究院，2022.

课题组组长：陈燕文

成员：沈卓民、莫建军、黄杰、孙磊（执笔人）

基于整体治理的税费联动建设研究

国家税务总局杭州市临平区税务局课题组

摘　要：国地税合并以来，税务机关除了税收征管职能外，社保费收入与非税收入管理与征收职能也进一步划转到税务。2021年以来，省市局相继出台文件，明确要将“费”放到和“税”同等重要位置来抓，逐步建立健全齐抓共管的工作机制，做到税费工作同研究、同部署、同推进、同监督、同发展，全面实现全省税务系统税费“同征共管”目标。本文从数字政府、整体治理、税费联动等基本内涵出发，以杭州市临平区税务局税费联动建设为例，从内部联动、外部联动两个维度分析税费联动的现状及取得的成效。在此基础上，总结提炼目前税费联动在思维理念、组织建设、保障体系上存在的问题，并就问题提出针对性的意见建议。

关键词：整体治理　数字政府　税费联动　智慧税务

一、基层税务机关税费联动建设的现状——以临平区税务局为例

（一）内部税费联动建设已有实践。对内进一步加强社保非税、征管纳服、信息数据等职能协同合作，提高社保费和非税收入管理专业化、精细化水平，税务机关研究税费种数据流相关性，把握内在逻辑和规律，打通税费数据壁垒，提高信息化保障能力，推进税费征缴、服务等环节的联动管理，形成齐抓共管非税工作的合力。探索将社保费和非税收入纳入日常风险应对和税务信用评价体系，以“信用＋风险”提升征缴风险防控能力。

1. 税费联动建设的内容。税务机关内部税费联动按税费类别分，可归类为不同税种间联动、税与非税联动、税与社保联动三部分内容。

（1）税种间现有联动建设主要包括：提升增值税与企业所得税联动管理，强化两

税差异分析，推进“税种联动、协同管理”机制。加强增值税、消费税和车购税多税种联动，防范机动车经销企业利用“二手车交易”偷逃税款风险。加强土地增值税与企业所得税、增值税联动管理，提高土地增值税清算审核精度。加强企业所得税与个人所得税联动管理，强化企税研发人员工资加计扣除、个税员工工资足额申报等联动分析。

（2）税与非税联动主要包括：探索税费同征共管，进一步加强增值税与城建税、二教附联动管理，确保后者申报基数的准确。加强个人所得税与残疾人就业保障金联动管理，夯实税费种登记的基础质量。加强企业所得税与残疾人就业保障金联动管理，双向数据比对，确保残疾人加计扣除优惠政策落实到位。加强土地增值税与国有土地使用权出让收入联动管理，确保土地增值税项目管理台账登记的及时性。加强国有土地使用权出让收入与契税、城镇土地使用税等财产行为税的比对，探索契税申报预填，堵塞征管漏洞。

（3）税与社保联动主要包括：在“税费皆重”新理念下，既发挥好社保非税部门“统”的综合作用，又利用好各职能部门“分”的专业作用，优势互补，充分调动基层单位整体积极性，推动社保费工作有效融入税务工作全局。在具体税费数据联动上，主要做好社保费缴费基数与个税工资申报基数的比对，做好两者基础数据的分析，为后期进一步联动改革做好数据准备。

2. 税费联动建设的方式。

（1）系统联建，整合系统功能。一是优化事前预填提示功能。相继推出财产行为税的“十税合一”申报表、增值税与附加税费申报表的整合、财务报表数据与所得税报表的实时比对、进一步扩展增值税申报表的预填内容，为纳税人简化填报、准确填报提供了技术支撑。二是建立事后比对系统。完善金三系统风险应对功能，开发非税智控管理平台、网格化内控平台、数智综合管家等日常风险推送系统，做到税种数据、税与非税数据的定期比对，同步下发疑点，为进一步规避日常执法风险提供系统支持。

（2）业务联建，提升服务质效。税费业务联建可归纳为日常征管联动建设、税费服务联动建设、风险应对联动建设三方面内容。日常征管联动建设主要表现为税费基础信息的同步完善，税费联合催报催缴等方面，提升纳税人缴费人税收遵从度。税费服务联动建设主要表现在税费优惠政策的同步宣传、落实等方面，提升纳税人缴费人满意度。风险应对联动建设主要表现在税费疑点的联动扫描、分析、应对等方面，减少对纳税人缴费人的频繁打扰，提高风险应对效率。

（3）人才联建，塑造复合团队。在人员机制方面，积极打造复合型社保非税人才团队，各基层税源管理单位建立“1＋2＋N”架构（“1”是各部门分管社非科所长，“2”是各部门社非 A、B 岗干部，“N”是部门其他干部），承接、负责落实各项社保非税工作，确保在各项重大社保非税重大工作推进时有一支过硬的骨干团队力量。在学习机制方面，推进党建业务融合的“小班化、大融合”学习机制，依托支部联盟、“周三夜学”、青研组活动等，推进“业务骨干小班学习，科室内部辐射带动”，采用集中授课、电教室实操、外聘专家授课、原执收部门交流、案例专题讨论等形式开展培训，确保干部听得懂、讲得明、会操作。多层次覆盖全局税务干部，全方位提升我局干部社保非税业务水平。

（二）外部税费联动建设已有实践。对外深化常态化部门协作机制，加强数据联通、推动业务联办、促进执法联合，积极推进社保费和非税收入管理规范化法治化建设。

1. 税费联动建设的内容。外部税费联动按税费种类别分，可归类为税收外部联建、非税外部联建、社保外部联建三部分内容。

（1）税收外部联建包括：推动不动产登记“一件事”便利化行动再升级。税务部门联合规资部门全面整合网上办理系统，打通税务、规资、银行、公积金数据，在2020年实现不动产缴税登记线下办理“一人一窗一机一系统”的基础上，实现线上“一个平台、一网办结”全流程网办，办税群众购买新房“足不出户、完税领证”。平台正式上线后，目前运行平稳，纳税人反映好，业主在交房现场就可以通过全流程网办完成登记、缴税，较线下一站式办理提速50%，较原先多部门“多头”网办提速80%。

（2）非税外部联建包括：按照“接得稳、收得妥、管得住、服得佳”要求，与财政、规资、发展改革、环保、林水、人民银行等六个外部门（十余个相关科室）建立常态化协作机制，协作形式包括浙政钉工作群、线上视频会议、线下部门联席会议，确保“大互联互通”“小互联互通”费源信息及时准确，缴费人申报缴纳渠道顺畅。以水土保持补偿费为例，因费源信息传递过程中数据准确性问题，定期与农业农村局召开联席会议，对数据分期、数据传递时效、数据核对等细节进行多轮次协商，有效纠正有误费源，有效提升费源数据质量，避免人为录入数据产生误差。

（3）社保外部联建包括：与人社、医保、银行持续完善协作机制，畅通沟通渠道，在处理复杂涉费投诉、信访等工作中做到“口径一致、步调一致”，共同推进对重难点问题开展分析研判，问题导向清单化、系统化解决缴费人涉费需求，积极推广一窗式办理、一站式服务和掌上办理等办税缴费举措，持续优化缴费服务体验。

2. 税费联动建设的方式。

（1）数据共享，提高数据运用效能。持续完善政府部门之间的信息互联互通，强化信息共享平台建设，优化相关技术方案。通过对政务数据和公共数据资源的集纳、综合、共享、运用和相关规范标准建设，推进各级各部门信息互联互通，打破信息孤岛，实现数据共享。杭州税务依托省、市公共数据平台拓展申请市场监管、社保、规资、住建、海关、残联等部门的数据接口，采集省、市政府大数据平台批量数据，获取了格式规范、可利用程度较高的外部门数据。

（2）业务联办，提升整体治理质效。与科技部门共同认定高新技术企业资格，与规资部门联办不动产交易业务，与人社、医保建立争议联合处置机制等，这一系列与外部门的业务联办，有效提高“三率”。一是提高业务响应率，统一答复口径，开展联合培训，建立联合咨询坐席，简单问题在电话坐席人员环节完成答复，减少派件，提高咨询解答效率和准确率，避免同质化已明确问题工单下派，共同提高来电、来件处理响应率和准确率。二是提高部门共治效率。业务联办避免信息不对称，避免前后流程脱节、前置等情况，避免部门间相互推诿、各管一摊等情况，切实以提高办事效率为出发点，优化整体业务流程。三是提高纳税人缴费人体验感、满意度。共同及时解决、处理个案，避免产生次生、衍生风险，共同做好舆情应对，提高舆情预警、响应、化解能力，避免纳税人缴费人多次、多头办理，提升群众满意度。

（3）执法联合，加强综合执法效率。一方面，税务镇街执法联合，提升税收共治覆盖面。通过与政法委等部门深化数据共享，深挖地方政府“基层治理”App 协同治税潜能，通过“以图管网、以网管人”的可视化管理模式，为涉税风险精准监管夯实基础。通过“一网统筹、同网同治”方式合力拓展税收精诚共治格局，进一步提升涉税风险应对智能化、精准化水平。另一方面，税收司法执法联合，优化区域营商环境。构建破产企业司法联审制度，有效推进“僵尸企业”市场出清。建立不动产司法拍卖联合共治，提高法拍成功率。

二、税费联动建设存在的问题

（一）思维理念转型被动迟缓。

1. 专业意识不足，理论落实困难。一是缺乏数据资源意识。很多基层税务干部对数据资源的价值认识不足，对各类税收数据不能有效运用，日常工作中还是用传统方法处理业务，导致工作效率低下，无法满足纳税人缴费人现实需求。二是缺乏数据共享意识。一方面由于对数据的把握不到位，惧怕数据共享，抗拒政务数据公开。另一方面，存在部门数据私有化的思想，认为数据是权力的象征，不愿意共享。缺乏数据有效共享，导致税费共治实施困难。三是缺乏数据运用意识。没有深入理解税费数据是推动税收治理现代化的重要支撑，没有将税收数据与税费工作紧密结合。导致无法实现数据的增值。

2. 服务理念缺乏，需求满足困难。一是未完全树立以纳税人缴费人为中心的意识。一部分基层税务干部还是以管理者自居，认为纳税人缴费人是被管理对象，征纳双方地位不平等。二是未完全形成服务公众理念。不从纳税人缴费人的需求出发，没有做到换位思考，导致制定的一些优惠政策、便捷举措未能满足企业真实需求，且政策、制度制定后，容易出现一刀切的考核。三是未充分引导公众参与。目前各类征求意见稿、各类试点项目存在形式主义，未能有效引导公众参与。

（二）组织建设存在裂解局限。

1. 组织体系存在分割碎片。一是部门隔阂导致各自为政。一方面，双重考核，左右为难。目前税务机关接受中央与属地双重管理，两者都能对基层税务机关进行考核。当中央与地方税费目标不一致时，税务机关会出现“减与征”的矛盾，在左右为难的情况下，很难实现与地方外部门的整体治理。另一方面，与地方各部门的脱钩。税务部门主系统是“金税三期”，对数据外联要求极高，镇街平台、地方其他执法部门的共建共享平台无法与其建立数据接口，导致税费业务在地方平台上的共享有限，无法满足纳税人缴费人需求。二是资源分散导致重复建设。一方面，对外各部门都掌握自己的系统与数据，建立数据共享、业务共治平台需要大量人力物力，且无共同上级部门，导致很难有牵头部门进行共治平台建设。另一方面，内部各地区、各部门都对于相同数据进行不同运用，在没有统筹考虑情况下，导致重复建设。

2. 业务流程遭遇权责不清。一是职责交叉导致工作衔接不畅。纳税人缴费人日常业务往往需要涉及多个环节，各环节由不同部门管辖，部门职责不清，不是导致两头不管，就是导致重复管理。特别是国地税合并，更多的非税收入划入税务部门征收、社保费统模式等改革后，税务部门的职能更综合，内部分工更细化，导致内部职责的交叉，也出现与外部门职责的混淆等情况，很多日常征管、税费服务工作，会出现口径不一、重复管辖、互相推诿等现象，无法满足需求端的综合需求。二是多头下发任务导致基层疲于奔命。风险任务各自下发，没有统筹考虑，往往出现多头下发、重复下发等现象，导致基层频繁打扰纳税人，基层执法人员不堪重负。且很多风险数据未经验证、删选就下发，时有出现数据逻辑错误、口径错误等情况，数据实操性差，且使得数据基层税务干部对大数据的可信度下降。

（三）保障体系亟须强化完善。

1. 技术支撑不到位。一是数据基础支撑薄弱。目前缺少全国统一的税费数据取数、使用标准，导致数据整合、共享使用难度大。一方面，内部各系统的各类税费数据未能采取技术标准进行数据有效整合，导致数据取得之初兼容性就不够，导致“金税三期”、税控系统、进出口系统大量数据都未能得到有效整合利用。另一方面，外部门数据分布在各自系统中，由于采集方式、采集来源的不同，导致数据标准各不相同、表现形式不一，数据转换难度大，相关数据支撑技术薄弱，导致无法实现有效共享及运用。二是数据分析效能不足。一方面是由于数据使用权限问题，导致数据碎片化严重。很多数据都掌握在总局或省局，市县局无后台取数权限，大大制约了基层数据使用分析能力。另一方面是许多数据分析系统、风险应对系统都是由税务部门委托外部技术公司开发的，后期系统维护、功能更新需要开发公司的配合、支持，主动性与及时性受限。

2. 干部能力不全面。一是复合型人才缺乏。一方面，目前基层税务部门出现业务与技术的分离现象，对税费业务精通的往往不熟悉信息技术，懂技术的不懂税费业务，这就导致双方都无法独立完成数据取数并分析，且还会出现负责技术处理的无法理解业务干部的数据处理需求，限制日常对税费数据的治理效能。另一方面，基层税务干部很难找到税费业务“全才”，导致纳税人缴费人的一个综合性问题，需要召集各个部门联席会议才能解决的尴尬现象，有失税务部门的权威性。三是人才培养机制不到位。一方面，内部轮岗制度执行不到位，很多领导为了工作的延续性，未能充分考虑干部的综合发展，很多税务干部一个部门干到底，轮岗机会少，业务接触面窄，很难成为复合型人才。另一方面，外部交流机会少，税务部门相对封闭，横向交流机会较少，无法直接接触到税费联动建设涉及部门的业务。

三、基于整体治理，优化税费联动建设的意见建议

（一）以“整体治理”为目标变革思维理念。

1. 建立“整体治理”思维融入发展大局。一是建立服从大局思维。服从大局要求我们听指挥、抓落实，不被动但也不盲目。要求我们从顶层设计出发，理解整体治理的内涵、数字政府的目标，在实际工作中，做到通盘考虑、统筹兼顾，要按照上级的统一部署，切勿各行其是、上下不一，出现治理“碎片化”问题。二是建立融入大局思维。融入大局要求我们要结合实际，充分理解目前数字政府、税费联动的总体目标、阶段性目标，在此基础上做好本部门的本职工作，不抢跑不落后。三是建立服务大局思维。服务大局要求我们要有以纳税人缴费人为中心的思想，要充分认识到税费联动建设的必要性和重要性，对内要树立内部各部门一盘棋思想，对外要与其他部门步调一致，要有意识地做好事项的整合，共同为市场主体提供一站式税费服务，创造更优营商环境。

2. 完善“以数治税”意识推动转型升级。一是建立数据价值意识。在进入大数据时代后，政府部门也步入数字政府阶段。数据从资料、工具发展成为资源。我们要改变对数据的传统看法，数据不仅是资料和工具，它还是一种有价值的资源，我们要用数字化思维考虑问题，要用数字化观念改变工作模式，提升工作质效。二是建立数据共享意识。要认识到数据的开放度越广、共享度越高，数据更能发挥其价值，更能准确表达。同时，税费数据的开放共享，也有利于权力在阳光下运行，能更好地吸引公众参与，更有利于建立智慧税务。三是建立数据驱动意识。要把税费数据作为建设税

收现代化的重要基础，税费服务、征管、风险都能反映在数据上，运用好数据内部逻辑，让数据推进以上工作的有效落实。税费数据能反映公众需求，做好税费数据分析，有利于我们对纳税人缴费人做出及时、准确的回应。

（二）以整合再造为重点优化组织建设。

1. 整合资源打造无缝隙的政府。一是整合纵向资源。我们在税费联动建设工作中要求消除层级碎片，做到纵向到底，减少中间层级消耗。具体来说，要尽快上线全国统一的电子税务局，要进一步下放数据处理权限等。二是整合横向资源。系统内部，要横向整合各部门间的资源，建议把基层税务功能相似的部门进行整合。建议把功能重复、交叉的系统进行整合。在减少系统运维、维护成本的同时，更要促进基层税务干部工作效率的提升。系统外部，我们要通过建立共有平台来解决数据共享问题，而不是落后的人工交换方式，不仅效率低下，还有数据泄露风险。三是整合外部资源。税费联动工作要加大公众参与，加大服务外包，提升系统开发维护效率；要借助公众力量，扩大志愿者招募，扩大税费服务宣传广度与深度。

2. 协调关系跨越部门本位主义。一是建立统一的税费联动建设目标。在税费联动工作中，税务系统各部门间的决策都要以“服务纳税人缴费人”为目标，要为其提供一站式服务而非碎片化服务。在具体工作中，我们要改变征管部门只管操作，纳服部门只看服务，政策部门只学政策，风险部门只控风险的现状，我们要形成整体治理理念，要进行部门协作，共同协调好服务、政策、征管、风险等工作，做到执法统一、口径一致，提高纳税人缴费人税费的遵从度与满意度。二是寻找部门合作可行性手段。有效的跨部门合作要在协调中共同推进工作，而不是只顾自保，相互拆台、委托。在税务系统内，通过协调推动各业务部门在多元联动下抓好税费治理工作，各部门找准定位、各司其职，也要找到与其他部门的工作结合点，做到精诚协作、同向同行，避免互相抵触造成资源浪费；在税务部门和其他政府部门之间，要通过协调各层级政府部门之间的利益，消除不同组织之间的体系分割局限，树立税费治理是“国家治理重要组成部分，有效税费治理利于经济社会高质量发展”意识，进行有效的跨部门合作，强调彼此合作、形成工作互补，从而使政府部门之间联系越发紧密，促进共同目标的有效实现，促进效益和效率双提升。

（三）以满足需求为导向完善保障体系。

1. 整合共享数据升级系统功能。一是汇聚数据高质共享。一方面，要扩宽税费数据的来源，加快与各部门间的数据迁移、与企业财务数据的直联，从互联网抓取电商数据、个人数据等。另一方面，要加强数据采集的智能度，推动数据从采集、传递、获取、共享的自动化水平，实现从“人找数据”到“数据找人”的转变。二是完善数据防护机制。一方面，要完善数据储存设施。很多外部交换的数据都没有统一的平台进行存放，容易出现数据丢失、泄露等风险。建议建立规范安全的云平台。另一方面，要明确数据管理责任。要明确各类税费数据的安全等级和防护等级，确保数据使用权限，做到留痕使用、违规使用自动阻断等。三是深化数据分析运用。数据价值最终体现在数据的分析运用上，我们要提高数据分析能力，优化数据处理方式，用动态分析取代时点分析，从全量数据分析取代抽样数据分析，提高数据分析结果的准确性、普适性。

2. 强化队伍建设提升干部能力。一是抓好队伍增量。一方面，加大信息化人才的招录，确保基层单位数据风险能力。另一方面，可加大高端人才的引进，从外部门、企业外聘高层级的综合型人才，帮助进行税费共建。二是优化队伍存量。一方面，要做好日常学习。要学会日常业务的举一反三，要注重典型案例学习，学会税费联动思考能力。另一方面，要做好高质量的培训。各类税费培训要更有针对性，要注重培训效果，而不是只为完成培训任务而培训。可以到企业、事务所等单位进行实训，了解最新经济运行模式。三是加强机制建设。一方面，要制定干部中长期发展规划。用好轮岗制度，让人才流动起来，才能让能力综合起来。另一方面，进一步畅通干部上升通道。优先考虑复合型、综合型人才的提升，积极促进干部的上下流动、对外交流。

参考文献

［1］王令恺．基于整体性治理理论的“智慧税务”建设路径优化研究——以柳州市税务局为例［D］．南宁：广西大学，2022.

［2］张振颖．基于数字治理的税费数据跨部门共享研究——以 S 省税费数据共享改革为例［D］．济南：山东大学，2022.

［3］翟林林．浅谈科技联动在综合税费管理中的作用［J］．财经界，2021（05）：171 – 172.

［4］中共中央办公厅，国务院办公厅．关于进一步深化税收征管改革的意见［J］．中国税务，2021（04）：9 – 13.

［5］曾凡军，韦彬．整体性治理：服务型政府的治理逻辑［J］．广东行政学院学报，2010，22（01）：22 – 25.

［6］邵岩．运用整体性治理理念推进服务型政府建设［J］．中国党政干部论坛，2019（09）：71 – 73.

课题组组长：陈宇岗

成员：沈月妹（执笔人）、宗磊、吴迪、赵倩

增值税留抵退税风险案例探讨

国家税务总局杭州市钱塘区税务局课题组

摘　要： 留抵退税即把增值税期末未抵扣完的税额退还给纳税人。我国当前面临需求收缩、供给冲击、预期转弱三重压力，保持经济平稳运行至关重要。大规模增值税留抵退税政策是组合式税费支持政策的“重头戏”。一方面，有助于稳定宏观经济大盘。实施大规模留抵退税并向小微企业、制造业等重点行业倾斜，鼓励企业增资扩产转型升级，提振市场主体发展信心。另一方面，有助于市场主体纾困发展。留抵退税直接增加企业即期收入，助力企业在生产经营中轻装上阵。大规模留抵退税政策执行过程，陆续出现部分纳税人通过各种手段来骗取留抵退税，留抵退税风险防控也成为政策执行过程中的一大难点，本文通过文献研究、案例探讨来对留抵退税风险防控进行研究。

关键词： 留抵退税　骗税　风险防控

一、什么是增值税留抵退税

增值税留抵税额是由于企业增值税进项税额大于销项税额，并持续结转累积形成的大量不能及时抵扣的税款，是一种对企业资金的占用。留抵退税政策的实施，短期看虽会增加一定的财政支出，但长远来看，可以有效缓解企业资金压力，帮助企业缩短投资扩产、转型升级周期，实现高质量发展。增值税留抵税额退税是国际主流做法，在全球 110 个实施增值税制的国家和地区中，有 83 个推行留抵退税制度。各国的留抵退税制度安排不尽相同，与本地的财税体制、经济发展水平、税收征管能力等因素密切相关。

多数国家对退税设置一定条件。主要有以下几类：一是设置最低退税额。留抵税额达到一定门槛才可申请退税，这主要出于税收征管成本的考虑。二是限定可退税的交易情形。根据纳税人生产经营过程中购进货物和劳务适用的税率、出口规模等因素来确定是否退税。三是先留抵一段时间后才能退税。一些国家要求，超额进项税额需先留抵一段时间，仍有余额时才能申请退税。留抵期限规定不一。四是连续时间期限内有留抵税额才能申请退税。要求纳税人在一定时间期限内（如 3 个月、6 个月、12 个月等），持续出现留抵税额才能申请退税。五是留抵税额优先抵减其他税种应纳税额、滞纳金、罚款等，抵减后仍有余额时才能申请退税。

多数国家对退税时间作出明确规定。常见有三种类型：第一类是规定退税行为的完成时间。包括从审核到税款退还的时间，一般情况下，税制成熟、经济发达的国家基本在 30 日左右完成退税。也有超过 50 个国家和地区的退税期限在 30 日以上，多为发展中经济体。第二类是仅规定税务部门作出退税决定的期限。例如菲律宾规定，税务部门应在纳税人提交完整的退税申请后 90 天内决定是否退税。第三类是根据纳税人类型、风险级别、申请退税金额等设置不同的退税期限。例如，法国根据纳税人信用等级的不同，采用短程序（1 ~2 个月）和长程序（4 个月内）两种退税方式。

多数国家重视风险防控及对退税规模的精准预测和资金准备。各国征管实践中经常遇到骗取留抵退税的税务欺诈行为以及政府资金不足不能及时退税的问题。如何优化退税流程，有效防控骗税风险，成为各国政府和税务部门的重要议题。一些国家采用“信用 + 风险”分类监管机制，通常只对中高风险的退税申请进行人工审核，对低风险申请自动退税。部分国家税务部门将风险分析模型嵌入退税系统，通过交叉核验纳税人申报数据与电子发票、第三方数据等，初步筛查退税申请，对低风险退税申请进行实时、自动化的退税，对中高风险的退税申请进行人工审核或要求提供担保等。例如，新加坡国内收入局自 2018 年起，将风险分析模型嵌入退税系统，实现风险分析与退税处理集成操作，增强对错误或高风险退税申请的识别能力，需要人工审核的退税申请数量减少了约 30% 。

二、我国留抵退税的演变史

留抵退税制度确立始于 2018 年，并沿着从存量到增量、降低门槛和提高退还比例、扩大行业范围、从结转下期到当期退还等四条思路不断完善。（1）留抵税额退还逐步从存量扩展到增量。2018 年 6 月仅针对先进制造业、现代服务业、电网企业等退还存量留抵税额，2019 年 3 月起逐步建立增值税增量留抵退税制度，2022 年留抵退税涉及行业是存量和增量同时退还。（2）增量留抵税额退还门槛和退还比例在部分行业不断优化。2019 年 3 月增量留抵退税设有数量门槛要求，退还比例仅为 60% 。2022 年无论是小微行业还是非先进制造业，均阶段性取消留抵退税数量门槛，且所有行业退还比例提高至100%。（3）留抵退税涉及行业范围显著扩容。疫情冲击之下2020～2022年留抵退税行业范围持续扩大；2021年主要针对先进制造业在增量退税上进行扩容；2022年则主要在存量退税行业进行扩容。（4）退还方式从结转下期过渡到当期退还。2022年留抵退税政策改为购进退税，提前退付，极大减少了对于现金流的占用时间（如图1所示）。

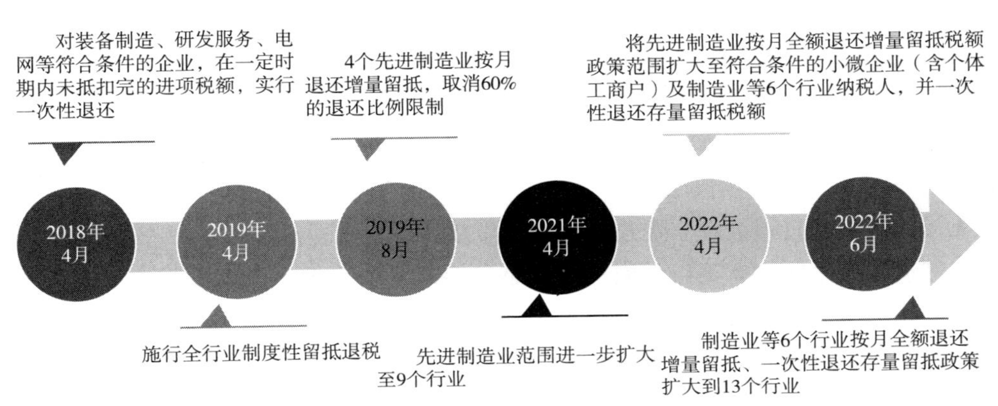

图1　留抵退税的演变

三、我国留抵退税风险防控现状

留抵退税实施以来，各类骗取留抵退税的案例时有发生，为有效防控留抵退税风险，总局制订并下发《增值税留抵退税审核操作指引》《留抵退税风险防控操作指引》；省局制订并下发《增值税留抵退税工作指引》，并且从1.0版更新至3.0版。

在总局层面，为规范留抵退税风险防控工作，提升各级税务机关留抵退税风险防控能力和质效，税务总局制定了《增值税留抵退税审核工作操作指引（1.0版）》和《留抵退税风险防控操作指引（1.0版）》。在行业扩围后，总局又针对扩围的七大行业，制定了《出口企业增值税留抵退税风险分析指引（1.0版）》《农、林、牧、渔业增值税留抵退税风险防控操作指引（1.0版）》和《批发和零售业增值税留抵退税风险防控操作指引（1.0版）》。

《增值税留抵退税审核工作操作指引（1.0版）》指引的主要内容包括：明确一套岗责体系，建立包括初审、复审、抽审三级把关在内的审核工作机制，明确实施专业化团队审核的工作要求，进一步细化审核各相关岗位的职责，确保审核责任压实到位。理顺两类审核流程，对简易、一般（含特别、重点）审核流程进行规范，明确根据纳税人国民经济行业、退税规模等分类适用审核程序的标准，实现对低风险、小额退税户简审快退，对中高风险、大额退税户详审缓退，对不符合条件退税户严审不退的目标，切实保障审核质量。编制三套审核指引要点，围绕不同纳税人的特点，对退税审核岗、退税核准岗和风险应对岗应当掌握的关键点编制指引，形成“1 + N”的工作要点清单，为基层岗位人员开展审核和分析应对工作提供详尽指导。

增值税留抵退税审核体系包含一个留抵退税企业库、三个留抵退税审核流程、五个留抵退税岗责及八十个留抵退税审核要点，通过事前预警、事中分析、事后复核对留抵退税进行全方位的把关。事前环节的预警指标涉及税务登记、纳税申报、退税申请；事中环节的预警指标涉及退税受理、退税审核、税款退库；事后复核环节涉及纳税人日常风险事项，共 39 个大类指标。通过组合分析，对纳税人的风险等级进行高、中、低判定，高风险纳税人通过风险管理系统自动触发快速反应任务；中风险纳税人通过县（区）税务局日常风险分析任务进行分析再进行分类处理；低风险纳税人比照正常无风险纳税人进行处理。通过留抵退税审核体系，对留抵退税进行全方位的把控。

留抵退税风险防控体系以全面梳理留抵退税相关服务和管理事项为基础，综合分析研判关键环节主要风险点，以“信用 + 风险”为基础，以税收大数据为依托，通过指标监控、数据赋能，以执法服务监管“一体式”“一户式”管理机制等为支撑，上下协同，各有侧重，人机结合，构建留抵退税一体化风险防控机制，实现各环节、各部门、各层级一体防控，“一户式”风险一体应对，提高整体防控效能，做到留抵退税管理跟得上、风险防得住，确保不发生系统性风险。

《留抵退税风险防控操作指引（1.0 版）》聚焦已取得留抵退税的疑点纳税人，突出操作流程和关键风险点，从风险识别、风险分析应对和结果反馈这一风险防控基本流程的维度，对风险指标模型建设、“一体式”风险分析验证、风险任务扎口统筹、风险线索上报、数据赋能、关键风险点分析应对等增值税留抵退税风险防控工作事项进行了详细描述。

在总局的基础上，为实现“全要素 + 精准化”的留抵退税风险分析防控目标，根据地方经济特色，浙江省税务局以《增值税留抵退税审核工作操作指引（1.0 版）》《出口企业增值税留抵退税风险分析指引（1.0 版）》《农、林、牧、渔业增值税留抵退税风险防控操作指引（1.0 版）》和《批发和零售业增值税留抵退税风险防控操作指引（1.0 版）》为指导，撰写《浙江省留抵退税风险防控操作指引（1.0 版）》，并根据增值税留抵退税的扩围进度，及时更新操作指引《浙江省留抵退税风险防控操作指引（3.0 版）》。根据操作指引的 37 个风险点，从税务登记信息风险、进项抵扣风险、收入少计风险及其他风险事项等五个方面，细化各项风险点，开发 88 个涉税指标。通过规则模型，将指标搭配组合，设置高、中、低风险等级，对申请留抵退税纳税人进行风险分类分级处理，形成具有浙江省特色留抵退税风险防控系统。留抵退税风险防控系统以《指引》为落脚点，将《指引》的三组审核要点“数字化”，实现风险识别、风险确认及风险处置的“一步到位”，为基层的留抵退税审核工作提供有力抓手。

四、案例事件

案例一：A 企业是一家贸易型公司，成立于 2018 年，信用等级为 A，经营内容主要为批发零售服饰类产品，截至 2022 年 3 月底，该企业有增值税留抵税款 89 万元。A 企业于 2022 年 4 月申请留抵退税 89 万元，管理局于 2022 年 4 月审核通过，A 企业获取增值税留抵退税款 89 万元。B 企业是一家贸易型公司，成立于 2019 年，信用等级为 A，经营内容主要为批发零售服饰类产品，截至 2022 年 3 月底，该企业有增值税留抵税款 88 万元。B 企业于 2022 年 4 月申请留抵退税 88 万元，管理局于 2022 年 4 月审核通过，B 企业获取增值税留抵退税款 88 万元。2022 年 7 月，市局对已退税企业进行复核，在复审时发现以下疑点：（1）A 企业和 B 企业的留抵税款形成均来源于同一家房地产公司 C 于 2019 年 12 月开具的增值税专用发票，发票内容为商品房，A 企业和 B 企业于 2020 年初取得发票，并办理房产证，但一直未勾选抵扣，大规模留抵退税政策实施后，A 企业和 B 企业立即在 4 月申报期进行勾选并申请退税；（2）通过大数据对企业的人员进行匹配检索，发现 A 企业、B 企业和上游的房地产公司 C，三者为关联企业；（3）通过对上游房地产公司 C 的进一步核实，发现房地产公司 C 于 2019 年 12 月开具增值税专用发票后，当月的增值税及其附加，以及 2019 年度的所得税一直处于欠税状态，税款高达 5700 多万元。

案例二：浙江 Q 贸易有限公司，纳税人识别号：91330109 *** H016T47，开业日期：2019 年 10 月 23 日，登记注册类型：其他有限责任公司，注册资本：2000 万元，信用等级 B，该企业截至 2022 年 3 月底有留抵税款 2300 多万元。

浙江 Q 贸易有限公司接收异常扣税凭证共 403 份，价税合计 44909.89 万元（其中税额 5166.62 万元），上游企业分别是上海 M 贸易有限公司、海南 L 贸易有限公司和海南 Y 贸易有限公司。其中上海 M 贸易有限公司 211 份，价税合计 23324.76 万元（其中税额 26833804.58 元）；海南 L 贸易有限公司 99 份，价税合计 11249.46 万元（其中税额 1294.19 万元）；海南 Y 贸易有限公司 93 份，10335.66 万元（其中税额 1189.06 万元）。其中上海 M 贸易有限公司开具的 211 份增值税专用发票已抵扣；海南 L 贸易有限公司和海南 Y 贸易有限公司开具的 192 份增值税专用发票，已勾选待抵扣状态。根据增值税留抵退税政策规定，接收的异常凭证需根据 2019 年 11 月《国家税务总局关于异常增值税扣税凭证管理等有关事项公告》进行核实，核实无问题后方可进行留抵退税。企业按文件规定先做进项税额转出，再提出真实性核实，提供了相关的合同、银行对账单及仓割单等资料。管理局因管理手段有限，将该企业移交稽查进行处理，由稽查对该企业进行进一步的核查，稽查通过相关上下游及资金流等核实后，企业无资金回流，暂未发现有虚开虚受风险，故出具企业暂无问题的稽查报告。企业根据稽查的核实报告，要求管理局允许其抵扣，并提出留抵退税申请。

从稽查局及管理局现有的权限来看，确实无法证实企业存在虚受的风险，但通过总局的权限，分析下该企业的票流全链条就会发现存在很大的涉税风险。

通过总局权限“金税三期”税收管理系统一户式 2.0 系统的税务大数据分析浙江 Q 贸易有限公司，穿透 4 层票流分析，往上追溯到源头开票企业，源头开票企业 102 户是源头暴力虚开企业，其上游上海 M 贸易有限公司的上游 41 户企业已全部被认定为非正常户；海南 L 贸易有限公司的上游 10 户企业已全部被认定为非正常户；海南 Y 贸易有限公司的上游 7 户企业已全部被认定为非正常户（如图 2 所示）。

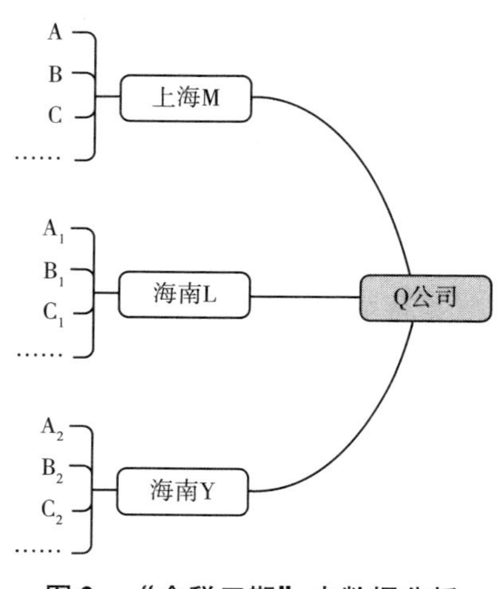

图 2　“金税三期”大数据分析

以上海 M 贸易有限公司为例，其开具给浙江 Q 贸易有限公司的发票内容为：铜，金额为 12056.68 万元；铅锌，金额 8576.39 万元。上海 M 贸易有限公司的上游公司之一上海 J 贸易有限公司已为非正常户，且为过票企业，进项铜 2742.8 万元，销项铜 2992.34 万元。上海 J 贸易有限公司的上游企业 11 家，全部为非正常户，均为暴力虚开企业。上海 M 贸易有限公司的上游公司之二上海 Z 贸易有限公司，已为非正常户，为过票企业，进项铜 3238.43 万元，其他有色金属 498.20 万元，销项铜 3487.28 万元。上海 Z 贸易有限公司的上游企业 14 家，全部为非正常户，均为暴力虚开企业。

五、案例分析

案例一中，从管理局的角度来看，会涉及一个问题，A 企业和 B 企业的留抵退税款是否要追回？从增值税法理角度来说，上游缴税下游抵扣，这是增值税链条抵扣的基本原理，但从目前的增值税留抵退税政策口径来看，并没有文件规定，上游企业欠税，下游企业取得增值税专用发票不得用于留抵退税的规定。案例中 A 企业和 B 企业确实取得增值税专用发票，从资金合同上来看，材料也是完备的，资金是否回流，从管理局角度来说，一是没有监管手段可以查看资金是否回流；二是因为是关联企业并不是一定要通过资金回流这一方式来达到资产转移的目的。管理局要求企业退回留抵退税款的文件依据是不足的，但从整个链条来看，C 企业一直处于欠税状态，C 企业随时处于可能走逃的状态。假若资产未进行转移，那么管理局将通过采取税收保全或者税收强制执行等措施，拍卖 C 企业的相关资产来补缴税款，但 C 企业通过将资产“卖”给关联方，并由关联方获取留抵退税，相当于变相地实现了资产转移，并将未缴纳的增值税款进行了退税，企业确实存在通过关联企业转移资产并骗取留抵退税的嫌疑。假若 A 企业、B 企业和 C 企业的相关操作是政策允许的，那么今后将会有更多的公司通过类似的操作来进行资产转移并逃避缴纳相关的税款，让更多不法分子钻政策的空子，这一类的漏洞是否应该堵上？

案例二中，通过整个链条来分析，该案件源起于暴力虚开，再通过中间层企业的变票和过票来实现洗票的目的。案例中中间层企业分布广，分布在全国各省，到了第四层的时候，已经是过票企业，不法分子利用了税务局各管理局权限的征管漏洞，无法一眼看到虚开发票的源头本质。从发票来看，Q 企业确实是进销相匹配，且有资金、合同和仓割单，管理局单从直接上下游来看情况，确实无法看出问题，但从整个链条来看，其实就是虚开虚受的本质，但囿于管理局没有相关权限看清到整个链条，也无法获知源头企业的具体情况，对单环节的真实性核实存在片面性。从稽查角度来说，稽查的相关文件缺失，无资金回流，不能隔层进行调查，限制稽查对案件的进一步深入，导致出具暂无问题的相关结论。那么这个案件该何去何从呢？

六、案件启示

从以上两个案例可以看出，增值税留抵退税风险防控目前虽然严密，但还是存在政策和征管上的漏洞。

（一）增值税政策漏洞。留抵退税风险除了纳税人自身风险外，由于进项税金来自上游企业，如上游企业存在问题，那么该企业的留抵退税风险必然不可忽视，但是上游企业的风险作为一种“潜在风险”，其风险处理的依据十分不足。

上游企业的风险主要有以下几种类型：（1）上游企业欠税风险。从大数据分析来看，留抵退税清册企业的上游企业欠税有 1 万多户次，其中最高金额为欠税 3700 万元。如果政策上不加以明确堵塞漏洞，随着留抵退税政策的推进，将会有大量的企业钻政策漏洞，通过上游欠税，下游申请留抵退税，来达到骗取留抵退税的目的。（2）上游企业享受即征即退。上游企业为软件等享受即征即退企业类型，开具 13% 的专票，实际税负为 3%，下游企业取得 13% 的专票全额享受留抵退税，主要关注关联企业通过该政策漏洞，套壳达到骗取留抵退税的目的。（3）上游企业为缓缴企业。制造业中小微企业享受缓缴政策，存在大量国民行业为制造业，但实质为外购直接销售的商贸业，通过制造业的“马甲”享受缓缴政策，并将发票开具给关联方，由关联方享受留抵退税政策，主要关注虚假缓缴，达到骗取留抵退税的企业。（4）迁移重组企业。企业因吸收合并、重组或跨省迁移，按照留抵税额迁移相关规定办理了留抵税额转移，将被合并、被注销企业的留抵税额带入形成期末留抵税额。这类企业如申请留抵退税可能存在将虚拟抵扣留抵、不符合退税条件的留抵税额转化为可退留抵并办理退税的风险。

目前，在留抵退税政策中，对上游企业欠税、享受即征即退及缓缴，并不影响下游企业享受留抵退税，故管理局在对这部分企业的审核把控上缺乏依据，无法对这部分企业的骗税采取预防及风险防控措施。

（二）征管漏洞。目前各地的异常扣税凭证接收量是非常大的，如果征管权限一直处于闭塞状态，征管手段不加以改进，那么很多不法分子将会通过上述案例的相关手段进行上游虚开增值税专用发票，通过中间环节进行洗票，最终由第三层或者第四层，更甚者，第 N 层进行留抵退税或者出口退税，最终达到骗税的目的。

企业的经济链条流向不止在一个区域内，是全国性，更甚者是全球性的。只有全方位地掌握大数据信息，对大数据信息进行简练、分析，抽丝剥茧，才能对企业的涉税风险进行精准定位，实现目标防控。目前，税务系统内容对各类内部系统的账号及权限管控是非常严格的，各管理局只能查看管辖区内企业的信息，如若企业的上下游企业不在管辖区内，管理局将无法查看其上下游企业的信息。从涉税保密角度来看是无可厚非的，但这也局限了管理局对企业信息的全面掌握及分析，各管理局对管辖区企业的经济交易链条、发票流向链条都是割裂式的分析，一旦割裂，分析就会处于表面，无法看清本质，容易造成涉税风险无法把控，让不法分子钻了征管漏洞的空子。

七、完善留抵退税风险防控的对策建议

（一）加强税收宣传，提升纳税遵从度。一是开展线上直播，扩大政策覆盖面。通过税企互动平台面向纳税人开展线上课堂，便于纳税人随时学习。二是开展线下培训，加强政策把握度。联合地方政府部门向企业开展培训宣传，税务干部在培训会上向企业代表发放宣传资料，从政策范围、认定条件、计算方式等方面，现场回答纳税人提出的疑问，针对性辅导，让政策更深入人心。三是开展入户辅导，强化政策支撑。

筛选出符合条件的企业，管理员到企业进行实地走访，与财务面对面，将政策礼包亲手送到企业，了解企业近期经营状况、下步打算，提醒企业按时进行申报，将退税资金用于企业创新发展。

（二）堵塞政策漏洞，加固留抵退税防护网。一是堵塞政策漏洞，明确上游为欠税企业、办理增值税缓缴企业及即征即退企业，下游企业如何办理增值税留抵退税，其对应的欠税的、缓缴的及享受即征即退的增值税专用发票是否可用于留抵退税；二是加固防护网，打破区域权限壁垒，根据现有税收大数据信息，联合其他政府部门，加强各税种、各部门信息联动，实现风险精准定位，有效打击不法分子的骗税行为。

（三）实行“以数治税”，优化留抵退税防控模型。以大数据分析、信息化平台为依托，推行数据获取＋团队分析＋精准提醒＋纳税人自我纠正＋递进应对的监管模式，实现税务监管的信息化和智能化。一是理念创新，实现以数治税全覆盖，打通信息壁垒，对数据信息实现纵向、横向比对，突破现有的指标体系思维，从单维的税务信息中突破，加入公安、市场监管、海关等部门信息，实现信息联动，优化现有的留抵退税防控模型；二是制度创新，构建风险＋信用共同体。对风险应对任务落实全税种分析、一体化应对，确保应对对象、疑点精准，从单一税种向多税种转变，实现多税种信息联动、比对，正向、逆向双向突破，形成一户式、一体化防护模式。

课题组组长：张毅军

课题组副组长：张灵津（执笔人）、汤鹏

成员：曾晓蕾

房地产税制设计的国际借鉴与优化研究

国家税务总局杭州市临安区税务局课题组

摘　要：随着我国社会经济和城市化进程的推进，房地产行业迅速发展，相关税收在税收结构中的比重不断增加。房地产保有环节和流转环节的税收制度对我国房地产市场的长期稳定发展至关重要。本文深入分析了我国房地产税收制度中存在的问题及其产生原因，并在充分借鉴美国、日本、德国等发达国家房地产税制设计与实践经验基础上，提出了改进我国房地产税制设计的针对性建议，以提升房地产税制的科学性和合理性，促进房地产市场的稳定与可持续发展。

关键词：房地产　保有和流动　税收制度

一、我国房地产保有和流转环节税制设计框架

房地产税制体系是我国税制体系中最为复杂的行业税收体系。目前，我国的房地产税收包括保有环节税收和流转环节税收，涉及房产税、土地增值税、城镇土地使用税等多个税种。

在房地产保有环节，根据房地产用途不同，主要涉及6个不同税种：房地产自用情形下，主要涉及房产税和城镇土地使用税；房地产出租情形下主要涉及城镇土地使用税、房产税、增值税、个人所得税、城市维护建设税以及印花税。在房地产流转环节，主要涉及7个税种，分别为增值税、城市维护建设税、土地增值税、所得税（根据主体不同分为个人所得税和企业所得税）、印花税和契税。

二、我国房地产保有和流转环节税收制度存在的问题

（一）不同阶段税收比重不合理且易转嫁。我国现行房地产税制存在轻保有、重

流转的特点。流转环节征收的主要税种中，增值税税率为9%，土地增值税税率为30%～60%，企业所得税基本税率为25%，税率相对较高。保有环节主要涉及房产税和城镇土地使用税，其中，房产税区分从租计征和从价计征两种情形，税率分别为房产租金收入的12%和房产计税余值的1.2%；城镇土地使用税以纳税人实际占用面积为依据，每平方米年税额为0.6～30元。流转环节的税负容易转嫁，部分房屋的转让者会将税负转嫁给承受方。如在房产交易中，房东往往默认房产出售“净到手”，转让产生的所有税费实际由承受方承担，这增加了购房者负担，不利于房地产在市场上流动。

（二）房地产税种设置重复。我国房地产交易和存续过程中，直接税种有房产税、城镇土地使用税、城市维护建设税、契税、所得税等；间接税种有增值税、土地增值税、印花税等。为了达到房地产税收多元化的目标，房地产保有和流转环节设置了多样化的税种，但税种设置较为复杂，税目种类过多，使得同一处房屋或土地在不同阶段要征收多道税收，这加重了纳税人的负担，也加大了税务机关的征管成本。

（三）税率设置不合理影响税负公平。税负公平并不意味着要实现绝对公平，而是要求税收征管与地方经济发展水平相适应，促进良性竞争，缩小贫富差距。但部分房地产税收的设置，无法实现这种相对公平。例如，房产税从价计征情形下，以房产原值扣除10%～30%后的余值作为计税依据，同一省份一般执行统一扣除标准，但省内各地经济发展水平不尽相同，行政区划等级也有高低，对副省级城市和地级市实行相同的扣除标准，可能造成税负不公问题，影响房地产行业可持续发展。

（四）征税范围不全面影响机会均等。目前，我国房地产税保有环节的税源主要集中在城镇，未将农村房地产作为征税对象。但实际上，随着工业化、城镇化进程的推进，农村地区出现了大量非农业用房，如工业厂房和办公楼，现行税制未将这一部分房地产全部纳入征税范围，这可能导致税源流失，造成纳税机会的不平等。

与此同时，我国曾提出过关于实施房产土地“遗产税”的草案，但至今未真正实施。房地产在流转过程中，只有自然人纳税人可以选择继承、赠与等税负极低的房产土地转让形式，存在自然人与企业纳税人之间纳税公平缺失的问题。另外，房地产税收征税范围过小也影响了房地产税收的持续、稳定增长。

（五）房地产收入比重小不利于组织财政收入。以2022年全国税收收入为例，2022年全国组织收入共计166614亿元，其中房产税收入3590亿元，占总收入的2.63%，同比增长9.5%；城镇土地使用税2226亿元，占总收入的1.34%，同比增长4.7%。由此看出，房地产税在保有环节的收入规模太小，很难组织有效的地方财政收入，导致地方重视度不足，全面推行房地产税收制度改革的积极性和行动力不强。

（六）纳税人遵从度不高，瞒报漏报税源。在房地产交易环节，不少纳税人总是想尽办法寻求避税空间，少缴税款。如在房屋土地买卖过程中，虚假合同、阴阳合同屡出不鲜，部分纳税人通过套取税务机关最低计税价格、勾结评估公司出具低价评估报告等方式以减少计税依据。大量自建房产没有房屋产权证明，房土面积难以测算，纳税人出于侥幸心理少报、不报土地面积。还有部分出租方与承租方依法纳税意识薄弱，因贪图省事不开具房屋租赁发票等都造成了税源流失。

三、我国房地产保有和流转环节税收制度存在问题的原因

（一）房地产税收相关法律制度有待完善。房地产保有和流转环节相关税种中，尚有部分税种并未实现立法，如城镇土地使用税、房产税、土地增值税和增值税仅有暂行条例。相关税种的法律效力不够，法律依据支撑力度薄弱，导致房地产税收征管改革的效果不佳。

（二）房地产税收征管成本高。当前，我国财产登记制度尚不完善，且未建立全国联网的财产登记信息平台，房地产信息登记不全、更新不及时、信息共享不畅等问题仍然存在，导致税务部门对房地产税源信息掌握不全面、不准确，容易造成部分房地产税源流失。税务机关为了实现源头监控和过程监管，需要付出大量的征管成本。

（三）房地产税收征管的配套设施不足。

房地产作为一种商品，存在于市场上势必会受到价格波动的影响。房地产市场的发展要求房地产税收的计税依据也能与之匹配。但是，有限的土地资源导致土地价值在未来有不断提升的空间，房产原值很多时候难以真实反映房地产实际价值；不同房产的使用情况不同，折旧因素也不能完全反映在计税依据中。与我国房地产税收匹配的房地产评估机制还不健全，相关评估机构服务水平也参差不齐，在很大程度上制约了房地产税收征管质效。

四、房地产税收制度的国际比较

（一）美国的房产税制度。美国的房产税税率是由各级政府根据本地财政状况进行调整，并且建立了一套完善的税收评估体系，出台了一系列税收优惠政策，有力支持了财政收入的持续稳定增长。美国房产税制度经历了两次大变革，第一次是在 20 世纪初期，当时美国房价飞涨，民众税负不断增加，亟须进行税制改革。这次改革形成了税收抵免机制，即设定房产税最高额，计算的税费以设定最高额为限；同时对老年和低收入群体实行相应的减免税政策，以调节贫富差距。第二次世界大战后，美国面临严重的通货膨胀危机，国内房价再次飞涨，美国又进行了一系列房产税改革，涉及房屋价格认定、重复性征税减免及浮动税率等制度。总体来看，美国的房产税制度主

要有以下特点：

1. 税收制度由地方政府主导。美国的联邦和州拥有完全的立法权；而地方政府在得到上级政府的授权下可自由制定房地产税收政策，如房产税税率和房产税优惠政策等，以促进当地经济的发展。

2. 实行浮动税率制度。美国的房产税并非一个固定税率，而是由各州地方财政预算决定，实行浮动税率。美国的房产税税率在1%～3%上下浮动，南部各州税率较高，北部各州税率较低。

3. 房地产评估方法完善。美国各州的房产税征收有三种模式，分别为可比价格法、利息收入法、重建成本法。可比价格法是以近期房地产市场的价格为基准，结合不同房屋的实际情况上下波动，该方法广泛适用于自有住房；利息收入法的适用对象是会产生利息收益的不动产，如对停车场、公寓、商店及写字楼等进行征收；重建成本法主要适用于没有收益产生且市场流动性较低的房屋。

4. 评估周期多元化。美国各州适用不同的评估周期制度，大致分为三类：年周期、指定周期和比例重估。年周期即一年一次，地方政府会参考房地产市场行情变化对房屋的价值进行评估；指定周期是以2～10年左右为一个周期单位进行评估的方式，时间周期由地方政府确定，房屋在此期间内都以初次估值定额；比例重估是指在周期评估制度的基础上，每年对全量房地产范围内的其中一部分房地产确定一个科学的比例，只重新评估这部分房屋价值。

5. 税收优惠政策多样。美国的房地产税收优惠政策大致分为三类：一是减免税；二是延期缴纳；三是税金抵免。减免税指的是对符合税收法律制度规定的房产予以减税与免税；延期缴纳主要面向社会弱势群体，如低收入者、老年人和残障人士，在特定情形下允许延期缓缴税款；税金抵免则是在流通环节的收入中允许扣除成本折旧等费用，自住房屋在交易时可享受差价和按揭利息方面的税收减免。

（二）日本的房地产税收制度。日本房地产税收制度历经多次变革，尤其是经历过20世纪80年代的泡沫经济后，日本房地产税收制度更加重视保有环节的房地产税收。其房地产税收制度由两大税种构成，一个是固定资产税；另一个是特别土地保有税。同时在房产评估方面也有鲜明特点：

1. 台账征收。房屋、土地和折旧资产是日本固定资产税的三大征税对象，其最鲜明的特点便是台账征收。即设立《固定资产台账》，将有关房屋、土地和折旧资产的所有明细信息登记在册。固定资产税的计税依据是房产的评估额，评估额根据评估当期市场上的公允交易价格确定，评估额的调整周期是三年。

2. 放权地方。固定资产税属于地方税，各市町村政府对固定资产税的确定起着重要作用。地方政府会根据本地区的经济发展情况和纳税人反映的意见制订方案，在向上级政府备案后，对固定资产税的税率做出调整，并对不同类型的房产设置合理的免征额。

3. 设立特别土地保有税。特别土地保有税是市场需求的体现，在特别土地保有税开征前，曾存在土地供求失衡和土地投机现象，为了促进土地资源合理利用，日本政府设立了特别土地保有税。特别土地保有税也属于地方税，由市町村开展征收。特别土地保有税对不同地区的土地设置了不同的免税面积，行政规模越大，免税面积越小。

4. 建立配套设施制度。为了与房地产税收相匹配，日本设置了不动产登记与评估等配套制度。在不动产登记制度方面，日本由最初的“检地账”发展至今，不动产登记程序逐步成熟，目前采取申请、审查和登记三个程序。不动产登记申请提出后，由登记官对不动产进行形式审查和实质审查。在不动产评估制度方面，日本形成了五种不动产评估参考价格体系，包括公示价格、基准地价、实际价格、路线价格以及资产价值评估价格。五种价格体系考虑了影响价格的时间、区位、市场等多种因素，多维度的价格评估体系为日本的不动产评估提供了相对全面的参考依据，有助于提升评估结果的公平有效。

（三）德国的房地产税收制度。德国市场经济高度发达，其房地产税制具有重交易、轻持有的特点。具体体现在：鼓励居民自建房产，对自建房进行税收优惠和财政补贴；房地产税收的大头在交易环节，根据盈利和年限征税；对个人拥有不同数量的房屋套次进行差别征税，对个人第一套住房免税，降低低收入者负担。

德国的房地产税收体现了分税制的特点，其房地产税收分为共享税和专享税两大类，共享税占其中的主体部分。土地税的收入归入地方政府；土地交易税归入各州政府。这种房地产税制拓宽了地方政府收入来源，更有利于实现其财政职能。

德国房地产税主要征税环节和税率设置如下：在房产交易环节，需要缴纳评估价值1% ~1. 5%的不动产交易税和以房产交易价格为征税基础的土地购置税，税率从3. 5%至6. 5%不等；交易过程中需缴纳差价盈利税，税率为15%；在5年内卖出3套及以上房产的，对获利部分征收25%的资本利得税；将购置的房产用于出租的，依据房租收入征收25%的资本利得税。

在房地产税收制度配套方面，德国注重立法和搭建数据化平台。德国在房地产评估领域发布了多项法律、法规和准则，拥有独立第三方评估机构。同时，税务部门依托完善的房地产相关信息数据库，可以高效计算每块地的应纳税额并告知纳税人，税收征管效率高。

五、对优化我国房地产保有和流转环节税收制度的建议

（一）均衡各阶段税负，简化税种设置。发达国家在房地产保有和流转环节设置

的税种较少，各环节税负均衡。如美国对房屋租赁行为只征收所得税，不开征其他税种，在避免重复征税的同时，减少了征管成本；美国开征遗产税，纳税人由继承方式得来的房屋土地也需要缴税，这拓宽了房屋土地的税源渠道；日本在经历泡沫经济后，通过提高房地产保有阶段的税负，抑制投机行为，进一步稳定了房地产市场。建议充分借鉴各国先进经验，进一步深化税收征管体制改革，简化相关税种设置，均衡房地产保有环节和流转阶段税负，提高房地产税收征管效率。

（二）扩大征税范围，发挥调节作用。房地产税收制度应具有征税范围广，普适性与地方性相结合的特点。国外经验启示，在房地产税收征管过程中，我们应该更关注课税对象的实质。如许多农村地区的产业非常发达，工厂林立，建议将此类厂房和办公楼逐步纳入征收范围，开展房产税和土地使用税征收试点工作。同时，为了促进社会公平，对于社会弱势群体，也应加大税收减免优惠力度。

（三）科学制定税基，适应本地需要。为了实现税收的相对公平，建议区分不同地区、不同类型纳税主体，优化税基和税率设置，提高房地产市场稳定性。例如，通过采用累进税率进一步调节收入差距，或面向国家大力支持的企业或扶持产业，分类制定优惠税率，以更好地适应地方经济社会发展。

（四）增强地方自主性，组织财政收入。为更好地调节各地区收入差距，组织地方收入，建议适当放宽地方权限，例如提高地方的立法权，授予地方对房地产税的征税范围、计税依据、税率及减免税范围等权力，使地方政府更加适应房地产市场变化，相对灵活地调整税收政策，同时提升地方改革积极性，充分挖掘地方组织税收收入潜能。

（五）完善配套制度，降低征管成本。优化房地产税收征管配套制度，进一步降低征管成本。一是因地制宜优化房地产价格评估制度。例如，房地产交易活跃的市场和房地产交易相对稳定的区域可以根据实际采取不同的评税管理方式，降低税收征管成本。制定价格评估中介机构资质标准，提高评估机构专业标准。制定合理的价格评估周期，对区域内不动产进行定期价格调整。二是搭建全国范围内的不动产登记信息查询平台。打通区域壁垒，加强不动产登记管理，保障税源信息的有效可靠。三是简化房地产保有环节和流转环节税收申报缴费流程。大力推广非接触式办税模式，简化纳税人税源采集操作流程，定期推送缴费信息和申报缴费事项提醒，提升房地产税收征管和服务智能化水平。

（六）做好政策解读，提升办税服务。税务机关应定期开展房地产税收政策宣传辅导，及时解读最新的税收优惠政策和申报缴费流程。通过短视频平台、税收宣传册、下户精准辅导等多种方式，帮助纳税人了解房地产税收征管政策，掌握房地产税收申报缴费方式。拓宽纳税人需求反馈渠道，解决纳税人房地产涉税难题，保障纳税人合法权益。积极开展房地产税收领域普法宣传，切实提高相关主体纳税遵从度。

参考文献

［1］鲁鑫悦．日本房地产税改革的政策效果与对我国的启示［D］．长春：吉林大学，2022.

［2］郭艳芳．个人住房房地产税收制度研究［D］．长春：吉林大学，2023.

［3］赵诗雨．美国房地产税收法律制度研究［D］．杭州：浙江工商大学，2021.

［4］清研集团．轻持有重交易的德国房产税［C］．北京：清研智库系列研究报告（2020 年第 3 期），2020.

［5］李婵娟．加拿大差别化房地产税制研究［D］．南京：南京财经大学，2022.

［6］侯向丽．中国住宅二级市场税收调控政策效应研究［D］．沈阳：辽宁大学，2011.

［7］张冰娜．D 市二手房交易税收征管问题研究［D］．济南：山东财经大学，2020.

课题组组长：胡新军

成员：张青、钟红、陈囡、邢宇霆、王业辉、蒋振雨（执笔人）

▸▸▸ 执法与服务

一等奖

税费服务新体系建设的研究
——基于杭州税务“非接触式”办税缴费机制的实践

国家税务总局杭州市税务局纳税服务处课题组

摘　要：随着智慧税务的建设和人们办税缴费习惯的改变，“非接触式”办税缴费逐渐取代了传统的线下办税缴费方式，也为税费服务新体系的建设提供了更多可能性。本文将立足当前税费服务体系建设中存在的问题，在纳税服务理论和实践发展沿革的基础上，通过分析杭州税务“非接触式”办税缴费机制的实践，提出构建税费服务新体系的对策和建议。

关键词：税费服务新体系　“非接触式”办税缴费　智慧税务　精细服务

一、引言

（一）选题背景。中共中央办公厅、国务院办公厅于2021年3月印发的《关于进一步深化税收征管改革的意见》（以下简称《意见》）要求，深入推进精确执法、精细服务、精准监管、精诚共治，大幅提高税法遵从度和社会满意度，明显降低征纳成本，充分发挥税收在国家治理中的基础性、支柱性、保障性作用，为推动高质量发展提供有力支撑。《意见》明确指出，到2023年，基本建成“线下服务无死角、线上服务不打烊、定制服务广覆盖”的税费服务新体系，实现从无差别服务向精细化、智能化、个性化服务转变。因此，如何落实《意见》要求，扎实推进精细服务，高质量建设税费服务新体系，是各级税务机关面临的重大课题，加强对这一问题的研究和实践探索具有重要的现实意义。

（二）构建税费服务新体系的意义。

1. 构建税费服务新体系是税收治理现代化的题中之义。2020 年，国家税务总局提出以“新六大体系”和“六大能力”为标志的税收治理现代化新内涵，其中构建“优质便捷的税费服务体系”是推进税收治理体系和治理能力现代化、拓展深化税收现代化的重要一环。

2. 构建税费服务新体系是优化营商环境的必然要求。优化税收营商环境是营商环境建设的重要内容，对标国际先进水平，大力推进税费种综合申报，依法简并部分税种征期，逐步减少申报次数和时间，就要求税务部门构建税费服务新体系，通过增加涉税事项办理便利度、减轻纳税人缴费人办税负担，持续提升办税缴费服务质效。

3. 构建税费服务新体系是智慧税务建设的发展方向。在当今社会数字化、网络化、可视化、智慧化迭代发展的进程中，税费服务新体系基于大数据和人工智能等前沿信息技术，不断优化服务资源配置效率，为纳税人缴费人提供了突破空间、时间限制的全新服务模式，展现了智慧税务未来发展的趋势与走向。

（三）研究思路和框架。近年来，在智慧税务的建设背景下，税费服务体系呈现出日益数字化、信息化、精细化的发展趋势。随着人们办税缴费习惯的改变，“非接触式”办税缴费模式不断拓展，依托机制革新、流程再造和服务产品整合优化，将智能、高效、精准、便捷的互动融入税费服务的全过程，也为建设税费服务新体系提供了重要参考。

本文的基本框架共分为五个部分：第一部分是引言，介绍选题背景、意义、研究思路和框架；第二部分是梳理纳税服务的理论发展和实践应用；第三部分是以杭州税务“非接触式”办税缴费机制的实践为例，分析相关经验做法，为探索建设税费服务新体系提供借鉴和参考；第四部分是分析当前税费服务存在的问题；第五部分是提出构建税费服务新体系的对策和建议。

二、纳税服务理论研究和实践发展综述

（一）纳税服务理念研究。20 世纪 50 年代，美国提出第一个正式援助纳税人计划，诞生了现代纳税服务的概念。之后，不断发展的新公共管理理论和新公共服务理论对纳税服务理论的发展和完善起到了重要作用。20 世纪 70 年代，新公共管理学“顾客导向”的理念逐步形成，使得政府和纳税人的关系发生重大变化，政府成为服务性部门。西方国家在 20 世纪 70 ~ 80 年代，把过程重构的理念和管理方式引入“政府再造”当中，使国家的治理水平得到持续提高。在此背景下，纳税服务理念也逐渐被各国政府与学术界关注。

在我国，1993 年的全国税制改革会议第一次提出“为纳税人服务”的理念。饶立新（2016）拓展了纳税服务的内涵，认为广义上的纳税服务应包含国家所属的机关部门、相应的组织以及个人为了帮助纳税人所履行的纳税义务①。高培勇（2020）指出，纳税服务具有很强的专业性，又是面向社会大众的，从本质上讲就是公共部门提供的一项公共服务，应该把纳税服务纳入到公共服务的范畴中去②。

（二）纳税服务体系研究。杨卫红（2009）认为，纳税服务理念是伴随着管理学相关理论发展创新而来的，应该从拓宽服务内容、开辟服务渠道、完善法制建设等方面建立和完善纳税服务体系③。齐学文和刘大平（2011）认为，要“以纳税人为本”开展纳税服务体系的研究，依托互联网技术满足不同纳税服务群体的需求，建立多元化和个性化的纳税服务新格局④。贺伊琦和姚巧燕（2014）认为，要以税务机关为主导，动员纳税人和社会力量参与和建设纳税服务体系⑤。李晓萌（2019）基于纳税服务需求的不断变化，认为应借助大数据技术来构建个性化、智能化的纳税服务体系，对传统服务模式进行改革⑥。

（三）纳税服务模式的转型实践。在“互联网 +”的时代背景下，综观世界各国纳税服务的数字化转型实践，虽然具体方法和途径不尽相同，但总体上遵循相同的原则，即通过数字化转型和智能化应用，改变传统的服务模式，为纳税人提供更加便捷有效和个性化的智慧服务。

纳税服务模式的数字化转型主要体现在两个方面，一是外部服务优化；二是内部管理重塑。在外部服务优化方面，通过建立信息传输和交流的标准，构建个性化、智能化的纳税服务体系，创新传统的纳税方式和服务模式，提高服务的便捷性。姚琴（2014）从涉税大数据标准化入手，分类建设数据模型研究纳税人的动态需求，为纳税人提供精准化的服务⑦。韩鹏（2019）认为，要构建基于大数据的纳税需求管理平台，整合归类各部门数据，对纳税人的税收行为进行准确画像，以此提供精准高效的服务⑧。在内部管理机制优化方面，安然和周志波（2018）提出，内部管理信息化改造需要实现五个目标：一是规范化管理，实现事项到“人”的归集和到户的统筹；二是提高效率，实现涉税事项全过程支持；三是提高质量，完善内部管理的规范化模板

① 饶立新．纳税服务的内涵与外延——兼谈服务与管理的区别［J］．税务研究，2016（02）：58－64.

② 高培勇．新时代中国税收的主题和使命［J］．税收经济研究，2020，25（03）：1－2.

③ 杨卫红．对建立纳税服务体系的思考［J］．扬州大学税务学院学报，2009，14（02）：16－20.

④ 齐学文，刘大平．信息化条件下以纳税人需求为导向的税务流程再造研究——一个理论分析框架［J］．经济论坛，2011（12）：179－182.

⑤ 贺伊琦，姚巧燕．网络信息化背景下我国纳税服务发展研究［M］．南京：南京大学出版社，2014.

⑥ 李晓萌．大数据背景下纳税服务创新模式研究［J］．现代经济信息，2019（01）：156－157.

⑦ 姚琴．电子税务：以大数据推动智能化管理［J］．世界电信，2014（Z1）：101－103.

⑧ 韩鹏．构建基于大数据的纳税需求管理平台［J］．征信，2019，37（01）：27－30.

化操作指引；四是规范信息采集，加速移动化实时信息采集的进程；五是应用整合，实现对政策宣传、在线培训等多系统信息整合①。

三、杭州税务“非接触式”办税缴费服务实践

近年来，杭州税务秉持“高效、系统、智慧”的理念，在“非接触式”办税缴费服务方面进行了有益的实践探索，以两级集中处理机制为核心，运用集成思维和共建理念，构建形成“一核心四支撑两配合”的“非接触式”办税缴费服务体系。

（一）一个核心中枢系统——集中处理体系。在杭州全域建设两级集中处理体系，所有线上业务实现“集中受理、分级办理”。市域一级集中处理在第二税务分局实体化运行，全市域 36 项具备同城通办条件的线上涉税业务由一级统一受理，快速办理，实现标准类业务一级快审快办；14 个区、县（市）局构建二级集中处理体系，通过流程再造扁平化处理层级，统一业务标准和操作规范，实现 93 项流转类、个性化业务二级集约处理。同时，通过逐级孵化、动态提优，将成熟业务从二级集中提优一级集中，将一级集中业务提优 RPA 自动处理，逐步迈向自动化智能化办理新模式。目前，“跨区域涉税事项报验登记”“催缴处理”等 20 余项业务纳入 RPA 应用，纳税人线上申请由“4 小时响应受理”提升为“实时响应，3 分钟办结”，业务平均单笔处理时长由 4 分钟减少为 2 分钟，节约人力 200 余人。

（二）四大集成支撑体系——“集成运维”“集成咨询”“集成监控”“集成分析”。

1. “集成运维”对集中处理发现的网办流程问题实施集中梳理汇总和精准响应，及时推进系统优化。目前共计提出 523 个系统优化需求，促进 251 项电子税务局功能改善升级。

2. “集成咨询”依托电子税务局和征纳沟通平台，打造热线网线互通、线上线下共融的多级智能咨询辅导体系，通过“智能咨询前置 + 人工坐席兜底 + 屏对屏解难”分类分层响应纳税人咨询需求，提供高效办问协同服务。目前智能语音机器人的解答准确率超 70%，能够释放约 20% 的人力资源。

3. “集成监控”和“集成分析”通过对集中办理的数据集成，进行服务质量“全景式”监测和智能化分析，实现一二级资源的统筹调度，及时把控服务产品输出质量，进一步提升“非接触式”办税缴费服务质效。

四大集成支撑体系推动实现了业务系统问题实时优化，纳税人缴费人需求实时感

① 安然，周志波．中国电子纳税服务发展探讨［J］．国际税收，2018（10）：23－27.

知和办税数据实时监控。

（三）两个服务配合力量——补充服务体系和社会力量共建。

1. 打造补充服务体系，建设“扫脸进门 + 自主办税 + 视频交互 + 智能机器人”的无人值守智慧办税服务厅，为暂未实现网上办理、仍需线下办理的事项搭建“非接触式”办理渠道；拓展预约办税功能，实现简单类低风险业务线上即办、无须上门，复杂类业务提前审验资料完整性，并根据纳税人的预约量调配办理时间和场所，推进线下快办。

2. 推动社会力量共建，与杭州邮政开展战略合作共建“税邮专线”，对于需要实物传递的事项，线下开辟税企“双向专邮”通道，集中配套搭建“税务专邮集中分拣中心”，合体办理无缝交割，实物资料专线包邮半日直达；与社区党群服务中心合作共建“税务专邮”窗口，借助社区党员志愿者力量解决老年人、残障人士等特殊群体的办税需求，打通办税服务“最后一公里”；根据集中处理带来的纳税人办税地址沉淀，深化“下沉式服务”，在网格点、税收服务站及银行营业网点增配综合自助服务机作为“服务基站”，打造 15 分钟办税服务圈。

四、当前税费服务存在的问题

（一）缺乏制度支撑，流程标准不够统一。

1. 税费服务的法律基础较薄弱。目前，我国没有专门的税费服务法律法规，税费服务法律层级较低。《税收征收管理法》只对征纳双方权利义务作了原则性规定，税费服务方面除税法宣传和纳税咨询服务外，其他服务种类和范畴鲜有提及，难以为税务机关提供制度和操作指引。而《全国税务机关纳税服务规范》和《关于纳税人权利与义务的公告》等规范性文件的层级较低，权威性不够。因此在服务过程中，税务人员缺乏法治层面的足够支撑和保障，容易因混淆纳税人权利和义务的界限而出现越位服务和过度服务等现象，增加了履职风险。

2. 部分业务流程标准不统一。两级集中处理模式虽然实现了“集中受理、分级办理”，但部分业务还需在两级集中处理中心与局内各部门间流转，且存在不同税务机关的业务操作流程和具体标准不统一等问题，导致服务质量和办理效率的差别化。此外，由于具体操作人员对政策理解不同、业务水平不一，也会导致部分业务不同税务机关甚至同一税务机关不同税务人员办理标准不统一，办理效率不同步，影响纳税人办理体验。

（二）平台建设冗杂，线上办理存在制约。

1. 平台众多缺少有效集成和衔接。目前纳税人常用的涉税平台包括电子税务局、自然人电子税务局、增值税发票综合服务平台、增值税发票查验平台、增值税发票税控系统等，这些系统没有统一入口，需要纳税人分别查找、下载并进行系统配置，缺少从纳税人整体视角出发，按照办税场景对办税功能的集成和联动。且各系统对浏览器、证书安装等设置要求较高，系统操作指南专业性较强，部分纳税人不能正确配置系统运行环境，导致系统运行不畅进而影响业务办理。

2.“非接触式”办理实现不完全。从进厅人员的业务办理类型来看，目前仍有部分业务受系统流程、资料审核、部门交互、设备传递等因素制约，尚不具备线上办理条件，仍未实现全流程网上办结。同时，“掌上办”应用程度不深，与电子税务局相比业务覆盖面和用户使用量有限，系统稳定性和使用体验感还有一定差距。

（三）精细服务不够，税费服务供需不均。

1. 税费宣传不够精准。目前税费宣传服务以“大水漫灌式”居多，“精准滴灌式”较少，纳税人咨询需求与税费宣传供给之间存在不平衡、不匹配的情况。一方面，精准宣传的力度不够，纳税人急需的税费政策信息仍需要通过各种渠道自行查找，宣传辅导的实效性难以充分体现。另一方面，宣传辅导“不解渴”，虽将纳税人关注度较高的热点问题进行宣传，但内容不够系统全面，与纳税人实际需求不够贴合，导致纳税人接受宣传辅导后仍需通过咨询解决疑问，给咨询服务造成一定压力。

2. 线下服务方式较为传统。目前办税服务厅提供的税费服务仍是基于传统税收管理理念，以代办、帮办为主，不利于纳税人养成自主办、自助办的观念和习惯；以宣传、培训、辅导等无差别服务为主，未能从纳税人视角进行服务设计，与个性化、精细化的增值服务还有较大差距；以被动收集税费服务诉求为主，对纳税人诉求的集成分析不够及时和深入。

（四）数据应用不足，协同共治能力有限。

1. 中台对前后台的支撑能力不足，部门间协同效率不高。作为“三台联动”的支撑层，中台的统筹集成程度不够，数据存储分散在各个系统，或难以统一调用，或指标各异，相互孤立；数据挖潜能力不足，目前对涉税数据的运用仍处在分类统计、静态查询等浅层次阶段，缺乏对数据的动态关联，对语音、图像等非结构化数据的深入挖掘不够，从而影响纳税人画像的精准勾勒，部门间协同推进税费服务的作用难以有效发挥。

2. 与外部门协作共享存在信息壁垒。由于各个部门信息采集和整理的独立性，导致了数据口径、标准和公开性的差异，数据传输渠道不畅通，信息共享存在壁垒，且数据传递也导致了人工成本增加和数据安全风险等问题。此外，在“非接触式”办税缴费服务的大背景下，涉及多部门处理的部分业务由于部门间数据不同步仍需线下办理，存在纳税人缴费人两头跑的情况，导致办税体验感不佳。

五、构建税费服务新体系的建议

税费服务体系作为税收治理体系中的重要组成部分，税务机关应统筹把握其与税务执法体系、税务监管体系的内在联系，突破税费服务小概念，将其贯穿于税收工作全过程，贯穿市场主体全生命周期，着力构建税费服务新生态。

（一）坚持依法治税，完善税费服务制度建设。

1. 推动构建与纳税人权利义务相适应的法律体系和纳税权益保护体系。一是提升税费服务相关规定的法律层级，探索制定纳税人权利保障的专门法律和税费服务基本法规，促进纳税还权还责，明确服务供给尺度。二是建立纳税人参与的税务决策机制，在细化落实税费服务相关政策规定时，充分参考借鉴纳税人和社会公众的意见，为提高税费服务的法律遵从度奠定良好的群众基础。三是在引导依法纳税的同时，加强对纳税人权益保护的第三方监管，逐步实现纳税人权益保护的制度化、常态化。四是畅通税费服务的救济渠道，丰富救济方式，在举证责任分配上，将主要的举证责任分配给税务机关，从而强化税务机关的证据意识，加强对行政诉讼的证据保护。

2. 完善服务管理、行为规范和绩效考核等方面的税费服务工作制度体系。根据基本法规配套建立税费服务标准化规章制度及操作指引，深化办税服务事项标准建设，明确服务的基本原则、岗责体系、工作流程，细化服务内容、服务方式、服务平台等，通过统一操作流程和处理标准，确保办税服务统一标准不受地区影响、不受渠道约束，实现业务无差别办理。

（二）聚焦数智办税，提升线上线下服务效能。

1. 强化数据的共享应用，打造“送、问、办、询、评”一体的线上办税服务平台。一是整合纳税人端系统和服务渠道，统一在线办理业务入口，建设功能全面覆盖、运行稳定可靠的电子税务局。二是优化线上办理功能，以“办成一件事”为出发点，以“零门槛办税”为导向，为纳税人提供一体化办税服务场景，完善引导式办理和多元化咨询互动，实现一次登录、一表集成、一键报税、一屏通办。三是增强移动端办税功能，进一步集成以支付宝、浙里办等手机 App 为主的移动办税渠道功能，拓展移动可视化税企沟通渠道。

2. 借助多元化服务力量，构建“1 + N”多维度立体化智慧办税格局。一是推进办税服务厅转型升级，打造主厅“智能先行、如影随形”辅助办税新模式，浓缩“办税服务区”，扩充“自助办税区”，增设“产品体验区”等，使办税服务厅从税费办理主力核心场所，转变为宣传辅导、智能体验以及为纳税人提供个性化方案和服务补偿的场所；人力资源配置从前台点对点兜底式服务，转变为后台批量式精准化服务。二是将智能远程办税服务点和自助办税终端作为电子税务局的补充和办税服务厅的延伸，加快智慧办税小舱建设。充分利用 5G、人工智能、物联网等新技术，构建布局合理、便捷易用的下沉式服务点，通过信息采集、媒体交互、电子印章等硬件模块，结合资料电子化传送、体验报告推送等智能服务，联动智慧主厅、小舱和中台，将“面对面”窗口办变成“屏对屏”远程办。

（三）加强需求分析，优化税费服务精细化水平。

1. “广覆盖”与“靶向式”有机融合，提升税费宣传覆盖面和精准度。一是融合渠道资源，丰富宣传模式，在广播、电视、报纸、杂志、网站、微信、客户端等媒介的基础上，聚合新媒体矩阵力量，打造全面化、信息化、多元化的税费宣传全媒体传播矩阵。二是建立税费政策标签体系，细化宣传内容颗粒度，通过大数据智能化筛选定位税费政策适用主体，做到纳税人与税费政策的精准对应，推动税费优惠政策直达快享。三是增加场景式办税操作宣传指引，发挥智能机器人、虚拟 AI、智能导览、VR 虚拟导税等智能导税作用，提升复杂操作流程的宣传辅导效果，为无网上办税经验的纳税人缴费人答疑解难、引导分流。

2. “需求分析”和“供给创造”同向发力，加强服务产品的精细化和适配度。一是加强税费服务诉求管理，动态跟踪评估服务成效。依托信息化手段和大数据分析，主动收集税费服务诉求数据，深入挖掘诉求背后的规律性问题，举一反三推动服务优化和制度探索，后置评估跟踪、阶段反馈和结果考核环节，有力推动诉求管理和服务质效动态提升。二是持续完善纳税人税费服务特征标签体系，精准定位纳税人个性化需求。归集融合多渠道办税缴费行为数据，线上依托可信身份体系，线下匹配“实名认证 + 人脸识别”，基于对纳税人的办税行为分析，提供纳税人精准画像，按需为其提供“千人千面”的精细化、差异化服务。同时，动态监控评估税费服务全过程，形成有效的“精准推送 – 办税缴费 – 数据分析”闭环全流程，推动“人找服务”向“服务找人”转变。三是丰富服务内涵，衍生场景方案。依托动态监测，全视角“透视”纳税人的诉求和行为趋势，智慧绘制纳税画像，提供企业“全生命周期”陪伴式、场景式、选择式增值服务。

（四）深化数据应用，促进信息共享协同共治。

1. 加强中台数据集成应用，实现程序管理向生态运行转型。一是集成业务管理，提高流转效率。实现线上业务“集中受理、分级办理”，深度应用数字员工技术，搭建自动、规范和高效的服务场景，持续压缩业务处理时长，全天候响应纳税人服务需求。二是集成风险防控，深化数据分析。持续深化大数据体系建设，统一数据管理标准，推动系统间各层级数据的互联互通和共享聚合，构建符合本地工作实际的风险指标模型，实现数据智能动态巡检，实时扫描预警。三是集成指挥调度，提升治理质量。构建集成高效的指挥调度平台，对办税服务情况进行实时监测，及时调配资源，进行高效决策部署。

2. 强化与外部门的信息共享、管理共促、服务共融，完善社会共治格局。一是积极融入“数字政府”建设，以深化建设“城市大脑”为契机，打通与外部门的信息共享和业务联办渠道，降低制度性交易成本，优化社会公共服务。二是引导涉税专业服务充分发挥作用，并加强对涉税专业服务机构的服务质效监督评价，促进其健康快速发展。利用税收协会、税务志愿者等社会服务资源，通过政府购买第三方服务等方式，建立多元化、阶梯化服务格局，形成服务共治力量。

参考文献

[1] 国家税务总局纳税服务司课题组．从明确纳税服务定位角度看纳税服务现代化体系建设[J]．税务研究，2022（05）：121－127.

[2] 童雷．浅谈如何高质量建设税费服务新体系——基于办税服务厅视角[J]．新理财（政府理财），2022（12）：59－63.

[3] 万兴．拓展非接触式办税的基层实践与设想[J]．湖南税务高等专科学校学报，2021，34（02）：66－69.

[4] 于荣荣．推进“非接触式”办税缴费常态化[J]．中国税务，2021（02）：65.

[5] 张慧娟．常态化疫情防控背景下纳税服务优化研究[D]．济南：山东大学，2022.

[6] 张巍，田霏，郭墨．数字驱动下优质高效智能新型纳税服务体系的构建[J]．税务研究，2022（09）：79－83.

[7] 周林．成都天府新区非接触式办税缴费服务优化研究[D]．成都：四川大学，2021.

课题组组长：夏国强

成员：李娜、周亮、翁晓婷（执笔人）、陆蔚玲

发票电子化背景下助推税费服务智能化升级的研究

国家税务总局杭州市税务局第二税务分局课题组

摘　要：发票电子化改革尤其是全面数字化的电子发票（以下简称数电发票）的推广给传统税费服务模式带来了诸多挑战，同时也为税费服务的智能化升级带来了契机。当前，税费服务智能化升级过程中面临办税需求与数据分析薄弱、服务资源不足、应用规划缺乏等问题，因此，在数电发票推广的环境下，应聚焦重点问题，分类精准施策，推进“五大机制”变革，实现新形势下税费服务体系的智能化升级。本文以H市在数电发票推广和税费服务智能化升级的做法成效为参考，对当下存在的突出问题展开分析，寻找更好推进税费服务智能化升级的实现路径。

关键词：发票电子化　税费服务　智能化升级

一、发票电子化与税费服务智能化的基础性理论

（一）研究意义。数电发票的推行是发票电子化改革中具有里程碑意义的一步，在优化税费服务质量、提高税费服务效率、加强涉税服务相关的风险防控等各方面发挥重要作用，是我国税务工作适应数字化时代发展要求的重要举措。数电发票具有发票形态数字化、发票开具智能化、信息集成统一化、防伪溯源一体化等相较传统发票的系列优势。从实践意义上看，面对发票电子化变革浪潮，研究税费服务如何更好地实现智能化升级成为目前税收事业的务实之需，以发票形式变革促进服务方式变革成为当前优化税费服务工作的重要切入口。从理论意义来看，当前对发票电子化改革和税费服务智能化升级的研究理论仍处于发展阶段，需要以点带面、立足全域视角形成易复制、可推广的理论成果。因此，发票电子化背景下助推税费服务智能化升级的研

究具有重要理论价值和实践意义。

（二）税费服务智能化的背景与任务。税费服务智能化的背景主要源于以下几个方面。一是数字经济时代的到来。传统的税费服务模式已经无法满足现代化社会对于高效率、高精度、高质量的要求，因此税务部门需要通过数字化手段实现更加精准和高效的税费服务。二是“互联网+”时代到来。“互联网+”手段可以大大提高征纳双方之间的沟通效率和服务水平，同时也可以为税务部门提供更多数据支撑和决策依据。三是智慧税务建设得到了国家政策的大力支持。国务院有关文件明确提出了要建立智慧税务服务平台。《关于进一步深化税收征管改革的意见》指出，要以发票电子化改革为突破口，建设具有高集成功能、高安全性能、高应用效能的智慧税务。要稳步实施发票电子化改革，全面推进税收征管数字化升级和智能化改造。国家税务总局近年来学习借鉴各国先进经验，着力在网上和云端构建科学的数字税务系统，全方位整合优化服务资源。

税费服务智能化的任务可以分解为以下几个部分。一是提高服务效率。通过数字化升级，可以实现数据共享和信息交流，避免税费漏报和重复征收等问题。同时，数字化手段可以帮助纳税人缴费人更好地了解自己的办税缴费情况，减轻负担。二是优化服务质量。通过“互联网+”手段，实现24小时在线咨询、自助申报等功能，为纳税人缴费人提供更加全面和个性化的服务。三是推进风险管理与优化服务融合。通过智能化改造实现对税费情况的实时监测和分析，及时发现潜在风险，避免税收漏洞。秉持“寓监管于服务”的理念，将前台服务与后台监管有机融合，通过服务优化间接带动管理升级。总之，税费服务智能化是为了适应数字经济时代的发展要求，利用“互联网+”手段和国家政策的支持，从而提高服务效率、优化服务质量，推进风险管理与税费服务深度融合。

（三）发票电子化与税费服务智能化升级的内在联系。在数电发票广泛试点推广的大环境下，税务端传统的税费服务模式面临新的问题与挑战，如传统的无差别式办税缴费模式服务资源不足、服务效能较低，技术升级带来业务风险问题、系统迭代带来业务流程与管理模式发生变化等；纳税人缴费人端也不断衍生出新的税费服务诉求，如纳税人缴费人对智能化、便捷化服务的预期不断增强，数电发票推行给纳税人缴费人带来更多的咨询服务需求和学习成本。

同时，发票电子化也为税费服务智能化升级提供了契机与机遇，发票管理的去介质化将彻底改变传统发票管理模式，从而影响业务处理模式的改变，有助于更好地归集、加工、应用发票信息、业务数据等数字化资源，数据集成赋能将使人力资源从简单重复的工作领域流向电子化管理、自动化改造等工作领域。所以，智能化升级可以依托发票电子化带来的人力集约、数据集成、资源集中的优势，促使税费服务从人力密集型向风险防范型、技术应用型转变。因此，税务部门需直面发票电子化改革大潮下的机遇与挑战，乘势而上、顺势发力，重塑业务处理流程和税费服务模式，助推税费服务智能化升级。

二、推进税费服务智能化升级的探索与实践（以H市税务局为例）

（一）推进税费服务智能化升级的主要做法。H市税务局将“省、市局顶层设计”与“各区（县、市）局基层探索”有机结合，全面推进税费服务数字化升级和智能化改造，探索构建可推广、可复制的数电发票助推税费服务智能化升级新模式。一是打造办税智能化服务体系。借助多元化服务力量，打造H市特色智慧办税服务点，搭建无人远程智慧办税微平台，集成现有所有办税渠道，一键直联咨询响应中心，将线下窗口平移至线上，一体化集成线上业务办理、咨询、辅导渠道，构建“1+5+N”的新型税费服务体系。二是打造数据智能化处理体系。以问题为导向，以业务难点为突破口，以“数据+赋能”为驱动力，通过业务、数据、技术、资源相融合，推动系统集成，增进前台与后台高效衔接。三是打造H市“智慧税务中台”。中台以实现精细服务和精准监管深度融合为目标，以业务集中处理大数据为驱动力，通过优化业务集中处理功能、启用前后台同步监控提升数据质量、构建风险扫描平台防范服务风险、打造分类分级模块统筹指挥调度，致力于打造具有高集成功能、高安全性能、高应用效能的“智慧税务中台”，拓展H市智能化税费服务新内涵。

（二）税费服务智能化取得的主要成效。H市税务局在数电发票推广中税费服务智能化水平显著提升。一是数智服务管理更加深化。数据集成、加工、分析等一系列数字化升级措施使数据集成应用、税费需求分析、服务资源配置等得到智能化改造。数电发票的推行在提升办理效率的同时节约了税务机关人力资源，释放的人力资源优化配置到加强业务精准处理和风险防控等岗位，整体工作质效显著提升。二是线上需求响应更加高效。依托“智慧税务中台”精准监控实现了各类办税需求的精准及时聚焦，目前H市电子税务局业务响应质效明显提升，主要体现为“两降一升”，即单笔业务平均响应时间缩短；业务不予受理率下降；业务受理正确率提高。三是“非接触式”服务更加精细。依托“智慧税务中台”监控全市电子税务局累计未办结情况，保证电子税务局业务应办尽办，有效提升了“非接触式”办税服务便捷性和精细度。税费服务需求的“大数据”分析为精细服务纳税人缴费人提供了数字化道路。四是后台风险应对更加精准。针对数电发票上线后新系统更新，优化传统发票自动化发放的系统设置。依托“智慧税务中台”投射各类热力图、散点图，扫描各类风险指标，监控流程办结期限，将大额发票代开数据纳入监测范围，助力锁定重点风险区域和风险事项，精准研判应对管理风险，防范化解各类执法风险。

三、发票电子化助推税费服务智能化升级面临的问题

（一）数字资源整合和系统集成优势有待挖掘。在数电发票推动税费服务智能化升级的过程中，面临数字资源整合和系统集成方面的问题，主要有以下几个方面。一是数据质量参差不齐。由于数电发票涉及环节较多，各环节数据质量不尽相同，如有些数据存在缺失、错误或重复等问题，给数据整合带来了一定难度。二是系统集成难度大。数电发票涉及多系统功能协同，但由于各系统数据格式、接口等不统一，导致集成难度较大，无法实现信息顺畅流动。三是数据孤岛现象。数电发票的推广使各部门和系统之间的数据交互和共享变得更加频繁和重要。然而，这些系统和部门之间的数据标准、格式和流程可能存在差异，导致数据孤岛现象的出现，影响数据的整合和共享。四是数据管理难度。随着数电发票的普及，将会有大量的数据产生，这些数据的格式、标准和管理方式可能存在差异，给数据质量和管理带来了一定的难度。如何保证数据的准确性、完整性和一致性是一个重要的问题。

（二）需求精准分析和办税精细服务有待优化。发票电子化背景下，税收业务不断发生变化，带来了多个税务信息系统的转变升级和庞大的数据处理量。如何适应这一形势，是现有的税费服务体系和系统运维机制要面临的巨大挑战。对于纳税人缴费人较为个性化和细节化的服务需求和系统问题，税务机关目前偏重于按个案处理，忽略对问题的整合分析和对需求的深层次挖掘，缺乏专门的需求采集团队，无法将解决个案问题的经验转化为解决体制机制问题的良性制度，造成需求响应的碎片化。此外，根据对H市税务局业务集中处理中心的调研，发票类业务总量占集中处理业务的比重较高。可见，数电发票领票流程更简化、开票用票更便捷、入账归档一体化的优点可以将征纳双方从重复繁杂的发票相关工作中解放出来，大力推动了纳税人缴费人等税费服务对象的数字化发展。但也在一定程度上推进了传统行业模式转型，使企业的生产经营方式、模式和内容日益复杂，从而促使纳税人缴费人对税务机关的税费服务提出了更精细、更优质、更高效的要求。

（三）服务应急管理和业务内部控制有待加强。数电发票推广过程中技术、数据安全和用户接受度等方面的问题都会对税费服务产生影响。首先，面临数据安全问题。数电发票的开具、存储和传输涉及大量数据信息，如何保障数据的安全性和隐私性是一大挑战。其次，面临法律法规问题。数电发票的推广应用可能涉及现有法律法规的调整和完善，如何与现行的税收法律法规做好衔接，是需要解决的重要问题。再次，

面临用户接受度问题。对于长期使用传统纸质发票的用户来说，可能需要一段时间来接受和习惯数电发票的使用。最后，面临成本问题。对于一些小型企业或个体工商户来说，引入数电发票可能需要一定的成本投入，这也是全面推广数电发票需要考虑的问题之一。这些问题对税费服务产生的影响需要在今后的智能化升级过程中充分予以考量，便于培优数电发票相关服务，推动数电发票的广泛应用。

（四）整体应用规划和部门协同机制有待建立。技术变革引领时代浪潮，数电发票实现了要素数字化、流转无纸化，发票数据覆盖面广、颗粒度细，有效地推动了税务机关数字化水平的提升。云计算、大数据、人工智能、RPA 等技术的应用深度也随之不断拓展，但其在税费服务的流程设计和具体实践中仍缺乏整体一盘棋谋划和系统一体化推动，导致技术革新的效果大打折扣，未能完全满足纳税人缴费人的实际需求。税费服务智能化的打造过程不但依赖税务部门内部各环节的整体性流转与衔接，还有赖于跨地域、跨系统、跨部门的共治与协同。但当前不同省份、不同部门的信息系统相互独立、自成一体，没有相同的接口标准和信息共享平台，部门间数据交互程度和联合辅导力度有待进一步提高。在实践中仍存在部分数据传递时效性不高、数据规范性不足、数据交换流程不明确、数据管理不到位等问题，对部门间便捷化协同造成阻碍。信息的共享利用受到了制约，税费服务的即时性和便捷性也受到了影响。

（五）现代税收思维和数字化人才培养有待培优。传统的税收思维中，税务人员习惯性依赖经验作出判断，对于现代信息技术的认知停留在指标、系统、平台和数据处理工具等浅显层面。部分税务人员还未摆脱此种思维惯性，缺乏现代化税收思维，限制了税收大数据与现代信息技术在税费服务工作中的应用深度。另外，虽然目前税务干部正在向高素质和年轻化的方向转变，但由于年龄结构、专业素质和技术能力的限制，仍有部分干部对现代信息技术的掌控和运用能力较差，对涉税数据的分析和处理能力也相对有限，与企业的实际需求存在距离，无法满足税费服务智能化升级的需求。

四、发票电子化背景下税费服务智能化升级的实现路径

本文以构建“五大机制”为抓手，探索发票电子化助推税费服务智能化升级的实现路径。形成以数据应用机制为基础，场景服务机制与服务应急机制为主体，信息共享机制为驱动，人才培养机制为支撑的税费服务新模式，着力实现税费服务智能化升级的最终成效。

（一）建立高效的数据应用机制，统筹“信息归集”。在税费服务数字化升级和智能化改造过程中，信息归集和数据加工应用是关键的环节之一。一是依托统一的数电

发票平台。该平台可以制定统一的数据标准、数据交换格式和数据处理流程，以方便不同系统之间的信息共享和交互。二是强化信息归集和数据治理。制定有效的数据治理策略，对数据进行统一的收集、规划和管理，保证数据的准确性、完整性和一致性。同时，要建立数据质量监控机制，及时发现和解决数据质量问题。三是建立高效的数电发票数据处理机制。处理大量的数电发票数据，包括数据的存储、处理、分析和应用等方面，以提高数据处理效率和应用效果。四是制定数电发票推广策略和激励措施，拓展使用范围。包括政策扶持、税收优惠、培训支持等，鼓励企业和个人使用数字化电子发票。五是构建智能的运维处理系统。建议建立集快速提报、常用模板、智能运维客服、互动评价、统计分析和移动处理功能于一体的运维处理系统。

（二）建立精细的场景服务机制，实现“因需定制”。税费服务因需定制，提供精细的场景服务，可以通过以下几个方面实现。一是需求分析和挖掘。通过对税费服务需求进行深入分析，挖掘需求背后的场景，例如退税申请、发票缴销等，根据不同需求提供个性化服务，建立反馈和改进机制。及时收集纳税人缴费人对智能化服务的评价和建议，对存在的问题及时进行改进和优化。二是全方位优化整合服务资源。针对不同的税费服务场景，建设场景库，包括场景的描述、涉及的税费政策、业务流程等内容，将税费优惠政策及时精准地匹配到每一个适用的纳税人缴费人。在此基础上，加快传统技术平台（如机器人流程自动化）的智能化改造，进一步提升业务处理效率、释放人力资源，形成可推广可复制的自动化场景。三是智能咨询服务。利用人工智能技术，建立智能咨询服务平台，通过自然语言处理等技术，自动回答用户的问题，给纳税人缴费人带来“办问协同”的服务体验。四是个性化服务推荐。通过对纳税人缴费人历史行为的分析，推荐个性化的服务内容和形式，例如通过短信、微信、App等多种渠道推送定制化的税费服务信息，方便获取和使用。

（三）建立规范的服务应急机制，强化“堵疏查漏”。在数电发票方面的服务需建立规范的应急管理和内部控制机制，落实“寓管理于服务”的理念，以避免税费服务过程中各种潜在风险和问题。一是加强数电发票开具使用方面法律法规的宣传辅导，只允许符合规定的企业和个人使用数字化电子发票，并对其使用行为进行服务引导。二是建立数电发票的内部安全机制，包括加密存储、传输和身份验证等措施，保证数据的机密性和完整性，建立有效的风险评估和监控机制，及时发现和解决潜在的安全风险和问题，包括数据泄露、篡改或破坏等问题。三是建立服务异常情况反馈机制，对数电发票服务过程中出现的异常情况进行实时预警，将服务过程中发现的潜在异常情况及时反馈至管理部门，便于管理部门后续对数电发票的开具和使用进行监督，及时发现和纠正违规行为。

（四）建立便捷的信息共享机制，秉承“协同共治”。牢固树立“整体政府”理念。进一步深化各部门的团结协同，逐步消除管理和服务边界，通过业务融合、数据融合、技术融合，实现跨系统、跨部门的智能化响应、全数据决策支持、全流程协同联动，共同致力于向纳税人缴费人提供无缝隙而非分离的服务。一是制定信息共享规范和标准。明确不同部门和不同业务系统之间的信息共享流程和格式，确保信息共享的规范性和互通性。二是建立信息共享平台和系统。建立信息共享平台和系统，将不同部门和不同业务系统的信息进行整合和归集，方便相关人员获取和使用。三是促进部门之间的协同。在税费皆重的新形势下，推进税收收入外的社保费征收和非税收入征收智能化升级已成为新时代税务机关的重要职责。对于社保费和非税收入征收来讲，加强税务部门与人力社保、医保、财政、自然资源等外部门的协同合作。四是加强信息共享的安全保护。在信息共享过程中注意信息保密，采取有效措施确保信息的机密性和完整性。

（五）建立专业的人才培养机制，坚持“带好队伍”。人才建设上既要用好现有人才，又要培育优秀人才。将具有税收业务、数据管理、信息技术多重背景的复合型、实用型人才配置到核心工作岗位上，加强业务岗位人员与信息技术岗位人员的交叉流动，突破人才发展的瓶颈。持续鼓励税务干部结合日常工作，提出创新性工作思路，通过引导基层税务干部创新的方式，在深化其综合认知的同时，也为税收现代化发展提供更多智慧。同时，要培养优秀人才，与高等院校、尖端企业等社会组织合作，加强对税务部门业务骨干的科学理念引导和前沿知识灌输，增强对年轻干部在科技、信息化等方面的培训，不断提高税务人员对数字化的理解能力和数字化工具的应用能力，选拔培养符合税费服务数字化转型要求的税务英才，为税收现代化建设提供坚实的人才保障。

五、构建智能化税费服务体系的远景展望

“以数治税”将成为未来重要的税费服务模式。在税费服务领域智能化生态系统构建中，发票电子化治理所依托的数字化变革正是税费服务领域手段与方式智能化变革的关键环节。从实践来看，纳税人缴费人多元化需求所要求的个性化办税缴费服务，需借助大数据、云计算、物联网、人工智能、区块链等技术应用于税费服务领域，其中税收大数据集成应用是实现智能化的基础。

数电发票的推广可以实现税费服务数据的智能化应用。数电发票可以与大数据、人工智能等技术手段相结合，实现对税费服务数据的智能化分析和应用。这有助于提高税务部门的监管能力和服务水平，同时可以为政府决策提供更加准确、及时的数据支持。总体来说，数电发票的推广和应用是未来税费服务智能化升级的重要趋势之一。可以肯定的是，数字化、智能化、便捷化将是未来税费服务的重要发展方向。

参考文献

[1] 李嘉亮. 以数治税改革推进税收治理新格局 [N]. 中国会计报，2023（14）.

[2] 刘越. 增值税电子发票的应用风险及应对措施 [J]. 投资与创业，2023（17）：154－156.

[3] 任强. 纳税服务智能化创新面临五大难题 [J]. 中国商界，2023（07）：122－125.

课题组组长：朱敏

成员：张晨阳（执笔人）、周尔陆、程典、鄢梦恬、杨丰瑞

大数据赋能税收风险一体防控问题研究

国家税务总局杭州市税务局第三税务分局课题组

摘　要： 随着大数据技术的发展和税收征管方式的转变，大数据以及大数据技术在税收风险防控中发挥着日益重要的作用，特别是在全面数字化电子发票推广运行的背景下，其标签化、要素化的特征，高实时、全在线的特点，极大丰富了税收大数据，为税收风险的一体防控带来了新机遇。在此背景下，如何运用大数据更好地赋能税收风险的一体防控，提升风险防控的精准性和智能化，成为重要课题。本文在分析大数据为税收风险一体防控带来新机遇的基础上，阐述大数据和大数据技术在税收风险防控中的创新应用，探讨大数据背景下税收风险一体防控面临的问题，并提出相关对策建议，以期为精准实施“全税（费）种、纳税人全生命周期、税收征管全环节”的风险智能精准防控，逐步打造执法服务监管“一体式”、内外风险防控“一体化”的智能风险防控体系，提供参考。

关键词： 大数据　税收风险　一体防控

一、引言

“大数据”是指无法在可承受的时间范围内用常规软件工具进行捕捉、管理和处理的数据集合，具有海量的数据规模、快速的数据流转、多样的数据类型和低价值密度四大特征。其中，与纳税人以及税收征管有关的数据，称为税收大数据。税收大数据来源主要包括税务系统内部数据；其他政府和社会组织等部门数据；以及互联网、报纸等公开信息。

2021 年 3 月，中共中央办公厅、国务院办公厅印发了《关于进一步深化税收征管改革的意见》，提出“建设以税收大数据为驱动力的具有高集成功能、高安全性能、高应用效能的智慧税务，深入推进精确执法、精细服务、精准监管、精诚共治”。自此，智慧税务建设开启了“以数治税”新路径，尤其在税收风险精准监管方面，迫切需要依托大数据技术，拓展“数据＋业务规则”大数据分析模式，推动全税种综合联动分析、全周期动态智能防控、全链条风险穿透管理。

特别是在全面数字化电子发票（以下简称“数电票”）推广运行的背景下，其标签化、要素化的特征，高实时、全在线的特点，极大丰富了税收大数据，为税收风险的一体防控带来了新机遇。在此背景下，如何运用大数据，从海量的数据中发现潜在的税收风险，运用“信用＋风险”新型监管机制，精准实施“全税（费）种、纳税人全生命周期、税收征管全环节”的风险智能精准防控，提升精准识别、智能推送、高效应对、全程监督、闭环管理的税收风险一体防控效能，逐步打造执法服务监管“一体式”、内外风险防控“一体化”的智能风险防控体系，是关键问题。

二、大数据为税收风险一体防控带来新机遇

（一）促进税收风险防控思路转变。依托大数据技术，将标准化的数据汇聚到总省协同的统一数据库进行处理和调用，使不同系统间的数据实时按户、按人归集，能够大幅提升各税（费）种风险一户式统筹管理效率。运用数据流打通业务流全环节，更加客观、全面、科学地对纳税人税收风险进行研判，为对纳税人全生命周期、全交易链条的风险开展一体防控提供了可能。同时，面对征管资源相对有限的管理现状，运用“信用＋风险”动态监管机制，将依靠流转审核、经验判断的传统管理模式，向依托数据驱动、信用评价、智能监控的新型风险管理模式转变，实施精准的差异化、递进式管理服务，可将有限的征管资源投向中高风险纳税人，避免对低风险纳税人不必要的打扰。

（二）为税收风险识别提供分析工具。当前税收风险分析方法主要是数据比对法，税务机关将所掌握的信息与纳税人申报资料进行逻辑比对，以判断纳税人是否如实申报纳税。分析时，主要采用基于小样本数据计算的峰值简单地对指标进行分析判断。大数据时代，税务机关可以采用多种数据挖掘方法，如神经网络、随机森林、分层聚类、关联队则分析、贝叶斯网络等以机器学习为主的分析方法，建立税收数据挖掘算法模型，从大量的、不完全的、有噪声的、模糊的、随机的数据中提取隐含其中的税收风险信息，快速识别税收风险。

（三）丰富税收风险防控信息数据。数电票运用“标签”和“要素”，通过“数据＋规则”驱动，解决了特殊行业、特定商品及服务以及特定应用场景下所需呈现的发票信息不同的问题，将原税控发票中纳税人在备注栏必填的内容，设置为可采集的

要素数据项，极大丰富了税收风险防控的大数据基础。政府公共数据平台的建立，实现了政府部门数据共享交换，运用网络信息采集技术，对互联网数据实时提取，为税务机关带来可供深度挖掘和分析的、具有巨大潜在价值的海量信息，为弱化征纳双方信息不对称，提高税收风险防控的准确性和主动性带来了新机遇。

三、大数据在杭州市税收风险防控中的创新应用

（一）内外部数据融合计算，靶向锁定税收风险。第三方政府部门掌握着大量企业登记许可、资产变动、生产流通要素等可能的涉税信息，通过涉税信息共享交换，将外部门掌握的纳税人经营活动信息，运用于税种税源风险管理，可有效消除因征纳双方信息不对称产生的监管盲点。如聚焦工商业房产、地产的取得、持有、转让全环节，在安全可控的前提下与规资、城建、经信等部门实现信息交换，开展跨部门信息比对，靶向定位税源信息漏登记、税种间联动校验不通过、出租行为少缴房产税、转让房产未清算等税收风险，为实现不动产全周期风险一体防控提供了多元视角。

利用大数据技术，动态获取互联网上的公开信息，及时掌握企业生产经营的动态数据，多维分析纳税人的经营模式、投资偏好及纳税行为，有利于展示每一户纳税人的真实风险画像。如通过互联网采集企业股权转让、资产拍卖等信息，打破企业跨省交易信息壁垒，通过涉税交易信息与纳税申报信息校验，可有效防控企业股权、拍卖等大额交易的涉税风险。

（二）依托大数据平台，提升风险防控算法算力。立足于现有征管系统和查询平台，利用大数据、云计算、人工智能等新技术，打造统一规划的省级大数据平台，是满足各级税务部门数据查询需求、避免低层次重复建设、提升风险防控算法算力的有效途径。省级大数据平台整合内外部数据资源，综合利用离线大规模计算及存储组件、分析型数据库、对象存储、关系型数据库，采用 Restful 等数据应用工具，集成智能分析（business intelligence）等数据分析应用框架，提供一站式数据采集、数据存储、数据加工、数据分析、数据应用的解决方案。

依托省级大数据平台，在实现综合查询的基础上，利用纳税人画像、企业关系图谱以及发票大数据等一系列创新应用，可有效提升税收风险防控的数字化、网络化、智能化水平。根据大数据平台功能组合，个性化开发发票增值税申报联动查询、欠缴税费一体化管理、房产税税源情况统计、未申报纳税人开具专票情况查询等功能模块，以满足个性化防控需要，推进税收风险的精细化管理。

（三）运用智能化提醒服务，消除事前潜在风险。面对征管资源相对有限的管理现状，需要税务机关充分利用大数据精准提醒辅导方式，使风险防控从税务人员事后

应对向纳税人自我纠正转变，将纳税人低等级风险消除在“事前”状态，有效释放事后管控的人力资源。如对既往风险管理事项中纳税人易漏易错事项进行全面梳理，运用大数据扫描和跨区域情报信息归集异常风险数据库，针对企业股权转让收益未确认、跨区域收受异常发票、滞纳金和罚款未作纳税调增等企业所得税汇算清缴易漏易错事项，开展事前提醒服务，根据数据校验结果生成提醒名单，精准直推至纳税人。纳税人接到提醒后主动自查自纠，提前化解风险，将税收风险消除在萌芽状态。

（四）构建进销行为图谱，及时精准监控虚开行为。整合系统间关联信息，构建面向风险管理的纳税人与发票两大主题集合，依托主题集，以风险企业为锚点，以企业运作规律为线索，聚焦新办企业、风险集中行业，从企业开票商品主要类目、发票金额、上下游地区、上下游交易方等要素进行行业、产业的链式分析，构建细分行业、产业“进销行为图谱”，包括行业、产业主要进销商品类目及金额量级、主要的供货地和销售地分布、上下游主要交易方、金额波动曲线等。

以“图谱”为参照系，对单户企业的购销商品按照产品结构智能组合进行整体比对，智能识别企业购销不匹配、短期内开票内容偏离其行业惯性的异常波动等情况，在监管新办企业虚开风险、隐藏较深的虚开行为等方面更加精准及时。

四、大数据背景下税收风险一体防控面临的问题

（一）海量数据尚需进一步采集挖掘。税收风险防控过程中，大数据充分应用的前提是大数据环境下内外部涉税数据的全面采集，但目前数据采集的力度仍有提升空间。一是涉税数据来源渠道仍需拓宽，目前涉税数据主要通过纳税人申报获得，缺乏反映纳税人日常经济活动的动态数据，互联网等公开渠道的涉税数据仍有很大的挖掘空间。二是第三方数据获取难，虽然国家税务总局提出了“供数”“要数”“管数”“用数”的数据治理要求，但是部门间数据共享还存在共享数据有限、外部协调难度大等问题，外部数据谁交换、谁使用，应用价值局限于单个业务条线或单项具体业务，没有实现信息资源更大范围共享和深度增值利用。

（二）数据集成效率和高效处理应用仍需提升。一是通过数据集成提升数据实时可用的能力仍需提升。数电票与其配套的电子发票服务平台、可信身份管理平台、税智撑平台等系统平台的应用，在数据的算量、算力和综合运用上有了长足的进步，但各平台间、平台内部各功能间，数据链路繁复，数据调用、运算的时滞较长，数据汇聚、运算应用的场景仍然有限，数据准确性仍需提升，实际操作中仍存在需频繁切换系统、校验数据、对接结果等现象，容易造成税收管理各环节间风险防控的脱节调档。二是数据的高效处理应用能力仍需提升。数据的处理应用是更好地实现数据赋能的关

键，如何在正确处理数据的同时，及时淘汰无效数据、过期数据，避免冗余数据，防范“数据孤岛”“数据休眠”，使数据在各业务条线、风险一体防控各环节实现自由流动，也是一个巨大的挑战。

（三）税收风险的一体布控仍需完善。税收风险一体防控应按照“以数治税”理念，以“信用＋风险”为导向，以“一户式”“一人式”“一局式”“一员式”管理机制为抓手，通过科学分级分类，实现专业化、集约化、递进式的风险防控，但是税收风险的一体布控尚未有效落地。一是各税（费）种风险“一户式”防控机制尚未充分落地。各税（费）种风险管理缺乏统一规划部署和协同性，存在职能交叉重叠、职责界限模糊的问题，尚未形成层层推进的工作局面。在跨层级、跨区域、跨部门的协同上，单主体、单业务、单事项的风险防控机制与纳税人跨区域、跨平台、线上线下相融合的经营模式不相适应。二是全环节、全链条风险一体防控的力度有待加强。传统的事后监管模式，难以适应当前复杂的税源状况，事前、事中风险防控还缺乏对大数据技术的融合运用，尚未实现对纳税人从开业、赋额、开票、申报、退税、注销等全生命周期的精准监管，以及对经济交易全链条的穿透式风险防控。

（四）税收风险防控精度仍需提升。各类市场主体数量的快速增长，加之涉税违法行为日益专业化、集团化、隐蔽化，对税收防控精度提出了更高要求。与此同时，数电票采取发票赋额制，实现了开业即开票；数电票开具无须税控介质，企业在线开票更为方便，企业违法成本更低，这都对税收风险防控响应的速度和力度提出了更高的要求。常见的税收风险分析方法仍是以统计分析和票表比对为主，大数据建模估算分析的应用深度不够，综合识别校验能力有待进一步提高；运用数据挖掘等智能分析方法，做到多种数据类型综合分析，精准预测并有效锁定税收风险，还处于探索阶段。

（五）内外风险一体防控模式仍需完善。税收风险的一体防控不仅需要关注外部风险，也需要加快构建内外部风险联动机制。税收业务管理与内控管理的融合机制尚未成熟，各层级各部门之间的职责交叉、责任缺位和越位情况同时存在，难以充分激发基于同一数据要素开展风险管理全环节的内部风险防控效能。在防范纳税人税收风险的同时，智能化地防范税务人员执法风险方面，有效发挥党务、政务、业务的协同联动作用方面，与“四个有人管”管理闭环工作要求还存在一定差距。

（六）适配“数据＋业务”的复合型人才短缺。大数据时代的税收风险防控工作，需要专业的技术人员具有关联思维，应用大数据技术、产出数据风险防控产品。当前，税务系统大数据专门人才缺乏，税收风险管理人员普遍存在年龄结构偏大、对大数据的理解认知不足、对风险一体防控的掌握和运用不够的情况。风险智能防控也离不开业务与技术并重的复合型人才，而目前通晓某一税种的骨干有，将各税（费）种融会贯通的人才少，既通晓税收风险防控业务逻辑又能将其转化为大数据语言的业务与技术兼备的复合型人才较少。

五、大数据赋能税收风险一体防控的建议

（一）完善涉税数据采集体系，提升税收大数据全面性。

1. 优化数据采集规划。做好数据采集的顶层设计，包括对数据量级的有效评估、维度的正确把握，将不同量级、不同质量的数据处理纳入数据收集的前期规划之中，避免收集无用、重复、过时的数据。统一规范税收元数据，明确数据管理标准，提升数据的规范性与完整性。

2. 扩大对第三方政府部门涉税数据的采集范围。借助政府公共数据平台，建立常态化的数据共享协调机制，拓宽外部门数据获取渠道，扩大数据采集广度，强化数据共享共用，实现涉税数据多维度归集、比较、连接、聚合。

3. 持续深挖税收大数据潜能，加大外部数据获取力度。积极引入网络爬虫、图形识别等大数据技术，广泛抓取互联网上碎片化的涉税信息，当网络上出现土地交易、重大经济往来、投资等信息时，迅速洞察其中可能存在的涉税信息。提升对于非结构化数据的整合、提优、去重能力，做到在结构化处理的同时，保留原始信息，为风险一体防控留下一手信息。

（二）深化税收数据“八大集成”，推进数据资源共享共用。

1. 强化数据集成使用效率。将税收风险防控中涉及的岗位职责、业务规则、数据情报、系统支撑等视为整体，打通林立的系统、集成散乱的数据，通过不断完善总省协同的“税智撑”平台和省级税收大数据平台，在确保信息安全的基础上，实现税收数据按天全量集中和智能归集，并以此为基础，深入推进经济交易信息“一票式”集成，法人税费信息“一户式”集成，个人税费信息“一人式”集成，税务人员履责信息“一员式”集成，税务机关信息“一局式”集成，税务系统信息“一揽式”集成，执法服务监管“一体式”集成，内外协同共治“一并式”集成等“八大集成”，实现数据自动灵活组合，夯实税收风险一体防控的“数字基座”。

2. 提升数据处理应用能力。一方面，结合实际应用场景，不断优化数据加工清洗逻辑，及时更新数据字典与数据目录，做好数据管理；建立数据定期更新机制，避免过期数据的应用对于税收风险一体防控精准性的负面影响。另一方面，细化数据脱敏和数据权限管理，对于不同的前后台应用场景，采取不同的管控措施，既便于数据的广泛应用，又避免出现数据失控的情况。

（三）强化风险全周期跨事项一体防控，实现链条式监管。随着发票全领域、全环节、全要素电子化的深入推进，发票数据可以实现上下游链条式管理，有利于纵向开展开票方和受票方的数据穿透，横向聚焦纳税人从开业到注销全环节风险，实现发票开、受、用、管的全链条式风险防控。

1. 发票联动各税（费）种一体防控。从发票以及发票反映的要素入手，对企业经营行为开展全税（费）种、一户式分析，实现单点数据异常触发不同对象、不同税（费）种的关联风险排查，通过发票与税种、税种与税种的联动分析，全方位透视企业的税收风险，提升风险分析质效，解决条线间多头分析问题。

2. 开展企业全生命周期一体防控。将风险防控贯穿纳税人开业、赋额、开票、代开、用票、申报、退税、注销的全过程，利用单一环节发现的风险，根据业务间的内在关联关系，将涉税风险传导至其他业务环节和纳税服务全流程中，实现风险单点触发到事前服务、事中征管、事后防控全程多点防控，提高风险防控的精度和速度。

3. 开票方和受票方风险穿透防控。强化“开受”两端一体防控理念，根据开票企业的异常行为程度，差异化采取提醒、阻断等管控措施，并及时提醒、传导至其下游企业，阻断下游发票抵扣、冲抵成本、留抵退税、出口退税等，阻断违法行为的影响；通过对受票方进销异常、发票流向异常等情况进行分析，对其开票方进行穿透分析，实现开票方和受票方的穿透联动管理。

4. 深化法人、自然人一体布控。从企业六员①的关联关系出发，构建与风险企业关联的自然人关系图谱，当企业被认定存在涉税风险后，其相关联的六员人员则被列入重点监控名单；以单个自然人风险为出发点，加强对自然人风险的“一人式”管理，以自然人维度视角拓展企业法人分析链，建立个人投资链、关联关系链，进一步提供法人风险管理线索，实现“企业—六员—企业”的一体布控。

（四）开展智能化分析建模，提升税收风险一体防控精准度。

1. 健全风险分析研判机制。完善“一户式”风险分析机制，构建完善覆盖当前重点行业、领域和事项的全流程、各环节的大数据算法模型，定期对模型准确度进行评估和修正，加快风险指标更新和迭代，不断提升算法模型的精准性。如在目前重点关注的数电票风险防控领域，既要从数电票的设计上出发，研究其风险防控有别于传统发票风险防控的策略，也要结合实际的业务场景和已经产生的数据，进一步精细化数据处理，提升数电票应用的精准性。

2. 提升风险防控模型算法的智能化水平。依托大数据、人工智能、机器学习等现代信息技术，通过对大量历史风险任务数据进行机器学习，利用智能算法将纳税人业务数据和操作行为作为风险分析原点，精准提炼税收风险特征，运用“数据＋业务规则”智能建模，进一步提升涉税风险感知能力和风险防控的智能化水平。

（五）提升内控监督融合力度，实现内外风险防控一体化。国家税务总局提出着力构建“信息系统＋业务应用＋内控督审”的“大三角”，为开展内外风险防控一体化提供了遵循。要以“内外风险一体防控”为主线，打破业务与监督相互割裂的现

① 企业六员：企业的法人、自然人投资人、财务负责人、办税人、开票人、领票人。

状，避免监督死角。

1. 制定外部风控与内部监督相互融合、相互支撑的工作机制。将风险处置与内控管理有效串联，厘清业务流程薄弱环节及执法风险点，明确职责分工及规范流程，在防范纳税人税收风险的同时有效防控税务部门执法风险，形成党务、政务、业务相互融合的工作合力。

2. 强化内控的内生化管理。要注重内控风险在外部风险防控流程中的事前预防和事中监控，从管理理念、制度、系统等多处着力，将“内控”蕴含于数字化岗责体系和风险防控业务规则中，并内嵌于系统。规范各办税事项的操作标准，将操作可能产生的执法或操作风险，根据风险等级采用弹出提示、强制校验等手段实施过程监控管理，最大限度地实现内控内生化、内控系统化，以数字化手段实现廉政风险与执法风险的双降低。

（六）注重复合型人才队伍建设，打造新型一体防控团队。

1. 加强复合型人才培养。积极回应现实需要，加强税务人员专业技能培训，培养技术、业务、管理并重的复合型人才，丰富各个层级税务机关的知识结构，通过建立知识库、人才库、交流分享中心等方式，将风险一体防控的知识和经验，充分传达到需要的部门和人员手中，使全系统的人力资源配置得到优化和提升。

2. 打造横向管理团队。整合数据技术人才资源，建立团队化运作的工作模式，让数据骨干、业务骨干能够加强沟通，改变过往单条线、单环节分析防控的局面，使数据技术与风险一体防控互促共进。

参考文献

［1］冯绍伍，刘霜，常玉华．数字化转型与“一体化”税收风险管理新体系的建构［J］．税务研究，2023（07）：54－61.

［2］宋星仪，宋永生．大数据环境下税收风险管理的路径选择［J］．税务研究，2020（03）：99－103.

［3］李万甫，刘同洲．深化税收数据增值能力研究［J］．税务研究，2021（01）：110－119.

［4］胡立文．深化以数治税应用 强化税收风险防控［J］．税务研究，2021（06）：12－17.

［5］徐朝威．大数据服务大企业税收治理：挑战、经验与建议［J］．税务研究，2023（08）：140－145.

［6］李聪．金税四期背景下智慧税务的构建与实现［J］．地方财政研究，2022（08）：64－72.

［7］王鲁宁，陈忠．“以数治税”下推进税收精准监管的思考［J］．国际税收，2022（12）：61－66.

［8］国家税务总局深圳市税务局课题组．税收风险管理数字化转型研究［J］．国际税收，2020（10）：120－123.

课题组组长：吴海腾

成员：顾婧泽（执笔人）、何刚（执笔人）、鲁翠媛

智慧税务背景下优化自然人税收服务与管理的研究
——基于业务场景角度

国家税务总局杭州市上城区税务局课题组

摘　要：党中央、国务院联合印发《关于进一步深化税收征管改革的意见》，提出到2025年基本建成功能强大的“智慧税务”。国家税务总局领导在全国税务工作会议上提到，税务部门要切实把握“服务对象由单位法人向自然人延伸”的新特点。本文基于上述背景，对优化自然人税收服务与管理这一课题开展研究，选取自然人办理个人所得税年度汇算、不动产交易、股权转让、代开发票等四个业务场景，运用数据分析、案例分析、交流访谈等方法，研究现行征管模式下自然人税收服务与管理过程中存在的问题，并从制度体系、信息系统、征管模式、纳税服务等四个层面进行成因分析，最后提出有针对性的对策建议，为优化自然人税收服务与管理提供参考。

关键词：智慧税务　自然人　服务与管理　业务场景

一、引言

2021年3月，党中央、国务院联合印发《关于进一步深化税收征管改革的意见》，提出到2025年基本建成功能强大的“智慧税务”。2023年，国家税务总局领导在全国税务工作会议上提到，税务部门服务对象涉及数亿自然人纳税人和13亿多缴费人，要切实把握“服务对象由单位法人向自然人延伸”的新特点。随着现代信息技术在税务领域的深入运用以及当今社会中高收入人群规模数量持续增长的现实情况，透过智慧税务视角开展优化自然人税收服务与管理水平的研究既是持续推动税收征管方式转型升级的重要举措，也是更好地满足新形势下自然人纳税人所需所盼的有益探索。

二、自然人税收服务与管理在杭州的实践

（一）纳税服务举措精细智能。

1. 落实“春风行动”做好线上服务。2023 年，杭州市税务局（以下简称杭州税务）以“办好惠民事 · 服务现代化”为主题在全市税务系统连续第 10 年开展“便民办税春风行动”，先后分 4 批共推出 7 大类 93 条便民办税服务措施。依托自然人电子税务局以及浙江省电子税务局，基本实现自然人涉税事项掌上办理、自然人办税“零次跑”。

2. 探索“智慧大厅”做优线下服务。杭州税务坚持以人为本，运用大数据对办税群体的办税行为、实际体验、个性需求等进行智能分析，持续优化线下服务，在进一步满足广大纳税人智慧化办税需求的同时为特殊人员、特殊事项办理提供个性化服务。国家税务总局杭州市西湖风景名胜区税务局推出无人值守智慧办税服务厅，依托“超级大脑”系统实现了“无感入厅、自动实名办税、精准导税分流”。

（二）税收监管执法精准有力。

1. 数据赋能监管精准高效。杭州税务充分利用税收大数据分析等现代信息技术手段，通过数据采集、数据挖掘、数据核验等方式，助力税收征管工作。在自然人代开发票业务中，杭州税务对代开发票的自然人实行分类分级管理，严格把控业务真实性准确性。同时，利用大数据平台对开票人、开票明细等信息进行分析，识别涉税风险并予以应对。

2. 科学规范执法有力有效。在个人所得税综合所得年度汇算清缴（以下简称个税年度汇算）工作中，杭州税务严格执行以“数据集成 + 优质服务 + 提醒纠错 + 依法查处”为主要内容的自然人税收服务与监管体系，不断提升执法精确度，在自然人申报纳税上聚焦“严法度”与“润人心”，让税务执法“刚柔并济”。

（三）税收共治体系紧密健全。

1. 部门协作向纵深推进。为落实中办、国办《关于进一步深化税收征管改革的意见》，打造税收共治新格局，营造一流营商环境，杭州税务积极开展跨部门协作。如加强与公安部门之间自然人基本信息共享，在自然人税收管理系统录入人员基础信息、专项附加扣除信息等数据时，实现与公安部门信息系统数据自动比对校验。

2. 社会协同向广度拓展。为积极响应杭州市政府打造“15 分钟办事圈”，满足纳税人日益增长办税咨询需求的号召，杭州税务积极推动税收征管工作与街道治理融合发展，主动与辖区街道建立紧密联系，全面下沉税收服务。以杭州市上城区为例，该区为方便纳税人就近办税，在全区 14 个街道开设税务共治服务点，配备工作人员和自

助设备，实现代开发票、个人所得税纳税记录开具等常见的自然人涉税业务一站式辅导办理。

三、不同业务场景下自然人税收服务与管理存在的问题

本文以杭州市上城区为例，选取与自然人相关性强、涉及人数多、办理业务量大、入库金额高的四个业务场景开展分析，拟还原各实际业务场景下存在的较为突出、各有侧重、影响自然人办税体验与征管质效的问题。这四个业务场景分别为：自然人办理个人所得税综合所得年度汇算业务、自然人办理不动产交易业务、自然人办理股权转让业务、自然人办理代开发票业务。下文将开展具体分析。

（一）自然人办理个人所得税综合所得年度汇算业务。个税年度汇算工作作为个人所得税税制改革的关键一环，与广大自然人的切身利益密切相关。在实际工作中，发现以下问题影响较大：

1. 征纳信息不对称。一方面基层税务机关的办理及查询权限有限，只能获取本辖区内自然人涉税数据，若涉及其他地区的相关信息，需通过向上级部门申请、请其他区域相关部门协助调查等手段完成，无法保障及时性。另一方面，存在专项附加扣除信息填写随意、不准确的问题，税务系统与外部信息交换不通畅导致专项附加扣除信息的真实性难以确认，需要人工审核，既影响办税体验，也不利于税收风险防控。2023 年个税年度汇算期间，仅“继续教育”一项的人工审核量，就占到上城区全部人工退税审核的 65%。

2. 征管模式不匹配。不同于企业纳税人，自然人纳税人没有固定的生产经营场所，可以根据自身需要在不同城市之间流动，区域间的流动给税务机关的征管工作带来了非常大的难度（见表 1）。就上城区而言，在 2019 ~ 2021 年度未申报催报过程中，由于变更任职受雇单位而导致纳税人无法联系、不愿意配合补申报的人数，占全部未申报人数的比重分别为 61.74%、58.09% 和 66.31%。

表 1　　自然人办理个税汇算业务案例

自然人	工作任职情况	具体情况
甲	（1）2022 年 1 ~ 6 月：A 地任职 （2）2022 年 7 ~ 12 月：B 地任职	（1）甲选择现任职受雇单位所在地（B 地）为 2022 年度个税年度汇算地 （2）B 地税务机关发现甲 2022 年的申报收入存在异常，要求其核实并更正申报 （3）甲对原 A 地扣缴单位的某笔收入存在异议，需要由 A 地税务机关先行受理异议申诉，再由 B 地税务机关办理更正申报，征纳成本较高

续表

自然人	工作任职情况	具体情况
乙	（1）2021 年：C 地任职 （2）2022 年：D 地任职	（1）2021 年度个税汇算存在未申报行为 （2）根据现行征管规定，应由 C 地税务机关对其进行催报，但由于该自然人早已离职不在 C 地，可能对 C 地税务机关的提示提醒不以为意，原任职单位对其也失去了约束力，甚至可能因为变更联系方式等原因而失联

（二）自然人办理不动产交易业务。不动产交易业务与自然人关系密切，是人民群众生活中的大事要事。通过对业务的分析梳理，本文认为问题主要侧重于：

1. 系统功能不完善。现有的“房地产交易税收管理系统”存在不动产登记数据缺失、不互通等问题，如二手房交易存在系统内待核价房产数据不互通，需要在系统外传递不动产证的影像信息进行人工核价的情形。另外，系统尚未实现不动产交易业务场景全覆盖，如拆迁业务约占上城区不动产交易业务办理总量的 23%，但系统暂不支持有回溯的拆迁办理，需要在“金税三期”工程系统和不动产系统中分别手工录入。系统的不完善在一定程度上增加了信息错录的风险，影响办税效率和满意度。

2. 制度体系无保障。不动产登记“一件事”的推进是对传统业务办理模式和办理流程的重塑再造，也对公安、民政、住建、税务等多部门间信息数据互通共享提出了较高的要求。但顶层设计的缺位使得跨部门跨区域信息共享的实际落地难度大、口径不统一，数据共享与信息保密之间的平衡也难以掌握，进一步提高了数据互通的门槛与纳税人业务办理与资料准备的烦琐程度。

（三）自然人办理股权转让业务。近年来，自然人股权转让交易行为日渐活跃，形式逐渐多样化、结构不断复杂化，转让数量和金额也呈现大幅增长的趋势。本节通过案例分析的方式进行了探索剖析。

案例具体情况：2023 年 8 月，甲企业发生股权转让行为，甲企业的自然人股东 A 将其所持有甲企业 100% 份额的 100 万元股份转让给自然人 B，转让价款为 100 万元。自然人股东 A 所持有的这 100 万元股份是 2023 年 3 月从甲公司的前股东 C 处低价购买而来，当时该股份由 C 转让给 A 的转让价款为 80 万元。甲企业的注册资本为 100 万元，该企业 8 月的财务报表呈现亏损状态（见表 2）。

表 2　　甲企业 8 月财务报表　　单位：万元

实收资本	盈余公积	资本公积	未分配利润	本月净利润
100	0	0	−5	−20

自然人股东选择通过“股权转让一件事[①]”系统办理股权转让业务。在线上平台填写资料过程中，自然人对部分数据和选项内容有疑问，多次来电咨询。税务人员在线上平台审核自然人所提交的资料时，发现以下两个问题：

1. 甲企业 8 月的净利润与 7 月相比大幅下降，存在故意调低利润、逃避缴纳个人所得税的可能。

2. 本次股权转让原值可能也存在疑点，在查看前期转让台账时，发现上一道股权转让（由 C 转 A）的股权取得成本为 80 万元，并非纳税人所填写的 100 万元。

因此审核人员驳回了线上申请并附上相应反馈。纳税人在接收到审核不通过的短信后，第一时间登录线上系统进行查看，却由于系统滞后性无法看到相关反馈结果，因此再次来电咨询。随后纳税人更正了相关信息并重新提交申请，最终税务机关审核通过并通知自然人 A 线下缴纳个人所得税。

结合上述典型案例与线下股权转让风险点进行系统分析，可以看到在自然人股权转让业务中存在以下问题：

一是业务办理不顺畅。“股权转让一件事”新系统上线以来，目前仍未形成针对纳税人操作的完整流程指南及视频案例教学，系统也尚未实现引导功能，纳税人系统操作不熟悉、信息填写不规范。新系统中纳税人端的审核结果反馈存在滞后问题，无法实现提醒短信与线上审核及反馈结果的同步触达，信息的不同步导致纳税人办税体验感无法提升。此外，虽然从提交资料到股东身份核查都实现了全程电子化，但税款缴纳流程却与线上脱节，仍需纳税人携带材料前往窗口缴税，与线上办理便捷化初衷相悖。

二是风险防控需加强。在税务机关方面，存在审查困难、监控薄弱问题。对于财务报表审查，系统缺乏前后期财务报表比对校验的功能，加之人工审查手段单一，股权业务办理时难以及时应对日益隐秘化、多样化的财务税收筹划手段；对于股权多道转让的情况，系统并未对转让原值实现闭环管理和动态监控，可能出现股权转让原值填写虚高、个税少征税款的风险；对于纳税人提供的股权转让资料，税务机关只能进行完整性确认，对其真实性和准确性缺乏有效审查手段。在纳税人方面，自然人股东纳税意识淡薄可能导致少缴不缴税款现象发生。

（四）自然人办理代开发票业务。在自然人业务中，发票代开业务数量庞大。主要由自然人纳税人在移动端“支付宝－城市服务”“浙江税务”App 或“浙江省电子税务局 PC 网页端”自行申请代开[②]；无法线上代开的，由自然人纳税人携带相关资料

① 目前，办理股权转让的方式由单一的线下窗口办理转变为线上、线下双渠道办理。线上“股权转让一件事”于 2023 年 7 月 31 日上线，形成了工商先审核、税务后核税的线上办理模式。

② 移动端指基于手机、平板等移动设备的界面体系，PC 端指基于电脑的界面体系。

到窗口办理。

为研究自然人代开发票业务中的智能化手段应用现状及服务与管理中存在的问题，本节分别从纳税人和税务人员角度出发，设计了对应的访谈提纲（见附件），选取 60 名纳税人及 5 名税务人员进行访谈，访谈结果如表 3 所示。

表 3　自然人代开发票访谈结果

访谈对象	主要问题	具体问题	人数	占比（%）
纳税人	线上功能不完善	（1）代开信息无前置验证： 在移动端进行代开时，“代开申请明细错误”的提示在其提交代开申请并缴纳税款后跳出，而非在提交代开申请时跳出并进行阻断，同时该提示未对申请明细错误的详细问题进行说明	29	48. 33
		（2）PC 端代开发票无法提前预览： 需等到缴纳税款并开具发票后才可看到发票信息，若发现票面信息错填漏填，则需重新开具正确发票，并对错误发票进行冲红退税处理	16	26. 67
		（3）PC 端代开房租发票显示银行信息有误	5	8. 33
		（4）线上无法代开专票和车位租赁发票	45	75. 00
	纳税人知晓度低	（1）不知道可以在线上自行代开发票	8	13. 33
		（2）不知道线上代开具体途径及操作方式，线上引导及辅导资料更新不及时	21	35
税务人员	后续管理难度大①	（1）风险纳税人②的认定及后续风险测评存在困难： 政策要求限制风险纳税人线上代开发票功能，通过线下窗口办理发票代开。实际操作中，系统不会自动显示纳税人连续 12 个月内的累计代开金额，窗口也只能查询到纳税人在本省开具的发票信息，风险防控存在漏洞	3	60
		（2）个人所得税扣缴脱离税务机关直接管控： 政策规定自然人代开发票由受票方为扣缴义务人进行个人所得税代扣代缴。但实际操作中，自然人可以选择户籍所在地等非受票方所在地区申请代开发票，此时税务机关无法查询到异地企业的个人所得税预扣预缴情况，可能存在个人所得税漏征风险	2	40

① 政策要求与实际操作之间存在差距。

② 政策要求对每月申请代开发票超过 4 次、按月开票金额超过 10 万元（不含自然人转让无形资产、销售出租不动产，以下同）、连续 12 个月代开发票金额超过 500 万元及长期开具免税发票（不含未达起征点开具免税发票的情形）的申请人，视作风险纳税人管理。

四、自然人税收服务与管理过程中存在问题的成因分析

（一）制度体系层面。一是缺少配套的税收法律法规。现行《税收征收管理法》对自然人群体的权利义务未进行明确规定，对税务违法行为采取的处罚、税收保全、强制执行等措施仅适用于从事生产、经营的自然人，对非从事生产、经营的自然人实施处罚、强制执行等措施缺乏政策依据，对其欠税追缴仅能通过《行政强制法》实现，强制力不足，征管效率低。二是尚未建立自然人纳税信用体系。现行法律制度层面尚未将自然人欠税、走逃等税收违法行为纳入个人社会信用体系，对自然人的约束力不够强，自然人税费申报及缴纳的主动性、真实性、准确性监管难度大。

（二）信息系统层面。一是系统功能不完善，存在功能缺失与不足。未实现所有税务事项线上办理，导致业务办理不能；税务系统存在功能障碍，导致业务办理不便；线上流程烦琐复杂，导致业务办理不愿意。二是智慧化应用尚未深入。税务机关虽已运用大数据、云计算等现代信息技术建立了数字化的自然人税收服务管理体系。但其应用更多只是类似“计算器”“存储器”的简单操作，对数据的利用方式更多停留在收集阶段而无深入的数据分析与应用。如何强化自然人涉税数据资源利用的智能手段重构业务场景、重组业务流程、重塑征管模式，有待进一步考量。

（三）征管模式层面。一是征管模式过于依赖第三方。个人所得税预扣预缴、车船税申报征收等自然人纳税人占征税对象绝大多数的税种，现多实行代收代缴、代扣代缴的征管模式。虽然节约了一定的征管成本，但一方面使得税务机关与自然人纳税人的直接接触与征纳互动减少，无法建立税务机关正面形象并产生威慑力。另一方面，第三方代扣代缴单位的职业素养与纳税遵从也会对税款征缴产生较大影响。二是涉税信息共享通道不畅通。虽然现已在一定范围内实现跨部门协同共治与跨区域信息交换，但数据共享与交换的范围、方式与效率仍不够全面、便捷、高效，有待进一步扩大共享范围、扩宽传递渠道、加快传输速度。

（四）纳税服务层面。一是纳税宣传尚未完全普及。与拥有税收专业知识、税收专业技能办税人员的单位纳税人不同，自然人纳税人税务专业知识和财会技能普遍缺乏，对税收制度的理解不足，对税务操作的知晓不够，对智能系统的操作不熟，导致其自主办税能力差，对宣传指导的需求较高。不同年龄、文化程度、信息化水平的自然人对象的接收程度不同，又对税收政策宣传与操作指引培训对象、渠道、内容等方面的分层次与精细化有所要求。二是缺乏对重点人群的个性化辅导。自然人税源广、差异大的特征对纳税服务方式方法提出个性化的要求，但现行纳税服务机制较为扁平，未向自然人群体提供针对性的分类分级服务。

五、完善自然人税收服务与管理的对策建议

（一）制度体系层面。

1. 完善自然人涉税法律法规。在新修订的《税收征收管理法》中应当扩大行政强制适用范围，将税收保全、强制执行等行政强制措施的适用范围扩大到自然人，为自然人欠税追缴提供法律保证。进一步完善修订《个人所得税法》，强化税收调节作用，促进税制公平，如引入夫妻（家庭）申报模式、细化专项附加扣除等。

2. 拓展纳税信用联合运用。完善自然人纳税信用记录和失信行为认定机制，建立自然人信用信息数据库，促进征信互认推动纳税信用和其他社会信用的联动管理，充分发挥自然人纳税信用在个人社会信用体系中的基础性作用。完善守信联合激励和失信联合惩戒机制，促进税法遵从，对守信自然人纳税人提供更多便利和机会；对严重失信的自然人纳税人，则向全国信用信息共享平台推送相关信息，并建立信用信息数据动态更新机制，依法依规实施联合惩戒。

（二）信息系统层面。

1. 完善系统功能，科学规划服务布局。归纳系统功能堵点、纳税人需求痛点，完善税务系统功能，保障线上业务顺畅办理，扩大线上业务覆盖面。建设智能导税、大数据展示、远程协助、智慧办税舱等服务生态系统，构建“智慧主厅+智税定制厅+共治微厅”的“1+N”智慧纳税服务体系，提供7×24小时全时服务。探索优化集中处理机制和智能问办协同机制，依靠技术代人、机器代人等手段，进一步提升服务效率和服务品质。

2. 深化技术应用，精准识别涉税需求。依托大数据技术手段，定期分析自然人办税行为和办税需求，准确掌握自然人行为特征规律，形成自然人涉税服务需求“动态图谱”，及时调整配置服务资源。结合自然人“大数据画像”提供精准智能的税法宣传和政策推送等服务，做到“政策准确找人”。探索建设税收大数据平台，推进内外部涉税数据汇聚联通、线上线下有机贯通，对数据进行深层次加工应用，识别涉税风险、开展风险防控。着力培养信息技术、数据建模分析等方面的人才，夯实干部储备。

（三）征管模式层面。

1. 强化第三方涉税服务监管。积极发挥行业协会作用，支持涉税机构按市场化原则为自然人纳税人提供个性化服务的同时加强行业监管及社会监督，规范第三方涉税服务行为。完善税收行政协助体制机制，扩大相关行政部门和机构如车管所等协助税务机关的范围和领域，支持相关部门和机构采取代征代扣、纳税前置等方式，协助管理自然人税收，降低第三方涉税服务风险。

2. 拓宽涉税信息共享范围。以《税收征收管理法》修订为契机，完善自然人涉税信息充分共享机制，并依托未来建设的全国统一涉税信息共享平台，建立“大数据＋共治共享”协同联动机制，使税务机关充分获取社会经济生活中的自然人涉税信息，尤其是网络交易平台信息和金融机构信息。深化自然人税收治理的国际合作，加强税收数据交换，进一步拓展自然人涉税信息交换的范围和内容。

（四）纳税服务层面。

1. 分类分级提供个性服务。根据自然人涉税服务需求“动态图谱”，对自然人高频使用的涉税软件功能进行优化，完善线上服务，进一步实现自然人涉税事项“足不出户”掌上办理。持续优化线下服务措施，对于办税有困难的老年人、残障人士、病患等特殊人群，开通办税服务厅绿色通道；同时，聚焦其“急难愁盼”，充分发挥网格化作用，点对点为纳税人解决涉税问题。加强“枫桥式”税务所（分局、办税服务厅）建设，组建自然人涉税投诉服务团队，建立自然人诉求和意见受理快速反应机制、协调沟通机制，对自然人的涉税意见建议，实现限时办结、快速响应。

2. 加强高收入高净值人群管理。在自然人纳税人分类分级管理的基础上，整合跨部门信息，建立高收入高净值自然人个人信息档案专门数据库，并进一步按行业或特征分类，构建相应税收风险管理数据分析模型，定期开展综合风险评估分析，细化监管颗粒度。同时加强国际税收合作，提高跨国跨境自然人纳税人管理水平，加大力度打击跨国跨境避税行为。

参考文献

［1］孟剑．自然人电子税务局的云化建设与数据驱动的自然人税收管理［J］．中国总会计师，2023（04）：69－71.

［2］马京伟．数字经济背景下构建自然人税费治理体系的研究［J］．经济资料译丛，2022（01）：76－84.

［3］漆亮亮，王晔．新时代推进我国自然人税收治理现代化的思考［J］．税务研究，2021（01）：134－138.

［4］谢波峰．智慧税务建设的若干理论问题——兼谈对深化税收征管改革的认识［J］．税务研究，2021（09）：50－56.

［5］邓学飞，贺照耀．个人所得税年度汇算制度国际比较与自然人税收治理现代化研究［J］．国际税收，2020（10）：39－46.

［6］袁显朋，董琦，杨艳等．智慧税务环境下个人所得税征管问题研究［J］．财会研究，2023（05）：16－24.

［7］孙红梅，滕一良，郭明磊．自然人税收征管法律制度的完善路径——以《税收征管法》修订为视角［J］．税务研究，2018（07）：125－128.

［8］邓学飞，贺照耀．大数据在纳税缴费信用体系建设中的应用研究［J］．税务研究，2020

(05)：72 – 78.

［9］高明华，余雅娴，石坚．高收入高净值自然人税收征管的国际经验与借鉴［J］．税务研究，2022（06）：83 – 88.

［10］OECD. Tax administration 2019：comparative information on OECD and other advanced and emerging economies［R］．Paris：OECD，2019.

课题组组长：吴莹子

课题组副组长：钱佳莹

成员：张翔、张余健（执笔人）、徐枫（执笔人）、陈少聪、姚逸婷

基于“5W”线性传播理论促进税费政策精准直达的对策研究

国家税务总局杭州市滨江区税务局课题组

摘　要： 做好税费政策的精准直达是落实党中央、国务院各项决策部署的重要一步，课题组利用经典的社会传播模式“5W”线性传播理论对税费政策的精准直达情况做了针对性调研，根据调研结果进行了翔实分析，发现了传播者、内容、媒介、受众、效果5个社会传播必须要素中存在的问题，通过因子分析得出影响税费政策精准直达的重要因素并分别提出对策与建议，以期为高效促进税费政策精准直达提供参考。

关键词：“5W”模式　税费政策精准直达　因子分析　对策与建议

一、我国现行税费政策直达的现状——基于“5W”线性传播理论的分析

（一）拉斯韦尔“5W”线性传播理论概念。传播学四大奠基人之一的哈罗德·拉斯韦尔明确提出了传播过程及其五个基本构成要素：谁（who）、说什么（what）、通过什么渠道（in which channel）、对谁（to whom）说、取得什么效果（with what effect），即“5W模式”，可概括为传播者、内容、媒介、受众、效果5个必需要素。本文从“5W”的5个要素出发，进行税费政策精准直达优化的针对性研究。

（二）税费政策直达现状。

1. 政策传播者主要以税务机关为主、涉税中介为辅。目前由总局、省市局、区县局各级税务机关分级分类制定、发布并推行税费政策。税务部门主要发挥把方向、管大局、保落实的作用，聚焦发展大势，持续出台和延续优化税费优惠政策。涉税中介机构对新政策敏感度较高，专业能力较强，主要负责代办税费事务，辅导纳税人适用

新政策申报享受优惠。

2. 政策内容主要包括新增或延续税费政策以及征管数字化升级政策。（1）适应中国式现代化的发展进程，加快建立现代税制，新增税费政策。如2023年7月，正式新开征施工扬尘环保税，绿色税制得到进一步丰富。（2）稳定市场预期，提振市场信心，延续优化各项税收优惠政策。如延续优化完善支持小微企业、个体工商户发展的相关政策。（3）进一步深化税收征管改革，提升纳税人办税效率，全面推行"数电票"等征管数字化升级政策。

3. 政策发布媒介与服务平台日趋多元化。目前媒介主要依托电子税务局、办税服务厅、集中处理中心、征纳沟通平台、12366服务热线、钉钉等。各地税务机关不断健全有关机制，成立专门团队4105个，构建1960个集中服务运营中心，不断完善税费争议化解和诉求解决机制，进一步推动"政策快优享"。

4. 受众主要可分为企业纳税人和自然人纳税人。针对支持经济发展的着力点不同，可以将企业纳税人分为以下三类：（1）支持民营经济发展的小微企业和个体工商户。（2）支持实体经济发展的制造业及与之相关的批发零售业企业。（3）支持创新驱动发展的高新技术企业和科技型中小企业。自然人纳税人则集中在个税汇缴、个人股权转让等税务事项。

5. 税费政策精准直达效果较为显著。近年来，党中央、国务院对延续优化完善税费优惠政策作出了一系列部署，2022年度调查结果显示，98.1%的纳税人缴费人对税务部门落实新的组合式税费支持政策的举措表示满意。

二、税费政策精准直达推进中存在的问题——基于调查问卷

本次调查问卷依据"5W"线性传播理论进行了设计，主要包括传播者、内容、媒介、受众和效果5个要素作为研究税费政策精准直达的一级指标。而问卷的二级指标及具体问题则通过对政策传递流程分析研究，以及对相关工作人员、专家学者咨询结果进行分类汇总整理得出。此次问卷调查共收回有效问卷698份，其中纳税人490份，税务干部208份；从企业规模来看，年销售额在1亿元（含）以上的企业148家，年销售额在1000万元（含）~1亿元的120家，年销售额在1000万元以下的222家；从企业类型来看，民营企业420家，占比85.71%。样本中，大中小型企业分布较为平均，样本具有一定代表性。从客观的问卷结果来看，我们得出以下五方面主要问题：

（一）从传播者来看：存在认知偏差、标签体系缺陷和落地"减速带"三个主要问题。针对税费政策精准直达推进过程中最困难的一步，我们在问卷的基础上做了详细的访谈。53.92%的税务干部认为是纳税人税收知识基础不一，难以顾及各类人员情

况，主要在于大部分小型企业办税人员专业化程度较低，“跑腿”现象较突出，对政策内容没有主观上的获取欲望。34.69% 的税务干部认为是纳税人标签体系不完善。主要在于未针对不同行业、规模、经营情况、信用等级的企业建立各类细分标签库，无法“对症下药”，导致无法形成不同目标纳税人缴费人的差异化政策推送清单，日常管理中政策靶向推送少。10.64% 的税务干部认为数据整合和加工处理能力有待加强，主要在于大数据分析主要应用于事后管理，如事中未对适用退役军人优惠政策的名单进行精准跟踪管理，导致部分企业重复或错误享受。即大数据的取数和分析没有跟上政策的传导，导致落实的“最后一公里”产生了“减速带”，减弱了政策精准直达的效果。

（二）从内容来看：存在内容供需不平衡、展现形式喜好靶向不准、税费政策宣传内容冗杂三个主要问题。（1）针对内容的供给需求，根据问卷调查结果，93.47% 的纳税人收到过税收优惠政策的推送，但信用修复类和系统操作类的辅导收到比例仅 20% 左右，而这两项辅导均有超过 35% 的纳税人希望获得推送，内容的供需产生不平衡。（2）针对内容的展现形式，根据问卷调查结果，纳税人喜欢的讲解形式为：文字 > 长图 > 动漫 > 真人出镜；偏好内容则为：案例 > 问答 > 政策原文 > 税务干部讲解。目前推送内容与纳税人接收喜好不一，需进一步调整。（3）针对内容的重要程度。在对税务局所推送的政策内容具备哪些性质最为重要的问题中，前三名重要的是及时性、实操指导性和可理解性。其中纳税人表示“希望在时效性上能够做到及时，甚至在政策未正式下发前有一个预热和预学习的阶段”“2023 年很多政策进行了延续和优化，希望加强政策的时间脉络梳理”。

（三）从受众来看：存在需求匹配难、税收知识基础差异大、成本投入高三个主要问题。（1）根据纳税人对税务部门在税费政策推送工作是否到位的评价结果，不同身份的纳税人评价结果存在显著差异：90.32% 的企业法人认为税务部门税费政策推送非常到位；78.4% 的企业财务认为税务部门税费政策推送非常到位；77.14% 的企业办税员认为税务部门税费政策推送非常到位。经分析，一方面，推送不均导致受众获得感不一，在税费政策推送上，法人接收到的推送频次最高，财务、办税员由于流动性较大的原因获取频率偏低；另一方面，不同身份纳税人对税收政策的需求也不一致，企业法人更偏向于政策优惠的适用性解读，而企业财务、办税员则更加需要政策实操、运用方面的指导。（2）根据税费政策运用度的调查结果，企业法人、企业财务、企业办税员、涉税中介人员对税费政策非常关注、可准确运用的比例依次为 87.1%、62.4%、58.57%、87.5%。由此可知，纳税人对税费政策的接纳度并不一致，企业办税人员的税收基础知识偏薄弱，对税费政策的应用和掌握存在困难。（3）根据纳税人对税费政策的享受意愿调查结果，68.16% 的纳税人希望税费政策应享尽享；31.84% 的纳税人则更希望愿享尽享。针对希望愿享尽享的纳税人进行深入访谈得出，纳税人享受政策的顾虑主要为学习成本和时间成本。在访谈时，部分企业表示为避免后续风险应对抽查或者不想浪费时间成本，宁愿放弃享受退税红利。

（四）从传播媒介来看：存在渠道多且杂、成果转换弱、组合效应不强三个主要问题。（1）从渠道来看，有超过八成的纳税人表示，日常会通过税务官方微信公众号获取税费政策信息。但同时，也有 19.59% 的纳税人表示会通过网络搜索等第三方渠道获取税费政策；18.78% 的纳税人通过朋友间口口相传获取政策信息。在对税费政策推送的不足点进行排序时，“获取渠道太多，难以甄别”以 4.74 的综合得分排名第二位。由此可见，当前在对税费政策信息的获取上，纳税人的选择多样，但也带来了渠道杂乱的问题。（2）从性能来看，当前传播媒介互动性不足，成果转化能力弱。在查找税费政策信息时，47.76% 的纳税人认为获取渠道太多，但不能有效获取所需政策信息；37.14% 的纳税人认为，缺乏有效的咨询解答渠道。究其原因，目前的税费政策传播媒介仍然以单向、单轮的推送为主，但纳税人更希望获得双向、多轮互动的体验。（3）从效应来看，当前各传播媒介之间联结度低，组合效应不强。各渠道均一定程度上存在短板，如电子税务局标签体系不够完善，精准性不足；征纳沟通平台、钉钉等使用群体狭窄，且系统无法实时准确匹配企业办税人员，导致税费信息传递受阻；办税服务厅受众覆盖面小，大厅人员更注重实务操作，对政策解读较浅。

（五）从效果来看：展现出满意比例较高、主观方面关注不一、理解程度有待提高三个主要特征。（1）从满意程度来看，79.18% 的纳税人认为目前税务部门在税费政策推送方面工作非常到位；19.18% 的纳税人认为基本到位，满意度较高；99.59% 的纳税人希望收到税务机关推送的税费政策。（2）从关注程度来看，根据问卷调查结果，87.1% 的公司法人表示对最新政策非常关注；企业财务则只有 62.4% 非常关注；到办税员则仅 58.57% 非常关注，平时可准确运用；33.47% 的纳税人表示只对涉及本企业的政策有所了解，纳税人的岗位不同决定了其接收效果不同。（3）从推送结果来看，67.31% 的税务干部表示纳税人会自主享受但仍需辅导，但根据一线工作人员的观察，能理解 75% 以上内容的纳税人仅占 59.5%，政策的精准直达效用仍有较大的提升空间。

三、税费政策精准直达影响因素的因子分析

为准确锁定关键因素，课题组在问卷基础上进一步采用因子分析法深度挖掘问卷结果，通过提取主成分因子的方式，挖掘最显著的精准直达效用指标，以期为后续针对性优化提供方向。

（一）数据信度检验。信度反映了问卷结果中的随机误差大小，本文通过 SPSS 软

件采用 α 信度系数法进行内部信度检验，α 系数为 0 ~ 1，如果此值高于 0.8，则说明信度高；如果此值介于 0.7 ~ 0.8，则说明信度较好；如果此值介于 0.6 ~ 0.7，则说明信度可接受；如果此值小于 0.6，说明信度不佳。本次问卷调研数据的 Cronbach α 系数 = 0.883，表明该问卷数据随机误差较小，具有较高的可信度。

（二）数据效度检验。本文采用 KMO 值和 Bartlett 检验进行综合分析，以验证问卷数据的效度水平，KMO 值大于 0.6 说明问卷数据可用于因子分析，Barlett 检验对应的 p 值小于 0.05 数据也说明适合进行因子分析。本次 Bartlett 球形度检验的观测值为 3215.173，相应的概率 P 值 0.000，同时 KMO 值为 0.908，说明问卷适合进行接下来的分析方法。

（三）指标修正及应用。通过 SPSS 软件对数据进行标准化处理，利用相关系数矩阵求出非负特征根，特征根大于 1，则表示引入的因子解释力度大于原始指标平均解释力度。前 5 个因子可以解释 80.871% 的信息。并且经方差极大值旋转以后，累积方差贡献率仍为 80.871%，说明前 5 个因子变量综合蕴含了原始数据 17 个评价指标所能表达的足够信息，因此选取 5 个公共因子（见表 1）。

表 1　因子分析

因子编号	旋转前方差解释率			旋转后方差解释率		
	特征根	方差解释率	累计	特征根	方差解释率	累计
1	8.986	52.859	52.859	8.781	51.653	51.653
2	1.507	8.863	61.722	1.506	8.856	60.509
3	1.241	7.299	69.021	1.388	8.166	68.675
4	1.106	6.505	75.526	1.165	6.851	75.526
5	0.909	5.345	80.871	—	—	—
6	0.685	4.032	84.903	—	—	—
7	0.609	3.585	88.488	—	—	—
……	……	……	……	—	—	—
17	0.052	0.304	100	—	—	—

（四）指标命名。为体现提取公因子的实际意义，根据旋转后的成分矩阵数据，对上述 5 个公因子分别命名。公因子载荷的绝对值越高，说明该因子与原变量之间的相关性越强。结合理论和模型实证得出对于税费政策精准直达最重要的因素如下。

1. 公因子 1：载荷较大的有企业财务（0.917）、实用度（0.911）、指导性（0.907），将因子 1 命名为"精细化标签"。税务机关需要根据纳税人缴费人类型及其偏好、特点对纳税人进行精准画像，以便将具有实操指导政策直接送达，由财务人员自主学习享受。体现了传播者维度中对于促进税费政策精准直达的重要方向。

2. 公因子 2：荷载较大的有税务机关（0.844）、官网官媒（0.808），其主要荷载的是政策的传播者和取得政策的渠道，因此将因子 2 命名为“推送方案”，可以看出目前纳税人缴费人取得税费政策的来源和渠道比较单一。体现了媒介维度中对于促进税费政策精准直达的重要方向。

3. 公因子 3：荷载较大的有可理解性（0.869）、及时性（0.801），其主要荷载的是政策内容，因此将因子 3 命名为“内容矩阵”。体现了内容维度中对于促进税费政策精准直达的重要方向。

4. 公因子 4：其主要荷载的是满意度（0.907）和关注度（0.894），因此将因子 4 命名为“效果监控”，政策推广过程中持续关注不同类型纳税人对政策的关注程度和满意度，针对性地开展辅导。体现了效果维度中对于促进税费政策精准直达的重要方向。

5. 公因子 5：荷载较大的有涉税中介（0.83）和企业财务（0.716），因此将因子 5 命名为“政策受众”，向具备一定专业水平能力的受众推送税费政策，可以提升政策直达的精准度。体现了受众维度中对于促进税费政策精准直达的重要方向。

四、基于“5W”线性传播理论提升政策精准直达质效的对策与建议

课题组根据上述因子分析得出的 5 个影响税费政策精准直达的主要因子，提出了以下意见建议。

（一）资源整合，持续优化凝聚合力。提升政策直达资源高效利用意识。税务部门首先需要进一步提高自身政治站位，明确税费政策精准直达工作是落实党中央、国务院各项决策部署的重要一步，认识到将税务部门现有资源进行整合的重要性，将税费政策精准直达的资源整合作为一项重要工作来进行规划和管理。建立税费政策精准直达机制。明确政策直达的流程和责任，对现有政策机制、规章制度进行优化升级和再造，同时加强对政策和机制的培训，全面提升税务部门工作人员业务水平，并将机制落到实处，做好税费政策精准直达工作。重视推动政策落地“减速带”。重视推送政策对企业的指导性，提高事前辅导力度，确保税务部门工作人员能够做到精准辅导企业准确、迅速、便捷地享受政策福利，提高税务部门大数据取数和分析能力，深入剖析政策，消除政策落实“最后一公里”减速带。

（二）内容梳理，提高整体推送质量。把握纳税人缴费人真实需求。对于纳税人缴费人容易产生错误的业务需要进行深入分析，厘清问题原因，为纳税人提供问题解答“特效药”，并针对性提供内容推送，同时常态化征询纳税人缴费人实时诉求，针对其短期需求提供“应急药”。了解纳税人喜闻乐见的内容展现形式。在短视频、直

播泛滥的自媒体时代，要准确把握纳税人真实喜爱的内容形式，不可人云亦云，一股脑儿去做自媒体内容，而是要从受众出发，从内容质量出发，确保政策直达内容的展现形式能够为更多的受众接受。完善推送内容准确性。建立横向校准及纵向追踪机制，对精准推送内容扎口管理，避免多轮次推送打扰纳税人缴费人，纵向建立政策推送跟踪反馈机制，全面收集纳税人缴费人诉求、意见建议和基层干部对于精准推送工作内容的意见建议，及时追踪精准推送内容的准确程度及成果效应。

（三）政策找人，推送信息精确直达。完善纳税人缴费人标签标识。依托“金税四期”推进税收征管数字化之路，进一步做实征管基础信息。借助“一户式”和“一人式”税务数字账户，实现每一户法人和每一个自然人税费信息的智能归集和智敏监控。细化推送对象颗粒度。依托电子税务局及时筛选符合优惠政策享受条件的纳税人缴费人名单，加强身份信息校验，不断提升推送准确度，实现“政策上门”“政策找人”。优化方案做到降本增效。进一步优化税费政策精准推送方案，简化纳税人缴费人享受政策的时间成本和人力成本，做好政策宣传解读工作，按照政策推出时段，形成梯度安排，如把支持小微企业和个体工商户的税费优惠政策与促进民营经济发展壮大有机结合起来，切实依托税费政策精准直达更好服务经济社会高质量发展。

（四）路径重组，细化精准推送方案。确保推送形式多样性和一致性。积极尝试和推广短视频、真人演示、线上直播课等纳税人缴费人喜闻乐见的新型宣传手段，同时确保各渠道放送信息的一致性，提高税务机关权威，更好维护纳税人缴费人权益。提高税费政策宣传时效性和互动性。落实“数据 + 规则”理念，利用现代化互联网信息技术提升智能化、场景化应用程度，利用高新技术实现纳税人缴费人和税务机关工作人员的双向互动。改进税费政策推送转化能力。官方平台要按照“一政策一方针”的思路，形成精准推送的总体策略，区别新老经营主体、不同规模纳税人、不同政策享受方式等特征，进一步提高政策知晓率和落实精准度。例如开发“消息定制”功能，在电子税务局上线通知类、政策类、业务办理类等不同消息类型，生成“企业所得税”“增值税”等多个热点方向，纳税人根据自身需要定制关注的消息类型，税务机关再据此进行电子税务局端的精准推送。

（五）结果导向，着眼工作长远目标。注重全局性谋划，提升战略布局，整体推进，增强制度衔接、任务协同，坚持问题导向、目标导向和效果导向。例如深入开展跟踪问效与推动税费政策落实落地有机结合，畅通各级税务机关之间的信息交互机制，收集整理税费优惠政策落实工作中的堵点难点问题，建立台账动态管理，研究措施及时解决，确保持续改进提升。扩展本轮推进成果，依托税费政策精准直达优化过程，实现精准推送内容从税费政策向全类别转变，推送渠道向多元化转变，推送方式向自动触发转变的最终目标。例如依托系统增设纳税人税收贡献，展示纳税人当年度销售收入及税费缴纳情况，肯定纳税人对社会经济发展的贡献，增强纳税人获得感。同步推送同行业减税情况，以“图＋表”的形式展示纳税人及其所在行业减税情况，便于纳税人比较分析，进一步查找可享政策，提高纳税人对推送内容的关注度。

参考文献

［1］莫寰．政策传播如何影响政策的效果［J］．理论探讨，2003（05）：94－97.

［2］钱再见．论政策执行中的政策宣传及其创新——基于政策工具视角的学理分析［J］．甘肃行政学院学报，2010（01）：11－17.

［3］毛劲歌，张铭铭．互联网背景下公共政策传播创新探析［J］．中国行政管理2017（09）：111－115.

［4］胡正荣．传播学总论［M］．二版．北京：清华大学出版社，2008.

［5］中国互联网络信息中心．中国互联网络发展状况统计报告（第49次）［EB/OL］．［2022－02－25］．http：//www.cnnic.net.cn/hlwfzyj/hlwxzbg/hlwtjbg/202202/t20220225_71727.htm.

课题组组长：喻万芹

成员：朱之旋、江肖燚、周佳栋、沈婷婷、郑伊婷

多元协同理念下基层税务机关推进智慧税费服务体系建设研究

——以杭州市萧山区税务局为例

国家税务总局杭州市萧山区税务局课题组

摘　要： 在数字化变革和征管改革的当下，税费服务对象正向多元化转变，需求向个性化发展，这对服务的定位、机制及手段均提出了更大的挑战。本文基于多元协同视角探索基层税务机关推进智慧税费服务体系的建设。构想建立“1 + N”新型税费服务体系，分析其影响因素，结合基层建设的现状和问题，将杭州市萧山区税务局数智中心作为实践样本。以理论联系实际，在实践中发现问题并提出优化建议，为推进智慧税费服务体系建设提供基层可推广、可复制的新路径。

关键词： 智慧税务　税费服务　协同

2021 年 3 月，中共中央办公厅、国务院办公厅印发《关于进一步深化税收征管改革的意见》（以下简称《意见》）指出，“要大力推行优质高效智能税费服务”，到 2023 年基本建成“线下服务无死角、线上服务不打烊、定制服务广覆盖”的税费服务新体系。智慧税费服务体系建设是推进税费服务向精细化转变，实现税收执法、服务、监管等深度融合的重要一环。基层是税收现代化“六大体系”之一的税费服务体系建设的具象落地点，也是改革创新的试验田。

一、基层税务机关智慧税费服务体系建设的总体设想

（一）智慧税费服务体系的具体构成。自 2019 年起，我国社会保险费和非税收入征管职责划转到税务部门，纳税服务也随之升级为税费服务。税费服务的实质是提供一系列征纳双方交互方式，包括税法宣传、涉税咨询、办税服务等内容，从而实现提

高纳税人满意度、提升纳税人税法遵从度①。随着经济社会的不断发展和大数据、人工智能等信息技术的迭代升级，税费服务也正在经历着从粗放走向精细，从传统走向智能。

本文认为智慧税费服务体系具有数据互联共通、工具先进智能、需求刻画精准、人力成本节约、风险水平可控的特点。该体系拓展了税费服务的边界，是以税务机关为核心，纳税服务部门为主体，多方参与的“1+N”型新模式。该体系内各要素高度协同，形成集税费服务、征收管理、风险防控于一体，与纳税人、缴费人全业务、全过程、全媒介、全天候的智能化交互。

本文构想在基层实体运行中组建一个智能管理指挥舱，依托一个数据智能化处理中枢，织密一张智慧服务网，形成N个智能交互点。以数据互联互通，实现纳税人需求智能化获取，涉税业务云端处理，税收政策精准化推送，纳税人权益全流程保护，服务质效全过程监督。

其中，智能管理指挥舱是智慧税费服务体系的“指挥官”角色。基于数据反馈，实现服务标准的统一制定、服务资源的集中调配、服务过程的全流程监督等功能。

数据智能化处理中枢为智慧税费服务体系中的“智慧大脑”。数据以“一人式、一户式”归集，精准刻画纳税人、缴费人需求画像。通过提前埋点，在服务过程中实现纳税人、缴费人需求的自动识别，并对其进行行为预测。同时以监控指标方式实现对涉税服务风险的实时反馈。基于大数据分析，对整个智慧税费服务体系的运转提供有力技术支持。

智慧服务网的建立依托于各个子系统的深度协同。打造一体化协同服务模式，该模式下税务机关、其他政府机构、社会化组织等主体高度协同，咨询响应、业务处理、税收宣传、纳税人权益保护等功能业务协同，线上、线下业务处理和咨询服务深度融合，精准定位税费服务需求从而实现政策精准推送，多措并举提高税费服务的便捷度和精细度。聚焦远程处理，打破税费服务办理的物理化界限，在智慧税费服务网的编制下形成以单个个体为中心的N个智能交互服务点。在实体办税服务大厅，每一位纳税人、缴费人就是一个智能交互点，实现数据“云端”传输、资料“无感”传递、服务“无形”体验。

（二）智慧税费服务体系建设的影响因素。

1. 服务理念。是智慧税费服务体系建设的顶层设计核心要义。服务理念的树立需摒弃税费服务仅涉及一线窗口和纳税服务科的片面思想，应该树立“大服务”的理

---

① 国家税务总局安徽省税务局课题组，张德志，张柯达等．数字化智慧化税费服务建设的国际经验借鉴与思考［J］．国际税收，2023（05）：58－63．

念，进行系统化设计，对组织架构管理、服务职能边界、服务产品运用、服务质效监督、人力资源配置等做出明确的发展规划和目标定位，实现征收管理、税费服务、风险防范深度协同，达到精确执法、精细服务、精准监管、精诚共治的深度融合。

2. 服务模式。是税费服务过程中税务机关在税费服务组织机构、形式、方法等方面所采取的规范式样。通常在税费服务模式中，办税服务依托于办税服务大厅和电子税务局，咨询服务依托于 12366 纳税服务热线。随着税费服务需求的不断增长，服务模式是否合理、职责是否清晰、流程是否顺畅都直接影响到了纳税人、缴费人的满意度。

3. 服务手段。税费服务手段的现代化程度影响着税费服务的质效。随着数字经济与传统经济的深度融合发展，纳税服务对象正向多元化转变，需求向个性化发展，迫切需要改进和完善现有的税费服务手段，充分运用云计算、5G 等现代化手段，构建税费服务大数据平台，创新服务工具，打造优质、高效、智能的税费服务体系。

4. 服务人员。税费服务人员的业务能力、综合素质等是智慧税费服务体系建设落到实处的重要因素。政治素养过硬、专业技能高、创新能力强的专业化队伍是支撑整个智慧税费服务体系运转的内核。要把基层税费服务人员从重复性、低效劳动中释放出来，实现征纳双方的双减负，从而激发基层税务人员干事创业的潜力，发挥更大的价值。

二、基层税务机关现行税费服务体系建设的现状及问题

自“非接触式办税”推广以来，基层税务机关一直致力于探索利用智能化手段，推出智能化产品，优化办税服务流程，来实现纳税人“多走‘网路’，少跑‘马路’”的目标。目前已逐步形成了线下以实体办税服务大厅为主体，线上以电子税务局为主要应用的“线上线下相结合”的办税服务模式；12366 纳税服务热线和各区局咨询热线一键通达的咨询辅导模式。但智慧税费服务体系的建设仍旧在路上，存在一定的困境：

（一）欠缺内部协同易，忽视潜在征管风险。在服务理念上容易忽视税费服务与税务机关其他职能的协同。事实上，税费服务与征收管理、风险防控等紧密联系，环环相扣，具有牵一发而动全身的特点。基层税务机关在实际工作中容易产生片面理解，“税费服务只是一线办税窗口和纳税服务科的事情”。税费服务过程中往往更重视服务流程的规范性和服务手段的创新，而轻视了在业务办理过程中的征管风险应对。更多地强调事前宣传和事后管控，前台工作人员对于相关业务操作背后的潜在风险点认识不足，难以在业务受理、处理、反馈的过程中及时发现问题。风险管控与服务融合不

足，这将直接导致后续管理难、风险大、执法成本高。

缺乏跨部门的协调机制，没有统一的统筹，就难以有统一的标准。有些业务处理存在口径不明的情况时，各管理单位由于理解不同、处理方法不同，容易在操作同一项工作时对外出现不同的答复口径和处理方式。处理结果的差异化，易造成服务质效的不均等化。

（二）缺乏对服务对象的精准画像。在服务模式上，因缺乏大数据智能化分析平台对内外部数据的有效整合，对纳税人、缴费人行为习惯和服务需求数据的有效分析，税务机关难以形成对服务对象的精准画像，只能以“普遍解决”“广泛推送”的方式来提供税费服务。这对纳税人、缴费人而言，无形之间造成了不必要的“打扰”。

对税务机关而言，摸不清服务的对象，就找不准服务的需求。针对纳税人较为个性化的需求，常偏向于将其作为个例处理，需求响应较为碎片化，缺乏长效机制来统筹处理，容易忽视了对同类需求的深层次挖掘。不精细的服务易造成服务质量与效果的不尽如人意，同时挤占了有限的资源，使得真正需要的对象没有得到及时高效的响应，导致工作做了却达不到预期的效果。

（三）存在技术瓶颈与权限壁垒。在服务手段上，现有的手段尚处于数字化探索阶段，基层税费服务体系智能化发展的进程中存在着技术瓶颈和权限壁垒。一方面，基层税费服务的技术手段主要基于纳税人的基础需求进行开发，处于一个散点式开发的状态，通常仅对流程相对较为清晰、操作较为直接的业务进行升级再造。因为核心算法不够优秀，导致产品功能较为单一，系统稳定性不足，纳税人使用体验不佳，且缺乏大数据挖掘分析和深度学习等数字化智能技术的强大支撑，仅依靠现有的技术手段，难以对复杂场景的税费业务进行覆盖。另一方面，与外部其他政府部门的信息共享不够全面，导致部分业务仍旧处于需要人力沟通和纸质载体信息传递的状态，沟通成本较高；部分数据信息的权限壁垒导致基层难以获取必要的数据信息，将制约服务手段的升级与创新。

（四）面临较大的服务压力。在服务人员上，有限的人力资源难以应对日益增长和复杂的服务需求。近年来，税费政策的变化快，对税费服务的客体纳税人、缴费人而言，在办税和咨询等渠道更多元、政策变动更频繁的情形下，他们对于新操作和新政策的理解需要花费一定的学习和适应时间。与之相对应的，其税费服务需求也自然呈现为加速度上升趋势。纳税人、缴费人的服务需求日益增长，但服务资源供给始终有限，最终导致纳税人“办税难、咨询难”的痛点、堵点依旧存在。

对税费服务的主体税务工作人员而言，一方面，随着个人所得税和社会保险费等政策的变革，出现了大量自然人税费服务的需求，税务机关税费服务的对象已经从传统的企业、个体工商户业主向自然人扩围。自然人庞大的人群基数和其税收专业性知识欠缺的实际情况，使得税务工作人员的服务成本增高，有限的服务资源难以支撑。另一方面，政策变革带来的挑战对税务工作人员提出了更高的业务本领和服务技能要求：优秀的一线纳税服务工作人员，既需要懂得政策内涵又需要明白系统操作。复合型人才资源的紧缺导致很难做到按照纳税服务的要求和实际情况调整优化人力资源配置。

三、基于协同视角智慧税费服务体系建设的基层实践

将协同理论运用至智慧税费服务体系的建设之中，能够刺激税费服务过程中各子系统的协同行为，而产生超越各要素自身的单独作用，从而形成整个系统的联合行为和共同作用。智慧税费服务体系的建设中应该将协同思维贯穿至服务理念、服务模式、服务手段、服务人员之中，不同子系统之间承载不同功能与职能，既相互影响又相互联系。

为有效解决税费服务过程中面临的难点和堵点问题，杭州市萧山区税务局在第一税务所（办税服务厅）开辟了二级集中处理中心专区，打造萧山税务数智中心，实现“物理空间、工作人员、管理服务”的高度集中。以数智中心为“1”，辐射“N”个智慧税费交互点，以协同性、整体性思维来探索智慧税费服务模式的基层实践，统筹推进参与主体、技术、业务、数据等融合，实现资源的综合利用，产生“1 + 1 > 2”的协同效应。具体做法包括：

（一）拓展服务主体。

1. 税务机关内部跨部门协同。树立“大服务”理念，在税务机关内部打破了业务“属地”办理模式，实现上下级协同联动。在杭州市税务局统一打造的线上业务“集中受理、分级办理”模式下，萧山区税务局二级集中处理中心既负责本辖区暂时无法由杭州市一级集中处理的所有线上业务的受理，又大胆创新业务受理方式，成为集中受理业务的试验田、孵化器，将成熟的业务向杭州市一级集中处理孵化，从而进一步减轻了基层局的压力，向精细化服务和管理转变。

在萧山区税务局二级集中处理中心内部打破了纳税服务的部门别界。以提升纳税人、缴费人满意度和优化营商环境为出发点，组建既有来自纳税服务一线的工作人员，又有征收管理科、风险管理局等人员组成的协同团队。依照职能分工，分别设立“指挥协调监督组”“问办一体工作组”“业务集中处理组”以及“数智集成处理组”等四个工作小组。集中受理辖区内纳税人的电话咨询、网络咨询和线上业务等，实现跨税种、跨部门联动，资源集中使用，人员集中调配，统一服务标准，提升服务质效。

2. 引入第三方参与税费服务。充分发挥协同作用下的资源整合优势，借助外力，实现纳税服务广覆盖。萧山区税务局借助区政府覆盖城乡全域的15分钟便利化基层办事服务资源，在不增加硬件、不增添人员的情况下，实现简单问题社区人员现场辅导，复杂问题利用坐席直连“屏对屏”远程帮助。在税费宣传方面，联合区融媒体中心建立纳税服务新渠道，拓宽税费宣传阵地。将本地发布的公众号、客户端、人民广播电台作为纳税服务渠道的新拓展，纳税人、缴费人可通过本地多个端口进入到纳税人学堂、浙江省电子税务局等相关平台，实现了税费宣传在基层的全方位覆盖、全天候延伸、多领域拓展。

（二）创新服务模式。创新税费服务模式，二级集中处理中心将咨询响应、线上业务处理、线下业务处理、服务工作监控和管理任务统筹的税费业务深度融合，以一个点覆盖整个面，集中为全区纳税人提供标准统一、流程简单、响应即时、处理高效的税费服务。

1. “办、问、宣”协同。将业务流程再造让，改变传统纳税服务中办理与咨询、税费宣传业务的割裂导致纳税人重复沟通的低效现状，创新推出集成办理、咨询、宣传的“办、问、宣”协同新模式。具体做法包括：在咨询受理平台实现根据来电号码匹配办税员信息，获取咨询企业已办事项、在办事项、企业涉税风险防控信息提醒。以清单形式明确“问办事项”，在完成实名身份验证的情况下，实现清单类业务即办，线上业务通过纳税人屏幕远程共享协助办。并基于纳税人办理与咨询中的高频需求，制作对应的税费宣传指引，通过短信、微信和征纳沟通平台三种渠道向纳税人推送自定义文字信息和操作指引链接。该模式有效缩短了双方沟通时间，提升了沟通效率。

2. “线上与线下”服务协同。打破实体办税大厅与线上业务处理的物理阻隔，探索以个体为中心的智慧服务一体化集成，创新实现“预约、咨询、辅导”一体化服务。纳税人可预约云办，在申请界面可提前查看企业体检信息，获知代办事项办税资料的远程传输，并可以进行在线咨询。后台工作人员对预约申请信息进行线上辅导，涉税问题的远程处理。实现“清单业务预约即可”“线下业务进厅快办”“线上业务远程辅导办”“人流高峰错峰办”。同时推出“反向预约”功能，变纳税人主动申请为税务机关主动“邀约”，对于不清楚、不会办的自然人而言，该流程的优化将大大降低纳税人缴费人的办税成本。通过手段与流程再造实现线上线下业务的协调处理，并针对纳税人预约情况，基于对纳税人办税行为数据分析，进而探索办税分流突破口，动态做好各项资源调配。

（三）引入人工智能。探索人工智能在税费服务领域的多元运用，既能够为纳税人缴费人在提供普适性税费服务的基础上提供个性化、差异化和精准化服务，又能够发挥机器协作的优势减轻人力压力，让机器能够自主配合要素变化和人的工作，使得有限的优质服务资源向真正需要的地方流动。

1. 建立数据集成信息库。通过提前埋点、事中收集、后期分析实现对数据的深挖细掘，从而对纳税人、缴费人需求进行具象化定位，使税费服务向个性化转变。主要措施包括：建立企业单户特征库，将其咨询、业务办理、风险监控、税费宣传等信息实现一库集成，并对咨询问题、人员类型、行为特征设置动态调整的维度标签体系。基于数据收集，建立高频问题知识库、咨询企业排行榜等数据库，进而挖掘纳税人涉税需求、精准框定纳税人群体，通过短信、微信、征纳沟通平台做到热点问题解读、操作指引多渠道一对一送达，让纳税人能够实时精准掌握政策操作。

2. 创新个性化服务产品。为满足纳税人、缴费人个性化需求，推出一系列智能化税费服务新产品。一是针对税费服务中突出的“不会办”“不清楚”的个性化操作类问题，推出坐席直连“屏对屏”功能来满足可视化精准辅导需求。税务端通过与纳税人之间的一对一验证码，锁定纳税人并共享操作屏幕，实现从“单一提问”到“问办双向”的功能升级，彻底解决以前因语音描述不清晰导致的沟通难题。二是建立“智慧云管家”来满足纳税人、缴费人实时获取办税进度需求。推出短信链接反馈功能，对线上业务的办理进度，变纳税人主动查询为税务端主动反馈。

3. 引入智能化数字员工。为减轻人工压力，将人员从简单重复性的工作中解放出来，二级集中处理中心上线 AI 智能语音客服、税小蜜等智能机器人，打造人机协同咨询服务模式，实现电话留言语音转工单、登记流转进入闭环管理、纳税人咨询逐一回应。

四、协同视角下智慧税费服务体系建设的优化路径探索

（一）树立协同性思维，做好建设的顶层规划。在服务理念上要“跳出服务看服务”。顶层设计是实际行动的先导，理念上缺乏协同的思维就容易产生局限性。智慧税费服务体系的建设需要强化顶层设计、做好整体规划与部署，以系统性思维，协同性理念探索“大服务”概念，协同实现“精确执法、精细服务、精准监管、精诚共治”。一是在制度设计上建立统一的标准，加强参与主体的协同，通过规章、制度和合作备忘录等方式建立长效机制，发挥税费服务各个子系统的协同作用，盘活资源。二是人力配置上，为应对数字化变革的冲击，组建专业化团队，实现基层与上级的联动，业务型人才与技术型人才的配合，为服务建设提供有力支撑。

（二）创新云端服务模式，实现业务的深度协同。在服务模式上要大胆创新，突破传统税费服务的物理界限、业务界限、数据界限。智慧税费服务要多依赖于“云端”，多实现于“自动”，让咨询更便捷、服务更无形、宣传更精准、权益保护更及

时。一是建设智慧税费服务“1+N”模式，基层税务机关依托一个实体中心实现与多个“云端”办税服务个体的智能化交互，逐步实现服务向线上转变，资料传递向无纸化、自动化转变，充分发挥出集中协同业务处理的标准统一、服务高效优势。二是打通各税费服务之间的无形边界，促进一体式融合性服务。可打造协同互动的纳税人端服务平台，实现一屏集成涉税咨询、办税服务、税费宣传等功能，以“一人式、一户式”进行需求刻画，有效解决重复沟通、多头跑路、长时间等待的痛点问题。

（三）利用信息化技术探索人机协同的智能应用。在服务手段上要探索“人机”的深度协作，充分运用现代化信息技术手段和税收大数据。智慧税费服务体系建设的“智慧”是对纳税人需求的个性化识别与满足。一是做到需求智能获取。数字化变革下需要聚焦技术与业务的深度协同，探索用技术手段在保障数据安全的基础上实现各个系统的数据智联互通，并对纳税人行为习惯、单户特征、个体需求做出智能获取与判断。二是服务智能提供。在保障现有系统稳定性的前提下，满足纳税人个性化需求，为其提供一批功能齐全、操作简单更适用的服务应用。加强自然语言处理和算法的深度学习，对已有的智能应答和智能处理做进一步优化，实现问题匹配度和解答率的有效提升。

（四）拓展协同主体，实现服务资源的有效整合。在服务人员上要充分激发协同的资源整合效应。税务机关作为税费服务提供的主体，要积极探索在税费服务全流程中资源的有机协同。一是探索税务机关内部跨部门、跨组织的协同。建立长效的服务机制，补齐基层税费服务过程中“重服务轻管理”的短板。二是探索引入外部力量的协同服务。税收作为经济活动中的重要一环，牵一发而动全身。税务机关要积极加强与其他作为服务供给方的政府部门、第三方机构、社会组织等的深度合作，力求在数据共享、平台提供、人力资源等方面做到优势互补，达到协同共治的目标。

参考文献

［1］国家税务总局安徽省税务局课题组，张德志，张柯达等．数字化智慧化税费服务建设的国际经验借鉴与思考［J］．国际税收，2023（05）：58－63.

［2］《税收学》编写组编．税收学［M］．北京：高等教育出版社，中国税务出版社，2021.

［3］邵凌云．智慧税务背景下税费服务体系的建构：挑战与路径［J］．税务研究，2022（11）：5.

［4］张巍，田霏，郭墨．数字驱动下优质高效智能新型纳税服务体系的构建［J］．税务研究，2022（09）：5.

［5］邵凌云，徐伟．浅析如何打造纳税服务集成化新格局［J］．税务研究，2017（07）：4.

［6］王令恺．基于整体性治理理论的“智慧税务”建设路径优化研究［D］．南宁：广西大学，2022.

［7］丁声一，焦萌．优化“跨层级”服务提升协同能力［J］．中国信息界，2023（01）：84－85.

［8］羡增国．智慧税务构建税费服务新体系［J］．中国税务，2022（01）：66－66.

［9］姚维保，李淑一，申晨．多维评价视角下纳税服务优化路径研究［J］．会计之友，2019（23）：76－81.

［10］张双志，李敏，张龙鹏．面向开放科学的知识服务智能化：人机协同视角［J］．情报杂志，2022，41（12）：158－163.

课题组组长：韦星

成员：吴坛、林恋青（执笔人）、程菲、来佳慧

二等奖

提升涉税司法行为内控质效
推动内外部风险协同治理

国家税务总局杭州市税务局督察内审处课题组

摘　要： 近年来，司法执行质效大幅提升，涉税司法案件的个性化特征给征管工作带来了新的课题和挑战。围绕司法程序中涉税行为的税收征管存在哪些内控风险，以及如何在“以数治税”税收征管的新模式下，提升税务系统内控监督质效，推动内外部风险协同治理这一目标。结合对基层征管实践的走访调研，我们整理出需引起高度重视的问题，并针对性地提出在积极构建跨政府部门税收大数据交互协同的基础上，充分发挥海量数据在司法涉税场景的深度应用，从技术赋能和制度保障两个方面，推动内外部风险的协同治理，减少漏征漏管的执法风险。

关键词： 司法执行　税收征管　内控机制　以数治税

随着我国全面依法治国战略的深入推进，人民群众的法律意识不断提升，司法需求也日益增长。据统计，2022 年全国司法系统共“化解合同履行、商铺租赁、物流运输等涉疫纠纷 77.9 万件；审结一审知识产权案件 219.4 万件，审理金融民商事案件 1037.7 万件，审结破产案件 4.7 万件，涉及债权 6.3 万亿元，审结破产重整案件 2801 件，盘活资产 3.4 万亿元，审结涉外商事案件 9.5 万件，房地产纠纷案件 460.4 万件，执行到位金额 2 万亿元[①]。”这一串串数字量化了人民法院司法裁判及执行工作非凡成就的同时，也给税务部门涉税司法案件的征管工作带来了新的课题和挑战。现行税法主要聚焦于持续经营的正常纳税主体，无论在实体方面还是在程序方面，长期以来都

① 2023 年全国两会的《最高人民法院工作报告》。

没有对资产被司法拍卖的被执行人以及破产企业这类特殊纳税主体给予足够的关注。因此，在司法涉税信息获取途径不清晰、不及时、不准确的现实背景下，亟须从技术和制度两个维度、对内和对外两个视角，构建和完善对涉税司法税务执法行为的内部控制制度。

一、涉税司法行为存在的执法风险及监管盲区

（一）税院信息不对等导致漏征漏管的执法风险。近年来，破产案件增长迅猛，2022 年全省法院共受理破产案件 3980 件，较上一年上涨 7.7%，保持平稳上升的态势；审结破产案件 4531 件，较上一年度大幅上升 38.1%[①]。对于法院受理破产的通知和公告，《企业破产法》第十四条规定，人民法院应当自裁定受理破产申请之日起二十五日内通知已知债权人进行破产债权申报，并予以公告。但是由于缺少税、院数据实时交互的信息化系统，实践中都是由破产管理人依据职业素养主动联系主管税务机关告知债权申报事宜，难免造成事项的遗漏。以杭州市某区为例，在中国裁判文书网上，审理法院选择浙江省杭州市某区人民法院、文书类型选择裁定书、审判程序选择破产后，获取的某一时间段破产企业的数据要大于破产管理人通知主管税务机关进行债权申报的数量。而根据破产便利化的相关政策文件，被法院裁定宣告破产后，破产管理人持人民法院《终结破产清算程序裁定书》申请税务注销的，税务部门在“金税三期”系统中即按照“破产注销”的流程予以操作，可以忽略“金税三期”系统中未办结事项和欠缴税费的强制监控，即时出具清税文书，存在税务机关未按法定程序参与破产债权申报清偿导致国家税款流失的执法风险。

司法拍卖的涉税征管也同样面临着信息不对等的问题。在 2023 年《最高人民法院工作报告》中提道，“五年来，人民法院受理执行案件 4577.3 万件，执结 4512.1 万件，执行到位金额 9.4 万件，2022 年首次突破 2 万亿元……”，这些执结数据的背后都对应着具体的应税行为，司法拍卖在税收上就是一种特殊的销售形式，被执行人与买受人分别需要就该销售行为依法承担相应的纳税义务。对于法拍的资产对象是不动产的，人民法院在拍卖、变卖或者以法定程序裁定以物抵债前，一般都会向被执行人的主管税务机关或者不动产所在地税务机关发函问询资产处置形成的税费情况，以便评估资产的价值以及对拍卖参与方进行信息披露。但是对于拍卖资产的对象是机器设备、存货、知识产权等非不动产时，被执行人一般都不开具发票，导致税务机关往往很难发现该涉税行为的发生。

---

① 浙江省高级人民法院发布的《2022 年浙江法院企业破产审判工作报告》。

（二）存在欠税确认不准确和追缴不及时的执法风险。《浙江省高级人民法院 国家税务总局浙江省税务局印发〈关于深化民事执行与税费征缴协作的纪要〉的通知》《浙江省高级人民法院 国家税务总局浙江省税务局关于建立健全司法与税务良性互动机制的意见》等文件指出，人民法院民事执行当事人涉及税费征缴的，应当及时通知税务机关。税务机关应当根据司法处置成交价格或执行款分配结果及时计算确定应缴税费，并申请人民法院协助征缴或受偿欠缴税费。以上对于欠缴税费的核查，除了"金税三期"系统中已经产生的已申报未缴纳的"显性欠税"外，主管税务机关还需要核查并计算"隐性欠税"。对于被司法拍卖的房产，若纳税人未进行房源信息采集，如何计算应征的房土两税对基层主管税务机关是个较大的风险挑战。

虽然税务部门目前已建立起与市监、规资、行政审批等部门协同征缴房土两税的应用场景和工作机制，但由于不同政府部门间数据交互系统不能实现底层数据的实时共享，需要人工导入传递，且由于不同部门信息的组织方式、颗粒度、口径甚至表示形式等各不相同，例如，不动产登记部门以"不动产单元号"为房产的唯一索引信息，而"金税三期"系统的房源信息登记里并没有该项对应的登记内容，造成房土两税税源信息人工匹配的工作量巨大，征管难度大，缺乏风险防控举措。在日常的税收征管中，对于在过户环节发现的未申报问题，税务机关一般会督促纳税人如实申报，但是在司法拍卖程序中，被执行人一般处于失联或者不配合的状态，需要税源管理科（所）启动核定征收程序进而确定应纳税额，这对数据获取的准确性和权威性要求很高。例如，2022 年某商业经营公司持有的经营性房产陆续被杭州市某区人民法院予以拍卖，该区税务局在审核企业交易不动产预征税款时发现，该公司未在"金税三期"系统中进行房源信息的准确采集，存在没有按照纳税义务发生时间确认申报缴纳房土两税的问题。但是因房产较多，每套房子的购买价格、购买时间，销售及租赁情况等均需要企业核实清理，税务机关通知企业整改后，该公司一直不予配合，而执行法院则催促税务机关在司法拍卖公告规定的时限内办理过户手续，一度使案件陷入征管僵局。

（三）存在对凭裁定书直接过户跟踪缺位的监管风险。根据《全国税务机关不动产登记税费一窗办理业务指引（试行）》规定，"根据人民法院、仲裁委员会的生效法律文书发生土地、房屋权属转移，纳税人不能取得销售不动产发票的，可持人民法院执行裁定书原件及相关资料办理契税纳税申报，税务机关应予受理。"因此，对于法拍房产的过户，若不能取得销售不动产发票的，买受人持人民法院执行裁定书原件及相关资料即可办理契税纳税申报。同时，若被拍卖的房产属于房地产企业开发的一手房源，在办理拍卖房产过户手续时，买受人只需当场缴纳过户环节的契税和印花税，房产公司则根据征期自行申报并缴纳增值税、附加税费、企业所得税等税费。因此，房地产公司被法拍的一手房源，即存在未开具不动产销售发票且征期内也未自主申报的情况下，房产予以过户的执法风险。例如，杭州市某区税务局曾于 2022 年 6 月接收到市局推送的风险疑点数据，辖区内某 A 房地产公司因无力偿还借款而进入司法执行程序，其持有的一手房产已于 2021 年 12 月 4 日拍卖成交，成交含税价为 1900 余万元，且已办理了不动产过户手续，但是 A 房地产公司尚未申报缴纳过户环节的税费。在核实以上情况后，该区税务局责令企业立即更正申报。该公司于 2022 年 7 月更正了 2021 年 12 月增值税申报表，补报增值税计税依据，申报土地增值税、印花税、企业所得税合计 60 余万元，但由于该公司资金链问题，目前无法缴清税款，造成欠税。

二、深入推进涉税司法行为内控机制建设的必要性

内控机制建设是落实全面从严治党、强化“两权”监督的有力抓手，是规范税收执法行为、强化风险防控的有效手段，也是服务税收征管体制改革、实现税收现代化的重要保障。税收现代化以“完备规范的税法体系、成熟定型的税制体系、优质便捷的服务体系、科学严密的征管体系、稳固强大的信息体系和高效清廉的组织体系”为主要内容，只有每个体系都严密规范，不出漏洞，税收现代化目标才能达成。

内控机制建设与组织的发展目标相协调，通过实施内控机制建设，能够提高全系统风险识别、风险评估、风险应对的水平，编织起一张“横纵覆盖、一体运作”的税务工作风险防护网，有效降低税收工作风险。内控机制建设是落实全面从严治党的有效抓手。通过建立和实施内部控制，可以从系统性、全面性的角度对税务系统现有制度进行梳理，查弱项、堵漏洞、补短板，扎紧织密制度的“笼子”，真正做到用制度管事、管人、管风险。通过对岗责流程、风险节点和防控措施等方面的设定，形成相互制约、相互协调、相互监督的工作机制，从根源上防止权力滥用和腐败，保障税务干部廉洁用权、履职尽责。

同时，内部控制是一个持续改进和优化的过程，不可能一劳永逸。

（一）内部控制需要适应组织实体的变革。组织实体的变化会引发组织目标、组织结构、活动模式和操作程序的变化，内部控制以内嵌于过程中的控制策略与操作程序为组织实现管理者期望的有效控制。因此，内部控制需要伴随着组织实体的发展而演变优化。

（二）内部控制需要适应组织目标变化。在组织不同的发展阶段，组织目标自身是一个渐变的过程，当组织中层级化迭代细分的目标结构发生变化时，内部控制为合理保证组织目标实现，会调动组织资源，调整风险评估的目标对象，改进风险评估分析手段，优化控制政策及程序，实现内部控制的动态完善。

（三）内部控制具有动态完善的寻优机制。内部控制自身具有寻优机制。在现代内部控制思想之前是较为长期的内部牵制的实践，由于受制于生产条件和科技水平的

限制，控制的线条是粗放和非连续的。信息化和网络化驱动着内部控制进行自身的结构寻优，从而匹配组织内外环境复杂多变的形势需要。内部控制有条件也更强调对于非预期风险的控制，控制方式从发现性控制越发走向预防性控制，并更多采用自动化控制，以控制信息化应对组织风险的信息化。因此，内部控制的发展过程是一个动态改进的过程，在思想上、理论上、手段上都体现出时代先进性。

当前，传统的只利用税务系统的内部数据和信息编写疑点指标并依靠人工单户联系纳税人核实疑点指向是否属实的内控方式，虽然在一定程度上能够发挥作用，但是对于诸如破产管理人未主动联系主管税务机关告知债权申报事宜，造成税务机关税款流失的风险，以及“隐性欠税”难以核实的情况效果甚微。

一方面，对于涉税司法行为内控机制的搭建要以部门间协作共治为着力点。例如，与市监、规资、行政审批等部门建立协同征缴房土两税的应用场景和工作机制，积极加强情报交换、信息通报和执法联动；与法院建立联席会议等合作机制，必要时提请法院协助财产调查，加强司法与税务行政衔接机制建设；与市场监管、金融监管等部门密切沟通联系，获取被查对象证券、股权等方面财产信息，着力破解稽查执行难题，充分凝聚内控合力，不断扩大涉税司法行为内控机制平台建设的深度和广度。

另一方面，要坚持问题导向和系统思维，通过全面梳理、审视涉税司法行为相关的制度规范和工作流程，查找可能存在的薄弱环节甚至盲点和漏洞，前移监督关口，提前发现问题，及时堵塞漏洞，打通事前、事中、事后监督链条。尤其是要通过信息化手段设计指标模型建设，建立起覆盖多税种、多行业的模型，完善税收数据分析体系，实现数据的实时更新与风险的自动扫描与预警，大幅度提高税收执法风险内部控制的有效性，从源头上弥补漏洞和防范风险，提高内部管理质效，促进税收权力依法合规运行。

三、深入推进涉税司法行为内控机制建设，切实推动内外部风险协同治理

2021 年 3 月，中共中央办公厅、国务院办公厅印发的《关于进一步深化税收征管改革的意见》把“以数治税”理念贯穿于税收征管全过程，为新时期税收征管模式创新指明了前进方向。当前，面对广大涉税司法数据，尤其是破产企业和民事执行的数量激增和复杂程度，一方面，税务部门要深入推进严格规范执法，通过建立健全税收收入质量监控机制，实现精准靶向执法，依法依规征税收费；另一方面，税务部门要通过构建“以数治税”税收征管模式，找准风险防控的切入口，推动建立“四个有人管”风险管理机制，进一步推进风险防范的内控体系建设。

（一）提高风险意识，推动内控建设在涉税司法领域的新突破。当前，税务部门通过对金税三期核心应用、电子发票管理、自然人税收管理、大数据平台等税收信息系统中海量的税务数据资源进行深入分析，并将相关结论和建议应用于税收风险管理、违法线索识别和内部控制监督等方面，有效提升了税收征管的实际效能。但目前税收执法风险防范主要依托于税务系统的内部数据开展内控风险分析，并聚焦于对单税种编制指标，通过人工扫描或设置定时由软件扫描等方式发现风险，并开展执法检查。而对于特殊事项、重点风险领域的全流程、全方位、全税（费）种进行联动风险防控的指标设计关注得不够，且事后风险扫描的方式，如对司法拍卖、破产企业等不具有持续经营的市场主体的涉税风险防控举措不够。要不断通过“发现问题—分析原因—探索路径—验证校验”的方法论，循序渐进地将涉税司法行为的风险防范纳入内控监督平台，要将风险内部控制的重心前移，从“重治疗”转向“重预防”，实现税收风险内控由“事后处理”向“事前、事中精准监管”转变。通过发布司法涉税事项风险提示提醒、总结执法人员具体防控措施、利用内控宣讲培训形式，引导税务人员进一步树立内控意识，认识到内控工作的重要性，强化“提前防控”“身边内控”和“全程防控”的理念，切实让一线执法人员提高抵御执法风险的能力，避免“小风险”不加控制进而变成“大问题”，最大限度地保护税务工作人员。

（二）凝聚内控合力，促进从“单兵作战”到“协同共治”的机制转变。税费征收的复杂性和特殊性决定了在税收风险内控过程中，不能仅靠税务部门“单兵作战”。要充分借助《浙江省税费保障办法》搭建的税费协作共治的机制平台，广泛凝聚各方合力，确保税收共治更优化、更高效。数字经济时代，税源主要源自对数据要素的创造性获取、分析和加工，全面、真实、准确的数据质量是税收风险内控的基础。税务部门要积极加强情报交换、信息通报和执法联动，不断推动内外部风险协同治理。有效运用纳税人整体画像，推进政府部门、市场主体、社会各界等不同主体之间构建“横向耦合”的数字化税收综合治理生态体系，实现市场监管、金融监管、海关、住建、规资等不同社会力量共同参与税收治理，进而提升税收治理的整体性、继承性效能，打破信息壁垒，实现数据共享。例如，针对前述房土两税的征管难点，通过深化与规资、住建等部门的联动协作、信息共享和分析制度，取得当地经营性建设用地的竣备信息、不动产登记信息、房产出租备案信息，结合“金税三期”系统税源登记和纳税申报数据，通过“数据＋人工”模式建立若干风险模型，确定风险分析对象，来进行工商业房产税风险数据汇总分析，从而为该类事项的风险防控和内控监督提供有力的数据支撑。

（三）强化信息建设，深化对特殊事项重点领域的内控内生化监督。目前，破产企业在“金税三期”系统中尚缺少标识化设置，对破产企业全生命周期的管理和跟进只能依靠人工登记的体外管理模式，产生了诸如人员岗位变动、资料丢失以及档案数据与“金税三期”数据脱钩的内控风险。近年来，通过内控指标扫描，已经发现了有结存发票的破产企业在未处理违章案源的情况下即办理注销、启动破产便利化注销程序但缺少相关法律文书等疑点数据，进一步凸显加强税务内部破产债权申报管理信息化建设的必要性。通过对破产债权申报是否及时、全面、准确，对逾期未申报、丢失发票等违章案源是否全面排查，对行政处罚的裁量基准是否准确掌握以及滞纳金的计算和处理程序是否正确等风险事件设置关键节点，找准指标设计的突破口和切入点，将内控监督规则、考核考评标准渗入涉税司法业务的征管流程和岗责体系。建立以税收数据为支撑，以正常企业动态监测和行业动态监测指标为突破口的动态风险监测系统，实现对重点行业、重点领域税收风险的全面监测和动态扫描，建立全流程、多维度的动态监控系统，提高内控机制建设工作的科技含量，不断推动内控机制从传统的“依靠经验”“人工判断”和“重复操作”，向“依靠数据”“智能判断”和“自动运行”迭代升级。

参考文献

[1] 刘和祥．“以数治税”税收征管模式的基本特征、基础逻辑与实现路径［J］．税务研究，2022：69－75.

[2] 高金平．“以数治税”背景下加强税收风险管理的若干建议［J］．税务研究，2021：127－132.

[3] 颜宝铜．基于集成理念的大数据时代税收风险管理探析［J］．税务研究，2021：98－103.

[4] 朱大旗．税收大数据时代，税务执法需要应对这些挑战［J］．中国税务报，2022－03－15（005）.

[5] 达茹汗．中旗税务局：以数治税 让精准监管走深走实［N］．巴彦淖尔日报（汉），2023－03－22（006）.

[6] 孙书润．着力提升“以数治税”能力水平 更好服务中国式现代化发展进程［J］．中国税务，2023：15－17.

[7] 王鲁宁，陈忠．“以数治税”下推进税收精准监管的思考［J］．国际税收，2022：61－66.

[8] 陈羽欣．以数治税背景下我国税收征管优化研究［D］．太原：山西财经大学，2023：39－42.

[9] 张昺琨．以数治税背景下涉税信息共享机制立法研究［D］．兰州：兰州大学，2023：50－53.

[10] 最高人民法院．2023年最高人民法院工作报告［M］．北京：人民出版社，2023.

[11] 浙江省高级人民法院．2022年浙江法院企业破产审判工作报告［N］．浙江法治报，2023－04－12.

课题组组长：林仕华

成员：宋晓冬、张小琴、石惠惠（执笔人）、徐廉澄（执笔人）

新时代下12366纳税缴费服务热线的转型升级研究

国家税务总局杭州市税务局纳税服务和宣传中心课题组

摘　要：12366纳税缴费服务热线（以下简称12366）上线以来，在帮助纳税人理解和遵从税法、表达涉税诉求等方面发挥了重要作用，得到了广泛认可。同时，经济社会的不断发展和税收征管体制改革的进一步深化，对12366提出了新的要求，为充分发挥服务职能，进一步提升社会满意度，12366需不断迎接新挑战、积极探索新路径。本文基于12366发展现状及杭州实践，分析并提出12366转型升级的思路和建议。

关键词：12366　纳税服务　转型升级

一、12366转型升级的背景分析

（一）高质量的热线服务是现代化税收服务体系的重要标志。12366作为纳税人与税务部门的沟通桥梁，是税务部门纳税服务的前沿阵地，是纳税人对税收服务感受最直观的地方，其便利性和服务质效有利于纳税人满意度的提升，是现代化税收体系的重要体现。

2013年全国税务工作会议提出构建税收现代化“六大体系”，优质便捷的服务体系就是其中之一，十年来，国家税务总局不断完善这一体系。2020年，税务总局等13部门联合印发《关于推进纳税缴费便利化改革优化税收营商环境若干措施的通知》，对新时期优化税收营商环境工作提出明确要求。《通知》提出要持续推进减税降费政策直达快享、不断提升纳税缴费事项办理便利度等，对咨询服务、宣传辅导等提出了新的要求，为热线的升级转型提供了思路。

2021年中共中央办公厅、国务院办公厅《关于进一步深化税收征管改革的意见》

提出，到2023年，基本建成“线下服务无死角、线上服务不打烊、定制服务广覆盖”的税费服务新体系，实现从无差别服务向精细化、智能化、个性化服务转变。同时明确全面改造提升12366税费服务平台，加快推动向以24小时智能咨询为主转变。运用税收大数据智能分析识别纳税人缴费人的实际体验、个性需求等，精准提供线上服务。持续优化线下服务，更好满足特殊人员、特殊事项的服务需求。

（二）12366转型升级是经济社会不断发展的必然要求。一方面，随着社会经济的发展，市场主体数量不断增长、税制改革逐渐深入、税费政策趋于复杂且变化频繁、税务机关征收范围仍在扩大，各类纳税缴费主体对税务机关的服务需求不断增加且日趋复杂。12366作为税务部门主要的服务窗口，以电话为主要渠道的服务方式已不适应纳税人需求的发展，必须不断改革创新、转型升级，以提升需求承载和满足能力。另一方面，12366不仅是纳税人解决问题的渠道和平台，其汇聚的海量数据也全面、及时地反映了税费需求与问题，可以为提升税费服务精准性提供有力支撑。《关于进一步深化税收征管改革的意见》明确提出，着力建设以服务纳税人缴费人为中心、以发票电子化改革为突破口、以税收大数据为驱动力的具有高集成功能、高安全性能、高应用效能的智慧税务；到2023年，实现从“以票管税”向“以数治税”分类精准监管转变。“以数治税”的前提和基础之一，就是要做好数据管理。12366拥有年均两百万通来电的数据优势，同时还具有直接联系纳税人、直接连通税务职能部门、直接连接“金税三期”征管信息平台的强大资源优势。据此，我们应积极转变思路，探索构建智能税务服务体系，将12366构建成为智能咨询、智慧连接、智享数据的“智能咨询服务中心”“标准化业务处理中心”和“数据分析中心”。

（三）当前12366的服务模式有待完善。在咨询服务方面，12366主要依托接通率等指标进行管理，存在“重解答、轻解决”的情况，且12366系统游离于核心征管系统之外，长期“单兵作战”，业务协同联动不够，咨询人员在解答时更多的是依据政策条文，在“面上”解答问题，无法给予有效的实操引导和帮助，解决办税过程中遇到的实际问题能力有限。

在宣传辅导方面，一是精准宣传的力度不够，纳税人急需的税费政策信息仍需要通过各种渠道自行查找，宣传辅导的实效性难以充分体现；二是宣传辅导“不解渴”，虽将纳税人关注度较高的热点问题进行宣传，但推送内容不够系统全面，与纳税人实际需求不够贴合，因此导致纳税人接受宣传辅导后仍需通过咨询解决疑问，给咨询服务造成一定压力。

二、12366的杭州实践

近年来，杭州市税务局纳税服务和宣传中心围绕国家税务总局优化税费服务工作要求，以提升纳税人缴费人满意度为目标，推动浙江 12366 热线服务向信息化、专业化、协同化发展探索，促进税费服务提质增效，帮助纳税人及时充分享受税费政策红利，服务优化税收营商环境，努力打造优质纳税服务的“杭州经验”。

（一）积极探新路，加强咨询服务信息化。

1. 数据加持，统筹服务资源。大数据科学分析 12366 话务分布规律，提升服务效能。通过数据分析早晚峰谷差和征期峰谷差，建立动态排班机制，优化坐席资源配置。精准分析纳税人特点，按照业务、历史接待等因素灵活调整访问分配，加强服务集中度和连续性，提升服务效率。2023 年上半年，浙江 12366 语音服务总量 171.63 万个，人工服务接通率为 98.98%，服务满意度为 99.99%，在纳税人满意度专项调查中，“容易打通”和“解决问题”两项指标连续两年排名位列全国第一名。

2. 智慧赋能，优化问税体验。打造智能咨询“最佳体验”和智能语音客服“最强大脑”，迭代升级系统算法和拟人化效果，持续提升问题识别率和答复准确率，着力推进咨询服务的“智能优先，人工兜底”。并构建语音端与网络端知识库一体化运维机制，破除各端智能咨询的“运维竖井”，实现智能知识库的统一运维，进一步提升智能客服服务质效，目前智能语音客服准确率已突破 70%，纳税人对智能客服接受度和满意度逐步提高。2023 年上半年，智能语音服务量为 43 万通，占同期语音服务总量的 25%，话量的分流效应逐步体现，纳税人咨询渠道进一步畅通。

（二）主动展新篇，提升咨询服务专业化。杭州市局根据服务对象和咨询业务的差异性，实现区、县（市）局以专业、个性化服务为主，12366 以普惠、兜底性服务为主的服务模式。一是推动办问协同。创新“坐席直连”屏对屏功能，热线两端的坐席人员和纳税人共享操作屏幕，坐席人员提供远程辅导，实时解决操作问题。建立线上业务集中受理机制，纳税人线上业务智能派送至受理人员及时快速受理。二是专攻重点群体。针对自然人群体，聚焦个税汇算、房土两税、社保费缴纳等自然人群体关注的税费领域，提供“有温度”的咨询服务。针对高频来电中介机构，建立掌上咨询平台“杭州 12366 涉税服务机构专业咨询群”，1 对 N 在线及时响应中介机构咨询需求，并依托平台推送形式丰富的政策解读和操作辅导。

（三）系统开新局，探索咨询宣传协同化。杭州市局创新打造“咨询 + 宣传”协同化机制，基于对 12366 热线海量咨询数据的分析，整理归集热点诉求，针对性制作税宣产品，推动精细服务再升级。

1. “未问先送”，事前精准前置宣传。通过征管数据，筛选适用政策的纳税人清册，点对点精准推送宣传产品。例如，针对印花税政策、加计扣除优惠政策及房产税、城镇土地使用税申报等内容，累计推送相关提示提醒 7.8 万户。数电票推广扩围期间，提前制作增值税发票抵扣勾选的新操作，通过征纳沟通平台提前向 107 万余户纳税人推送消息，为数电票的扩围做好铺垫。

2. “边问边送”，事中宣传反哺咨询。将12366知识库与税宣产品进行关联，坐席在服务过程中，根据来电人的需求实时推送宣传产品及二维码，推动咨询内容多元化、税宣建设品牌化。目前已成功制作并推送数电票可视答疑仿真课件、增值税留抵退税操作视频、个税汇算清缴操作指南等多媒体宣传产品1万余条。

3. “持续推送”，事后增强宣传效应。按照“数据+规则”理念，深入挖掘12366数据“金山银库”，并与来自金三、税控、电子税务局等系统的纳税人画像标签字段相适配，对于前期咨询过相关税费政策的纳税人开展精准的后续跟踪，在税费政策发生变动之后，定向持续推送新政，提升咨询服务质效。其中六税两费退税到账提醒、制造业缓交等累计推送19.67万户。

三、关于12366转型升级路径的思考

（一）理念先行，推动12366迭代升级。树立新时代12366服务品牌理念。12366要实现自我变革，要做到理念先行，12366不仅是热线，更是一个平台、一个品牌，要积极转变服务理念，打破思维定式，推动12366由“解答问题”向“解决问题”转变，由“无差别共性服务”向“个性化分类服务”转变，由“被动响应式服务”向“主动供给式服务”转变，将12366由单纯的纳税咨询品牌打造成为集税法宣传、纳税咨询、办税服务、权益保护于一体的纳税服务品牌，全面展现服务纳税人的税务机关形象。

（二）双管齐下，优化12366服务体系。

1. “智能优先、办问协同”咨询办税新模式。

（1）大力推进智能客服建设。前置智能应答服务，通过优化智能客服算法模型，增强语义理解能力，丰富智能知识库内容，提高解答准确率，提升智能客服“拟人化”水平，优化与纳税人的交互体验，逐步实现向以24小时智能咨询为主转变。对于智能咨询无法解答的疑难问题和复杂业务，无缝衔接人工服务，快速有效解决纳税人的个性化问题。

（2）构建办问协同新模式。结合征纳互动推进思路，逐步通过线上互动、热线对接等方式融入征纳互动运营体系，针对纳税人办税过程中遇到的疑难，通过同屏共享等方式进行线上辅助，当纳税人的需求或疑问超出在线服务权限范围时，根据规范统一的流程进行工单流转，由对应的职能部门进行处理，实现资源的高效调度。

2. “未问先送、想问即得”税费宣传新模式。

（1）提升精准推送服务质效。探索税费服务诉求与精准推送联动机制，按照金税四期“数据+规则”驱动思路，聚焦纳税人关注的高频问题和热点需求，有针对性地剥离精准推送纳税人基础信息、纳税人行为数据，科学设置推送规则，基于纳税人习

惯设置包含场景、策略、内容、渠道、时点等要素的精准策略，为纳税人提供“靶向式”宣传辅导服务。

（2）创新宣传辅导方式。运用融媒体宣传理念，融合广播、电视、报纸、微信、网站等媒介资源，制作推送多样化、高质量税宣产品；开展税收宣传月、税法进校园等活动，积极与外部门沟通协作，调动社会各方力量联合开展税收普法宣传活动；发挥可视答疑优势，加强部门间工作配合，打造专业化可视答疑运营团队，结合纳税人热点诉求，创新形式打造专题化直播间，提升可视答疑服务吸引力，助力咨询业务引流、分流。

（三）多措并举，提升 12366 服务效能。

1. 以纳税人诉求为靶向，着力推行以人为本的精细服务。高效响应税费诉求，将纳税人集中反映的痛点难点作为出发点和落脚点，认真分析诉求产生原因、了解处理过程、跟进反馈结果、提出改进方向，促进诉求解决方式不断改进、效率不断提高。针对用户共性，设置“大而全”的平台开展咨询服务和宣传辅导，针对用户异质特性，拓展“小而美”的个性服务功能，以专业化应对个性化的思路，满足纳税人规模扩容、服务层次亟待提高的现实需求，换位思考，有针对性地为不同行业、不同类型的纳税人推送差异化税收政策，提供及时有效的个性化、定制化服务，提供如影随形的全方位服务体验。

2. 以业务场景为牵引，切实解决纳税人实际问题。以纳税人实际办税场景为脉络，以办事指南的要素梳理和解构为基础，细化办税事项包含的各类情形，把握事项逻辑关系，围绕办理方式、材料提交、获取渠道、事项要点等高频内容，针对性设计场景化智能问答、制定精准推送策略等，优化服务模式，提高解决实际问题水平。

3. 以标准化规范为抓手，全面提升纳税服务能力。针对工单流转、精准推送、可视答疑、知识库运转等工作，结合总局、省局要求和本地实际，科学制定规范化流程，明确职责分工、业务流程、业务要求，确保各项标准的可操作性和可实施性，对内大力激发工作潜能、对外充分形成部门间合力，提高工作效率，全面提升税费服务效能。

（四）四位一体，完善全方位服务支撑。

1. 数据支撑。一方面，基于 12366 海量数据，深入分析挖掘各渠道纳税人诉求，在 12366 通过语音、在线、智能交互、可视答疑等各渠道为纳税人提供服务过程中，自动提炼纳税人热点，为实时针对性解决纳税人问题和各类服务方式的组合应用提供来源，基于对纳税人的基础信息、行为轨迹、操作习惯等开展准实时个性化诉求分析，为精准推送策略提供参考。另一方面，积极“反哺”税务系统各职能部门，通过集成各种渠道数据，开展纳税人画像、行为特征分析等智能化分析，输出具有效率改进和决策辅助价值的数据分析报告、决策参考建议。

2. 内容支撑。

（1）做好知识库内容支撑。扎实做好 12366 知识库及智能知识库运维更新，与业务部门建立协作配合机制，实现税费知识由业务部门提供、12366 扎口整理入库、各部门共享共用的全流程知识管理。知识内容由侧重政策类向侧重操作类转变，构建内容丰富、形式多样、可读性强、接受度高的知识库体系，为纳税服务提供坚实的业务支撑。

（2）丰富税宣产品。聚焦新政策、提炼新热点，统筹区域内各渠道资源，设计多元化、场景化、系列化税收宣传产品，形成宣传产品分工制作、统一归集、共享共用的模式，提升宣传产品应用的覆盖面和针对性，既实现满足纳税人诉求的广覆盖，又实现按照纳税人的偏好、产品投放渠道等提供精细化的各类宣传产品，在精准推送、可视答疑、智能应答等各类服务模式中进行分类应用。

3. 技术支撑。一方面加强硬件基础设施、软件基础设施及各应用平台的建设与维护，确保各系统运行稳定性、信息安全性，并为海量数据的处理、分析和共享做好技术保障；另一方面积极探索人工智能等新兴技术应用，探索在智能机器人中应用大模型，提升机器人准确理解意图、进行拟人化互动、有效解决问题的能力，并拓展智能化应用场景，在智能应答、智能质检、智能宣传、智能外呼、智能回访及智能调查、知识库智能维护等方面提供支持，以及通过5G网络技术与语音模拟分析赋能视频服务，实现线上模式的眼耳实时同步沟通，利用现代通信技术和智能化设备提升纳税人服务体验。

4. 人员支撑。优化人员结构，科学设置各岗位人员配比，逐步优化12366坐席数量。加大业务培训和监督考核力度，探索建设模拟仿真操作软件用于内部人员培训，为12366一线人员提供模仿真实业务场景和操作环境的学习训练，提升12366人员解决实际问题能力。推进专业化队伍建设，着力培养解决复杂业务的专家型12366人员，与业务部门、技术部门、办税服务厅、基层分局等协助配合，打造涵盖纳服、税政、技术、征管人员的跨部门专业化团队，提高整体服务质效。

参考文献

［1］王志平，张景奇，杜宝贵．新坐标、新维度框架下的智慧税务建设研究［J］．税务研究，2021（12）：124－128.

［2］邓力平．税收现代化服务中国式现代化的内涵思考与实践途径［J］．税务研究，2023（04）：5－14.

［3］王钰，王建新．智慧税务建设的目标厘定、结构逻辑与路径选择［J］．税务研究，2023（02）：76－81.

［4］邵凌云．智慧税务背景下税费服务体系的建构：挑战与路径［J］．税务研究，2022（11）：124－128.

课题组组长：陈天兴

课题组副组长：陈华、陈钰

成员：叶梦菲、俞玉枝、周璐婷（执笔人）

税务和解机制在大企业风险管理中的应用和探索

国家税务总局杭州市税务局第一税务分局课题组

摘　要： 随着税收法治建设的持续推进，税务和解机制作为典型的契约型税收治理模式，在明确课税事实、平衡征纳利益、化解涉税争议等方面具有独特优势，也是大企业风险管理工作中化解税收争议的重要手段。目前在大企业风险管理工作过程中，包含税务和解理念的实践案例也很常见，但是税法没有给予明确的法律支撑，也没有规定的标准化工作流程可以参照，在特定情况下也会存在征纳双方合谋侵害国家税收利益等风险隐患。本文旨在从税务和解的理论出发，反思借鉴国内税务实践经验，探索研究税务和解机制在大企业风险管理中的应用路径和机制举措。

关键词： 税务和解　大企业风险管理　和解协议

一、税务和解的定义和功能

（一）税务和解的定义。虽然和解作为争议双方自主解决争议的一种典型途径被广泛应用在民事纠纷中，但当前税法并未对税务和解的概念作出准确定义，理论上也存在不同看法。一种看法是，税务和解意味着在课税事实不清晰或调查成本过高的情况下，双方可以通过协商达成和解。另一种看法是，税务和解是一种制度安排，在征纳双方出现税务纠纷后，在不触犯税收原则的基础上通过协商达成一致意见，进而解决争端。笔者认为，上述两种观点虽在细节上存在差异，但在理念上趋同，均强调双方之间的平等协商、解决争议。

在当前的税务实践中，税务和解的理念主要体现在税务行政复议的调解中。各级地方税务部门依据相关文件[①]制订了各地市税务行政复议调解的实施方案，目的是更有效地保护纳税人的合法权益，提升行政复议的效率，并妥善解决税务争议。

尽管如此，我国的税务和解制度仍在起步阶段，仍有很多待解决的问题。例如，税务和解制度规定并不明确，缺乏明确的监督部门等。现阶段，和解机制仅在行政复议过程中起到作用，适用的时间范围并未延伸到复议前的征收管理以及复议后的法律诉讼环节。实际上，在税务征收的过程中，征纳双方都希望避免行政复议，否则会大幅提高双方的成本，不利于提高征税效率。

综上所述，税务和解机制是一种在税务实践过程中，当税务机关在认定课税事实时存在困难，或者税收征管成本过高时，为了提高征税效率、节约税收征管成本，与纳税义务人在不违背税收原则的基础上，通过协商达成合意，最终达成协议、化解争议的一种制度设计。

（二）税务和解的功能。税务和解机制作为解决纳税人与税务机关之间纠纷的一种灵活高效的途径，主要有以下三个功能：

1. 明确课税事实。当前课税事实呈现出复杂化和多样化的趋势，税务机关在日常征管过程中遇到的税收疑点难点频发。同时税务机关获取证据材料存在诸多限制，因此在某些情况下难以对课税事实作出准确判定。征纳双方通过税务和解的方式对课税事实达成协议，有助于明确课税事实，确保税法的适用。

2. 平衡税企双方利益。税务和解的目的是在国家和纳税人的利益之间找到一个平衡点。从国家角度来看，税务和解有助于顺利地征收税款；从纳税人角度来看，税务和解反映了纳税人的合法诉求，确保了纳税人的权利，并进一步助力建立和谐的税务征收关系，为税务法制创造了一个健全的环境。

3. 化解涉税争议。随着纳税人权利意识不断增强，涉税争议出现频率也在不断提高。但是当前“复议前置[②]”的规定使得行政诉讼的方式解决涉税争议所需时间长，成本高。因此，税务和解成为解决涉税争议是一种优选的解决方式。目前，在税务和解机制发展比较完善的国家和地区，已有大量的实践案例证明和解机制可以更好地化解涉税争议。

二、税务和解机制在我国大企业风险管理中的应用

在我国，税务和解机制仍处于探索阶段。我国税法并不包含明确的税务和解机制

---

① 目前国内涉及和解的文件包括：《中华人民共和国行政复议法实施条例》《税务行政复议规则》（国家税务总局令第 39 号）和《国家税务总局关于全面加强税务行政复议工作的意见》（国税发〔2007〕28 号）等。

② 复议前置是指：同税务机关发生纳税争议的纳税人、扣缴义务人和纳税担保人寻求法律救济时必须先行申请行政复议，而后才能提起诉讼。

的规定。但为了满足社会经济发展和税收征纳实际客观变化的需要，逐渐出现了一些与和解思想相符、性质接近的制度，并在实践中得到了广泛应用。在大企业风险管理领域主要有以下四个方面：

（一）大企业税收事先裁定。指税务机关依据大企业纳税人的申请，针对其未来预期发生的特定复杂税费事项如何适用现行税收法律法规而开展的个性化纳税服务。其中特定的复杂税费事项包括但不限于：资产重组、股权转让、股权激励、投融资业务等。这些都是大企业日常生产经营、交易活动、组织架构和投融资活动中常见的税收征管难点事项。通过事先裁定，有助于引导大企业建立健全税务风险内控机制，为大企业提供事前确定性，提高税务内控能力。

（二）预约定价安排。指企业就其未来年度关联交易的定价原则和计算方法，向税务机关提出申请，按照独立交易原则与税务机关协商、确认后达成的协议，是税务机关对企业提供的一项确定性服务。通过与企业的预先沟通协商，税务部门得以提前调整转让定价的相关阶段。这一制度有助于化解征纳双方潜在的涉税争议，双边或多边预约定价安排还可以有效避免国际重复征税。

（三）大企业税收遵从合作协议签订。指税务机关与税务内控好、遵从度高的大企业以共同防控税务风险、提高大企业税收遵从度、降低税收成本为目的签订的协议，以促进税企双方精诚合作。一方面，大企业通过签订此协议可以获得税务机关对于其涉税问题的明确答复及涉税诉求的政策帮助。另一方面，税务机关也可以通过税收遵从协议来加强对大企业的税务监管，提升服务水平。

（四）税务约谈。指税务机关在税收征管过程中，根据收集的资料以及案头分析发现的问题和线索，约请纳税人沟通相关信息的税收行政管理制度。税务约谈被广泛应用在大企业的风险管理工作中。税务局大企业部门通过大数据案头分析和实地下户排查大企业在经营过程中存在的税收风险，然后以约谈方式就其中的疑点难点和企业进行沟通确认，辅导企业自查，帮助企业消除税收风险，提高税务内控水平。

大企业税收事先裁定、预约定价安排、税收遵从合作协议签订以及税务约谈，虽与本文探讨的税务和解机制存在形式上的差异，但这些制度程序都为税务和解机制的探索实践做了有益尝试，其制度理念在内核上与税务和解机制保持一致。为税务和解机制的建立提供了合理性、可行性依据以及宝贵的实践经验。

三、税务和解机制在大企业风险管理中的必要性

（一）税务和解机制是税务机关应对大企业复杂税收风险的必要举措。在当前大企业的税务实践中，由于大企业集团业务的复杂性和多样性，以及新模式新业态的不

断出现，税法的更新没有及时跟上，导致税务争议的出现愈加频繁。同时也存在税务部门由于证据收集困难使得税法不能被准确应用的情形。例如，在研发费用加计扣除的核查中，纳税人通常难以证明部分研发费用归集符合研发费用加计扣除的相关规定，这往往会引起税务机关的审计和调查，但税务机关在取证调查时的难度很大。在税收征管实践中，涉税事实难以还原。如果完全通过传统复议或诉讼途径来解决这些税务纠纷，那将在很大程度上违反税收效率的基本原则。因此采用和解的方式解决税务纠纷不仅可以节省时间、精力和诉讼费用，还能显著提升征管效率。

（二）税务和解机制是大企业化解税收风险的重要手段。在大企业运营的复杂过程中，税收风险难以避免。对于大企业而言，一旦被纳入稽查立案，不仅会降低企业的纳税信用等级，而且会面临巨额的罚款。同时，也会对企业的社会形象造成巨大的负面影响，影响企业的正常经营（如企业上市等），给企业带来难以挽回的损失。

从大企业的角度出发，对于出现的税务争议，如果选择税务行政复议或者诉讼作为解决途径，不仅使解决程序复杂化，还会消耗大量时间和精力。因此，企业更倾向于与税务部门协商沟通来解决存在的纠纷。税务和解机制刚好给企业提供了这一渠道。

（三）税务和解机制是税务机关转变税务执法理念的需要。目前，税务部门正在努力转变行政功能，更新执法观念，确立以服务纳税人为核心的理念。税务和解机制不仅体现了大企业“平衡治理、合作遵从”的核心理念，也是对新格局要求的具体落实。这一机制在确保税收权益的同时，也考虑到了企业的合法权益，实现了各方利益的均衡。这不仅促进了税企之间更为合理和和谐的合作关系，还为社会经济高质量发展提供了有力支持。

目前国家税务总局及各省市局也出台了相关文件，在部分涉税事项中推行非强制执法方式。其中就包含大企业税收风险提醒、约谈和自查辅导。这与税务和解机制的内核保持一致。在达成和解的过程中，税企双方之间增进互惠合作和理性沟通，可以打破隔阂，从而有助于税务机关转变职能，创新服务理念，加快税收友好型社会的建设进程。

四、税务和解在大企业风险管理中的程序设计

在进行税务和解的过程中，如果法律未对税务和解的具体程序、双方当事人签署的税务和解协议应包含的内容和协商流程等关键要素进行明确规定，那么税务和解的真正目标将难以达成，并且更容易滋生行政恣意。不仅会破坏税收的公正性，还可能引发新的执法风险。因此，应当构建一套完善合规的税务和解程序。当前税法并未对大企业风险管理中的税务和解作出明确的程序设计，笔者结合自身的工作经验对税务

和解在大企业风险管理中的程序设计进行探讨。

税务和解过程涵盖了和解的启动、协商以及最终结果这三个关键阶段。

（一）启动阶段。

1. 明确启动主体。大企业风险管理是税务机关的一项重要工作。税务机关开展大企业风险管理工作，通常是通过内外部数据对于企业进行案头分析，排查相关涉税疑点，再将发现的风险点推送给企业，对企业进行风险提醒或者辅导企业自查。当企业不认可相关风险，同时递交的解释无法排除疑点时，税收争议形成。当税收争议形成后，应首先由纳税人主动提出和解申请并进行举证，税务机关再通过权衡税收政策以及同类型的税务实践案例后，结合纳税人提供的证据对该税收争议进行综合评判。

由纳税人主动申请税务和解，主要有以下三个原因：（1）税务制度本身蕴含着平等性，纳税人主动提出和解申请也是纳税人享有的合法权益。（2）能够证明课税事实确实存在的证据大部分掌握在纳税人的手里，目前通行的税收确定方式先由纳税人主动申报，税务机关再进行审核。纳税人主动提出申请也有利于激发纳税人的主观能动性。（3）出于保障纳税人合法权利的目的。

多数情况下，应由纳税人主动提出和解请求，但在特定情况下，税务机关出于税收效率原则，为了以较小的成本完成税款征收入库，也可以主动向纳税人提出税务和解。

2. 明确启动条件。笔者认为在大企业风险管理过程中启动税务和解应当具备以下条件。

（1）存在课税事实不明确的情形，税企双方对课税事实存在争议。或者是课税事实发生后，税务机关因取证困难无法查清或者查清需要花费巨大成本。因此基于税收效率原则的要求，需要启动税务和解。

（2）和解涉及的内容和事项不能违背法律原则，违反税法规定，不损害国家和纳税人的合法利益。

3. 明确启动方式。税务机关应对税务和解申请做好详细的记录，并将其存档备案。对于纳税人提出的和解请求，税务机关应当仔细审查是否符合和解启动的条件，并就是否接受和解在合理期限内对纳税人进行答复。如果税务机关拒绝了纳税人的和解请求，应给出拒绝的具体原因。最后，税务机关与纳税人在税务和解启动过程中的一切行为、文档资料都应当记录在案，作为依据以待后查。

（二）协商阶段。协商谈判是税务和解过程中必不可少且最为重要的阶段。在整个谈判过程中，税务机关与纳税人对当前存在的税务争议，充分发表自己的意见、观点，提供自己掌握的证据材料、税法依据等，从而化解分歧。通过友好的沟通交流、妥协让步、相互说服，达成一个双方均可接受的税务争议解决方案。

（三）结果阶段。经过税务机关与大企业纳税人的充分沟通协商，最终的结果有两种：一是和解失败，未达成合意；二是和解达成，签订协议。

1. 和解失败。在税务机关与大企业纳税人充分沟通后，仍不能化解分歧达成共识，则意味着此次税务和解失败，税务和解程序终止。税务机关继续依职权调查待解决的税收争议疑点，同时风险管理工作还可采用其他的解决方式，比如移交稽查部门进行进一步审查。

2. 和解达成。若税企双方达成和解，则应签订税务和解协议，协议内容应包含对课税事实的认定、涉税金额、法律依据等，同时也要包含后续应对方式、时间进度等具体细则，例如企业如何申报补税、补税的时间节点等。在签订税务和解协议后，税务机关和大企业纳税人都应遵守协议约定，严格按照协议的内容进行落实。

五、税务和解机制在大企业风险管理应用领域存在的问题

（一）法律规范缺失。当前，现有的涉及税务和解概念的法律法规①仅涉及行政复议阶段的和解，税务机关与大企业在风险管理工作中进行税务和解缺乏明确的法律法规作为支撑。在税收法定原则的大前提下，在没有明确法律法规支撑下进行税务和解，不利于税务机关公信力的树立，也会增加企业的疑惑和担忧。

（二）和解范围局限。和解范围是税务和解制度的核心要素，主要包含事项范围和时间范围两大方面。

1. 在事项范围上，当前在《税务行政复议规则》第八十六条，对可以进行调解的复议事项进行了明确规定，但是这些事项涵盖的范围②较窄，并且第四条“存在其他合理性问题的具体行政行为”的条款具有一定模糊性，不适用于当前税收争议复杂多样性的现实环境，容易引发适用争议。

2. 在时间范围上，现行法律法规仅将和解限定在税务行政复议阶段，对待行政执法和诉讼阶段是否适用和解的态度依旧不明确。

（三）程序保障和协议要件缺失。现行法律规范并未对和解程序做出专门、详细的规定，这使得整个和解流程缺乏有力的程序指引，不利于税务和解机制的发展。缺

---

① 现有的涉及税务和解的法律法规有：《中华人民共和国行政复议法实施条例》《税务行政复议规则》（国家税务总局令第39号）以及《国家税务总局关于全面加强税务行政复议工作的意见》（国税发〔2007〕28号）等。

② 根据《税务行政复议规则》第八十六条规定，对下列行政复议事项，按照自愿、合法的原则，申请人和被申请人在行政复议机关作出行政复议决定以前可以达成和解，行政复议机关也可以调解：（一）行使自由裁量权作出的具体行政行为，如行政处罚、核定税额、确定应税所得率等。（二）行政赔偿。（三）行政奖励。（四）存在其他合理性问题的具体行政行为。

乏程序保障不仅降低了协商和解的效率，而且也易造成公平性的问题。

税务和解协议不仅是和解成果的具体表现形式，也是确认税收事实和解决税收纠纷的有力证据。《税务行政复议规则》第八十七条中明确指出，和解协议的书面表达和内容必须确保不损害社会的公共利益和他人的合法权益。但是对于和解协议生效的具体条件和生效后的法律效果并没有进行明确表述，当前税务和解协议的要件不够明确。

（四）和解效力不足。在税务和解机制的实际应用过程中，税务和解机制的和解效力并不尽如人意，主要表现在以下几个方面：

1. 当前的大企业风险管理工作中，税企双方并未就和解内容签订和解协议，和解内容停留在口头约定，约束力不足。同时，当前的税务和解机制实践过程中，和解协议的内容相对单一，往往只有一个纳税调整的税目与金额，以及参考相对应的税收政策，在具体协议的执行和后续保障上没有明确规定，导致和解协议执行时无法得到有效的实施和监管。

2. 有些纳税人对和解协议缺乏诚信，不遵守和执行协议。一些纳税人为了逃避税收征管、扩大利益，有意违反和解协议，从而导致和解协议失去效力。企业在初次谈判时，表面上与税务机关形成了和解协议，但是随后又从各方（如事务所等）咨询相关的操作是否合法合规，是否存在少缴或者不缴的情况。导致整个税务和解的过程变成拉锯战，体现为企业和税务机关的“讨价还价”。这种情况大大损害了和解协议的信誉度和公信力。

3. 可能存在一案多查的情况。因为缺乏法律法规支持以及明确的和解协议备案，企业大多数是与税收征管部门进行税务和解，但是还可能被税务稽查、审计等部门进行再次查处，间接地导致前面的税务和解协议“失效”，与法律上的“一事不再罚”原则违背。

（五）存在侵害国家税收利益等隐患。税务和解机制虽然拥有诸多优点，但是也存在一定的隐患，可能会导致一些不良行为和结果，侵害国家税收利益。

1. 税务和解机制可能会被不良企业利用进行欺诈行为。在一些情况下，不良企业为了逃避税收征管，利用和解机制与税务机关进行博弈，最终达到少缴税款的目的，侵害国家税收权益。

2. 税务和解机制还可能存在权力寻租的问题。由于制度性和实际性因素，一些权力机关、税务机构或公职人员可能会利用权力和地位，进行暗箱操作，在税务和解中谋取私利，突破制度底线。例如在高 × 案中，山东省税务局原党委委员、总会计师高 ×，在负责大企业工作期间，利用职务上的便利在税收征缴方面为他人牟取利益，徇私舞弊不征、少征税款，造成国家税收重大损失。

六、强化税务和解机制在大企业风险管理领域应用的建议

做好完善清晰的制度构建是发挥税务和解机制在大企业风险管理中突出作用的关键。具体而言，笔者认为税务和解机制的构建应重点从以下三个方面着手。

（一）制定发布相应的法律规范。完善的法律规范是实现税务和解的必要前提。正如前文提到的，目前我国的税法对于税务和解并没有给出明确的条款。因此，我国可以借鉴域外经验，在《税收征管法》中明确税务和解的核心内容，为税务和解提供法律支持，各省市再据此制定税务和解相关的实施办法予以补充。在相关文件中，应对于和解制度适用的和解范围、协议要件、程序流程等要素作出明确规定。

（二）完善和解程序。为了完善整个和解程序，应重点在以下四个方面进行着手：

1. 必须切实落实好保护纳税人合法权利。在达成和解的过程中，纳税人的权利，如知情权、保密权等，都应当得到严格的维护。

2. 明确信息公开和保密的原则。一方面，公开必要的信息可以帮助公众更好地监督整个和解过程，确保纳税人的权益和国家的税收利益得到保障。另一方面，税务和解可能要求纳税人提供超出法律规定披露标准或者不宜公开披露的关键信息，随意披露可能会损害纳税人的合法权益。因此，应该建立明确的信息公开和保密原则，根据案件具体情况做好信息的公开与保密工作。

3. 明确和解协议的落实与救济保障。和解协议是基于双方自愿遵守的原则达成的，如果其中一方不遵守，那么另一方有权向法院提出强制执行的申请，税务机关也可以实施相应的强制措施。当出现和解协议无效、可撤销或重大情势变更时，征纳双方均有权通过法律途径确认协议无效、撤销协议或者调整协议内容。对纳税人来说，如果和解过程或和解协议的执行对其合法权益造成了损害，纳税人有权提出行政复议或发起行政诉讼，以寻求行政救济。

4. 加强内部管理。税务机关应建立完善的组织机构，明确岗位职责，严格内部管理。同时，要加强税务内部干部的培训，充分了解税务和解机制的制度基础和运作流程，以便日后可以合规开展与企业的税务和解。

（三）加强内部审查。税务和解的流程中应该包含严格的内部审查环节。要将审查职责落实到具体的审查部门，审查部门要明确职责，落实责任，对管辖范围内的税务和解协议做到应审尽审。在审查的内容上，应将审查重点放在和解协议的形式和内容的合法合规性上。对于大企业的风险管理工作而言，大多数税务和解的场景发生在行政执法阶段，因此上级税务机关承担相应的审查职责，对不符合要求的税收协议应退回至签订协议的部门，要求其进行整改。

同时，要设置独立的内设机构，定期对过往的和解协议进行复查，做好“双重保险”。重点复查和解协议是否合法合规，是否存在权力寻租等情形。通过事后监督来提高税务干部的警觉性，保障纳税人和国家的利益不受破坏。

参考文献

［1］刘剑文，刘静．法治视域下税务和解制度的建构［J］．税务研究，2022（10）：76－82.

［2］王利明．论和解协议［J］．政治与法律，2014（01）：49－57.

［3］陈治．税收征管中契约工具的运用及其法治应对［J］．现代法学，2021（06）：136－149.

［4］陈光宇．税收和解制度浅议［J］．税务研究，2007（09）：71－73.

［5］刘剑文．追寻财税法的真谛［M］．北京：法律出版社，2009.

［6］刘剑文，耿颖．税收法定原则的核心价值与定位探究［J］．郑州大学学报（哲学社会科学版），2016（01）：31－37.

［7］苏敏．论税务和解［D］．长春：吉林大学，2012.

［8］寇瑞珍．税务和解研究——基于A公司与税务机关的争议［D］．广州：暨南大学，2017.

［9］耿金龙．论我国税务执法和解制度的建构［D］．西安：西北大学，2021.

［10］张成．论税务和解［D］．长沙：中南大学，2007.

［11］闫海．税收事实认定的困境及出路［J］．税务研究，2010（03）：78－81.

［12］颜运秋．税务和解的正当性分析［J］．法学杂志，2012，33（08）：40－48.

［13］王小江．基层税务机关实施税务和解制度浅谈［N］．中国税务报，2015－09－23（B02）.

［14］刘继虎，张成．税务和解的程序法构建//中国法学会行政法学研究会．中国法学会行政法学研究会2009年年会论文集（上册）［C］．中国法学会行政法学研究会：中国法学会行政法学研究会，2009.

课题组组长：吴非

课题组副组长：王志强

成员：杨宁洲（执笔人）、徐冬梅、徐晨航、郎思睿、骆成

非强制性执法在税务稽查工作中的应用

国家税务总局杭州市税务局第一稽查局课题组

摘　要：随着税收征管体制改革的进一步深入，优化税收执法方式成为提升现代化税收治理能力的关键环节。本文以非强制性执法在某市稽查领域的实际应用情况为研究点，分析了现行非强制性执法在对象选取、推行范围、执法质量等方面存在的不足，从税收理念、制度基础、机制保证、技术支持、人才支撑等五方面着手，坚持"风险前置"的思维方式，大力完善、推行非强制性执法在税务稽查领域的应用，坚持精确执法和精细服务并重，切实提升稽查执法质效。

关键词：征管体制改革　税务稽查　非强制性执法

一、研究背景和研究意义

党的十八大报告中指出，要按照建立中国特色社会主义行政体制目标，深入推进政企分开、政资分开、政事分开、政社分开，建设职能科学、结构优化、廉洁高效、人民满意的服务型政府。要建立一个高效的服务型政府必须坚持"以人民为中心"的工作理念，将强化政府服务功能作为改革重点。同时，党的二十大报告强调"坚持全面依法治国，推进法治中国建设"，提出在日常政府治理中，要求全面"坚持依法治国、依法执政、依法行政共同推进，坚持法治国家、法治政府、法治社会一体建设"的工作要求。而非强制性执法恰恰是"依法治税"和"服务型政府"建设的最佳结合点。如何在税务稽查工作中有序推行非强制性执法方式，是当前税收现代化建设的重要课题，也是构建"精确执法、精细服务、精准监管、精诚共治"的"四位一体"税收治理体系的重要发力点。

（一）非强制性执法的定义。非强制性执法，顾名思义，是同"强制性执法"相对应的一种执法形式。是由一定行政主体依照其职责权限，主动发出的，不以强制行政指令令对方服从、接受为特点的行政行为，也就是行政机关运用非强制性手段，依法实施行政管理的行为，最终达到行政管理的目的。

（二）非强制性执法的特点。非强制性执法不同于传统执法行为具有的“命令”“单向”等特点，其在运行过程中更多体现了现代行政管理中“服务”“合意”的理念。

1. 非强制性税务执法行为的合法性。非强制性税务执法行为虽然不是一种依职权而做出的行为，但仍然是行政主体依职权而为。其实施主体是行政执法机关，行为对象是行政相对人，非强制性税务执法行为的依据仍是国家制定的相关法律、法规，同时非强制性税务执法行为本身也属于行政监督的对象。

2. 非强制性税务执法行为双方的地位平等性。非强制性税务执法行为的实施主体虽然仍是行政机关，但是该行为本身对行政对象并不产生必然的法定义务。由此产生的双方权利、义务关系是基于双方合意产生的，双方间的地位是平等的。即是说，如果非强制性税务行政行为在商讨、变更的过程中，行政实施方和行政相对方任何一方产生异议、拒绝甚至对抗，行政实施方无权强制执行行政行为，更不能因此采取制裁手段，加重行政相对方的负担。

3. 非强制性税务执法行为双方意志的互动性。传统行政理论下，行政行为具有单向性和命令性，即由拥有行政权力的一方起主导作用，通过行政手段强制行为使对象服从行政机关的意志。但是非强制性执法更多体现为行政机关同行政对象之间的双向互动。这种互动可以通过对话、交涉、辩论等多种形式进行，最终形成有利于对话双方的理性决定。

4. 非强制性税务执法行为形式的多样性。非强制性税务执法行为本质上是行政机关在不超越自身职权的前提下向行政对象提供的一种服务，因此其形式和流程也不具有法定模式。对于在何种条件下对行政对象开展非强制性税务执法，采取什么形式的非强制性执法行为，都是根据实际情况即时决定的。

（三）推行非强制性执法行为的必要性。自党的十八大以来，党中央多次强调，要转变执法理念，打造“服务型政府”，进一步发挥税收在国家治理体系中基础性、支柱性、保障性作用。在中共中央办公厅、国务院办公厅印发的《关于进一步深化税收征管改革的意见》中更是明确指出，要在严格规范税务执法行为，坚持“有法可依、有法必依、执法必严、违法必究”的基础上，不断提升税务执法精确度，有效运用非强制性执法手段。可见，优化税收执法方式已经成为实现税收现代化治理能力的重要组成部分。

1. 非强制性执法是提升税务稽查效率的有效手段。非强制性执法遵循的是平等、规范、自愿的沟通理念，在实际操作过程中，采用提示提醒、督促整改、约谈警示等柔性工作方式。例如，在双随机工作中，稽查部门可以根据实际情况对被抽查对象采取“一对多”的批量式辅导，以保证稽查工作的高质高效。

2. 非强制性执法是构建和谐征纳关系的有效途径。当前，纳税人的法治意识不断增强，对自身合法权益的维护也越发到位。这就要求我们税务稽查干部必须转变工作理念，优化执法方式，把纳税人放在与自身等同的、平等的基础上，要灵活运用多种柔性执法手段，推进稽查工作的同时全力保障纳税人权益，争取通过协商、说理等方法化解双方矛盾，最终达到“双赢”的执法目的。

3. 非强制性执法是构筑良性营商关系的坚强基石。非强制性执法从本质上讲，是企业同稽查部门不断沟通、交流的一个过程，通过双方之间反复地申辩、论述、反馈，进一步强化税企双方的“代入感”以达成共识。稽查机关通过说理式执法、欠税提醒等方式，进一步增强稽查部门公信力的同时，也有效规避了复议、诉讼风险，节约了大量行政救济上的投入。而纳税人通过交流，从根本上提升自愿遵从的意识，对后续的行政行为配合度更高。

二、H 市税务某跨区域稽查局非强制性执法措施实施探索

自 2021 年中共中央办公厅、国务院办公厅印发《进一步深化税收征管改革意见的意见》以来，税收征管领域改革进一步向法治化、精细化、人性化迈进，非强制性执法作为执法方式的重大变革也全面在 H 市稽查领域推开。

（一）现行非强制性执法的主要文件依据。2021 年，浙江省税务局发布《国家税务总局　浙江省税务局关于深入学习贯彻落实〈关于进一步深化税收征管改革的意见〉的通知》，开启了 H 市探索非强制性执法之路。该文件明确提出以“信用 + 风险”为基础，用法治思维和法治方式不断创新执法手段和执法体系，从而为非强制性执法方式的全面推开奠定了理论基础。随后，H 市陆续出台了《扩大税务稽查说理式执法试点工作方案》《H 市税务系统涉税事项推行非强制性执法方式实施方案》《H 市关于推广实施欠税风险提醒和约谈警示工作的通知》等多个同稽查业务紧密相关的业务指导性文件，以工作规范和操作指南的形式对非强制性执法方式进行了具象的规定，对非强制性执法方式的落地起了推动作用。

（二）非强制性执法在稽查工作中的应用情况。非强制性执法应用贯穿于稽查工作的全过程。现行稽查工作中采用的非强制性执法手段主要有以下三种：一是涉及稽查检查环节的“双随机”自查辅导制度；二是涉及稽查执行环节的欠税提醒和约谈警示制度；三是贯穿稽查工作中“检查、审理、执行”三个环节的“说理式执法”。

1. “双随机”自查辅导的应用情况。“双随机”检查过程中实行自查辅导是非强

制性执法在税务稽查工作中最早落地开展的措施。该项工作是指税务稽查部门在开展“双随机、一公开”工作中，对符合一定条件的随机抽查对象，组织其开展自我检查，并通过风险提示提醒、政策释疑解惑等方式引导纳税人查找涉税疑点，从而纠正税收违法行为。H 市税务局某跨区域稽查局在 2021 年、2022 年、2023 年 1 ~ 8 月的双随机自查辅导数据如表 1 所示。

表 1　双随机自查辅导数据统计

年度	自查户数	自查补税金额（万元）	户均自查金额（万元）	转重点查户数
2021	177	12206. 34	68. 96	34
2022	99	9141. 09	92. 33	27
2023	72	8305. 78	115. 36	7

从这三年的数据显示，户均自查补税金额是不断逐年提高的，由 2021 年的 68. 96 万元/户提高到 115. 36 万元/户，提高比例达到 67. 29%，增长幅度明显。这表明经过历年来自查辅导工作的推广，稽查部门在辅导式自查上逐步积累经验，总结了例如编制《随机抽查企业通用自查提纲》、“定制式”上门辅导等好的做法，其做法越来越成熟、效果也越来越明显。

2. 欠税提醒和约谈警示制度的应用情况。2022 年 4 月，按照《国家税务总局关于印发〈推行非强制性执法方式试点工作方案〉的通知》，H 市承接了“欠税风险提醒和约谈警示”的总局试点项目，并在 2023 年开始正式在全市全系统范围内推行该执法方式。

欠税风险提醒和约谈警示，是指税务机关对未在规定期限内缴纳税款造成欠税的纳税人，根据实际情况采取提醒或约谈的非强制性执法方式，引导其制订清欠计划，督促纳税人及时缴纳欠税的工作。对能按照承诺时间节点缴纳欠税的，税务机关可暂不采取强制执行等措施。

2022 年全年完成欠税风险提醒和约谈警示 4 户，追回各类税（费）款、滞纳金、罚款共计 500 余万元，截至 2023 年 8 月，共完成 5 户欠税企业的风险提醒或约谈，追回各类税（费）款、滞纳金、罚款共计 769. 27 万元。

3. “说理式”执法的应用情况。2020 年 8 月，ZJ 省印发《推行重大税务案件审理说明理由制度试点工作实施方案（征求意见稿）》，开始了“说理式”执法的良性尝试，并于 2021 年初确定开展税务稽查“说理式执法”试点工作，正式确定 H 市稽查部门作为试点单位先行试水。

“说理式执法”是指在税务稽查案件查办工作中，注重运用释法明理等说理方式，充分说明稽查执法活动以及税务行政处理、处罚决定的理由、依据和相关法律责任，做到稽查执法事项和处理处罚决定在事实清楚、证据充分、程序合法、处理适当的基础上论证清晰、说理透彻。

2021 年 H 市跨区域某稽查局共试点“说理式执法”3 户，3 户“说理式执法”从违法手段上看均为增值税专用发票虚开（虚受）类说理；2022 年 H 市在 2021 年试点的基础上，整理完成了说理式文书版本和优秀范例作为参考，进一步提高了“说理式执法”的深度和规范性，某跨区域稽查局在 2022 年完成“说理式执法”1 户，同样是虚开案件类说理。2023 年 1 ~8 月完成“说理式执法”1 户，属于偷税类说理。以上 5 户“说理式”案件都具有违法性质严重、违法手段恶劣、涉税金额大的特点，且在案件查办过程中纳税人都提出过陈述申请，纳税人同稽查部门在违法事实的认定和案件定性上存在较大的分歧，具有说理的必要。

三、现行非强制性执法存在的不足

H 市跨区域稽查局实行的一系列举措是对非强制性税收执法方式的有益探索。但是，从各类非强制性执法方式在稽查工作中的实际应用情况来说，当前推行力度和执法能力还是未能达到更高效更精准的税收治理水平。

（一）推广力度较小，尚处于试点阶段。通过表 2 可以看出，除了“双随机”自查辅导外，其余两项措施占比甚至都不到 1%，远远没有达到全面普及的标准。造成推广力度较小的原因：一是非强制性执法推广时间较短。三项措施中，“双随机”自查辅导最为成熟，是三个措施中唯一一个在“金税三期”系统中享有独立操作模块的措施，自查辅导占同期立案数的比例基本保持在 1/3 左右。形成明显对比的是欠税提醒和说理式执法这两项执法措施，作为新生事物从 2021 年刚刚开始试点，至今实施时间不超过三年，未能达到大面积的推广普及。二是后两项措施对综合业务能力要求更高。特别是欠税提醒和约谈，不但需要丰富的税收、会计知识，还需要很强的法律知识和沟通能力。而现有的稽查干部由于在知识储备上的短板，故而对类似业务往往采取回避的态度，这也是实际操作中非强制性执法件数并不多的原因。

表 2　非强制性执法措施数据同稽查日常执法数据对比

年度	自查辅导			欠税提醒和警示			“说理式”执法		
	自查辅导户数	全年立案户数	比例（%）	提醒和约谈户数	欠税户数	比例	“说理式”户数	全年审结户数	比例（%）
2021	177	395	44.81				3	490	0.61
2022	99	298	33.22	4	439	0.91%	1	396	0.25
2023 年 1 ~8 月	72	222	32.43	5	470	1.06%	1	182	0.55

（二）完成质量不高，应付色彩较重。分析现有的案卷资料，可以看出，非强制

性执法措施完成质量不高。一是应付考核的痕迹明显。留存的执法资料显示现行执法行为“为做而做”的痕迹较为明显。比如在“说理式”案件的执法过程中，甚至出现过即将正式下达税务处理、处罚意见，再重新回头补制作各环节所需说理性文书的情况。二是执法过程中提醒、说理的应用不充分。非强制性执法过程中传统行政的意味还比较浓，缺乏对行政相对人有针对性的提醒、警示。比如“说理式执法”的关键在于“把理说透”，即以讲清“事理”“法理”“情理”“文理”为关键。但分析已成册的说理式文书，大部分文书的说理还停留在对违法事实的详述、对相关涉税条款的解释上，而对企税双方之间争议焦点的辩论过程展示不足、释义不明。三是文书制作使用上还不够严谨。由于非强制性执法不属于法定的、必须履行的工作职责，因此缺乏统一的执行流程和执行文书，因此不同执法人员出于各自不同的理解，对执法流程的把握和文书的使用都是有差异的。这种不一致性，容易让行政相对人对稽查部门执法的专业性、严谨性产生疑虑，不利于维护稽查部门的权威。

（三）以数治税的能力还有所欠缺。非强制性执法的关键点就是“风险前置”，即通过强大的数据采集、归纳、处理、分析能力，建立起完善的风控指标警示体系，稽查部门则根据警示指标快速做出反应，指导企业排除疑点、降低税收风险。因此整个应对过程首先要求强大的数据技术的支撑和深入参与。但是在现行的实际工作中，我们对数据的利用还是比较落后的。一是对于风险企业的选择还是依赖人工的判断。比如“双随机、一公开”的查前辅导，其查前辅导的疑点挖掘还需要稽查人员人工分析、查找疑点。同时由于每位稽查人员的工作思路不同，疑点指标的确定缺乏统一的标准，使得辅导过程中容易产生新的“不公平”。比如在“欠税提醒和约谈”工作中，文件明确了提醒对象的选择要遵循的条件，我们完全可以利用“金税三期”强大的数据处理能力将符合条件的欠税企业做初步筛选，再由稽查人员对推送的信息进行二次筛选，通过“人机结合”的方式，高效完成工作。二是对第三方数据的整合能力未得到发挥。目前税务系统致力于同银行、海关、工商等部门建立信息间的共享。但是通过信息共享所获得的数据并没有能最大限度地同税务信息结合，从而无法对纳税人进行精准画像，帮助稽查部门更好地确定疑点企业。

（四）执法人员素质制约了非强制执行的质量。决定非强制性执法行为质量的关键因素是两点，一是有完备的、可行性强的制度支撑；二是执行制度的人在实际工作中充分体现展现该制度立法精神。就目前非强制性执法的实际完成情况看，执法人员自身理念和素质上的短板影响了执法行为的质量。（1）稽查执法人员本身对非强制性执法措施不了解。很大一部分稽查执法人员对现有的非强制性执行措施并不了解。比如，认为“说理式执法”就是把稽查报告、审理报告进一步细节化。（2）稽查执法人员的专业素质无法满足执法需求。非强制性执法行为的开展需要稽查执法人员具备较强的数据处理能力，丰富的法律、会计、税务专业知识乃至灵活的待人接物能力，但是这类综合型人才在税务系统仍然十分稀缺。

四、优化非强制性执行的建议

目前非强制性执法的推进工作还有很大提升空间，需要我们从制度、机制、技术等方面建立健全这一制度。

（一）完善执法依据，提供制度保障。迄今为止，稽查工作中涉及的非强制性执行措施的发布、运用、考核以及成果的增值利用，多以“意见”“办法”等内部公文、函件形式出现，并未真正有一部总括的、系统性的法律、法规对非强制性执法行为进行调整和规范，其权威性、系统性、规范性略显不足。

1. 加快税收征收管理法的修订。《税收征收管理法》可以说是税务领域程序法的根基，但现有的《税收征收管理法》确实存在条款落后、执法方式单一、实操性不足等弊端，建议抓紧此次《税收征收管理法》修订的机会，将非强制性执法确定为税收执法措施的有利补充，从法律层面肯定其合法性和必要性。

2. 建立和完善相应配套细则。应加快配套细则的建立和完善，以“一个标准”的尺度予以推广。配套细则的出台应当遵循以下原则：一是实操性，在对非强制性执法基本适用要素做统一规定的同时，允许基层机关按照实际情况进行流程、文书上的简化或补充；二是灵活性，非强制性执法行为从本质上说更倾向于是一种行政指导和建议，其操作形式可以更加多样化，甚至可以采用口头、电话等指导方式；三是便捷性，非强制性执法的本质目的还是通过提醒、警示等手段降低征纳成本。建议在对非强制性执法行为进行细化规范时，尽量考虑同原有的执法行为同步进行。

（二）创新执法理念，强调协同治税。执法方式的变革首先是执法理念的变更。非强制执法行为所自带的服务属性是现代税收治理理念中“风险放管服平衡”的最佳补充。同时在税收管理手段、措施、程序上多方加以创新，比如在稽查多环节推出警示提醒制度等，发挥非强制性执法行为“合作信赖”的基本优势。

1. 对内，税务部门要厚植柔性执法理念。在稽查系统内部，按照“包容审慎、宽严相济”的理念，大力推广柔性执法理念。以风险为导向，按照“无风险不打扰、有风险先提示、全流程有监控、有违法必处理”的原则设计和规划非强制性执法制度。灵活运用刚性、柔性两种执法手段，通过建立动态风险监控体系、风险评价和预警体系、事前告知提醒制度等手段，将风险管控前置。由单纯的“严打”转变为“管查一体”，最终达到征纳双方“自治”和“自理”的良性互动。

2. 对外，打通社会参与渠道，完善公共参与机制。利用稽查现有的信息交换渠道，建立多元共治机制，搭建“统一目标、统一数据、统一指标”的数据平台，更好更全面地发现企业存在的风险点。同时将税务数据上传至该平台，为其他政府部门管理决策提供参考依据。例如，企业行政处理处罚情况均可作为金融机构放贷的重要参考依据。

（三）坚持风险导向，深化差异化监管能力。非强制性执法的目的是完成稽查部门原本单一的“事后稽查”职能向前向后的拓展，从而形成一条“风险提示”—“查前辅导”—“查中分类处理”—“查后督导”的完整风险控制链。

1. 提升大数据分析能力，由“以票管税”向“以数治税”升级。强化大数据分析，推动税务执法从“信息化”向“智能化”升级。例如，在“欠税告知和提醒”这一非强制性执行措施开展前，通过对多方信息的整合对欠税企业现时的财产状况做好全面评估，从而制定个性化提示和帮扶措施。

2. 把握好“强制”与“非强制”间的“度”。税收强制执法和非强制性执法是依法治税的两大组成部分，如何把握好两者的度，贯彻审慎包容、刚柔相济的执法原则，是非强制性执法行为实施过程中的难点和重点。例如，稽查双随机抽查工作中的“自查辅导”，对因税收政策理解不到位或者税款计算错误等少缴税款的行为应允许企业查漏补缺，而若在辅导过程中发现企业存在骗取出口退税款等重大税收违法行为的，则应依法立案查处。厘清强制性执法同非强制性执法间的界限，不能以柔性的行政辅导代替刚性的行政执法。

（四）加强干部队伍建设，培养专业化人才。好的制度是基础，好的执行则是制度落地的保证，而制度的执行最终要落在人身上。要丰富执法方式，执法人员必须具备相应的“善治”的本领。一是转变执法理念。正确处理好税务执法、税务监督、税务服务三者间的关系，将税收风险的事前监督和化解摆在同“严查”同等重要的位置上。二是切实提升稽查干部的专业能力。“风险导向 + 警示前置”的处理原则对稽查干部跨专业的复合能力有很高的要求。建议在对税务稽查干部进行业务全面培训的同时，根据干部特长组建专业化队伍，例如公职律师队伍等，从而更好地应对非强制性执法方式带来的专业能力上的提升要求。

（五）建立健全内部监督和权利救济措施。

1. 建立健全税务部门内部监督机制和绩效考评体系。目前，稽查环节的非强制性执法还处于探索阶段，从内控监督来看，整个操作还未纳入“金税三期”系统，这样很容易出现另搞一套、脱离监管的问题，且不利于流程规范化和统一化。建议在非强制性执法手段全面推行后，将其纳入征管系统统一管理，实现留痕管理。稽查机关在对执法人员进行追责问题上，要建立适度的“容错”机制。对推广、完善过程中出现的非主观上的、重大的过失应采取包容的态度，强调今后工作中对类似事件的防范。

从执法质量考核的角度而言，非强制性执法行为首先要遵循自愿原则，这意味着稽查机关无权强制要求对方接受。因此建议将其暂缓认定为一项必须完成的工作而纳入绩效考核的扣分项，而应该采用正向、激励性考核，即对开展质量高、效果好的部门通过加分等手段予以鼓励，杜绝为了不扣分而出现滥用职权的情形。

2. 完善税企争端解决机制，保障纳税人合法权益。因为非强制性执法行为本身不具备强制性，因此从理论上讲，非强制性执法不存在行政救济问题。但是，如果在执法过程中，执法人员出现行为不当，如利用行政权力强迫纳税人接受非强制性建议，或者在协商、建议的过程中，出具的指导意见不当，违反相关税收法律法规精神的，纳税人有权提出申辩，若对纳税人权益造成损失的，税务机关应当承担赔偿责任。

参考文献

[1] 李波，王彦平．优化税务执法方式的实现路径探析［J］．税务研究，2021（06）：29－30.

[2] 邱俊华，刘爱国，许春梅．优化税务执法方式的探讨—以泰兴市税务局为例［J］．财经论坛，2021：149－151.

[3] 滕祥志．国家治理视角下的优化税务执法方式［J］．国家税收，2021（10）：33－38.

课题组组长：李越洁

成员：阎冰（执笔人）、缪陵霞、吴素素、沈宇恬、陈倩倩、栾晴钰

我国纳税人权利保护的税收法律救济问题研究

国家税务总局杭州市上城区税务局课题组

摘　要： 税收是国家资本，是国家财政收入的重要来源之一，其本质是国家为满足社会公共需要，凭借其政治权力按照法律所规定的标准和程序强制、无偿地取得财政收入的一种形式。税收的强制性和无偿性将极大地影响纳税人的个人私有财产，因此在征税过程中如何保障国家机关依法征税，纳税人法律救济渠道畅通至关重要。在法治观念逐渐深入的当下，纳税人法治意识逐渐增强，越来越多的纳税人通过税收法律救济渠道进行救济，但由于我国税收法律救济规定的不完善，导致在实务中纳税人的救济权利不能得到完全的保障，征纳矛盾进一步激化。本文通过一则未保障纳税人税收救济权利的败诉案例，引出我国税收法律救济存在的问题，结合国外税收救济权利的规定，对优化我国税收法律救济制度提出意见建议。

关键词： 税收法律救济　税务行政复议　税务行政诉讼

一、问题的发现：来自一则税务机关税收救济权的败诉案例

A 企业是 B 市 S 区辖区内一企业，其有一处房产于 2014 年抵债转让给第三方但未申报缴纳税费。2021 年 8 月 20 日，A 企业到 S 区税务局进行纳税申报，因该转让不动产行为发生在 2014 年，故 A 企业补充申报后当即产生欠税和巨额滞纳金，A 企业于当日全额缴纳欠缴税费和滞纳金。2022 年 4 月 8 日，A 企业向 B 市税务局提出复议，要求撤销三份税收缴款书及确认该具体行政行为违法。对此，S 区税务局答复称 A 企业申请行政复议已超过法定期限，B 市税务局予以认可，以复议申请超期为由作出驳回行政复议申请的决定。A 企业对此行政复议结果不服，于 2022 年 6 月 20 日向 S 区人

民法院提起行政诉讼，要求撤销B市税务局作出的复议决定。在诉讼中，A企业提出根据《最高人民法院关于适用〈中华人民共和国行政诉讼法〉的解释》第六十四条的规定，“行政机关作出行政行为时，未告知公民、法人或者其他组织起诉期限的，起诉期限从公民、法人或者其他组织知道或者应当知道起诉期限之日起计算，但从知道或者应当知道行政行为内容之日起最长不得超过一年。复议决定未告知的，适用前款规定”。本案中，S区税务局对于案涉缴税行为仅给了A企业三张税收缴款书，该税收缴款书上并未载明复议的权利和期限，应视为未告知行政相对人救济权利和期限，适用一年的诉讼时效，故B市税务局以复议申请超60日的复议申请期限为由决定驳回于法不合。S区人民法院在审理过程中，认为A企业提出的上述理由于法有据，B市税务局驳回复议申请的决定错误，要求B市税务局重新受理A企业的复议申请。故本案由B市税务局重新受理后再次进入复议程序。

本案是纳税人行使税收法律救济权的一个典型案例，通过这个案例，笔者就我国现行税收法律救济规定提出几点疑问：一是本案所涉核心焦点，作为完税凭证的税收缴款书是否需要载明纳税人税收救济权利？二是在确定复议申请时效时，《税务行政复议规则》与《行政诉讼法》司法解释适用的优先性？三是本案救济权利的启动，纳税人就征税行为有异议的，根据《税务行政复议规则》第十四条和《税收征收管理法》（以下简称《征管法》）第八十八条的规定，需先行缴纳税款或提供担保才能启动复议程序，是否是对纳税人行使税收救济权预设障碍？四是不同于其他大部分行政纠纷复议诉讼并行的机制，税务行政纠纷在大多情况下需先复议后诉讼，这种规定是否也是对纳税人自由选择税收救济渠道的侵害？

二、我国纳税人税收救济权保护的现状

（一）我国现有税收救济权的规定。目前，我国现有税收法律救济权的规定比较分散，常见于《征管法》《税务行政复议规则》等法律文件之中。

《宪法》作为我国的根本法，规定了公民的基本权利义务。但其中与税收直接相关的仅有第五十六条，规定了我国公民有依照法律纳税的义务，而对税收救济权的规定笼统涵盖在保护公民合法私有财产不受侵犯、公民享有申诉检举权和请求赔偿权之中。

《征管法》是我国税收管理史上第一部具有法律性质的征管程序法，是适用于我国对内对外各种征收管理的综合法律。《征管法》规定了三种纳税人救济的方法，主要体现在第八十八条之中，分别是申请行政复议的权利、向法院提起行政诉讼和向税务机关申请赔偿的权利。

《税务行政复议规则》是国家税务总局根据《行政复议法》和其他有关法律、法

规的规定，专门制定的适用于税务行政复议的部门规章。《税务行政复议规则》共十二章一百零五条，对税务行政复议的范围、管辖、申请、受理、审查、决定等多方面进行了详细的规定。

（二）纳税人现行税收救济的基本途径。

1. 税务行政复议。税务行政复议制度是指公民、法人和其他组织认为税务机关的具体行政行为侵犯其合法权益，向税务行政复议机关申请行政复议，由税务行政复议机关依法受理并对具体行政行为进行审查作出行政复议决定的税收救济制度。税务行政复议制度的主要法律依据是《行政复议法》《税务行政复议规则》《征管法》。其中，《税务行政复议规则》第十四条以列举的形式规定了税务行政复议的受案范围，具体包括征税、行政处罚、行政许可等十二种具体行政行为。

2. 税务行政诉讼。税务行政诉讼制度是指公民、法人或者其他组织认为税务机关及其工作人员的行政行为侵犯其合法权益，依法向人民法院提起诉讼，由人民法院依法受理，对具体行政行为合法性进行审查并作出裁决的税收救济制度。税务行政诉讼制度的主要法律依据是《行政诉讼法》和《征管法》，并无专门的税务行政诉讼法律文件。《行政诉讼法》第十二条规定了行政诉讼的受案范围，具体包括行政处罚、行政强制等十三种具体行政行为。

3. 税务行政赔偿。税务行政赔偿制度是指公民、法人或者其他组织认为税务机关及其工作人员行使职权侵犯其合法权益造成损害的，税务机关依法应履行赔偿义务的税收救济制度。税务行政赔偿制度的主要法律依据是《国家赔偿法》，并无专门税务行政赔偿法律文件。《国家赔偿法》第三、第四条规定了国家赔偿的赔偿范围，具体包括了九种侵犯人身权和财产权的情形。

三、纳税人行使税收救济权存在的现实问题与制度困境

（一）统一的税收救济法律体系尚未建立。目前，我国没有制定税收基本法律，现行的税法体系是以税收行政法规为主，税收法律为辅的不完备体系，而且现有的税收法律体系突出国家管理多，纳税人涉税权益少[①]。通过上文税收救济途径主要法律依据的列举，大家可以看到我国关于税收救济的规定并没有体现在税收专项法律中，更多的是散见于《税务行政复议规则》等部门规章法律文件中，作为税收程序法的《征管法》也只体现了一些适用税收救济的情形，并未形成一个完整的体系。尤其是税务行政诉讼和税务行政赔偿领域并未制定税收领域的专门文件，需要参照适用《行政诉讼法》和

① 高玲．法治背景下税务行政法律救济问题研究［D］．南昌：江西财经大学，2018.

《国家赔偿法》的相关规定。在此情况下，纳税人在适用税收救济权时，往往需要根据多个法律文件交叉比对使用，导致在具体涉税案件处理过程中会存在法律规定不清、优先适用矛盾、理解不同等各类争议。例如上文所述案例中，税务机关援引《税务行政复议规则》规定认为复议申请期只有 60 天的期限，但法院最终采纳了《行政诉讼法》相关司法解释的规定适用了一年的期限，认为司法解释的效力高于部门规章。

（二）税收救济存在程序性缺位的现象。程序正当是实现税收法律救济的最好保障。税收救济权利得以行使的前提条件之一是行政相对人知道自己有救济的权利，如果税务机关在作出具体行政行为时未告知行政相对人其享有税收救济权或者给出错误的救济途径，那么就会对行政相对人合法主张权利救济产生巨大障碍，甚至遭遇“救济无门”的无奈。例如在上文所述案例中，S 区税务局曾辩称税收缴款书为国家税务总局制发的统一文书，其无法对上级税务机关指定的全国普适性文书进行修改。鉴于这并不是纳税人的首次申报纳税，应默认为其知道《征管法》规定的相关税收救济权利，无须另行告知，但这一说法是明显站不住脚的。征收滞纳金是对行政相对人直接产生利害关系的具体行政行为，应当依法告知其享有税收法律救济权。S 区局以税收缴款书为全国统一文书样式，而将其告知税收法律救济的责任转嫁给行政相对人是不合理也不合法的。正是因为税务机关将这种全国统一的程序性缺位当做理所当然，才会导致首次复议审理过程中复议机关也未意识到执法过程中少了对纳税人税收救济权的保护，导致复议机关直接以复议申请超期这一程序性理由作出错误的裁定，进而引出后续的行政诉讼。

（三）“纳税 + 复议”双重限制带来的税收法律救济困境。《征管法》第八十八条第一款规定，纳税人、扣缴义务人、纳税担保人同税务机关在纳税上发生争议时，必须先依照税务机关的纳税决定缴纳或者解缴税款及滞纳金或者提供相应的担保，然后可以依法申请行政复议；对行政复议决定不服的，可以依法向人民法院起诉。《税务行政复议规则》第三十三条规定，“申请人对本规则第十四条第（一）项规定的行为不服的，应当先向行政复议机关申请行政复议；对行政复议决定不服的，可以向人民法院提起行政诉讼。申请人按照前款规定申请行政复议的，必须依照税务机关根据法律、法规确定的税额、期限，先行缴纳或者解缴税款和滞纳金，或者提供相应的担保，才可以在缴清税款和滞纳金以后或者所提供的担保得到作出具体行政行为的税务机关确认之日起 60 日内提出行政复议申请”。这两条规定体现了税收法律救济“纳税 + 复议”的双重限制。不难理解，在制定这两条规定时，立法者是出于“国家本位”思想，以保障国家税款为主要目的，充分信任税务机关作为国家税收征收机关的专业性，事先假定税务机关的征税行为符合法律规定，进而要求行政相对人在进行税收权利救济时提前缴纳税款或提供担保。但这种“先缴税再救济”的模式大大限制了行政相对人税收救济权利的行使，这一规定换句话说就是“没有钱缴税就没有救济权利”，而实务中大部分行政相对人需要行使税收救济权正是因为对征税行为有争议且无力缴税，这一规定直接堵塞了无力缴纳税款行政相对人的法律救济渠道，与“有侵害必有救济”的原则是相悖的。

（四）税务干部缺乏保护行政相对人合法权益的法律意识。纳税人权益的保护离不开每位税收执法人员以实际行动来实现，但税务干部长期受到“国家本位”思想的影响，认为税务机关是国家权力机关，其行使的是为国家征税的权利，因此往往会忽略自己应尽的义务，导致对行政相对人救济权利的缺失。例如，税务行政处罚是税务机关在征管中日常采取的一种惩罚性措施，根据违法行为的严重程度可以分为简易处罚和一般处罚，在作出简易处罚时，不少税务干部都会忘记向行政相对人送达简易处罚决定书，这看似是一个小小的失误，但在某种程度上就是剥夺了行政相对人税收救济的权利。

（五）复议处理机构由内设部门兼任难以保证复议质效。目前，税务行政复议案件的处理由税务机关内设法规部门进行处理，并未设立专门的复议处理机构也未配备专门人员。随着纳税人法律意识的增强，税务行政复议案件正呈现逐年上升的态势，由税务法规部门来处理复议案件明显存在人手不足、专业性不够、中立性不够等问题。日常工作中，法规部门也承担着大量的工作，人员配置较为紧张，并不会因为复议案件的增多而增派人手，这就会导致案多人少、办案质量不高的问题。同时，税务行政复议案件涉及的问题可能涵盖多个税种，而往往法规部门的工作人员更加注重对法律知识的学习，对各税种的详细规定和各项税务业务的具体流程并不熟悉掌握，其在处理复议案件中难免会遇到“现学现卖”的窘境，这就极可能导致判断失误，进而作出错误的复议决定。此外，税务行政复议由内设法规部门来处理，基于绩效考核等内部因素的影响，复议结果的中立性也无法完全保证。

（六）现有司法审判人员专业性不足难以应对税务行政诉讼案件。税收是一个相对专业、复杂、独立的领域，需要专业的司法审判人员才能做出合法公正的判决。目前在我国司法实践中，税务行政诉讼案件就由普通的行政法庭进行审理，并未像许多西方国家一样设置税务专门法庭，也没有设立专业的税务法官。我国各级司法机关中既懂法律又懂税务的复合型人才少之又少，这就导致司法部门在办理税务行政诉讼过程中容易出现因为税务知识的匮乏在税务案件事实认定或者法律适用上出现判断错误，抑或是为了更好地审理案件向税务机关进行咨询，导致后续作出的司法判断受到税务部门的影响。

四、纳税人税收法律救济制度建设的国际经验借鉴

（一）制定税收基本法。西方很多国家都制定有税收基本法。立法模式有两种：

一种是制定专门的税法典，如美国的《国内收入法典》；另一种是制定《税收基本法》，规定了税收单行法使用的基本原则，如法国的《普通税法典》、德国的《税收通则》、日本的《国税通则法》等。税收基本法的制定增强了这些国家税法的权威性和严肃性，为税收单行法的制定提供了可靠的依据和范例，形成完整的税收法律体系。有了税收基本法，税收救济法的制定、修改也更加清晰和合理①。

（二）特别注重对纳税人救济权的保护。为了进一步保护纳税人的救济权利，不少西方国家都专门制定了纳税人权利保护法案。例如美国政府于1988年制定了专门保护纳税人各种权利的《纳税人权利法案》，随后经过两次修改，逐步趋于具体、完善，成为美国纳税人维护自身合法权益的重要法律依据。加拿大于1985年公布了《纳税人权利宣言》，将纳税人的权利归纳为隐私权和信息保密权、申请复议权、对有争议税款的公平听证权和不受歧视的权利，让纳税人充分了解其享有的权利。

（三）设置专门的税务复议司法处理机构。为进一步专业化解决涉税纠纷，不少国家都成立了专门的税务复议处理机构和税务司法部门专司税务复议、诉讼案件处理。例如日本专门设置了国税不服审判所受理税务行政复议，其组织和人员完全独立于各国税局和各税务署等征收机关之外，从事审理与调查的国税审判官，通常从精通税收业务的税务人员和检察官、法官等司法工作人员当中产生②。又如美国专门设立了税务法院，审理和判决欠缴联邦诸税的案件，基本宗旨是为纳税人提供无政府倾向偏见的税务争议解决机构。此外，美国还有全国纳税人援助官的特殊救济制度，纳税人援助官由纳税人援助官办公室管理，独立于其他税务部门，纳税人援助官办公室直接向美国国会汇报工作，并且拥有自由裁量权③。再如，德国也有税务法院专门审理税务争议，被称为财政法院，设置联邦税务法院和州税务法院两级，州税务法院是一审法院，联邦税务法院是上诉法院④。

（四）行使税收救济权未设置前置条件。在复议诉讼程序的选择上，在日本纳税人可以选择先不服审查，也可以直接提起诉讼。法国的“诉愿”（税务行政复议）的申请也不是一般税务行政诉讼的前置必经阶段⑤。也就是说在其他国家，大部分的纳税人遇到涉税纠纷时有自由选择税收法律救济途径的权利。在是否缴纳税款或提供纳税担保才能复议诉讼的问题上，美国纳税人向税务法院提出诉讼时可以不必在判决结果出来之前就预缴税款；德国的纳税人也可在不缴纳税款的情况下申请税务行政复议。

---

① 张择．税收救济法律制度研究［D］．上海：华东政法大学，2011．

② 高玲．法治背景下税务行政法律救济问题研究［D］．南昌：江西财经大学，2018．

③ 吴嫣然，尚立琳．美国联邦税务局的税收征管：模式与经验［J］．世界税收信息，2012．

④ 许萍．论我国税务争议解决机制的完善［D］．厦门：厦门大学，2017．

⑤ 胡宁琪．我国税务行政救济实施过程中的问题及对策研究［D］．石家庄：河北经贸大学，2017．

五、我国完善纳税人税收法律救济的对策与建议

（一）构建税收法律救济基本制度。自 2013 年党的十八届三中全会首次提出要落实“税收法定原则”以来，我国税收立法的进程明显加快，税收法治建设驶入“快车道”。目前，现行 18 个税种中已有 12 个制定了法律，加上一部税收程序法《征管法》，共有 13 部税收法律，但是可以看到税收基本法尚未制定，更遑论税收法律救济制度的构建。因此建议尽快制定税收基本法律，并在此税收基本法律中加大对纳税人合法权利的保护性规定。其中，对税收救济权的规定应在梳理现行法律文件对税收救济权利规定的基础上，重新构建一套全面完善的税收法律救济制度，并以专门章节的形式加以凸显。

（二）优化税务行政复议和税务行政诉讼前置条件。从上文可知，我国对税务行政复议和税务行政诉讼的发起，设置了“纳税 + 复议”的双重限制，极大地阻碍了行政相对人税收救济权的行使。对比美国等国家，可以看到它们对纳税人救济权的保护比我国更加充分，不仅没有“纳税 + 复议”的双重限制，救济渠道也更加多元化。对此，笔者认为要更好地保护我国纳税人行使税收救济权，就必须要破除“纳税 + 复议”的双重限制。建议取消“对征税行为有异议的必须先行缴纳税款或提供担保才能申请行政复议，对复议结果不服的才能提起行政诉讼”的规定。将此项规定优化为“纳税人对征税行为有异议的，可以选择申请行政复议或直接向人民法院提起诉讼，申请行政复议或提起行政诉讼前，无须先行缴纳税款或提供纳税担保”。

（三）提升税收执法队伍法律素养。法律素养是新时代每个税务干部的必备素养之一，加强税务干部法律素养对切实提升税务干部在征管工作中保护纳税人合法权利的能力具有重要意义。税务机关应加强对税务干部的系统化法治教育培训，大力开展习近平法治思想、宪法、民法典、行政处罚法等与执法行为密切相关法律知识的宣传学习贯彻，积极探索运用以案说法、模拟法庭、实战化培训等创新方式提高干部学法用法热情，推动牢固树立宪法法律至上、权由法定、权依法使等基本法治观念深入干部心中。同时，要进一步加强公职律师队伍的建设，提高法律专业人员的招录比例，鼓励税务干部考取法律执业资格证。完善公职律师专业化人才培养机制，培养一批特定领域的专家型公职律师，在疑难复杂涉税问题答复处理过程中充分发挥税务公职律师的法律顾问作用。

（四）设立专门复议处理机构。针对目前由税务机关内设法规部门处理税务行政复议案件的种种弊端，建议参照日本税务复议处理模式设立专门的复议处理机构。该复议处理机构应独立于各主管税务机关和税务稽查机关之外，不设置相应的绩效考核。

由专门人员组成复议处理团队，人员的选配不应局限于法律专业，更需要选配多税种专业的业务骨干，能从法理、政策执行、业务流程等全方位进行专业分析，作出合理公正的行政复议决定。对于疑难复杂的税务行政复议案件，建议引入专家论证制度，在不泄露行政相对人具体情况的前提下，邀请专业领域的专家学者对案件处理提供意见建议，进一步加强税务行政复议决定的公正性。

（五）设立税务专门行政法庭。当前，税务领域的行政诉讼案件也越来越多，税务专门行政法庭的设立有其必要性。一方面设立税务行政专门法庭可以解决司法审判人员税务知识不足难以裁判税务案件的难题；另一方面可以大大提高税务行政诉讼的办案效率。税务专门行政法庭应由一批具备税务和司法双向知识的人员担任审判员。专门的税务法官专司税务诉讼案件审理，可以不断累积涉税争议处置经验，不断提高税务案件司法审判效率，进而推动税收法律规范化建设。

（六）在涉税矛盾纠纷处理中引入调解机制。如前所述，我国税收法律救济分为税务行政复议、税务行政诉讼和税务行政赔偿三种，可以看到这三种税收法律救济均是把税务机关和纳税人放在对立面的纠纷解决措施，这与我国当前发展新时代“枫桥经验”的趋势不匹配，建议在税收法律救济途径中增加税收调解这一救济途径。针对一些程序明显存在错误但实体并无错误或者税款征收确有调整空间的情况，税务机关可以积极运用调解手段，并非一定要等到一个确认违法复议决定或一纸败诉裁判文书才采取整改措施。当然，调解也不是指税务机关一味地作出退让、妥协，税务机关必须在保障国家税款安全的前提下，综合考虑行政相对人的合理要求进行调解，在税款征收和保护纳税人合法权益之间找到一个平衡点，妥善化解涉税矛盾纠纷。

参考文献

［1］高玲．法治背景下税务行政法律救济问题研究［D］．南昌：江西财经大学，2018.

［2］张择．税收救济法律制度研究［D］．上海：华东政法大学，2011.

［3］吴嫣然，尚立琳．美国联邦税务局的税收征管：模式与经验［J］．世界税收信息，2012.

［4］许萍．论我国税务争议解决机制的完善［D］．厦门：厦门大学，2017.

［5］胡宁琪．我国税务行政救济实施过程中的问题及对策研究［D］．石家庄：河北经贸大学，2017.

［6］陈少英，许峰．税务争议替代性解决机制［J］．北方法学，2008（05）：82.

［7］林泽泳．论纳税人的法律救济权［D］．广州：华南理工大学，2013.

课题组组长：钱佳莹

成员：钱昀、徐欣赏、庞莹（执笔人）

网络司法拍卖中涉税协作困境及化解路径研究

——以浙江省实践为例

国家税务总局杭州市临平区税务局课题组

摘　要：近年来，网络司法拍卖因具有零佣金、高效率、透明公开等优势被广泛运用于民事执行案件中。但由于法院与税务机关之间协作配合不到位，网络司法拍卖中出现了诸多涉税问题。本文基于对网络司法拍卖现实税收征管问题的研究，介绍浙江省在网络司法拍卖中开展涉税协作的实践探索，分析涉税协作存在的困境以及成因，并探究化解路径。研究表明，浙江省网络司法拍卖涉税协作中存在税收债权与民事债权利益分配冲突、司法执行与税收征管衔接不畅、协作积极性和长效性缺乏等问题。本文提出了以下建议：(1) 完善税收债权与民事债权利益分配机制；(2) 强化涉税协作下规则互认意识；(3) 完善涉税协作范围及程序；(4) 搭建涉税数据共享传递平台；(5) 建立协作奖励和监督考核机制。

关键词：网络司法拍卖　涉税协作　税收征管

一、浙江省网络司法拍卖涉税协作背景

网络司法拍卖是互联网科技发展催生出的新型司法拍卖模式，它是指法院依法对被查封、扣押、冻结的被执行人财产，依托网络平台进行拍卖，并出售给出价最高的竞买者，以所得清偿执行债权的行为[①]。2012 年 6 月，浙江省试点以“淘宝网”为平台开展网络司法拍卖，取得了良好的社会效果。自此，我国司法拍卖制度从现场拍卖

① 李晓慧，陈志宏．我国网络司法拍卖制度的建构［J］．法律适用，2016（12）：57－62．

向网络拍卖转变①。在浙江等省份的成功试点经验下，从 2017 年 1 月 1 日开始，全国法院全面推行网络司法拍卖。截至 2023 年 8 月 31 日，全国法院网络拍卖量 165.22 万余次，总成交额 24923.80 亿元，溢价率 8247.03%。为当事人免除佣金 759.48 亿元。

而在网络司法拍卖如火如荼发展的过程中，出现了不少涉税争议。网络司法拍卖实质上属于利用网络平台发生的财产转让交易，每成交一笔均要申报交易环节税费。在拍卖过程中，出现了如下涉税问题：

（一）拍卖公告涉税条款表述不规范。法院在《拍卖公告》或《拍卖须知》中关于税费条款的表述与相关税收法律规定的表述不完全一致。例如，笔者在阿里司法拍卖网站检索发现，2018 年 11 月，在浙江省杭州市 Y 区法院一套公寓的司法拍卖中将“测绘费”作为税费之一，将营业税作为卖方税费的一种进行罗列。实际上，测绘费只能作为其他费用，税费中的“费”仅指社会保险费、教育费附加、机场建设费、燃油附加费等特定的国家列明的费种。而营业税早在 2016 年 5 月 1 日全面“营改增”时废止。

（二）涉税问题咨询途径不明确。在法院的拍卖公告和拍卖须知中，一般要求买受人“自行向有关职能部门咨询了解”涉案税费情况，并未明确具体的咨询地点、咨询电话。这导致每个竞拍者需要通过其他方法找到有效的咨询途径。

（三）网络司法拍卖涉税纠纷频发。在司法拍卖过程中，税务机关出于履行征收义务的职责，“先税后证”完成税费征缴，法院为便利执行将税务责任转嫁至买受方，后续纠纷频发。笔者在中国裁判文书网搜索含检索同时包含“网络司法拍卖”和“税”两个字样，共 2336 份，其中浙江省 190 分，占比 8.13%。

这些问题的存在迫使税务机关和法院开展涉税协作。2015 年 12 月，中共中央办公厅和国务院办公厅在深化国地税征管体制改革方案中提出，进一步推进“切实解决执行难”工作和“最多跑一次”改革，完善综合治理执行难问题，由法院与税务部门在司法拍卖等执行环节开展涉税协作。

二、浙江省网络司法拍卖涉税协作做法及成效

面对实际工作的需要，浙江省积极探索建立税收协作机制，陆续出台多个司法与税务部门的协作纪要，涉税协作的主要做法包括建立数据交换机制、明确税费承担主体、明确协作机制范围及程序、建立联席会议机制等。

浙江省是网络司法拍卖的先行地、开创地，同时也是最早开始探索在网络司法拍

① 汤维建．论司法拍卖市场化改革及其完善［J］．中国法学，2015（01）：239－256.

卖领域进行税务与司法协作的省份之一。根据中国裁判文书网的检索信息，浙江省自2020 年以后，网络司法拍卖涉税纠纷案件数量呈现逐渐下降趋势，2020 年 85 件、2021 年 17 件、2022 年 9 件。同时，根据笔者对信访部门、税务部门工作调研情况来看，因网络司法拍卖涉税问题引起的信访、行政复议案件近几年均有所下降，当然这也受到疫情等其他外部因素的影响，但主要得益于浙江省税务机关与司法机关开展的涉税良性协作。

三、浙江省网络司法拍卖涉税协作困境

浙江省网络司法拍卖涉税协作在实践探索中取得了较大的成效，但是实际协作中仍出现了纷繁复杂的涉税纠纷矛盾，凸显出涉税协作不彻底、不深入的问题，面临的各种协作困境也亟待解决。

（一）税收债权与民事债权利益分配冲突。民事执行过程中，被执行人未积极履行生效的法律判决，法院执行部门往往通过网络司法拍卖处置当事人资产。当拍卖资产不足以清偿所有债权人的债务时，如何处理税收利益与民事利益的关系，如何对拍卖价款进行合法合理分配，成为影响税务部门与司法部门开展涉税协作的突出问题。

案例：浙江省杭州市某房地产企业原本从事房地产开发、销售，盈利状态不错，但 2017 年参与外地融资项目，后投资资金未收回导致资金链断裂，企业资不抵债，进入破产重整程序。法院对企业名下的房产进行拍卖，用以清偿在该公司进行投资的众多投资者。企业名下有一套抵押给银行的写字楼，抵押债权 2000 万元。在网络司法拍卖中，该写字楼以 7000 万元的价格成交。众多投资者均期待着剩余价款能部分清偿其债权。然而，在房产过户环节，税务部门发现该企业尚存在包括房产税、城镇土地使用税、企业所得税在内的历史欠税共计 4000 余万元未申报清缴。

人民法院、税务机关、破产管理人就破产受理后产生的税款如何清偿问题，多次沟通并召开协调会。提出的问题有：（1）破产受理后产生的房产税、城镇土地使用税、企业所得税是否作为共益债务享受税收优先权提前获得清偿；（2）因企业前期存在虚假申报的情况，致使计税税基过高，能否以客观数据进行调整；（3）欠税清偿会导致普通债权人利益受损，是否存在减免机制。税务机关站在维护国家税收利益的角度，坚持破产受理后产生的税款属于维持企业必要经营须承担的共益债务，对于无法律依据的减免税不予认可。案件协调会多次进入僵局。

本案例中，税务机关认为，税收具有优先权，其作为债权人之一应当参与利润分配，且部分欠税发生在破产受理以后，有权以共益债务的名义优先受偿。这样一来，该写字楼的拍卖款在清偿欠税和抵押款后已剩余不多，引起众多投资者的不满和投诉。

法院认为，在破产受理之前税务机关的欠税可参与债权申报，以《破产法》规定的受偿顺序进行清偿，但是破产受理以后，产生的房产税、城镇土地使用税等，法律未明确规定是否属于共益债务。若认定属于共益债务，则优先于其他民事债权受偿，将损害众多普通债权人的利益。

目前，由破产案件进入网络司法拍卖程序的案件日益增多，破产企业不仅涉及拍卖资产过户交易环节的税费问题，还涉及历史欠税和新增欠税的清缴问题。税务机关不仅是网络司法拍卖环节过户税费的管理者，同时也是参与破产债权申报的债权人。民事债权与税收债权利益冲突，引发民事债权人的权利救济，致使处于中立方的法院在涉税协作上进退两难。

（二）司法执行与税收征管操作衔接不畅。2017 年以前，几乎所有的网络司法拍卖，均约定“一切税费由买受人承担”，该约定被简称为“买方包税”条款①。2017 年 1 月 1 日，最高人民法院颁布实施了《人民法院网络司法拍卖若干问题的规定》，该文第三十条规定，因网络司法拍产生税费，应当依照相关法律、行政法规的规定，由相应主体承担；如果没有规定以及规定不明的，人民法院以法律原则、案件实际情况来确定税费承担的相关主体和数额。此后，部分省份在《拍卖公告》中改变了以往由“买方包税”的一刀切约定。

浙江省在 2017 年后，大部分拍卖公告中均要求税费“按照法律规定各自承担”，但承担方式并非在过户环节完全由双方自行缴纳。浙江省在协作纪要中提道“人民法院在拍卖处置后，向税务机关提供不动产处置成交告知书，税务机关收到后再向其发送协助征缴税费函，法院对依法应当由被执行人缴纳的税费，按规定的受偿顺序从变价款项中扣划至税务机关指定账户。”但实际上，法院并未按照要求直接将执行款项打入税务机关账户，而是以“垫付制”代替直接划款，即先由买方代垫卖方税费，后由买方在规定时间内向法院申请税费报销，法院再将剩余拍卖款项支付出卖人或者债权人的模式。

法院考虑到直接划转存在税款金额不确定的风险，更倾向于以买方垫付后报销的形式支付税款，既保证了税款足额上缴，也确保了过户手续的顺利完成。但实际上，垫付行为增加了买受人的资金成本和法律风险②，也不符合税收法定原则。因此，“垫付制”模式是司法执行与税收征管操作衔接不畅的典型表现。

（三）涉税信息传递与共享不足。

1. 破产企业司法拍卖中遗漏税收债权申报。破产企业属于司法拍卖中的特殊主

---

① 褚睿刚．再论司法拍卖包税条款的法律效力及其界限［J］．税务研究，2022（11）：106－111.

② 国家税务总局衢州市税务局课题组．完善法拍房税费承担路径 优化不动产司法拍卖初探［J］．浙江税务，2022（06）：19－23.

体，司法执行程序后，因被执行人无财产可供执行或者财产不足以清偿债务等原因转入破产程序。因涉税信息传递不足造成的税收债权申报遗漏较为常见。当前破产企业管理中，由于破产程序从开始到终结需要一个较长过程，在这过程中可能存在和解、重整、宣告破产等多种情况，税务机关、法院及管理人之间存在信息不对称，表现在法院或破产管理人未通知税务机关进行债权申报，或者虽申报了债权，但后续处置信息共享不足。破产管理人对破产涉税事项办理不熟悉、不清楚。笔者整理了破产企业破产程序前、破产程序中、破产程序全流程所涉及的涉税事项，总共涉及多达 36 项业务，程序复杂、内容繁多，存在债权申报遗漏、债权受偿不到位等风险。

2. 动产与无形资产司法拍卖税收监管困难。动产不同于不动产，其产权转移以交付为标志，无须经过登记公示环节。因此，税务机关无监控和强制征收动产拍卖税款的便捷条件。买受人在支付拍卖款后，法院交付拍卖标的物，对于没有发票入账需求的买受人来说，其无督促或代替卖方缴纳转让环节税费的必要性。因此，动产拍卖的税款优先性相对于不动产更难得到保障。在无形资产拍卖中，较为常见的是商标、专利、土地使用权。商标转让需要商务局的登记审查，专利转让需要知识产权局的登记审查，但在审查环节需要提交的资料中仅为转让合同、权属证明、身份证明等材料，未提及税费票据证明。因此，商标、专利等无形资产的拍卖，税务机关缺乏参与和监管的环节，难以保障税收优先权。

3. 缺乏统一有效的信息共享传递平台。目前，税务机关与司法部门尚未建立统一有效的数据交换平台，仅部分地区开发了“执行一件事”“融破联”等数据传递 APP，独立开展数据交换。同时，受限于资金和技术人员问题，司法拍卖中的涉税协作还无法实现全程无纸化。大多数的执行协作案件均以纸质件为主，给数据传递的安全性和及时性带来风险挑战。在数据交换上，从浙江省范围来看，目前尚未实现全程无纸化，存在形式不统一，流程不便捷问题。

4. 跨地域信息传递流程尚未打通。法院与税务机关的涉税协作，存在跨层级、跨地域协作的问题。根据拍卖案件影响度或者涉案标的金额不同，拍卖管辖法院可能涉及基层人民法院、中级人民法院甚至高级人民法院，而对应的主管税务机关不会跨层级，均是根据属地划分的基层税务机关。这就导致在涉税信息传递与协作中的行政层级不匹配问题，由基层税务机关与中级人民法院甚至高级人民法院直接进行对接，存在地位不平级、沟通不顺畅问题。目前，异地司法拍卖的案件越来越多，本地企业被区外法院列为被执行人，并对房产等资产进行司法拍卖。不同地域税务机关与法院之间的沟通存在文化、政策、程序等多方面差异，开展涉税协作的难度增加。

（四）涉税协作执行积极性和长效性缺乏。

1. 协作关系不稳定。司法机关与税务机关之间的涉税协作，实质上属于跨系统的部门合作，不具有法律强制性，容易受多因素的干扰。在浙江省各地的实践中，部分区域税务与司法关系合作紧密，则协作顺畅；部分区域关系冷淡，则协作不畅。同时，协作程度受到内控制度、疫情防控、信访、舆论、投诉等多方面的影响。部分地区的合作存在先热后冷的情况，协作机制建好了，但是过一段时间，无论是法院还是税务机关的同志均对协作执行的内容不清楚、不记得，相关困境问题仍然存在。

2. 缺乏制约与监督机制。目前的涉税协作仅以会议纪要的形式确定，但会议纪要的性质和法律地位均无明确规定。实践中，会议纪要具有不可诉性，一般也不作为法律渊源之一。会议纪要中对于未按规定执行的法律后果和法律责任，一般不进行规定和明确，因此其存在执行刚性不足、无权利救济途径的问题，导致法院与税务机关对涉税协作的积极性和长效性不足。

3. 协作积极性有待提高。跨部门合作理论认为，跨部门合作的前提是在关切各部门利益的前提下促成的合作①。在涉税协作中，法院对于涉税协作会考量是否属于法定义务，是否增加额外工作量，是否阻碍正常工作开展，是否引起投诉、诉讼风险等。税务机关会考量是否存在不作为、渎职风险、是否履行征管责任等。因此，法院与税务机关在考量权利义务和责任风险的前提下，协作积极性受多因素影响。

四、网络司法拍卖中涉税协作困境的成因分析

（一）部门利益视角下协作意见分歧。跨部门合作理论认为，每个部门均有属于自身的部门利益及视角，在相关利益驱使下，大家都会为本部门行为进行成本效益分析，以追求部门利益最大化目标②。税务部门与司法机关因处于不同的立场，拥有不同的利益衡量视角，对于税收债权的优先性有各自不同的理解和观点，甚至产生难以调和的分歧，妨碍了网络司法拍卖案件涉税协作。

（二）利益分配格局失衡。在破产程序中，普通民事债权与税收债权并非处于同等受偿地位，应当以限制税收优先权的行使，平衡民事债权和税收债权的分配。《破产法》第113条明确，破产受理前申报的欠税债权优先于普通债权，仅次于破产费用、共益债务和应付职工的债权。但对破产受理后的债权尚未明确是否属于破产费用或共益债务。只有通过法律规定进一步明确相关分配机制，重新平衡民事债权与税收债权间的利益分配格局，才能减少群体性重大涉税纠纷案件发生，促使司法机关与税务机关在利益视角上趋于一致，解决涉税协作止步不前的困境。

（三）跨部门涉税协作机制不完善。目前，法院与税务机关的涉税协作由各地自行出台相应的工作机制，未形成全省统一的协作流程和操作规范，导致协作模式各异，

①② 陈曦．跨部门合作机制对我国政府的启示［J］．学术探索，2015（04）：23－28．

涵盖面参差不齐。国家税务总局和最高人民法院也尚未根据各地的探索实践总结制定出全国统一的协作规范，包括法院在哪些环节、按照何种程序协助税务机关征收税款均未明确，这就导致法院执行程序中蕴含的税源大量流失。

（四）协作激励措施和监督惩戒机制缺乏。协助征税和协助执行属于法定义务，但是在协作的内容、边界、程序不够清晰的情况下，协助主体对于无利益的义务会生产惰性思维。《个人所得税法》第十七条规定，对扣缴义务人按照所扣缴的税款，给付2%的手续费。这是为了鼓励扣缴义务人积极履行扣缴义务所制定的激励政策。在网络司法拍卖中，对于执行法官和工作人员来说，缺乏积极履行协作义务扣缴法定税款的激励措施。

五、化解司法拍卖中涉税协作困境的建议

凭借数字经济优势，浙江省在网络司法拍卖涉税协作上走在全国前列，无论是协作纪要的出台，还是协作平台的谋划，均在探索中取得了不错的成效。但是在跨部门涉税问题协作上，仍存在上述问题。笔者通过分析研究，提出以下化解司法拍卖中涉税协作困境的建议。

（一）完善税收债权与民事债权利益分配机制。在企业破产、重整等阶段，税收债权与民事债权利益分配机制存在不明确或者利益分配不均衡的问题。税收债权属于公共利益，而民事债权属于个人利益，兼顾公共利益与个人利益，在特殊领域内限制税收优先权的形式，是很多国家的选择。如美国、西班牙、波兰、法国、葡萄牙等国家根据税种的类型，确定税收优先权的持续期间，或将税收优先权的行使限制在税收债权的一定比例之内①。同时，许多国家将欠税公告作为司法拍卖的前置程序，用以保护第三人权益以及交易安全②。税收虽然具有强制性、无偿性和固定性，但是“强制”的过程中，也应当考虑税收债权与民事债权利益分配的平衡。建议我国秉承债权平等的理念，将目前绝对优先保护税收债权的模式转变为平等保护债权的模式，限制税收优先权在特定领域的适用，从而完善我国税收债权与民事债权的利益分配机制。

（二）强化涉税协作下规则互认意识。在网络司法拍卖中，税务机关负有协助执行的法定义务，法院负有协助征税的法定义务，作为互负义务的双方应当强化规则互认意识。在规范的衔接上，需要理顺双方协助义务的边界，明确规则的法律适用，推动法院与税务机关的协同共治。一是在分配机制不明确的情况下，及时通过向上请示、建议等形式，确定合理的分配机制。在相关法律规范冲突的情况下，及时运用法律解

① 程国琴．论民事执行程序中税收债权与民事债权的协调［J］．国际税收，2022（08）：69－75.

② 何凌．司法强制执行税收优先权问题研究［J］．经济研究参考，2018（53）：52.

释规则，厘清规则适用问题。二是厘清法院协助义务的范围，法院协助义务的内容应以法律规定为限，协助的方式主要以程序协助为主，而税收债务是否符合税收优先权的条件，需要开展实质审查。同时，尊重税务机关作为税收征收的专业部门对税款计算、税收申报等问题的规定，强化司法与税务领域规则互认机制。

（三）完善涉税协作范围及程序。目前，税务机关和法院的协作制度停留在会议纪要等非规范性文件的形式上，缺乏权威性和统一性。建议国家税务总局和最高人民法院在总结各地实践经验的基础之上，以规范性文件的形式确定协助执行的具体内容和相关程序。（1）扩大法院与税务机关协作机制的范围。现阶段的协作机制范围较窄，不够全面。建议将以下案件均纳入协作机制：强制拍卖、变卖动产、不动产及股权类财产以及以物抵债等案件；法院受理的民间借贷强制执行财产利息等案件；涉及财产转移的其他各类经济纠纷案件；企业破产清算等案件。（2）明确协助执行的相关程序。具体包括相关涉税信息共享传递模式、相关表单及文书的模板、协助执行的期限、税款入库的流程等。

（四）搭建涉税数据共享传递平台。积极利用互联网技术及大数据集成，开发数据传递集成平台，将相关表单、文书嵌入系统，优化流程设计，实现线上智能化办理。建议在省局层面搭建“税院协作系统”，通过各自业务系统开展数据的省级集中交换和实时自动接收，分发实现本省各级人民法院和各级税务局机关之间相关数据、法律文书、函件快速高效的无纸化双向数据交换。在搭建涉税数据共享传递平台的过程中，除了考虑平台的技术智能性、操作便捷性、传递及时性，还应当考虑数据安全性，明确相关人员的操作权限，避免目前存在的单向发送税务局联络员存在的数据安全问题。

（五）建立协作奖励和监督考核机制。加强法院和税务机关之间的合作与信任，提升涉税协作的价值认同。例如完善相互协商、会谈和对话渠道，定期开展业务沟通、政策研讨、信息共享交流会议，组建线上沟通联络群，各主体之间充分利用专业素养服务协作内容，解决对方的业务盲区，基于信任达成共识。借鉴代扣代缴手续费奖励模式，对于法院直接划转扣缴税款的行为进行奖励，明确手续费的专项用途，如用于奖励涉税协作工作人员、提升协作人员业务水平等方面。同时，应发挥组织领导作用，将税务机关与法院的良性协助互动落实情况作为部门年度考核的重要内容，严格考核，落实奖惩，对怠于履行协助义务的人员进行责任追究。

参考文献

[1] 褚睿刚．再论司法拍卖包税条款的法律效力及其界限［J］．税务研究，2022（11）：106－111.

[2] 程国琴．论民事执行程序中税收债权与民事债权的协调［J］．国际税收，2022（08）：69－75.

［3］李晓慧，陈志宏．我国网络司法拍卖制度的建构［J］．法律适用，2016（12）：57－62．

［4］汤维建．论司法拍卖市场化改革及其完善［J］．中国法学，2015（01）：239－256．

［5］国家税务总局衢州市税务局课题组．完善法拍房税费承担路径 优化不动产司法拍卖初探［J］．浙江税务，2022（06）：19－23．

［6］陈曦．跨部门合作机制对我国政府的启示［J］．学术探索，2015（04）：23－28．

［7］何凌．司法强制执行税收优先权问题研究［J］．经济研究参考，2018（53）：52．

课题组组长：许刚

成员：章炼、叶颖（执笔人）

“非接触式”办税缴费服务提质增效探究
——以杭州市钱塘区为例

国家税务总局杭州市钱塘区税务局课题组

摘　要：近年来，随着中共中央办公厅、国务院办公厅印发《关于进一步深化税收征管改革的意见》，我国税收制度改革不断深化，税收征管体制持续优化。本文基于“非接触式”办税缴费实践，以杭州市钱塘区为研究对象，从“非接触式”办税产品应用及成效、存在的问题和原因等几方面梳理了应用情况和存在的堵点难点，得出推进过程中存在系统功能、系统运行稳定性、纳税人使用习惯、跨部门数据交换等几方面的问题，以服务型政府理念为指导，提出功能完善、优化操作、习惯引导、预约办税、数据互通、发挥社会力量等方面的提升举措。为深化“接触式”办税缴费模式提出新的优化思路，以期达到和谐税收征纳关系，提升纳税服务品质，增强纳税人满意度的目标。

关键词：“非接触式”办税　电子税务局　纳税服务

“非接触式”办税是政务服务掌上办、一网通办、“最多跑一次”在税务行业的充分体现，是“数字政府”改革建设的重要内容，是近几年税务部门改进征管流程、优化纳税服务的核心工作。推行“非接触式”办税以来，大量涉税业务转移至线上办理，办税方式办税习惯向网上办、掌上办转变，线下办税厅窗口业务量较以前年度大量减少，但窗口总业务量较其他政务部门而言，仍处于绝对量级，“非接触式”办税存在着继续深入探索和提升的空间。本文以杭州市钱塘区为例，结合工作实践，依托浙江税务纳税服务绩效管理系统，查询相关数据和查阅钱塘区税务局相关文件及通知公告，通过互联网、报纸杂志以及论文资料库等获取其他相关信息，对“非接触式”办税缴费服务情况进行定性研究和分析。

一、钱塘区“非接触式”办税实践情况和成效

“非接触式”办税缴费模式是在2020 年新冠疫情影响下提出的办税新概念，指纳税人在办理涉税业务时，不再前往办税服务厅，而是直接运用电子形式办税，实现办税不见面。2020 年2 月12 日，国家税务总局发布《“非接触式”网上办税缴费事项清单》，梳理明确185 个可在网上办理的涉税事项，方便纳税人缴费人在线办理，2022 税务部门接续推出121 条便民服务举措，将“非接触式”办税缴费事项拓展至233 项，覆盖全部主要办税缴费事项。

截至2023 年7 月，钱塘区共有税务登记户12. 56 万户，其中企业6. 98 万户，个体工商户5. 58 万户；个人所得税全员全额明细申报人数25 万人；社会保险费用人单位缴纳户数7. 06 万户，自然人缴费人4. 87 万人。2023 年上半年钱塘区税务局网上办税率达96. 82 %，办税服务大厅窗口由42 个降低到15 个，更多的工作人员由窗口转为后台受理岗和咨询办理岗。

杭州市钱塘区为推进“非接触式”办税模式，依托浙江省电子税务局、浙江税务App、自然人扣缴客户端、个人所得税 App 等渠道，打造“网办 + 掌办”模式，推出了一系列“非接触式”办税产品。包括咨询热线，一对一线上人工咨询、预约办税等，以问办一体为目标，提升“非接触式”办税，努力实现“办税线上见、云上办”。各项“非接触式”办税产品应用和成效如下。

（一）浙江省电子税务局。作为“非接触式”办税最早推出的产品，浙江省电子税务局是实现“非接触式”办税的主渠道，2023 年钱塘区网上办税率达96. 8%，覆盖了全部主要涉税事项的办理。

（二）掌上办税。即通过手机端应用进行涉税业务办理，纳税人可以不受办公场地限制，通过浙江税务 App、支付宝、微信小程序实现掌上办税。2022 年，钱塘区税务局掌上业务量总计229899 笔，其中支付宝城市服务和浙江税务 App 占比最大，分别为67. 82%和30. 75%；掌上业务占总业务量比例为6. 11%，占网上办税比例为6. 36%（见表1）。

表1　　2023 年1 ~6 月掌上办税业务量①

掌上业务量（笔）				掌上占总业务量比例（%）	掌上占网上比例（%）
总数	浙江税务 App	支付宝城市服务	微信小程序		
229899	70703	155917	3279	6. 11	6. 36
占比（%）	30. 75	67. 82	1. 43	—	—

① 纳税服务综合管理系统，下同。

（三）咨询电话。钱塘区税务局为咨询电话配备 AI 智能语音助手，对共性问题以 AI 解答 + 短信推送的方式进行引流，对需要人工服务的话务，配备了 8 路热线服务人员。2023 年 1 ~6 月，累计坐席呼入电话 54251 通，接通 39700 通，累计接通率 73. 18%；月均呼入量 9041. 83 通，月均接通 6616. 67 通，月均接通率 74%；智能语音应答数量 18767 通，月均 3127. 83 通，约占总接入电话数量的 30%。咨询电话对办税人员进行了事前分诊，对“非接触式”办税缴费模式起到了业务操作疑难解答、进厅业务提前辅导、业务分流的作用。

（四）线上咨询。纳税人可通过浙江省电子税务局—人工咨询模块链入一对一线上咨询，相较于电话，一对一可以实现文字 + 图像 + 屏对屏辅导的方式，满足更多个性化要求。2023 年 1 ~6 月，总计咨询数量 41269 户次，其中机器人接待 36532 户次，机器人解决量 13863 户次机器人解决率 37. 95%；转人工咨询量 22669 户次，占比 54. 93%。

（五）预约办税。该产品旨在为纳税人提供预约和预审服务，纳税人可选择进厅时间，或实现提交资料由税务工作人员预先审核，对不需要上门的业务，直接办结；对需要上门办理的业务，提前审核，提高征纳双方办税效率。至 2023 年 7 月，钱塘区局预约办税占比达 37. 1%，预约远程办结率 36. 1%，减少了超 1/3 的进厅量。

二、钱塘区“非接触式”办税缴费服务存在的问题——基于窗口存量业务的分析

推行“非接触式”办税缴费模式以来，钱塘区实现了 96. 8% 的网上办税率，但剩下的 3. 2% 业务量，仍占据了线下窗口很大的业务量。通过对线下窗口的业务受理情况进行分析，发现存在以下问题。

（一）办税大厅窗口业务总量仍较大，“兜底”定位有差距。“非接触式”办税缴费模式以来，钱塘区税务局结合实际情况，通过调整资源配置，自 2021 年 6 月大江东和经开区合并为钱塘区以来，日常开设窗口数量由 42 个削减至 15 个以内（税控专窗 1 个，股权转让专窗 1 个、车购税及综合业务窗 1 个，综合业务窗 9 ~12 个），减少 64. 29%。但根据数据分析，窗口整体业务量仍较大，相较“线上办理、线下兜底”目标还有一定差距。

从时间纵向来看，本文选取了近一年半以来，即 2022 ~2023 年 6 月的窗口业务量情况。随着钱塘区商事主体数量的不断增长，2022 ~2023 年 6 月办税服务厅窗口取号量呈上升趋势。季度大征期月平均取号量为 7836 个，小征期月度平均取号量为 7221 个，业务量最高月份达 10416 个。日均叫号量 359 个，峰值为 1287 个，每人日均受理

号数 25. 99 个、峰值 101. 95 个，平均等待时长 8. 12 分钟，平均受理时长 5. 47 分钟，办税大厅业务压力仍比较大（见图 1）。

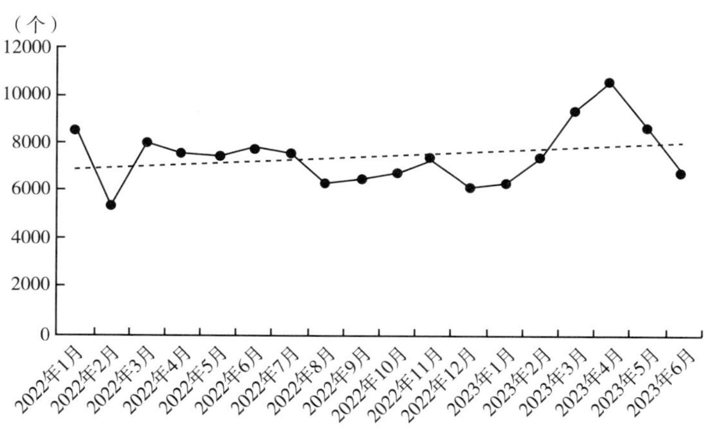

图 1　2022 年 1 月 ~ 2023 年 6 月钱塘区税务局取号量情况

从横向来看，本文选取了杭州市钱塘区行政服务中心 2023 年上半年各主要部门窗口叫号量情况，其中税务占比最高为 28. 49%；其次是人力资源和社会保障局（19. 22%）和出入境管理局（16. 04%）（见表 2）。税务局作为政务部门，其业务量在横向单位中也处于绝对地位，业务量较排名第二位的人力资源和社会保障局高出 48. 22%。与市场监督管理局相比，二者都与商事主体的经营密切相关，税务局的窗口业务量是市场监督管理局的 4 倍。这中间当然有税收业务专业性和复杂性这一门槛的存在，但同时与其他政务部门窗口业务量的差距，也给我们探索深化“非接触式”办税缴费模式留下了思考空间。

表 2　2023 年上半年钱塘区行政服务中心各部门窗口叫号量

部门	叫号量	占比（%）	叫号量排名
税务局	48721	28. 49	1
人力资源和社会保障局	32870	19. 22	2
出入境管理局	27419	16. 04	3
公积金中心	18877	11. 04	4
市民卡公司	16490	9. 64	5
市场监督管理局	12101	7. 08	6
公安分局	8278	4. 84	7
规划和自然资源局	6227	3. 64	8
总计	170983	100	—

资料来源：杭州市钱塘区行政审批局。

（二）潮汐现象明显，征期办税压力集中。由于办税征期的存在，办税大厅业务受理呈现明显的周期性和潮汐现象。从月度内来说，一般集中于征期前几天；从年度来说，主要集中在1月、4月、7月、10月等大征期月份。月度维度来看，2022年以来，钱塘区税务局办税大厅月度业务总量最高为10416户次，最低业务量为6299户次，波峰业务量是波谷业务量的1.65倍。从工作日维度看，单日峰值最高为1287户次，是2022年以来日平均叫号量359.02户次的3.58倍。无论从月或工作日维度，潮汐现象的存在，对办税大厅的资源调配和纳税人的办税体验提升都带来了挑战。

（三）窗口业务类型集中，业务体量较大。2022年总业务量432.58万户次，其中窗口业务量13.69万户次，占总业务量的3.17%。窗口办理业务主要集中在申报纳税、发票管理、信息报告三类，分别占比44.45%、26.68%和18.13%，合计占比89.26%，是办税服务厅窗口的主要业务。

2023年1～6月总业务量225.24万户次，其中窗口业务量9.37万户次，占总业务量4.16%，占比略有上浮。窗口办理业务主要集中在申报纳税、发票管理、信息报告三类，分别占比38.96%、35.49%和16.88%，合计占比91.33%，窗口业务量较上一年比重有所提高。窗口办理事项呈现出体量大、集中度高的特点。

而细看业务量排名前三位的三类业务，以申报纳税为例，2022年占窗口总业务量的44.45%，窗口业务占该项业务总量的比例仅为2.21%，一个网上申报业务的共性问题导致的业务回流会给窗口带来极大的业务流量，值得我们去深究背后不能实现“非接触式”办税的原因。

（四）部分网办业务回流，线上办税模式受冲击。在“非接触式”办税缴费模式全面推广情况下，仍有部分业务回流窗口办理。以2023年上半年为例，在办税大厅窗口高频业务分析中，发现已实现网上办理的业务回流至窗口办理，如定期定额个体工商户申报、增值税发票存根联数据采集、实名采集、发票领用、代扣代缴报告等，这部分业务约占窗口整理业务的15.49%，这对“非接触式”办税缴费模式的全面推广产生了冲击（见表3）。

表3　　实现网上办理业务回流窗口办理情况分析

事项名称	总业务量	窗口业务量	窗口办税占比（%）	该项业务占窗口业务比例（%）	窗口办理原因
一般征收开票	11891	2700	22.71	2.88	1. 股转、代开、外经证等上门业务衍生； 2. 纳税人上门扣款等
印花税申报	149439	5259	3.52	5.61	1. 首违不罚、解除非正常等情况只能来窗口办理； 2. 系统问题，查找报表失败

续表

事项名称	总业务量	窗口业务量	窗口办税占比（%）	该项业务占窗口业务比例（%）	窗口办理原因
定期定额个体工商户申报	99015	2510	2.53	2.68	系统问题批量申报设置出现问题，需窗口办理
增值税发票存根联数据采集	452869	17407	3.84	18.58	逾期未抄报、网络故障、重置开票设备证书口令密码、设备毁损、纳税人操作过“非征期抄报”、申报比对不通过、反写监控失败、“已到汇总期，无法进行发票退回”等特殊情况只能窗口抄报
代扣代缴报告	8399	1620	19.29	1.73	1. 疑点数据批量更正；2. 纳税人自行前往
实名采集	9317	194	2.08	0.21	许多纳税人表示，电子税务局的实名采集流程比较烦琐，不会操作或不愿操作
完税证明开具	12459	6379	51.2	6.81	电子税务局外网数据缺失
开具无欠税证明	1419	171	12.05	0.18	系统问题，纳税人实际无欠税，但电子税务局无法打印

三、“非接触式”办税缴费服务问题的成因分析

（一）电子税务局功能缺失。本文对2023年上半年窗口高频业务进行了逐项分析，发现大部分窗口办业务是由于该事项网办路径尚未开通，或特殊情况未完全覆盖，主要集中在税控相关业务、首违不罚相关业务、非正常户相关业务、社保清欠相关业务。申报纳税作为办税服务厅窗口业务量排名第一位的业务大类，占比38.96%，其业务小类包括申报和征收开票两类，其中，申报类占比最大。目前电子税务局对正常申报业务已经覆盖，但由于系统功能设置原因，存在非常规申报表无法在电子税务局申报的情况，比如非正常户解除后无法申报，导致纳税人无法在电子税务局完成正常申报，回流至办税大厅。排名第二位的发票办理业务占窗口业务的35.49%，其中增值税发票存根联数据采集单项小类业务占窗口业务总量的18.58%。由于系统逾期未抄报、

重置开票设备证书口令密码、设备毁损、纳税人操作过“非征期抄报”、申报比对不通过、反写监控失败、“已到汇总期，无法进行发票退回”等特殊情况只能窗口抄报。以上种种体现了“非接触式”办税网上办事项存在功能缺失，需要对这类业务流程及特殊复杂情况进一步梳理，完善网上办理功能开发。

（二）系统运行稳定性不足。除了电子税务局功能设置缺失外，还存在着一些涵盖在电子税务局业务范围内的申报类业务，因为系统运行不稳定出现的各种临时性故障，导致业务无法办理，回流至办税大厅。例如定期定额报表未自动申报、网络故障、系统查找报表失败、税盘数据无法同步等。深化“非接触式”办税，在网上办税系统软硬件、系统稳定性、数据畅通度上还存在提升空间（见表4）。

表4　　因系统运行不稳定上门办理业务明细

事项名称	总业务量	窗口业务量	窗口办税占比（%）	该项业务占窗口业务比例（%）	窗口办理原因
印花税申报	149439	5259	3. 52	5. 61	1. 首违不罚、解除非正常等情况只能来窗口办理 2. 系统问题，查找报表失败
定期定额个体工商户申报	99015	2510	2. 53	2. 68	系统问题批量申报设置出现问题，须窗口办理
完税证明开具	12459	6379	51. 2	6. 81	外网数据缺失
开具无欠税证明	1419	171	12. 05	0. 18	系统问题，纳税人实际无欠税，但电子税务局无法打印

（三）纳税人使用偏好背离。纳税人使用偏好背离“非接触式”办税缴费模式主要体现在两个方面。一个是业务办理方式选择维度。在调研中，存在部分纳税人，尤其是新办企业、个体户，以及非专业的办税员、代办人员，不会网上办理或不想网上办理，主观上更依赖于人工辅导和服务。如实名采集业务，在电子税务局上操作有三步，填写信息用时约5分钟，但很多人由于不知道登录密码等原因用时更长或操作不成功，相比较窗口办理仅约1分钟，纳税人更偏向于窗口办理。同时提倡网上办理业务，并非剥夺纳税人选择在办税大厅办理业务的权利，因此存在一部分纳税人习惯于在办税大厅窗口办理业务。一方面是因为个别业务网上办理复杂纳税人学习成本较高，比如有许多纳税人表示，电子税务局的实名采集流程比较烦琐，不会操作或不愿操作；另一方面是因为纳税人习惯偏好，养成了办理惯性，比如窗口扣款业务。在纳税申报业务中，一般征收开票业务的窗口办税比例达22. 71%，该项业务占窗口业务比重达

2.88%。电子税务局已实现自助开票缴税，但因为部分征收开票业务是由于上门申报及其他上门事项衍生出来的，纳税人在窗口办理完其他业务的同时，也会要求在窗口完成扣款。

另一个是办理时间选择维度。涉税事项办理由于征期的存在，纳税人倾向于在征期结束前集中进行办理，线上和线下的办税资源都因此受到冲击。对线上办税体验而言，增加了网络压力，影响了运行稳定性；对线下而言，大量的纳税人涌入办税大厅，造成办税大厅资源紧张压力过大，也影响了纳税人的办税体验，影响服务质效。

（四）内外网数据同步滞后。电子税务局运行环境为普通互联网，而“金税三期”系统运行环境为内网，内外网交互存在时间差，会出现金三数据未同步，纳税人无法在外网办理的情况。考虑到税收申报缴纳存在期限，在期限内数据未同步，为避免产生逾期，会导致纳税人前往办税大厅办理。

（五）跨部门数据交换阻滞。随着社会保险费征收划转，在社会保险费申报征收过程中，依赖于税务部门和社保部门之间的数据交换。因部门社保数据交换存在堵点，比如社保费个人清欠业务，该项业务约占窗口业务总量的1.02%，因社保部门数据未互通，纳税人无法在网上办理，只能前往办税大厅办理。

四、“非接触式”办税进一步推进对策

非接触式办税取得明显效果的同时，笔者也注意到，税务办税服务大厅仍是整个行政服务中心政务服务窗口中，受理业务量最大的部门，一方面有经济发展企业主体增加、全面数字化电子发票上线、社保费征收划转、税务业务专业度较高的原因；另一方面，也暴露出“非接触式”办税仍存在提升的空间，故笔者拟从办税服务厅窗口存量业务角度探究“非接触式”办税模式存在的问题和提升空间，以期推进“非接触式”办税缴费模式，优化营商环境，实现“线上通办、线下兜底”的目标。

（一）畅通意见征集，助力完善网办功能缺陷。针对网办路径尚未覆盖、特殊情况只能线下办的情况，基层税务部门需要坚持畅通沟通渠道，通过征纳沟通平台、实地走访、钉钉群等渠道，收集纳税人意见反馈，聚焦办税缴费过程中的痛点、难点，及时向上级部门及有关涉税平台公司梳理反映。落实问题跟踪机制，积极推动电子税务局等网办平台流程不断优化、操作更简便。上级税务部门要在信息收集的基础上，积极推进功能完善。在网办功能建设上，引入市场化竞争模式，为功能打造提供过硬技术支持。

（二）加强系统稳定性，提升用户黏性。

1. 提升操作系统稳定性，避免因系统问题回流线下。针对电子税务局、金三等系

统不稳定，出现运行故障和堵点，及未及时同步更新数据等情况，要继续提请完善优化税控设备及电子税务局、自然人扣缴客户端等网办平台软硬件功能，提高系统稳定性，加强金三平台数据报表及时同步更新。

2. 优化用户体验，降低纳税人学习门槛。对各网办平台，简化流程和界面，不断提升纳税人对“非接触式”办税的满意认同。一方面，操作界面更加人性化，通过整合模块、改进布局、优化视觉设计等方式使操作界面更加人性化，降低纳税人学习成本；另一方面，操作指引更明细，通过引入目录索引、AI 智能助手等方式，方便纳税人准确快速找到办理事项模块和电子版用户指南。通过打造更加友好的用户体验增强电子税务局的客户黏性，逐步形成涉税事项办理第一步选择电子税务局的固定思维。

3. 提高错误提示精确度，帮助用户识别问题所在。目前电子税务局等网办平台的错误提示功能往往是通过代码进行提示，纳税人很难理解存在的问题。建议在系统出错时，电子税务局可以通过文字、图形等进行提示，详细表述出错的地方和改进的方法，自动引导纳税人更正错误，对于政策实现的计算公式，在系统设计时应当全面考虑可能出现的例外情况，避免造成系统故障，从而避免因错误提示无效导致的业务线下回流。

（三）引导纳税人行为模式，多渠道提升“非接触式”率。

1. 推广预约办税模式，实现分时错峰。针对由于纳税人的偏好习惯导致的办税大厅潮汐情况，推出预约办税制度。可以参考医院、出入境管理部门，引入限号预约模式，从而改变纳税人集中在征期最后几天办理的情况。精细化预约时间颗粒度，抚平波峰，达到合理配置线下窗口资源和提升纳税体验双赢的目标。对办理非申报业务的企业，建议提前预约，错峰办税。对重点企业建立双向预约机制，将数量多、耗时长但操作简单的业务在非高峰期安排专人对接，分散办理。

2. 优化办税大厅流程，实现简单业务前置。针对实践中一些复杂业务线下办理更快，纳税人偏向线下办理的情况，引入简单业务前置，在导税台“分诊”时即刻办理并提供辅导帮助下次自行网办，避免简单业务长时间等待的情况。

3. 服务下沉，打通“最后一公里”。通过发挥社会共治力量，比如街道社区网格点、共治微厅、企业园区等，主动将涉税辅导下沉，方便纳税人就近办理，就近接受辅导，分流办税大厅压力，助力“非接触式”办税缴费模式推行。

4. 加强精准辅导，引导纳税人偏好。通过定期分析提取窗口办税高频纳税人行为数据，打造纳税人画像，针对纳税人主观上不愿网办的情况，进行精准宣传辅导。利用征纳沟通平台等渠道，制作通俗易懂的操作流程、指引手册等，采用图文、视频、直播等多种形式进行宣传，便于纳税人理解掌握，从主观上提升纳税人网办意识。

（四）强化涉税中介监管，发挥辐射作用。中介机构代理了数量占比最多的中小企业，辐射作用广泛。税务部门应加强对涉税中介的监管，完善实名采集和信用公示工作。定期开展针对涉税中介的专项培训和交流，在税务层面提升行业环境，通过中介机构的规范行为和带动作用，推广“非接触式”办税缴费模式。通过分析实名办税采集的数据，筛选出兼办多个企业的重点对象，必要时进行集中培训，面对面沟通，加强管理。此外，还需建立和完善涉税中介监督评价机制，以此敦促中介机构提升人员素质和业务水平，引导其形成良好的环境氛围，促进纳税人缴费人满意遵从。

（五）畅通部门数据交换，避免多头跑。针对由于跨部门数据交换产生的“来回跑”问题，要积极推进跨部门数据交换，加强与社保部门、市场监督管理部门等外部合作部门的数据传输和共享，实现“多跑网路，少跑马路”的目标。尤其是社保部门，在实践中个人清欠业务占比较大，且涉及单个自然人利益，畅通数据传输，对推广“非接触式”办税缴费模式、提升社会整体纳税满意度都有重要意义。

参考文献

［1］罗伯特·B. 登哈特，珍妮特·V. 登哈特 . 新公共服务理论［M］. 北京：中国人民大学出版社出版，2016.

［2］中共中央办公厅，国务院办公厅 . 关于进一步深化税收征管改革的意见［EB/OL］.（2021－03－24）. 中央政府门户网站，https：//www. gov. cn/gongbao/content/2021/content_5598114. htm.

课题组组长：李玲玲

课题组副组长：任梦燕（执笔人）

成员：谢奇、蒋天鹰、柳艺晗

▶▶▶ 行政综合

一等奖

关于加强基层税务机关党组织建设的杭州探索与实践

国家税务总局杭州市税务局党建工作处课题组

摘　要： 税务机关在全国范围内人员多、条线长，广大的税务干部分布在各个基层党组织当中，为解决管党治党“上热中温下冷”的难题，本文以杭州税务的探索与实践，浅析加强基层税务机关党组织建设的实施路径，提出实践中存在的问题，并建议通过“四合集成”加强基层党组织建设，完善基层党组织建设的长效机制，促进党业融合高质量发展，不断增强税务基层党组织的创造力、凝聚力、战斗力。

关键词： 基层党组织　税务机关　政治功能　组织功能

基层党组织处于党的组织体系最末端，直接负责教育、管理、监督、服务党员，是党组织的坚强战斗堡垒，也是宣传党的政策、贯彻党的决定、推动生产发展、联系服务群众的最前沿阵地。建强税务系统基层党的组织体系，必须坚持树立大抓基层的鲜明导向，全面提升税务系统基层党组织的组织力，加强新时代税务系统基层党组织建设。

一、加强基层税务机关党组织建设的重要性

（一）基层税务机关是贯彻中央有关决策部署的“最后一公里”。基层党组织作为党的执政基础，是推动基层治理的核心力量，党的全面领导、党的全部工作要靠党的坚强组织体系去实现。截至 2023 年 12 月，全国有 9900 多万名共产党员，他们分布广泛，遍布全国各地，覆盖各个部门、各个条线，只有疏通“毛细血管”，才能激活

“神经末梢”，党的战斗力才能充分发挥，从而推动基层税收治理提质增效。

基层党组织更好地贯彻党的决策部署，首要任务在于坚定执行党的政治路线，更好地发挥基层党组织政治功能和组织功能。具体来说，税务基层党组织扮演了三重角色：一是税收政策法规的宣传者，面向广大纳税人缴费人准确、客观、全面地宣传党关于税收的路线方针政策。二是基层税收治理的领导者，按照党的路线方针政策和决策部署行事，不折不扣地落实政策，切实把党的领导体现在基层税收治理各领域各方面各环节。三是税收改革发展的推动者，在推动本单位本部门中心工作过程中，将党中央和上级组织的决策部署创造性地转化为具体工作和行动的实践。

（二）基层税务机关是全面从严治党责任传导的“最后一公里”。基层党组织是推进全面从严治党的重要责任主体，直接关系两个维护能否真正落到实处、见到实效。在税务机关纵深推进全面从严治党，其要义主要体现在“三个特殊”：一是管党治党时机特殊。党的十八大以来，以习近平同志为核心的党中央高度重视全面从严治党，党的领导、党的建设拔高到了前所未有的新高度，党建意识和为民宗旨从中央到地方、从机关到基层得到全面重视和完善。二是税务队伍性质特殊。当前税务系统有在职党员 50 多万人，且分布广、战线长，管好这支数量庞大的队伍任务艰巨。党员队伍结构中，既有公务员，又有事业人员和工勤人员；既有老党员，又有刚入党的新党员；各类人员的想法不同、诉求各异，管理难度很大。而基层党组织直接负责严格教育、管理、监督党员，一旦脱离组织，党员就会成为散兵游勇，党的战斗力也就从无谈起。三是税务职责使命特殊。税务党员干部 90% 在基层一线，手中握有一定的税收执法权。同时税务部门既要管税，又要管费，管理对象既有法人，又有很多自然人，与更多社会群体的利益息息相关，执法和廉政风险更加易发高发。近年来，税收征管面对的“法人”“自然人”主体不断增加，随着个人所得税改革管理的逐渐深入，触及的矛盾更直接，引发风险的可能性更大。

（三）基层税务机关是联系服务纳税人缴费人的“最后一公里”。政党的命运前程取决于人心向背之道。基层党组织作为税务机关党的组织体系的末端部分，在维系党群关系中发挥着至关重要的作用。习近平总书记指出，基层党组织处在一线，直接同群众打交道，是党联系群众的桥梁与纽带，它的建设直接关系到我们党的执政地位和形象。

对于税务部门来说，税收的人民性体现于三个重要意义：一是收税为民。社会主义税收的本质在于人民属性，体现人民意志，增进人民福祉、促进人的全面发展是全部税收工作的应有之义。同时，税收又是国家财政收入最主要、最稳固的来源。二是政策惠民。相比于中央、地方组织，基层党组织与群众的联系最为密切，群众对党的路线、方针、政策的认识和了解，最直接的来源是基层党组织。及时地将这些信息反馈给上级税务机关，从而为国家制定合理正确的路线、方针、政策提供现实依据。三是服务便民。基层税务党组织是群众认识党的“窗口”，人民对于党的印象的好坏，主要取决于对“窗口”的评价。只有“窗口”的服务意识强，协助群众应对遭遇的各类问题，党才可获得群众的拥护，执政根基才能被夯实。

二、当前基层税务机关党组织建设存在的主要问题

（一）对基层党组织的思想认识有偏差。对于基层党组织政治功能的理解、认识存在一定的偏差和误区，致使基层党组织存在重形式轻实质倾向，组织力难以汇聚、显现和提升。比如，有的基层党组织没有很好发挥支部凝聚力，没有正常开展思想教育工作，不能很好地学习传达上级意识形态工作的精神，跟不上上级要求的步子；有的开展党员学习教育管理不够深入，理论学习和具体实践在一定程度上还存在脱节，在真学、真信、真懂、真用上还需要下功夫；有的党务工作者工作效能低下，执行力差，缺乏责任心，或是党务干部流动大、频繁换人，导致党务干部专业化程度不够，党建人才后备力量青黄不接问题。

（二）组织领导核心作用发挥有落差。税务系统省以下税务机关实行双重领导管理体制，为有效解决两边管、两难管问题，税务系统构建纵合横通强党建机制体系，纵向“下抓两级、抓深一层”，横向争取地方支持，内部健全党建领导小组工作机制，构建党委统一指挥、党建部门统筹推进、基层党组织狠抓落实的党建工作格局。但在实际工作中，一些党组织“火车头”作用发挥不充分。比如，一些党支部管业务多、谈思想少，对于体量大、干部利益诉求多的挑战以及职务职级晋升中遇到的现实问题，没有最大程度上发挥思想政治工作的作用，对于充分调动党员干部积极性、主动性和创造性方面做得还不够。再如，有的基层党组织自身建设不够扎实，支部工作开展不够标准规范，基层党建工作抓而不实，抓党建工作的思路有待拓宽。

（三）全面从严治党责任传导有温差。税务系统点多、线长、面广，在责任压力逐级传导方面，容易出现不严、不深、不闭环的情况，组织力在向基层一线传导过程中，出现“上热中温下冷”现象，在一些领域还存在“中梗阻”的地方。比如，有的基层党组织在严规矩、转作风方面工作开展还不够有效，针对打“擦边球”的部门和干部，缺乏刚性的惩治措施，造成在少数干部中滋生出“小问题没关系”等不良思想和侥幸心理；有的基层党组织抓党建不够规范，开展工作习惯于上传下达，以文件来落实责任，上级重视什么就做什么，缺乏创新性、主动性和持久性；有的党支部书记缺乏日常监管的意识，干部“八小时外”监督缺乏抓手，少数党员干部违纪违法现象时有发生。

（四）党的路线方针政策落实有偏差。有的基层党组织贯彻上级精神落地还不够

精准，存在对中央方针政策和决策部署领会不够透彻、以文件落实文件的现象，在抓实、抓细上还有待提高；一些党员领导干部宣传阐释能力欠缺，只会做上传下达的工作，没有真正走到群众中间去深入了解、宣传、组织群众，也不能够用自己的言行感动群众、发动群众、带动群众；有的党员干部奉献精神缺失，安于“佛系”、乐于“躺平”。

三、加强基层税务机关党组织建设的杭州探索与实践

（一）坚持对标看齐、筑基提能，全面推进支部工作范本化。一是以提升组织覆盖力为前提，不断健全和完善基层党组织体系。实现 374 个支部建在处（科、股）室上的“全覆盖”，近 2 万名党员“全武装”，着力打造上下贯通、执行有力的党组织体系。在党委层面抓强引领，建立 13 个基层党建联系点直接指导，做实党委书记抓党建述职评议；在机关层面抓好标杆，健全“领头雁”综合量化考评体系，编发《党支部书记履责手册》；在基层层面抓细落实，完善落实《防控软弱涣散“正反”清单》37 类 109 项指标。二是以提升组织领导力为要点，深入推进基层党组织标准化规范化建设。严格执行《关于新形势下党内政治生活的若干准则》，统筹地方要求落实《关于进一步深化主题党日的指导意见》。积极探索并在全市系统推广《“三会一课”蓝本》，通过理清抓建思路、强化制度落实、深化边学边改等方式，让基层党组织工作有目标、操作有指南，提高“三会一课”、民主生活会、组织生活会等质量，党支部标准化规范化达标率力争在当地位居第一方阵。三是以提升组织感召力为内容，进一步抓好基层党组织建设。落实税务总局进一步提升税务系统基层党组织政治功能和组织功能、发挥好党支部监督作用的指导意见，以有利于增强“两个功能 一个作用”的原则，优化设置党组织设置，配齐配强党支部班子。倡导优秀的年轻干部在党组织担任重要角色，加强锻炼培养。完善落实《党支部书记履职手册》，层层压实党支部书记责任，党支部书记对支部党员做到“三必知”“四必管”“五必报”“六必谈”。四是以提升组织创新力为核心，推进基层党组织活动方式创新。基层党组织活动创新是党员参与活动的“助推器”，更贴近群众、贴近实际的活动载体能使基层党组织更好地融入中心工作、融入群众关切和企业需求。在主题教育期间，杭州市税务局坚持问题导向、大兴调研之风，围绕当前党组织建设等重难点问题，开展基层组织建设专题调研，深入基层一线召开座谈会，听取基层党组织意见建议，强化党建调研结果运用。

（二）聚力服务中心、引领发展，创新推进党业融合项目化。将“破解难题弱项”作为重要命题，借鉴经济工作项目化理念，从主题教育调查研究入手，结合税收重点工作，支部根据党员特长主动提交“党性锤炼 + 业务提升”项目书，形成如“云讲师

团”“直播销售涉税分析”“潮动青春”“联村共富”“党群连心”“余税远航”“亚运有我”等项目。一是立项攻坚吹号角。党员在项目书中郑重承诺，明确需解决的难题、主要做法与改进思路，确定努力方向。制定“作战图”，按照周计划、月目标、年结果有序推进项目落地。支部书记亲自背书，吹响攻坚“集结号”，引导党员干部冲在攻坚第一线，发挥先锋模范作用。二是实干铺路破难题。每个项目组铆足干劲，发挥主观能动性，在项目中找到党建与业务的融合点。比如“余杭远税”项目组党员参加四无粮仓陈列馆研学，强党性促学风，筑牢出口退税干部的拒腐防变思想防线。又如，“云讲师团”项目组由精通党建工作、业务知识的党员组成，交叉直播互相授课，线上当讲师、线下做学员，并组织纳税人试验场、支部试验场直播试炼。三是深化实践强运用。在推进中落实“周动态、月展示、季汇报、年评比”项目书机制，搭建项目展示专栏，更新项目书阶段性成果，项目负责人按季汇报，确保局党委及时掌握项目进展。设定创新程度、难易程度、贡献程度等3大维度12项考核指标。在项目竣工验收后，局党委依据指标对项目成果进行打分，提升项目评价科学性、客观性、准确性。实施“党建与业务工作联述联评联考”，在支部书记述职和“先进党支部”评选中开展党建和业务联动评价。激励年轻党员在实践锻炼的“第一跑道”上努力成长为贯通党建与业务的精兵强将。

（三）突出综合研判、事争一流，推进党建考核合理化。以“五个结合”为导向，实施晾晒考评工作机制，突出政治标准，强化党建统领，推动党支部书记抓党建责任进一步落实，形成责任明确、考核规范、评价科学、奖惩分明的党建工作责任制考评体系，充分发挥党建考核“指挥棒”作用。一是平时考核和年终评议相结合。以平时考核成绩结合支部书记抓党建现场述职评议考评加权进行最终评分，其中平时考核占50%；述职评议占50%。强化对基层党组织的日常管理和监督，利于及时检验工作推进落实情况。通过年终评分以一定权重纳入各单位年度组织绩效考核，改变“一述定终身”的局面，实现党员与支部相挂钩、平时与年度相结合。二是工作履职和比武争先相结合。以工作履职为“点”，按不同考核要素将支部的年度工作职责切块分类考核；以比武争先为“面”，把党建工作改革创新、竞赛比武等作为实绩考核重要内容，结合党建阶段性工作重点，围绕学习贯彻党的二十大精神、党组织规范化建设、党建业务融合等方面，组织季度党建竞赛比武系列活动，开展知识竞赛、党课宣讲等活动，引导各支部积极作为、奋勇争先，达到以比促学、以赛促建的目的。三是正负清单和警示激励相结合。负面清单反向约束，对理论学习、政治素质、能力本领、担当作为、工作作风、廉洁自律等方面建立条目式负面清单，对各党支部进行警示提醒、查漏补缺、鞭策后进。正值加分清单强化激励，设置“主动配合”“竞赛比武”“宣传推广”等模块，激励引导各支部“勇争一流、唯旗是夺”。四是日常展示和结果运用相结合。通过系统查阅、现场检查、翻阅资料、综合研判等方式对各支部进行考核，考核情况每季通过党建专栏展示各支部平时考核情况。对先进支部公开表扬，对考核不理想的实行“上门”督导、跟踪问效。年底结合“两优一先”表彰，对表现突出支部授予年度“先进党支部”荣誉称号，颁发流动红旗，激发支部党员的干事创业激情，强化了创先争优意识，充分展示了优秀党支部风采风貌。

四、下一步对策建议

加强基层税务机关党组织建设既是理论课题，更是实践课题，从理论与实践相结合的角度研究，可以通过“四合集成”加强基层党组织建设，完善基层党组织建设的长效机制，促进党业融合高质量发展，不断增强税务基层党组织的创造力、凝聚力、战斗力。

（一）在“合心”上下功夫，把牢组织建设“定盘星”。思想是行动的先导，认识是行动的动力。要在队伍建设中进一步强化思想政治教育，找准党组织建设的思想认识结合点，引导党员干部牢固树立“围绕业务抓党建，抓好党建促业务”思想，准确看待党建与业务辩证关系。一是交流研讨促“合心”。持续落实“第一议题”制度，以“学习必有交流研讨，研讨必结合工作，工作必紧扣政策”原则，坚持多思多想、学深悟透，整体把握、全面领会习近平新时代中国特色社会主义思想的科学体系、精髓要义、实践要求，深刻领悟贯穿其中的立场观点方法，想问题、作决策、办事情自觉从党的创新理论中找指引、找方法、找依据。二是走读研学促“合心”。以主题教育和清廉机关模范机关建设为抓手，广泛开展红色基地“沉浸式”学、红色课堂“互动式”学、分时错开“滴灌式”学，创设“基层党组织建设”研学交流路线开展“追随总书记足迹”活动，搭建“不设限”的流动课堂，推动党的先进理论进一线。三是丰富课堂促“合心”。各党支部、青年理论学习小组发挥主观能动性，通过线上线下结合开展专题党课、跨支部联学联建、“红色故事分享会”、党组织建设主题征文、知识竞赛、主题座谈等多样、多元、多层的学习形式，内化强化组织建设理念，牵引干部向中心聚焦，为大局聚力。

（二）在“合力”上做文章，压实组织建设“责任链”。落实执行力的基石在于责任到位。要通过构建层层推进、层层压实的组织建设“责任链”，联动发挥监督考核机制对党建履责的“驱动力”，找准组织建设“责”与“考”的结合点，打造敢于担当的干部队伍。一是责任清单化。把推进基层党组织建设有机嵌入全面从严治党主体责任清单，把组织建设责任明确到班子成员、各党支部，分解到各部门。探索建立任务书、推进表、督办表“三位一体”抓落实工作机制。各支部每年制定工作路线图，列出每月、每季、每半年重点工作，分解任务细化亮责。二是监督常态化。实行班子成员向党委进行抓党建工作和业务工作“双汇报”、班子成员对分管部门开展党建和业务“双指导”，引导党员领导干部时刻把基层党组织建设放在心上、扛在肩上、抓在手上。三是考评标准化。深入研究党建工作考核指标体系，探索建立标准化考评工作机制，引导各党支部书记述职既报“党建账”、又报“业务账”，同时将述职评议结果纳入绩效考评，作为领导干部年度考核、评先评优的重要依据。

（三）在“合拍”上出实招，找准组织建设“切入点”。组织是党的“生命线”，党员是党的肌体的细胞，是影响党组织建设质量的决定性因素。要切实发挥基层党组织和党员在党组织建设中的主体和引领作用，将专项整治作为党组织建设的切入点，做到“无缝嵌入”“巧妙嫁接”，引领打造本领高强的干部队伍，确保党建业务“合拍共振”。一是标准化规范化建设。聚焦党建工作围绕中心、建设队伍、服务群众的根本职责和核心任务，以需求和问题为导向选取和建立多样化载体，明确“有名称”“有领衔人”“有团队”“有职能”“有运行机制”“有活动阵地”的“六有”建设标准，吸纳政治过硬、专业突出的干部参与，注重吸纳青年干部，并针对纳税人缴费人、干部职工、外部单位等服务群体明确工作职能，充分发挥专业优势。二是项目化团队化运作。深度聚合党员骨干力量，立足税务工作实际，针对纳税人缴费人需求和广大干部职工实际，聚焦党委政府决策参谋、重要重大政策落地、征管业务难题、纳税人缴费人诉求强烈问题、干部职工心理疏导等课题，以团队协作的方式进行探索实践，做到职责有分工、活动有实效、评价有指标。建立以党员骨干人才库为核心，以党员突击队、党员专家库、人才储备库为模式的三级动态人才库，拓宽人才培养渠道，创新活动方式，形成更为灵活的人才管理体制。三是品牌化多样化呈现。采取多样化的形式和手段不断拓展各类载体的服务范畴，坚持税收工作实绩“打底”、党建工作亮点“润色”，深化党组织品牌创建，在工作中正确掌握品牌意义，支部品牌统一冠以局党建品牌标识，打造品牌矩阵，发挥合力、形成声势。创新活动形式，不断增强活动的吸引力和实效性，使其具备较高的知晓率、认同度。

（四）在“合行”上谋突破，创设组织建设“新机制”。机制是抓落实的方法和途径，无论是推进工作，还是解决问题，都要紧紧抓住机制建设这把“金钥匙”，在一系列基层党组织建设的实践与探索中，着力推动形成有机制、抓落实、促发展的良好局面。一是构建过程把控机制。把党建工作有机嵌入业务工作的动员、推进和总结等全过程。动员时，推动党委研究部署业务工作党建引领相关工作，统筹策划党建引领各项活动，通过会议部署、文件学习、宣传培训等方式，在重大业务工作开展前广泛动员党员，有效提升开展重大业务工作的组织力和战斗力；推进中，以知识竞赛、政策宣传、党课宣讲、意见征集等方式，鼓励党员带头学习宣传业务政策、带头对业务工作提出意见建议；总结时，开展以党员对业务工作完成情况自我评价为主要内容的主题党日活动，党员之间平等对话、诚恳互评，有效激发党员的荣誉感、责任感和使命感。二是构建激励交流机制。加大在税收业务重点工作和急难险重任务第一线培养选拔优秀年轻干部力度，常态化组织开展“最美税务人”“担当作为好支书”“新时代好党员”等先进典型选树，进一步激励干部发扬斗争精神、勇于担当作为。把党支部书记岗位作为培养选拔领导干部的重要台阶、把党务工作岗位作为培养复合型人才的重要平台，建立党务干部与业务干部双向交流机制。三是与税务文化建构融合。将党建与业务融合的重大意义体系化、理论化，通过对实践过程中的党建业务融合必要性及重大意义作系统化、理论化概况总结，进行系统梳理并纳入税务文化建设，在党建文化展厅等建设中专设“党业融合”版块，同时将其纳入新录用人员、全员培训等课程中，积极营造有利于推动党业融合深度发展的文化氛围。

参考文献

［1］常亮，杨春薇．基层党组织提升组织力和突出政治功能的路径探析［J］．中共云南省委党校学报，2022，23（05）：74－82.

［2］魏小东．深化党建引领基层治理创新［N］．中国组织人事报，2021－03－08（006）.

［3］蔡文华．党的组织体系建设：时代要求与发展路向［J］．探索，2019（04）：118－126.

［4］米吉提·哈得尔，张蕊．我国基层干部能力素质提升的时代价值［J］．产业与科技论坛，2023，22（14）：222－223.

［5］蒯正明，马鑫．增强“四力”：基层党组织建成坚强战斗堡垒的实践进路［J］．探索，2023（03）：90－101.

［6］特约评论员．为民惠民便民信念烛照税收事业前行［J］．中国税务，2021（10）：13.

［7］深入贯彻中央金融工作会议精神以高质量机关党建服务金融强国建设［J］．旗帜，2024（01）：68－69.

课题组组长：张惠卿

课题组副组长：邹卫刚

成员：周佳雯、汪如莹、陈王凯、李威、王晓军

加强新时代税收现代化人才队伍建设的探索与思考

——以杭州税务系统为例

国家税务总局杭州市税务局组织人事处课题组

摘　要：党的二十大报告指出，必须坚持科技是第一生产力、人才是第一资源、创新是第一动力，深入实施科教兴国战略、人才强国战略、创新驱动发展战略，开辟发展新领域新赛道，不断塑造发展新动能新优势。税务人才是推动税收现代化的重要战略资源。近年来，杭州市税务局党委深入学习贯彻习近平总书记关于做好新时代人才工作的重要思想，大力实施“人才兴税”战略，打造“1261”杭州税务人才新格局，取得明显成效。随着税收征管改革的深入推进，税收现代化进入新征程，对人才队伍建设提出了新要求。本文着眼杭州市税务系统人才队伍建设现状，总结近年来工作成效，结合问卷调查深入剖析当前存在的问题，为深化推进杭州税务人才强基效能先行提供对策建议参考。

关键词：税务人才　税收现代化　人才兴税

办好中国的事情，关键在党，关键在人，关键在人才。从全面实施重大人才工程，到深化人才发展体制机制改革；从作出加快建设人才强国的重大决策，到部署全方位培养引进用好人才……党的十八大以来，以习近平同志为核心的党中央统揽全局，广开进贤之路、广纳天下英才，领导推动新时代人才工作取得历史性成就、发生历史性变革。党的二十大立足新时代新征程的历史方位，明确指出“坚持为党育人、为国育才，全面提高人才自主培养质量，着力造就拔尖创新人才，聚天下英才而用之”，部署建设堪当民族复兴重任的高素质干部队伍。税务人才是百万税务铁军中的排头兵，更是税收现代化服务于中国式现代化的生力军。以杭州市税务系统为例，全面了解人才队伍建设情况，系统总结工作经验，分析当前存在的问题、研究提出对策建议，对于推动税务人才队伍建设效能提升、助力税收现代化发展具有现实价值和借鉴意义。

一、新时代加强税务人才队伍建设的重要意义

（一）对党和国家“坚持人才引领发展”战略共识的深刻回应。在革命斗争中，我们党汇集了各方面优秀人才，促使中国革命取得成功，实现民族独立、人民解放；新中国成立后，党和国家对人才重要性的认识不断深化，形成人才引领发展的国家共识；党的十八大以来，以习近平同志为核心的党中央站在实现中华民族伟大复兴的战略高度，作出人才是实现民族振兴、赢得国际竞争主动的战略资源的重大判断，进行全方位培养、引进、使用人才的重大部署；中央人才工作会议提出“八个坚持”，深刻诠释了我国人才事业发展的规律性认识，为我们进一步做好新时代税务人才工作提供了重要遵循和方向指引。

（二）对税务总局党委“人才工程育俊杰”机制制度体系建设的深刻回应。税务总局党委贯彻落实《国家中长期人才发展规划纲要》，探索形成并不断完善“人才工程育俊杰”机制制度体系，扎实推进税务系统素质提升“1115”工程，打造拥有 100 名税务战略人才、1000 名税务领军人才、1 万名专业骨干和 5 万名岗位能手的“金字塔”型人才梯队，为税收现代化提供强大助力。2022 年 6 月税务总局党委印发《关于进一步加强新时代税务人才工作的意见》（以下简称《人才工作意见》），迭代升级部署实施素质提升“2271”工程，着力构建由 200 名左右战略人才、2000 名左右领军人才、7 万名左右业务标兵和 1 万名左右青年才俊构成的税务人才队伍新体系，提出“2025 年、2030 年、2035 年”目标任务，对进一步拓展人才规模、提升人才质量、改进人才管理、加强人才使用作出具体部署。

（三）对推进杭州税收现代化“六个效能先行”的深刻回应。近年来，深化税收征管改革、营商环境创新试点、组合式税费支持政策落地等税收改革发展任务压茬推进，税费收入规模和范围不断扩大，税费征管和服务要求日益提高，税收在国家治理中的基础性、支柱性、保障性作用更加凸显。对标税务总局“六大体系”“六大能力”和浙江省税务局“六大工程”的具体要求，2023 年杭州市税务局谋划推进税收现代化“六个效能先行”，“人才强基效能先行”作为其中之一，为做好人才工作指明了方向要求。因此，寻求切实加强人才队伍建设的好方法、好途径，不断完善税务人才培育布局，持续强化杭州税收现代化人才支撑是我们当前面临的一项重大课题。

二、税务人才队伍建设主要做法及成效

（一）税务人才队伍现状。近年来，杭州市税务局党委持续加强各类人才培养，

探索构建具有杭州特色的“1261”税务人才格局。当前，全市税务系统拥有全国税务领军人才、省局青年才俊、市局复合型人才、业务标兵，以及总、省、市局各类专业人才近900人，其中40周岁以下青年干部中各类人才占比达39.7%，一支规模可观、结构合理、素能优良的杭州税务人才队伍正在加速集结。总体呈现以下三方面特点：

1. 从人才结构看，雁阵梯队初具规模。累计培养全国税务领军人才18人，省局青年才俊27人，市局复合型人才206人，总、省、市局各类专业人才589人，其中领军人才数量位居全国副省级城市税务局第一。

2. 从人才类型看，实现领跑具备比较优势。在贯彻落实税务总局素质提升“2271”工程的基础上，着眼于税收现代化发展所需，靠前谋划、大力培育复合型人才及各条线专业人才，进一步丰富拓展了人才类型，为助力杭州税收现代化实现领跑奠定了比较优势。

3. 从文化学历看，能力素质基础厚实。杭州市税务系统40周岁以下青年干部中硕士研究生以上学历占26.21%，各类税务人才中硕士研究生以上学历占比达35.9%，人才队伍整体文化水平较高、能力素质扎实。

（二）当前税务人才队伍建设的经验成效。杭州市税务局党委牢牢把握“人才兴税”首位战略，聚焦税收事业发展所向、税务人才成长所需，树导向、下实功、出实效，锻造了一支善作善为、能战能胜的高素质专业化人才队伍。

1. 以制度体系建设为牵引，人才工作有力有序推进。积极构建科学完备的人才制度体系。一是坚持党管人才，完善组织运行强领导。成立市、县两级“1+14”人才工作领导小组及办公室，并完善与之配套的工作机制，形成党委领导、人事牵头、部门协同、上下联动、齐抓共管的组织运行保障体系，充分发挥党委在税务人才队伍建设中把方向、管大局、促落实的领导作用。二是坚持因地制宜，健全机制制度保障。以《人才工作意见》为“一个统领”，制发复合型人才管理、专业人才库管理“两个办法”，形成进一步加强税务青年干部工作的意见，上下贯通推动人才工作机制制度更加健全。三是坚持围绕中心，强化责任督导重落实。树牢选贤任能鲜明导向，优化人才培育布局，着力把各条线各领域优秀人才集聚到重点中心工作和改革发展事业中来。将税务人才工作落实情况作为市局党委巡察、离任检查、人事工作抽查等重要内容并纳入绩效考评，细化目标任务，强化责任督导，推动形成全链重视、全域抓实的人才工作良好氛围。

2. 以培养体系建设为支撑，人才能力素质系统塑强。大力实施并迭代升级“育苗计划”，为各类人才成长夯基垒土，助力人才队伍“振翼齐飞”。一是加强税务人才政治引领。2022年以来每年向青年人才发出“红心向党、韶华为税”倡议，动员青年人才向党组织靠拢。举办政治能力提升班，强化税务人才理论武装。二是帮助青年干部“夯基垒土”。聚焦入职10年内青年干部举办大规模培训班，采取“集结百人团、集训三十天”模式，助推青年干部夯实业务根基、更新知识结构，储备涵养人才“后备军”。三是打造多层次人才“雁阵梯队”。以“高端引领、梯次衔接、一体培育”为总遵循，持续打造“全国税务领军人才—省局青年才俊—市局复合型人才—业务标兵—总、省、市局各类专业人才”的雁阵梯队。四是带动全系统人才建设“百花齐放”。坚持抓机关、带系统，辐射形成“市局出样板、区县齐头进”的人才工作“同心圆”，各区、县（市）局发挥属地资源优势，创新形成“尚税精鹰”“最美青穗”等税务人才建设品牌，以及“青年干部成长积分”“税校人才共建”等特色经验。

3. 以选用体系建设为主线，人才担当作为全面激发。深入践行新时代党的组织路线，进一步加大优秀人才使用力度，积极搭建实践锻炼平台，促进人才辈出、人尽其才。一是大胆选用优秀年轻干部。树立“重实干、重实绩”的鲜明导向，注重在急难险重、改革攻坚中考察干部、选贤任能，加大优秀人才发现储备和培养使用力度，有力释放“唯才是举、用当其时”的人才激励效应。二是加强人才实践锻炼。围绕智慧税务建设、数电发票推广、社保费“统模式”改革、土地增值税清算、税务稽查等重点工作，组建项目化人才团队开展攻坚。连续两年选派征管信息化人才对口支援西部地区、服务国家战略，推荐青年人才到地方各级党政部门挂职任职，推动税务人才塑强本领、增长才干。三是锤炼税务领域“能工巧匠”。既抓好业务标兵有序转换衔接，又创新管理培养方式，结合年度重点工作深入开展“岗位大练兵、业务大比武”活动，注重从承担上级部门改革攻坚任务、基层一线岗位做出贡献、练兵比武成绩优异的干部中，推荐省局青年才俊培养对象、选拔市局级业务标兵，促进“立足本职、岗位成才”。

三、当前税务人才队伍建设存在的问题与不足

2023 年 7 月，正值《人才工作意见》出台一周年之际，税务总局人事司面向 36 个省级税务局开展了税务人才队伍建设情况调研，杭州市税务系统配合完成了涉及市局部分的问卷内容。同时，第一批主题教育期间，市局组织人事处在青年人才中也开展了问题调查和座谈调研。结合调研及日常工作情况，当前工作还存在一些亟待解决的问题与不足：

（一）在人才目标定位上，远期发展规划相对不足。杭州市税务局计划用三年时间着力打造由 100 名左右全国税务领军人才和省局青年才俊、200 名左右市局复合型人才、600 名左右市局专业人才和 1000 名左右青年骨干构成的“1261”杭州税务人才新格局。虽然 2023 ~ 2025 年的短期目标已有制定，但对标《人才工作意见》“三步走”目标，涉及 2030 年、2035 年的人才队伍建设中长期目标仍不够明确，指导较长

一段时期工作的人才发展规划还需结合实际进一步谋深做实。

（二）在人才结构布局上，同税收现代化新形势新要求仍有差距。主要体现为：

1. 专业结构不够均衡。近年来公务员大规模扩招，但招录的专业背景集中在税收、财会、法学、经济学、计算机等类别，面向税收现代化建设亟须的风险管理、数据应用、外语等领域专业人才的源头储备不足。

2. 层次结构不够合理，高学历人才相对缺乏。区、县（市）税务机关因职级职数限制，公务员招录时影响了对较高学历层次人才的吸纳。

3. 数字化、国际化人才尤为短缺。对标智慧税务建设、税收国际化等战略目标要求，具备高水平数字素养和国际视野的高端税务人才较为紧缺。

（三）在人才使用机制上，常态长效激励机制不够健全。现有激励举措主要面向领军人才、青年才俊、复合型人才，受众面相对较窄，业务标兵、各类专业人才等人才类型的后续培养使用机制不够完善，激励实效性还显不足，“重选备、疏管用，从名册到名册”的现象在人才队伍建设中仍有存在。调查显示，对于“青年人才队伍建设面临的问题挑战”，认为当前激励机制不够健全的占28.59%。同时，近年来税务系统改革硬仗接踵而至，各条线普遍反映工作负担较重、压力较大，干部容易产生心理失衡、职业倦怠，在一定程度上消减了干事创业积极性。如何调动人才活力动力、激活“一池春水”，还需分层分类进一步健全完善激励机制。

（四）在人才实践锻炼上，多元培养渠道路径有待拓宽。税务人才的实践锻炼方式以参与条线工作为主，蹲苗锻炼、跟班学习、上挂下派、轮岗交流等“压担成长”的机会较少，跨系统跨部门到地方党委政府和国有企事业单位挂职任职的通道仍需拓宽。调查显示，29.72%的被调查者认为需畅通干部交流通道，加强跨部门、跨单位的交流轮岗；15.68%的被调查者希望能够创新实践锻炼举措，有计划地安排青年人才到改革发展前沿、关键吃劲岗位和基层一线进行锻炼。一方面，分对象、分层次、分类型的实践锻炼培养体系还不够健全；另一方面对标《人才工作意见》，税务人才实践营地建设仍相对滞后，目前仅停留在规划阶段，还需在税务总局、省局指导下加快推进实施。

（五）在人才评价管理上，“以数管才”作用发挥不够充分。当前对各类税务人才的评价管理主要依赖于数字人事系统，适用于税务人才的“一员式”信息归集、“全景式”精准画像，以及“数智化”评价反馈的评价管理体系尚未健全完善，“以数管才”作用发挥还不够充分。如何运用数字化手段构建人才数据仓库、常态化开展人才分析评价、精准识人用人并持续激发人才发展动能，还需进一步转变思维、再造流程、革新技术。

四、加强税务人才队伍建设的对策建议

党的二十大报告明确指出“要建设堪当民族复兴重任的高素质干部队伍”，为深入推进新时代税务人才工作指明了方向。杭州市税务系统必须在深化推进税务人才发展体制机制改革上更进一步，在生动诠释人才强基效能先行上更快一步，在聚力打造省会城市税务人才高地上更先一步，努力以杭州税务的实践探索为全省乃至全国税务系统提供借鉴范例。

（一）一张蓝图绘到底，谋深谋实总揽全局、指导长期的人才工作总抓手。加强税务人才队伍建设是一项长期的系统工程，要统筹兼顾短期和中长期工作，把解决好当前突出问题和实现长远目标有机结合起来，细化时间表、路线图并抓好落实。

1. 立足当下盯住短期，形成较为完备的人才工作机制制度体系。建立健全党委定期研究人才工作的常态机制，加快推进《人才工作意见》落实落细，结合队伍实际进一步完善青年才俊、复合型人才、业务标兵、各类专业人才等后续培养管理办法，一体推进人才选用、激励、评价、管理等配套制度。

2. 着眼长远谋划中长期，构建税务系统领先、全国第一梯队的杭州税务人才方阵。对标《人才工作意见》“三步走”目标，适时在“1261”杭州税务人才格局基础上迭代升级，谋划部署人才队伍建设中长期目标，实现人才队伍总量规模进一步拓展、综合素质进一步提升、结构布局更为合理、杭州税务人才方阵更加出彩，推动人才强基效能先行取得更多标志性成果。

（二）持续深化规律性认识，探索构建“一体四翼六力融合”人才发展新模式。坚持人才引领发展的战略地位，持续深化税务人才发展的规律性认识，着力构建“一体四翼六力融合”人才发展新模式，完善打造“人人努力成才、人人皆可成才、人人尽显其才”的最优生态。即坚持以政治建设为“一个根本”，健全各类人才“选、育、管、用”“四翼”并举，以政治领航力、人才支撑力、头雁带队力、事业推动力、为税清廉力、文化内驱力的持续提升，凝聚起人才强基效能先行的“六大合力”，充分呈现“税务大美、潮涌气质、杭州意象”的人才发展崭新面貌，为税收现代化服务于中国式现代化提供坚强有力的杭州税务人才支撑。

1. 全面加强党管人才，持续强化人才政治引领。建立健全党委定期研究人才工作的常态机制，进一步加强人才工作领导小组对全市税务系统人才工作的组织领导和统筹指导，推动党委统一领导、人事部门牵头抓总、职能部门各司其职、密切配合的人才工作格局日益完善。持续加强对税务人才的政治引领、政治吸纳和理论武装，不断提高税务人才的政治判断力、政治领悟力、政治执行力，切实增强“两个维护”的政

治领航力。

2. 多维赋能育苗壮苗，推动人才质量提档升级。一是加强专业化人才的源头储备。着眼税收现代化建设所需，深入分析各层级、各领域人才缺口，编制人才需求计划，加大风险管理、税费分析、大数据应用、外语等领域专业化人才的招录力度。聚焦国家重大战略、改革中心任务、税收发展大计，创新引才举措，在更大范围更宽领域汇聚高层次、专业化、紧缺型优秀人才。二是创造“人人皆可成才”的学习机会。常态化开展集中轮训、专题培训、重点调训，促使税务干部知识体系、专业能力与形势发展更相适应、与岗位要求更相匹配。实施“青蓝工程”，开展“师徒结对”，由领军人才、青年才俊、复合型人才、业务标兵等税务人才对新录用公务员等青年干部开展结对帮带，推动“税务新兵”尽快成长为“中流砥柱”。发挥“学习兴税”平台优势，营造“人人皆学、处处能学、时时可学”的学习氛围。鼓励税务干部考取税务师、注册会计师、法律职业资格、软件工程师、系统架构师等税收工作相关资格证书，支持参加在职学历学位教育，动员优秀外语人才报名参加中国年轻行政人员长期培养支援（JDS）和志奋领奖学金等国际交流项目。通过为人才素能提升创造良好条件，有力推动“高精尖专”税务人才不断涌现，有效夯实赋能税收现代化的人才支撑力。

3. 不拘一格选贤任能，推动税务人才“堪当大任”。一是健全完善税务人才“分类储备、梯次培育、常态使用”一体推进机制，促进人岗相适、人事相宜、人尽其才。将人才资质作为选人用人重要参考，加强常态化发现储备、培养锻炼及选拔配备，不拘一格使用人才。总结“青年干部成长积分”试点经验并适时予以推广，深化运用于副科级领导干部选任、职级晋升等工作，激励青年人才提升学习力、实践力、争先力。二是广泛推进人才交流，持续拓宽税务人才成长路径。充分发挥双重领导体制优势，建立健全与兄弟税务单位对口支援、双向互派、事业共进的人才机制，不断拓宽税务系统与地方党委政府部门的交流挂职通道，促进税务人才跨部门、多层级历练。着眼未来 5 年、10 年乃至更长时间杭州税收事业发展和干部队伍建设需要，不断完善比选择优、能上能下等机制，推动更多税务人才“堪当大任”，切实提升人才引领发展的头雁带动力。

4. 创新驱动人才成长，充分激发干事创业活力。一是突出实训练兵、实战强兵。围绕智慧税务建设、服务共建“一带一路”、国际税收合作等重大税收攻坚任务以及浙江省委、杭州市委重点工作，深化“揭榜挂帅”赛马机制，组建以各类人才为主要阵容的项目化团队开展集中攻坚，配套跟进对于表现突出、作出重大贡献人员的激励措施和奖励政策，有力促进税务人才想干事、能干事、干成事。二是凸显优势，加快建设税务人才实践营地。因地制宜挖掘杭州特色优势，探索建立税务部门与高等院校、涉税专业服务机构共建实训基地、共享实践成果的人才培养模式，依托实践营地建设深化税务人才实践锻炼。三是提升“以数管才”能力。探索建立人才“标识仓库”，融合汇集人事、教育、考评、党建、督审、纪检等部门日常掌握信息，构建集智能化分析、评价、考核、管理于一体的新型税务人才考评管理体系。基于可信身份体系建设，实现税务人才信息“一员式”归集、结果数据“智能化”运用，为各级税务局党委决策提供参考，充分激发税务人才的事业推动力。

5. 坚持从严监督管理，护航人才队伍安全稳定。把廉洁自律作为税务人才立志、立身、立业最基本的要求，持续加强全方位管理和经常性监督，拧紧思想“总开关”。重点加强对关键岗位、风险领域税务人才的监督管理，及时发现苗头性倾向性问题，精准运用监督执纪“四种形态”特别是“第一种形态”，抓早抓小、防微杜渐。探索将巡视巡察、专项整治等干部监督发现问题作为“负面清单”，列入各类人才库的调整出库情形，把全面从严治党要求贯穿于人才队伍监督管理全过程。

6. 持续增强人文关怀，营造爱才敬才浓厚氛围。一是打造杭州税务人才品牌。吸收借鉴当前“青”字号品牌创建及省、市局“最美税务人”选树经验，创新打造闪光人物、人才工作室等荣誉载体，积极选树各类税务人才中的先进典型，加强与地方党委政府部门品牌联建、宣传联动，持续提升税务人才的社会影响力。二是健全容错免责机制。深入贯彻《税务系统容错纠错实施办法（试行）》，落实“三个区分开来”，大力破解激励税务人才担当作为的机制性矛盾、政策性障碍、操作性短板，释放“人才为事业担当、组织为人才撑腰”的兜底效应。三是重视税务人才意见诉求。通过座谈会、思想状况调研、民主生活会会前征求意见等渠道，充分重视、倾听、了解税务人才的意见建议，并建立健全意见建议反馈长效机制，推动解决问题、优化工作、完善机制。通过打造信任人才、尊重人才、善待人才、包容人才的最优人才生态，凝聚起向上向善的文化内驱力，切实将各类税务人才集聚到税收现代化服务中国式现代化的伟大奋斗中。

课题组组长：林仕华

课题组副组长：汪成红、郭丽萍

成员：陈慧琳、倪梦炜（执笔人）、金楼勇（执笔人）

关于进一步激发税务干部队伍活力的对策研究

国家税务总局杭州市税务局机关党委课题组

摘　要：机构合并以来，税务干部队伍日益壮大，内部不断磨合适应，一场接一场硬仗浪潮般来临，征管体制改革、营商环境、减税降费、非税收入划转等大考接踵而至，磨合期的税务干部队伍同时经历新冠疫情考验。当前税务干部队伍存在阶段性、结构性特征，需要进一步剖析深层次矛盾并持续改进。本文以问题为导向，通过成因思考和对策研究，探索新时期进一步激发税务干部队伍活力的有效路径，以期为高质量推进新发展阶段税收现代化贡献“红色理论”，落实主题教育走实走深走细。

关键词：新时期　税务干部　活力

“为政之要，惟在得人。”党的二十大报告指出，要“建设堪当民族复兴重任的高素质干部队伍”，激发税务干部队伍活力，唤起税务铁军干事创业热情，在新时代建设一支强有力的干部队伍既是税务工作的根本，也是税收工作的保证，杭州市税务局牢牢把握这一育才要义，始终践行“带好队伍”机制制度体系实践。

一、新时代激发税务干部队伍活力建设的重要意义

（一）党和国家对税收工作殷切期盼的深刻回应。税收是国家财政收入的重要来源，税务干部是税收工作的主要承担者和执行者。他们的素质水平、工作能力和责任意识直接影响着税收工作的效果和质量。习近平总书记高度重视税收工作，对税收工作作出了一系列重要指示批示，为开展好税收工作提供了根本遵循、指明了前进方向、注入了强大动力。党的十八大以来，税务总局提出以“抓好党务、干好税务、带好队伍”为主要内容的税收现代化建设总目标。杭州市税务局积极响应中央号召，加强对

税务干部的日常管理，推行激励机制、约束机制，完善干部日常考核考评体系，重视日常监督管理。

（二）迎接新时代大考大赛彰显担当的深刻实践。税务干部是推动税收改革的重要力量。机构合并以来，杭州税务干部队伍不断壮大，内部不断磨合适应，同时一场接一场硬仗浪潮般来临，征管体制改革、优化营商环境、减税降费、非税收入划转等大考接踵而至，处于磨合期的干部队伍经历一场新冠疫情考验，需要有高素质、专业化、创新意识强的税务干部来推动改革的顺利进行。如何向内激发干部队伍活力，踔厉奋进，焕发干事创业热情，成为重要课题。

（三）推动税务工作创新发展和现代化建设的有益探索。2018 年，中央办公厅印发了《关于进一步激励广大干部新时代新担当新作为的意见》，从考核评价、容错纠错、培养锻炼、关心关爱、宣传先进等方面进一步做出了规定，调动和激发了干部队伍的积极性和创造性。活力建设能够激发干部队伍的创新思维和创业精神，鼓励干部勇于探索新方法，不断推动税务工作的改革和创新，同时加强干部之间的沟通和协作，提高团队凝聚力和战斗力，引导干部树立正确的价值观和责任感，激发干部队伍的担当精神和责任意识。

（四）完善纳税服务和税收管理的配套保障。一方面，税务干部是税收工作与纳税人之间的桥梁和纽带，服务态度和专业水平直接影响着纳税人对税收工作的满意度。激发税务干部队伍的活力建设，能够提高税务干部的服务意识和服务水平，更好地满足纳税人的需求，增强纳税人的信任感和归属感。另一方面，税务干部是打击税收违法行为的主力军。激发税务干部队伍的活力建设，能够提高干部的执法能力和工作敬业度，加强对税收违法行为的打击力度，维护税收秩序，促进社会公平正义的实现。

二、关于税务干部队伍活力建设问卷调查分析

随着主题教育不断深入，课题组围绕调动税务干部积极性、激发干部队伍活力这一题目，走访座谈了不同层级、不同年龄段的干部。

（一）总体情况。参与人员的年龄情况。年龄在 35 岁及以下占比 52.1%；年龄在 36～45 岁占比 28.9%；46～55 岁占比 15.8%；56 岁及以上占比 3.2%。

（二）调查结果分析。

1. 工作、学习氛围有欠缺，存在消极怠工的现象。69% 的参与人员表示本部门存在消极怠工。部分部门中存在个别临近退休或者退出职务的老干部，在部门中承担很少的工作量，有的几乎不再承担工作任务，待在工位上的时间也较少。也有部分部门

人员对工作会有“拈轻怕重”的现象，对任务有推诿。学习氛围：84%的参与人员认为学习任务有负担。

2. 岗位轮换意愿较强。有69.2%的参与人员认为所在部门工作多、人员少，存在合并后人员增多、工作量增加的现象。大部分参与人员表示“对除自身岗位（部门）以外的工作不太了解”，其中80.8%表示愿意交流岗位。

3. 培训意愿较强。39.5%参与者认为普遍情形下是有意愿参加的培训就能够参加，希望通过学习培训、实践经验的积累和业务知识的深化，能够熟练掌握税收政策和法律法规，提供专业化的税务服务，为纳税人提供更加准确、高效的税收咨询和指导。63.2%的参与者认为学习培训内容与岗位适配度较高，培训效果较好。

4. 考核结果与个人认知存在差距。71.1%的参与调查者认为个人绩效考核的结果更多的与部门领导有关，而非个人工作奉献、成果。一半以上（53.6%）的参与者对绩效考核机制持基本满意及以上态度。

5. 工作压力较大，激励作用较弱。工作压力普遍存在，其中，78.4%的参与者认为工作压力比较大；对目前工资、福利待遇方面的感受，认为很满意的只占1.8%，认为基本满意的占42.3%，一般的占35.1%，不太满意的占17.1%，很不满意的占3.7%。49%的参与者对激励方式“无所谓”，他们认为自身对激励方式的偏好并不能影响组织的政策决定。

6. 生活压力增加。税务干部面临的生活压力最大的问题，认为是工资收入问题的占42.3%；住房问题的占16.4%；子女教育问题的占14.1%；个人职业教育问题的占6.9%；个人发展问题的占6.4%。

三、影响税务干部队伍活力的主要因素分析

不同家庭环境、人生经历、工作生活阶段都会对干部当下的需求产生不同的影响，薪资水平、福利待遇对不同层次的干部职工将产生不同激励效果。青年干部普遍刚步入社会，经济较为窘迫，面临住房、婚恋、家务等生活压力，同时对个人的学习能力、专业资质、职业晋升有较高的期望；中年干部大多数刚成立小家庭，面临家庭开支、抚养小孩、财富积累的压力；老年干部更倾向于工作稳定、工作环境良好、同事关系和谐。因此，干部队伍活力建设要根据不同阶段干部的需求合理考量，抓住个性特征和共性因素，激发个体的期待值和内生动力。

随着经济社会发展和税收征管体制改革，税务干部有理想、敢担当、能吃苦、肯奋斗，队伍呈现年轻化、专业化、团队化、创新型等特点。但是，仍存在许多因素制约着税务干部队伍活力建设，无论是专业人才与复合型人才的客观需求、个人收入与

岗位工作的配套措施、组织带动和个人发挥之间的不对称、特殊奖励与普遍奖励的相互协调，干部队伍活力建设仍然任重道远。究其原因，本文认为存在以下几方面：

（一）正向激励偏弱。政治激励上，由于领导职位有限，解决非领导职务也基本冻结，每年可提拔重用的干部数量很少，受身份等条件的限制，各个类别、各个年龄阶段干部晋升的空间越来越小。年轻干部提拔速度减缓，“备而不用”，有些人工作灰心懒意，没有激情。中老年干部提拔无望，解决不了职级待遇，“混日子”的心态比较普遍。经济激励上，干部工资结构不合理，基本工资、津补贴保障水平不高，无法适配快速上涨的物价水平。当前社会存在贫富差距扩大，普通干部的实际收入水平与高收入群体相比有较大差距，造成干部心理失衡。同时，受干部工资体制和有关政策的限制，提高干部经济待遇、增加干部收入的途径和办法有限，难以达到干部的期望。付出与回报不成正比。社会激励上，近年来，就业环境遭受冲击，岗位稳定成为当下年轻人就业的首要考量。而进入税务干部队伍后认为一劳永逸，对自身要求放松，对待工作敷衍甚至摆烂，功利心加重，奉献精神淡化。受网络舆论环境影响，部分公务员行为影响整体公务员评价。

（二）负向激励不合理。负向激励是指削弱人的需要和动机，降低行为积极性的心理过程。负激励体系不完善，配套制度不健全。当前，对干部正向激励强调得多、研究得多，而对干部负激励重视不够、运用得少。对负激励的方法、程序、内容等缺乏系统完备的规定，操作不规范，干部对负激励的实施和结果都缺乏明确的预期。运动式的、短期的负激励较多，常规性的、能长期运用的负激励较少。如关于干部作风建设追责、履职不当予以追责等负激励，设置比较随意，配套制度也不完善，不利于操作。在把权力交给干部的同时，对其责任和义务的规定不够细化、难操作。一些职权边界不清、职责交叉，用权不当的责任难以界定，难以问责。负激励体系的不完善，导致负激励在实际工作中运用较少，对干部的激励作用较弱。负激励手段简单，威慑力不够。部分单位把负激励更多地看成是一种对干部的制裁，忽视了负激励批评、教训、激将、危机、耻辱等多种手段的使用，通常只在干部出现违法乱纪或严重错误时，简单地给予组织和纪律处理了事。对一些普遍存在、又够不上纪律处分的干部“庸、懒、散”行为，缺乏有效的负激励手段，对这些干部无法进行有效的约束，难以起到应有的惩戒作用，久而久之，就会影响到其他干部的积极性。负向激励未能与时俱进。随着网络信息技术飞速发展，税务干部接收信息的渠道更广泛，思想更活跃，眼界更开阔，但对意识形态辨识力却逐渐下降，各种不同的思想价值观念通过不同途径渗透，以高科技为手段，以经济价值观为诱导，从意识形态对机关干部进行渗透、侵蚀。

（三）交流机制僵硬不灵活。市直与市直之间、市直与区县之间难以交流。除了区县到市直的提拔性交流、市直到区县的安置性交流外，上下层级间很少有一般干部的平职交流，干部长期单向流动，造成县直单位干部积压。受岗位性质和身份等方面的限制，事业编制人员和公务员序列之间无法逆向流动，公务员单位的干部又不愿交流到事业单位工作。领导干部难交流。干部长期在同一岗位上工作，既导致激情减退，又有腐败的危险。

（四）教育培养制度缺乏力度，培训体系不健全。在教育对象上，重领导干部教育，轻一般干部教育，处级、科级干部几年轮训一次，一般干部集中接受教育培训的机会较少。在教育方法上，重理论教育，轻实践教育，干部通过教育提升能力有限；教育效果欠佳。有些教育培训存在凑人数、完成任务的现象，没有达到教育培训的目的。有的参训对象把教育培训当“休闲”，参加培训走过场，心不在焉。政治理论教育针对性、实效性不强，党性观念教育、理想信念教育的方法以及实际效果欠佳等，以致干部的理念信念淡化。日常学习教育制度不健全。没有坚持和落实干部经常性学习教育制度，部分干部自觉学习的意识不强，怠于学习、疏于学习，以致理论水平、思想观念、法治意识、工作技能得不到提高，不能适应形势发展的需要。

（五）考核评价机制不健全。顶层设计不合理。全面现有的考核体系缺乏科学性和全面性，以岗位目标管理为中心的干部考核机制未完全建立起来。考核结果不能完全真实地反映干部的情况。评价过程走过场。一般干部年度考核走过场，没有进行实质性考核，优岗指标轮流转或者简单投票确定。结果运用不到位。基本工资和津补贴统一打卡发放，缺乏管理自主权，“奖优惩劣”“奖勤罚懒”不能从政治上、经济上落实，无法有效制约和管理干部。从而造成“干多干少一个样、干好干坏一个样”“吃大锅饭”的局面，队伍活力不足。

（六）关心关爱程度远远不够。干部困难救助机制不全面，实际救助面比较窄。对两地分居干部家庭、妇女干部、单身干部等干部群体关爱不够。对干部的人文关爱不够。近年来税务系统改革硬仗一场接一场、重大攻坚一轮复一轮，各条线加足马力干工作，干部压力大，同时落实退税减税降费等产生的税收执法风险，加大被追责的可能性，受工作机械重复、个人发展前景、整体工作氛围等因素影响，干部容易心理失衡、产生职业倦怠，对特殊岗位的干部心理关爱不够。对干部工作外关怀欠缺。从干部队伍年龄结构来看，生活压力来源于赡养父母、养育子女和自身健康，如何妥善解决这些问题是当前队伍活力建设的严峻课题。

四、激发税务干部队伍活力的路径探索

坚持事业为上、人岗相适、人事相宜的用人导向，坚定理想信念，加强知识和技能培训，树立正确的业绩观，坚持“显绩”与“潜绩”并重，推动干部能上能下，关系关爱干部，完善容错纠错机制，旨在建设一支信念坚定、对党忠诚、实事求是、担

当作为的税务干部队伍，能够贯彻党的群众路线，练就过硬本领，担当作为，发扬斗争精神。

（一）规范干部队伍思想建设，强化政治引领。

1. 坚持政治铸魂。在机关深入开展学习贯彻习近平新时代中国特色社会主义思想主题教育，突出党性教育，坚持用马克思主义中国化最新成果武装头脑，用党的创新理论统一思想、统一意志、统一行动，弘扬伟大建党精神。旗帜鲜明宣传党的十八大以来全面从严治党的新成就新经验，抓好常态教育引导，采取举办专题读书班、领导干部讲党课、巡回宣讲等形式加强教育，引导党员干部始终把规矩意识挺在前面，把党和人民始终放在心中最高位置。

2. 严格党内政治生活，切实发挥机关党支部、党总支作用，将“三会一课”、组织生活会、民主评议党员、党员党性定期分析、党员领导干部双重组织生活等制度落到实处。完善重温入党誓词、入党志愿书以及党员过“政治生日”等政治仪式，在税务系统大力倡导和弘扬忠诚老实、公道正派、实事求是、清正廉洁等价值观，引导党员干部守真理、守原则、守规矩，坚决抵制和反对庸俗腐朽的政治文化，涵养良好政治生态、坚定政治立场、严守政治纪律。

（二）切实提高干部待遇，做好正面宣传引导。

1. 推动多元化选拔任用。建立健全优秀干部日常发现机制，注重在急难险重、改革攻坚等重点工作中考察识别干部。加强优秀干部调研，及时储备、大胆使用政治过硬、业绩突出、发展潜力大的干部。用好领导职务选任与职级晋升两个通道。推动干部多岗位历练，有计划地开展干部在系统内上挂、下派、遴选工作。加强与地方的沟通协调，拓宽干部成长进步通道，争取把税务干部教育培训、培养使用纳入地方大盘子，积极推进符合条件的干部到地方挂职任职。

2. 构建正向激励，激活干部正能量。构建全方位、多层次、广辐射的宣传阵地，充分发挥宣传媒介作用，抢占舆论制高点，引导积极的舆论方向；积极推介、大力宣传一批爱岗敬业的干部典型和扎根基层、无私奉献的先进事迹，用先进模范和典型事例激励干部、带动干部，营造良好的工作氛围。

（三）加强干部队伍纪律建设，打铁必须自身硬。

1. 强化管理监督。开展“扣好第一粒扣子”系列活动，组织近一年入职的干部签订一份廉政承诺书、举行一次入职廉政知识测试、开展一场违纪违法案例教育、观看一部警示教育片、参观一次廉政警示教育基地、参加一次职务犯罪庭审旁听。每年至少开展 1 次纪法教育月、教育周活动。充分发挥党支部书记“带头人”作用，用好党支部“纪检委员时间”，经常性开展廉政提醒和谈心谈话，每年至少开展 1 次干部思想状况分析。强化关键岗位、重点领域干部的管理监督。精准运用监督执纪“四种形态”，特别是运用好第一种形态，抓早抓小、防微杜渐。认真落实《进一步加强对税务人员“八小时之外”监督指引》，贯通对干部“八小时以内”与“八小时以外”的管理监督。

2. 强化教育引领。加强意识形态教育，认真落实《进一步规范税务人员网络行为指引》以及省局实施方案、《税务干部网络言行负面清单（试行）》等要求，教育引导干部规范自身言行。开展“养成文明好习惯，争做有礼杭税人”系列活动，推进“廉洁好家风”建设，深化廉政家访、廉政家书等“家庭助廉”活动，促使干部明大德、守公德、严私德，知敬畏、存戒惧、守底线。

（四）树立鲜明选人用人导向，创新干部选用机制。

1. 选人用人导向鲜明。突出重实干、重品行、重公认的导向，把税收事业需要、税收岗位要求与促进干部成长、调动各方面积极性有机结合起来，做到依岗选人、人岗相适。坚持有为才有位，选拔使用想干事、能干事、干成事的税务干部。加大对不担当不作为干部的问责和组织调整，使能上能下成为常态。完善考核评价体系和考核方式，加强平时考核，加强考核结果运用，充分调动和保护好干部工作积极性。

2. 构建多维度培养体系。对于青年干部，主动提供良好的发展平台和机会，鼓励参与工作积极性，提升专业能力和管理水平；建立导师制度，为年轻干部配备有丰富经验的导师，通过导师指导和辅导，帮助更好地理解和适应税务工作；增加培训和学习机会，组织针对年轻干部的培训班和学习交流，提供学习资源和平台，帮助提升专业知识和能力。对于中年干部，针对性提升专业素质，帮助更新税收政策和法规知识，提高工作水平和能力；引导创新思维，鼓励中年干部积极参与税收改革和创新实践，提供支持和鼓励，激发创新思维和动力；建立项目培训机制，为中年干部提供参与重大税收项目的机会，通过实践培训，提升他们的管理和团队合作能力。对于老年干部，充分发挥老年干部的丰富经验和智慧，鼓励他们在税收工作中发挥指导和辅导的作用，传承经验和经验；建立退休干部指导制度，邀请他们参与税务工作的咨询和指导，为年轻干部提供指导和借鉴；定期组织老年干部举办经验交流会和座谈会，提供交流平台，分享经验和智慧。

（五）强化教育培训和实践磨炼，不断提升针对性、实操性。

1. 健全干部教育培训机制，注重精准化和实效性，分岗位为税务干部提供针对性培训，着力提升干部适应税收现代化发展要求的本领。要拓宽干部成长渠道，加大轮岗交流力度，让干部多岗位锻炼。对缺乏基层经验的机关干部，有计划地安排到基层一线历练，组织实施干部入企服务、结村帮扶等工作，让干部在实践锻炼中得以成长。

2. 分级规划干部教育培训。针对“一把手”、领导班子成员、处级领导、一般干部、年轻干部、新录用人员等不同群体，分别制定中、短期教育培训规划，明确培训机构、培训内容、培训方式等，按照“缺什么、补什么”的原则，进一步完善干部教育培训体系和机制，丰富教育培训的方式方法；坚持和完善干部日常教育学习制度。充分利用信息网络和现代远程教育技术，采取集中学习和个人网上自学等方式，加强干部日常教育。实行干部学习年学分制，完成学习任务的情况纳入个人年度综合考核内容。

（六）完善容错纠错机制，调动干部队伍积极性。

1. 建立完善容错纠错机制，合理确定容错情形，规范容错纠错程序，坚持实事求是、依法依纪等原则，对干部的失误错误进行综合分析。正确对待被问责和受处分干部，区分不同情况，分清问题性质。要建立健全严惩诬告、澄清保护机制，严肃查处诬告陷害行为，引导干部专心干事，真正消除干部后顾之忧。

2. 营造干事创业的良好环境。规范和减少各类考核、检查、督查、调研、评比等活动，减少干部负担。按照“责过相当”的原则，客观、公正地确定干部违纪处理结果，避免舆论影响和个人干扰导致处理不公。对干部非因主观原因造成违纪违规的，可考虑从轻或免予纪律处分。积极应对负面舆情，树立良好导向，及时了解掌握干部队伍中带倾向性、普遍性的不良心理和情绪，有针对性地进行教育和疏导，消除干部不良心态，激活正能量。

（七）加大关怀关爱力度，激活群团功能。

1. 建立健全关心关爱制度。注重谈心调研，倾听干部诉求，掌握思想动态，充分体现组织对干部的关爱。关注机关干部身心健康，减轻工作负担，疏导情绪压力。加强待遇保障，落实关心关爱干部的政策措施，如定期体检、带薪休假、加班补休、医疗报销等，对因病致贫、因灾致贫、因意外事故致贫的干部家庭，给予救助，落实异地交流任职干部有关福利待遇政策，加大对不同群体干部的关爱力度，提振干部干事创业精气神。

2. 发挥群团纽带作用。结合领头雁年度考核评优结果，推荐担当作为表现突出的干部，增强干部的政治荣誉感，形成创先争优的社会氛围。对工作表现突出的干部及时给予表彰奖励。充分发挥工会、妇委会、团委的作用，着力建设税务“家文化”，选树培育典型，努力营造向上向善的浓厚氛围，打造忠诚干净担当的杭州税务铁军。

参考文献

［1］郑言．牢牢占领意识形态斗争主战场［J］．求是杂志社，红旗文稿，2015（02）：25－27.

［2］谢继华，法鸿洁，黄飞凯．运用大数据创新高效思想政治工作初探［J］．思想政治工作研究，2015（27）：137－140.

［3］孙青．担当［M］．北京：北京时代华文书局，2015.

课题组组长：林仕华

课题组副组长：曹华北、王斌

成员：郭颖、夏焱飞（执笔人）

教育培训视角下青年税务干部能力提升路径探究

国家税务总局杭州市税务局教育处课题组

摘　要：提升青年税务干部能力，是税务系统贯彻落实习近平总书记“青年观”的生动实践，是抓好税收事业“后继有人”根本大计的战略之举，也是适应新时代税收事业发展、更好推进税收现代化服务中国式现代化的现实需要。本文通过问卷、走访、座谈等方式，调研分析青年税务干部能力短板，以及青年税务干部教育培训方面存在的问题，并提出要完善“党管青年”重大原则落实机制，建立有组织、有规划、系统性的青年税务干部教育培训体系，一是要着眼于“管好”，完善体系建设；二是要着眼于“教好”，加强师资力量；三是要着眼于“学好”，激发内驱动力；四是要着眼于“练好”，深化实战实训。

关键词：青年税务干部　能力　教育　培训　体系建设

提升青年税务干部能力，是税务系统贯彻落实习近平总书记“青年观”的生动实践，是抓好税收事业“后继有人”根本大计的战略之举，也是适应新时代税收事业发展、更好推进税收现代化服务中国式现代化的现实需要。结合主题教育“坚持实事求是，大兴调查研究”的要求，课题组从教育培训视角，研究青年税务干部能力提升路径。

一、调研开展情况

课题组在深入学习习近平总书记关于青年工作、科教兴国战略的重要论述基础上，以40周岁（含，下同）及以下青年干部为研究对象，聚焦政治能力、税收专业能力、改革创新能力、风险防范能力等四项能力，面向杭州市税务系统广泛开展问卷调查、走访调研、座谈交流，共收集 21 个基层单位书面调研反馈、453 份青年干部有效问卷，走访区（县）局 4 个，分青年干部、资深干部、领导班子、人教部门四个层面开展座谈 8 场，调研分析当前青年税务干部现状、能力短板及能力提升存在的问题，针对性提出对策措施。

二、杭州市税务系统青年干部现状、能力短板及特点

（一）杭州市税务系统青年干部基本情况。截至 2023 年 5 月 31 日，杭州市税务系统共有在职干部 4054 人，平均年龄 41.67 周岁，其中，40 周岁及以下青年干部共有 2007 人，占比 49.51%（见图 1）。从干部人员结构上看，全市系统干部年龄结构整体呈现“两头多、中间少”的“沙漏型”人员结构。50 岁以上的“60 后”和 30 岁以下的“90 后”占比较大，缺少“70 后”“80 后”，中坚力量缺乏。随着近年新公务员招录，队伍后备力量充足，年轻化趋势明显。为防止出现青黄不接现象，青年干部能力提升成为当前重大而紧迫的任务。

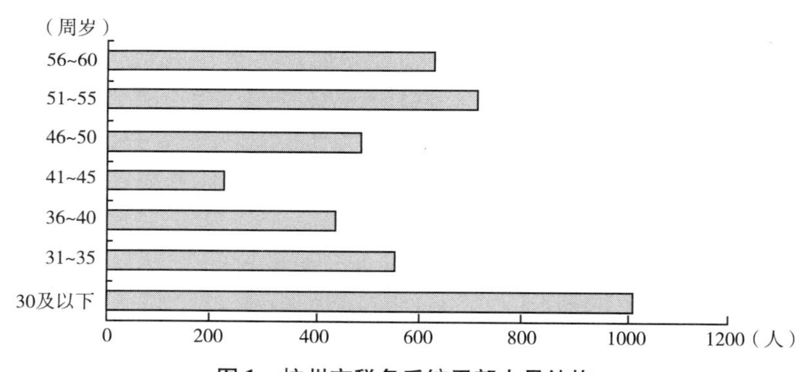

图 1　杭州市税务系统干部人员结构

在 40 周岁以下青年干部基本情况（见表 1）中，青年干部 30 周岁（含）以内占比较高，具有青春活力；学历全部为本科及以上，学历层次较高；党员比例超 2/3，有一定比例青年干部已走上领导岗位，综合素质较强；大多在基层工作，体现了在基层锻炼培养青年干部的价值取向。

表 1　杭州市税务系统 40 周岁以下青年干部基本情况

类别		人数（人）	占比（%）
年龄	30 周岁（含）以内	1009	50.27
	31 ~ 35 周岁	555	27.65
	36 ~ 40 周岁	443	22.07

续表

类别		人数（人）	占比（%）
性别	男性	690	34. 38
	女性	1317	65. 62
学历	本科	1481	73. 79
	硕士研究生及以上	526	26. 21
政治面貌	中共党员（含预备）	1341	66. 82
	共青团员	356	17. 74
	民主党派人士	18	0. 90
	群众	292	14. 55
工作单位	市局机关	136	6. 78
	市局派出机构	260	12. 95
	区（县）局	1611	80. 27
职务	处级领导干部	19	0. 95
	科（股）级领导干部	376	18. 73

（二）青年干部能力需求、短板及特点。问卷调查“您认为青年干部最需提高的能力”分析显示，青年干部普遍认为自身需提升政治能力、税收专业能力、改革创新能力、风险防范化解能力等四项能力（见图2）。

选项	比例（%）
政治能力	60.26
税收专业能力	87.42
改革创新能力	59.38
风险防范化解能力	68.43

图2　青年干部能力需求情况

习近平总书记在2018年全国组织工作会议上的讲话，分析了当前青年干部群体的特点，即高等教育背景、思维活跃、勇于创新，充满生机活力，但缺乏理论学习和政治生活锻炼，基层磨炼欠缺。从座谈走访情况看，结合政治能力、税收专业能力、改革创新能力、风险防范能力四项能力，青年干部群体具有以下四方面特点：

1. 个性鲜明，但政治意识还需引导。青年干部思维活跃、多才多艺，接受新事物多且快，但部分人对政治的关注度、敏锐性不够高，对政治纪律规矩的理解把握相对书面化、理论化，有时会因为了解不深入、掌握不准确、思想不在意而衍生出一些问题。比如在网络、社交媒体上习惯性地分享生活、感悟而引起的一些舆情风险；对所从事工作就事论事，对具体工作任务背后的国家战略部署缺乏了解，而出现的一些工作方式方法简单问题。

2. 善于学习，但实践积累有待加强。我们的青年干部大多是从国考千军万马中脱颖而出的，学习能力毋庸置疑。不少青年干部对学习考证等进阶学习充满热情和冲劲。但是，我们也发现，部分青年干部尽管理论功底强，但在学用结合、工学相促上平衡不够，为了学习而学习，将学习到的知识转化运用于实践的能力较弱，与纳税人缴费人打交道、税费征管风险识别等方面的经验积累欠缺。

3. 富有干劲，但创新本领展现不够。绝大多数青年干部渴望施展才华、展现价值、获得认同、建功立业，对承担的工作能够尽心完成。但是工作中听安排、按部就班的多，主动发现问题、主动思考钻研、主动创新方式方法改进提升的人“跳出来”的不多。分析原因主要有三方面：对业务掌握与理解不深，对新经济新业态了解不够，看不到问题，或者看到问题不知道从何下手改进，缺乏创新的能力；在日常事务工作中消耗了精力，缺乏创新的思考；怕出错、怕担责，缺乏创新的激情。

4. 具有热情，但应急处突水平不高。这个还是和青年干部专业知识、工作经验等积累不足有关，识别风险、化解风险的思想意识、专业素养、沟通能力、协调能力等不够。在调研中，不少单位反映部分青年干部成长生活条件较好，经受的挫折较少，缺少急难险重任务的磨炼，心理承受能力和抗压能力有待提高。

三、杭州市税务系统青年干部能力提升工作存在的问题

近年来，杭州市税务系统面向青年干部的培训主要有青年干部培训班、复合型人才培训、业务条线培训、全员脱产培训等，问卷调查“您近两年参加过哪些系统内培训？觉得培训质量如何？”显示，青年干部对系统内培训满意度较为满意（见表 2）。

表 2　青年税务干部近两年参加过培训及满意度　　单位：人

题目＼选项	参加人数	很满意	满意	一般	不满意
业务条线培训	369	189（51.22%）	154（41.73%）	25（6.78%）	1（0.27%）
全员脱产培训	375	209（55.73%）	142（37.87%）	22（5.86%）	2（0.53%）
青年干部培训班	287	155（54.01%）	113（39.37%）	17（5.92%）	2（0.70%）
比武练兵集训	212	90（42.45%）	93（43.86%）	26（12.26%）	3（1.41%）
税务大讲堂视频培训	371	181（48.79%）	148（39.89%）	40（10.78%）	2（0.54%）
复合型人才培训	141	58（41.13%）	70（49.65%）	12（8.51%）	1（0.71%）
科级任职培训	125	55（44%）	59（47.2%）	9（7.20%）	2（1.6%）

问卷调查“您认为近年来干部教育培训工作对青年干部能力提升的有效性如何？”分值达 4.23 分（最高为 5 分）。综合分析，在青年干部能力提升方面，存在以下问题：

（一）针对性教育培训体系不够健全。各级党委虽思想上普遍重视青年干部教育培训，但在研究、总结和提炼青年干部能力提升规律方面还有所欠缺，市区两级尚未形成针对性的青年干部教育培训体系，导致培训针对性、实效性不够强。从问卷来看，75.72%的青年干部认为“分专题、分领域、分层级精准施训”；43.71%的青年干部认为“健全完善教育培训体制机制”是改进青年干部教育培训工作的关键环节。

（二）教育师资资源不足。多个区（县）市局反映当前培训在师资安排上力量不足。主要表现为对系统内外师资了解与储备不够充分；兼职教师水平参差不齐，普遍业务实操能力较强，但缺乏教学培训，案例教学丰富但理论拔高相对不足，授课技巧有所欠缺；激励机制不够完善，仍存在“讲与不讲一个样，讲多讲少一个样，讲好讲坏一个样”的情况，影响教师主动打磨课程的积极性。

（三）青年干部自我提升的意识不够强。多个区（县）市局提高青年干部能力的内驱动力有所欠缺。主要表现为自我要求不高，习惯于被动接受工作，能力提升主要靠时间积累，学习的持续性和主动性不足；工学矛盾比较突出，脱产学难度较大，在繁忙工作中保持学习热情和动力有困难；教育培训形式较为传统，部分青年干部参与教育培训的兴趣不高；奖惩机制有待进一步完善，激励青年干部激发内驱动力的措施不够多。

（四）教育培训实战实训有待深化。青年干部普遍认为参加实践锻炼最能提升能力（占49.23%），推进实战化培训（占42.16%）和报考“五师”、参加在职学历学位教育的支持度（占20.31%）有待加强。

四、从教育培训角度促进青年干部能力提升的对策建议

党的十八大以来，以习近平同志为核心的党中央从确保党的事业薪火相传和中华民族永续发展的高度，强调“全党要把青年工作作为战略性工作来抓”，这对税务系统持续强化青年工作指明了前进方向、提供了根本遵循。市局、区局两级党委都要深入学习贯彻习近平总书记关于青年工作的重要思想和关于税收工作的重要指示批示精神，不断完善“党管青年”重大原则的落实机制，将青年干部能力提升作为战略性任务进行系统谋划和整体部署，形成有组织、有规划、系统性的青年干部能力提升体系。

（一）着眼于“管好”，完善体系建设。

1. 结合成长规律，科学规划青年干部能力提升体系。按青年干部入职年限划分为“宽基础、强主业、担重任”三个阶段（见附件），各阶段设立不同培训目标和内容，市区两级有计划、有步骤、有重点地采取源头培养、跟踪培养和全程培养，引导和帮助青年干部实现岗位履责从“新手”到“熟手”再到“能手”的进阶。其中，入职

3～5 年为青年干部新入职“快速成长黄金期”，需要尤其重视。在此期间，市区两级多措并举，旨在引导青年干部建立对税务职业认同感、归属感，帮助青年干部迅速实现从大学生到税务干部的转变，尽快适应工作、融入税务大家庭，为今后税务生涯奠定基础。

2. 凝聚部门力量，增强青年干部培训整体效能。市局近期研究出台《中共国家税务总局杭州市税务局委员会关于进一步加强税务青年干部工作的意见》，对 2023～2025 年深入推进税务青年工作高质量发展进行了全面规划。按职责分工，青年工作涉及办公室、政策法规处、教育处、党建工作处、机关党委、党委纪检组、税收科学研究所等多个部门，而对干部能力培养需要业务处室同步参与。在青年干部培养中，要坚持系统推进，形成业务条线和职能部门两个合力，把青年干部能力提升与税收业务工作、干部队伍建设统筹谋划、一体推进，多部门联动，不断增强税务青年干部能力提升整体效能。

3. 共享共建共促，不断深化提高青年干部能力水平。市区两级教育部门对青年干部教育培训进行了积极探索。市局教育部门侧重覆盖性、扫盲式培训，区县局侧重精细化、个性化培训，一些特色做法值得深化和推广。如市局主办“集结百人团，集训一个月”的“三年 1200 人”青年干部培训、萧山局“师带徒”师徒双向考核培养、西湖局青年成长“积分制”、二分局“青年大讲堂”、上城局“尚税精鹰”规划、拱墅局“1＋6＋N”团队培养机制、临安局“天目青锋”主题研学、临平局“夜学月考季训”。这些青年干部培训的特色做法，取得较好成效。在后续工作中，要搭建青年干部培训经验共享平台，及时总结分享、交流经验。

（二）着眼于“教好”，加强师资力量。师者，传道授业解惑也。教师是立教之本、兴教之源，建成一支师德高尚、素质优良、能满足多样性和多元化教育培训需求的师资队伍，是构建青年干部能力提升体系的重中之重。税务精英对税务经验萃取与提炼、授课中言传身教，让青年干部站在前人的肩膀上，也是一定意义上税收事业的传承。

1. 传承薪火，深化落实“以师带徒”制度。以领导干部、领军人才、青年才俊、业务标兵、先进典型为主体，组建青年导师师资库，对青年干部实施“一对一”结对培养和持续式传帮带。帮助新进干部形成系统、成熟的职业规划，日常有人带、有人管、有人靠，遇到具体事项、具体问题时，有前辈从经验上指导理论转化、规范依据、处理技巧、存在风险等。以此推动新老干部之间沟通交流和学习互动，加速年轻干部健康成长。

2. 动态调整，建强一支兼职师资队伍。在现有青训班以处室为主导，以领军人才为引领、处级干部为支撑、业务骨干为主体的近 50 人的兼职师资团队基础上，做大做强兼职师资队伍。按“政治素质过硬、道德品质优良、业务能力突出、教学能力较强”的标准，深入挖掘各条线上的业务骨干等，通过动态调整，市区两级联建，打造一支具备一定规模、具有较强活力的兼职师资队伍。完善师资定期培训，探索课程开发机制、课程评估机制、师资激励机制与师资共享机制，加强兼职教师知识更新和实践锻炼，不断提升系统内兼职师资的综合素质、教研能力和授课水平。

3. 外拓渠道，集成共享外聘师资库。对接高校、党校、税校等教育培训机构，以及会计师、税务师、律师等事务所、大企业，多维度、多渠道邀请税务相关领域知名专家学者、先进典型人物授课教学，分享专家见解和经验，逐步建立市区两级共享联建的外聘师资库和外聘师资评价机制，共享外聘教师简介、擅长领域和主讲课程，供各单位参考选择，提升师资利用率。

（三）着眼于“学好”，激发内驱动力。贯彻“以学为中心”的教育理念，激发青年干部的内驱力，促使青年干部由被动接受知识到主动求知。

1. 思想上加强引导塑造，增强青年干部归属感。通过加强思想政治教育、意识形态教育、政治纪律和政治规矩教育、税务精神和税务文化教育，通过“观摩交流、宣誓明责、廉政谈话、前辈引路”系列举措，落实落细“入职第一课”。帮助青年干部在纷繁复杂的形势下牢牢把握前进方向，尽快融入税务大家庭，增强归属感。

2. 内容上贴近各项需求，激发青年干部获得感。本着“缺什么补什么，干什么学什么”的原则，加强需求调研，促进教育培训和税收事业发展、组织需要、岗位需求和个人成长需求的结合，有效帮助青年干部胜任岗位、成长成才，激发学习获得感。一是上好立身铸魂“思政课”，坚持将政治能力提升放在首位，切实提高青年干部政治理论素养和政治觉悟。二是突出知岗知责“实务课”，结合税收中心工作和改革重点任务中遇到的热点、难点和疑点问题，开展综合管理、税费征管、税费服务、税务稽查等业务培训，办公软件、制度规定、职业道德等知识培训，以及财税、金融、法律、管理、写作等拓展培训，切实帮助青年干部提升专业技能、培育专业精神。三是丰富前沿探索“研讨课”，面向税收现代化关键领域，注重拓宽国际视野和改革攻坚能力培训，强化互联网、区块链、人工智能等知识学习和数理统计、税收分析、大数据应用等技能培训，实施相应青年干部数字素养提升轮训计划，激发干部系统性、前瞻性、创新性思维。四是普及风险防范“专题课”，组织学习习近平总书记关于防范化解重大风险、统筹发展和安全等重要论述，围绕税收领域政治风险、组织收入风险、税收监管风险、网络和数据安全风险、宣传舆情风险、廉政风险等，加强风险防范和应对专题培训，提高青年干部风险研判和应急处突能力。五是开展抗压抗挫“心理课”。通过组织青年干部谈心谈话、读书交流会、心理健康讲座等活动，关心关爱青年心理健康，加强人文关怀和心理疏导，帮助青年干部提升对情绪和压力的心理调适管理能力。

3. 形式上偏向交流展示，提升青年干部参与感。根据青年干部思维活跃、表达欲强、接受新事物快等特征，优化教学设计、课程安排、教学形式，给青年干部更多交流和展示的机会，提升参与感。比如，增加现场教学、情景模拟、案例分析、研讨交流、前沿讲座、青年研学组等教学方式比例；在“红分享”、主题党日、业务研讨、各类培训班中，邀请青年干部分享学习经验、授课讲学，让青年税务干部“学有平台、授有讲台、比有擂台、展有舞台”。

（四）着眼于“练好”，深化实战实训。坚持“仗怎么打、兵就怎么练”，探索推进教育培训实战化。

1. 扣动“比武练兵”发令枪。采取以干促练、以讲促练、以测促练等方式，开展各具特色的练兵活动和技能比武竞赛，将政策学习和现场竞技、实战演练相结合，加强税务干部实践锻炼、专业训练。探索建立教育培训成果使用和激励机制，对练兵比武表现优秀、取得“五师”资格以及在职学历学位的青年干部加大数字人事、评优评先、选拔任用、交流锻炼等方面的加分力度。

2. 吹响“实训实战”集结号。完善实战化培训模式，制定培训操作指引，通过实战演练，提升青年干部实操能力，计划全年开展 6 期实战化培训。聚焦重点难点工作，集结青年骨干成立项目组和工作专班，开展团队化实训实战，打通学用转换“最后一公里”。

3. 扛起“改革创新”先锋旗。以实干担当为导向，为青年干部压担子搭台子，提供不同类型的实践锻炼平台。完善向上挂职、向下派驻、横向轮岗、外向交流挂职锻炼等岗位交流制度，有目的地安排青年干部在重要岗位中磨炼自己、施展才华。安排青年干部跨部门、跨领域参与改革攻坚任务、创新试点工作、青年科研课题、事务所实习等，着力提升解决实际问题能力和改革创新能力。

参考文献

［1］陆卫明，翁诗雨．习近平关于青年干部重要论述及其时代价值［J］．北京工业大学学报（社会科学版），2023，23（04）：27 – 43.

［2］黄万宏．习近平关于青年干部政治能力重要论述研究［D］．济南：山东大学，2022.

［3］韩振峰．青年干部能力建设的重要任务与正确路径［J］．国家治理，2021（32）：18 – 22.

［4］刘帮成．当前青年干部治理能力提升应精准破解哪些难题［J］．国家治理，2021（32）：3 – 7.

［5］许志庭．基于高质量发展的阳泉市税务系统人才队伍建设问题研究［D］．大连：辽宁师范大学，2022.

［6］罗丹．习近平关于青年成长成才重要论述研究［D］．北京：北京交通大学，2021.

［7］雷巧玲．基层青年干部教育培训的需求、瓶颈与对策——基于对陕西省基层干部的问卷调查［J］．国家治理，2021（32）：23 – 28

［8］刘童．济宁市任城区税务局青年干部培养研究［D］．济南：山东财经大学，2022.

［9］牛昆．胜任力理论视角下税务系统教育培训优化研究［D］．济南：山东大学，2021.

［10］高波．税务系统青年干部人才队伍建设问题研究［D］．长沙：湖南农业大学，2020.
［11］李腾之．基于学习型组织理论的J市税务干部教育培训优化研究［D］．济南：山东财经大学，2021.

附件：

“三个阶段”青年干部能力提升体系

培训阶段	培训对象	培训目标	培训内容	市局教育培训部门职责	区局教育培训部门职责
宽基础阶段——青年干部新入职“快速成长黄金期”	入职3～5年内的青年干部	帮助青年干部迅速实现从大学生到税务干部的转变，尽快适应工作、融入税务大家庭，激发工作认同感、归属感	侧重提升政治能力和税收专业能力，重点是全面学习政治理论、税收业务知识等，快速建立税收日常工作所必需的知识体系	组织好初任培训、执法资格考试等	组织好岗前培训、“师带徒”结对教育、技能操作培训等，落实好“入职第一课”“扣好第一粒扣子”系列活动，帮助新入职干部做好职业生涯规划
强主业阶段——青年干部“事业起步发展期”	入职3～10年工作的青年干部	帮助青年干部成为所在条线的业务骨干、行家里手	侧重提升税收专业能力和风险防范能力，重点是聚焦岗位需求，深入钻研、学深学透，做到专注专精，有擅长的业务领域	深化“育苗计划”，持续开展入职10年青年干部三年轮训，组织好练兵比武、实战化培训、各条线业务标兵培训等	结合各局特色，组织好常态化青年干部专项培训、岗位实践教育、业务交流研讨等，选拔推荐参加练兵比武、成为业务标兵等
担重任阶段——青年干部“能力成长成熟期”	入职5～15年、已具备较为扎实的理论知识和实践经验的青年干部	帮助青年干部成长为具有一定视野、能胜任重要岗位、独当一面的领导型或专家型干部	侧重提升改革创新能力，重点是加强管理、领导等方面素质的提升，提高解决实际问题和应对复杂局面的本领，逐渐由“专才”变为“通才”	组织好处级、科（股）级领导干部任职培训、复合型人才培训、理论研修班读书班、兼职师资队伍培训等，推荐青年干部参加总局领军人才、省局青年才俊培养培训	组织好中层培训、项目化团队化实战训练、轮岗锻炼等，鼓励青年干部参与全局重点项目、重要工作，选送优秀青年干部到市局、地方政府挂职锻炼

课题组组长：郑林华
课题组副组长：张宏、林捷
成员：廖俊峰、屠姝群、吴姗、施婷婷

杭州税务系统纪检监察体制改革的实践和思考

国家税务总局杭州市税务局党委纪律检查组课题组

党的二十大以来，党中央不断释放从严监督、大力推进垂管系统纪检监察改革的信号，税务系统纪检监察体制改革已成为中央机关政治体制改革的重要组成部分。2022 年，税务总局制定税务系统纪检监察体制改革“1 +7”制度体系；2023 年，浙江省局确立和发布了“2 +2 +21”制度体系，总局、省局从顶层设计的角度出发，为税务系统如何抓好垂管系统纪检监察体制改革确立了基本框架。从市县两级税务机关来看，改革重点在于如何因地制宜、实事求是地将要求落实落地。本文结合杭州税务纪检机构在改革中的破冰探索、积累经验、取得成果开展思考，旨在摸索一套适应于市县级税务局落实纪检监察体制改革的系统思路，为改革的深入推进提供路径遵循，为税务系统基层单位落实改革要求提供可供参考的范例。

一、税务系统纪检监察体制改革的背景及重要意义

（一）深化税务系统纪检监察体制改革，是落实党章、党内监督条例赋予纪检机构专责监督定位的必然要求。党的十八大以来，以习近平同志为核心的党中央高度重视党和国家监督体系建设，作出一系列重要部署。党的十八届六中全会审议通过的《中国共产党党内监督条例》、党的十九大通过的《中国共产党章程》明确，“党的各级纪律检查委员会是党内监督专责机关”“党的各级纪律检查委员会职责是监督、执纪、问责”，明确纪检机关作为“专责”监督机关的职能定位。2019 年中央纪委印发《关于深化垂直管理单位纪检监察体制改革的意见（试行)》，部署包括税务总局在内的 8 家单位开展改革试点。2020 年习近平总书记在十九届中央纪委四次全会上强调，要把党委（党组）全面监督、纪委监委专责监督、党的工作部门职能监督、党的基层组织日常监督、党员民主监督等结合起来、融为一体。党的二十大审议通过的党

章修正案增写“推动完善党和国家监督体系”内容。这些重要论述和重要部署为税务系统推行、深化纪检监察体制改革试点、构建一体化综合监督体系提供了根本遵循。

（二）深化税务系统纪检监察体制改革，是全面加强税务系统从严治党的重要抓手。党的二十大强调，“全面从严治党永远在路上，党的自我革命永远在路上”“必须持之以恒推进全面从严治党”。税务系统单位多、体量大、链条长，存在上级监督远、同级监督难、下级监督弱的特点，一些领域的执法风险和廉政风险比较突出。要推进形成“六位一体”全面从严治党新格局，把主体责任和监督责任贯通起来，不断强化正风肃纪反腐，实现“三不”一体推进的战略目标，深化税务系统纪检监察体制改革是重要抓手。

（三）深化税务系统纪检监察体制改革，是税务系统服务经济政治改革大局推进重大决策落实落地的现实需要。推进纪检监察体制改革，同步构建一体化综合监督体系，既是党中央、中央纪委国家监委赋予的政治任务，也是税务总局全面从严治党向纵深发展、向基层延伸，服务保障中国式现代化建设大局的重要抓手。随着税收深入融入经济社会发展，面临风险挑战更加多样。特别是社保费和非税收入征收职责划转后，管理服务对象更加广泛，执法风险、廉政风险也随之加大。在税务系统深化纪检监察体制改革试点、构建一体化综合监督体系，就是要把监督工作贯穿到税收工作的全过程各方面，进一步织密筑牢监督网络，强化对权力运行的监督和制约。

（四）深化税务系统纪检监察体制改革，是坚持自我革命、保障事业队伍长治久安健康发展的关键一招。习近平总书记强调，要“发扬彻底的自我革命精神”“把党的伟大自我革命进行到底”。我们党能够在现代中国各种政治力量的反复较量中脱颖而出，始终走在时代前列、成为中国人民和中华民族的主心骨，根本原因在于我们党始终保持自我革命精神，保持承认并改正错误的勇气，勇于开展自我监督，勇于拿起手术刀革除自身病症。纪检监察机构是党自我革命、自我监督的重要力量，既是攻坚战持久战中始终冲锋在前的“斗士”，也是把住最后一道防线的“守门员”。深化纪检监察体制改革，是既磨锐反腐斗争之“矛”，也铸牢守护把关之“盾”的关键一招，通过监督再监督、自我革命再革命，实现队伍的自我净化、迭代升级。

二、当前杭州税务系统纪检监察体制改革现状

随着总局“1 + 7”、省局“2 + 2 + 21”制度体系基本框架确立和发布，以及市、县两级基层纪检机构的实践探索，新时代新机构背景下税务系统纪检机构的职能逐渐清晰。杭州税务系统在总局、省局制度体系的指引下，蹄疾步稳推进改革进程，取得阶段性成果。

（一）统一思想、精密部署，扛牢纪检监察体制改革政治责任。杭州市局充分认识全面深化税务系统纪检监察体制改革的重要意义，切实把思想和行动统一到总局、省局党委的决策部署上。2022 年 4 月市局开始深化税务系统纪检监察体制改革试点，同年 9 月进一步拓展到县级局。2022 年 9 月 22 日召开党委会专题传达学习全国、全省税务系统全面深化纪检监察体制改革动员部署会会议精神，总结全市改革推进情况及存在的问题，对县区局改革做出部署。利用纪检组“每周一学”加强学习研讨，运用《杭州纪检》（月报）加强改革宣传解读，组织纪检干部培训班学习制度要求。2022 年 10 月 25 日在建德开展全市税务系统纪检监察体制改革推进工作现场调研。各区县局党委和党委纪检组高度重视，深刻领会深化改革的重要意义。截至 2022 年底，全市税务系统就改革工作召开党委会专题学习 23 次；开展理论学习中心组学习 17 次；召开纪检组组务会学习 46 次。各县级局全部成立工作领导小组及办公室，制定《贯彻落实纪检监察体制改革工作安排》及任务清单，召开动员部署会。

（二）同频共振、精准把握，确保纪检监察体制改革全面推开。杭州市局梳理 63 条改革试点工作任务的同时，结合区县局改革要求，整理工作指导、存在问题双清单。做实季度报告制度，分析通报区县局纪检组组长季度履职报告情况，进一步督促履职尽责。加强走访调研，与区县局党委书记、纪检组组长、纪检干部、基层青年探讨改革具体做法。以专题会商制度、纪检建议书等抓手，发挥纪检专责监督作用。2022 年来，累计开展专题会商 45 次，提出意见建议 61 个，交换意见 42 次，通报情况 26 次，制发纪律检查建议书 18 份。

（三）同题共答、精心组织，推动纪检监察体制改革持续显效。杭州市局结合实际、突出重点，确保改革全面落实。一是用好“一支队伍”。以改革为契机，加强纪检队伍能力建设。改革以来组织各类培训 13 次，参训 273 人次。统筹使用全市税务系统纪检力量，凝聚“合力”。二是强化“两权监督”。针对市局税收违法案件一案双查数量较多，且骗取增值税留抵退税案件时效要求更高情况，加大对“两权”运行情况监督，共开展留抵退税一案双查 12 件，制发纪律检查建议书 4 份，追究税收执法过错责任 15 人。三是打造“三套机制”。即常态化学习机制、问题线索汇报机制、业务交流研讨机制，提高执纪工作能力。四是织密“四张协同网”。即一体化监督协同网、党组织监督协同网、纪税警检办案协同网、外部监督协同网，高效开展问题线索核查，主动接受社会监督。重视“传帮带”和经验交流，定期展示亮点，实现各区县局“你追我赶”的良好局面。

三、当前税务系统纪检监察体制改革中存在的问题和难点

税务系统纪检监察体制改革试点两年来，杭州市局系统持续改进完善，持续探索

创新，推动深化改革进程，取得了重要阶段性成果。但目前仍存在问题难点，如一些单位及干部对改革认识有偏差、不愿接受监督、清分“两个责任”时推诿扯皮、制度体系不够细致使得实操运行中存在困惑、基层纪检部门在监督过程中“越位、错位”等。可概括为三类问题。

（一）市县税务局纪检机构如何厘清“主业定位”问题。纪检组的监督并不能取代党委的主体监督，也不能取代主体责任部门对条线的职能监督。税务系统体制改革后重新设立纪检组并赋权明责、进行职能“三转”、提出“监督再监督”理念、加强与同级纪委监委协同互动的新模式，有效弥补改革前体制下主体责任范围内的监督执纪问责工作较为薄弱的局面。但属同级税务局内设机构而非派驻纪检组的性质、接受本级党委及上级纪检机构双重领导的管理模式，导致纪检机构“主业”和“定位”模糊。

1. 对纪检机构“主业定位”存在认识差异。由于未明确具体工作细节做法，改革要求和历史惯例之间容易出现矛盾。以领导小组、专班为例，改革前纪检机构广泛参与各类领导小组，参与各类专项工作、专班工作。依照改革要求，纪检机构专责开展监督执纪问责需与主体责任分离。按纪检条线理解，纪检机构改革后应从各类小组中撤出以保持独立性；但各级党委及主责部门认为，纪检机构加入领导小组和工作队伍，是自觉接受纪检监督的表现。两方认识差异加之惯例做法影响，短期内难以彻底扭转。

2. 具体工作中的主体责任、监督责任、再监督责任边界不够清晰。根据“三定”等规范，纪检机构职能描述为“监督、执纪、问责”；而在纪检条线要求中，明确细化为“监督的再监督”。按纪检条线理解，所有主责部门特别是市级以上税务局的内设机构，本身具有“主体责任”和“监督责任”，不但要履行好“三定”赋予的工作职能，也要监督管理所在条线、下级单位对口部门的工作情况，纪检机构的“监督”是对主责部门履职及开展监督情况的“再监督”；而一些主责部门却认为纪检部门是对具体工作的“监督”，将部门监督责任也推给纪检部门，甚至错误认为主责部门就是只管做事，监督是纪检的活；部分领导存在理解偏差，有的基层局“一把手”自以为重视纪检监督，局内有工作推进慢就让纪检去查，搞招标、选拔等活动让纪检站台，影响执纪问责的严肃性。

（二）市县税务局纪检机构如何“抓好监督”问题。税务系统的监督主体是多元的，除纪检机构外，督察内审部门、党建局、巡视办、机关纪委都是专职的监督机构，有利于构建立体化和多维度的监督网。但若缺乏有效的沟通、协调和衔接，可能造成监督职能的交叉重叠、监督力量的分散和监督效能的低下。如督察内审部门主导的税收执法过错责任追究制度，已带有行政问责的性质，与纪检部门的执纪问责工作在一定程度上出现职能交叉。再如组织人事部门的干部监督工作，因其自身调查核实取证手段所限，在是否采信干部说法时存在困难。

如何界定纪检监督和其他监督之间的关系，在划清职能边界的同时构建顺畅的工作衔接机制，成为全面深化税务系统纪检监察体制改革的“突破口”和“着力点”。纪检机构作为税务系统监督执纪问责的专业机构，在办案能力、纪法把握、查办手段等方面具备其他监督条线无法比拟的优势，在构建税务系统全面从严治党大监督格局、构建一体化监督综合体系中作用至关重要。

1. 基层一体化监督体系管理模式与顶层运行模式存在差异。根据总局顶层设计，一体化监督管理架构主要由党建工作局总牵头，该设计主要因驻总局纪检监察组为中纪委派驻机构，独立行使纪检职权，原则上不介入税务总局日常监督工作。而省以下税务局纪检机构均为内设机构，受双重管理。一体化监督在省以下由党建部门牵头没有问题，但各类信访、巡察、监督发现的问题线索，以及追责问责、违法违纪定性研判则应扎口管理，防止出现标准不一、畸轻畸重问题。

2. 部门间线索、信息的传递和共享不够顺畅。一体化监督部门虽有各自的监督重点领域，但从对象来说都是税务局的行政单位、党组织、党员干部等。目前各职能监督部门均趋向于自建一套监督信息体系，如督审部门内控系统、党建部门巡察系统等，且未能做到信息共享。此外，各职能监督部门向纪检机构移送线索不规范，存在“移送的线索没价值，有价值的线索不移送”现象。

（三）市县局纪检机构如何“履职尽责”问题。纪检机构内部制约机制是保证高效率运转，防止权力滥用、各自为政、软弱涣散的关键。但新模式下内行机制的效能不够高，缺乏规范化、法治化、制度化的合理安排。因此，健全内设纪检机构的监督制约机制，是深化纪检监察体制改革的必由之路。

1. 市县两级纪检机构纵向协同不到位问题。改革虽明确纪检机构接受本级党委和上级纪检机构双重领导，业务指导以上级纪检机构为准。但人员、经费、考评等仍以本级为主，导致统筹使用存在困难，如当上级纪检和本级党委均有重要工作部署，但时间冲突时存在优先保障谁的问题。市局纪检组虽出台纪检机构人力资源统筹使用管理办法回答了该问题，但部分纪检机构和纪检干部仍有“县官不如现管”顾虑。

2. 案件提级到市级局办理管理模式新问题。改革后，案件提级办理极大解决了以往基层单位办案拉不下情面的问题，但也有新问题。如若县局有关人员的线索和案件正提级办理，且尚未到可以公开或告知所在局阶段，可能造成县局出具廉政意见内容不完整；再如案件提级办理后，虽统筹调配办案力量，但短期内难以达到最优运行效率，存在县局查不动区局、区局查不动市属派出机构，区县局间因办案产生抵触等问题。

3. 监督检查和执纪办案模式尚不一致。监督检查目前维持原有模式，由各局纪检机构组织监督检查本局工作，从改革方向和监督检查效果导向出发判断，该模式最终将与办案一样，逐步调整为提级、统筹、交叉模式，但目前相关考虑和探索不足。

4. 纪检铁军打造依然任重道远。相较纪委监委，内设纪检机构执纪办案少，实战经验不足，执行力度方面较弱，存在案件查办不深不透、研判定性错误、处理追责不准风险。

四、已进行的探索和解决路径的思考

深化纪检监察体制改革是一项系统性工程，杭州税务系统市县两级局党委、党委纪检组、各级党组织统一思想、提升站位，全力以赴高质量完成好各项改革任务，有针对性地开展一系列调研、思考和探索。

（一）坚持政治机关底色，抓好两个责任落实。深化税务系统纪检监察体制改革的根本目的就是坚持和加强党对税收工作的全面领导，推动税务部门在党中央的集中统一领导下更好地履行职能、发挥作用。要将牢记税务机关首先是政治机关，使全面从严治党引领保障作用在高质量推进新发展阶段税收现代化中得到更充分的发挥。

主体责任与监督责任是管党治党责任的两个重要方面，二者相互贯通、辩证统一。推动“两个责任”落地关键是抓好三个要点：一是严把从严治党导向。各级纪检机构要有以改革协助党委抓好全面从严治党工作的认识，加强对下级纪检机构的领导指导，通过履行好监督责任，保障和推动主体责任落实。二是党委、纪检组协调一致。各级税务局党委要支持纪检机构履职尽责、强化监督，健全落实与纪检机构常态沟通机制。各级纪检机构要准确把握协助职责和监督责任的内在一致性，主动及时向党委提出意见建议，确保主体责任和监督责任协调推进。三是齐抓共管、同题共答。推进全面从严治党是一场永远在路上的大考，局党委、纪检机构、职能部门和基层党组织要同心协力答好这份考卷。

在具体路径和抓手上，杭州市局主要用好三大抓手。一是严把会商关。开好党委与党委纪检组专题会商会议，剖析问题、提出建议，避免开成汇报会、学习会。二是做深做实政治监督。重点就落实习近平总书记重要论述和重要指示批示精神、党中央决策部署，以及总局、省局党委各项要求开展政治监督。督促落实“第一议题”、理论学习中心组学习制度。三是加强对“一把手”和领导班子的监督。认真贯彻落实《中共中央关于加强对“一把手”和领导班子监督的意见》，省、市局“两个责任”清单，省局关于加强“一把手”和领导班子监督的 16 项监督制度等。紧盯“关键少数”，对领导班子落实监督制度情况开展监督检查，完善“三重一大”决策监督机制，落实党委主要负责同志听取下级局纪检机构主要负责同志工作汇报机制。通过抓“关键少数”带动“绝大多数”，引领带动党员干部自觉接受监督。

（二）加强协同配合，实现线面结合扎口管理。

1. 做好改革推进“一条线”。“1 + 7”制度文件明确规定，深入推进改革需要“理顺纪检领导体制、完善纪检监督机制、夯实纪检工作基础”。市局系统在此基础上明确细化操作办法，加强对下级纪检机构的绩效考核以及主要负责同志提名考察、考核的管理，结合纪检队伍教育整顿开展大清理、大起底。

2. 完善四合一“一张网”建设。打造构建一体化监督协同网、党组织监督协同网、纪税警检办案协同网、外部监督协同网，将监督制约机制嵌入到行政管理权、税收执法权“两权”运行的全过程和各环节。持续完善“四个有人管”风险防范应对机制，推动监督从“有形覆盖”向“有效覆盖”转变。

3. 加强信息化监督建设。探索监督与信息系统融合，运用税收大数据和信息化手段，谋划推进智慧监督建设，力争与税务党建云平台、执法督察等系统相衔接。加强与岗责体系深度融合，将信息化监督内嵌到岗责体系和工作内容中。发挥纪税协作平台优势，用好纪委监委信息化监督工具，加强互助协同。

（三）抓好条线管理，不断夯实工作基础。

1. 理顺工作流程。严格依照《税务系统纪检机构监督执纪工作规范》要求，逐环节、逐步骤、逐岗位进行细化规范，如市局纪检组重新对纪检机构人员岗责进行梳理分类，依照权力制衡和相互监督要求细分各项工作。又如市局纪检组针对纪检信访与税务机关大信访之间的时间、操作、程序差异，梳理制定杭州税务系统纪检信访管理办法。再如针对案件提级办理后廉政意见出具内容可能不全问题，建立与基层局纪检组长信息协调互动机制。

2. 强化纪检人力资源统筹使用。出台全市系统纪检机构人员统筹管理办法，以团队化、项目化方式开展监督工作，开展跨区域监督、交叉监督、联合监督。对基层纪检机构的绩效考核以及主要负责同志的提名考察、考核等加强关注管理，打消干部后顾之忧。

3. 坚持刀刃向内、自我革命不动摇。绝大多数纪检干部能够做到廉洁自律，但部分纪检干部自我监督约束不严，防治“灯下黑”任务依然繁重。针对曾发生过的“灯下黑”问题，逐一进行案例剖析，在纪检条线内部开展警示教育。

4. 加强纪检队伍教育培训和实战历练。用好深学习、实调研、抓落实工作方法，为提升履职能力提供靶向定位。以“实践锻炼 + 以干代训”的实践课堂等实现应学尽学、当学必学。把讲理论与重实践相结合，围绕案件查办、监督检查等开展一对一辅导，帮助区县局解决实际难题。选派纪检干部参加驻总局纪检组、地方纪委监委办案和巡视巡察，在实战中检验学习成果。

五、下一步打算

全面从严治党永远在路上，改革的深化和推进永远在路上。下一步，杭州市局系统将持续深化税务系统纪检监察体制改革试点，推动全面从严治党向纵深发展、向基层延伸。

（一）进一步提高政治站位，推进全面从严治党。坚决把深入学习贯彻党的二十大精神作为当前和今后一个时期的重大政治任务，深刻领会全面从严治党、党风廉政建设和反腐败斗争的重要论述精神。不断强化政治自觉，充分发挥全面从严治党的引领保障作用，为实现杭州税务争当高质量推进税收现代化走在前列的范例提供坚强有力的纪律保障。

（二）进一步加强政治监督，提升监督工作质效。深入学习贯彻习近平新时代中国特色社会主义思想，运用定期会商、季度报告、纪检建议书等加强政治监督。紧盯责任主体，做到“党中央决策部署到哪里，监督检查就跟进到哪里”。

（三）一体推进“三不”体制机制，做实以案促改、以案促治。把严的主基调长期坚持下去，严格落实监督执纪“四种形态”，对违纪行为“零容忍”。紧盯税收执法风险易发多发重点事项和关键岗位，健全办案和治理相互贯通的工作机制，堵塞管理漏洞、深化源头治理。要深入挖掘典型案例背后的根源，深化标本兼治，一体推进“三不”建设。

（四）更加规范制度体系，全面深化纪检监察体制改革。坚持稳中求进工作总基调，扛牢压实推动改革的主体责任，按照总局“1+7”“1+6”制度文件和省局“2+2+21”制度体系的总体贯彻思路，以高度的政治责任感和使命感确保全面深化纪检监察体制改革、构建一体化综合监督体系工作落实落地。深入研究探索各制度体系中的操作细节，通过制定管理办法、操作手册、流程表单等，细化要求、规范程序。

（五）高度重视纪检队伍建设，夯实全面从严治党工作保障。持续注重纪检干部培养、选拔、任用，优化纪检干部队伍结构，挖掘选树一批先进典型；推动优秀纪检干部接受多岗位锻炼和培养，选派干部参与驻税务总局纪检监察组、省局和市局纪检组及地方纪委监委各项工作。锻造一支政治素质高、忠诚干净担当、专业化能力强、敢于斗争善于斗争的纪检铁军。

课题组组长：金波

课题副组长：潘勤

成员：邱杨、王文韬、陈思

关于行政事业单位房产规范化管理的探索实践

——以杭州市税务系统为例

国家税务总局杭州市税务局财务管理处课题组

摘　要：固定资产是行政事业单位行使公共管理职能的重要物质支撑，是保证公共管理组织为人民服务目标全面实现的基础条件。在行政事业单位固定资产中，房屋资产是其中规模最大、金额占比最高的一类资产，例如杭州市税务系统。维护税务系统房屋资产的安全完整和规范化管理，是推动行政事业单位固定资产规范高效管理的关键动力，也是促进税收现代化服务中国式现代化的重要基石。但在日常管理中，房屋类资产的管理仍存在一些难点和痛点。为深入推动税务系统房产管理高效化、规范化，课题组在全市税务系统开展了关于房产规范化管理的调研探索，通过全市数据大摸排、重点单位大走访、关键案例大解题等形式，深入基层解决疑难问题、总结先进经验，积极探索一条房产规范化管理新路径。

关键词：房屋资产　规范化管理　探索实践　调研思考

一、房屋资产管理现状

国地税征管体制改革后，原国税和原地税的所有房产归集税务局统一管理，房产体量骤增。截至2022年底，杭州市税务系统各预算单位土地、房屋和构筑物的原值总额占全部固定资产的比例为79.3%，房屋资产占比极高。从房产管理数量上来看，我市税务系统17个预算单位平均管理房产9处，除无自有房产的个别单位外，其他单位均有3处及以上自有房产，房产数量较多，管理任务较重。

从近几年房产方面审计检查情况来看，房屋产证未办理和房产闲置是两大高频问题。如2021年审计提出："截至2020年12月底，某省税务局20个单位的90处房屋闲置，如某局的20处房产，在资产管理系统中填列为在用但实际均处于闲置状态。""截至2020年12月底，某省税务局22个单位的161处房屋未办理房地产权证，存在一定法律风险，如某局使用的房产于2014年12月办理竣工决算并登记入账，但截至2020年12月末仍办理房地产权证。"2022年审计提出："截至2021年底，某省税务局仍有房屋未办理产权证1个问题未完成整改，涉及某市税务局等19个税务机关70套房产。""部分房产未办理产权证。某市税务局3处在用房产未办理产权证，涉及建筑面积8141.85平方米，账面价值1843.32万元。"

审计中发现的房产问题非单一单位个性化现象，房产证未办理和房产闲置属于多发问题，特别是房产证未办理问题，整改周期较长、整改难度较大，从整改情况来看，整改成效也不够理想。房产闲置问题则受制于地域性问题，如桐庐局的闲置房产对于有房产使用需求的萧山局而言距离过远，无法在税务系统内部进行使用权调剂，因此只能考虑与地方政府之间互通有无，盘活难度提升。各类房产审计焦点问题也进一步提醒我们，房产规范化管理任重道远。

二、调查方式及问题分析

（一）整体调研。课题组以房产规范化管理为主题，在全市税务系统开展了整体调研，对全市税务系统各单位房产基本情况等进行了摸排。经调查统计，截至2023年6月，从房产证办理情况来看，全市房产证齐全率为78.43%；从使用情况来看，全市办公用房使用率为95.29%。

结合整体调研情况，全市税务系统房产管理中存在两大较为突出的问题：一是房产数量多、管理情况复杂；二是房产审计突出反映产权证未办理及闲置等问题，审计问题整改难度较大。其具体体现和产生原因主要有以下3点：

1. 征管体制改革导致房产数量骤增。全市税务系统现有房产中，由原地税划转取得房产接近全部房产数量的1/3。国地税合并后，全市房产数量明显增加，一个预算单位拥有多处房产，各房产状况不尽相同且较为分散。如淳安局，其房产超20处，除部分位于主城区外，绝大部分房产分散于大墅镇、汾口镇、姜家镇等各乡镇，地处偏远，距主城区车程1小时以上，有效利用和日常管理难度较大。

2. 房产历史档案不齐全。税务系统经历多次分分合合，历史变迁情况复杂。一方面，各单位名称历经多次变更，如国地税分家或合并、区划调整机构合并或分设等导致单位名称变更，但未及时变更房产证名称且未完整保留历史资料，导致房产档案不完善；另一方面，各单位房产取得方式多种多样，如自建取得、调剂取得、国地税合并划转取得等，在不同取得方式取得房产的过程中，存在档案资料未完整移交或未取得历史建造立项资料等各类档案缺失情况，导致现阶段办证资料不齐全、办证难度较大。

3. 房产管理权责不够清晰。在各单位房产日常管理中，房产的实物管理一般由实物管理部门如服务中心或办公室负责；账务处理和配置处置报批等一般由财务部门负责。但在实际管理过程中，对于房产证办理、房产档案管理等事项存在管理权责不清晰的情况。因现有的职责分工仅为参考性而非刚性要求，且相关审计检查问题通常被列入财务问题，故实际管理上财务部门处于一定被动地位，导致房产管理部门职责划分不清，管理难度加大。

（二）专项调研。根据全市整体调研情况，选取了西湖局、桐庐局和临平局作为专项调研单位，针对每个单位不同特点和存在问题或管理经验开展专项调研。对西湖局和桐庐局闲置办公用房问题进行重点调研，同时分析两个单位在房产证办理中的难点。临平局则是房产管理经验比较充足、规范化管理比较到位的单位之一，权证齐全率已达到 100%，且房产管理规范有效，重点调研分析该单位行之有效的管理经验。

三、房产管理实践经验总结

（一）有效推动闲置房产盘活利用。

1. 互通有无实现房产利用效率最大化。对于本单位暂无使用需求的闲置房产，与地方政府密切联系，秉持大资产概念，通过房产调剂形式实现闲置房产盘活利用，提升房产利用效率。如西湖局，将无自用需求的闲置办公用房使用权在一定期限内调剂给地方政府，既盘活了本单位闲置房产，也助力地方政府解决办公用房紧张的困难；如临平局，与地方政府部门互通有无，一定期限内双向调剂办公用房使用权，实现房产利用效率最大化。

2. 化零为整实现房产使用结构最优化。对于办公用房分散、房产数量较多造成的房产闲置情况，积极与地方沟通协调，将分散的办公用房进行整体调剂，整合成一处办公用房，既实现了闲置房产盘活利用，又优化了房产使用结构。如建德局将原梅城分局 6 处零散房产与梅城镇政府 1 处房产进行了整体调剂、桐庐局将 2 处分散的闲置房产与分水镇政府 1 处房产进行整体调剂，以化零为整的方式积极推动房产结构优化。

3. 依规处置实现房产管理风险最小化。对于确实地处偏远且无自用需求的房产，因日常管理难度很大且安全维护难以保证及时性，依规通过调剂、公开拍租等形式进行处置。如淳安局部分其他用房分布于各个偏远乡镇，采用公开拍租的形式对外出租，有效盘活利用，降低管理成本和管理风险；如桐庐局 2 处闲置办公用房，地处偏远乡镇且房屋状况较差，拟将房产使用权调剂给当地镇政府，由当地镇政府进行日常使用、维护和管理，既提高使用效率，又减轻偏远房产的管理压力。

（二）攻坚克难推动房屋权证办理。

1. 多方联动，完善登记资料。一方面，积极与住建、规资等部门沟通联系，详细了解地方政府出台的各项针对性政策，学习相关部门经验做法；另一方面，主动前往所在地政府、档案馆、设计院等查找建造档案及各类原始资料，以房产建造时原始规划文件或审批文件为依据，按图索骥办理产权证。

2. 借助外力，提高办证效率。充分借助专业力量协助办理房产过户和房产证补办等工作，依托第三方专业优势提高办证效率。如临平局，委托中介力量协助办证事项，以专业化优势弥补了经办人员经验不足的困难。

3. 抓住时机，顺势而为推动权证办理。积极抓住地方政府房产相关专项工作等重要时机，把握机遇、借力而为、顺势而动，在关键时点上与地方相关部门及时商洽，共同推动房产证办理。如桐庐局1处房产，因历史原因始终未办理权证，紧紧把握地方政府房产专项工作时机，成功完成权证办理。

（三）总结提升房产日常管理。

根据调研进一步总结提升房产日常管理质效，促进房产管理高效化和规范化。一是实施房产管理清单制。全面掌握本单位房产情况，完善房产档案管理，形成一房一图册并及时更新本单位房产信息，妥善保留房产历史资料。二是秉持房产配置审慎性。对拟配置房产秉持审慎原则，全面综合评估、科学考量，坚决杜绝问题房产流入。三是落实安全管理台账制。结合房地产安全检查专项工作，形成房屋安全台账，对存在安全问题的房产逐一整治、逐一销号，确保房产安全。

四、促进房产进一步规范化管理的一点思考

（一）提升解决历史遗留问题的担当精神。结合调查研究发现，基层单位在房产管理中碰到最困难的问题往往都涉及历史遗留问题，如历史资料不全、历史产权纠纷、历史建造审批不规范等。要妥善解决这类历史遗留问题就必须要依靠各个单位、各级党委对解决历史遗留问题的担当精神。历史遗留问题不解决就永远属于问题，因此必须要有勇于担当、敢于作为的精神，主动作为、全力以赴，全面清理证照不全、权属不清、产权纠纷房产。针对房产证办理问题，要积极争取地方政府和有关部门支持，加快推进办理权属登记或备案手续。针对产权纠纷问题，要积极协商，不能协商解决的，依法提请有关部门决定或依照司法程序处理。

（二）完善房产管理的长远规划。税务部门办公用房的地域分布、结构性安排等

对税收事业长远发展有着重要影响。因此，税务系统各单位在房产配置与处置过程中，必须统筹考虑全域范围内的存量房产资源分布、房屋现状和管理成本等，特别是房产数量较多的单位，应综合考量、审慎决策。配置房产时，要结合税务事业长远发展需要，优先通过调剂方式盘活利用存量办公用房，重点解决多点办公整合、基层分局（税务所）和新设机构办公用房，服务基层建设，同时还应统筹兼顾优化办税网点选址、稽查办案、税务文化与廉政建设等新增需求。此外，对于配置房产还应充分研究其基本情况，如是否能够顺利过户办证、是否存在安全隐患等；处置房产时，也要以发展的眼光充分考虑未来税收事业发展需要，审慎处置城区办公用房、审慎将房屋产权无偿调剂至系统外单位。

（三）提高房产日常管理的规范程度。规范有效的日常管理是房产整体规范化管理的重要基石，提高房产日常管理规范化水平应主要从两方面出发，一方面是务必明晰本单位房产管理职责分工，对于房产数量清册管理、安全管理、档案管理、账务管理等职责都要归属到部门、确定到专人，以明确的职责分工来提高日常管理意识和管理效率；另一方面是要突出管理的及时性，如机构调整更名时应第一时间进行权证变更、重新测绘取得新证后应及时变更资产卡片信息、纳入拆迁范围时应及时报批等，管理的及时性能够有效避免如历史档案不齐全之类的历史遗留问题发生，促进房产规范化管理不断提升。

参考文献

［1］王晓玲．我国政府资产管理当前存在的问题及解决措施［J］．行政事业资产与财务，2013（13）：9－12.

［2］吕建平．改革行政单位政府资产管理的建议［J］．预算管理与会计，2002（12）：41－43.

［3］余宝马．中国政府公共职能调整背景下的办公用房管理改革［J］．中国机关后勤，2003（04）：30－32.

［4］穆艳坤．党政机关办公用房管理基本概念及特征研究［J］．中国机关后勤，2022（06）：50－53.

［5］姜业雷，李维，安华娟等．党政机关办公用房管理标准体系探索［J］．中国标准化，2021（22）：55－59.

课题组组长：陈天兴

课题组副组长：邱瑾、沈越、张初阳

成员：楼玉玺（执笔人）、黄灿

在新时代新征程中夯实绩效管理 更好地推动税收现代化服务中国式现代化

——以杭州市税务局为例

国家税务总局杭州市税务局考核考评处课题组

摘　要：本文着眼于中国式现代化的内涵要求，尝试理解中国式现代化在税收现代化上的具体映射，聚焦以绩效引领税收工作，通过夯实现代化全过程绩效管理体系，充分发挥绩效管理在税收现代化中的指挥棒作用，探索税收现代化服务中国式现代化的具体路径。

关键词：税收现代化　绩效管理　指挥棒

一、税收现代化服务中国式现代化

（一）深刻把握中国式现代化内涵要求，将中国式现代化“发展蓝图”转化为税收现代化建设“任务书”。中国式现代化是习近平新时代中国特色社会主义思想的一个原创性科学概念，是贯穿党的二十大报告的关键词。中国式现代化的本质要求是高质量发展，我们始终将发展作为解决一切问题的基础和关键。进入新时代，我国社会主要矛盾已经转化为人民日益增长的美好生活需要和不平衡不充分的发展之间的矛盾，发展中的矛盾和问题更多体现在发展质量上。加快转变发展方式，更多依靠创新驱动，推动质量变革、效率变革、动力变革，着力提高发展的质量和水平。

中国式现代化是十四亿多人口、规模巨大的现代化，决定了中国不能照搬外国模式，发展途径与推进方式必然有自己的特点；是全体人民共同富裕的现代化，这是中国特色社会主义制度的本质决定的，不是两极分化的格局，是让全体人民都过上好日子，都有机会凭自己的能力参与现代化进程；是物质文明和精神文明相协调的现代化，追求物质富足又精神富有，是人的全面发展；是人与自然和谐共生的现代化，“绿水青山就是金山银山”理念已经深入人心，并融入制度、政策和文化之中，坚定不移地走可持续发展的道路；是走和平发展道路的现代化，不走战争、殖民、掠夺等方式的老路，是和平、发展、合作、共赢的和平发展道路。

党的二十大报告着眼于什么是中国式现代化、怎样实现中国式现代化这一重大时代课题，深刻揭示了以中国式现代化全面推进中华民族伟大复兴的重大意义，明确阐述了中国式现代化的历史进程、中国特色、本质要求、战略安排、目标任务和重大原则，指明了推进中国式现代化的战略部署、时间表和路线图。

我们要深刻理解把握中国式现代化的内涵要求，特别是对财税部门的要求，加强财政政策和货币政策协调配合，健全现代预算制度，优化税制结构，完善财政转移支付体系。紧紧围绕党和国家工作大局，充分运用绩效管理手段助力党中央、国务院决策部署不折不扣落实到位，将税务担当与国家所需、人民所盼、未来所向结合起来，发挥好税收的基础性、支柱性、保障性作用，在实现中国式现代化宏伟蓝图的征程中充分展现税务作为、贡献税务力量。要运用绩效手段保障税收政策红利落实落地，精准助力脱贫助农、乡村振兴，不折不扣落实支持城乡一体化、调节收入分配、支持社会事业发展等一系列税收政策，推动管理服务优化升级，切实增进民生福祉，激发市场主体活力，将共同富裕美好图景向更大范围、更宽领域、更深层次铺展，充分展现习近平新时代中国特色社会主义思想的真理力量和社会主义制度优越性的实践伟力。

（二）准确把握中国式现代化在税收现代化上的具体映射。党的二十大报告着眼于什么是中国式现代化、怎样实现中国式现代化这一重大时代课题，明确阐述了中国式现代化的历史进程、中国特色、本质要求、战略安排、目标任务和重大原则，指明了推进中国式现代化的战略部署、时间表和路线图。党的二十大报告明确提到税收的部署有四处，归结起来主要体现以下三个方面。

1. 优化税制推动高质量发展。高质量发展是全面建设社会主义现代化国家的首要任务。报告的第四部分“加快构建新发展格局，着力推动高质量发展”，提出“健全现代预算制度，优化税制结构”重要举措，以此健全宏观经济治理体系，加强财政政策和货币政策协调配合，构建高水平社会主义市场经济体制，坚持和完善社会主义基本经济制度。

2. 完善财税政策助推绿色发展。大自然是人类赖以生存发展的基本条件。推动经济社会发展绿色化、低碳化是实现高质量发展的关键环节。报告的第十部分“推动绿色发展，促进人与自然和谐共生”，提出“完善支持绿色发展的财税、金融、投资、价格政策和标准体系”，以加快推动产业结构、能源结构、交通运输结构等调整优化，从而加快发展方式绿色转型。

3. 加大税收调节促进共同富裕。为民造福是立党为公、执政为民的本质要求，要扎实推进共同富裕。分配制度是促进共同富裕的基础性制度。报告的第九部分“增进民生福祉，提高人民生活品质”，提出“加大税收、社会保障、转移支付等的调节力度”“完善个人所得税制度，规范收入分配秩序，规范财富积累机制，保护合法收入，调节过高收入，取缔非法收入”，以此作为完善分配制度的重要组成部分。

（三）积极探索税收现代化服务中国式现代化的路径。积极响应税务总局党委号召，围绕“税收现代化服务中国式现代化”，将税收现代化置于中国式现代化的理论和实践发展中进行新的思考、谋划和推进，丰富完善税收现代化六大体系内涵与外延，并具体落实到浙江税务的六大工程上。

1. 全面加强党对税收工作的领导。加强对税收工作的领导是党领导经济工作的重要方面。党的十八大以来，党领导宏观经济治理能力全面提升。党的二十大报告强调财政政策要与货币政策相协调，通过税收杠杆开展跨周期、逆周期调节，推动经济发展的实现预期目标。2022 年起实施的组合式税费支持政策经历了“中央经济工作会议决策—全国人代会宣布—国务院常务会议部署—税务总局为主相关部门配合落实—税务系统五级机关全面执行”，党对经济工作的全面领导得以充分体现。2021 年中央经济工作会议作出“实施新的减税降费政策”的决策。2022 年 3 月，全国人代会上正式宣布“实施新的组合式税费支持政策”。2023 年 7 月，中央政治局会议要求延续、优化、完善并落实好减税降费政策，国务院常务会议对 2023 年和 2024 年两年到期的阶段性政策作出后续安排。在党中央的统一领导下，各级党委政府大力支持，财政、税务、人民银行等部门通力协作，稳定了市场主体预期，提振了企业信心。

税务部门作为政策落实的主责单位，形成了“党委统一指挥、纪检组专责监督、局领导分片包干、退税减税办靠前统筹、各组各部门既各司其职又协同作战”的工作机制，在各级党委政府的大力支持下，在财政、人民银行等部门的通力协作下，实行“快退税款、狠打骗退、严查内错、欢迎外督、持续宣传”五措并举，体现了强大高效的执行力，坚持不折不扣落实减税降费，实现宏观经济跨周期和逆周期调节，及时为企业送去“真金白银”，增强了企业获得感，为稳定宏观经济大盘提供了有力支撑。

2. 充分发挥税收基础性、支柱性、保障性作用。中国式现代化映射到税收现代化职能上，就是要充分发挥税收基础性、支柱性、保障性作用。

（1）优化税制以完善基本经济制度，凸显税收在高质量发展中的基础性作用。我国现行 18 个税种中，已有 12 个税种完成立法。根据财政部对党的二十大报告的解读，将在保持基本税制稳定前提下，进一步优化税制结构。健全以所得税和财产税为主体的直接税体系，适当提高直接税比重，强化税制的累进性。完善个人所得税制度，适当扩大综合所得征税范围，完善专项附加扣除项目。深化增值税制度改革，畅通增值税抵扣链条，优化留抵退税制度设计。健全地方税体系，加快培育地方税源。全面落实税收法定原则，规范税收优惠政策，进一步加强非税收入管理。

实践表明，税收已深入国家治理重大进程中。党的十九大以来的历年全国人代会上，政府工作报告均提出重要的减税降费政策。经统计中国政府网发布的信息，数据显示税收是国务院常务会议高频词。在 2021 年的 40 次国务院常务会议中有 28 次提及税收，其中有 15 次会议涉及减税降费；15 次会议涉及优化营商环境；4 次会议涉及社保费征管。“十三五”时期以来，累计新增减税降费达 8.6 万亿元。2023 年，全国新增减税降费及退税缓费超 2.2 万亿元，有效激发了经营主体活力动力，减税降费红利源源不断转化为高质量发展的动力。

（2）依法组织税费收入、合理调节收入分配，奠定推进中国式现代化的雄厚财力，凸显税收支柱性、保障性作用。始终坚持依法依规征税收费，统筹好“收”与“减”关系，严肃组织收入纪律，坚决防止和制止收“过头税费”，确保“平稳、协调、安全、持续”完成预算任务，连年较好完成预算收入目标，为党和国家事业发展提供坚实财力保障。近年来，税务部门连年圆满完成预算确定的税收收入任务，“十三五”时期，全国税收收入完成 65.7 万亿元，2023 年完成 15.9 万亿元，为经济社会发展和民生福祉改善提供了坚实财力保障。

3. 积极参与国际税收治理，彰显大国税务形象。税务部门顺应从“继续深入推进改革开放”到“形成全面开放新格局”的要求，推动构建合作共赢的新型国际税收关系，用更宽阔的国际视野主动服务对外开放战略，深度融入国际税收治理，积极参与 G20 国际税改，连续承办 FTA 大会、金砖国家税务局局长会议、SGATAR 年会等重要国际会议，建立“一带一路”税收征管合作机制，擦亮了“中国税务”的名片。深入贯彻落实习近平总书记关于对外开放的重要论述，加强税收多边合作平台建设，持续拓宽国际视野，主动服务高水平对外开放。2023 年，国际贸易形势向好，办理出口退税约 1.8 万亿元。我国进出口总值 41.76 万亿元，增长 0.2%。其中，出口 23.77 万亿元，增长 0.6%；进口 17.99 万亿元，下降 0.3%，进出口规模稳中有增，国际贸易发展质量优中有升。通过试点实施出口退税报关单、发票信息“免填报”，提高企业退税办理效率。实行外商利润再投资暂不缴纳预提所得税优惠政策，不断优化外商投资环境。2023 年，享受递延纳税的再投资金额达 1412 亿元，增长 0.8%。

二、充分发挥绩效管理在税收现代化中的指挥棒作用

党的十八大以来，税务总局党委求实求新，持续丰富完善税收现代化的建设框架及内涵，提出以“抓好党务、干好税务、带好队伍”为主要内容的税收现代化建设总目标，坚持把以“抓班子、促落实、提质效”为战略定位的税务绩效管理作为主要抓手，秉承“坚定不移地推、坚定不移地改、坚定不移地用”三项实施原则，为描绘高

质量推进税收现代化的清晰蓝图提供了具体路径。在税务总局、省局指导下，杭州市税务局对标对表，持续优化以“4 +4 +4 + N”为核心的组织绩效管理和以“1 +4 +1”为核心的个人绩效管理“双轮驱动”框架体系，为压实各级领导班子责任提供机制指引，为建设忠诚干净担当的高素质专业化干部队伍提供明确方向，为落实落细各项税收任务部署，实现组织和个人目标的有机统一提供根本遵循。

（一）推动建强政治机关，持之以恒抓好党务。税务总局通过以“党的全面领导”作为组织绩效管理组成四大板块的首要构成，加强党对税收工作的全面领导，在系统内牢固树立起税务机关的第一属性是政治机关的政治意识，并通过总局向下考核四类对象，四类对象再向下逐级组织考评，持续传递建强政治机关氛围。杭州市税务局积极开展主题教育，把理论学习、调查研究、推动发展、检视整改贯通起来，深学实干推动主题教育见行见效。通过构建抓好学习贯彻习近平新时代中国特色社会主义思想、政治机关建设、一体化综合监督体系建设、正风肃纪四类党建引领工程考核指标为基础，以主题教育专项考核指标为重点，将持之以恒、与时俱进抓好党务的意识和政治监督传递到系统末梢，强化绩效引领，确保第一、第二批主题教育高质高效开展，自上而下确保党建工作质效。

（二）聚焦服务国之大者，久久为功干好税务。根据党中央和国务院的最新部署，围绕中央经济工作会议和全国税务工作会议要求，税务总局始终心怀“国之大者”，把税收现代化建设放在党和国家事业全局来审视和谋划，基于年初工作部署、全国两会精神、年中新增任务、其他调整事项四处来源构建指标体系框架。杭州市税务局积极响应上级部署，牢牢把握服务高质量发展这一首要任务，把落实税费优惠政策作为重大政治任务，以开展主题教育为契机，聚焦税务部门的主责主业，紧跟党和国家的工作重点，充分利用好绩效这根“指挥棒”，主动作为，积极推动税费优惠政策落实，实施助推民营经济高质量发展18项重点任务，全力以赴打赢经济翻身仗、亚运攻坚仗“两场硬仗”，为深入实施“八八战略”、助推三个“一号工程”、助力杭州打造中国式现代化城市范例贡献税务力量。

（三）夯实双轮驱动体系，坚持不懈带好队伍。把考核班子的组织绩效和评价干部的个人绩效紧密结合起来，夯实“绩效考核”“数字人事”双轮驱动体系，全程督促、重点督办，进一步严实绩效责任、压实创优目标，集全局之智、汇全局之力，答好“必答题”、创出“最优绩”。聚焦组织绩效和数字人事双引擎的齿轮传动，强化组织绩效个人压力传导，确保同向发力、同频共振，助推税收现代化进程中强化干部管理，带好税务队伍。一是强化个人绩效对组织绩效指标的全面承接。重点检查个人绩效指标编制，确保组织绩效指标在各级组织架构里责任到人，把组织目标实现具象化到个人岗位的履职尽责中，激励干部自觉担当尽责，干事创业。二是优化组织绩效与个人年度考核得分挂钩联动。根据一个考核年度内各岗位实际任职时长，动态调整各季度组织绩效在个人绩效中的分值挂钩，突出岗位关联的组织绩效和个人绩效挂钩的实时性、真实性和公平性，确保干部各时期各岗位的工作表现在个人绩效上得到客观反馈。

三、夯实现代化全过程绩效管理体系

在新时代新征程中夯实现代化绩效管理体系，要聚焦绩效管理全过程，建立健全绩效管理全流程，既着眼于绩效组织、绩效编制、绩效执行和绩效反馈各个环节的具体实现，又关注绩效管理的系统性和协同性，聚焦绩效体系从目标到实现再到不断改进的全过程质效提升。杭州市税务局持续强化绩效组织，科学编制绩效指标，扎实推进绩效执行，畅通双向反馈机制，推动绩效管理体系服务优化升级。

（一）强化绩效组织领导。在新时代新征程中夯实现代化全过程绩效管理，要持续加强领导班子对于绩效的重视，强化绩效组织领导和全面统筹，在全局厚植以绩效引领工作的氛围。杭州市局党委高度重视，通过每月绩效创新、党委理论学习中心组及重点工作“三合一”会议，将政治统领、绩效牵引、重点落实有机贯通，实现绩效管理“上接天线、下接地气”。同时，绩效办按月发布《考评工作提醒》，编制和发布《绩效快讯》，向全市税务系统通报，督促加快工作进度。适时制发绩效考评“红黑榜”，激励各部门创先争优；对考评中发现的问题制发《绩效工作联系单》和《绩效督办单》，督促责任处室及时补强短板。

（二）科学编制绩效指标。建立健全指标编制流程，注重构建绩效指标体系的科学性和严谨性。（1）对标对表，合理参照，科学编制绩效指标。税务系统是垂管部门，主要工作任务来自上级税务部门的部署，绩效指标设计总体应参照上级单位的指标体系，科学编制本级及以下绩效考核指标。一是保证在上考下中局内指标的完成度，力争考评上游。二是以上率下，通过绩效指挥棒层层传导上级局对下的重点工作部署和年度目标。（2）持续跟踪，突出重点，动态优化绩效体系。根据年度重点工作出台重点工作推进考核指标和相应的专项考核办法，密切关注上级考评单位的指标调整情况，视情况动态优化绩效体系。夯实日常考核的同时，突出重点，确保保质保量落实全市税收重点工作。

（三）扎实推进绩效执行。以绩效目标为引领，以绩效指标为纲为要，扎实推进绩效执行。一是重视承接分解、责任到岗目标到人。重视对上承接和对下分解，确保上下绩效意图的统一性。通过组织绩效指标的层层分解，依托以岗定责，以绩效机制引领执行意愿，落实岗位人员对组织目标的全面承接。二是注重培训辅导、落实落细精准执行。加强对被考核对象分级分类培训，畅通对被考核对象的辅导机制，建立同类别绩效工作人员的沟通交流渠道，推进其对绩效目标和绩效指标的学习领悟走深走实，杜绝绩效执行中的理解偏差。三是深入分析总结、持续完善考评机制。围绕各时期绩效考评总体情况，进行形势和原因剖析，撰写阶段性分析报告，统筹下一步绩效重点工作。持续完善考评机制，一方面，坚持按月讲评和按月通报机制，通报全局重点工作完成情况，结合当月重点事项督办讲评，完善讲评后续管理，对整改事项进行跟踪调度和例行报告，形成“讲评－整改－反馈－总结－进步”的良性循环。另一方面，进行科学考评和一体化考核。遵循“公平、公开、公正、公认”原则，完善考评指标评分和加减分提报审核机制，要求各单位专人复核评分依据和加分申报依据，经审定后公示，真正做到科学积分、严谨考评。

（四）畅通双向反馈机制。绩效反馈作为绩效管理过程中的一个重要环节，通过正向反馈通报各级组织绩效和数字人事成绩，发挥绩效对组织和个人的激励鞭策作用。同时，通过考评过程的实践验证和被考评对象的意见反馈，反向作用到绩效体系，形成持续改进绩效管理体系的闭环机制。一是强化结果运用，完善一体化考核。结果运用是绩效管理的生命线，只有强化绩效结果应用，推动组织绩效和数字人事结果运用一体化，才能牢固树立绩效引领的基础地位，确保组织考核和个人考核的一致性。二是坚持民主集中，持续优化绩效体系。重视被考评对象的意见反馈，关注考评实践过程中遇到的各类问题，及时纠正绩效管理方向性偏差，进一步健全机制、优化指标、补齐短板，扎实推进考核考评工作提质增效。

参考文献

［1］国家税务总局课题组．中国税务绩效管理：实践发展与理论研究［M］．北京：人民出版社，2023：78－80.

［2］国家税务总局课题组．中国税务绩效管理［M］．北京：人民出版社，2023：17－18.

［3］伍彬．政府绩效管理：理论与实践的双重变奏［M］．北京：北京大学出版社，2017：105－107.

课题组组长：郭富礼

课题组副组长：储晓军

成员：孙蕾、王蓓、陈璨（执笔人）、王蔚、陈相

二等奖

“全周期系统施治”理念下税务干部教育管理监督模式探析

——以上城区税务局为例

国家税务总局杭州市上城区税务局课题组

摘　要：习近平总书记强调要“用‘全周期管理’方式，推动各项措施在政策取向上相互配合、在实施过程中相互促进、在工作成效上相得益彰”。为税务系统加快补齐干部系统施治短板、提升干部管理水平提供了思想指引和方法路径。上城区税务局以“全周期系统施治”理念作为指导思想，将职业生涯发展阶段作为进行精细分类的依据，将干部划分为新入职干部、年轻干部、中年干部和临退干部四个群体，分析不同群体的特点，对其进行差异化教育管理监督，全面贯通“惩、治、防”，探索改进干部教育管理监督工作的思路和措施，建立健全有效的干部监督工作机制，规范权力运行，提供了一些理论和现实意义。

关键词：全周期　干部管理　教育监督

一、构建全周期税务干部教育管理监督机制的研究背景及意义

（一）选题背景。干部教育管理监督是一个复杂的经受系统性、功能性等诸多要素相互作用的周期性过程。2022 年 6 月 17 日，习近平总书记在主持中共中央政治局第四十次集体学习时强调，要用“全周期管理”方式，推动各项措施在政策取向上相互配合、在实施过程中相互促进、在工作成效上相得益彰。

1. 理论意义。21 世纪以来，领导干部的监督得到了进一步的发展和完善。在干部

选拔任用的监督、监察等工作中，积累了较多经验。但对全年龄层干部全覆盖全周期开展教育管理监督的相关研究和实践还较少。在新时期和新形势下，可以进一步丰富党的干部管理理论方面的研究，推动干部教育管理监督工作理论研究的不断深化。

2. 现实意义。加强和改善干部管理监督工作是对全面从严治党的具体要求，它对始终保持干部队伍的生命活力，获得人民支持与信赖，有着重要意义。但从实际情况来看，有些地方不同程度地存在着重视选拔任用，忽视教育、管理和监督的问题。开展干部教育管理监督工作研究，对于适应当前全面从严治党新常态具有重要现实意义。

（二）加强税务干部教育监督的必要性。当前，我们正处在实现中华民族伟大复兴的关键时期，形势任务错综复杂，党中央惩治腐败的决心和力度始终不减，但仍有人在高压之下铤而走险，特别是年轻干部违纪违法人数比例依旧较大。同时当前税收治理领域呈现出日益复杂、综合、多元的特征，对各级组织治理能力和水平提出更高要求。好干部是选出来的，更是管出来的。既要强化干部群体从源头到末梢的全流程、全要素、全方位管控，又要突出精准、分类施策。税务部门应蹄疾步稳推进干部教育管理监督，着力构建干部“全生长周期”系统施治风险防范的培养体系。本文将探讨如何在税务系统中加强税务干部的全周期教育管理监督，以确保税收工作的公平、公正和高效。

（三）研究思路与创新点。本文坚持理论联系实际，对干部教育管理监督工作做一个小而全的方向探索，突破以往研究中较为宏观和原则性的顶层设计，从上城区税务局干部教育管理监督的实际做法出发，提出切实可行的完善干部教育管理监督工作的思路和措施。

二、国内外干部教育管理监督研究现状

（一）国内研究情况。我党一直重视对干部的教育管理监督，在干部监督工作的理论研究和实践应用上具有丰富的经验。

对干部监督的定位，李晓广（2005）认为，监督作为一个整体，加强监督合力需要激活权力监督体系的整体协调机制①。潘晓玲（2007）认为，我国干部管理监督方式多样，内部纪检机构的监督属于柔性监督，往往针对行政性问题，实行谈话、诫勉、职务调整等措施②。蔡志强（2018）认为，干部监督主要包括政治思想监督、用权监督、作风监督和履职尽责能力监督③。

① 李晓广．论当代中国权力监督体系［J］．中国特色社会主义研究，2005（01）．

② 潘晓玲．论县委组织部的干部监督—以湖北省C组织部为例［D］．武汉：华中师范大学，2007．

③ 蔡志强．新时代干部监督的实践形态与创新发展［J］．中国党政干部论坛，2018（07）：31－36．

对干部监督面临的问题及原因，田恒国（2010）认为，我国缺乏有效权力监督的真正原因是监督体系不科学，在纵向和横向两方面都缺乏完善的监督制约[①]。张宏仁（2014）认为，要加强对领导干部的反面典型警示教育；建立合理可靠健全的监督制度，通过增强制度的系统性、完备性、时效性和配套性来管住干部、约束干部[②]。

宗伊矗（1996）[③]、马京林（2006）[④]、王翠芳（2011）[⑤]、杨根乔（2012）[⑥] 等学者从不同角度对干部教育管理监督存在的问题和原因进行了研究。认为监督主体顾虑多、监督体制不健全、监督配套不到位、监督功能结构性失调、忽视外部监督、监督手段欠缺、监督随意性伸缩性大都是存在的问题。

（二）国外研究情况。国外关于干部管理监督的研究集中在权力的分设上。西方对官员的监督管理，主要着眼于对政府权力的制约和平衡，更强调用法律、制度等外在强制力去规范和约束官员的行为。早在古希腊和罗马时期就实行民主、共和政体。近代以来，“天赋人权观”“社会契约论”等思想应运而生，强调主权在民，政府权力有限。

孟德斯鸠在《论法的精神》中指出，要防止滥用权力，就必须以权力制约权力。马克思、恩格斯也认为干部监督的基本精神可概括为：民主和批评都是加强干部监督的重要形式，纪律和代表大会是加强干部监督的重要保障。列宁则认为，要实行民主、加强集体领导、建立专门的监督机构、发挥人民和群众舆论对干部监督的作用。

三、上城区税务系统干部教育管理监督现状

（一）关于不同阶段税务干部的划分及概况。干部的内向驱动力呈现出随着职业生涯不同阶段而发展变化。根据《2019—2023年全国党政领导班子建设规划纲要》《年轻干部培养选拔工作规划（2019—2023）》等指导性文件，本文将税务系统干部划分为四个阶段，新招录2年内的公务员及事业编人员为新入职人员；35岁以下公务员及事业编人员为年轻干部；35～50岁的公务员及事业编人员为中年干部；50岁以上的公务员及事业编人员为临退干部。

上城区税务局共设有20个科室；3个办公区（点）（太平门直街办公区、江城路

① 田恒国．关于中国特色社会主义权力制约监督体系研究的思考［J］．福建省委党校学报，2010（01）．

② 张宏仁．浅谈组织部门如何有效地加强对领导干部的监督［J］．沈阳干部学刊，2014（16）：57－59．

③ 宗伊矗．提高认识 完善机制 改进方法 切实加强组织部门的干部监督工作［J］．组织人事学研究，1996（02）．

④ 马京林．党政领导干部监督机制内容、存在问题和原因的思考［J］．湖北财经高等专科学校学报，2006（06）．

⑤ 王翠芳．中共党内监督存在的现实问题及其成因［J］．社会主义研究，2011（04）．

⑥ 杨根乔．当前党政正职领导干部监督中的问题与对策［J］．理论建设，2012（05）．

办公区、山南基金小镇办公点）；5 个办税服务厅（点）［太平门直街办税服务厅、建国南路办税服务厅，以及杭州市市民中心、杭州市房管局房产交易中心（平海路）、上城区行政服务中心（凤起东路）的办税服务点］。现有在职干部 327 人（含市局挂职干部 1 人，西藏挂职干部 2 人；党员 204 人；公务员 307 人、事业人员 12 人、工勤人员 8 人），平均年龄 38.77 岁。其中：2022～2023 年招录的公务员及事业编人员 54 人，占比 16.51%；35 岁以下青年干部（除新入职干部）84 人，占比 25.69%；35～50 岁 112 人，占比 34.25%；50 岁以上 77 人，占比 23.55%。

（二）不同年龄阶段税务干部特点。

1. 新入职干部。职业生涯建立期描述的是新入职干部。他们刚刚从象牙塔步入社会，是体认公职人员角色的发展阶段，对政治的敏锐性不高，会因对政治纪律规矩的理解不深入、思想不在意而衍生出一些问题。如在网络、社交媒体上习惯性地分享生活而引起的舆情风险；对所从事具体工作任务背后的国家战略部署缺乏了解，导致工作方式方法简单等问题。同时他们的价值观还处于需要引导的阶段，容易被不良风气带偏。有些人的意志品质薄弱，较易受到享乐主义、奢靡之风的引诱。另外他们通常对于违反纪律行为的成本也认识不到位。

2. 年轻干部。年轻干部往往处于职业生涯发展期。这一时期的干部具有更充分的事业发展动力。在对今后事业发展前景看好的情况下，年轻干部会通过主动作为来获得升迁，但也很容易在机会主义、功利主义和关系文化等负面思想的冲击下，通过拉关系、利益输送、政治攀附等投机手段来谋求职务上的提升。习近平总书记指出，有的年轻干部认为权力是上级领导给的，想问题、办事情不怕群众不满意，只怕领导不注意，逢迎拍马、唯上是从。部分年轻干部错误地将手中的公共权力视为满足自身利益的工具，因而不惜一切代价谋求扩张权力，却忘了权力携带的公共属性和公共目标。

3. 中年干部。中年干部往往处于职业生涯维持期。这一阶段是干部事业发展的“瓶颈期”，干部事业发展的动力减弱，违法违纪行为倾向增加。干部对工作收获是否公正的认识，主要是通过对自己的贡献和回报之间的对比来判断的。如果干部觉得自己的工作出色却没有得到合理的晋升，就会有一种晋升结果不理想、经济上予以补偿的心理。在这种补偿心理的驱动下，利用自己手中的权力去谋取物质、生理需求等其他利益。

4. 临退干部。50 岁以上的干部往往位于职业生涯退出期，这也是干部工作阶段的尾声。公共权力是国家干部手中所拥有的稀缺资源，这种资源又同时具备时效性和可交易性。某些干部会产生权力即将消失的紧迫感，从而想要把手中权力紧急变现为自己牟利。部分临退干部对腐败成本的认识是短浅的，同时缺少应有的职业声誉观念。他们更容易把违法违纪行为认作是一种代价远低于收益的“理性选择”。如果没有正确的职业声誉观念，很可能会出现“有权不用，过期作废”的心态。

（三）现阶段税务干部存在的教育管理监督难点。

1. 主动管理监督意识不强。税务系统对干部进行管理监督的主体是纪检部门和组织人事部门，但由于同体监督固有的局限性而缺乏主动。这主要体现在两点：一是组织人事部门的监督对象主要是拥有一定等级、具备一定权力的领导干部。纪检部门与监督对象之间是处于调查与规避、控制与抵制的对立状态。二是监督工作与组织工作两者成效之间存在着一定矛盾关系。监督工作做到位，查处的干部多，越说明组织人事部门在干部选拔任用中没有为党委守好责任、把好关。

2. 教育管理监督合力未有效形成。当前党内监督和党外监督、上下级监督机构、不同部门监督都普遍缺乏高效率的协调和配合，导致监督合力削减。比如党内监督的主体是纪检部门和组织人事部门，纪检部门的教育管理监督是以惩罚为主，侧重于事后，预防是薄弱环节，常常只会采取案例教育。组织人事部门对干部教育管理监督有着明确的方向，其教育重点是业务技术。党建部门则是更强调党性教育。监督、考察、任用之间的关系并不紧密，彼此往往有脱节的现象。

3. 干部教育管理监督执行缺乏刚性共识。党的十九大以来，全国税务系统累计给予党纪政纪处分 9443 人次，追究刑责 1156 人次。2022 年全省各级税务纪检机构共处置问题线索 178 件、立案 63 件、给予党纪政纪处分 62 人。有些领导干部出于局部利益或自身利益的考虑，不严格按照制度办事。有些制度缺乏强制性，缺少监督和检查制度的执行情况，在很大程度上影响了制度的执行和有效性。此外，干部教育管理监督并不能带来当下的直接实际效益，其功能与效益是长期的、间接的，这也对干部监督工作的开展起到了一定的限制作用。

四、“全周期系统施治”提升干部能力的思考与实践

（一）全周期干部教育管理监督的概念。全周期教育管理监督是指对税务干部从入职初期到退休或离职的整个职业生涯进行全方位、全时段、全覆盖的教育、管理和监督。这包括了干部的培训、职务分配、日常工作、廉政建设、职业发展等各个阶段。

（二）上城区税务局开展全周期系统施治干部教育管理监督探索实践。上城区税务局实施“全周期管理”，保障教育监督覆盖干部职业生涯入职期、成长期、成熟期、临退期四个阶段，全面贯通“惩、治、防”，一体推进“三不腐”，聚焦清廉队伍建设，不断提升清廉单元建设颗粒饱满度。自杭州市行政区划优化调整新设以来，上城区税务局干部队伍先后荣获全国青年文明号、全国巾帼建功先进集体、全省税务系统先进集体、杭州市“廉政文化示范点”等集体、个人荣誉 140 余项，连续两年实现“系统绩效一段、地方综合考评优秀”双争先。

1. 针对入职期干部，上城区税务局首先是依托入职教育，通过丰富教育内容，实现新手快速上手的目标。高质量组织“入职三课”，一把手上党课、纪检组组长讲廉纪、支部书记宣党史，通过党员宣誓、廉政谈话、签订承诺，明规矩纪律，守初心使命。开展业务思想双导师结对活动，通过思想交流、项目跟做、岗位跟学、廉情汇报，全方位落实好“传、帮、带”。其次通过开设青年学堂等学习实践科目，提高干部业务实践能力，将税务新兵训练为业务尖兵。依托“尚税学堂”举办培训 11 期，线上建立青年学习交流平台，线下开展“税收现代化服务中国式现代化”等大讨论活动，专题学习研讨 10 次，覆盖人数达 1572 人次，特邀专家面对面授课交流，开展以案促学、专项攻坚、专题沙龙等多种学习实践活动 162 次，累计参与 1131 人次。组织现场旁听法院庭审，身边事身边人警示震慑，上好警示教育课。加强对年轻干部“八小时外”的情况监督，开展家访谈话，了解年轻干部兴趣爱好，以及生活圈、朋友圈、社交圈。

2. 面对成长期的年轻干部，上城区税务局一是培优树典，以优带潜，正向激励年轻干部不断创优争先。通过积极培树、广泛宣传在工作中涌现出的青年先进典型，开展“五星”青年评选，展示青年风采。近年来，上城区税务局青年集体及个人获得浙江省青年文明号等荣誉 32 项。二是打造专业化团队，铺设干部成长快车道。通过组建“智税”风险分析、“税小尚”讲师团队等 15 个专业团队，由 35 周岁以下中层干部担任队长，带领年轻干部揭榜挂帅，3 人入选省局人才库、41 人入选市局人才库；三师资格人员达到 27 名，不断激活干事创业“一池春水”。三是动态掌握年轻干部思想，将廉政监督的关口前移，织密全方位监督的安全网。通过组织支部纪检委员廉情分析会，摸底青年思想，分析汇总 26 个廉政风险点，厘清税企交往行为底线，抓早抓小抓好“近距离监督”。严格把关年轻干部选任、选调、青年才俊推荐的关键卡口，廉政谈话、民主评议、走访调查，动态更新廉政档案。

3. 对容易陷入懈怠期的中年干部，上城区税务局一是紧抓重点岗位，阻断腐败滋生的可能。通过紧盯风险岗位，对风险应对、退税审核、土地增值清算等关键岗位，强化执法风险防控，推动干部进行轮岗交流。通过紧盯专项治理，从严抓好专项整治，将礼品礼金、家属代理记账、隐性经商办企等问题作为监督重点。通过紧盯一案双查，参与上级交叉监督、提级办案，将“严查内错”贯穿税收政策落实全过程，对相关人员及时开展提醒谈话。二是建立健全监督机制，全方位加强治理。抓实以案促改，全面分析检视问题，精准提出对策措施，做深做细查办案件“后半篇文章”。升级智慧监督，设计“数智综合监督管家”监督查询语句，对涉税风险事项、涉税人员、重大涉税事项实现三个“全覆盖”监督。三是清除监督治理盲区，开展“沉浸式”党性教育和“互动式”廉政教育，筑牢廉政监督防线。拓展与地方纪委监委的协同合作，积极走访区纪委，开展联合监督，逐步扩大与公安、法院的信息交换面和数据量，多管齐下构建单位、家庭、社会、服务对象等多维立体护廉路径。整合廉洁文化资源，构建“尚廉古今”文化品牌，建设“清风八景”文化场景，倡导风清气正的崇廉风尚。

4. 面对临退干部，上城区税务局首先是以真心关爱为出发点，注重充分调动临退干部积极性，帮助其发扬个人风采，展现桑榆力量。通过建立临退时间表，关注临退干部职级晋升思想动态，谈心谈话送政策，交流座谈促共鸣，引导临退干部扛起政治担当，了解公正公平的职级晋升机制，吃下定心丸，站好最后一班岗。组织“金税映初心，喜迎二十大”主题“六个一”活动，凝聚桑榆智慧，激发队伍活力。老干部科在杭州市宣讲大赛中荣获一等奖，《中国税务老干部之歌》视频短片在总局金税桑榆App 上发表。其次是以精心守护为着力点，通过深耕“服管并重”，念好临退干部管理服务“严、实、情、活”四字诀，组建工会兴趣小组、传唱红歌、参与志愿服务、组织摄影展、好家风展示、健康知识讲座等方式，关注临退干部生活圈，定期进行廉情家访，引导培养积极健康的生活方式。最后是以薪火相传为目标，依托红心引领，帮助临退干部发挥和传承丰富经验。注重调动在理论宣讲、税收政策、文化艺术等方面有特长的临退干部积极性，在政策宣讲、文化服务、卫生环保、扶贫帮困等方面贡献力量。上城区税务局临退干部开展志愿服务 390 余次，有力弘扬资深税务干部爱岗敬业的优良作风，担好高质量发展的光荣使命。

五、“全周期系统施治”理念下税务干部教育管理监督总结与展望

本文总结了全周期教育监督管理的概念、必要性、关键要素和实施措施，以及通过上城区税务局的具体案例得到一些启示。

（一）强化政治引领，凝聚思想共识。要坚持把加强干部理想信念教育摆在突出位置，通过集中培训、专题研讨、个人自学等多种方式，积极开展马克思主义基本原理和中国特色社会主义理论体系学习教育，深入系统学习党的最新理论成果，引导年轻干部读原著、学原文、悟原理、知原义，用党的最新理论武装头脑、指导实践、推动工作。充分利用红色教育资源，引导年轻干部赓续红色基因、永葆政治本色，进一步增智慧、强斗志，引导干部始终坚定理想信念，做共产主义远大理想和中国特色社会主义共同理想的坚定信仰者和忠实践行者。

（二）强化教育培训，提升综合素质。要认真分析干部成长特点，从干部的工作实际和需求出发，按照“干什么学什么、缺什么补什么”的要求，积极为干部搭建交流学习平台，加强对干部的思想锤炼、政治历练、实践锻炼、专业训练，提升干部综合素质能力，打牢履职尽责的思想根基和能力基础。要结合主题教育和“三抓三促”行动，进一步创新教育培训方式，积极探索具有时代特点、符合干部实际的教育培训

新途径新方法，切实提高干部学习的内向驱动力。同时组织要提供广阔的平台，让干部在工作中有舞台、干事中有成就感，激发干部的表现欲以及荣誉感，并将政治过硬、表现突出的干部与“选优用优”结合起来，形成识才、育才、用才的系统路径。

（三）强化实践锻炼，激励担当作为。人在事上练，刀在石上磨。要建立健全跟踪培养机制，把政治素质好、有能力、有担当的干部放到最适合锻炼的岗位上锻炼，多“墩苗”，渐进式培养。用当其时，使用就是最好的培养。注重调动各年龄段干部的积极性，让全体干部都有干劲、有奔头、有希望。树立重实干、重实绩导向，健全完善干部考核评价体系，创新考核方式，充分发挥考核“指挥棒”作用，注重考核结果运用，坚持德才兼备标准，健全完善容错纠错机制，最大限度调动广大干部的积极性、主动性和创造性，让能为的年轻干部撸起袖子加油干，营造激励干事创业的浓厚氛围。

（四）强化监督管理，严管结合厚爱。切实履行好主体责任，研究分析干部教育管理监督工作，着重从强化纪律和规矩意识、深化教育引导等方面加强对干部的管理。要坚持把政治监督摆在首位，切实做到政令畅通、令行禁止。加强对干部的严管与厚爱，定期开展谈心谈话，准确掌握干部思想动态、工作现状和“八小时外”的生活情况，做到工作上支持、心理上关怀、待遇上保障，不断增强干部归属感。纪检监察机关要认真履行监督责任，坚持把对干部教育管理监督摆在突出位置，强化理想信念教育和典型案例警示教育，从严把好干部教育关、监督关。精准运用监督执纪“四种形态”特别是第一种形态，发现苗头性倾向性问题及时提醒，对违规违纪行为发现一起、严查一起，并用活用好身边典型案例“活教材”，扎实开展好警示教育，上紧干部的思想发条，提高遵纪守法自觉性。

参考文献

［1］李晓广．论当代中国权力监督体系［J］．中国特色社会主义研究，2005（01）：1－4.

［2］潘小玲．论县委组织部的干部监督——以湖北省 C 组织部为例［D］．武汉：华中师范大学，2007：7－8.

［3］蔡志强．新时代干部监督的实践形态与创新发展［J］．中国党政干部论坛，2018（07）：31－36.

［4］刘文新．中国共产党组织部门监督研究［D］．长沙：湖南师范大学，2013.

［5］田恒国．关于中国特色社会主义权力制约监督体系研究的思考［J］．福建省委党校学报，2010（01）：3.

［6］张宏仁．浅谈组织部门如何有效地加强对领导干部的监督［J］．沈阳干部学刊，2014（16）：57－59.

［7］宗伊矗．提高认识 完善机制 改进方法 切实加强组织部门的干部监督工作［J］．组织人事学研究，1996（02）：2.

［8］马京林．党政领导干部监督机制内容、存在问题和原因的思考［J］．湖北财经高等专科学校学报，2006（06）：4－5.

［9］王翠芳．中共党内监督存在的现实问题及其成因［J］．社会主义研究，2011（04）：26－28.

［10］杨根乔．当前党政正职领导干部监督中的问题与对策［J］．理论建设，2012（05）：20－22.

［11］张仙凤．廉政教育理想类型论析［M］//倪星，李泉．中国廉政制度创新的新趋势［M］．广州：中山大学出版社，2017：229.

［12］吴晓燕．精细化治理：从扶贫破局到治理模式的创新［J］．华中师范大学学报（人文社会科学版），2016，55（06）：48－52.

［13］韩志明．从三方面推进精细化治理［N］．学习时报，2018－09－17（006）.

［14］Gabriel Aguilera，Comparative Politics，2012，44（04）：421－438.

［15］William Dudley Foulke. Fighting the Spoils men：Reminiscences of the Civil Service Reform Movement［M］. Oct 2009：168－193.

［16］J. Edward Kellough and loyd G. Nigro，Civil Service Reform in the States：Personnel Policies And Politics at the Subnational Level（SUNY Series in Public Administration）［D］. Jan 2006：499－501.

［17］Regulatory Innovation by Leninist Means：Communist Party Supervision in China's Financial Industry，Sebastian Heilmann［J］. The China Quarterly，2005（181）：1－21.

课题组组长：蔡玲芳

成员：蒋智玮、汪洋、陈冠羽、黄晗丹（执笔人）

关于推进基层税务部门清廉税务建设的研究

国家税务总局杭州市拱墅区税务局课题组

摘　要：2017 年 6 月，浙江省第十四次党代会上首次提出“清廉浙江”这一概念。2021 年，浙江省委印发《关于纵深推进清廉浙江建设的意见》。浙江省税务局 2021 年印发《纵深推进清廉税务模范机关建设和清廉文化建设一体化实施方案》；2023 年发文认真贯彻落实税务总局《关于纵深推进清廉税务建设的实施方案》。可见，纵深推进清廉税务建设是着力打造勤廉并重的新时代清廉建设高地的有力举措。本文通过问卷调研、数据分析、深度访谈等方法，分析基层税务机关清廉税务建设现状及存在问题，并提出针对性建议。

关键词：清廉　税务　基层税务机关

2017 年 6 月，浙江省第十四次党代会上首次提出“清廉浙江”这一概念；2022 年 6 月浙江省第十五次党代会指出要以清廉单元建设为重点，做实做细清廉建设颗粒度。2021 年，浙江省委印发《关于纵深推进清廉浙江建设的意见》，为清廉单元建设提出了明确目标。浙江省税务局 2021 年印发《纵深推进清廉税务模范机关建设和清廉文化建设一体化实施方案》；2023 年发文认真贯彻落实税务总局《关于纵深推进清廉税务建设的实施方案》。可见纵深推进清廉税务建设是着力打造勤廉并重的新时代清廉建设高地的有力举措。本文以杭州市拱墅区税务局为研究对象，通过问卷调研、数据分析、深度访谈等方法，分析基层税务机关清廉税务建设现状及存在的问题，并提出针对性对策建议。

一、加强清廉税务建设的重要意义

（一）推进清廉税务建设是纵深推进政治机关建设的必然要求。浙江省税务局于

2023 年 12 月印发《关于纵深推进“双建争先”全域全面加强县级税务局政治机关建设的实施方案》，把坚定捍卫“两个确立”、坚决做到“两个维护”体现到税收工作全过程各领域。推动清廉税务建设为政治机关建设保驾护航，只有打造新时代勤廉并重的基层税务单元，实现廉政风险防控严密、权力运行规范有序、“昏懒庸贪”有效遏制、违纪违法问题显著减少，才能进一步形成山清水秀的政治生态。

（二）推进清廉税务建设是锻造忠诚干净担当税务铁军的现实需要。推进税收现代化建设服务中国式现代化，关键在党、关键在人、关键在干部队伍。税务部门干部手中掌握着不同的权力，用得不好就会产生腐败。推进清廉建设就是要盯住权力运行的重点领域和关键环节，对权力集中的重点领域、重点部门、重点岗位，加强风险防控。

（三）推进清廉税务建设是深入推进全面从严治党向纵深发展的重要抓手。近年来，税务系统全力构建“六位一体”全面从严治党新格局，政治生态评价优中有升、逐年向好。但要清醒看到党中央对全面从严治党、加强反腐败斗争工作的要求还在不断加强，党风廉政建设和反腐败斗争形势依然严峻复杂，新型隐性变异腐败招数层出不穷，税收执法领域违纪违法风险依然较高，“四风”问题屡禁不止，正风肃纪任务依然艰巨。推进税务系统全面从严治党向纵深发展必须准确把握新时代腐败和作风问题的阶段性特征，大力推进清廉税务建设。

二、清廉税务建设主要做法

近年来，拱墅区税务局立足“五个坚持”，深化“五抓五促”做法，一体推进“三不腐”，奋力打造清廉税务建设，2022 年实现“零信访、零线索、零违纪、零违法”。

（一）坚持党建引领，抓思想建设、促政治清明。一是夯实思想基础。党委班子带头“示范学”，党员开展“全员学”。二是管好意识形态。党委每半年专题研究 1 次意识形态工作，党委班子、支部书记深入开展谈心谈话，组织思想状况调查，及时掌握干部队伍思想动态。积极开展正面税收宣传，2021 年至今被央视、央广等各级媒体录用信息新闻 490 余篇。三是加强调查研究。制订大兴调查研究实施方案，班子成员每人每年至少牵头开展一项课题调研。

（二）坚持全员全域，抓组织保障、促机关清廉。一是聚焦党委，建强领导班子。严格执行一把手“五不直接分管”“末位表态”等制度，严格落实民主集中制。二是聚焦中层，建强中坚力量。坚持正确用人选人导向，依据工作实绩和现实表现平稳开展职级晋升。三是聚焦党员，建强党群组织。推动落实“支部建在科”上，机关党委深化“武林税运”党建品牌建设、实行“党建强基积分制”考核激励、开展“税地联建”、与省市税务局联合开展三级联学，推进纵合横通。

（三）坚持正风肃纪，抓作风转变、促干部清正。一是优化“四责协同”。深入推进纪检监察体制改革，有效落实“两个责任”清单，严格落实党委与纪检组会商制度。“一把手”定期听取班子成员履行“一岗双责”情况，开展党支部书记抓党建述职评议暨落实全面从严治党主体责任情况汇报会、支部纪检委员述职。二是深化综合监督。持续完善一体化综合监督体系，对组合式税费支持政策落实、高风险业务、干部选拔任用、职级晋升、婚丧喜庆报备、工作纪律执行等关键环节加强监督。密切关注“好差评”、12366、市长公开热线等渠道的投诉举报和意见建议，及时跟踪苗头性、倾向性问题。运用电子廉政监督卡、“亲清码”廉情反馈平台，加强被监督对象的“背靠背”测评。三是加强多方协作。深化与区纪委监委的联动协作，定期进行全体干部职工线索联合扫描，及时汇报党风廉政建设情况。召开特约监督员座谈会，加强外部监督。四是深入开展各项专项整治。

（四）坚持规范管理，抓建章立制、促税企亲清。一是健全机制制度。围绕“抓好党务、干好税务、带好队伍”三大方面，完善 30 余项规章制度。二是深化政务公开。健全权力制约和监督体系，严格落实权责清单公开制度。广泛听取意见建议，主动接受人大、政协等外部监督。严格落实领导班子和领导干部年度考核和“一报告两评议”制度，开展述职述廉、选拔任用报告评议。三是加强内部控制。严格落实任职年限有关规定，严格实行轮岗制度。

（五）坚持润物无声，抓文化熏陶、促税风清朗。一是建设“品牌 + 阵地”。建设“墅廉 · 清风里”廉政文化品牌，精心打造廉政文化长廊，刊印廉洁教育专刊。加强家税互动，组织家属座谈会，向干部家属寄送廉政家书。二是加强“教育 + 提醒”。参观拱墅区公职人员警示教育基地，开展党风廉政教育。坚持“正向引导 + 反向约束”，细化形成“亲清税企”正反面清单和倡导书。开展新入职干部“六个一”廉政教育活动。三是开展“争先 + 树先”。选树“墅税先锋”“墅税先进”等标杆榜样，引领干部职工见贤思齐、担当作为。

三、清廉税务建设中存在的问题及原因分析

（一）清廉税务建设过程中存在的问题。为进一步了解基层清廉税务建设现状，课题组面向区局干部开展问卷调查和个别访谈，进行图表分析和数据分析，总结梳理出以下七方面问题。

1. 清廉税务建设与税收业务工作融合度不够高。虽然各部门都承担着廉政建设的主体责任，但依然存在廉政建设只是纪检组工作的思想，只能被动地接受监督，不能形成与业务工作同布置、同落实的工作局面。在各项业务工作的开展和推进中鲜少有与监督部门主动沟通和交流，导致业务监督浮于表面。

2. 清廉税务建设的制度机制不够完善。目前区县局清廉税务建设的主要落脚点还是在对上级要求的落实方面，在清廉税务建设方向、具体要求、建设范围及是否存在考评机制、量化考核指标等方面，缺乏适合基层税务实际的具体举措。

3. 廉政风险无处不在对清廉税务建设形成挑战。从“两权”行使的运行轨迹看，税收执法权的弱化容易引起税费种认定类、发票管理类、登记认定类、申报征收类、许可处罚类、优惠政策类、出口退税类等廉政风险。行政管理权弱化容易引起干部选拔任用、大宗物品采购、招投标管理、资产管理、案件查办等廉政风险。违反中央八项规定精神，八小时外廉政风险也时有发生。

4. 廉政教育载体和内容不够多元化。目前廉政教育主要以学习党纪法规、典型案例、观看警示教育片等形式，缺乏方式、形式和内容上的创新，缺乏具有感染力的廉政文化宣传作品。

5. 清廉文化建设氛围有待加强。区局在营造清廉文化氛围上缺乏持续性、针对性，清廉文化建设的阵地多样性、多元化相对不足。另外，干部职工对自身清廉文化建设的主动性、积极性并不高，大多是被动开展工作、接受监督。

6. 清廉建设“最后一公里”还需进一步夯实。如何进一步加强支部网格的清廉建设，如何有效发挥基层纪检委员的作用，目前仍没有规范的指引，导致各支部在实际操作中冷热不均，效果不明显。

7. “八小时外”监督缺乏有力的抓手。对于干部的“八小时外”，始终存在着监督手段单一、监督方式简单等问题。家庭助廉对干部的“八小时外”监督并没有成型的经验，大多数家属重视程度还不够。另外，家庭助廉大多是通过寄送廉政家书、开展廉政家属座谈、开展廉政家访的形式，由所在单位主动进行，并没有建立双向链接。

（二）产生问题的原因分析。一是思想认识不到位。大多数干部职工对业务工作的主动性和积极性较强，但对清廉税务建设的思想认知并不统一，对廉政建设的任务认识、廉政风险认识和主动防控认识不足。二是监督贯通融合机制还不够健全。一体化综合监督体系是一个系统完善的制度体系，但目前各类监督贯通融合机制不够健全，各监督主体间协同配合能力不强，监督效率不高。三是廉政文化建设机制有待完善。廉政文化建设涉及部门众多，但职责界定还不够清晰，也无法根据短期的实际效果建立奖惩机制，具体实践途径也缺乏创新研究。

四、推进清廉税务建设的路径完善

（一）要加强党对清廉税务建设的全面领导。

1. 压实主体责任。党委书记认真履行第一责任人职责，班子其他成员落实好“一岗双责”，落实党风廉政建设责任制。坚持党委、党委纪检组定期专题研究全面从严治党、党风廉政建设和反腐败工作，对党风廉政建设工作任务进行责任分解，层层签订年度《党风廉政建设责任书》。定期分析政治生态状况，认真查找领导班子的突出问题，采取有力措施加以解决。

2. 守牢意识形态阵地。认真落实《党委（党组）意识形态工作责任制实施办法》《进一步规范税务人员网络行为指引》等制度办法，每半年至少专题研究 1 次意识形态工作。严格落实意识形态重大情况分析研判、应急处置和定期通报制度，扎实开展意识形态专题警示教育，持续规范等宣传文化阵地管理，守牢意识形态阵地。

3. 落实调研制度。组织开展“大走访大调研大服务大解题”活动，完善党委班子成员推进清廉税务建设前置性基层调研制度，深入基层一线，听取群众意见。

（二）要提高清廉税务建设的认知。

1. 宣传廉政榜样事迹，建立廉政情感认同和廉政理性认同机制。要通过新闻、纪录片、电影等形式大力宣传廉政榜样事迹，使干部产生情感上的触动。建立廉政情感认同机制，经常性开展廉政主题党日活动，深入进行廉洁谈话；建立廉政理性认同机制，利用好警示教育基地、廉政博物馆等廉政文化资源，并围绕“全面从严治党”和“三不腐”目标来建构系统性的廉政话语体系。三是结合党建文化品牌、纳税服务品牌，打造完整的品牌体系，开展全方位的廉政文化宣传。

2. 达成廉洁从政的思想共识。要着力用习近平新时代中国特色社会主义思想来凝聚廉政思想共识，将廉政思想转化为社会成员的共同性认识。妥善处理好税企之间关系，及时倾听纳税人诉求；充分发挥纳税人权益保障协会在促进税企征纳互动、保障纳税人合法权益方面的积极作用。

（三）要建立健全完善的清廉税务工作机制。

1. 要根据实际合理划分各部门职责。要根据实际建立职责任务清单、权责分配清单，充分发挥两个清单相互配合作用，形成科室融合、高效配合的职能运行机制。

2. 要将清廉税务建设纳入考核评价体系。要扛牢压实全面从严治党政治责任，将清廉税务建设任务完成情况与科室考核挂钩，制定具体的考核标准，包括但不限于规定动作完成、自选任务创新、内部培训掌握、科室人员评价等情况，并加强考核结果运用。

3. 要紧抓跟踪管理。要加强项目化管理，建立清廉建设问题清单、整改清单、制度清单，并落实对账销号责任部门，推进清廉税务建设高质量发展。将日常监督贯穿清廉税务建设始终，相关责任部门与各支部纪检委员协同配合，严格开展定期检查、随机抽查、专项督查。

（四）要将清廉税务建设与税收业务工作相融合。

1. 明确工作原则。坚持常态化监督、全方位管理、协同配合原则。

2. 清廉建设内容。一是加强政治建设，开展“第一议题”学习，学习党纪法规，贯彻落实局内各项规章制度，认真落实“三会一课”“月学月考”各项要求。二是推进作风建设。深入贯彻落实中央八项规定及其实施细则精神、整治损害纳税人缴费人利益的腐败问题和不正之风，重点关注税源管理与纳税人联系密切、税务人员吃拿卡要、违规吃喝、违规收受礼品礼金、违规投资入股经商办企业等问题。重点关注与纳税人缴费人的交往情况，特别是与涉税专业服务机构及从业人员交往情况，重点监督关键岗位人员，规范使用电子廉政监督卡。三是加强警示教育，开展以案促治、支部警示教育大会、实地警示教育。四是定期轮岗。对主要负责人、部门副职，按规定年限交流；涉及片区划分的税源管理岗位人员在同一责任区工作满 5 年的，应进行内部岗位交流。五是廉政风险防控。重点关注税源管理各党支部行政执法权运行的事前、事中、事后全过程监督，特别关注直接对接纳税人、廉政风险较高的岗位、环节。六是干部“八小时外”生活监督。重点关注干部生活圈、交际圈、休闲圈，税务人员节假日遵规守纪情况、家风建设和家庭助廉情况及“酒驾醉驾”、赌博等的非职务违法犯罪问题。

3. 工作职责。

（1）党支部书记主要职责。一是开展谈心谈话。综合运用监督谈话、谈心谈话、谈话提醒等方式，对党员干部基本情况必知、思想状况必知、家庭现况必知。干部入职入党、职务职级晋升、岗位调整、离职退休、受处分、遇重大变故，要开展谈心谈话。二是开展廉政教育。每季度组织支部至少开展 1 次纪法教育、警示教育，深化运用导师指导制度，抓好新调入干部、年轻干部的廉政教育。三是问题及时汇报。每年年底向机关纪委汇报廉政建设情况，落实“回头看”，及时开展领导点评、相互测评等，接受评议考核。发现党员干部非职务违法犯罪、违规吃喝、违规收受礼品礼金、违规经商办企业和其他违纪违法行为，必须向上级党组织和党委纪检组报告。四是开展廉政风险防控。结合内控要求，按季对重点岗位、风险较大的事项和人员、业务交叉开展廉政风险排查。定期检查下户台账、电子廉政监督卡、开展廉政教育台账、党支部台账等。五是加强干部管理，对发表错误言论必管、故意刁难服务对象必管、涉酒涉赌必管、违反社会公序良俗必管。

（2）支部纪检委员主要职责。一是落实“纪检委员时间”。在主题党日加强警示教育，带头领学案例、讲明纪法。组织党员开展自我剖析，参观警示教育、革命传统教育基地。二是开展日常监督。落实税源管理岗位廉政风险事前、事中、事后排查、行政执法权运行全过程的监督、干部“八小时外”网格点巡察等方面的常态化监督检查。三是开展提醒谈话。支部纪检委员对发现的苗头性问题要及时进行提醒谈话。有效运用监督执纪“第一种形态”，潜在问题早发现、露头问题早提醒、发现问题早处理。四是开展廉情分析。税源管理部门党组织至少每半年对党组织及所有党员开展廉情分析，支部纪检委员每半年通报婚丧喜庆等重大事项、党员干部违纪违法问题线索和信访举报情况、“亲清”电子廉政监督卡反馈情况等。五是及时防范风险。梳理廉政风险点，组织签订个性化的廉洁自律承诺书，在税源管理部门一定范围内公示。对风险较高岗位人员实行风险提醒。六是建立“八小时外”联络网格。由支部纪检委员发起，通过税源管理干部居住地建立科室内部管理“网格”，每个税源管理部门设置一名“网格”联络员，定时对干部“八小时外”生活进行互查提醒。

（五）要探索监督与岗责体系深度融合。

1. 覆盖各个层级。纵向深入推进党委全面监督、纪检机构专责监督、基层党组织日常监督，各层级监督主体开展协作。党委层面，定期召开专题会议对廉情报告进行分析研判；纪检层面，依托廉情反馈渠道，实时受理各项意见、投诉；党组织层面，严格贯彻落实党委和纪检部门整改意见，贯通形成“党员群众、纳税人反映—纪检受理—党委研判—支部整改”的监督闭环。

2. 覆盖各个部门。充分发挥职能部门监督作用，将监督渗入税收改革、纳税服务、日常征管等各个环节。纳税服务部门、办公室、党委纪检组定期交线下服务场所效能评价，跟踪“差评”整改落实、跟进信访线索；纪检、税政部门对重大任务联合督办，向进度滞缓的部门下发督办单、整改建议书以及问题清单，有效推动各部门在重大任务开展全过程自觉接受监督。

（六）要关口前移筑防线。

1. 分类监管精准发力。一是聚焦关键人。紧盯受过党纪政纪处分、信访多人员，开展个性化谈心谈话和回访教育，有针对性地采取防范预警措施。紧盯新入职人员开展警示教育，紧盯有大额资金借贷、近亲属经商办企业和从事涉税中介等人员开展家庭助廉。二是聚焦关键岗位，紧盯风险应对、退税审核、土地增值税清算，以及法制内控部门重点关注的“两权”运行等高风险岗位，全面排查岗位职责、业务流程、制度机制、外部环境等方面存在的风险，根据自由裁量权大小、违纪违法发生概率及危害程度等因素确定岗位风险等级，制定针对性防控措施。三是聚焦关键时点。关注子女升学、乔迁、婚丧喜庆等时点，落实违规操办升学宴风险提醒，关注重要岗位调整、干部选拔任用、职级晋升等时点，并结合实际评估岗位调整风险。关注重大节假日、出国出境等时点，推送廉政提醒。

2. 完善内控制度。健全完善规范化管理系列内控制度，建立事前提醒、事中扫描、事后检查的全流程“监控”机制，设置内控岗位，形成相互制约、相互提醒的内控防范体系。严格落实容错免责制度机制，最大限度保护和调动机关干部主动作为、敢于担当的积极性。

3. 推进事务公开。强化权力运行制约监督，深化党务、政务和其他领域事务公开，做到事项全公开、过程全规范、结果全透明。推进领导干部个人重大事项报告和廉情档案核查，督促干部做好个人重大事项报告。

4. 创新监督举报方式。通过廉政监督问卷，对税务干部违规接受宴请、违规借贷、收受或索要财物等易发多发风险进行调查。调查结果直接传递至纪检组，形成

“全天候、立体式、网格化”的闭环式监督格局。

（七）要加强清廉文化建设。

1. 探索税务文化与清廉文化融合。依托书画、摄影、美术、格言警句等表现形式，创建“廉洁文化墙”。设立“廉洁单元”，立体呈现“亲清税企”正负面清单、“亲清税企”承诺等内容，展示违纪违法典型案例。深化“四寻四话”特色学习机制，用好大运河红色资源，上好“行走的党课”。创新廉洁教育载体，建立“青廉魂”等队伍，开展廉政剧本杀、青廉桌游、廉政动漫等活动，提升廉洁文化穿透力。

2. 编织社会“助廉网”。深化运用“税务 + 纪委”协作机制，联合开展监督检察，通过明察暗访、查阅工作清单、听取纳税人意见等形式，就减税降费等中央重大决策部署进行督办，对薄弱环节及时查漏补缺。定期向纪委监委汇报监督执纪问责、廉政风险防控等工作，主动接受监督和指导。建立特约监察员交流反馈机制和整改督查机制，有效解决侵害群众利益不正之风以及税收政策落实、办税满意度等方面的问题，倒逼干部转变作风，激发监督效能。

3. 划清清廉底线。针对税企交往中的廉政风险点，以税务人员“十五个不准”“六条禁令”等为依据，制定“亲清税企关系负面清单”。组织开展“优化税收营商环境，构建亲清税企关系”签名承诺活动，进一步提升税务干部廉洁从政意识。发放税企“亲清”约定倡议书，并建立健全税务干部与纳税人常态化沟通联系机制，积极构建“亲清”税企关系。

4. 大力推行廉洁家风。要丰富廉政家风的建设形式，充分运用家访、座谈等传统途径，开展“廉政家庭”评选活动，树立“廉政家庭”典型；可建立“廉洁网格员”制度，由每一家庭的一名成员为代表组成“廉洁网格”，由点带面推进将家庭助廉更加具体有效。

参考文献

［1］汤国荣．文旅系统廉政风险的识别与防控体系建构［J］．领导科学论坛，2021：136，122 - 166.

［2］邓力平．税收现代化服务中国式现代化的内涵思考与实践途径［J］．税务研究，2023（04）：5 - 14.

［3］周柔．深入推进清廉税务建设研究——以广西清廉税务建设为例［J］．领导科学论坛，2024（05）：73 - 77.

［4］郑永丰，谭英俊．广西推进清廉税务建设的实践与启示［J］．桂海论丛，2022（02）：93 - 97.

［5］陈平其．廉政文化建设的信仰培育与制度规范［J］．湖湘论坛，2018（02）：98 - 105.

课题组组长：倪永清

成员：张潘雪梅、张怡、洪颖（执笔人）、奚婧（执笔人）

深改背景下青年税务干部综合能力建设研究

国家税务总局杭州市拱墅区税务局课题组

摘　要：党的二十大报告提出“人才是第一资源”。习近平总书记强调，综合国力竞争说到底是人才竞争。税收为我国公共事业发展和国家治理提供了基础支撑，培养和组建一支政治素质过硬、能力全面的人才队伍，是税务系统的重大战略之一。青年干部是税务干部队伍的骨干力量，具有学历较高、思维活跃、朝气蓬勃、精力充沛等特点，为税收事业注入新鲜活力的同时，也出现了专业素养不足、工作经验尚缺、思想观念尚未成熟等问题。本文将对青年税务干部综合能力建设工作开展研究，发现存在不足及其成因，并结合拱墅区税务局完善团队化建设机制工作实例，提出对应改进建议及举措，为深改大背景下税收事业发展进一步夯实人才基础。

关键词：青年税务干部　队伍建设　综合能力

一、引言

税务部门作为国家重要经济部门，也作为一个占有全国接近1/10公务员的执法部门，干部队伍建设至关重要。如何加强新时代青年税务干部队伍建设，凝聚起崭新的铁军力量，是一个重要课题，更是一项历史使命。随着税收现代化进程不断推进，税务系统干部队伍建设不断完善，青年干部综合素质和业务技能显著提高。但是，随着全面推行“营改增”、国地税征管体制改革、非税业务划转等一系列的税务系统改革进程，干部队伍建设中一些深层次的矛盾日益凸显。面对这一境况，我们需要激发税务铁军的内生动力，充分发挥干部的主观能动性，从“要我学”激发成“我要学”；从“要我做”蜕变为“我要做”。因此，结合深改背景下的干部队伍现状，开展青年税务干部综合能力建设研究，并对此提出有针对性的对策和建议，对进一步提高干部综合素质，夯实人才队伍基础，具有积极的现实意义。

二、青年税务干部综合能力建设理论基础

（一）马斯洛需求层次理论。美国心理学马斯洛在其著作《动机与人格》一书中，首次提出了“需求层次理论”，将人们主要的需求分类为：生理、安全、社会、尊重和自我实现，这由高到低五个不同层次的需求。准确了解青年税务干部队伍的多层次需求，有助于更有效地建设一支优秀的青年税务干部队伍。

结合马斯洛需求理论和税务工作实际，可以把青年税务干部的需求划分为四个层次，分别为物质需求、安全需求、社交需求和发展需求。（1）物质需求层面，虽然机关单位工作人员收入待遇比较稳定，但随着经济的不断发展和生活节奏的不断加快，物价上涨、房价抬升、生活成本逐年加大，税务干部薪酬增长速度与经济增长速度不匹配，特别是中大型城市“住房贵”“育儿贵”等问题较为突出，干部的生活压力不断增加。（2）安全需求层面，税务干部的安全感往往来自两个方面，一是干部自身素质能够匹配岗位；二是税收风险和执法风险水平较低，只有满足干部在安全层次上的需求，才能避免产生患得患失的想法。（3）社交需求层面，税务干部的需要主要可划分为两类，一是友爱的需要，营造和谐的工作氛围，是青年税务干部队伍建设中的重要环节；二是归属感的需要，加强干部对于单位的认同感，才能打造一支具有凝聚力的干部队伍。（4）发展需求是需求的高级阶段，是指税务干部的自我实现需求。一方面，从长期来看，青年税务干部希望能够得到系统的培养和合理的晋升，进一步提升自己的技能和社会地位，提高他人和自我的认可度；另一方面，青年税务干部希望设立长期有效的激励机制，为自己争取到最大利益，提升自我认同感和实现自我价值。只有基本实现了以上几个层面的需求，青年税务干部才会有更多的精力将更大热情投入自身综合能力提升建设中来。

（二）麦克利兰成就需要理论。美国著名的社会心理学家戴维·麦克利兰，曾任康涅狄格女子大学讲师、卫斯理大学、布林莫尔学院及哈佛大学心理学的教授，在哈佛大学任职期间，他提出了成就需要理论。根据这一理论，激励人们工作的三个基本需要是成就需要、权力需要和亲和力需要。（1）成就需要是追求完美、取得成就、取得成功的需要；（2）权力需要是人们控制他人、影响他人、拥有权力的欲望；（3）亲和力需要是建立友好和亲密的人际关系，并被工作单位和其他人注意和接受的需要。

在青年干部培养体系的规划中，首先要做到因材施教，不能对全体培养对象简单粗暴“一刀切”，针对不同干部的成长需求定制相应的“成长计划”有着充分的必要

性，有助于人事安排时将青年干部分配至能力匹配度更高的工作岗位。此外，对于个性特点、专业特长迥异的干部需要采取不同的激励方式，根据成就需要理论，有效的教育培训可以激励青年税务干部的成就需求。因此，为了提高税务系统青年干部的工作效率和主观能动性，可以对其展开必要性的培训，提高成就需要。

三、当前青年税务干部能力建设中存在的问题

当前，杭州市税务系统年轻化趋势显著，为了更客观、全面地了解青年税务干部综合能力建设中存在的问题，从而激励优秀青年干部脱颖而出创造良好生态，结合党的二十大报告中“深入实施人才强国战略”的要求，在深入学习领会习近平总书记关于青年工作的重要思想的基础上，课题组编写了《税务系统青年干部综合能力建设工作情况调查问卷》，并在以拱墅区局为主的杭州市部分青年税务干部中开展了一次问卷调查，共有103名干部参与填写，主要问题调查结果如表1所示。

表1　税务系统青年干部综合能力建设工作情况调查结果统计

项目	选项	次数	百分比（%）
从事税务工作经历的岗位个数	1个	14	13.59
	2～4个	63	61.17
	5～7个	24	23.30
	8个及以上	2	1.94
对当前岗位的满意程度	非常满意	18	17.48
	基本满意	61	59.22
	一般	17	16.50
	不满意	7	6.80
目前工作积极性	非常高	11	10.68
	比较高	26	25.24
	比较低	57	55.34
	非常低	9	8.74
目前的工作压力如何	非常小	5	4.85
	比较小	42	40.78
	比较大	51	49.52
	非常大	5	4.85
接受脱产培训的频率	每月1次以上	32	31.07
	每季度1次	49	47.57
	每半年1次	12	11.65
	每年1次	10	9.71

续表

项目	选项	次数	百分比（%）
培训内容是否能满足岗位需要	非常满足	26	25.24
	基本满足	38	36.89
	不太满足	31	30.10
	不满足	8	7.77
所参加培训师资水平评价	专业水平较高	23	22.33
	部分专业水平较高	66	64.08
	专业水平一般	11	10.68
	专业水平较差	3	2.91
学习税收政策或岗位专业知识的时间是否充足	十分充足	6	5.83
	比较充足	37	35.92
	不太有时间	47	45.63
	基本没时间	13	12.62
本单位对青年干部综合能力建设工作成效	非常显著	19	18.45
	比较显著	72	69.90
	效果一般	7	6.80
	效果较差	5	4.85

（一）岗位配置有待优化。根据调查结果，如图 1 所示，仅有 17% 的青年税务干部对当前岗位非常满意；从入职以来从事岗位数量来看，图 2 显示绝大部分干部获得的轮岗机会较少，轮换岗位在 4 个以下。在实践中，存在青年干部长时间在同一岗位工作，持续十年甚至更久；而有的青年干部从入职以来，除办税服务厅经历外，长时间在综合管理部门，从未在税源管理或政策业务部门任职。调查结果显示，相当一部分青年干部对自己当前所处的岗位不够满意，长此以往，会严重影响青年干部工作能力的发挥，不利于综合素质的提升。

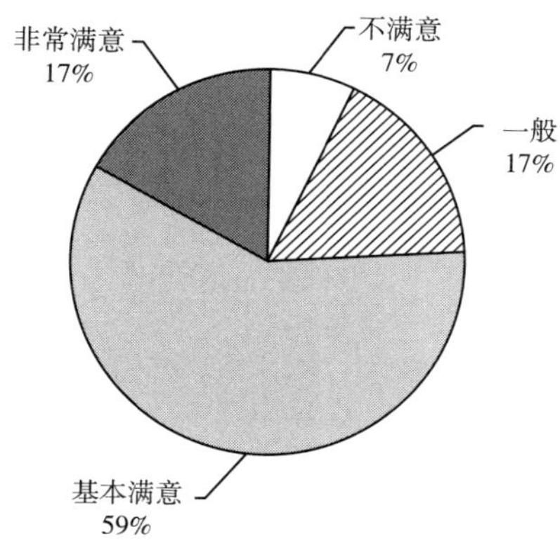

图 1　青年干部对当前岗位的满意程度

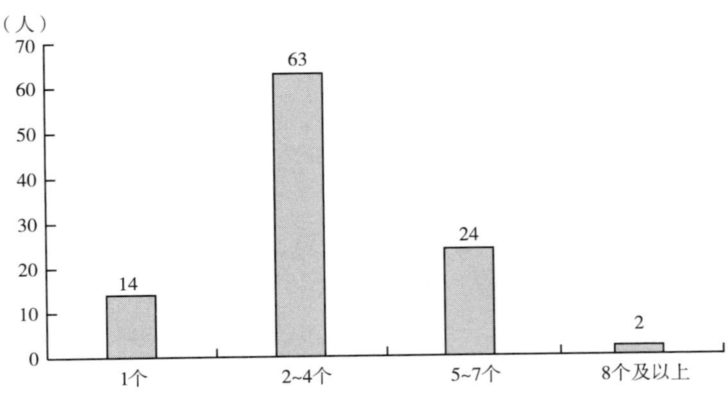

图2 青年干部从事税务工作所经历的岗位个数

在实际工作中，税务干部的岗位经历越丰富，掌握的税收知识就越全面，综合能力也越完善，对待工作就能更为得心应手。从综合能力提升的意愿出发，干部能力提升的主观能动性和同一任职时长呈反向相关的关系，即同一岗位任职时间越短，主观能动性越高，反之越低；从工作态度来看，干部的干事热情也与同一岗位从业时间反相关。如果在同一岗位上停留时间过长，工作中就容易出现敷衍的心态，产生职业倦怠，干部轮岗交流的重要意义就由此体现。但是大部分单位在考虑岗位安排时，首先顾及工作开展的效率，没有兼顾干部的主观意愿、从业时间等情况，精通某一领域的干部长期固定在单一岗位，不利于年轻干部的长远发展。

（二）培训实效有待提升。开展教育培训的最终目的是提升干部的综合素质，以此满足新时代税务的新要求，让干部得到更好的发展。关于当前青年干部教育培训的现状，调查结果如图3所示，青年干部接受培训的频次明显不足，统计对象中仅有31.07%的干部每月参加培训，虽然目前部分单位每月都安排了培训，但仍有许多一线窗口干部因工作等原因无法参加；且对于培训内容的反馈上，有37.87%的干部认为培训不够满足岗位需要，也有13.59%的干部对师资力量的专业程度尚不满意，认为师资水平一般甚至较差；政策业务学习时间上，更有58.25%的干部表示学习时间不够。教育培训及干部自身学习的不充分，会导致青年税务干部的综合能力得不到切实有效的提升。

青年税务干部现有培训效果不理想的主要问题表现在：一是培训内容的实用性和针对性不强。目前税务部门开展的培训内容大多侧重于政策解读方面，而干部更欠缺的往往不是对政策的理解，而是在实务操作、数据处理、统计分析、公文写作等方面，但是这些内容在培训中涉及较少。而且开展培训时，不同学员的基础不尽相同，素质参差不齐，但是培训的内容不能有效地针对学员的水平进行划分，培训效果不佳。二是培训教育的全面性不够。税务干部参加的培训大多是岗位相关培训，容易导致“偏

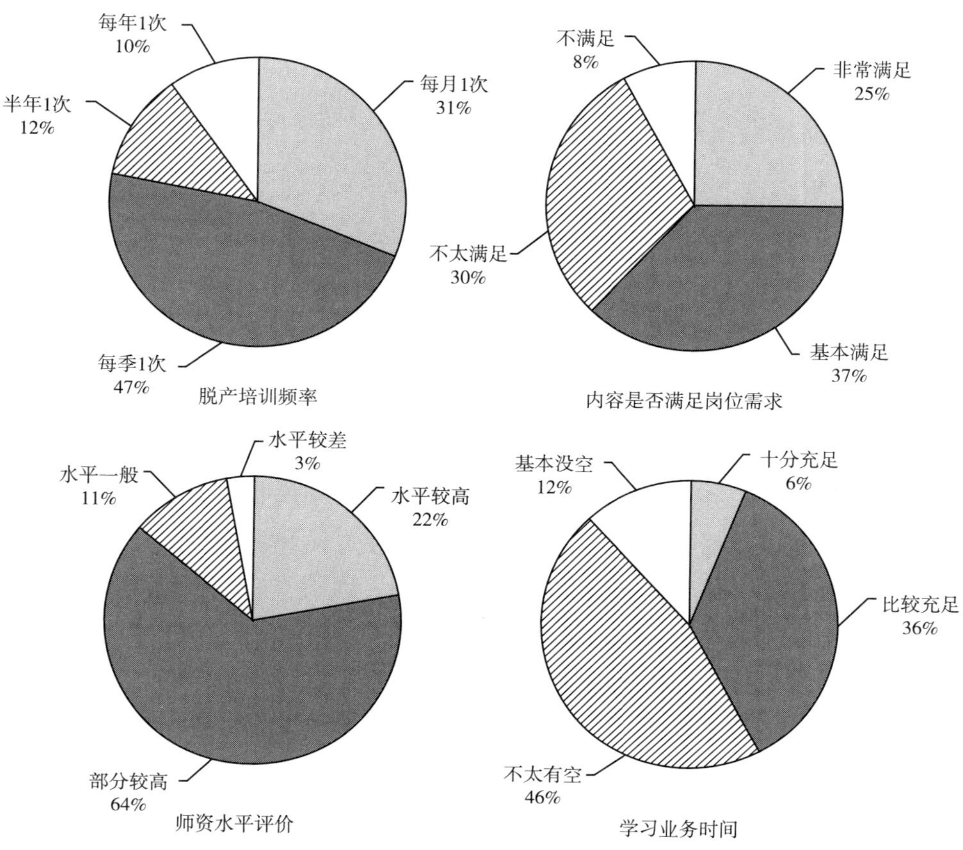

图 3　青年干部参与教育培训现状

科”严重，不利于综合岗位技能的培养，造成税收专业能力与综合能力不能协同发展，从事综合行政方面的工作能力较差，从事税收业务工作的文字写作能力较差，长此以往不利于全面发展。三是反馈跟踪不足，目前对于培训的后续效果，税务系统一方面缺乏合理的评价指标体系，无法明确判断培训是否达到目的；另一方面缺乏考核激励，不论培训认真与否、培训效果好差，对干部而言没有任何影响，不利于激发学习积极性。

（三）激励机制有待改进。根据对青年干部工作状态的调查，目前有过半的青年干部工作积极性不高，比例高达 64.08%；有 54.37% 的干部认为目前工作压力较大，甚至非常大。从近年学历提升考试、“三师”证书考试报名情况来看，青年干部的积极性也并不高，反映出在干部能力建设方面的激励不够（见图 4）。

当前的激励机制形式较为单一，主要为公务员年度考核，职务、职级晋升以及薪酬激励，在调动青年干部的积极性方面有一定作用，但是激励效果并不明显，且存在以下两个问题。一是晋升通道不畅。横向来看，由于税务系统实行以国家税务总局为主与省（自治区、直辖市）政府双重领导管理体制，受人事管理体制限制，对比其他

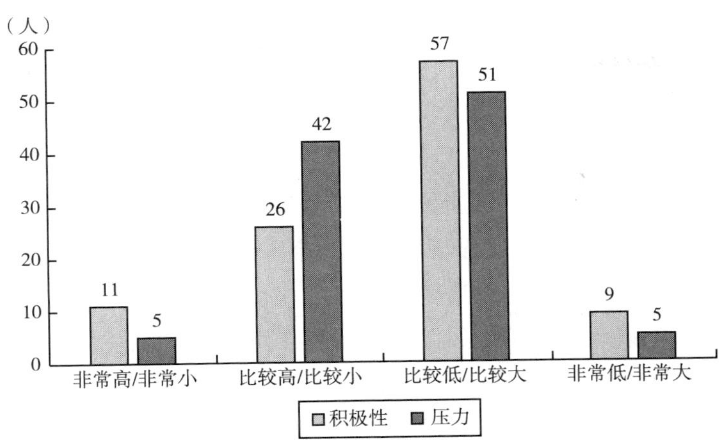

图 4　青年干部工作积极性与压力

地方政府职能部门的干部，税务干部晋升主要还是在本系统内，与地方横向交流的机会较少。纵向来看，基层税务部门受编制职数的约束，干部多、职数少，导致系统内晋升通道狭窄，竞争异常激烈。加之税务干部队伍普遍存在年龄结构不平衡，容易导致基层中层领导干部集中在某个年龄段，从而增大了很大一部分干部的晋升阻力。很多优秀的青年干部即便具备提拔使用的才能及条件，也少有机会脱颖而出。虽然随着职务职级并行的不断推进，职级晋升的通道相对打开，但由于职数限制，对广大基层税务干部而言，职级晋升的通道还是很窄。长此以往，部分青年干部工作热情日渐消磨，活力缺乏，人才资源浪费。二是考评机制不够健全。当前税务系统的干部日常考核形式是绩效考核。对于一般干部而言，年度绩效考核结果主要依托于部门主要负责人打分以及部门内部的民主测评，对于部门内部纵向比较相对公平，但一般干部绩效考核分数是与全局同层级干部做横向比较。现行的绩效考评机制仍不能明晰地反映出同一层级但不同部门的被考核人员的工作成效和能力差别，考核既不能对那些平时工作消极、慵懒散漫的干部起到警示和惩戒意义，对表现突出的干部激励作用也不够。年度考核奖金是以所在辖区税务局为单位进行定档分配的，对优秀干部除了发放一次性奖励金和记功嘉奖外，没有额外物质激励，且在干部选拔、职级晋升等方面也没有明显政策倾斜，无法有效激发青年税务干部的工作潜力。

四、加强青年税务干部综合能力建设的对策建议

（一）优化岗位配置，提升青年税务干部岗位适应能力。

1. 科学规划做好岗位匹配。俗话说：“人尽其才，物尽其用。”只有充分明确岗位职责，科学合理进行干部选任，才能将工作效率提升至最大化，也能将青年干部个人

才能发挥至最大化。科学定岗需要人事部门对岗位和人员进行深度匹配。首先要厘清各部门的工作职能和具体承担的工作内容，充分评估各项工作的难度及所需要的资源，从而确定各部门的岗位数量和人员需求；其次是充分了解干部个人特点、兴趣特长等，并初步了解其主观意向；最后进行人岗比对，在此基础上按照“人适其岗”的原则，科学进行人员配置，让干部在各自岗位上有更多获得感。

2. 严格落实岗位标准化、流程规范化。对各科（股）室业务开展全流程系统梳理，规范各项税收业务从受理到最后档案归集各个环节操作。此外，运用好税务系统内控平台，进一步明确各个岗位的风险，让税务干部对自身岗位风险有一个清晰的认识。一方面能够让纳税人、缴费人享受规范优质的服务、规范统一的政策解读和业务辅导；另一方面能够让税务干部在日常工作中做到有据可依，降低税务干部的执法风险。

（二）科学教育培训，缓解青年税务干部综合本领恐慌。

1. 制定青年干部培养规划。在青年干部培养规划的制定上，要充分考虑青年干部自身的需求和单位系统的总体目标，并尽可能实现有效结合。如拱墅区税务局，科学按青年干部入职年限划分为“快速成长黄金期、事业起步发展期、能力成长成熟期”三个阶段，有计划、有步骤、有重点地采取源头培养、跟踪培养和全程培养。（1）“快速成长黄金期”阶段，主要通过初任培训、“师带徒”结对教育、“入职第一课”、职业生涯规划等方式，帮助青年干部快速建立税收日常工作所必需的知识体系，尽快适应工作、融入税务大家庭。（2）“事业起步发展期”阶段，通过各条线业务培训、实战化培训、编入“6 类专业化团队”训练、选拔推荐参加练兵比武、鼓励报考“三师”等，帮助青年干部学深学透、专注专精，有擅长的业务领域，成为所在条线的业务骨干、行家里手。（3）“能力巩固成熟期”阶段，通过推荐参加总局、省局青年才俊等高层级培养培训、项目化团队化实战训练、轮岗锻炼、挂职锻炼等，提高青年干部解决实际问题和应对复杂局面的本领，帮助青年干部成长为具有一定视野、能胜任重要岗位、独当一面的领导型或专家型干部。

2. 强化教育培训实效。教育培训是干部资源培养和开发的重要途径和手段，从一定意义上讲，干部成长与发展的过程就是接受教育和培训的过程，要把税务干部培养作为税务系统的战略工程来抓。科学的教育培训体系能够有效地提高提升干部综合素质，帮助他们胜任岗位，实现自我价值。针对当前青年税务干部教育培训中存在的问题，可以从以下几个方面进行改善：一是做好需求分析，科学确定培训内容。首先在培训开展之前，要针对不同人群并结合当前阶段最紧迫和最重点的工作，科学制订教育培训计划，帮助解决青年税务干部最关心和最需要的问题；其次，培训的总体内容应偏向实操，要从基层税务工作出发，结合案例教学等方式开展窗口、税源、系统、公文写作等专项培训，切实提高干部在一线工作过程中解决实际问题的能力。二是要有针对性开展培训。整体培训过程确保精准“滴灌”，务求培训实效。例如，今年拱墅区局的全员培训，创新采取分级分类模式，三批次培训以需求为导向，把握不同年龄、不同层级的干部特点，有的放矢设计个性化课程，专设一期主要面向35周岁以下的青年干部，打破传统讲述式授课的模式，以分组对抗、素质拓展、交流研讨等新颖的形式培训，更加贴合青年干部的喜好，帮助干部完善履职必备的基本知识体系，有针对性地强化工作本领。

3. 加强税务文化建设。优秀的税务文化能潜移默化地影响青年干部的精神面貌、行为方式和价值观念，起到凝聚组织形成合力，提高产出效益的作用。因此，要强化人文关怀，以优秀的文化感召、引导年轻干部，营造体现税务人共同价值追求的税务文化。以拱墅区税务局为例，积极打造“1 +6 + N”学习团队作为能力建设主阵地，即组成政策法律、数智管税、纳税服务、财行社保、信息新闻、行政党建等六大团队。团队运行建立“团队长负责制”和“导师指导制”两大运行机制，团队长由科长和业务骨干担任，导师由局领导、退二局领导及科长担任。不同团队下设N个业务组，以小组为单位开展每周实训、随时实练，青年干部不仅业务水平得到了显著提高，人际交往渠道也得到了扩展。

（三）完善激励机制，保障青年税务干部职业发展需求。

1. 建立健全税务干部薪酬增长体系。不断完善机关工作人员薪酬制度，适当提高税务干部收入水平，尽可能恰当地满足青年税务干部的物质需要，使其能更加全心全意投身于工作之中。一是要对同层级薪酬开展调研，在可能条件下对企业人员薪资水平进行深入调研，对青年干部和相当工作年限企业人员的工资进行横向比较，将该结果作为调整干部工资水平的参考依据。二是要建立健全合理的薪酬增长制度。要综合考虑经济增长水平、物价水平、通货膨胀系数及公务员对于社会提供的服务和政府的支付能力，合理设置薪酬增长的标准和频率，确立量化的薪酬增长方案。

2. 拓宽青年税务干部晋升通道。拓宽基层青年税务干部晋升通道，横向来说，要搭建税务机关与地方政府人才交流的桥梁，除了向地方政府输送人才外，也可以增加税务干部到地方政府挂职锻炼的机会，既增强与地方政府的联系，也是业务交流和提高干部综合素质的好方式。纵向来看，一是给予基层税务部门在职级晋升方面一定的自主权，允许各基层税务部门在符合单位长远发展的情况下提高每个层级的晋升比例；二是应在领导岗位空缺的情况下，结合实际及时开展领导干部选拔任用工作，坚持“公开、平等、竞争、择优”的原则，以素质能力来选人用人，不论资排辈，也不一味提拔年轻干部，综合考虑人员结构，科学设置选拔条件，给每个年龄段工作表现突出、综合能力强的干部晋升的机会；三是希望上级税务机关结合工作实际在编制允许、岗位空缺的情况下，尽可能多开展选调、遴选工作，为青年税务干部提供更多发展渠道。

3. 完善税务干部考核考评机制。科学干部考评是选人用人之本。科学的干部考核评价机制，一方面可以帮助干部认识自我、分析自我、提升自我；另一方面也可以为单位育才用人提供参考。拱墅区税务局在此基础上积极推进考核评价“多元化”，对参加各团队、各业务组、各项目组的干部开展“1+5”考核评价。“1”指月考成绩这一评价基础；“5”指日常工作表现、团队活动参与、项目目标完成、专业化能力竞赛、急难险重担当等五项评价维度，由团队长、导师每年开展一次评分。两项分数计入干部“成长档案”，作为比武推荐、评先评优、年度考核、个人晋升等方面的重要参考。通过科学合理的干部考评机制，使得勇于担当、埋头苦干的干部充分展示自己的才干，让真正优秀的干部脱颖而出，让行为负面、作风不实的干部受到惩戒，在青年干部中形成积极进取、勤勉务实之风，激励更多干部干事创业、奋发有为。

五、结语

百年芳华铸就千秋伟业，铿锵步伐再启复兴征程。今年，税务总局制发《深入推进税务青年工作高质量发展三年行动计划（2023—2025 年）》，突出青年人才培养。加强新时代青年税务干部队伍建设，不仅是更高标准、更高要求建设德才兼备的高素质税务执法队伍的坚实基础，也是落实中央两办《进一步深化税收征管改革的意见》、强化组织保障的重要一环，只有建成一支“政治坚定、敬业担当、能力突出、善作善成、廉洁自律”的干部队伍，才能担当起推进改革的重任。

参考文献

［1］王茹．需求层次理论在基层事业单位人力资源管理中的应用［J］．中国市场，2021（21）：115－116.

［2］余晓丽．C 州税务系统青年干部职业流动困境及对策研究［D］．昆明：云南财经大学，2022.

［3］安雁嵘，王丹．事业单位中激励机制的研究——以山西省蚕业科学研究院为例［J］．中国集体经济，2018（32）：62－64.

［4］闫继光．马斯洛需求层次理论与经济合作服务人力资源管理［J］．中国集体经济，2022（17）：136－138.

［5］李雨轩．T 税务系统青年干部工作满意度调查研究［D］．天津：天津师范大学，2022.

［6］易颖．宜春市基层税务系统干部队伍建设研究［D］．南昌：江西财经大学，2020.

［7］于前．加强基层税务青年干部培养实践探究［J］．湖南税务高等专科学校学报，2022，35（04）：66－69.

［8］谭丽萍．基层税务机关青年干部队伍建设问题研究［D］．南昌：江西财经大学，2021.

[9] 史小军，程之．“互联网+”形势下干部教育培训的思考［J］．办公室业务，2021（20）：50－51．

[10] 张慢华．Y市税务系统青年干部素质能力建设研究［D］．昆明：云南财经大学，2022．

[11] 赵海治．大连市税务系统青年干部培养问题研究［D］．大连：大连海事大学，2019．

课题组组长：潘佳

课题组副组长：赵家奇

成员：徐超愉、钱敏玥（执笔人）